Das Beste
von Ludwig Thoma

Das Beste von
Ludwig Thoma

Karl 16.6.2005 Wi

Piper
München Zürich

ISBN 3-492-04077-2
2. Auflage 1999

Gesamtherstellung:
Graphischer Großbetrieb Pößneck GmbH
Printed in Germany

Inhalt

Der Wittiber

Ein Bauernroman

Erstes Kapitel

»Um d' Kathi is schad; dös behaupt' i, weil 's wahr is, und koa besserne Hauserin is weit umadum net g'wes'n,« sagte der Zwerger von Arnbach, und Männer und Weiber, die beim Leichentrunk saßen, nickten beistimmend.

»De Ehr' muaß ihr a niada Mensch lass'n, daß ihr d' Arbet guat von da Hand ganga is.«

»Han?«

Die Fischerbäuerin von Neuried redete undeutlich, weil sie ein tüchtiges Stück Wurst kaute; aber wie sie es hinuntergeschluckt hatte, wiederholte sie ihre Worte.

»Daß ihr d' Arbet guat vo da Hand ganga is, sag i.«

»Und halt vastanna hat sie 's aa,« rief einer über den Tisch hinüber.

»Freili hot sie 's vastanna. Und gar so viel a guate Melcherin is sie g'wesen,« sagte die Fischerbäuerin, die als Schwester der Verstorbenen heute ein Aufhebens machen durfte. »Solchene muaß it viel geb'n, und it leicht, daß a mal a Kuah nach ihr ausg'schlag'n hat, und vo drei Strich hat sie so viel Milli ausg'molka, wia'r an anderne aus vieri.«

»Und g'rat'n is ihr alssammete,« rief die Huberin von Glonn, »sie hat a niad's Kaibi durchbracht; und bal si oans no so g'ring herg'schaugt hat, is ihr it umg'stanna.«

»Was mög'st?« fragte der Zwerger, den die Fischerbäuerin anstieß. »Ah so! Geh, teat's d' Würscht no mal her!«

Und er gab der Nachbarin hinaus, die mit Messer und Gabel darüber ging und wehleidig sagte: »Es is schad um sie, weil sie gar so viel a guate Melcherin war.«

Der Schormayer von Kollbach hörte die Lobreden oder hörte sie nicht; er schaute verloren an sein Bierglas hin; und wenn er den Deckel aufmachte und eines trank, geschah es auch gedankenlos und ohne Genuß.

»Was hoscht jetzt an Sinn?« fragte ihn der Zwerger.

»Wia?«

»Was d' an Sinn hoscht? Übergibst, oda machst alloa furt?«

»I bin do it alloa.«

»Ja no, dei Tochta werd aa it ledi bleib'n mög'n; und bal sie heiret, was is nacha?«

»Dös woaß i jetzt aa it.«

»Geh, Zwerger, laß guat sei! Wer red't denn von Übageb'n, bal ma d' Muatta erst vor a Stund ei'grab'n hamm?«

Der Schormayer Lenz sagte es, und zeigte sich überhaupt als rechtsinnigen Menschen, der auch im Unglück seine fünf Sinne beisammen hat, indem er acht gab, daß beim Leichenmahl alles mit Ordnung ging und Verwandte und Gefreundete herzhaft zugriffen.

»Ja no,« antwortete der Zwerger, »mi red't grad; und wer woaß, wann mi wieda beinand is. Und es is guat g'moant g'wen, Schormayer; des sell derfst g'wiß glaab'n.«

»Wia?«

»I sag, daß i dir nix Schlecht's moan, und nix für unguat!«

»Na, na!«

»Bal d' Kathi bei'n Leb'n blieb'n waar, kunnt'st freili no a fünf Jahr regier'n, aber a so werd 's dir hart o'kemma.«

»Ja, ja!«

»Sie is so viel a guate Melcherin g'wen, und in Stall überhaupts hat 's koa besserne gar it geb'n,« sagte die Fischerbäuerin, indes sie einen Löffel Rübenkraut zum Schweinfleisch nahm.

»Der Herr gebe ihr die ewige Seligkeit und lasse sie ruhen in Frieden, Amen!« rief am untern Ende eine scharfe Stimme, die zu den frommen Worten nicht recht paßte.

Und sie ging von der Asamin aus, die mit einem kleinen Gütler ein armseliges und streiterfülltes Leben führte.

Sie hatte aber auch mit der Katharina Schormayer eine Schwester begraben und mußte deswegen an diesem traurigen Tage gehört werden.

»Amen!« responsierten die Verwandten und Gefreundeten, und räusperten sich dazu; denn sie gönnten der Asamin nicht, daß sie das Wort führen sollte.

Dann war es still; bloß daß man Gabeln und Messer auf den Tellern kratzen hörte, oder auch einen, der seufzte, oder einen, der sagte: »Ja no! Jetzt is scho amal a so.«

Nach einer Weile jedoch brachte der Zwerger die Unterhaltung wieder in Fluß.

»Des muaß mi sag'n, schö hat da Herr Pfarra g'redt, und g'rad fei' hat er sei Sach' fürbracht.«

»Er hot überhaupts a guat's Mäuwerk,« lobte der Schneiderbauer; »da is er ganz anderst wia der inser in Arnbach. Der sell ko gar nix.«

»Dös is wahr, bei dem muaß mi einschlafa, aba an Herrn Metz lob' i. Er hat der Schormayerin ihr Ehr geb'n, daß mi z'fried'n sei muaß.«

»Ein fleißiges Weib ist eine Krone ihres Mannes, hat a g'sagt, und dessell hat er aa g'sagt: durch ein weises Weib wird das Haus erbauet. I hon ma 's guat g'mirkt.«

Die Asamin ließ sich zu oft hören.

»Mirk d' as no! Du ko'st as guat braucha!« schrie der Schneiderbauer grob und brachte viele zum Lachen.

»Bal's aba da Herr Pfarra g'sagt hat!«

»Is ja recht, mirk da 's no g'rad!«

»Von a Predigt ko si a niada was hoam nehma, net grad i alloa.«

»Is ja recht.«

»Und des sell derf i do sag'n, daß mi de Predigt g'fall'n hat, und überhaupts is sie von mir so guat a Schwesta g'wen als wia vo de andern; und des is amal wahr, daß er dös g'sagt hat. Ein fleißiges Weib, hat er g'sagt, ist die Krone des Mannes.«

»Is ja recht, bal's no du aa oane waarst!«

»Nacha kriaget der Asam vielleicht gar was für di,« sagte der Zwerger; und wieder lachten Verwandte und Gefreundete.

»Schaug no, daß du was kriagst für de Dei'; und des sell muaß i dir no sag'n ...«

»Sei amal staad!« mahnte Lenz so nachdrücklich, daß die Asamin einhielt.

Und jetzt schob auch seine Schwester Ursula die Fleischplatte vor den alten Schormayer hin.

»Geh, Vata, iß dennerscht was!«

»I mog it.«

»Dös is jetzt aa nix, bal du a so da hockst; is ja des best' Sach!«

»I mog it, sag' i.«

»Wickel 's eahm ei!« sagte die Fischerbäuerin. »Dahoam mag er 's na scho.«

Der Wittiber trank ein ums andere Mal und schaute mit leeren Augen vor sich hin, daß es den Schneiderbauern erbarmte.

»Wie lang bist jetzt verheiret g'wen?« fragte er den stillen Mann.

»I?«

»Ja, muaß do bald dreiß'g Jahr sei.«

»It ganz. Achtazwanzgi san mi beinand g'wen.«

»Is a lange Zeit. Da g'wohnt ma sie z'samm.«

»Da g'wohnt ma si z'samm, ja, ja! Und jetz woaß i gar nix mehr, wo i hi'g'hör', und dahoam is nix, und anderstwo is aa nix.«

»Es werd scho wieder, Vata, laß no guat sei!« sagte Lenz.

»Nix werd's. Dös vastehst du net. Bal mi achtazwanz'g Jahr mitanand g'arbet hat, und is oan Tag g'wen wia den andern, und auf oamal is 's gar, dös is dumm ganga. Dös hätt' 's it braucht.«

»No schau, bei dir is no net allssammete aus,« tröstete der Zwerger. »Du host a Bargeld und kost zuaschaug'n, wann's d' heut übagibst.«

»Ja, bal i d' Arbet nimma hab, was is denn nacha? Und alloa is d' Arbet aa nimma luschti. Dös is amal nix mehr und werd nix mehr.«

Er schaute wieder vor sich hin und rührte nichts an von allem, was aufgetragen wurde.

Den andern aber hatte die Trauer den Appetit nicht verschlagen; sie langten herzhaft zu, und über Essen und Trinken wurde es lebhafter.

Von der seligen Schormayerin war nicht mehr so viel die Rede als von der Ernte und von den Viehpreisen; und jeder wußte etwas zu sagen, was seiner Kenntnis Ehre machte.

Und wie sich der Eifer steigerte, wollte auch der Lenz zeigen, daß er gut beschlagen war.

Die Fischerbäuerin wieder nahm sich der Ursula an und erzählte ihr von einigen Bauernsöhnen, die rund herum mit guter Aussicht fürs Leben zu heiraten waren.

Und wenn ihr die Namen ausgingen, wußte gleich eine andere noch einen besseren zu rühmen; und über ein kurzes steckten die Weiber ihre Köpfe zusammen und waren vom Sterben mitten ins Heiraten gekommen.

Die Asamin nicht.

Ihre Meinung hatte in solchen Fragen erst recht keine Geltung, und überdem hielt sie es für richtig, jetzt mit einigen Wünschen an den Schormayer zu gehen.

Ohne daß es die andern viel bemerkten, setzte sie sich hinter den Wittiber und fing erst einmal kräftig zu seufzen an. Da er nicht darauf achtete, zupfte sie ihn am Ärmel und sagte: »Dös is a wahr's Kreuz!«

Der Schormayer wandte sich um. »Was willst?«

»A Kreuz is, sag i, daß d' Kathi hat sterb'n müass'n.«

»Jetz laß du mi aus!«

»Ja, glaabst, mi bekümmert dös nix? Sie is vo mir aa'r a Schwesta g'wen.«

»I woaß scho.«

»Und bal i aa g'rad an arme Güatlerin bi, des sell macht da gar nix aus. Vielleicht hon i mehra Derbarma mit dir als an anderne.«

»I dank da schö. Ja, is scho recht.« Und er drehte ihr den Rücken zu.

Aber die Asamin war darüber nicht traurig, sie schaute links und rechts, ob die Gespräche noch im Fließen waren; und wie sie das mit Befriedigung sah, faßte sie wiederum den Schwager am Ellenbogen.

»Was hoscht denn?«

»Du, hat d' Kathi gor it dergleich'n to, daß sie ihre Verwandt'n a bissel was zuakemma laßt?«

»Na, gar nix.«

»Koan Pfenning it?«

»Na, sag i.«

»Sollt'st nacha scho du a wengl was toa, daß mi liaba bet' dafür.«

»Bal's d' net gern bet'st, laßt d' as bleib'n.«

»Sei no net glei a so gach. Mi sagt ja grad, weil 's a guat's Werk waar, wann mi an arma Menschen was gab.«

»Du hoscht ihra Lebzeit'n gnua kriagt, und hoscht as do bloß vabutzt.«

»I?«

»Ja, du! Und jetz laß mi mei Ruah!«

»Jetz da muaß i lacha. Wos hon denn i kriagt von ihr?«

»I red nix mehr.«

Der Schormayer war ein weniges aus seiner allertiefsten Trübseligkeit gerissen und zeigte seiner Schwägerin die breite Seite.

»Luada!« brummte er vor sich hin und trank einmal.

Die Asamin gab viel und doch nicht alles verloren; sie wartete etliche Zeit, bis nach ihrer Meinung die Trauer wieder oben auf schwamm.

Dann kriegte sie den Wittiber nochmal am Ärmel.

»Ja Herrgott ... !«

»Geh! Muaßt it a so sei! I sag nix mehr von an Geld!«

»Du kriagst scho koans.«

»Dös san mi arma Leut g'wohnt. Aba, paß auf, den brauna Rock von ihr und den Spensa kunnt'st ma do scho geb'n.«

»Wos für an brauna Spensa?« fragte mit einmal Ursula, und fragte es sehr scharf. »I ho do mit dir it g'red't.«

»Na, aba an Vata tat'st o'betteln und schamst di gor it.«

»Dös is it bettelt, bal mi fragt!«

»Dei Frag'n kenn i scho, und schama tuast di du gor it. Möcht sie 's G'wand vo da Muatta!«

»Was waar's nacha, bal mi an Spensa kriagat? Hoscht du it gnua Sach? Is dös it da Brauch, daß mi an Verwandt'n was gibt? Da möcht i scho von Betteln sag'n und 's Mäu recht aufreiß'n, als wenn sie koan Schwesta net g'wen waar von mi und 's Bet'n net aa braucha kunnt!«

Die Asamin deckte ihren Rückzug tapfer und gut, wie ein jeder sagen mußte, aber sie mußte eben doch zurückweichen und von allen Angriffen abstehen.

Sie saß wieder am untern Ende des Tisches und blieb von den flinken Augen der Ursula bewacht, so daß kein lautes Gespräch mehr für sie eine neue Gelegenheit gab.

»Und jetz geh i,« sagte der Schormayer bald darauf und stand auf.

»I geh mit dir, Vata,« rief der Lenz.

»Na, du bleibst do, und de andern aa. I find alloa' hoam, und koan Unterhaltung brauch i net. S' Good beinand!«

Er schwankte etwas und hatte in Kümmernis und Nachdenken mehr Bier getrunken, als mancher Fröhliche ertragen könnte; aber die Türe erreichte er doch in einer mäßigen Bogenlinie.

Die Trauerversammlung rief ihm Grüße nach und hielt wieder eine Zeitlang Betrachtungen ab über die Schormayerin und ihr schnelles Sterben und über den Tod im allgemeinen.

»Es is wirkli hart für eahm,« sagte die Fischerbäuerin, »und bal mi 's recht sagt, is er z' alt zu'n no mal Heiret'n und z' jung zu'n Aufhör'n.«

Die Schneiderin rückte näher zu ihr und wisperte leise, daß es die Mannsbilder nicht hören sollten: »Überhaupts sag i dös: bei dem Alter is besser, wann da Mo z'erscht stirbt, weil si inseroans leichter in d' Ruah gibt.«

»Da hoscht amal recht, und des sell is no allemal wahr g'wen, wia ma sagt: bal inser Herrgott an Hanswurst'n hamm will, laßt er oan mit fufz'g Jahr Wittiber wer'n.«

Die Fischerin sah die Schneiderin bedeutsam an, und sie nickten mit den Köpfen und waren sich einig darüber.

Zweites Kapitel

Der Schormayer trat tiefe Löcher in die weiche Dorfgasse, wie er jetzt an dem trübseligen Herbstnachmittage heimging, aber er achtete nicht auf den glucksenden Lehm, der ihm an den Stiefeln hängen blieb.

Wenn er vom Wege abkam und beinahe knietief in den Schmutz trat, fluchte er still und lenkte in die Mitte der Straße ein, aber bald zog es ihn wieder links oder rechts an einen Zaun, und er blieb stehen und brummte vor sich hin:

»Nix mehr is; gar nix mehr.«

»Himmelherrgott!« sagte er, wenn ein Windstoß in die Obstbäume fuhr und ihm kalte Regentropfen ins Gesicht schleuderte.

Ein Hund riß an der Kette und bellte ihm heiser nach; beim Finkenzeller öffnete die alte Mariann ein Fenster und rief ihm zu: »Derfst ma 's it übel ham, daß i net bei da Leich' g'wen bi; i hon an Wehdam in die Haxen und kimm it bei da Tür außi. I waar ihr so viel gern ganga, und derfst ma 's g'wiß glaab'n, i bi ganz vokemma, wia'n i dös g'hört hab, und weil sie gar so ...«

Der Schormayer hörte sie nicht; er bog scharf um die Hausecke und war nun bald, unverständliche Worte murmelnd, an der Einfahrt seines Hofes.

Die Spuren vieler Tritte waren noch sichtbar; sie liefen mitten über den geräumigen Platz bis zur Haustüre, und bei ihrem Anblick raffte der Schormayer seine Gedanken wieder fester zusammen.

»Da hamm 's as raustrag'n. Ah mei! Ah was!«

Er faßte zögernd nach der Türklinke, als vom Kuhstall herüber eine helle Weiberstimme klang.

»Bauer!« – »Was is?«

»Schaugst it eina? D' Schellerin hat a Kaibi kriagt!«

»Was nacha?«

»A Stierkaibi.«

Die Stalldirne klapperte auf ihren Holzpantoffeln mit hoch aufgeschlagenen Röcken näher heran.

»Vor a Stund is 's kemma, und hat gar it viel ziahg'n braucha, und i ho mir z'erscht denkt, i schick umi zu'n Wirt, aba nacha is an Tristl sei Knecht da g'wen, und nacha ...«

»Ja, ja! Is scho recht ...«

Er trat ins Haus und schlug die Türe hinter sich zu.

Im Flötz stand noch der weißgedeckte Tisch, und darauf ein Kruzifix, auch war ein süßlicher Duft von Weihrauch zu merken, und so blieb der Schormayer nachdenklich stehen und schaute die Stiege hinauf, über die sie vor wenigen Stunden seine Bäuerin heruntergetragen hatten.

Er zog den Mantel nicht aus und hing den Hut nicht an den Nagel; wie er war, ging er mit schmutzigen Stiefeln in die Stube und setzte sich auf die Ofenbank.

Es wurde schon Abend, und die Fenster schauten wie große Augen in die dämmerige Stube herein; eine Uhr tickte laut und aufdringlich, als das einzige Ding, was hier zu vernehmen war, und ihr Schlag und die Stille und dunkle Winkel erinnerten den Schormayer an seine Verlassenheit. Er dachte wohl nicht viel darüber nach und malte sich keine wehmütigen Bilder vor, aber er spürte die Einsamkeit, wie er sich so vornüber beugte und auf den Boden sah.

Da waren einige weiße Flecken; und wie er nachdachte, woher sie kämen, trat ihm lebhaft und deutlich die traurigste Stunde seines Lebens vor Augen.

Das waren Tropfen von Wachskerzen, und da herinnen waren die Weiber versammelt, als der Pfarrer die Leiche aussegnete.

Er hörte die Hammerschläge, die von oben herunter tönten, als sie den Sarg zumachten, und dann schwere Tritte auf der Stiege, und das Schleifen der Totentruhe, und die tiefen Stimmen der betenden Männer und die hellen der Weiber, und dann wieder durch die Stille eine fette Singstimme, der eine andere erwiderte mit fremden Worten, die er oft und oft gehört, aber heute sich erst gemerkt hatte:

»Requiescat in pa-ha-ce! A-ha-men!«

Eine zitternde verschnörkelte Stimme, und dann das Klirren des Weihrauchfasses, und gleich darauf ein weißer beizender Rauch, der viele zum Husten brachte.

Und ein Flüstern unter den Männern, die den Sarg aufhoben, und wieder viele dumpfe Tritte, und schreiende Stimmen durcheinander.

»Vater unsa, der du bischt in dem Himmel, geheiligt werde dein Name ...«

Der Bauer fuhr zusammen, weil die Stubentüre aufging.

»Wos geit 's?«

»I bin's,« sagte die Stalldirne, die auf Strumpfsocken hereinkam.

»Was willst?«

»I ho ma denkt, ob's d' as Kaibi net o'schaugst, weil 's gar so fei' is.«

»Morg'n nacha.«

»Und d' Kuah is·aa guat beinand; gar it viel ei'brocha.«

»So?«

»Ganz leicht is ganga; i hätt an Tristl Knecht schier gar it braucht; aba no, mi woaß net.«

Der Bauer gab keine Antwort.

Zenzi ging ans Fenster und schaute hinaus; gegen die Helligkeit erschien ihre Gestalt so groß und mächtig, daß sie der Schormayer zum erstenmal daraufhin anschauen mußte. Die hatte einen Buckel wie ein starkes Mannsbild und dicke Arme und volle Brüste.

»Soll i dir a Kaffeesuppen kocha?« fragte sie.

»Na.«

»Aba d' Ursula werd so schnell it kemma, und i ko d' as leicht macha.«

»I mog nix.«

Zenzi trat zur Ofenbank; und wie der Bauer sie nicht wegschickte, setzte sie sich neben ihn.

Ihr Arm streifte den seinen, und eine Wärme ging von ihr aus, die ihm wohltat; den ganzen Tag hatte er das Gefühl gehabt, daß es ihn fröstle beim Alleinsein, und in der Stube hatte es ihn erst recht so überkommen.

Zenzi drehte den Kopf nach ihm zu; ihr sinnlicher, breit gezogener Mund und ihre flackernden Augen versprachen Dinge, die selten einer verschmäht.

Aber der Schormayer schaute sie nicht an.

»Wia lang is sie jetzt krank g'wen?« fragte Zenzi.

»A schlecht's Blüat hat sie scho lang g'hot,« erwiderte er, »aba g'leg'n is sie it länger wia 'r a viertl Jahr; dös woaßt ja selm.«

»An da Lungl hat 's ihr g'feit, gel?«

»Ja.«

»A meiniger Vetta, wo i in Deanst gwen bi, hot 's aa'r a so g'habt und is alle Täg weniga worn. Da ist g'scheider, bal oans stirbt.«

»Ja, ja.«

»Dös ko mi net anderst macha, und da waar i jetzt net a so trauri.«

»Dös vastehst du z' weni,« sagte er und streifte sie mit einem Blick.

»Moanst?«

»Wenn ma so lang vaheiret is mitanand, da g'hört ma so z'samm, daß ma si dös gar it anderst ei'bild'n ko.«

»Aba d' Freud ko aa nimmer so groß g'wen sei.«

»Was für a Freud?«

»No, a so halt,« sagte Zenzi und stieß ihn mit dem Ellenbogen an.

Er schaute sie wieder an; ihr Mund war zu einem sinnlichen Lachen verzogen, und ihre Augen wichen nicht aus.

»Ah mei!« sagte er. »An selle Dummheit'n denkt mi do net.«

»Waar ma scho gnua!« sagte sie. »Da denkat i freili dro. Für was is ma denn vaheiret?«

»Geah! Du bischt halt no jung und dumm. In Ehstand is ganz anderst als wia lediger.«

»Warum nacha?«

»Weil mi halt g'scheiter werd, und älter aa, und weil mi an was anders z' denka hot.«

»Du bischt do net z' alt.«

Zenzi rückte näher, und da faßte er mit einer groben Bewegung ihren Arm und drückte ihn fest.

»Herrgott! Aber Arm hoscht scho her!« sagte er.

»Da is was dro, gel?«

»Ja du bischt scho a Mordstrumm Weibsbild!«

Er griff nach ihrer Brust.

Sie kicherte.

»Geah du!«

»Was hoscht denn für an Schatz?« fragte er.

»I ho koan.«

»Ja, dös wer i dir glaab'n. Vielleicht bischt gar no bei'n Jungferbund?«

»Da kunnt i leichter dabei sei als wia anderne. I mag mit die Bursch'n nix z' toa hamm.«

»So schaugst du aus!«

»Weil nix G'scheit's rauskimmt dabei. Aba du bischt oana! Hörst it auf? Hörst it auf?«

Sie lachte und wehrte sich gegen seine derben Griffe; er legte den Arm um ihre Hüfte und zog sie keuchend zu sich heran, und im Ringen fiel ihm der Hut auf den Boden.

Plötzlich machte sie sich mit einem Ruck frei und sprang in die Höhe. »Es kimmt wer!« sagte sie hastig und streifte ihren Rock zurecht.

Er sah verstört und mit blöden Augen nach der Türe und bückte sich, um seinen Hut aufzuheben, als Ursula eintrat. Sie warf einen schnellen Blick auf den Vater, der seine Verlegenheit verbergen wollte und den Staub vom Hute abblies, und dabei fuhr sie die Magd an:

»Was hoscht denn du da herin z' toa?«

»I hon an Bauern g'sagt, daß mi a Kaibi kriagt hamm.«

»Na geh no wieda an Stall außi!«

»I geh scho.«

Der Schormayer kam ihr zu Hilfe.

»A Stierkaibi is, hoscht g'sagt? Gel?«

»Ja.«

»Und da Tristlknecht hat da g'holfa?«

»Ja. Da Toni.«

»Is scho recht nacha. Sagst eahm: i zahl eahm a paar Maß.«

»Jetz mach amal, daß d' weiterkimmst; du hoscht di lang gnua vahalt'n da herin, moan i,« schrie Ursula.

»'s nachstmal sag i halt nix mehr, bal dös aa no net recht is; und so was geht do an Bauern o.«

Zenzi schlug die Türe hinter sich zu, und man hörte sie noch im Flötz schelten, und ein Stück weit über den Hof.

Der Schormayer hatte derweilen seine Fassung gewonnen, und der Ärger stieg in ihm auf.

»Daß du gar a so grob bischt mit ihr?« fragte er.

»Red' liaba it, Vata!«

»Wos? Derfst du mir 's Mäu biat'n? Gang dös scho o? Herr bin i, daß d' as woaßt!«

»Und dös g'hört si amal it, daß des Mensch da herin steht.«

»So? Geaht mi dös nix o, was an Stall draußd g'schiecht? Dös waar mi des neuest! Bin i gar nix mehr, weil d' Muatta nimma do is?«

Jetzt hatte der Schormayer einen Boden unter sich und kam sich in seinem Rechte gekränkt vor. Und da schrie er, daß ihm die Halsadern schwollen.

»Da waar ja i der Gar-nix-mehr auf mein Hof, und 's Mäu laß i mi no lang it biat'n von enk!«

»Dös hon i it to.«

»Jo hoscht as to! Aba probier 's grad nomal, na zoag i dir an Weg!«

»Mögst mi nausschaffa am nämlinga Tag, wo mi d' Muatta eigrab'n hamm?«

»Und i laß mir amal 's Mäu it biat'n!«

Der Lenz stand unter der Türe und schaute verwundert den Vater an, der zornig in der Stube auf und ab ging und die weinende Ursula anschrie.

»Was geit 's denn?«

»Dös is mei Sach!«

»Öhö!« machte der Lenz.

»Ja, gar nix öhö! Und Herr bin i, dös mirkt's enk all zwoa!«

Der Schormayer ging in die Schlafkammer, die nebenan war, und schmiß die Türe krachend ins Schloß.

»Was hot er denn?«

»I sag d' as scho an andersmal,« sagte Ursula weinerlich und ging hinaus; und droben hörte der Lenz sie murmeln und zwischen hinein sich schneuzen.

Drittes Kapitel

Es war nicht eigentlich behaglich im Wirtshause zum Lamm. Die wenigen Gäste, die zukehrten, trugen Schnee in die Stube, der zu schmutzigen Wasserlachen zerging, und von Hut und Mantel tropfte es auf den Boden, und es roch nach schlechten Zigarren und nassen Kleidern.

Die Lampe über dem Ofentische schwelte, und die dicke Kellnerin mußte immer wieder auf einen Stuhl klettern und den Docht herunterschrauben.

Bei dem kümmerlichen Lichte sah man den Schormayer in einer Ecke vor seinem abgestandenen Biere sitzen; und wer kam oder ging, redete ihn an.

Aber kein Gespräch wurde so lebhaft, daß nicht die Frau Wirtin schon am frühen Abend laut gähnte und die Kellnerin aus einem Winkel heraus als Echo mit Gähnen antwortete.

Wenn die Uhr rasselnd und ächzend, als wenn sie einen Kropf hätte, achtmal schlug, legte der Schormayer sein Geld für drei Halbe auf den Tisch und ging mit einem brummigen Gruße hinaus.

»Er kimmt jetzt jed'n Tag,« sagte die Wirtin, »und früherszeiten hat ma 'n ganz weni g'sehg'n. Er muaß dahoam it viel Schön's hamm.«

Und da hatte sie das Richtige getroffen.

Dem Schormayer verging ein Tag um den andern mit Langweile oder Verdruß; und er war recht übel daran, daß ihm sein Weib gerade vor dem Winter weggestorben war.

Er hatte wenig Arbeit, die ihm über seine Gedanken hätte weghelfen können; die Ernte war ausgedroschen, und im Holze war nicht viel zu tun; im Roßstall hantierte sein Lenz, und bei den Kühen schaute er nicht gerne nach, weil ihm die Ursula auf Schritt und Tritt nachging und jedesmal ein Geschrei mit der Stalldirne anhob.

Und es war ihm selber zuwider, wenn die Zenzi Augen auf ihn machte und ihn damit an eine Dummheit erinnerte, die ihm bloß im Rausche hatte geschehen können.

Davon wollte er nichts mehr wissen; und wäre die Tochter so gescheit gewesen, die Geschichte nicht immer wieder aufzurühren, er hätte sie gern vergessen.

Aber von den Weibsbildern kann ja einer bloß Vernunft erwarten, wenn er sie nicht kennt.

Freilich redete sie darüber nicht offen, aber der Herrgott hatte auch ihr das Talent gegeben, daß sie versteckt und von hinten herum immer wieder auf die Sache kommen konnte.

Ging denn ein Mittag vorüber, ohne daß sie Streit in die Stube trug und hinter Schimpfen und Plärren ihm einen Brocken zu schlucken gab, den er am Geschmack recht wohl erkannte?

Wie sie der Magd die Schüssel hinschob und den Löffel hinwarf, hatte es auch für ihn eine Nutzanwendung, und in jeder Grobheit, mit der sie die Mahlzeit segnete, war ein spitziger Steften, der ihm ins Fleisch drang.

Nein, er hatte es nicht schön daheim, und wenn er auch wirklich nicht feinfühlig war, kam ihm das Haus doch leer und fremd vor. Die eigenen Schritte werden so laut, wenn man weiß, daß niemand auf sie horcht, der zu einem gehört; und da kriecht einem die kalte Einsamkeit ans Herz.

Zärtlichkeiten und schöne Worte braucht man wohl nicht; aber die Gewißheit, daß jemand um einen froh sein muß, hilft einem leicht einschlafen und wieder frisch aufwachen zur Arbeit.

Und das merkte der Schormayer überall, daß sein Kümmern und Anschaffen keine rechte Achtung fand.

Der Lenz widersprach ihm nicht und tat auch, was er ihm sagte; aber es war doch so, als wenn er nachprüfte, ob es ihm für das baldige Regiment paßte.

Eigenmächtigkeiten ließ sich der Lenz genug zuschulden kommen, und es war noch viel, wenn er hinterdrein dem Vater sagte, was für eine Arbeit er übertags getan hatte.

Das konnte dem Schormayer mitten bei der Nacht einfallen und ihm das Schlafen verleiden. War ihm damit nicht deutlich vor Augen gehalten, daß man ihn bloß zum Schein das Regiment führen lasse und gerade noch ein wenig Geduld mit ihm habe?

Da machte er sich zornige Gedanken darüber, ob er es so bald und so unabwendbar an sich kommen lassen müsse, daß ihm der Sohn das Regiment abnehme.

Freilich, wenn er es ruhiger betrachtete: wie sollte er es aufhalten können?

Sobald die Ursula aus dem Hause war, mußte eine Frau herein; und daß er noch einmal heiraten sollte, fiel ihm nicht ein.

In seinem Alter das Leben von vorne anfangen, und mit schweren Verdrießlichkeiten und Zerwürfnissen anfangen, das konnte nicht gut ausfallen und hieß ins Ungewisse hineintappen. Auch war der Lenz fleißig und rechtschaffen und verdiente es wohl, den Hof so zu kriegen, wie er jetzt beisammen war. Nein, noch einmal heiraten wollte er nicht.

Aber gerade, weil er über eine kleine Weile nichts mehr zu sagen hätte, sollte ihn der Sohn nicht jetzt schon daran erinnern.

Und er sagte ihm, daß er noch auf dem Bock säße und kutschiere und noch lange nicht neben dem Wagen herlaufen wolle; und wenn der Lenz meine, er könne ihm das Sitzbrett wegziehen, dann solle er blaue Wunder erleben.

Da war dann freilich ein verdrießliches Gesicht mehr in der Stube, und neben der keifenden Ursula setzte der Sohn grobe Ellenbogen auf den Tisch und stach wütend in die Schüssel hinein. Diesen Zuständen ging der Schormayer gerne aus dem Wege und hockte sich lieber neben die gähnende Lammwirtin; und das beste davon war, daß sein Haus im Schlafe lag, wenn er heimkam.

Eines Abends aber sah er schon von weitem ein Licht in der Küche brennen, und auf des Nachbarn Hauswand lag der breite Schatten einer Weibsperson.

In der übeln Hoffnung, daß ihn noch ein Gespräch mit seiner Tochter erwarte, trat er mürrischer wie sonst ein; und da klinkte auch schon eine Tür auf.

»Bischt as du, Vata?«

»Ja, wer sinscht?«

»I hätt' di gern was g'fragt.«

»Frag halt!«

»Die Bas'n vo Arnbach hat ma'r a Botschaft to, und i soll morg'n zu ihr umikemma, und es waar oana do.«

»Was für oana?«

»A so halt oana.«

»Fallt dera nix anders ei, daß sie jetza schon kuppeln muaß?«

»Ja no, weil 's halt da Prückl Kaschpa vo Hirtlbach waar, und an sellan geht ma'r it alle Tag auf.«

»Ko der it zu mir herkemma und bei mir frag'n, wia 's si g'hört?«

»Er werd no nix wiss'n vo dem, und er hot grad a G'schäft z' Arnbach, und 's Basl moant, wann i drent war, na kunnt mi vielleicht auf des sell aa z' red'n kemma.«

»Geh halt umi, vo mir aus!«

»I geh aa, wann d' Zollbrechtin für d' Aushülf' kimmt.«

»Was für an Aushülf?«

»Dahoam halt.«

»I brauch' koane. Z'weg'n dem verhungern mi net, bal du net do bischt.«

»Aba'r i mog it, daß du alloa do bleibst.«

»Han?«

»I mog it, daß du alloa mit dem Weibsbild dahoam bischt.«

Der Schormayer rückte den Hut aus der Stirne und fragte ruhig:

»Wia red'st denn du mit dein Vata? Han?«

Ursula verzog greinend das Maul und stampfte auf den Boden.

»Weil 's wahr is!«

Aber da schrie er schon:

»Wia du mit mir red'st, frag i, du Herrgottsaggerament!«

»Ja, da wurd' mi g'schimpft, und ...«

»'s Mäu halt, du Saufratz, du nixiga!«

Sie trat einen Schritt zurück, denn er zog die Hand auf.

»No mal sag' so was, na fangst d' aba'r oane, du Rotzlöffi, du! Schaug so was o!«

»Und i ho 's amal g'sehg'n ...«

Da packte der Schormayer seine Tochter mit harten Fingern am Arme und schob sie zur Türe hin.

»Naus, sag i, und marsch in dei Bett!«

Sie schrie weinerlich auf.

»Laß mi do aus!«

»I wer di na scho auslass'n di! Und dös mirk' da: bei'n erst'n-mal, wo's d' no mal frech bischt, muaßt d' aus'n Haus! Du Kramp'n, du mistiga!«

Er gab ihr einen derben Stoß und warf die Türe hinter ihr zu.

Sie blieb eine Weile im Hausflötz stehen und überlegte sich, ob sie gescheiterweise noch etwas sagen sollte, aber sie griff dann lieber, wie viele Frauenzimmer, zu einem Selbstgespräch, indes sie in ihre Kammer hinaufging:

»Und bal i 's amal g'sehg'n ho, daß sie bei eahm sell g'hockt is auf da Ofabank, und ganz hibei is sie g'hockt, und d' Red' hat 's eahm aa verschlag'n, wia'r i in d' Stub'n eina bi, und jetz wisset a bal gor nimma, was er mi allssammete hoaß'n muaß. Und was i amal woaß, des sell woaß i.«

Und was die Ursula einmal wußte, das vergaß sie nicht und brummte es ins Kopfkissen hinein, bis der Unwille in Schlaf und Schnarchen überging.

Aber auch sonst gab es noch Geräusch im Hause; denn unten flog ein Stiefel an die Kammertüre, und ein Fluch wurde länger wie der andere, bis die Müdigkeit den Zorn wegräumte und dafür dem Schormayer einen schweren, astreichen Block unter die Säge schob. Und oben klinkte leise eine Türe ins Schloß, und barfuß tastete jemand über ein knarrendes Brett und schloff heimlich und still ins warme Nest zurück und schaute noch eine Weile mit nachdenklichen Augen zur Decke hinauf.

Dann drehte sich die Zenzi gegen die Wand und schickte den letzten Gedanken zwei Türen weiter, zur Ursula hinüber. »Wart, du Luada!« sagte sie im Einschlafen.

Viertes Kapitel

Alle Dinge sind in der Nacht größer und schreckhafter wie am Tage; und sie werden kleiner, wenn sie deutlicher zu erkennen sind.

Das graue Morgenlicht zeigte dem Schormayer, daß hinter seinem gehabten Verdrusse eigentlich nichts stand wie die Dummheit einer Weibsperson, die er niemals für gescheit genommen hatte.

Und er hätte beim Aufwachen nicht einmal daran gedacht, wenn ihm nicht einige Nebenumstände die Erinnerung aufgerüttelt hätten.

Denn wie er mit der Hand nach dem Nagel langte, an dem sonst seine Taschenuhr hing, fühlte er, daß sie nicht dort war; und wie er sich's zurecht legte, wo sie nur sein könnte, fiel es ihm ein, daß sie noch im Gilet stecken müßte; und als seine Augen das Gilet suchten, lag es wieder nicht auf dem Stuhle, sondern auf dem Boden, unweit von einem Stiefel, der recht verlassen von seinem Kameraden dastand.

Dieser Gefährte aber lehnte unwillig an der Türe neben einem zerknüllten Hute.

Es war eine ganze Geschichte, der man in der frühen Stunde nur langsam mit den Gedanken folgen konnte; und erst an ihrem Ende kam die nächtliche Frechheit der Ursula.

Der Schormayer überdachte Ursachen und Folgen des Auftrittes, und er wollte gerade finden, daß er sich von einigen anderen recht wenig unterschied, als es klopfte.

»Was geit's?«

»D' Kaffeesupp'n is firti.«

Das war eine fremde Stimme.

Er richtete sich auf.

»Han? Was is?«

»Da Kaffee is firti.«

»Wer is denn do?«

»I.«

»Wer i?«

»Die Zollbrechtin.«

»Jetzt schaug die amol o!« brummte der Schormayer vor sich hin, und laut sagte er: »I wer nacha scho kemma.«

»Jetzt schaug die amol o! Is sie furtganga und hat ma dös Weibsbild als Aufsicht umag'schickt!«

Er schloff in die Lederhose und verschob das Waschen auf später, um schneller in die Küche zu kommen.

Von der Zollbrechtin wurde er mit geschwätzigem Eifer in

Kenntnis gesetzt, daß die Ursula schon in aller Herrgottsfrühe bei ihr gewesen sei und sie gar schön gebeten habe, für einen Tag herüberzukommen und dazubleiben, bis sie, die Ursula, wieder heimkomme, und es sei schon möglich, daß es bis auf die Nacht dauern könnte; und sie, die Zollbrechtin, hätte eigentlich die Zeit nicht gehabt, weil es daheim viel Arbeit gebe, aber weil die Ursula es gar so kreuznotwendig gemacht habe, könne sie auch nicht so sein, und sie hätte ihr den Gefallen getan wegen der guten Nachbarschaft, und überhaupt, und es solle ihr hoffentlich gelingen, daß sie es mit dem Kochen recht mache.

Der Schormayer löffelte schweigsam den letzten Brocken Brot aus der Kaffeesuppe und trank die Schüssel aus, und indem er sich mit der Hand das Maul abwischte, fragte er die Zollbrechtin:

»So? Arbet hoscht viel dahoam?«

»Ja mei! D' Wasch soll i bögeln, und 's Brot soll i bacha, und putz'n müaßt i aa no vor 'n Sunntag ...«

»Nacha gehst glei hoam; es is leicht was vosamt.«

»Aba bal i 's do der Urschula vasprocha hab?«

Der Schormayer legte einige Nickelstücke auf den Tisch und schob sie der Zollbrechtin hin.

»Sä,« sagte er, »dös is für 's Kaffeekocha und wann 's amal auftrifft, daß i di brauch', nacha sag' i dir 's scho selm.«

»Jetz dös is amal g'spaßig: bal sie heunt no bei da Dunk'lheit bei mir g'wen is und koan Ruah geb'n hot, bis i g'sagt hab, daß i kimm; und auf Ehr und Seligkeit, ho i g'sagt ...«

»Des sell machst mit da Urschula aus; und jetz' pfüad di Good!«

Die Zollbrechtin war gekränkt, und, wie es jeder Mensch zugeben muß, mit Recht; denn für was holt man sie bei der nachtschlafenden Zeit heraus, und wenn sie hernach in der allergrößten Gutmütigkeit nachgibt, wäre es schier gar, als hätte sie um die Arbeit gebettelt, und sie wird für ihre gutnachbarliche Meinung hinausgeschmissen. Aber vielleicht holt man sie noch einmal? Und vielleicht ist sie noch einmal so dumm und laßt daheim alles liegen und stehen? Der erlebt was, der wieder so kommt. Adjä!

Und beim Hinausgehen rumpelte sie an den vollen Milcheimer an, den ein Weibsbild hereintrug.

»Oha!« sagte Zenzi und schaute der eiligen Person nach.

»Bleibt d' Zollbrechtin it do?« fragte sie den Schormayer, der ihr den Rücken zukehrte und zum Küchenfenster hinausschaute.

Er gab keine Antwort.

»Wer hot an Schlüssel zu'n Kella?«

»Am Tisch flackt a,« brummte der Bauer, ohne sich umzuwenden.

»Soll i heunt Butta rühr'n?«

»Was woaß i? Mach dei Arbet, wia sinscht!«

Zenzi merkte daß der Bauer keinen gesprächigen Tag hatte, und ging auf klappernden Holzschuhen die Kellerstiege hinunter. Es mußte sie aber etwas gefreut haben, weil ihr ein heimliches Lachen um den Mund spielte.

Der Schormayer überlegte sich, daß es gescheiter wäre, wenn er nicht daheim bliebe, denn da konnte ihm der Tag so zuwider verlaufen, wie er angefangen hatte; und weil ihm in Hohenkammer ein guter Freund lebte, mit dem er zusammen die Militärzeit durchgemacht hatte, beschloß er, einmal hinüberzugehen, auch unterwegs da und dort sich nach dem Viehstand umzuschauen. Er machte sich also auf den Weg und verlor an dem klaren Tag auch bald die dummen Gedanken, die sich in der Stube an ihm festhingen und ihn mahnten, daß er auf der Abseite des Lebens angelangt sei.

Er kam mit einem kleinen Umweg an die stattliche Ackerbreite, die ihm gehörte – jawohl, die ihm noch gehörte, – und er stapfte mit einem befriedigten Gemüt über die gefrorenen Schollen. Da sollte ihm ein guter Weizen herwachsen, und weiter drüben an die zehn Tagwerk schöne Gerste, die ihm der Bräuer in Indersdorf abkaufen würde; und er sah schon im Geiste die Halme in die Höhe schießen, voll werden und reifen.

Wie lange, und der Tag war wieder am Wachsen! Und mußte nicht über eine Weile der Auswärts kommen? Da sollte nur die liebe Sonne scheinen wie heute; dann mußten die Wasser in den Furchen rieseln, und klingend und klirrend wollte er wieder mit dem Pflug die Höhe heraufkommen hinter seinen breitrückigen Braunen.

Das sollte ein anderes und ein rechtes Leben werden, in dem es nichts mehr gab von Stubenhocken und Trübsalblasen.

Ei, da war ihm beim Gehen warm geworden, und er lüpfte den Hut, indes er vor Augen die Lustbarkeit des Schaffens hatte, und Sorgen und Hoffnungen, wie ehedem.

Nun ging er den Weg an seinem Jungholz entlang, und liebkosend streifte er mit der Hand die buschigen Zweige der jungen Fichten. Die hatte er alle gesetzt, Reihe an Reihe; und gingen sie ihn heute weniger an wie zu der selbigen Zeit?

Und warum?

Es wurde ihm fröhlich ums Herz, und beim Ausschreiten spitzte er, ohne es selber zu wissen, das Maul und pfiff einen alten Ländler.

Hügel auf und Hügel ab trugen ihn die Füße und wurden nicht müde; und da hatte er sich selber was vorgeredet vom Altwerden und merkte jetzt, daß es noch lange nicht so weit war.

Schpringt da Hirsch über 'n Bach,
Brockt eahm drei Tritt – aberi –
Schöni greani, brauni Birnblattl
Ab vo dem Baam . . .

»Öhö! Schormoar, wo aus?« schrie ihn ein untersetzter, rotgesichtiger Mensch an, der auf einem Seitenweg daher kam.

Es war der Viehhändler Tretter von Pettenbach, ein lustiges Mannsbild, voller Späße und mit einem gesunden Maulwerk begabt.

Er paßte dem Schormayer gut zu dem fidelen Morgen.

»Ja, grüaß di Good, Simmerl! Bist du um an Weg?«

»Allawei. Ma muaß si ja d' Hax'n weglaffa, bis ma von enk g'scherte Spitzbuam was kriagt.«

»Mög'st was kaffa?«

»Mög'n tat i scho mög'n, aba kinna ko ma net.«

»Muaßt halt guat zahl'n, nacha geht's scho.«

»Freili. Aba wos treibt denn di umanand? – Host aa'r an Handel?«

»Na, i geh' grad amal hoa'gart'n auf Hochakammer ummi.«

»So, da geh' i a Trumm mit dir; vielleicht fallt da'r a Geld aus'n Sack, daß i mir a Maß Bier kaff'n ko.«

Nachdem sie eine Weile miteinander gegangen waren, fragte der Tretter: »Gel, dir is dei Wei g'storm?«

»Ja, vor guatding sechs Wocha.«
»Host da scho wieda 'r an anderne aufganga?«
»I? A, was moanst denn?«
»Daß da wieda'r a resche Bäurin nimmst, moan i.«
»I net, Simmerl.«
»Den schaug o! Wia alt bist denn?«
»Vierafufz'g.«
»No, und i bi achtavierz'g, aba auslass'n tua'r i no lang net.«
»Wer red't denn vo dem?«
»I no allawei, Schormoar; und bei'n red'n bleibt 's it.«
Schormayer blieb stehen und lachte herzhaft.
»Du bist, scheint's, a ganz a scharfa,« sagte er, »aba'r i moan', es kimmt nix G'scheit's raus beim zwoat'n mal heiret'n.«
»Warum nacha? Schaug mi o! I hab aa scho 's zwoate Wei.«
»Aba de hoscht vor zehn Jahr g'heiret; dös is was anders.«
»Und bal mir de net bleibt, nimm i de dritt'.«
»So was ko ma leicht sag'n.«
»Und toa ko ma 's grad so leicht; und i ziag halt amal grad zwoaspannig, weil i 's g'wohnt bi. Und da G'spaß is größer, bal ma'r a neu's Weibets hot. Des is mei Ansicht.«
»Dös sagst deiner Alt'n dahoam, vielleicht dalebst nacha aa'r an G'spaß.«
»De? De woaß des ganz g'nau. Und g'sagt hon i 's ihr aa scho oft. Bal's d' mir heut o'schiabst, hab i g'sagt, is morg'n an Ersatz do. A bissel was hon i allawei in da Reserv.«
»Aba'r i hon halt nix.«
»O jessas, dös is schnell g'fund'n.«
»Mir is 's sucha z' letz, Tretter.«
»Da lockst a bissel, fliag'n da grad gnua zuawa.«
»I ko 's Lock'n net; i ho 's meiner Lebtag it g'lernt.«
»So? No, i ho 's amal guat kinna,« sagte der Tretter und pfiff durch die Zähne.
Mit einemmal blieb er stehen, und in dem er den Stock etliche Male auf den Boden stieß, machte er ein nachdenkliches Gesicht.
»Herrgottsaggerament! Jetzt fallt ma'r aba was ei!«
»Wos?«
»Du, Schormoar, muaßt du auf Hochakammer ummi?«
»Müass'n net, aba warum?«
»Du, paß auf, geh mit mir nach Weichs!«

»Was tat i denn do drent?«

»Na, paß auf, laß da sag'n: grad G'spaß halba gehst mit!«

»Z'weg'n was?«

»Paß auf! Lus amal zua, was da'r i sag! In Weichs drent hon i a Basl, de Limmerin, an Mathias Limmer sei Wei; und vo dera selln a Stiafschwesta is de Kaltnerin vo Inzemoos, und dera ihr Mo is vor an Jahr g'storm, vastehst? ...«

»I vasteh di scho.«

»Paß auf, laß da sag'n: sie hat ihran Hof z'trümmert, heuer an Hirgst; i bin selm beteiligt g'wen beim Z'trümmern und woaß des Sach guat gnua, und es san ihr a so a fufzeh'-tausad Markl blieb'n, bis de Schuld'n wegzahlt g'wen san, vastehst? ...«

»I vasteh di guat.«

»Jetza paß auf: de Kaltnerin is im Kaaf mit 'n Atzenhofer vo Weichs, der a mitter's Sach beinand hot und vokaffa möcht, und für sie waar 's it ung'leg'n, aba weil s' no net ganz beinand san mit 'n Preis, hot sie si ei'loschiert bei ihra Stiafschwesta, vastehst? ...«

»I vasteh di scho'.«

»Ja, geh umi mit mir und schaug dir s' o! Vielleicht g'fallt s' dir.«

»Ah wos! Des hot ja koan Wert it.«

»Es braucht ja koan z' hamm. Bal's nix is, host an G'spaß g'habt.«

»Und 's G'red hon i aa überall'n, daß i auf d' Brautschau geh'.«

»Wer red't? Wos werd g'red't? Du brauchst ja nix z' sag'n, z'weg'n was daß d' umi ganga bischt.«

»N ... na!«

»Paß auf, laß da sag'n. Mir gengan do grad zu'n Limmer; bei dem is nix zu'n Heiret'n dahoam, und net amal de Kaltnerin ko dös schmecka, z'weg'n was daß jetz grad du daherkimmst.«

»De schmeckt nix, bal i mit dir kimm!«

»Wos nacha? I ho meiner Lebtag no koan vakuppelt.«

»Na ... na, Tretter; des sell hot koan Wert it.«

»Laß da sag'n: mir is ja wurscht, net? Ob's du no amal heiretst oder net, dös is mir ganz wurscht; aba weil mir jetz amal den Dischkursi hamm, was liegt denn dro, bal's d' mit mir umi gehst? Host net amal so weit wia'r auf Hochakamma.«

»I ko do des Weibsbild net zu'n Narrn halt'n! Wos soll i denn red'n mit ihr, bal i ja do koan Ernst net mach?«

»Nix redst! An Limmer sein Stier schaugst o, und bei dera G'legenheit schiagelst a bissel auf de Kaltnerin nüber.«

»Also vo mir aus! Grad daß d' an Ruah gibst, geh'n i halt mit.«

»Des is amal a Wort!« lobte der Tretter. »Für was muaßt denn du allawei dahoam spinna? D' Weiberleut o'schaug'n is aa'r an Unterhaltung; und ma muaß ja net all's kaffa, was ma siecht.«

Da hatte er einmal das Richtige getroffen.

Für was sollte der Schormayer bloß immer die verdrossenen Gesichter daheim betrachten? Und wenn er auch auf keine Meile Weges daran dachte, sich unterm Spazierengehen eine Frau zu suchen, so war es doch lustig, einer das Maul wässerig zu machen. Und für einen Mann zu gelten, der leicht könnte, wenn er bloß möchte, das war auch eine gute Abwechselung nach den letzten Wochen.

»A Luada bist scho,« sagte er zum Tretter, »daß du glei wieder oane aufgabelt hätt'st für mi!«

»O mei Mensch! Bal's d' willst, sag' i dir glei a Dutzet.«

»Ohö!«

»Da is beim Eberl in Asbach oani, und beim Glas in Bruckberg waar aa koa z'widerne, und da Prantner in Eckhof hätt' an überstandige Tochter, aba no guat bei'n Zeug, und da Sedlmoar von Arnzell ...«

»Hör auf, sag i! Mit dir kam i des ganz Bezirksamt aus.«

»Und no zwoa dazu. Mei Liaba, i kunnt für an Türkl an Schmuser macha.«

»Für mi find'st aba do koani.«

»Bist halt z' hoakli. Aba, paß auf: wia viel Kinda hoscht 'n du?«

»Zwoa. An Buam und a Madl.«

»Sell is it viel.«

»Aba gnua.«

»San s' scho alle zwoa g'wachs'n?«

»Da Bua is sieb'nazwanz'g und 's Madl drei Jahr jünga.«

»So? Ja bal's d' du net o'beißt, nacha kunnt i vielleicht für de was find'n.«

»Beim Madl bist vielleicht scho z' spat dro.«

»Hot sie scho oan?«

»Na. Aba grad heunt is sie aa'r auf da Schau.«

Und wie der Schormayer das sagte, blieb er stehen und fing zu lachen an.

»Grad heunt is sie auf Arnbach übri, und jetzt hon i des nämliche G'schäft z' Weichs drent! De moant, i hock jetzt dahoam und laß mir vo da Zollbrechtin a Muaß kocha! Daweil laff i umanand und schatz d' Weibsbilder o. Do kunnt'st varecka!«

Er lachte, daß ihm der Atem ausging.

Und dann schlug er dem Tretter, der seine Fröhlichkeit ohne Verständnis sah, auf die Schulter.

»Siehgst, Simmerl,« schrie er, »jetzt freut 's mi erscht, daß i mit dir hinter an Weiberkitt'l herlaff, und grad fidel muaß 's heunt wer'n. Und bal ins de oa net g'fallt, nacha renna mir wia d' Hund, bis ma'r an anderne z'weg'n bringa.«

»Wos hoscht denn auf oamal?«

»Nix hab i! Kreuzluschti bin i! Herrgottsaggerament, hot si dös schö auftroffa, daß i heunt auf den nämlinga Markt treib' wia d' Urschula! Wer woaß, wer sei Viech schneller o'bringt? Ha ... ha ... ha!«

»Du damischer Tropf, was g'freut di denn a so?«

»De Dummheit g'freut mi ... ha ... ha ... ha! Dahoam, woaßt d', hätten s' ma'r a Kindsmagd ei'gstellt, und dawei laff i bis Weichs an's Kammafenschta!«

»Dös vasteh i net.«

»Braucht 's net, Simmerl! Aba'r i vasteh 's guat, wia dumm dös oft is, wenn was recht g'scheit sei möcht'. Und jetzt bin i amal kreuzfidel, und Bier trink'n mir ins heunt gnua.«

»Gilt scho!« schrie der Tretter und lachte mit.

Der Schormayer aber schritt noch um eins lebhafter aus, und zwischen Husten und Lachen redete er vor sich hin! »Jetzt kunnt 's glei ganz dumm geh' ... ha ... ha ... ha ... Du Lall'n, du dappige!«

Fünftes Kapitel

Rosina Buchberger, die verwitwete Kaltnerin von Inzemoos, war aber ein schieches Frauenzimmer, so viel sich abschätzen ließ. Denn genau konnte man ihr Gesicht nicht erkennen, weil die rechte Hälfte übermäßig angeschwollen war, und weil sie gegen ihr heftiges Wehtun ein wollenes Tuch um den Kopf gewickelt hatte. Der Schormayer sah nicht viel mehr als ihre spitzige, etwas angerötete Nase und zwei streitsüchtige Augen und das Maul, das nur durch die Zahngeschwulst etwas behaglicher in die Breite gegangen war. Daß sie in ihren argen Schmerzen noch bissige Worte hatte und so gar nicht zur Wehmut und Milde gestimmt war, ließ auf eine schreckhafte Säure in ihrem Wesen schließen; und was ein Mann ist, der achtundzwanzig Jahre lang die frauenzimmerlichen Eigenschaften in der christlichen Ehe hat aufblühen sehen, der kennt sich aus.

Nach der ersten Viertelstunde wußte der Schormayer, daß er eine schlechte Fuhr hätte, wenn er sich die Kaltnerin einspannen würde; aber diese Erkenntnis machte ihn nicht traurig, sondern er wurde dazu aufgelegt, den Tretter und die Limmerin und die ihm zugedachte Person zu foppen und auf aller Kosten einen ordentlichen Spaß zu haben. Daß sie nach der kürzesten Zeit ihre Heimlichkeiten miteinander und gegen ihn hatten, merkte er gut, weil seine Augen durch keine Wünsche geschwächt waren; und er beschloß, sie mit Freundlichkeit zu hintergehen.

Zuerst war er mit dem Limmer und dem Viehhändler im Stall gewesen und hatte jedes Stück geprüft und abgeschätzt, und der Tretter hatte sich viele Mühe gegeben, ihm eine alte Kuh anzupreisen. Da wurden alle Fehler zu Vorzügen, und was noch so offensichtlich war, wurde abgeleugnet; und gefiel dem Schormayer die hintere Partie nicht, dann lobte der Tretter die vordere, und hatte der Schormayer vorne was auszusetzen, dann tätschelte der Tretter die Kuh hinten voller Bewunderung.

Aber so oft er auch in die Hand spuckte und sie zu einem treuherzigen und richtigen Abschluß des Handels hinstreckte, der Schormayer schlug nicht ein, sondern beutelte den Kopf wie einer, der Fliegen abwehrt.

Wie sie hernach mit den Limmerischen in der Stube saßen und ein Weibsbild mit eingebundenem Gesichte recht zufällig bei der halbgeöffneten Türe hereinschaute und gleich wieder zurückfuhr, schrie ihm der Tretter nach, es solle nur hereinkommen und sich zu ihnen setzen.

Und da ließ es sich überreden und setzte sich an die Kante der Bank und war also diese Rosina Buchberger.

»So, du bischt da Schormoar vo Kollbach?« sagte die Limmerin. »G'hört hon i schon an öfte'n vo dir, aba bekannt bischt du mi nix g'wen.«

»Wia 's halt geht; mi siecht si zwar und kennt si net.«

»Daß dei Bäurin an Hirgscht g'schtorm is, han i wohl vanumma. Si is vo Arnbach g'wen, gel?«

»Ja, von Gruaba z' Arnbach is sie g'wen.«

»Aha, gel ja? Was hot ihr nacha g'feit, daß sie schter'm hat müass'n?«

»A da Lungl.«

»Siehgst as do, a da Lungl! Da laßt si nimma viel richt'n, bal oans da it den recht'n G'sund hot. Wia alt is sie g'wen?«

»Fufzgi waar s' auf Liachtmeß wor'n.«

»Dös waar freili no koan Alter! Da brauchat si 's no gor it!« Die Limmerin schüttelte bedauernd den Kopf, und dann deutete sie mit dem Daumen auf das verhüllte Weibsmensch, das mit untergeschlagenen Armen nebendraußen hockte.

»Ihrer Mo hot aa so fruah weg müass'n; is no koane vierz'gi g'wen.«

»So?« sagte der Schormayer und drehte den Kopf nach der Kaltnerin zu. »Is sie Wittiberin?«

»Scho bald seit a'r an Johr.«

»Was hot nacha eahm g'feit?«

»Z' tot g'suffa hot er si,« gab jetzt die Kaltnerin zur Antwort, und ihre Stimme klang trotz der Geschwulst und dem Zahnbunde noch scharf genug.

»Dös is eahm jetzt aa vazie'cha,« meinte die Limmerin gutmütig.

»Ja – vazie'cha!« machte die Witwe und schnupfte unwillig auf.

»Über an Tot'n soll ma guat red'n,« mischte sich der Tretter ein; »aba was wahr is, derf ma sag'n. Bal sie it g'wen waar, hätt' da Kaltner an Hof it lang g'habt; der hot naß g'fuattert, so lang i 'n kennt hab, und de letzt Zeit is er aus 'n Rausch nimma'r außi kemma, aba *sie* hat 's Sach z'sammg'halt'n, und g'rad lobenswert. Dös muaß wahr sei.«

»Hat 's scho braucht!« sagte die Witwe bitter und feindselig und zog das Gesicht hinter den Bund zurück, daß man nur mehr die Nasenspitze sah. Sie nahm auch keinen Anteil mehr am Gespräch, das über Viehstand und Haushaltung einen bedächtigen Gang nahm.

Bis daß der Schormayer einmal auf die Seite gehen wollte und die Stube verließ.

Wie er zurückkam, merkte er wohl, daß sie einen geschwinden und eifrigen Diskurs über ihn gehabt hatten.

Dem Tretter steckte noch ein angefangener Satz im Maul, den er mit einem Husten in der Mitte abbrach und mit einem Schluck Zwetschgenschnaps hinunterspülte; die Witwe aber war zum Tisch herangerückt und streifte den Eintretenden mit flinken Augen.

Der patschte in die Hände und sagte: »So, Tretter, jetzt müass'n mir ins wieda auf 'n Weg macha!«

»Ja, was waar denn it dös!« wehrte die Bäuerin eifrig ab, und der Limmer meinte, das ginge doch gar nicht, daß der Schormayer nicht auch ein Stück Geselchtes probiere, und der Tretter weigerte sich, und die Witwe sagte so liebenwürdig, als es ihre Natur erlaubte:

»Du werst nix vasamma, wann's d' no bleibst.«

»Aha!« dachte der Schormayer. »Aha!«

»No vo mir aus,« sagte er; »bleib i halt no a wengl, denn des söll is wahr, daß dahoam neamd auf mi wart'.«

»Hoscht koane Kinda?« fragte die Limmerin.

»Zwee; aba de san scho lang aus da Schul'; 's Madl möcht heiretn, und da Bua möcht regier'n.«

»So, de san scho so groß?«

»Ja; schier über 'n Kopf aus g'wachs'n.«

»Hoscht Vadruß damit?«

»Na, sell it. Aba g'freu'n ko 's mi aa it, daß i übageb'n muaß.«

»Dös brauchst d' ja it, bal's d' it mogst,« sagte die Witwe.

»Freili ko mi neamd zwinga dazua, aba woaßt as scho, wia 's is. A lediga Mensch bedeut it viel auf an Hof. Da g'hört a Bäu'rin eina; es is amal net anderst.«

»Na stellst da halt oani ei!«

»Han?«

»A Bäu'rin stellst da'r ei, na bischt wieda aufg'richt.« Die Kaltnerin war recht lebendig geworden und probierte es mit einem freundlichen Lachen, aber der geschwollene Backen gab ihm einen schmerzhaften Zug.

»No mal heiret'n moanst?«

»Wos denn! Du brauchst no it vazag'n und bist no bei die best'n Jahr.«

»Dös nämli sag i aa,« schrie der Tretter lärmend und schob dem Schormayer ein gefülltes Schnapsglas hin. »Da, trink amal, daß d' a Schneid kriagst!«

»Dank schö; auf 's Wohlsei!«

»Sollst d' scho leb'n aa! Herrgottsaggerament, wann oana so bei 'n Zeug is wia du, und red't von Übageb'n!«

»Ja, mei Liaba, an Fufz'ga g'spür i guat!«

»Schaug' an Ertl Kaschpa o!« sagte die Limmerin. »Der is nah bei sechzgi g'wen, wia'r a de Gleixnerin g'heiret hot; und jetzt is sie scho mit 'n dritt'n Kind in da Hoffnung.« – »Geh?«

»Freili. Gel, dös muaßt aa sag'n?« fragte sie ihren Mann.

Und der Limmer nickte zustimmend mit dem Kopf.

»Is scho wahr; an Ertl de sei' bringt jetzt dös dritt'.«

»Na waar 's ja no gar it so weit g'feit!« lachte der Schormayer.

»Durchaus it,« bestätigte die Limmerin. »Aba was is denn, mögt' net a bissel was z' essen? A G'selchts mit an Kraut hätt' i.«

»Tua 's no her!« lärmte der Tretter; und weil auch der Schormayer nicht ablehnte, ging die Bäuerin in die Küche. Die Kaltnerin rückte noch um eins näher und schien mit der Zeit eine umgängliche und gesprächsame Person werden zu wollen.

»Is schad', daß d' a G'schwär host,« sagte der Tretter zu ihr.

»Warum?«

»Weil ma it siecht, wia's d' ausschaugst. Sie is sinscht it so unsauber!« versicherte er dem Schormayer, der freundlich nickte.

»Mir feit sinscht gar nix,« sagte die Kaltnerin eifrig, »und 's Kranksei is mir eppas Fremd's, und z'weg'n dem Zähnweh schauget i gar it um, wann i an Arbet hätt', aba weil i nix z' toa hab', bleib i halt in da Stub'n.«

»Bist da auf da Visit'?« fragte der Schormayer.

»Ja und na, wia ma 's nimmt. I hocket mi it her bloß zu'n Hoamgart'n, aba i bin in Kaff mit 'n Atzenhofer von da, und jetz is mir ganz passet, daß i bei 'n Limmer untasteh ko.«

»So, du willst was kaffa? Is dös na a größers Sach'?«

»Eppas über vierz'g Ta'werk.«

»Alloa werst na wohl it furt haus'n woll'n?«

»N ... ja.«

»Dös leid'n mi gar it, daß du Wittiberin bleibst,« sagte der Tretter. »Gell, Limmer, dös gibt 's it?«

»Besser waar g'schafft, wann s' an Beistander hätt.«

»Was na für oan?« greinte die Kaltnerin. »Vielleicht wieda so oan, der all's vasauft, was i derarbet?«

»Ohö! Es werd scho anderne aa no geb'n! Paß no auf, was da'r i für oan auftreib!«

»Sieghst, Kaltnerin,« sagte Schormayer schmunzelnd, »mir zwoa bringan an Tretter in Schwung. Für mi muaß a'r a Weibets suacha, und für di an Mo.«

»Wia waar 's denn, bal i enk zwoa glei frischweg z'sammspannet?« schrie der Viehhändler lustig.

Der Schormayer ging lachend darauf ein und meinte, das ließe sich wohl überlegen, und wenn ihn die Kaltnerin für einen Ganzen nehme, könne die Handelschaft am Ende gar noch richtig werden.

Die Kaltnerin zog den Kopf tiefer ins Tuch zurück und sagte, da sei doch kein Ernst dabei, und der Tretter sei überhaupt so einer, der die Leute foppe.

»Dös is durchaus gar it g'foppt,« schrie der Viehhändler, der einen schönen Profit in der Ferne winken sah und darum dringender wurde. »Warum soll nacha dös bloß a G'spaß sei? Der Schormoar werd koa' ganz Junge net mög'n, de hint und vorn nix vasteht, und du waarst ganz passet für eahm. Du bischt deiner Sach schö fürg'stanna in Inzemoos und host it viel Hilf g'habt dabei.«

»Dös sell is g'wiß und wahr; Hilf' hon i gar koane g'habt, und überhaupts hon i de letzten Johr alloa auf d' Arbet denka müass'n, wei' ...«

»No also! Dös sag' i ja!«

»Wei' da Kaltner scho überhaupts gor nimma hat o'greifa

kinna, aa bal er mög'n hätt, weil a d' Sucht g'habt hot, und is eahm allssammete z' schwaar g'wen, und bal er 's probiert hot, is er marodi worn und hot aa glei wieda g'suffa.«

»Do waar ja i no da besser,« sagte der Schormayer treuherzig.

»Da host recht! Du bischt scho anderst beinand, als wia'n er g'wen is,« versicherte die Kaltnerin, indes sie voll Anerkennung ihr Gegenüber anschaute.

»Bei der Arbet bin i heunt no it schlecht, und dös letzt Fruhjahr hon i selm a fufzeh' To'werk umg'ackert, daß mir koa Junga net fürkemma waar.«

»Und im Bett bist du aa no it schlecht,« schrie der Tretter und schlug fröhlich auf den Tisch.

»Dös sell woaß mi net ...«

»Ganz lüaderli werst nacha do scho net sei, du Tropf, du eiskalta!«

»Geah! Red do it so daher!« wehrte die Kaltnerin ab.

»Dös g'hört aa zu'n Handel, ob er koan g'setzlinga Fehla net hat!« lärmte der Viehhändler und lachte herzhaft über seinen Spaß.

»Du muaßt di do schama, was du allssammete daher bringst.«

»Wos nacha? Kaffst du vielleicht d' Katz in Sack?«

Da lachten nun alle miteinander, und der Schormayer wurde blaurot im Gesicht und mußte sich die Tränen abwischen. Sogar das geschämige Weibsbild wollte lustig kichern, und es ging aber nicht.

Mit dampfenden Schüsseln kam die Limmerin herein; Geselchtes, das von warmem Fett glänzte und appetitlich im Kraut lag, und auch Erdäpfel brachte sie; und indes sie ihre wohlschmeckenden Gaben auf den Tisch stellte, sprach sie ihre Freude darüber aus, daß es so kreuzlustig in der Stube geworden sei.

»Paß auf, Limmerin,« antwortete der Tretter, »es rankelt si was z'samm, und überecks hamm mir a Hozet!«

»Was na für oane?«

»Bal da Wittiber d' Wittiberin packt.«

»Oho! Dös waar aba schnell ganga!«

»Es is aa no it ganga,« sagte der Schormayer, »mi red'n g'rad a bissel davo.«

Die Unterhaltung schwieg, denn die Mannsbilder langten zu und hatten tüchtig zu kauen.

Die Limmerin aber setzte sich neben die Kaltnerin auf die Bank, und sie rückten beide weiter vom Tisch weg und tuschelten eifrig miteinander; und was sich nicht sagen ließ, teilten sie sich zwinkernd und blinzelnd in der Augensprache mit.

Dann wischte sich der Tretter mit der Hand übers Maul. «So, guat war 's.« – »G'segn s' Good!« sagte die Limmerin. »Hättst vielleicht no mehra mög'n?«

»Na, es g'langt scho. Aba paß auf, Schormoar, jetz soll'n mi nacha wirkli amal vo dera Sach mit Ernst aa red'n.«

»Vo was für a Sach?«

»Vo 'n Heiret'n halt! Und *sie* soll sag'n, was s' hat.«

Der Tretter deutete dabei mit dem Daumen auf die Kaltnerin. Die schaute nun auch erwartungsvoll auf den ihr Zugedachten; aber der Schormayer holte sich noch eine Gabel voll Kraut und schob sich einen Bissen ins Maul.

»Für dös is heunt no koa Zeit,« sagte er kauend und schmatzend.

»Firti macha brauchst heunt freili nix, aba red'n kinna mi do, red'n.«

Der Schormayer nickte mit dem Kopf.

»Sie soll halt red'n.«

Da blinzelte der Tretter ermunternd die Kaltnerin an.

»Jetzt sag 's eahm, was d' hast.«

Und das Weibsbild lockerte sein Kopftuch, damit man es deutlicher höre, und schnupfte etliche Male auf und begann:

»Von Inzemoos san ins blieb'n fufzeh'tausad dreihundert und zwanzg March, und achttausad March san Bargeld, und des ander is auf zwoate Hypathek auf'n Kaltnero'wes'n blieb'n.«

»De is aba guat; da brauchat mi koan Angst it hamm,« warf der Tretter ein; »de erst Hypothek is a Bankgeld, und it viel.«

»De erscht Hypathek san viertausad March, und na kimmt des inser, und vo dera Hypathek und von Bargeld g'hört de Hälft mei, und des ander g'hört de drei Kinda, und derf aber i de Zins'n ziahg'n, bis daß sie mündig wer'n; und a so steht 's g'schrieb'n.«

Der Schormayer stocherte mit der Gabel im Kraut herum, ob sich nicht noch ein Stück Fleisch fände, und die andern, die ihn alle zusammen betrachteten, mußten glauben, daß er seine ganze Aufmerksamkeit auf das Suchen gerichtet habe.

Nun wandte er doch seinen Kopf der Witwe zu und fragte: »So, Kinda hoscht drei?«

»Ja. Zwoa Madln und oan Buam, und des ältest is elf Jahr alt, und da Lochmann von Inzemoos nahm 's glei zu eahm, hat er g'sagt, weil er 's zu'n Hüat'n braucha kunnt'.«

»I tat ma 's selm zu der Arbet richt'n, wann i du waar.«

»Ja no, mi sagt g'rad, wann eppa drei Kinda z' viel waar'n, und weil du aa zwoa hoscht . . .«

»Wer red't denn vo mir?«

»Mi sagt ja g'rad, für den Fall, daß 's eppas wurd mit ins zwoa, und es war si a Hindernis vorhand'n z'weg'n die Kinda.«

»Auf des sell gang 's aa nimma z'samm, aba i ko dir heunt no gar nix sag'n, was i an Sinn ho. Dös geht so schnell it bei mir, und i bi mir it g'scheit gnua.«

»Heirat'n is it Kapp'n tauscht,« sagte die Limmerin, »und a niada Mensch muß si dös g'nau überleg'n, und du werst na scho wieda zuakehrn, Schormoar, bal dir allssammete paßt.«

»Dös is amal richti,« versicherte der Schormayer, »überlegt muaß de Sach wern. Dös laßt si net auf ja und na richt'n, und i wer jetzt dahoam nachdenka über dös.«

»Moanst d', bei mir is anderst?« fragte die Kaltnerin. »I woaß ja no gar nix vo dir.« – »Mi derfragst d' leicht.«

»Mit 'n Derfrag'n is it to; mi muaß aa wiss'n, wia du 's mit deine Kinda hoscht.«

»Desz'weg'n sag i ja, daß i a Zeit brauch zu'n überleg'n.«

»Is ja recht. Überlegst d' as halt!«

Die Kaltnerin hatte ihr mildes Wesen abgelegt und wollte sich nicht mehr liebreich zeigen; und wie der Schormayer aufstand und allerseits einen herzlichen Abschied nahm, verklang ihr Gegengruß beinahe hinter dem Tuch. Dann aber, als er schon unter der Türe stand, schien es ihr doch, daß ihrerseits nichts verabsäumt werden dürfte, und sie schrie ihm nach, etwas hätte sie noch vergessen: daß ihr Vetter, der Buchberger von Glonn, kinderlos sei und nach seinem Ableben ihr an dreitausend Mark hinterlassen müsse, wenn es nach Rechten gehe.

»Ganz guat,« sagte der Schormayer, »und nacha, bal i also de Sach übalegt hab', und bal s' in Richtigkeit is, nacha kimm i wieda, oder i tua dir a Botschaft, daß du zu mir umi kimmst. Pfüat di!«

Und damit ging er zum Hause hinaus und schmunzelte ein wenig, weil der Tretter noch zwischen Tür und Angel mit den Limmerischen und der Kaltnerin eine Verhandlung hatte.

Erst am Ende der Dorfgasse holte ihn der Viehhändler ein. Sie gingen eine Weile miteinander, ohne zu reden; der Tretter hustete, weil ihn das Laufen angestrengt hatte, und der Schormayer rülpste etliche Male recht kräftig.

»Dös Schweinerne war aba fett,« sagte er.

»Ja, ja. Und wia g'fallt s' da?«

»Han?«

»Wia s' da g'fall'n hat?«

»I hab d' as scho g'sagt, daß s' z' alt is.«

»Z' alt?«

»Ja, und mehra wia drei Kaibln hat s' aa scho g'habt. Da ko'st du mir nix fürmacha.«

»Drei Kaibln? Vo wem redst denn du?«

»Vo da Kuah halt! Aba mi drahst du net a, mei Liaba!«

»Wer red't denn vo da Kuah? I frag di, wia da de Kaltnerin g'fall'n hat.«

»Ah so!« Der Schormayer lachte still vor sich hin. »Du moanst de Kaltnerin?«

»Freili! Daß d' mi fei du net vastand'n host, du Plana, du elendiga! Jetzt sag aba g'scheit, was d' moanst!«

»I moan gar nix, Tretter.«

»No dös sell muaßt d' do wiss'n, ob sie dir g'fall'n hat, und ob 's mögli waar.«

»Mögli? Warum net? Mögli is all's.«

»Sie is koa uneben's Weibsbild, derfst d' ma 's glaab'n, Schormoar. Mir hot sie recht guat g'fall'n.«

»Dir?«

»G'wiß is 's wahr. I kenn s' scho länga, und i gib ihr dös best' Zeugnis.«

»Nacha sollst da s' selm aufg'halt'n, wann's d' vielleicht do no dös drittmal zu'n Heiret'n kamst.«

»Ah was! Jetzt hör amal mit deine G'spaßetln auf und red a Wort! Magst d' as, oder magst d' as it?«

»I woaß it.«

Da merkte der Viehhändler wohl, daß er kein schleuniges Geschäft machen könne; aber als ein zäher Mann mochte er nicht so schnell von seinen Absichten lassen, und er versuchte noch mancherlei.

Der Schormayer gab ihm keine Hoffnung und nahm ihm keine. Er war so lustig aufgelegt wie schon lange nicht mehr, weil er den Tretter, der ihn hatte fangen wollen, so schön an der Angel hielt. Auf seinen Vorschlag kehrten sie in jedem Wirtshause unterwegs ein, und er freute sich an dem schönen Eheglück, das ihm der eifervolle Schmuser ausmalte, und auch daran, daß sich dieser Mensch so ganz umsonst plagte.

Eine halbe Stunde vor Kollbach und an einem Kreuzwege mußte er Abschied nehmen von ihm, und er tat ihm auch da den Schmerz nicht an, seine wahre Meinung zu sagen, sondern ließ alles im Ungewissen und Aussichtsreichen.

»Also, Schormoar,« sagte der Tretter, indem er mit gläsernen Augen seinen Weggenossen anschaute, »also, es bleibt dabei: mir gengan no amal umi auf Weichs.«

»Dös hoaßt, bal i ...«

»Nix da! Mir gengan umi, und du packst de Kaltnerin z'samm, sag i dir! Herrgottsaggerament!«

»Is scho recht. Und du gehst jetzt hoam und schlafst dein Rausch aus!«

»Wos Rausch? I hon koan Rausch! Und dös muaß sei Richtigkeit hamm, daß mir auf Nikolo ... öha! Jetzt hätt' 's mi bald g'riss'n ... also daß du und de Kaltnerin ... vastehst? Daß de Kaltnerin und du ... gel? Alta Spezi! Und ... und ... woaßt, i bi dei Freund, und i moan da 's guat, laß da sag'n ... öha! und auf deina Hozet ... da muaß i no tanz'n, und grad luschti muaß wer'n, gel? Da hau hera!«

Der Tretter spuckte saftig in die Hand und hielt sie zum Treugelöbnis hin, aber der Schormayer war schon weiter gegangen und in der Dunkelheit seinen Blicken beinahe entschwunden.

Da schrie er ihm mit heiserer Stimme nach.

»Schormoar! Paß auf! Auf Nikolo gilt s' scho! Mir gengan umi. Herrgottsaggerament ...«

Er schlug den Weg nach Pettenbach ein und schlug einen Haken nach rechts, wenn er links zu nahe an den Graben gekommen war.

Einmal blieb er noch stehen und horchte, denn es war ihm,

als hätte ihm der Freund gerufen; und indem er die Hände vor den Mund hielt, schrie er in die Nacht hinein:

»Wos willst? Hoscht d' was g'sagt?«

Es kam keine Antwort, und der Tretter ging weiter.

Der Schormayer hatte nichts mehr von ihm gewollt, aber er hatte laut gelacht und mit sich selber geredet.

»Schaugt's no grad den b'suffan' Spitzbuam o! Hätt er schmusen mög'n! Ha ... ha ... und mit dera Beißzanga!«

Und indem er im Gehen nach dem lärmenden Tretter hinhorchte, schickte er ihm die allerfreundlichste Einladung nach.

Sechstes Kapitel

Ganz nüchtern war der Schormayer selbst nicht mehr, wie er nun am Waldrande dahinging und mit dem Stecken fröhlich an die Baumstämme schlug. Alles, was er an diesem Tage erlebt hatte, war ihm ein rechtes Gaudium gewesen, und seine Fröhlichkeit war nicht trocken gelegen. Wie das schieche Weibsbild einmal grantig und einmal zutulich gewesen war, und sich gleich gar schon ausrechnete, was sie mit ihren Kindern tun werde! »Für den Fall, daß 's eppas wurd' mit ins zwoa.« Freilich. Her und am Baum nauf! Das hätte er sich ja so gedacht! Ein zuwideres Frauenzimmer aus dem Hause hinaus, und noch das grimmigere dafür herein, und schlechte Tage, einen für den anderen bis zum letzten.

Was sie dem Tretter versprochen haben mußte, daß der gar so bärig auf die Heirat wurde? Und wie schnell sich die verstanden hatten! Han?

Ein paar Minuten war er draußen geblieben, und da waren sie schon einig. Die Limmerischen auch. Für die hätte wohl auch geschwind was abfallen sollen; und der Zahler wäre er, der Schormayer, gewesen. Jetzt hockten sie gewiß noch beieinander und rechneten dem schiechen Weibsbild vor, was es für ein Glück machen könne auf dem größten Hof in Kollbach mit gutding hundert Tagwerk Grund, sechs Roß und an die vierzig Stück Vieh. Da könnte die Kaltnerin den Hintern gar stolz drehen, wenn sie als Bäuerin in dem allerschönsten Sach herumginge und alles kommandierte und ihre scharfe Stimme ertönen ließe. Was die sich bloß einbilden! Braucht gar nix, als nur gerade wollen, und das Weibsbild hockte sich mit seinen fünfzehntausend Mark – oder nein, bloß mit der Hälfte! – als Schormayerin nach Kollbach hinein.

Aber das war hernach lustig gewesen, wie er sie alle miteinander zwei Stunden lang an der Nase herumgeführt hatte, und den ganz gescheiten Tretter erst recht. »Du muaßt it glaab'n, daß i was davo hab! Vo mir aus derfst du gnua ledi bleib'n, und zweg'n dem bin i um koan Pfenning net ärmer.« Hat sie dir nichts versprochen hinter der Tür, und meinst du, andere Leute sind dümmer wie du? Du Tröpferl! – Hopp auf! Ein vorspringender Ast streifte dem Schormayer den Hut vom Kopfe, und da war er auch schon am Walde vorbei und stand auf der Höhe oberhalb Kollbach. Er strengte die Augen an und schaute nach der Richtung, wo sein Haus lag. Kein Licht schimmerte darin.

War die Ursula noch nicht daheim, oder lag sie schon im Bett?

Und wenn sie daheim war und nicht ihn und nicht die Zollbrechtin gefunden hatte, dann mußte sie die Augen aufgerissen haben. Herrgott, sie hätte ihn heute sehen sollen beim Limmer in Weichs, wie sich vier Leute die schönste Mühe mit ihm gaben und ihm wie einem jungen Hochzeiter um den Bart gingen. Bist doch nicht ganz und gar der alte Dadädl und Austragler, der für nichts mehr gut ist auf der Welt! Muß doch noch was sein an dir, wann die Weibsbilder liebreich werden, daß sie dir gefallen! Wer weiß, ob der Prückl Kaspar heute drüben in Arnbach der Ursula so schön getan hatte wie ihm die Kaltnerin, der die Augen glanzig wurden vor hoffnungsvoller Erwartung?

Jawohl, du Schneegans, das hättest du dir nicht einfallen lassen, daß der Vater die Zollbrechtin hinauswürfe und auf die Brautschau ginge und beim erstenmal ein Weibsbild an der Angel hätte! – Die Vorstellung, wie er heute aber schon auch alle Mitmenschen, und seine Tochter am allermeisten, hinters Licht geführt hatte, machte den Schormayer immer noch fröhlicher, und er stolperte seelenvergnügt in seinen Hof. Der Hund schlug an.

»Sei staad, Russel! Kennst d' mi net?«

Da schloff der Schnauzl in seine Hütte zurück, und der Bauer holte unter einem Steine den Schlüssel heraus und sperrte auf.

Er tappte schwer in das Hausflötz und tastete etwas unsicher nach der Stubentüre. Jetzt knarrte oben im Gange ein Brett, und ein Licht blitzte auf.

»Hö! Urschula, bischt as du?«

»Na, i bin 's.«

»Ah, d' Zenzi! Bischt du no auf?«

»I bi scho g'leg'n, aba i bin aufg'stanna, wia'r i di g'hört ho.«

»Is na d' Urschula no it dahoam?«

»Na. Sie is no it kemma.«

Zenzi war bis zur Stiege vorgegangen, und da sah sie der Schormayer in Unterrock und Hemd oben stehen; sie hielt ein Kerzenlicht, das sie mit der Hand gegen den Zug schützte, und der Schein fiel auf ihr Gesicht und die bloßen Schultern.

Irgend etwas trieb den Schormayer dazu, daß er die Stufen hinauf ging und nun auf einmal neben der Dirne stand und sie an der Schulter faßte.

»Herrgott, du bischt aba g'stellt!«

»Jessas, dös wenn d' Ursula wisset!«

»Was paß denn i auf de auf?«

»Du paßt scho auf! Host d' mi ja de ganz Zeit nimma o'schaug'n derfa!«

»A was! Dös is grad a so g'wen!«

»Laß 's guat sei! Hör auf!«

»Teufi no a nei! Aba du bischt sauber g'wachs'n!«

»Hör auf, sag i!«

»Sei g'scheit, Madl!«

Dem Schormayer ging der Atem schwer, und die heiße Gier stieg ihm zu Kopf, und er kam ins Ringen mit dem üppigen Frauenzimmer. Da losch das Licht aus.

»Jessas na! Jetz is d' Kirz'n aa no ausganga!«

»Was braucha denn mir a Liacht?«

»Geh abi in dei Stub'n!«

»I mag it, und i bleib amal bei dir!«

»Na, dös derfst it!«

»Jo, sag i! Herrgott, wo bischt denn?«

Die Zenzi war ihm entwischt, und er hörte sie auf dem Gange, und da schnappte eine Türklinke ins Schloß, und ein Riegel wurde vorgeschoben.

Der Schormayer tappte im Dunkeln vorwärts. Er stieß mit dem Fuß an seinen Stock, den er hatte fallen lassen, und dann suchte er an der Wand, bis er die Magdkammer fand. Die Türe war verschlossen.

»Zenzi, mach auf!«

Er horchte und hielt den Atem an, weil er vor seinem eigenen Schnaufen nichts hörte.

Drinnen kicherte es.

»Geh, Madl, sei g'scheit und laß mi eini! Es reut di g'wiß it!«

Wieder war es still.

»Du, paß auf! Wann's d' mi eini laßt, is dei Schad'n net.«

Da antwortete die Zenzi endlich.

»Na, dös sell derf it sei!«

»Warum it? Auf wen hamm denn mir aufz'pass'n?«

»Was tat'n denn deine Leut' sag'n?«

»Dös is mir wurscht. Jetz' mach amal auf!«

»Geh abi! D' Urschula ko all' Aug'nblick kemma!«

»Vo mir aus kimmt s', wann s' mag. Und bals d' jetzt net aufmachst, tritt i d' Tür ei!«

»Jessas na! Gib do an Ruah!«

»Himmisaggerament!« Der Schormayer rannte wütend gegen die Türe.

Da raschelte es in der Kammer, der Riegel wurde leise zurückgeschoben, und der Bauer fiel beinahe über die Schwelle der sich öffnenden Türe.

»Du bischt aba wild!« sagte Zenzi vorwurfsvoll. »Und jetzt gehst abi!«

»Jetz wer i geh! – Freili!«

Mit festen Griffen hielt er die Dirne.

»Laß do aus! I muaß ja d' Tür zuasperr'n!«

Er hielt sie am Arme, indessen sie die Kammer verriegelte, und dann umfaßte er sie und drängte sie vor.

»Na, du bischt oana! Aba na! Aba na!«

Eine Stunde später rumpelte ein Fuhrwerk in den Hof.

Zenzi fuhr auf und stieß den Bauern, der angekleidet neben ihr lag, unsanft an.

»D' Urschula is kemma!«

Der Schormayer brummte unwillig und wachte nicht auf.

»Jessas na! Jetzt flackt a do, und de ander muaß scho glei herob'n sei!«

Sie schrie ihm halblaut ins Ohr: »Du, d' Urschula is do!«

Er gab keine Antwort und schnarchte weiter.

»Dös werd it schlecht!« seufzte die Magd und horchte hinaus.

Indem war aber die Ursula schon ums Haus herumgegangen und zur Küche hereingekommen. Sie machte Licht und schaute nach der Wanduhr.

»Elfi vorbei!«

Da hatte sie sich doch ein wenig lang verhalten beim Ratschen mit der Base und dem Prückl Kaspar, der ihr nicht übel gefallen hatte. Und er war auch gar nicht dagegen, die Schormayertochter zu nehmen; denn so fünfzehntausend Mark auf die Hand kriegte nicht eine jede mit. Ihr Sonstiges an Vorzügen hatte die Base auch redlich herausgestrichen, so daß der Kaspar sie frischweg eingeladen hatte, mit der Base auf Hirtlbach hinüberzufahren und sein Anwesen anzuschauen. Bis man alles gesehen hatte, war es Abend geworden, und hernach zog sich in Arnbach bei der Base wiederum der Diskurs in die Länge, denn es mußte alles beredet werden, bis sie dann endlich der Vetter heimfuhr.

»Schon elfi durch!«

Der Vater schlief wohl längst und hörte sie nicht.

Ursula schaute sich in der Küche um und bemerkte mit Wohlgefallen, daß die Zollbrechtin sauber aufgeräumt hätte. Es war alles an seinem Platze, wie sie es verlassen hatte.

Sie nahm nun das Licht und ging die Stiege hinauf. Was war denn das? Vor ihrer Türe lag ein Stock; und wie sie ihn aufhob, sah sie, daß es dem Vater der seinige war.

Wie kam jetzt der herauf?

Sogleich war ihr Verdacht geweckt, und sie überlegte, wie sie den Alten zur Rede stellen werde.

Da kam ein leises Geräusch aus der Nebenkammer. Leise schlich sie vorwärts und horchte.

Es war wie Schnarchen und hörte plötzlich auf.

Ursula blieb auf ihrem Posten und drückte das Ohr an die Türe.

Und wirklich, es war wieder ein tiefes Schnarchen, das schnell erstickte und in ein Brummen überging. Denn drinnen hielt Zenzi ihre Hand dem Schormayer auf Maul und Nase, und er wehrte sich dagegen.

Jetzt klopfte Ursula.

»Zenzi!« – Keine Antwort.

»Zenzi, hoscht g'hört!«

Eine schlaftrunkene Weiberstimme gab an.

»Wos is denn?«

»Mach auf!«

»Han?«

»Aufmacha sollst!«

»Zu wos denn? I schlof ja scho!«

»Dös sell sag i dir nacha, z'weg'n was. Jetz mach amal auf, und g'schwind!«

»Loß mi do schlafa! Wann mi an ganz'n Tag arbet, derf mi do aa 'r amal sein Ruah hamm!«

»Stehst d' it auf?«

»Na! I mag it; i möcht schlafa.«

»So? Dös ander werst na morg'n hör'n!«

Zenzi gab keine Antwort.

Da schrie Ursula zornig. »I woaß, wer bei dir drin is!«

»Wo herin? Bei mir is durchaus gar neamd!«

»Ja, lüag no! Du Loas, du abscheilige! Aba morg'n schmeiß i di naus, daß d' draußd lieg'n bleibst, du schlecht's Mensch, du!«

»Mei Ruah laß mi! Derf mi net amal in da Nacht sei Ruah hamm?«

»De kriagst na morg'n. Und der sell soll si schama! Pfui Deifi! Pfui Deifi!«

Von ihrem Schreien wachte der Schormayer doch auf. Er rumpelte auf.

»Was is denn? Wo bin i denn?«

»Bscht!« machte Zenzi und flüsterte ihm ins Ohr: »D' Urschula is drausd und hot wos g'spannt.«

Aber Ursula war schon in ihre Kammer gegangen, und auf dem Bettrande sitzend fing sie zu heulen an.

»Da hört si do allssammete auf! A so a Schand!«

Derweilen rieb sich ihr Vater den Schlaf aus den Augen und wollte aufstehen. Zenzi hielt ihn zurück.

»Bleib no a wengl do, bis sie schlaft; net daß s' di no'mal hört!«

»I will in mei Bett,« brummte er.

»Na ziahg aba d' Stiefeln aus, wann's d' scho abi gehst!«

Das vertrauliche Getu war ihm so zuwider, daß er darüber nüchtern wurde; und ein heftiger Zorn stieg in ihm auf, über sich und über das Weibsbild, und am meisten über die Ursula.

»Dös Luada hat ihra Nas'n überall'n drin, und 's Mäu kunnt s' net halt'n, de!« fluchte er vor sich hin.

»Ja, de übersiecht nix,« sagte Zenzi.

Ihre Zustimmung erinnerte ihn, daß er mit der Person da, mit seiner eigenen Magd, Heimlichkeiten hatte, und er wurde erst recht unwirsch.

»Laß mi naus!« befahl er grob.

»Aba d' Stiefeln ziahg aus!« bat sie.

»Dös geht di nix o! I schliaf in mein Haus net umanand wia 'r a Diab.«

Er war schon bei der Türe und öffnete sie.

»Tua mir a paar Zündhölzeln her!«

Sie gab ihm eine Schachtel und sagte schmeichelnd: »Sagst d' mir na koa Pfüad Good?«

»Guat Nacht jetzt, und laß mi geh'!«

Er strich ein Zündholz an und ging laut durch den Gang und fest über die Stiege, daß jede Stufe knarrte.

Eine helle Wut war in ihm.

Das sollte die Ursula erst noch sehen, ob er sündhaft und demütig wegschliche!

Er schlug seine Tür zu und zog sich aus und schmiß sich ins Bett. Wenn es eine Dummheit war, dann war es seine Dummheit, und fertig!

Die Ursula hörte ihn gut, und sie mochte es seinen Schritten anmerken, daß er nicht reumütig und sanft gestimmt war.

Sie unterdrückte ihren Wunsch, ihm etwas nachzurufen, und hörte vor Staunen auf zu weinen.

»Da schaug her!« brummte sie. »Der schamt si gar it amal!«

Siebentes Kapitel

Und wenn der Schormayer noch nie gemerkt hatte, wie dick eines Menschen Kopf sein kann, dann wußte er es an diesem Morgen, der seinem abenteuerreichen Tage folgte.

Er legte sich das Erlebnis mit der Creszentia Gneidl zurecht und fragte sich, was nun geschehen müsse.

Und eigentlich erschien ihm die Lösung einfach und selbstverständlich. Das Mensch mußte weg vom Hofe.

Kein zärtlicher Nachgeschmack zwang ihn, das Mädchen in Gedanken höflicher zu benennen oder um sein ferneres Wohlergehen besorgt zu sein; und sein tüchtiger Verstand verhielt sich durchaus ablehnend gegen die Vorstellung, daß ihn an der Verfehlung gegen die Reinlichkeit des Hauses auch ein Teil von Schuld treffe. Wieso auch? Wenn die Zenzi nicht gewollt hätte, wäre ihr nichts geschehen. Und man konnte die Sache anschauen, wie man wollte: jedenfalls ging es nicht, daß er eine Manklerei mit einem Dienstboten hatte, von der seine Kinder wußten, und die auch bald genug in der Gemeinde bekannt würde. Denn seine Tochter könnte schon das Maul nicht halten und müßte ihren Verdruß bei der ersten Gelegenheit einer Nachbarin anvertrauen. So viel weiß zuletzt jeder von den Weibsbildern. Und war die Geschichte einmal aus dem Hause, dann kroch sie durch alle Schlüssellöcher. Wenn dahingegen die Zenzi im Frieden abzog, dann konnte er seiner Ursula kräftig vorstellen, daß über geschehene Dummheiten nicht gut reden sei.

»So wer i 's macha,« sagte der Schormayer und war zufrieden mit sich und dem gehabten Vergnügen. Denn ein teufelsmäßig sauberer Brocken war das Weibsbild, ein ordentliches Trumm und recht nach seinem Gusto.

Er schmunzelte und wollte gerade die Füße aus dem warmen Bett strecken, um aufzustehen, als er durch die Wand den Lärm von kreischenden Stimmen und klapperndem Geschirr hörte.

»Oha! San s' scho überanand, de zwoa? De Lall'n hätt ja net wart'n kinna!« Er meinte seine Tochter und zog die Füße zurück.

Denn mitten ins Gewitter hinein wollte er nicht geraten, und seine kluge Meinung war am Ende besser an die Frauenzimmer zu bringen, wenn sie sich ausgeplärrt hätten. Und dazu hatte es gute Aussicht; die Töne gingen schneidig in die Höhe und klangen messerscharf in der Fistel. Dann schepperte aber ein irdener Topf, der in tausend Scherben zerschmissen sein mußte, und ein gellender Schrei folgte nach.

»Dös werd' ja guat!« sagte der Schormayer, und da lärmte die Ursula schon in die Stube und klopfte mit ungestümer Faust an seine Türe.

»Bal's d' net auf da Stell außakimmst, Vata, geh'n i auf und davo!«

»Was machst d' denn für an Krach, du Herrgottsaggerament?«

»I bleib nimma in dem Schandhaus herin, und koa Minut'n bleib' i mehr ...«

»Du gehst in dei Kuch'l und wartst, bis i kimm ...« – »Aba glei!«

»Dei Mäu halt, sag i! Und dös Schandhaus zoag i dir na scho, du Moll'n, du!«

Da er mit der Lederhose im Bett gelegen war, mußte der Schormayer nur in die Pantoffel schliefen und war schnell in der Küche. Hinterm Herde stand unordentlich gekämmt die Ursula; ihre Stirne war in viele Falten gezogen, und ihre Augen flackerten; auf dem Boden lagen die Scherben einiger Töpfe, und der blecherne Milchkübel zeigte eine große Dulle, und daneben war reichlich Milch verschüttet.

»Was is?« fragte der Bauer.

»Ja, was is? I tat no frag'n, wann i du waar! De Loas, de miserablige, kimmt da ganz frech eina, und wia'r i ihr sag, daß s' auf da Stell packa soll, lacht sie no ganz frech; und du bischt da it Herr, sagt sie, und dös müass'n mi erst sehg'n, was da Baua tuat, hat sie g'sagt. Und was? sag i; sehg'n willst du was, sag i, dös sell ko'st d' sehg'n, hab i g'sagt, daß i dir oane neihau, hab i g'sagt, du Hadern, du Schlampen, du ausg'schamta, sag i, du ...«

»Laß di no net gar a so aus!« unterbrach sie der Schormayer.

»Ja, da soll mi vielleicht no staad sei, bal mi so was sicht, und der Hadern derfat si gar no aufmanndeln! Aba i hon ihr 's zoagt, ob sie frech sei derf.«

»Daß du grob bischt, dös woaß mi so,« sagte ihr Vater und schaute die Scherben an.

»Mit dera geh i no ganz anderst um, bal s' no amal eina kimmt.«

»So? Bischt du Herr da herin?«

»Dös is mir wurscht. I leid 's amal it.«

»Net?«

»Na! Und koa Stund bleib i mehr mit dem Schlampen in oan Haus.«

»Du, laß da 's g'sagt sei: wann's d' mit mir redst, nacha plärrst it a so!«

»Und i schrei amal! Und vo mir aus hört 's de ganz Nachbarschaft, und des ganz Dorf derf 's hör'n, wia 's bei ins zuageht!«

»Sei staad, sag i dir!«

»Net bin i staad; und von so oan, als wia du bischt, laß i mir 's Mäu gar it biat'n.«

»Wos?«

»Ja von so oan! Pfui Deifi!«

Schier hätte Ursula, die sich in sinnloser Wut heiser schrie, ausgespuckt; aber da sah sie noch, wie ihr Vater seine Hand aufzog, und sie hielt schützend einen Arm vors Gesicht und duckte den Kopf nieder. Der Schormayer ließ die Hand sinken.

»Siehgst,« sagte er ruhig, »wann di du jetzt net a so braucht hättst, nacha hätt i de Zenzi auszahlt, und sie waar furt ganga. Aba jetzt bleibt s' bis Liachtmeß.«

»Dös will i seghn.«

»Dös siechst scho, du Malefizkramp'n, du; und grad weils d' du a so plärrt hoscht, bleibt s' jetzt!«

»Na kost ja heunt nacht wieda aufischliafa dazua!«

»Muaß i di frag'n, was i toa derf?«

»Jawoi, weil 's mi aa was o'geht, und weil 's a Schand is für ins all mitanand!«

»Kümmer di du um dei Schand; und dös mirkst da: was du willst, dös g'schiecht gar nia!«

»Na geh'n i!«

»Geh zua! Hab i di vielleicht bettelt, daß d' bleibscht? Schaug mir amal so was o! Machet dös Viech da herin in aller Fruah scho an Krach, daß ma 's drei Häuser weit hört, und schmeißet mei G'schirr umanand, und nacha reißt sie 's Mäu geg'n ihr'n Vata auf!«

»Wann du mit Recht'n umgehst, sagt koa Mensch was!«

»Allssammete, was i tua, is mei' Sach! Herr bin i, vastehst;

und dös gang mir grad no o, daß i in mein Haus an Schpion hamm müaßt!«

»Da hat 's kan Schpion it braucht; du bischt scho so auftrappt, daß ma di hör'n hat müass'n.«

»Vo dem werd it g'redt!«

»So? Da derfat mi it red'n davo!«

»Koa Wort werd it g'redt vo dem! Und dös sag i dir: bal i was spann, daß du da was aus 'n Haus außi tragst, na schlag i di amal mit 'n Ochsenfiesel her! Du bischt ma no lang it z' groß g'wachs'n!«

Indem jetzt der Ursula keine richtige Antwort einfiel, setzte sie sich auf einen Hocker und fing hinter der vorgehaltenen Schürze gottesjämmerlich zu weinen an.

»So waar 's nacha, daß mi 's Kind von Haus waar und hätt koa Recht umadum, und bal mi dös sagt, was amal wahr is, na tat er gar sag'n, er schlagt oan' mit'n Ochsenfiesel; und d' Muatta, bal no lebat, de schaugat schö ...«

Dem Schormayer war es nicht gar zu wohl, und er ging zur Türe.

»Gel,« sagte er, »jetzt kost rotz'n! Z'erscht werd alls z'sammgriss'n vo lauta Wuat, und nacha werd g'heant. Wia halt de Weibsbilder san, de damischen!«

Und damit ging er. Aber die Urschula war einmal im Zug und mochte nicht aufhören.

»Dös wenn d' Muatta wissat, wia 's bei ins zuageht, de hätt' ja im Grab aa no koan Ruah, und is grad guat, daß s' nix woaß und nix siecht vo dem Saustall und vo dera Schand ...«

Sie merkte erst jetzt, daß der Vater nicht mehr in der Küche war, und trocknete sich mit der Hand ihr nasses Gesicht ab und schnupfte auf, und dann griff sie nach dem Schürhaken und schaute gleich wieder fuchsteufelswild in die Welt.

»An Grind schlog i ihr no ei', dera!« sagte sie.

Ja, die Weibsbilder!

Der Schormayer hielt die Hände verschränkt hinterm Rücken und ging in der Stube auf und ab. Noch was Dümmeres gibt 's nicht wie die Ziefern! Alles hätte mit Ruhe geschehen können, und die Zenzi wäre heute noch ohne Aufsehen fortgekommen, und kein Wort hätte man darüber reden brauchen; aber nein!

Es muß einen Krawall geben, und aus der verschwiegenen Nacht muß die Dummheit ans Licht hingestellt werden, daß sie nur ja recht dreckig ausschaut! Und geredet muß darüber werden, wo jedes Wort zu viel ist und alles erst aufrührt. Er hätte sich selber schon die Leviten gelesen und aus der Geschichte seinen Merks genommen; aber von einem andern läßt man sich so was nicht unter die Nase reiben.

Herrgott! Wie das zuwider und dumm war! Stellt sich die Gans hin und kehrt den Schmutz zu einem rechten Haufen zusammen.

Bei der Magd bist gewesen in der Kammer! Zu der Magd bist hinaufgeschloffen in der Nacht!

O du Lall'n!

Wäre es gar nicht gegangen, daß man das Maul gehalten und bloß mit den Augen geblinzelt hätte? Ich weiß alles, verstehst schon, aber ... Dann war dem Respekt nicht weh getan; und wenn der Schiefling ausgezogen war, hätte die Wunde schön verheilen können.

So aber war das Kurieren schier nicht mehr möglich. Wenn er die Zenzi wegschickte, schaute es aus, als hätte er reumütig der Tochter nachgegeben und sich von ihr zwingen lassen; und ob die Magd nach der Schimpferei sich still verziehen wolle, das war auch nicht gewiß.

Und wenn er sie bis Lichtmeß im Hause ließ, war die Geschichte erst recht nichts.

So oder so: die Blamaschi war einmal da.

Wie das Sprichwort sagt: Lange Haar und kurzer Verstand, und immer das Maul voraus, und immer zuerst plärren und nachher erst zum Denken anfangen.

Wenn er die Zenzi daließe – gelt, wie die in sich hineinlachen würde, aber doch nicht so heimlich, daß es die andere nicht sehen könnte und nicht alleweil wieder eine Ursach hätte zum Spektakel aufschlagen!

Ja, was tun?

Da hätte der Gescheiteste eine harte Nuß zum Aufknacken! Und so einfach wär' es zu machen gewesen! Fein still und mit aller Ruhe.

Der Schormayer schaute zum Fenster hinaus. Gerade fuhr die Zenzi einen Schubkarren voll Mist auf den Dunghaufen.

Aha! Die dachte gar nicht ans Gehen und tat ihre Arbeit wie jeden Tag.

Jetzt leerte sie den Schubkarren um und sah zu ihm her.

Er ging zurück und setzte sich auf die Ofenbank. Das war nichts, daß die Dirn noch bleiben sollte. Wer wußte denn, ob die zwei Weibsbilder nicht eines Tags im Hof zu raufen kämen, oder ob die Ursula vor dem Knecht ihre Worte in acht nehmen würde?

Ein Ausweg war vielleicht, die Zenzi wegschicken, und gleich hinterdrein die Ursula. Die sollte nur zum Basel nach Arnbach ziehen; eine Ausrede ließ sich schon finden. Hernach bald heiraten, und weg damit!

Der Schormayer konnte es anschauen, wie er wollte: es war jedenfalls das einzige, was sich noch tun ließ. Und mit der Zenzi wollte er gleich reden.

Er stand resolut auf; und wie er hinaussah, fuhr sie gerade wieder mit dem Schubkarren aus dem Stall.

Er öffnete das Fenster und pfiff ihr.

»Zenzi!«

Sie wandte das Gesicht lachend gegen ihn.

»Was is?«

»In a halb'n Stund, und bal's d' mit der Arbet firti bist, kimmst zu mir eina!«

»Was willst denn?«

»Dös sag i dir nacha scho.«

Er schloß das Fenster.

Sein Sohn, der Lenz, stand unter der Türe und schaute ihn mit groben, zornigen Augen an.

»Was hat denn mir d' Ursula g'sagt?« fragte er schier drohend.

»Was woaß denn i, was dir de g'sagt hat?«

»Is dir nix bekannt?«

»Frag mi net a so aus! Gel? Dös is do mir ganz wurscht, was de sagt!«

»Aba mir it!«

»So? Na red no fleißi damit und stell di in d' Kuch'l und ratsch!«

»Da braucht 's koa ratsch'n gar it! Dös is schnell g'sagt g'wen, was sie mir zu'n sag'n g'habt hat.«

»Lang oda kurz, – mir is wurscht.«

»Ja, dir muaß scho viel wurscht sei, wann di du gar nimma schamst und bei da Nacht umanandsteigst wia'r an alta Koda.«

»Hoscht du mi g'sehg'n?«

»Na! Sinst hätt i's no bei da Nacht außi g'haut, dös lüaderliche Mensch!«

»Bal i di lass'n hätt', gel?«

»I hätt di scho it g'fragt, und frag' di nacha aa net, bal i außi geh und hau s' mit da Goaßl zu'n Hof außi!«

»Du?«

»Ja, i!«

»Dös will i sehg'n!«

»Dös ko'st glei sehg'n, bal's d' am Fensta steh bleibst!«

Lenz griff an die Türklinke.

»Da bleibst!« herrschte ihn sein Vater an.

»Was nacha!«

»Du bischt a Mannsbild, und vo dir valang i was anderststs, als wia von dem dumma Frauenzimma da draußd.«

»Bei dir waar a jed's dumm, dös si den Saustall it g'fall'n laßt!«

»Was g'wen is, is g'wen; und du machst as it anders!«

»Aba nausschmeiß'n ko i de sell.«

»Na! Dös ko'st it; du hoscht no lang koa Hausrecht da herin.«

»So? Dös will i sehg'n, bal dös gerichtsmaßi werd, ob a sellene Person in an Haus bleib'n derf.«

»Um dös kümmert si koa G'richt nix.«

»I zoag 's o! Hoscht mi vastanna? An Kommadant frag i, ob mi dös leid'n müass'n.«

»Geh no und bring d' Schandarm' her; aba du kimmst nimmer eina, dös mirk da guat!«

»Amal kimm i scho wieda.«

»Na, Bürschei! Für dös schiab i dir an Rieg'l vor, und auf mei Ster'bn freust di du umasunst.«

»Vo so was hab i net g'red't.«

»Aba g'moant host d' as. Amal kimm i scho wieda, sagt der Lackl ganz frech zu mir!«

»Dir gib i koan Lackl net o!«

»'s Mäu halt! Und paß guat auf, was i dir sag! Wann du bei da Tür außi gehst und machst ma was drei und sagst was, was mir net paßt, und tuast was, was mir net paßt, Bürschei, nacha fahr i in der nämlinga Stund in d' Stadt nei' zu'n Jud Levi und laß an Hof z'trümmern.«

»Dös ko'st du leicht sag'n ...«

»Und grad so leicht toa. I bin bessa dabei, wann i z' Dachau drin privatisier und brauch enk Maulaufreißer net um mi rum hamm. Ös habt's mi a so scho a bissel vagrämt, ös zwoa!«

»Mit was nacha? Tua 'r i mei Arbet net rechtschaff'n?«

»Tua s' halt net, na stell i mir an Knecht mehra ei! Der nimmt sei Geld und is z'fried'n und zählt net an jed'n Tag in Kalenda nach, bis i übagib oder o'kratz!«

»Du werst vo mir aa nix sellas g'hört hamm!«

»G'hört it. So schlauch bist du freili, daß d' so was it sagst. Aba Aug'n macha und d' Trentsch'n hänga lass'n vo lauta Vadruß, daß i net glei Schnall und Fall übageb'n hab'.«

»Was du jetz allssammete daher brachtst!«

»Dös, was i scho lang g'spürt hab, woaßt! Dös, was mi scho lang druckt, dös kimmt jetzt außa, weils du so frech bischt zu mir! Weil di du für mi hi'stellst und sagst, i soll außi schaug'n, wia's du mein Deanstbot'n mit da Goaßl außi haust ...«

»Bal amal d' Urschula ...«

»Jetzt red i! Bischt du aa no oana, daß du dein' Vatern mit 'n Schandarm kimmst? Wo nimmst denn du dei Recht her, daß du a so aufdrahst? Dös sell möcht i wiss'n.«

»Mi sagt grad, daß mi so was it leid'n muaß ...«

»Muaßt aa net! Koa Stund net! Pack z'samm und geh und kaff dir a Häuslersach von dein' Muattaguat ...«

»Dös hon i vom Vatern it vadeant, daß mir da Strohsack vor d' Tür g'schmiss'n werd!«

»Dös host du dir in dera Stund vadeant mit deina Frechheit, und bal's dir it g'fallt, kost mi ja über dös aa'r o'zoag'n bei de Schandarm'. Mei Liaba, dös hab i dir in's Wachsl druckt, daß d' mir du mit 'n G'richt und mit da Polizei daherkamst! Frag amal dein Kommadant, wia ma dös macht, wann da Herr Sohn 's Recht hamm möcht, und der Alt laßt 's it her. Vielleicht hilft a dir, du ausg'schamta Kerl, du!«

»I hab g'rad g'sagt ...«

»Du hoscht g'sagt, daß du mi o'zoagst! Daß du dein' Vatern o'zoagst, hoscht g'sagt.«

»Dös hon i aa net so ernst gmoant ...«

»Na, gib i dir an G'spaß o, gel! So red'n d' Handwerksbursch'n mitanand, aba net du zu mir.«

»Ja no, bal i einakimm, und woant mir d' Urschula was für ...«

»Na gehst du rei' und bischt frech! Scheniern brauchst du di ja it, und mit mir werst du glei ferti. Und bal's dir selm it g'lingt, host ja d' Schandarm' auf deina Seit'n ...«

»I sag da ja ...«

»Nix mehr sagst, und außi gehst! I will di nimma hamm da herin.«

»Und de ... de ander da, de bleibt?«

»So lang, als i will, oda bis d' Schandarm' kemman und mi vahaft'n.«

»Vata, laß 's guat sei!«

»Mach, daß d' weita kimmst, und geh an dei Arbet und laß mi nix mehr hör'n vo dera G'schicht! Und dös will i dir no sag'n: zwomal habt's mi ös dumme Luada aufg'halt'n, daß i da Zenzi net heut scho an Laufpaß geb'n hab. Z'erscht de ander da draußd, und jetzt du!«

»Vata, sei g'scheit und tua s' weg!«

»Na, sag i! Sinst moanst du, i scheuch d' Schandarm'. Und jetzt geh! I mag nix mehr hör'n.«

Lenz sah, daß keine Zeit mehr war für gute oder gar für zornige Worte. Er hatte noch nie einen ernsten Auftritt gehabt mit dem Alten und merkte zu spät, daß eine unbedachte Rede nicht gar so leicht verklingt, sondern einen tiefen Riß auftun kann; und ihn reute, was er gesagt hatte.

Er ließ den Kopf hängen und zog die Türe still hinter sich zu.

»Bst! Lenz!«

Die Ursula wisperte ihm aus der Küche zu.

»Lenz, geh eina!«

Er zögerte, ging aber doch zu ihr.

»Daß *er* gar so g'schriean hot?«

»Geh weg! Du host mi in was schön's einibracht.«

»Jetzt kamst du aa'r a so daher! Was ko denn i dafür? Müass'n mi zuaschaug'n, bal so was g'schiecht?«

»A, hör auf und red it! I wollt', i hätt mi it eini g'mischt!«

»Du muaßt ja glei gar zu der andern helfa!«

»Hätt'st dei Mäu g'halt'n, na hätt er s' selm außi g'schmiss'n.«
»Dös glaabst du? Da bischt d' schö dumm!«
»I moan', de Dumm' bischt bloß du g'wen!«
»Da ... da schaug! Jetzt kimmt *sie!* Sie geht zu eahm eini!«
Ursula deutete hastig gegen das Türfenster hin; ihre Blicke hingen sich an der Zenzi fest, die ins Hausflötz herein kam und aus den Pantoffeln schloff.
»Schaug hi'!« wisperte sie erregt.
Aber die Magd war schon in die Stube eingetreten.
Die Augen der Ursula funkelten und schauten den Lenz vielsagend an.
»Host as g'sehg'n?«
Er gab ihr keine Antwort und biß an den Fingernägeln.
»Dös muaß i hör'n, was de mitanand hamm,« flüsterte die Ursula wieder und wollte hinaus.
»Du bleibst da!«
»Laß mi do lus'n!«
»Na, sag' i. Bal des Mensch rauskam und di bei'n horch'n derwischet? Soll s' des aa no im Dorf rum vazähl'n?«
Er hielt sie am Arm fest und stellte sich vor die Türe. –
Zenzi stand in der Stube vor dem Schormayer; sie hatte ein Lächeln in den Mundwinkeln, als sie nun fragte:
»Was willst na von mir? Du host g'sagt, i soll kemma.«
»Ja so. I hab g'hört, d' Ursula hat die ausg'schafft?«
»Freili! Heut in da Fruah, woaßt! Sie hat ja all's g'hört, geschtern auf d' Nacht. I hab dir 's glei g'sagt, daß ...«
»Vo geschtern woaß i nix mehr. Desweg'n hab i di net kemma lass'n.«
»Net? Ja, was ...?«
»Was i dir sag'n will, is dös, daß du bis Liachtmeß 's Bleib'n host.«
Zenzi kicherte.
»Du, paß auf, aba wenn ...«
»Daß du bis Liachtmeß bleib'n kost, hab i g'sagt, und desweg'n brauchst it so dumm lacha. Zum Lacha gibt 's gar nix. So, und jetzt gehst wieda außi und machst dei Sach mit Ordnung!«
Zenzi schaute ihn verblüfft an; er drehte ihr den Rücken zu und sah zum Fenster hinaus.

Da sagte sie recht kleinlaut »Adjäh!« und schlich lautlos in den Flötz und schloff wieder in ihre Pantoffeln und klapperte in den Hof hinaus.

»Gar so viel müassen s' net dischkriert hamm,« sagte der Lenz in der Küche.

»Dös ander sagt er ihr nacha scho auf d' Nacht, bal er wieda aufischliaft,« antwortete Ursula.

Achtes Kapitel

Es war jetzt eine Krankheit im Schormayerhause, an der alle leiden mußten; und sie waren still und mißmutig und so feindselig, daß auch die gleichgültigsten Worte wie Grobheiten klangen und wie Beleidigungen vom andern gespürt wurden. Wenn sie beim Essen zusammen saßen, merkte jedes das Unbehagen des andern und stärkte daran sein eigenes, und die Löffel klapperten lauter, und die Gabeln stachen spitziger wie ehedem. Über Mittag wurde selten etwas geredet, und der Knecht, der Hansgirgl, der erst ein paar Tage nach dem Streite aus dem Krankenhause zurückgekommen war, wußte sich zuerst in der schweigsamen Gesellschaft nicht zurechtzufinden und rumpelte bei jedem mit seinen unbefangenen Fragen an, bis er merkte, daß hier keine Unterhaltung aufkommen konnte. Die Ursula stellte die Schüsseln unfreundlich und hart auf den Tisch, der Lenz schlang sein Essen so schnell hinein, daß man sah, wie gerne er wieder hinaus wollte, und der alte Schormayer schnitt ein grimmiges Gesicht und führte den Löffel so widerwillig zum Maul, als hätte er bittere Arzneien zum einnehmen.

Kein Mannsbild hätte sich als Ursache und Gegenstand so vielen Hasses im Gleichgewicht gehalten, aber Zenzi war, wie manche ihres Geschlechtes, mit einer gewissen Lust am Kleinkriege begabt und fand in der unbehaglichsten Stimmung immer noch stille Freude an der verhaltenen Wut ihrer Feindin Ursula. Sie erzählte auch gerne und unbefangen von den Erlebnissen im Stalle, daß die Scheck stiere und die Prittlbacherin in der Milch nachlasse und die Hoferin gewiß und wahr aufgenommen habe. Wie ihre Stimme aber niemals ein Echo weckte, gab sie das Reden allgemach auf und begnügte sich, schmatzend und kauend durch einen vortrefflichen Appetit stilles Ärgernis zu erregen.

»Woaßt du, was de hamm?« fragte sie einmal der Hansgirgl.

»Was soll'n denn de hamm?«

»No, dös siecht do a Blinda, daß s' wia Hund und Katz leb'n. Da is do eppas fürkemma!«

»Ko scho sei; mi bekümmert dös gar nix. Auf Liachtmeß geh'n i a so.«

»So? Du gehst? Warum nacha?«

»Weil i halt an andern Deanst möcht; allawei dös nemlinge is it schö'.«

»Aha! Freili, a bissel an Abwechslung mag a niada Mensch.«

Der Hansgirgl war hell genug, daß er die Kündigung der Zenzi mit allem andern, was er sah, in Zusammenhang brachte; und ein paar Tage später erlebte er in der Küche einen Streit, der ihm ein Licht aufsteckte.

Wie er frühmorgens seine Kaffeesuppe trank, kam auch die Zenzi herein, und die Ursula schob ihr den Hafen hin, wie man keinem Hund das Fressen vorsetzt. Nach dem ersten Löffel spuckte die Zenzi heftig aus.

»Da is ja a Petrolium drin!«

»Na is halt oans drin,« sagte die Ursula.

»Allssammete is do it guat gnua für an Deanstbot'n; und bal i mei Arbet richti mach', derf i aa a richtig's Ess'n valanga.«

»Für so a Mensch tuat 's leicht was.«

»So? Tuat 's leicht was? Dös will i sehg'n, ob i dös sauf'n muaß! Da probier 's amal, Hansgirgl, ob da koa Petrolium it drin is!«

»Mein' Kaffee feit nix,« sagte der Knecht gleichmütig.

»Probiers 's grad amal! Dös is ja ausgschamt, daß mi oan so was gibt!«

»Dös i mei Sach it.«

»Aba i woaß scho, was i tua,« schrie Zenzi und eilte mit ihrem Hafen zur Türe hin.

Ursula vertrat ihr den Weg.

»Was willst du toa? Wo mögscht du hi?«

»Zu'n Bauern geh'n i eini, und der muaß amal sehg'n, wia du mit die Deanstbot'n umgehst!«

Ursula riß ihr den Hafen aus der Hand und schüttete den Inhalt auf den Boden.

»So, jetz geh eini zu dein' liab'n Bauern und zoag eahm dei'n Kaffee!«

Zenzi riß die Türe auf und wollte hinaus, aber da trat der Lenz ein.

»Was geit 's da?«

»Dera Loas da waar da Kaffee it guat gnua, und zum Vatern möcht s'.«

»Und i laß ma 's it g'fall'n! Da müaßt ja oans krank wern aa no in dem Haus!«

»Du! Sei it so frech!« sagte der Lenz drohend.

»Da waar mi frech, bal mi si net vagift'n laßt! Laß mi außi! I geh' zu'n Bauern.«

Lenz nahm Zenzi beim Arm und führte sie zu der hinteren Türe, die ins Freie ging.

»Da gehst außi, und zu'n Vatern kimmst du it! Und drah mir da it lang auf, sinscht hast d' as mit mir z' toa!«

Er gab ihr einen leichten Schub und schloß hinter ihr zu.

»Was is dös g'wen mit ihran Kaffee?« fragte er die Schwester.

»A Petrolium hat sie außag'schmeckt. Vielleicht is oans drin gwen. Was woaß i!«

»Dös sell sollst d' bleibn lass'n. Dös hat jetzt koan Wert gar it.«

»Bal s' 'n it mag, braucht s' 'n ja it saufa!«

»Laß 's guat sei und red' nix mehr über dös und gib ihr dös richtig Ess'n, so lang s' da is.«

Er gab ihr mit den Augen einen Wink und ging hinaus.

Hansgirgl hatte sich aus diesem Auftritte einiges entnommen und kannte sich beiläufig schon recht gut aus.

Er trank seine Kaffeesuppe ruhig und bedachtsam; und wie er fertig war, schleckte er den Löffel sauber ab.

Ursula hielt ihn noch auf.

»Du, Hansgirgl, hörst du gar nix, daß de sell recht schimpft über mi?«

»De Zenzi?«

»Ja.«

»Da hon i no gar nia nix g'hört.«

»Geh weita, du sagst as g'rad it.«

»Na, i müaßt lüag'n; sie hat sie no gar nia auslass'n gegen meiner.«

»Bal sie 's aba tuat, na glaabst ihr nix! Dös is a ganz a schlecht's Weibsbild.«

»I gib ihr scho koan Audienz, bal si amal mit so was kam, und überhaupts: was mi nix o'geht, um dös sell bekümmer' i mi ganz weni.«

»Mi sagt g'rad, woaßt d', daß d' di auskennst.«

»Is scho recht nacha. Guad Morg'n!«

Draußen pfiff Hansgirgl leise durch die Zähne.

»Aha! Da hat 's was! ›Zu dein' liab'n Bauern‹, hat de ander g'sagt. Schau! Schau!«

Der Schormayer hatte das Streiten wohl vernommen, aber er wunderte sich nicht darüber. Das war klar und ausgemacht, daß die Weibsbilder miteinander hakeln mußten; und wenn es nicht gar zu dick kam, wollte er sich nicht einmischen. Sonst brannte das Feuer erst lichterloh. Pfüat di Good!

Und das war auch gewiß, daß er die Ursula so bald als möglich ausheiraten mußte; denn sie würde keinen Frieden geben, und wenn die Zenzi schon lange aus dem Hause wäre.

Das tröpfelt immer noch; das hört nicht auf.

Er tauchte den Kamm ins Wasser und strich sich damit die Haare nach vorne.

Wurden auch schon dünn, sackerisch dünn, und der graue Esel schaute überall heraus.

Vierundfünfzig Jahre.

In der Stadt heißen sie es das beste Alter, aber heraußen denken sie anders.

Wird bald Feierabend sein, Bauer; und eine Zeit kommt, die nicht schön ist.

Im Austrag sitzen, jeden Brocken vorgezählt kriegen und überall im Weg und zu nichts mehr nutz sein. Kann sich einer ja ausrechnen, wie der Herr Sohn sich aufspielt, wenn er erst einmal am Regiment ist, und hat sich vorher nicht halten können. Die Geschichte mit dem Lenz wurmte ihn, und er wurde nicht fertig damit.

Daß die Kinder mit dem Alter nicht an Zärtlichkeit zunehmen, weiß man freilich, und es muß auch nicht jedes Wort fein sein, aber den Vater kotzengrob in die Ecke schieben und ihm mit einer Anzeige drohen, den Streit aus dem Haus hinaustragen, — das selbige war ein wenig viel getan.

Daß es den Lenz hinterher vielleicht gereut hatte, machte nichts anders, und wenn er den Hof einmal in Händen hielt, würde er dem Vater am Ende den Streit heimzahlen. Er traute ihm nicht mehr, und er wollte sich gut vorsehen. Am Ende war es wirklich das beste, wenn er sich mit einem guten Austrag nach Dachau verzog?

Ein Häusel mieten oder kaufen und allein sein mit einer richtigen Person, die ihm aufwarten konnte. Der Blank Andrä von Happach hatte es so gemacht und hockte dort noch heute zufrieden und guter Dinge. Unterhaltung konnte man genug finden; aufs Gericht gehen und den Verhandlungen zulosen, auch fleißig Messen und Rosenkränze aufsuchen, seinen Diskursi haben mit allen möglichen Leuten; und wenn man ins Wirtshaus wollte, hatte man die Auswahl.

Was erwartete ihn denn daheim in Kollbach? An jedem Zahltag ein Schimpfen über den unverschämten Austrag und Jammern, daß es der Sohn nicht erschwingen könne.

Jedesmal der Versuch, was abzuzwacken oder Schlechtes für Gutes herzugeben, und die selbigen Kunststücke, mit denen man die unliebsamen Fresser in stille Wut bringt, daß sich ihre Tage verkürzen. Nur nicht angewiesen sein auf den guten Willen der Kinder! War eine Frau im Hause, hernach hetzte sie beim Schlafengehen und Aufstehen, wußte alle Tage was Neues zu finden und den jungen Bauern wegen seiner dummen Gutmütigkeit zu schelten. Und gab acht, daß verwässerte Milch und abgestandene Eier und immer das Schlechteste als Deputat hergegeben wurden. Streitest dann, ist der Teufel erst recht los, und du hast vielleicht den glücklichen Umstand, mit deiner Prozeßpartei Tür an Tür zu leben und einen heimlichen Krieg mit der Schwiegerin zu führen, der hundert Bosheiten einfallen, bis du selber auf eine einzige kommst.

Na — na, Lenz! Das wird sich der Schormayer noch genau überlegen, ob er sich dir mit Haut und Haar ausliefert. Jetzt schon gar!

Hast ja ein scharfes Maulwerk zum Erbstück bekommen und kannst großmächtig aufdrahen, wie man 's gesehen hat.

Ein Roß, das leicht ausschlagt, muß ein schweres Kummet tragen und kurz eingespannt werden. »Hö, was is?«

Die Zenzi stand draußen und klopfte ans Fenster.

Der Schormayer öffnete.

»Was is denn dös für a Modi? Was willst denn?« fuhr er sie grob an.

»An Viechdokta hon i vorbeigeh sehg'n, und weil mi d' Scheck gar it g'fallt, hon i gmoant, ob er it herschaug'n soll.«

»Vo mir aus gnua! Aba muaßt du dös beim Fensta eina sag'n? Kunnst du it bei da Tür einakemma wia'r ander' Leut?«

»I derf ja it.«

»Was derfst it?«

»Bei da Tür derf i it eini, weil mi da Lenz it laßt.«

»Geah! Hört's auf mit de G'schicht'n!«

»G'wiß is wahr! Er hot mi bei da Kuch'l außig'schmiss'n; und, sagt a, bal i zu dir eina will, hot er g'sagt, na hon i's mit eahm z' toa.«

»Kreuz Teufi! I wer scho mein Fried' amal kriag'n! Was gengan mi denn enkere Streitereien o?«

»Jetzt sagst d' as so, und z'erscht ...«

»Du! Mach, daß d' in Stall kimmst, und bal's d' ma wieda was z' sag'n hoscht, gehst vorn bei da Haustür eina. I mach scho, daß die neamd aufhalt.«

»Und bal er mi amal bei da Kuch'l außi schmeißt, und, sagt a, wia's d' ma grad an Schritt einagehst, hat er g'sagt ...«

Der Schormayer schlug das Fenster zu.

Stand nicht die Zollbrechtin am Brunnen und schaute herunter und wußte jetzt etwas ganz Merkwürdiges: daß die Dirn beim Nachbar fensterln ging!

So eine Gans! Stellt sich brettbreit hin und sagt zum Fenster herein, daß der Tierarzt im Dorf ist. Als wenn sie weiß Gott was für ein Geheimnis zu bringen hätte!

Aber freilich: wird schon der Herr Lenz wieder strohgrob gewesen sein! Der Schormayer ging in die Küche.

»Mein' Kaffee!«

»Da is er!« sagte Ursula brummig und erhob die Tasse über den Herd hin.

»Vielleicht tragst d' 'n her am Tisch! Und schiabst d' 'n net zuawa wia'r a Hundsschüssel!«

»Ja no!«

Ursula war beleidigt, aber sie stellte den Kaffee doch recht manierlich vor dem Vater hin. »s' Brot!«

Sie brachte einige Semmeln, und er tunkte sich Brocken ein; und während er sie kaute, warf er mißmutige Blicke herum.

Die Ursula machte sich daran, Teller und Schüsseln zu waschen; sie konnte dabei ihren Zorn aufweisen, indem sie das Geschirr tüchtig wider einander stieß.

»Du!«

»Wos?«

»San meine Haustür'n bei'n Tag off'n?«

»Ob de Tür . . .?«

»Ob meine Haustür'n bei'n Tag off'n san, frag i.«

»Freili san s' off'n; wer soll s' denn zuasperr'n?«

»Für was müass'n na meine Deanstbot'n beim Fensta zu mir einaredn, bal s' was zu'n ausricht'n hamm?«

»Was is jetz dös scho wieda?«

»G'stell di it a so unschuldi! Du hoscht ja do wieda'r an Lenz aufg'hetzt, daß er an Lackl g'macht hot und laßt d' Zenzi net bei da Tür eina!«

»Jetzt a so a Lug!«

»Ja, di kenn i.«

»Na, so a Lug! Und all's müaßt i g'wen sei, und allawei waar i schuld! Und dös werd ma scho gar z' dumm!«

»Sei staad! Und an Lenz sagst, er soll froh sei, bal i net de Tür zuamach, aba'r a so, daß von enk koans mehr eina kimmt!«

»Was dös Mensch wieda für a G'red o'gricht hat! Und dös waar bald a so, daß mi gar nix mehr waar . . .«

»Is scho ausg'red't!«

Der Schormayer schlug die Türe hinter sich zu.

Ursula aber lief über den Hof in den Roßstall und traf den Bruder, wie er seinen Gäulen Wasser vorgab.

»Du Lenz, i ho da was zu'n ausricht'n.«

»Vo wem denn?«

»Von eahm.«

Ursula deutete mit dem Kopf gegen das Wohnhaus hin.

»Was nacha?«

»Du sollst di z'sammnehma, daß dir er die Tür it vor da Nas'n zuaschlagt und di nimma ins Haus eini laßt.«

»Dös vasteh' i net. Was habt's denn da scho wieda g'habt?«

»Dös is it schwar zum vasteh'; de ander hat 'n aufg'hetzt und hot eahm g'sagt, du laßt de Deanstbot'n nimma zu eahm eini, und sie müass'n z'an Fenschta eini red'n, bal's an Herrn was zu'n ausricht'n hamm.«

»A so a g'machte Lug!«

Lenz stellte zornig den Wasserkübel hin.

»Weil i dös Weibsbild net zu eahm in d' Kamma hab nei laff'n lass'n, daß da Krawall net scho in aller Fruah wieda'r o'geht!«

»Da Krawall is scho g'wen. Er kimmt zu mir in d' Kuchl eina, und grad grob, woaßt! Seine Kinda schmeißt a außi, und aufpass'n tuat a auf gar nix mehr, und was dös Mensch sagt, dös muaß wahr sei, und für ins gibt 's überhaupts koa Recht gar nimma.«

»Woaßt du gewiß, daß *sie* bei eahm g'wen is?«

»Er hat 's do selm g'sagt! Sie is beim Fensta zuawi g'stanna, daß sie 's ja recht markier'n hat kinna, und grad g'hetzt muaß s' hamm, und du sollst di no z'sammnehma, hat a g'sagt, daß er die Tür it zuaspirrt und ins mitanand außi tuat ...«

Lenz sah sich mit zornrotem Gesicht im Stall um.

»Wo is mei Goaßl?«

»Was willst d' denn, Lenz?« tat Ursula erschrocken.

»Mei Goaßl möcht i. Ob 's g'rad oda krumm geht, jetzt hau i dös Mensch umanand, daß 's am Leb'n vazagt.«

»Laß guat sei! Bitt di gar schö!«

»Soll i mir all's sag'n lass'n? Herrgottsaggerament! Hansgirgl!«

Lenz brüllte, was er aus dem Halse brachte.

»Wos?« antwortete hinten eine Stimme.

»Hoscht du mei Goaßl weg?«

»I net.«

»Dort'n loahnt s'!« sagte Ursula und deutete in die Ecke.

Lenz sprang hin und krampfte die Faust um die Peitsche.

»Wart', Luada! Jetzt red'n mir mitanand!«

Er wollte zur Türe, aber da war der Hansgirgl derweilen nach vorn gekommen und hielt ihn beim Arm zurück.

»Geh it außi, Lenz!«

»Wos willst denn du? Geht di dös was o?«

»It viel. Aba'r a zorniga Mensch woaß net allemal, was er tuat. Bleib herin! Es is g'scheiter.«

»Dös sag i aa,« fiel Ursula ein, »laß guat sei! Ma woaß it, was allssammete g'schiecht.«

»Waarst du it eina kemma! Hättst di du it herg'stellt und mir all's vazählt! Daß i von Haus weg muaß, bal 's dös Mensch da draußd hamm will! Laßt's mi aus, sag i!«

»Net! Net!« bat Ursula.

»I laß di net aus,« sagte Hansgirgl. »Da schaug umi! Steht da Viechtokta bei'n Stall hiebei, und da Baua 'r aa. Werst d' eahm do vor fremde Leut'n koa selle G'schicht it hermacha.«

Lenz schnaufte zornig und fuhr sich mit der freien Hand durch die Haare.

»Dös is ihra Glück,« sagte er kurz und ging von der Türe weg.

»I dank da schö, Hansgirgl, daß d' eahm z'ruckg'halt'n hoscht! Dös hätt ja an Unglück geb'n!« jammerte Ursula.

»Nix zu'n dank'n. Aba bessa is, bal du dös Unglück z'erscht übalegst.«

»Ja no, mi muaß do sag'n, was g'schehg'n is; und bal er selm g'sagt hat, i soll 's an Lenz ausricht'n.«

»Mach, daß d' weita kimmst in dei Kuch'l!« fuhr sie Lenz an. »I ko di do herin it braucha.«

»Vo mir aus! I sag da g'wiß nix mehr; und was mi tuat, is it recht, und dös waar jetzt scho bald a so, daß mi gar nix mehr recht macha ko, und ...«

Vor sich hin greinend ging die Ursula auf den Hof hinaus und hielt erst das Maul, als sie merkte, daß der Vater zu ihr hinschaute.

Er pfiff grell durch die Zähne.

»Wo kimmst denn du her?«

»An Stall bin i g'wen.«

»Hoscht du Zeit zu'n hoamgart'n?«

Der Schormayer drehte sich um und redete wieder mit dem Tierarzt.

Im Roßstall blieb der Hansgirgl noch beim Lenz stehen und sagte:

»Du, Lenz, i bin jetzt scho neun Jahr bei'n enk, und du woaßt, daß i zu'n Haus halt. Aba i sag dir dös: paß auf koa Weibsbild durchaus gar it auf! Da macht mi 's allawei verdraht, bal mi si vo dena was ei'red'n laßt.«

»Du woaßt aa it all's, Hansgirgl, was bei ins los is.«

»Wiss'n tua'r i gar nix, na! Aba derrat'n hon i a bissel was.«

»Was hoscht du derrat'n?«

»Is g'scheita, ma red't it davo. Dös derfst d' mir glaab'n, inseroans hot aa seine Aug'n im Kopf, und mi braucht ja net all's sag'n, was mi siecht.«

»Bal's du was g'spannt host, na werst d' aa sag'n müass'n, daß mi da it kalt zuaschaug'n ko.«

»Warum it, Lenz? Bal mi scho amal zuaschaug'n muaß, na is bessa, ma laßt si d' Hitz'n it gar z' stark aufsteig'n.«

»Na bin i der Garneamd auf'n Hof?«

»Du bischt da Sohn, und über 's Jahr bischt da Baua. Na kost du dir allssammete richt'n, wia's du 's hamm willst.«

»Dös is no lang it g'wiß, ob i an Hof kriag, bal's as so weita geht.«

»Ö–hö–hö! Gar so gach werd 's it oba geh'! Wer soll denn 's Sach kriag'n als wia du?«

»Wart no, was no all's kimmt!«

»Na, na, Lenz! Dei Vata is so unrecht it, und i kenn eahm do aa guat. Bal's d' di staad hebst, werd 's so weit it fehl'n.«

»Heb di staad, bal's d' a niad'n Tag was andersts hörscht!«

»Hör nix! Dös is ja grad, was i dir sag'. D' Weiberleut koch'n allawei was z'samm, und d' Mannsbilder soll'n 's ausfress'n.«

»Recht host scho!«

»Freili hab i recht! Da werst nimma firti, bal's d' amal o'fangst und laßt di auf 's Vazähl'n ei. Hoscht du amal a Weibsbild g'sehg'n, dös von selm aufhört? I no net. Da muaß bohrt wer'n und bohrt wer'n, bis was bricht. Na stengan 's da und wiss'n eahr it z' helf'n, dö Luada, dö dumma!«

»Es is a so, Hansgirgl!«

»No also! Heb di staad und druck d' Aug'n zua und laß di vo da Urschula gern hamm! Gar so stocknarrisch werd scho da Baua aa'r it sei; und, daß i dir 's g'rad sag', wia 's is, von eahm aus hätt' i wohl nix g'spannt, aba in da Kuch'l drin bin i bald auf a G'spur kemma. De sell'n kinnan ja nix b'halt'n.«

»I heb mi scho staad, derfst d' ma 's glaab'n; dös hoaßt, so lang 's geht.«

»Es geht scho. Jetzt derf i aba macha, daß i ei'spann. Pfüat di!«

»Pfüat Good, Hansgirgl!«

Neuntes Kapitel

Der Schnee lag fußtief, und an den windstillen Tagen hielt sich eine gute Schlittenbahn. Der Schormayer fuhr selber mit zwei Gäulen Langholz nach Dachau hinein, und die Arbeit tat ihm wohl.

Der Hansgirgl war bei ihm mit einem zweiten Gespann, und der Lenz legte mit etlichen Holzknechten im Wald auf und brachte die Bäume ins Dorf.

So rührten sich alle Hände, und über dem Schaffen wurden die Verdrießlichkeiten vergessen, die beim Nichtstun in die Länge und Breite gingen. Wenn am frostklaren Morgen der Schlitten knirschte und pfiff, schritt der Schormayer wohlgemut daneben her und versuchte auch wohl mit der Peitsche ein altes Gesetzel zu knallen.

Oder er führte mit dem Hansgirgl, der dichtauf folgte, eine Unterhaltung.

In Dachau setzte er sich behaglich in eine warme Wirtsstube; und schon lange hatte ihm keine Maß Bier mehr so geschmeckt wie hier eine jede, die er sich verdient hatte.

Er traf auch alte Freunde und Bekannte und konnte von weit und nah manches erfragen.

Eines Tages, wie er beim Zieglerbräu saß und rechtschaffen müd seine Füße ausstreckte, klopfte ihm jemand auf die Schulter; und wie er sich umdrehte, mußte er sich fast besinnen, daß er den Limmer von Weichs erkannte.

»Ja, grüaß di Good, Schormoar!«

»Grüaß di Good aa!«

»Triff i di do amal! De ganz Zeit hamm mi g'wart, ob's d' net wieda zuakehrst; und hör'n hoscht aa nix lass'n.«

»Na, hot si net auftroffa.«

»A Botschaft hättst d' ins scho schick'n kinna.«

»I sag' d' as, wia 's is, i ho koa Zeit it g'habt.«

»Ja, ja! Sie werd da halt it g'fall'n hamm.«
»Net recht g'machti.«
»Und sie is ganz stocknarrisch auf di.«
»Geah? No, hot s' jetzt den Hof kafft, wo s' selbigsmal in Handel g'wen is?«
»An Atzenhofer? Na. I glaab, sie wart' heut no, ob s' di net do am End no dag'langt.«
»Mi net. Dös ko'st ihr ausricht'n, und an schön' Gruaß vo mir.«
»Moanst it, es werd no was?«
»Net leicht.«
»Siehgst as, wia 's oft geht! Und sie hot si 's scho ganz fest ei'bild't!«
»Ei'bild't hon i ma scho oft was.«
»Woaßt, da Tretter hat si überhaupts a so auslass'n, als wenn 's ganz g'wiß waar, und als wenn er d' Vollmacht hätt' für di.«
»So?«
»Ja, g'red't hot der grad schö'! Mögst d' net moan, daß d' Leut' a so lüag'n kinnan.«
»De Leut muaßt d' nix glaab'n, Limmer. Da trink amal!«
»G'segn 's Good, Schormoar!«
»'s Wohlsei!«
»Du, hoscht da vielleicht an anderne aufganga?«
»Na.«
»Du Schlaucherl, du sagst ma 's grad it!«
»I tat da 's aa it sag'n.«
»Na werd 's scho a so sei?«
»Es is it a so, aba du brauchst mir nix glaab'n.«
»Kreuz Teufi! De werd d' Trentsch'n hänga lass'n, bal i 's ihr sag!«
»Dös tuat nix. Sie ziagt s' scho wieda'r aufi.«
»Ja, ja. No also, zu'n macha is nix?«
»Na, gar nix.«
»Nacha pfüat di Good!«
»'s Good, Limmer!«
»Du, Schormoar, daß i net vagiß: da Buachberger vo Glonn treibt 's nimma lang.«
»So?«

»Er rasselt a so bei'n huast'n, woaßt, als wia wenn a'r a Kett'n aufaziahgat, und des sell is a schlecht's Zoacha.«

»Dös is zwider für eahm, aba i kenn eahm ja gar net.«

»Dös is do der selbige, vo dem die Kaltnerin ihre dreitausad Markln irbt!«

»Ah so! No sie werd 's braucha kinna, bal s' den Hof wirkli kafft.«

»I ho gmoant, du kunnt'st vielleicht mehra Gusto drauf hamm, bal sie dös Geld kriagt.«

»I hon koan Gusto durchaus gar it.«

»Nacha is g'feit; dös siech i scho.«

»Weit g'feit, Limmer. Pfüat di.«

»'s Good, Schormoar!«

Hansgirgl hatte aufmerksam zugehört und blinzelte lustig, wie er sah, daß der Bauer in sich hineinlachte.

»Hoscht'n geh' hör'n?« fragte ihn der Schormayer.

»Er is scho so laut auftret'n, daß ma 's hör'n hat müass'n. Was is denn dös für oana?«

»Vo Weichs is er! Hat a ganz a nett's Sach.«

»Hätt' er schmus'n mög'n bei dir?«

»Ja, a wengl. Da kunnt i no mal glückli wer'n, Hansgirgl.«

»Muaß dir aba net recht drum sei, was i g'spannt hab.«

»Bei dera net.«

Der Schormayer trank und wischte sich lachend das Maul ab.

»Hansgirgl, um de tatst di du aa'r it reiß'n.«

»Is s' so schiach?«

»Schiach wia'r a Nachteul'n und hantig wia'r a sauer's Bier.«

»Na pfüad di Good!«

»Dös sell hon i mir aa denkt.«

»Daß sie aba so viel Glaab'n auf di hot?«

»Vielleicht kimm i ihr so dumm für; ha–ha! Da kunnt'st d' hi' wern! Ganz bocknarrisch is sie auf mi, sagt da Limmer. Dös möcht i g'hört hamm, was eahr da Tretter all's aufbund'n hat!«

»Is der beteiligt bei dera Sach?«

»Er möcht si halt an Kupp'lpelz vodean'.«

»Hoscht du an Sinn, daß d' no'mal heiretst, Bauer?«

»It gern.«

»Dös hätt' i mir a so denkt; was tatst denn du mit an Wei, wo's d' de zwoa Kinda hoscht?«

»Vo dem will i net sag'n; bal ma 's guat derratet, waar 's dös schlechtest no it.«

»Ja, ja, dös sell gib i zua.«

»Aba um's derrat'n is; und daneb'n tapp'n waar halt scho ganz z'wider. Es müaßt allssammete stimma.«

»Nacha hat dem sei Red do a bissel a Hoamat g'habt?«

»An Limmer moanst? Ah, da is koa dro'denka; dös is a Viecherei g'wen, sinscht gar nix. Na, i moan grad a so: bal ma si 's oft übaleget, waar 's dös dümmst' net.«

»Ja, ja.«

»Brauchst aba nix red'n üba dös, Hansgirgl. Net, daß mir da no a Schmarrn o'grührt werat dahoam. I hon a so d' Ohr'n voll gnua.«

»Vo mir aus werd nix g'red't; i vabrenn mir 's Mäu net.«

»Dös denk i mir aa. Bischt ja lang gnua bei mir, daß d' auf meina Seit'n steh' kunnt'st.«

»Da feit si nix, Bauer.«

»I hon di aa allawei für dös o'gschaugt, Hansgirgl, und sinscht hätt' i wohl it a so g'red't mit dir.«

Der Schormayer war mitteilsam geworden.

In der langen Zeit hatte er sich nie was vom Herzen heruntergeredet, sondern alles in sich hineingefressen. Und da saß ein vertrauter Mensch, der die Vergangenheit kannte und manches Jahr auf seinem Hofe neben ihm geschafft hatte, und der wohl auch die Änderungen sah, die jetzt bei ihm eingerissen waren.

»Siehgst, Hansgirgl,« sagte er, »i brauch dir ja nix vazähl'n, aba daß dahoam nimma all's am alt'n Fleck steht, dös sell kennst ja du selm.«

»Wia 's halt is, Bauer, wenn die Junga herwachs'n und de Alt'n an 's Geh' denk'n.«

»I denk aba it gar so fest dro!«

»No, was willst d' macha?«

»Dös woaß i selm it, siehgst! Und i schaug 's schier jed'n Tag anderst o. Aba d' Freud zum Geh' is gar it groß bei mir.«

»'s Übageb'n is nia luschti.«

»Dös woaß mi, und mi tuat 's do, wann 's rechtsinnig is; aba ma muaß si dabei naussehg'n. G'rad in d' Schlamassi einihocka, dös sell is dumm.«

»I hätt aba an Lenz it für uneb'n.«

»I woaß it, Hansgirgl. Da Reschpekt is it groß bei eahm, und na kunnt i abscheulige Rasttäg kriag'n, wann i amal der nix mehr bin.«

»I ho von eahm no nix Unrecht's g'hört; net üba di und net über ander Leut.«

»Hoscht d' aa nix g'sehg'n, daß er ungeduldi werd?«

»Was hoaßt ungeduldi? Schau, Bauer, du werst deinerzeit aa'r a bissel hart g'wart' hamm; und bal oana jung is, nacha is ja scho d' Freud' zu'n Regier'n und zu'n Arbet'n oamal z' groß. Dös sell is was Natürlich's.«

Der Schormayer schüttelte den Kopf.

»Daß er sie freut, dös sell nahm i eahm net übi; waar ja trauri, bal oana ohne Freud an Hof übernahm. Er brauchet 's scho! Es is it all's schö, was kimmt. Aba dös sell hoaß i net wart'n, wann ma'r an Vata mit die Ellabog'n wegschiab'n möcht.«

»Dös wundert mi, bal dös da Lenz tuat.«

»Laß ma 's guat sei! Da Hauptpunkt is, daß i no it alt gnua bi zu'n Faulenz'n. Herrgott, i wer ja grad luschti bei da Arbet! Und da soll i umanand hocka und Weillang hamm!«

»Verschiab 's a Jahr a zwoa!«

»Wern ma 's scho sehg'n; und jetzt zahl i, na fahr'n ma wieda.«

Auf dem Heimweg war der Schormayer fröhlich und aufgeräumt. Es zog fest an, und am dunkeln Himmel flackerte ein Stern um den andern auf.

»Heuer trifft aba scho all's auf,« sagte der Bauer, »akk'rat, wia ma 's hamm will. De zwölf Nacht hamm dös Beschte zoagt. Am Barbaratag hat 's Knosp'n g'habt, und d' Mett'n war hell. Paß auf, mir kriag'n a guat's Jahr.«

»Mir kunnten 's braucha.«

»Freili, Hansgirgl, und i moan allawei: was heuer wachst, wachst no für mi. Hoscht a guate Schmitz'n, na haust nachi!«

Er knallte mit der Peitsche den Fuhrmannsgruß.

»Es geht no it schlecht? Gel?«

»Na, i muaß di lob'n.«

»Öh, hott a wengl! Hott!«

Der Schormayer lief zu seinen Füchsen vor, weil ein Schlitten entgegen kam, und er ging dann eine Zeit allein. Der Weg führte durch Hochholz, und da war es noch stiller wie draußen auf der Freien.

Man hörte nur das Schnauben der Pferde und ihre klingenden Schellen.

Über den Wald schob sich der Mond herauf, und etliche Baumgipfel standen dunkel und scharf gerändert gegen sein flüssiges Gold.

Der Schormayer summte vor sich hin und wartete wieder auf den Knecht.

»Da fallt mir a Liadl ei, dös kunnt schier gar für 'n Lenz pass'n.

Voda, wann gibst ma denn 's Hoamatl,
Voda, wann laßt ma 's denn schreib'n?
's Dirndl wachst auf wia'r Groamatl,
Ledi will 's aa nimma bleib'n.

Hoscht dös scho amal g'hört, Hansgirgl?«

»Jo, und de ander Strupf'n woaß i aa.«

Der Knecht sang mit dünner Stimme:

»Da Voda, der gibt ma scho 's Hoamatl,
Da Voda, der laßt ma 's scho schreib'n,
Mei Dirndl werd g'maht wia'r a Groamatl,
Braucht koan alte Saudirn it bleib'n.«

Da lachte der Schormayer herzhaft.

»Dös paßt wieda auf mi, und amal laß i 's scho schreib'n. Aba was dös Jahr wachst, wachst no für mi.«

Daheim wartete schon wieder allerhand Verdruß auf ihn. Sein bestes Roß, ein Schimmelwallach, mit dem der Lenz ins Holz gefahren war, hatte den Krampf in den Muskeln und legte sich, kaum daß es in den Stall zurückgekommen war, matt auf die Seite.

Der Hansgirgl, der sich auf die Sachen gut verstand, schüttelte bedenklich den Kopf und meinte, es könnte die schwarze Harnwinde sein. Er wollte gleich zum Tierarzt fahren, aber in der Nacht würde der heute kaum mehr kommen, und bis zum andern Tag könnte es lang zu spät sein.

Nun beratschlagte er mit dem Bauern, was für die nächste

Zeit zu tun sei; und auch aus der Nachbarschaft kam der Deindl hinzu, ein Mann, der viel Erfahrung hatte, und der Schmied Finkenzeller, ein Meister im Hufbeschlag. Die Männer umstanden den Gaul, und der matte Schein der Stallaterne fiel auf recht besorgte Gesichter.

»Schormoar, es steht it guat,« sagte der Schmied; »'s Roß is hartleibi und rüahrt si kalt o.«

»Kreuzteufi, daß ma dös g'schehg'n muaß! I ho da 's g'sagt, Lenz: laß ma'r an Schimmi koan Tag im Stall steh! Wann s' bei dera Kält'n außi kemman, is schnell was g'schehg'n. Jetz hamm ma 's.«

»Dös bescht waar, mi holet de alt Metzin,« sagte der Deindl.

»I waar der Meinigung, mi wickeln 's Roß recht warm ei und wasch'n's mit 'n hoaß'n Wassa,« schlug der Hansgirgl vor.

»Dös is dös allererscht,« bestätigte der Schmied, »und bal's d' mir folgscht, Schormoar, nacha laßt d' an Baldriantee siad'n. I hätt' oan dahoam.«

»Den muaß d' Zenzi hol'n, und du, Lenz, gehst umi und sagst zu da Urschula, sie soll Wassa kocha, so viel als geht. Hansgirgl, hol amal d' Zenzi!«

Der Schormayer befahl alles bedächtig und griff selber fest an, wie sie das kranke Tier in Decken einhüllten.

»No was!« sagte der Schmied. »Laßt's an etla rupfane Säck' hoaß macha; de leg'n mir nach 'n Waschen üba.«

»Dös bescht waar, mi tat de alt Metzin hol'n,« ließ sich der Deindl wieder hören.

»Z'weg'n was denn?«

»Schormoar, dö ko'n a niade Kranket bered'n. I ho 's selm bei meina Kuah ausprobiert. Sie hat ihran Spruch to, und an andern Tag is d' Kuah wieda frisch g'wen.«

Der Schormayer schaute den Schmied fragend an.

»Schad'n ko 's nia,« sagte der, »und bal mir sinscht nix vasamma, kinnan mir ja der Metzin ihran Spruch drei'geb'n.«

»Du werscht sehg'n, dös hilft alloa.«

»Is na scho recht.«

Zenzi kam hinter dem Hansgirgl in den Stall. Ihr Gesicht war gerötet, und ihre Haare schienen in Unordnung zu sein; auch waren die Augen etwas geschwollen, wie vom Weinen. Aber darauf achtete jetzt niemand.

»Du gehst jetzt glei' zum Schmied abi und sagst, sie soll'n da'r an Baldriantee geb'n. Ko'scht da dös mirka?«

»Jo,« antwortete die Zenzi mit weinerlicher Stimme.

»Laff no, und den Tee gibscht da Urschula, daß s' 'n auf da Stell kocht!«

Zenzi schaute den Schormayer erschrocken an.

»Hoscht mi vastanna?«

»Jo,« sagte sie noch gedrückter.

»Na mach und steh it lang umanand!«

»Und de alt Metzin soll s' hol'n,« mahnte der Deindl.

»Ja so! Vom Schmied ummi gehst aa zu'n Metz und sagst, de Alt' soll glei kemma. Jetzt g'schwind a wengl! Schleun' di bessa!«

»Jo.«

Sie ging zögernd weg; und wenn der Bauer gesehen hätte, wie sie einen Schritt für den andern setzte und auch stehen blieb und aufschnupfte, hätte er ihren Eifer nicht gelobt.

Er sah es nicht und hatte einen anderen Grund zum Ärger.

»Wo bleibt denn der Lenz?«

»Do bin i.«

»Was is mit 'n Wassa? Und schaug, daß d' a paar Säck herbringscht; de soll d' Urschula hoaß macha.«

»D' Urschula is it do; i ko s' it find'n.«

»Brav! Dös mag i! Müass'n mir wart'n, bis sie mit 'n Ratsch'n firti is. Hansgirgl, schaug zu da Zollbrechtin umi; ganz g'wiß hockt s' wieda dort.«

Die Vermutung war richtig.

In der niedrigen, rauchgeschwärzten Küche der Nachbarin saß die Ursula beim Herd und erzählte der teilnehmenden Person ihr heutiges Abenteuer mit der scheusäligen Zenzi.

»Woaßt, am Dreikinitag hot da Vata an ihra Kammatür aa'r an Kaschpa, Melchior und Balthasar mit da g'weicht'n Kreid'n aufig'schrieb'n, und mi hat dös scho so vadross'n, daß i dir's gar it sag'n ko.«

»Mi schreibt 's aba überall'n.«

»Dera g'hört 's it zua; und vo mir aus is da Brauch, was da will, i leid 's amal it; und heut a da Fruah bin i herganga und ho de Schrift mit an nass'n Hadern ausg'wischt, und sie kimmt grad dazua und fangt 's mamms'n o und hoaßt mi a boshaft's

Luada; und hoscht scho amal so was g'hört, wia frech daß so oani waar? Woaßt, sag i zu ihr, du sündigscht auf dös, hab i g'sagt, daß du a Hilf hoscht, aba du muaßt it moa'n, sag i, daß i vielleicht auf dös aufpaß, oda mögst eppa gar, hab' i g'sagt, daß da'r i schö tua? A so waar 's ja recht, sag i, daß d' Tochta an sellan Schlampn nachlaffa müaßt, hab i g'sagt, und mi ko'scht du gnua vaklamperln, weil i auf dös gar it aufpaß, und na hon i ihr den nass'n Hadern um 's Mäu uma g'haut.«

»Da hoscht amal recht g'habt,« lobte die Zollbrechtin.

»I hon ihr den Hadern schö' eini g'haut, und net grad oamal, dös sell derfst ma glaab'n; und, sag i, jetza stellst di wieda an 's Fenschta und jammerscht, daß da gar a so schlecht geht, und da hoscht no oani, hon i g'sagt, daß d' di auskennst, sag i.«

»De hoscht d' amal schö' herg'richt'!«

»Dös glaab i, und 's letztmal is dös it g'wen, und a so geh i scho um mit dera, daß s' g'wiß koa Freud it hat.«

»Dera g'hört 's it anderst, und du derfst as scho scharf o'pack'n, sinscht bringst d' de it aus 'n Haus. Dös sell sag da 'r i.«

»Ah, de bring i scho außi!«

»Woaßt, Urschula, mi g'fallt de G'schicht gar it. Wia'r i 's selbigsmal beim Fenschta hibei g'sehg'n ho, is mir a Liacht aufganga; und bal's d' ma du aa it all's sagscht, desz'weg'n kenn i mi do aus, aba du derfst mir all's sag'n, weil i bei dir steh, vastehst; und vo mir derfragt neamd was.«

»Bal's d' ma d' Hand drauf gibscht, Zollbrechtin, daß d' nix weita sagst ... !«

»Auf Ehr und Seeligkeit it, und über dös brauchst da koan Kumma gar it z' macha, weil i dös überhaupts it mag, de Tratscherei ... «

Die Zollbrechtin rückte ganz nahe zur Ursula hin, und in ihren Augen war eine lebhafte Freude zu lesen, daß ihr nun etwas Neues offenbar werden sollte; aber leider kam es nicht dazu, weil heftig an das Fenster geklopft wurde.

»Wer isch draußd?«

»I bin 's; da Hansgirgl.«

Die Zollbrechtin riegelte die Türe auf, und da bestellte der Knecht seine Botschaft, daß die Ursula auf der Stelle und geschwind heim kommen müsse.

»Was geit 's denn scho wieda?«

»An Schimmi feit was, und du muaßt Wassa hoaß macha, und vielleicht werst d' ins na was z' ess'n geb'n aa. Mir san grad hoam kemma.«

»I kimm scho.«

»Tua no a wengl g'schwind, da Vata is it gar z' guat auf-g'legt.«

»Mir werd aa'r amal in Hoamgart'n geh derfa, bal mi an ganz'n Tag alloa g'wen is ...«

»Es pressiert weg'n an Schimmi. Geh zua!«

Ursula band ihr Tuch um den Kopf und nahm Abschied von der Nachbarin, die um eine Hoffnung betrogen war.

»Pfüat' di Good, und i kimm scho amal wieda.«

»Adjä! Und du, paß auf, Urschula, bal's du morg'n koa Zeit it hoscht, daß d' zu mir umakimmst, na geh'n i zu dir, und na vazählst ma dös sell ...« – »Is scho recht.«

»Und du derfst g'wiß glaab'n, daß vo mir neamd nix dafragt, weil i dös scho gar it mag.«

»I glaab da 's scho, pfüat di...«

»Du, dös sagscht ma no g'schwind! Gel, es handelt si vo dem Mensch und dein Vata, und ...?«

»Ja, ja, aba i muaß jetzt geh.«

»Siehgst d' as, i ho ma 's do glei denkt, und g'fall'n hat mi da gar nix, scho von O'fang it, weil d' Muatta no krank g'wen is ...«

Ursula eilte weg und wurde daheim hart angelassen.

»Du tuast da ganz leicht, du! Bal mir vo da Arbet hoam kemman, hockst du in da Nachbarschaft umanand! Hoscht du nix herz'richt'n für ins?«

»Ös habt's enka Sach no allemal kriagt, und mi is do aa koa Hund, daß mi it von Haus wega geh' derf!«

»Halt 's Mäu und marsch di in d' Kuch'l und mach 's Wassa hoaß und warmst a paar Säck!«

»I geh scho, aba mi werd do it oiwei dahoam hocka müass'n.«

Der Schmied hatte unterweilen den Schimmel aufstellen lassen, und alle Mannsbilder halfen zusammen und stützten ihn.

Die alte Metzin war auch gekommen, und sie schaute mit ihrem scharf geschnittenen, hagern Gesicht in dem Halbdunkel wie eine richtige Hexe aus.

Der Deindl redete eifrig mit ihr.

»I ho 's an Schormoar g'sagt: bal wer helfa ko, bischt as du, und du woaßt no de alt'n Sprüch.«

»I woaß scho oan.«

»Da Schimmi werd de Harnwind'n hamm, sagt da Schmied; und hoscht du eppas für dös?«

»Freili hon i eppas.«

»Du, Schormoar, sie werd 's glei hamm,« schrie der Deindl eifrig. »Laß amal de Alt zuawi!«

»Dös kimmt auf d' letzt; z'erscht müass'n mi an Gaul wasch'n. Zenzi, geh umi und hol's Wassa!«

Die Magd zupfte den Bauern am Ärmel und winkte ihm.

Er wandte sich unwillig zu ihr.

»Was hoscht 'n scho wieda?«

»Geh, schick wen andern in d' Kuchl, i trau ma'r it . . .«

»Herrgott . . . ah was! Jetzt vazählst ma nix! Hansgirgl, geh du! Dera is heunt it guat, und sie kunnt 's Schaffl it trag'n. Geh du in dein Stall, oda leg di in 's Bett!« fuhr er die Magd an. »Du gehst ins do im Weg um!«

Zenzi ließ den Kopf hängen und machte sich langsam davon.

Wie dann der Hansgirgl mit dem dampfenden Wasser ankam, wusch der Schmied den Gaul sorgfältig, und hinterher deckte er ihn mit heißen Säcken zu und sagte dem Lenz, er solle das noch einigemal tun. Wie er aber dem Schimmel heißen Baldriantee eingab und alles das ziemlich lange dauerte, sagte die Metzin, sie könne auch gehen, wenn man sie nicht brauche, und sie wäre nur dem Schormayer zu Gefallen gekommen und hätte wohl lieber geschlafen.

Da schaute der Deindl alle Anwesenden vorwurfsvoll an und meinte, man sollte die Leute nicht holen, wenn man ihre Hilfe nicht annehme, und es würde aber den Bauer noch lange reuen.

Der Schormayer mußte der Alten gut zureden, bis sie sich dazu hergab, als letztes Mittel noch ihren Spruch zu geben.

Sie stellte sich neben den zitternden Gaul und lispelte mit ihrem zahnlosen Mund den Vers:

»Jerusalem ist eine schöne Stadt,
Darinnen Jesus Christus gekreuzigt ward.
Er ward gekreuzigt mit Wasser und Blut,
Das ist für Würmbeißen und Darmgicht gut.«

Und dreimal wiederholte sie:

»Im Namen Gottes des Vaters, des Sohnes und des Heiligen Geistes!«

Dabei strich sie jedesmal mit der Hand über den Rücken des kranken Tieres.

Alle sahen voll Scheu zu, und indes sie die Hüte abnahmen, machten sie auf Stirn, Mund und Brust das Zeichen des Kreuzes.

»Amen!« sagte der Deindl mit tiefer Stimme. »Und jetzt feit nix mehr, Schormoar; werst d' as sehg'n.«

»Hoffatli. Und i dank da recht schö, Metzin, daß d' kemma bischt.«

Er zog seinen Geldbeutel aus der Tasche, aber die Alte wehrte ernsthaft ab.

»Laß guat sei! I nimm nix für dös!«

»No, nacha schick i dir scho was abi, Schmalz und an Loab Brot.« – »Dös braucht 's it. Guat Nacht beinand!«

Sie humpelte aus dem Stall, und auch die andern richteten sich zum Gehen.

»Oana muaß halt Wach halt'n,« sagte der Schmied, »und wenn 's grad waar, daß a si schlechta herschaugt, na müaßt's mi halt aus'n Bett außa hol'n. I kimm gern wieda.«

»Es werd it schlechta; jetzt is 's scho g'wunna,« versicherte der Deindl.

Sie gingen, und in der stillen Winternacht hörte man noch von weit her ihre Stimmen, indem der Deindl die tiefe Wissenschaft der Metzin lobte und der Schmied seine Ansicht über die Krankheit äußerte.

Der Schormayer schaffte noch an, daß sich der Lenz und der Hansgirgl bei der Nachtwache ablösen sollten, und wollte über den Hof ins Haus.

Da trat ihm die Zenzi in den Weg.

»I muaß da was sag'n, Baua.«

»Sag ma 's morg'n; jetzt is koa Zeit.«

Sie fing zu weinen an.

»Jetzt woaß i ma koa Hilf gar nimma; und mi is do koa Stuck Viech, daß ma si umanand schlag'n lass'n muaß ...«

»Wer hat di g'schlag'n?«

»D' Urschula, und an Hadern hot s' ma um 's Mäu uma g'haut, daß i no g'schwoll'n bi ...«

»Habt's halt wieda streit'n müass'n, ös damischen Weibsbilda!«

»Wer hot g'stritt'n? Koa Wort hon i g'sagt, und g'rad desz'weg'n hot si mi g'schlag'n, weil's d' ma du die heilinga drei Kinni auf d' Kammatür aufi g'schrieb'n hoscht ...«

»Z'weg'n nix andern?«

»Na, bal i d' as amal sag', und an nass'n Hadern haut s' ma'r um's Mäu, daß ma 's Feua vo de Aug'n wega ganga is ...«

»Dös sagst d' ma all's morg'n!«

»Ja, morg'n! Ös fahrt's wieda mit 'n Holz, und i waar alloa mit ihr!«

»De werd di it fress'n!«

»I trau ma nimma, z' bleib'n. I sag d' as, wia's is; de tat ja mit mir, was s' gern möcht, und i laß all's lieg'n und steh' und laff davo.«

»De zwoa Wocha bis Liachtmeß werst d' as no aushalt'n.«

»I trau ma nimma, und i muaß da'r a so was sag'n.«

»Wos denn?«

Zenzi preßte beide Arme vors Gesicht und weinte und schluchzte jämmerlich.

»Ja, red halt!«

Da schnupfte die Magd auf und sagte zögernd und mit leiser Stimme.

»I glaab, i bi in da Hoffnung.«

»Wos? Wia dös?«

»Ja, woaßt as scho!«

»Himmisaggera! Du, paß auf, mach mi da koan Pflanz it vor!«

»Was brauch i dir denn vorz'macha! Dös sell werd si scho aufweis'n, und bal mi so beinand is, haut oan de ander wia'r a Stuck Viech!«

»Kreuz Teufi! Wia gang nacha dös, daß du ...«

»Vata!« Die Stimme der Ursula gellte vom Hause her, und aus der offenen Tür drang ein Lichtschein in den Hof.

»Geah zua! Sinscht siecht s' mi,« flüsterte Zenzi und huschte weg. –

»Vata! D' Supp'n is firti!«

»Plärr' it a so, du Loas!« schrie der Schormayer zornig zurück und ging auf das Haus zu.

»I hon it g'wißt, daß du im Hof umanand stehst, sinscht hätt i wohl it so g'schrie'n,« sagte Ursula.

»I steh dir scho umanand, dir! Wo hoscht mei Ess'n?«

»In da Kuch'l halt.«

»Tragst d' as in d' Stub'n eini!«

»Warum nacha?«

»Weil i di net sehg'n will, du grob's Viech, du!«

Er schlug die Türe hinter sich zu.

»Hat s' scho wieda g'ratscht? Dös zahl a da hoam!« sagte Ursula vor sich hin, indes sie Schüssel und Teller in die Stube trug und einen Löffel klirrend daneben auf den Tisch warf.

Der Schormayer hörte sie nicht.

Er stand in seiner Kammer und schaute zum Fenster in die Nacht hinaus.

Der Mondschein lag voll auf den verschneiten Feldern, und sie glitzerten, als hätten alle Engel Diamanten darauf gestreut.

»I glaab, i bin in da Hoffnung.«

So is recht!

Zehntes Kapitel

Am andern Tag klingelte zeitig in der Früh ein sauberes Schlittengespann durch Kollbach; und wer gerade am Fenster stand, schaute ihm gerne nach. Die Pferde hatten blaue und rote Federbüsche aufgesteckt und ein hell tönendes Geläute umgehängt und gingen auch darum einen stolzen und vornehmen Trab.

Im Schlitten saß ein aufgeputztes Frauenzimmer, von dessen seidenem Kopftuche stattliche Zipfel in die Luft hineinflatterten; auch war es in einen feiertäglichen Schal gehüllt und so vermummt, daß man es nicht erkennen konnte; daneben saß ein junger Bauernmensch von hagerem Gesichte, aus dem eine scharfe Hakennase vorsprang, und er trug auf dem Hute ein buntes Sträußel.

Beim Schormayer bog der Schlitten in den Hof ein und hielt, und derselbige junge Mensch knallte stolz mit der Peitsche, daß die Anfahrt ein nobles Ansehen hatte.

Da kam auch gleich der Lenz, der wegen des kranken Gauls daheim geblieben war, aus dem Stalle, und die Ursula trat unter die Haustüre.

Ihr Gesicht zog sich in Fröhlichkeit auseinander, als sie die Gäste erkannte: das Basel, die Schneiderbäuerin von Arnbach, und den jungen Prücklbauern, Kaspar Eichinger von Hirtlbach.

Die Ursula tat, wie sich 's gehörte, geschämig und erstaunt und nicht wissend, warum diese zwei willkommenen Menschen auf Besuch erschienen.

»Ja Basel, bischt du do? Was treibt denn di daher?«

»I ho 's geschting aa no it in Sinn g'habt, aber der sell hot ma koan Ruah it lass'n, und i muaß mit eahm uma fahr'n.«

Sie deutete lachend nach dem Kaspar hin, der mit Hilfe des Lenz seine Pferde ausspannte.

»Aba geh no grad eina in d' Stub'n, Basel, und warm di auf! Du muaßt it schlecht g'fror'n hamm.«

»Es is heunt nimma so kalt, aba beim Ofa is bessa dischkrier'n. Du, Kaschpa, i geh dawei mit da Urschula eini; du kimmst nachi.«

»I kimm scho,« sagte der Kaspar mit Ruhe und führte hinter dem Lenz einen Gaul in den Stall.

Sie hingen hier die Pferde an, versorgten das Geschirr; und erst als die Arbeit getan war, fragte der junge Prücklbauer:

»Du bischt da Ursula ihr Bruada? Gel?«

»Ja. Und wo bischt du her?«

»Vom Prückl z' Hirtlbach. Du werst d' as scho denk'n kinna, z'weg'n was daß i do bin?«

»A wengl was hat ma d' Urschula g'sagt.«

»Bal allssammete stimmt, kunnt'n mi heunt richti wer'n.«

»Ja – ja.«

»Is dei Vata dahoam?«

»Na, der is ins Holz außi, Bamm fahr'n. I muaß dahoam bleib'n, weil ins a Gaul krank wor'n is.«

»Der da?«

Sie standen vor dem Schimmel, der noch in Decken eingehüllt war.

»Ja. Heunt schaugt a sie bessa her; geschting hot ma graust.«

»Er werd scho wer'n. Wann moanst denn, daß dei Vata hoam kimmt?«

»An Namittag amal kimmt a scho.«

»Saggera, dös werd lang! No, heunt is nia nix mehr vosamt.«

Der Prückl Kaspar biß mit starken Zähnen die Spitze seiner Zigarre ab, und indes er sie ausspuckte, fragte er:

»Du, paß auf, vielleicht ko'scht ma du an Auskunft geb'n, wia vui daß d' Urschula kriaget?«

Lenz kam mit einer zögernden und bedächtigen Antwort.

»G'nau woaß i 's wohl it. So um a'r a fufzehntausad March umanand.«

»Baar und auf d' Hand?«

»I moan scho. Von da Muatta her hat s' sieb'ntausad, und dös ander legt vielleicht da Vata zua. Aba da muaßt d' scho eahm selm frag'n.«

»Dös is g'wiß. Es is grad, daß ma si a wengl auskennt.«

»Ja – ja.«

»Vo da Schneiderin hon i 's aa scho beiläufi g'hört.«

»Paßt 's da nacha?«

»Ja. Wann sie fufzeh'tausad auf d' Hand kriagt, mag i.«

Der Lenz kaute an einem Strohhalm und war nachdenklich.

»Du,« fragte er, »hoscht du dahoam 's Anwes'n scho übanomma?«

»No it. Wann i an Eh'vatrag protakallier, kriag i aa'r an Hof.«

»Wia alt bischt denn?«

»Achtazwanz'g wer i.«

»Du hoscht as schö!« Der Lenz seufzte, wie er das sagte.

»Aa'r it schöna wia du. Bei dir werd 's wohl aa nimma lang hergeh'.«

»Recht lang werd 's nimma hergeh'!«

Der Prückl Kaspar lachte.

»I woaß scho: es is it gar so leicht, bis ma de Alt'n zu da Ruah bringt; i ho de letzt'n Jahr her a g'stritt'n und g'mammst grad gnua.«

»Han? Hoscht d' aa z' toa g'habt?«

Lenz drehte sich lebhaft seinem Gast zu.

»It z' weni; dös derfst d' g'wiß glaab'n.«

»Aba do is ganga?«

»Sinscht waar i heut it da. Freili is 's ganga. Was woll'n denn de Alt'n macha? Amal müassen s' geh'.«

»Aba wann halt!«

»Um dös handelt 's a si. No, mir hat dös g'holfa, daß an Vata a Schlagl g'stroaft hot, und d' Muatta hot si auf mei Seit'n g'schlag'n.« – »Nacha is freili leicht!«

»Sag dös it! Der Alt hot sie no ei'gespreitzt, als wia, und halt gar it glaab'n hat er 's woll'n, bis i eahm anderst kemma bi. Auf 's Fruhjahr, hon i g'sagt, heiret i und übanimm, oda du stellst da no an Knecht ei'. I mach dir koan mehr.«

»A niada gibt it nach auf dös.«

»Was woll'n s' macha? So lang kinnan s' do aa'r it wart'n, bis mir kitzgraab san und 's Heiret'n vasammt hamm!«

»A Muatta is halt da dös best!« sagte Lenz und seufzte wieder. »De kunnt drauf drucka.«

»Dös muaßt halt jetzt selm toa.«

»Da schaugt 's schiach aus, und vadriaßt an Alt'n.«

»Dös sell gib i zua; aba wann 's da'r a Hochzeiterin woaßt, nacha kunnt'n ja dera ihre Leut a bissel umrühr'n.«

»Von an fremd'n Mensch'n laßt si oana it gern war drei'-red'n.«

»Ja no! Du muaßt halt wart'n; recht lang werd 's nia nimma dauern; und bal d' Urschula aus 'n Haus is, werd dei Vata schnell zeiti wer'n.«

»Ko sei; bal 's dir recht is, genga ma jetzt zu de Weibsbilda umi.«

Als sie über den Hof kamen, stand die Zenzi am Brunnen und pumpte Wasser in einen Trankkübel. Der Kaspar musterte sie mit einem schnellen Blick.

»Was habt's denn da für oani?« fragte er.

»D' Kuahdirn; auf Liachtmeß marschiert s',« sagte Lenz kurz und ein wenig verächtlich.

»Saggera Hosenzwickl, de hätt' Hax'n!«

»I ho s' no it o'g'schaugt auf dös.«

»Geh, hör auf!« lachte der Kaspar und drückte ein Auge zu. »Daß du so was it sehgast!«

»I mag 's Hausbrot it.«

Es lag in der Antwort des Lenz eine sonderbare Schärfe, die sein Gast wohl bemerkte; jedennoch, er kümmerte sich nicht viel darum und dachte so obenhin, es werde schon irgendwie einen Grund haben.

Unter der Haustüre warf er verstohlen noch einen Blick auf das saubere Frauenzimmer, das ihm neugierig nachschaute.

Für einen ledigen Burschen wär 's kein übler Brocken gewesen, so um die Zeit, da er noch beim Leibregiment war.

In der Stube hatte das Basel einen argen Jammer.

»Dös hamm ma dumm darat'n, Kaschpa! Da Vetta kimmt erscht uma drei hoam; i hab da 's glei g'sagt, mi hätt'n eahm was z' wiss'n macha soll'n. Wos tean mir jetzt?«

»Jetzt müass'n ma scho wart'n, bis er hoam kimmt; no mal umafahr'n waar aa z'wida.«

»Ja freili; ma vasammt ja sei Zeit, und i ko aa net oiwei von dahoam furt.«

»Bleibt's halt do!« schlug Ursula vor. »Mir dischkrier'n mitanand, und na werd d' Zeit scho vageh'.«

»I woaß scho, was i tua,« sagte der Kaspar, »mir hot da Plank vo Bruckberg g'sagt, daß er a Roßg'schirr zum vokaffa hätt'. Da geh i umi dazua; is eh grad a kloane Stund zu'n geh'.«

»Geh weita!« bat Ursula. »Werst do it glei wieda davo renna?«

»Wos tat i denn do? I ko do net fünf Stund herhocka!«

»Schaugst d' halt insern Hof o!«

»Den siech i danach aa; bis um oans bin i wieda z'ruck, und na werd mi d' Zeit do it gar z' lang.«

»Eigatli hot a recht,« sagte die Schneiderbäuerin, »für was soll a herwart'n, wann er dawei a G'schäft o'macha ko? I und d' Urschula, mi untahalt'n ins scho, und da Lenz werd a so im Stall bleib'n müass'n; na vasammst d' nix, Kaschpa, wann's d' auf Bruckberg gehst; aba daß d' it z' spat kimmst!«

»Um oans bin i z'ruck. Pfüad Good beinand!«

Ursula lief zur Haustüre und rief ihm nach:

»Kimm fei bald z'ruck, Kaschpa!«

»Gilt scho!« sagte er gerade hin, ohne sich umzudrehen, und ging weiter.

»An dem kriagst d' amal an richtinga Mo,« sagte die Schneiderbäuerin zur Ursula, »werst as sehg'n.«

»Bal 's g'wiß is, daß i 'n kriag'.«

»Warum it? Bal da Vata a bissel mag, werd de Sach heut richtig.«

»Ob er it z' viel valangt?«

»Na, na, was i eahm so beiläufi g'sagt hab', dös sell is eahm Sach gnua g'wen.« – »Moanst do?«

»Freili! Laß di no nix bekümmern, Urschula! Hoscht 'n denn in da Thomasnacht it g'sehg'n?«

»Wia dös?«

»Ös junge Mad'ln wißt's ja nix mehr, weil's koan recht'n Glaab'n aa nimma habt's. In da Thomasnacht hättst d' as leicht dafragt, ob's d' in dem Jahr de Prücklbäurin werst.«

»Ah, dös san so Abaglaub'n!«

»Weil's no ös all's bessa wißt's! Aba dös derfst g'wiß glaab'n: bal si oani in da Thomasnacht ganz nackert auf 'n Schemmi vor's Bett stellt und sagt den selbinga Spruch, nacha siecht s' den Bursch'n, der wo s' heiret.«

»Glaabst du dös?«

»Und g'wiß glaab' i 's, weil 's amal wahr is!«

»Wia hoaßt na der Spruch?«

»Paß no auf!

Betscheml, i tritt di,
Heiliger Thomas, i bitt di,
Laß mich sehgen den Herzallerliebsten meinigen
Diese heitige Nacht!

Und nacha kimmt a dem Madl im Traam für.«

»Mir waar lieba, i wissat an Spruch, daß da Vata rechtsinnig waar geg'n meina.«

»Dös werd a scho sei; was will a denn mehra? Koa besserne G'leg'nheit find't a gar it für di.«

»O mei, Basel!« sagte Ursula und seufzte recht tief auf.

»Was is jetza dös? Lebt's ös schlecht mitanand, seit d' Muatta g'storm is?«

Und war der Ursula beinahe ihr Geheimnis über die Lippen gesprungen bei der Zollbrechtin, weil ihr Herz zum Überlaufen voll war, so konnte sie es jetzt schon gar nicht mehr zurückdrängen in Gegenwart dieser nahen Verwandten, die ihr stets Freundlichkeit bezeigt hatte und ihr jetzt einen Mann zubringen wollte.

Das Wasser schoß ihr in die Augen, und sie sagte unter Schluchzen:

»Na, Basel, mi leb'n gar it guat mitanand!«

»Was waar denn jetzt dös! Aba i ho ma 's oiwei denkt: d' Muatta hat z' fruah von enk weg müass'n.«

Ursula wischte hastig ihre Tränen ab.

»Na, Basel, sie is it z' fruah weg! Tröst s' da liabe Good, aba mi müass'n allssammete froh sei, daß s' no bei Zeit'n g'storm is!«

»Was sagscht ma denn jetzt da?«

»Sie hätt nix schön's mehr dalebt; es is g'scheita, sie liegt an Grab.«

»Geah! Was is denn dös!«

Ursula rückte näher zur Base hin, dann stand sie auf und schaute auf das Flötz hinaus, ob keine Horcherin in der Nähe sei, und setzte sich wieder.

»Woaßt, mi hamm da a ganz a schlecht's Mensch für a Kuahdirn, und mit dera hot si da Vata ei'lass'n.«

»Dös glaab i do it! Vielleicht moanscht as grad?«

»Bal i 's do selm g'hört hab, wia'r a aus ihra Kamma außa is; und er hat 's aa gar it g'laugn't.«

»De Mannsbilda! Na! Na! Je älta daß s' wer'n, desto dümma wer'n s'!«

Die Schneiderbäuerin hatte die Hände zusammengefaltet und schüttelte den Kopf.

»Wer hätt' dös vom Schormoar glaabt, und hat so guat g'haust mit deina Muatta!«

»Ja, und an dem Tag, wo ma s' ei'grab'n hamm, hat a scho o'gfangt mit dem Schlamp'n.«

»Geah, Madl, i ko 's völlig it glaab'n!«

»Wia'r i vom Leich'ntrunk hoam kemma bi, is sie bei eahm in da Stub'n herin g'hockt und is aufg'sprunga, und ganz vahofft is s' g'wen.«

»Am Gräbnistag?«

»Ja, Basel!«

»Dös sell is a bissel viel g'sagt; da möcht mi scho ganz vazag'n.«

Die Schneiderbäuerin kam nicht aus ihrer erschrockenen Verwunderung heraus.

»Jessas, Marand Josef! Wos mi all's daleb'n muaß! Ja, wos sagt nacha da Lenz?«

»Der derf it viel sag'n. Oamal hot a 's probiert, und na hot eahm da Vata glei an Strohsack vor d' Tür hi'g'schmiss'n.«

»Sein' eig'na Kind?«

»Was glaabst denn, daß er mi allssammete hoaßt? Grad oa Viech hi und her; und bal i 's Mäu it halt, sagt a, muaß i auf da Stell aus 'n Haus, wia da schlechtest Deanstbot, und koa Grüaßgood und Pfüadgood mehr, und grad d' Tür'n schmeißt a zua, und koa Freundlichkeit siecht mi de ganz Woch it.«

»Da bedauert's mi scho all zwoa recht.«

»Mi san aa zu'n bedauern. Daß so was fürkemma kunnt, hätt ja koa Mensch it glaabt.«

»I amal g'wiß it. Jetz sag ma no grad amal, Urschula, wo geht denn dös außi?«

»Dös kon i dir it sag'n, da bin i ma it g'scheit gnua. Auf Liachtmeß, hat a g'sagt, muaß der Schlamp'n weg, aba i glaab gar nix mehr, weil a mir erscht geschting wieda an Krach g'macht hat z'weg'n dera.«

»O mei, o mei! Is a ganz in ihra G'walt?«

»Da hoscht recht! Woaßt, bal amal a paar Täg a Ruah waar, na spinnt sie wieda was z'samm und hetzt 'n auf; und glei ans Fenschta vo seina Schlafkamma stellt si dös Luada hi und red't vo draußt eina.«

»Aba woaßt, Madl, da muaßt du scho koa Schneid gar it hamm; dös lasset i mir it g'fall'n; und de nächst Pfann nahm i her und schlaget ihr an Kopf ausanand.«

»I ho s' scho umanandlass'n, de Loas!« sagte Ursula, und ihre Augen blitzten. »Geschting hon i s' it schlecht herg'schlag'n.«

»Und da Lenz? Warum haut s' der it glei ganz außi, bal da Alt amal it dahoam is?«

»Der traut eahm it, Basel. Da Vata muaß eahm ganz grob kemma sei, weil er so dasig is.«

»No, vielleicht is g'scheita, er schaugt no a weng zua; aba bal s' auf Liachtmeß it aus 'n Haus kimmt, na soll er amal fescht o'packa.«

»Ja, nacha kenn i aa nix mehr.«

»Urschula, bal i 's recht übadenk, na is g'scheita, du hebscht di jetzt ganz staad und heiretst, so g'schwind, als geht, an Kaschpa, und na bischt du in dein Haus und ko'st zuaschaug'n.«

»Bal no dös g'wiß waar!«

»Laß mi macha, i red' an Vata guat zua . . .«

»Aba koan Schnaufa derfst d' it toa, daß da'r i was g'sagt hab!«

»Waar 's it g'scheita, i redat frischweg mit eahm und saget eahm pfeigräd, was mi si denkt üba so was?«

»Na, Basel, da kunnt 's g'feit sei. Da Vata waar im stand und tat ma 's Heiratguat kürz'n.«

»Dös is scho weit kemma, bal mi so was fercht'n muaß; aba du hoscht recht: es is aa z'weg'n an Kaschpa bessa, bal's koan Streit it gibt.«

»Jessas, bal er 's dafragt: moanst d', er stand z'ruck?«

»Z'weg'n dem it. Was kümmert eahm dös, was da'r Alt in sein Haus tuat; aba bal's heunt an Krach gab, kunnt er leicht moan, daß na mit 'n Geld it all's in Ordnung waar.«

»Laß da no grad nix mirka, Basel! Schaug, i ho dir 's sag'n müass'n, weil 's mi gar so viel druckt hot; aba jetzt derfst d' ma dös it o'toa, daß d' an Vata in d' Hitz'n bringscht.«

»Dös derf dir da g'ringst Kumma sei, i bring de Heiret it ausanand. Wos hoscht 'n?«

Ursula war aufgesprungen und schaute auf den Hof hinaus.

»Schaug außi!« sagte sie aufgeregt. »Do is sie jetzt; sie fahrt an Mischt außa!«

Die Schneiderbäuerin schaute lange und forschend das starke Weibsbild an, welches mit aufgeschlagenen Röcken auf dem Dunghaufen stand.

»Dös is s'!« fragte sie mit gedehntem Ton. »Wos a no grad an dera find't? De tat jetzt mir gar it g'fall'n, a so a grob's G'stell, wia de hot!« – »Gel, sagst d' as aa?«

»De hot ja do scho nix fein's gar it! Ja, de Mannsbilda! Da muaß ma si scho' frag'n, wo de oft d' Aug'n hamm!«

Vor der Essenszeit ging die Schneiderbäuerin mit der Ursula in den Stall, um Kühe und Hennen zu mustern. Und das hätte sie zu keiner Zeit unterlassen; denn was eine gute Hauserin ist, hält fleißig Umschau in anderer Leute Wirtschaft, weil es dabei was zum Lernen und noch mehr zum Kritisieren gibt. Aber hier und heute hätte es die Schneiderin schon gar nicht übers Herz gebracht, von der Gewohnheit abzulassen, weil sie das Weibsbild, die Magd, in der Nähe sehen wollte.

In zwei langen Reihen stand das liebe Vieh und schaute gedankenlos auf die Eintretenden, indes es an seinem Futter kaute. Es waren Kühe wie andere auch, einfarbig oder gefleckt, mit stark oder schwach gebogenen Hörnern; und alle hatten an den Seiten ziemlich viel Schmutz. Die eine und andere streckte wohlig den Buckel auf, hob den Schweif und ließ ihr Wasser rinnen, von einer andern platschte es anders zu Boden, und die Ketten klirrten und wetzten sich an den Barren. Der unkundige Betrachter wäre vermutlich vorne an den hübschen Tieren vorbeigewandelt und hätte ihre Köpfe gestreichelt und jeder Kuh in die treuherzigen Augen geschaut.

Was aber die Schneiderbäuerin war, die ging hinten herum und übersann sich lange bei jedem Stück.

»Mi kemman s' so maga für,« sagte sie zur Ursula, »so ei'g'fall'n san s' auf da Seit'n. Es muaß mit 'n Fuatta it all's richti sei.«

»Dös sag i ja scho lang, daß s' lüaderli g'halt'n san,« antwortete die Haustochter sehr laut.

So laut, daß es Zenzi, die etwas entfernt davon stand und mit der Mistgabel die Streu auseinander teilte, hören mußte.

Sie schnupfte jedoch nur verächtlich auf und stocherte emsig auf einem Fleck herum.

Kopfschüttelnd schritt die Schneiderin weiter.

»Drecki san s'. Auf dös solltst wohl schaug'n, Urschula, daß dös it übahand nimmt; guat putz'n is halbat g'fuattert.«

»Ja, da schaug, bal mi sellane Deanstbot'n hot! De wo grad was anderst's an Sinn hamm als wia d' Arbet!«

Die Zenzi steckte den Kopf tiefer zwischen die Schultern. Eine Antwort wäre ihr schon eingefallen, und schnell auch noch; aber dann war der Streit fertig, und sie war mutterseelenallein. Und das war leicht zu erraten, daß die grobe Kotzen sie bloß herauskitzeln wollte vor der Fremden.

Was das für eine war, und wie sich die aufspielte und überall was auszusetzen wußte!

Sie räusperte sich und stach die Zinken heftiger ins Stroh.

»A was! Red's, was mögt's, i hör 's it.«

»De wella is jetzt de Bescht?« fragte die Schneiderbäuerin.

»De dritt von vorn eina,« antwortete Ursula; »mi hamm s' vom Schießl z' Eisenhofa kafft.«

»De braung'fleckelte?«

Die Schneiderin ging ein paar Schritte zurück und musterte die Kuh auf ein neues.

»So, dös is enka Beschte? Wia viel geit na de Milli?«

»Du, hoscht as g'hört?« schrie Ursula grob zur Zenzi hinunter. »Wia viel d'Schießlin Milli geit?«

»A zwölf Lita,« brummte die Magd.

»Zwölfi grad?« sagte die Schneiderin. »Dös is amal gar it viel auf de Bescht. Dös gibt bei mir a mitter'ne.«

»Bei dir werd halt a bessa aufpaßt auf 's Sach; wia ma s' kriagt hamm, hat de aa mehra geb'n.«

Die Ursula hatte einen schneidigen Ton an sich; aber diesmal verblieb die Zenzi nicht in Stillschweigen.

»De hot no nia mehra geb'n,« sagte sie kratzig.

»So? Muaßt du dös wiss'n? Unta da'r andern Dirn hamm mi vo da Schießlin vierzeh' Lita kriagt.«

»Wer 's glaabt!«

»Wos? Wia red'st denn du? Derfst du frech sei do herin, du . . . du?«

Die Schneiderin hielt Ursula zurück und winkte ihr mit den Augen.

»Laß guat sei!« hieß das.

Und noch ein bedeutsamer Blick sagte der Erzürnten, daß es an diesem Tag keine Aufregung geben dürfe, wegen des Alten, wegen des Kaspar, wegen alles möglichen.

Ursula verstand die Base und knurrte etwas Unverständliches vor sich hin, und es war ganz gewiß etwas Beleidigendes.

»Übahaupts is dös gar it de Bescht,« fing die Zenzi wieder an; »de da geit mehra.« Sie stieß mit dem Gabelstiel eine Kuh an, die näher bei ihr stand.

Die Schneiderin schaute aber nicht das Tier, sondern die Magd prüfend von der Seite an und drehte sich geringschätzig weg, ohne eine Antwort zu geben.

Sie ging die andere Reihe entlang und fand immer wieder einen Grund, den Kopf mit Mißbilligung zu schütteln.

»Mi siecht aa, daß 's Auter it ganz sauba g'halt'n is, und do bin i hoakli. Bal i dös dahoam mirk, jag i oani auf da Stell davo'; und red'n laß i übahaupts meine Deanstbot'n gar nix. I valang d' Arbet, und firti!«

»Waar no i Herr, nacha waar ’s bei ins g’rad a so!« sagte Ursula.

»Aba du bischt it Herr!« dachte sich die Zenzi. »Und red’t’s no zua, weg’n meina. I paß auf dös gar it auf.«

Nach dem Essen setzten sich die zwei einträchtigen Frauenzimmer zu einem langen Diskurse in die Küche; es fehlte nicht an Nudeln und Kaffee, und auch nicht am Gegenstande, über den sich vieles sagen ließ.

»Siehgst, Urschula, jetzt weil’s d’ ma du mehra vazählt hoscht, moan i, es waar it gar so weit g’feit. Dös war a b’suffane Gaudi, und es waar g’scheita g’wen, du hättst nix dagleicha to.«

»Mi ko do aa ’s Mäu it halt’n, bal mi so was spannt . . .«

»Freili kunnt ma ’s halt’n, aba du bischt halt no it alt gnua und kennst di no z’ weng aus in da Welt. Mi wundert ’s gar it so viel, daß dei Vata de Dummheit g’macht hot.«

»Du bischt guat troffa, Basel! Z’erscht hoscht aba ganz anderst g’red’t.«

»I lob ’s jetzt aa it, und koa richtiga Mensch werd da anderst g’sinnt sei. Bal so was vorkimmt, is ja scho da Reschpekt bei de Deanstbot’n nimma vorhand’n.«

»No also!«

»Aba wundern tuat ’s mi it, sag i, weil d’ Mannsbilda allsammete so san, bal s’ z’ viel Bier hamm.«

»Von dem dein’ glaabst d’ na so was do it?«

»Moanscht?«

»I möcht di it sehg’n, wann du an sellan Vadacht hättst.«

»An Vadacht hon i koan, und i glaab it, daß was fürkimmt, aba trau’n tua’r i eahm gar it.«

»Geah?«

»Na, gar it. Freili, unta da Woch und bei da Arbeit und so, da woaß i scho, daß sie nix feit, aba bal a grad am Sunntag a wengl rauschi hoamkam und stand eahm so a schlecht’s Luada hi, na war glei was g’schehg’n.«

»Da waar mi ja oiwei in da G’fahr!«

»Mi muaß halt Obacht geb’n, Urschula.«

»Na, dös sag i glei, bal i so was glaabet, laffet i auf und davo.«

»Mi laff t it so g’schwind.«

»I scho; und bal i dös wissat, daß da Kaschpa aa'r auf dera Seit'n waar, na möcht i liaba it heiret'n.«

»Na muaßt d' ledi bleib'n, weil oana is wia da'r ander.«

»Du sagscht ma was schön's!«

»Schaug, Urschula, i will da was vazähln; i hon den mein aa'r amal dawischt, wiar' a so schö staad b'suffa bei da Mitterdirn hibei g'stanna is und a weng deutli mit die Händ' g'red't hot. G'rad liab waar er g'wen!«

»Aba da bischt drei'g'fahrn?«

»Na, dös sell hon i gar it to. I ho mi g'stellt, als wenn i gar nix g'sehgn hätt, und hon eahm schö to, als wia'r an Krank'n und hon an in 's Bett eini bracht, und da hot a sein Rausch und sei Dummheit ausg'schlafa; sie san ja gar it so scharf, als wia s' tean, und de mehra Zeit san s' froh, bal s' eahnan Ruah hamm.«

»Da müaßt inseroans oiwei auf da Paß steh?«

»A bissel Obacht geb'n braucht 's scho; und de G'leg'nheit auf d' Seit'n ramma, dös is a Hauptsach.«

»Jetzt muaß i dir scho sag'n, Basel, daß mei Freud g'ringa wor'n is.«

»Ja, g'rad weg'n an schö' hamm und weg'n da Luschtbarkeit braucht ma'r it heiret'n, mei liab's Madl; do werd da no viel untakemma, was da'r it g'fallt. 's Kinda kriag'n is it luschti, und 's Kinda wart'n aa it; aba 's muaß amal sei, und ledi bleib'n is dös allaschlechtast. Da woaß oans auf oamal nimma, wo 's hi'g'hört; und als Bäurin auf sein Sach hocka, is it zu'n varacht'n.«

»Aba bal's was werd mit 'n Kaschpa, na muaß a ma an eigna Schwur ableg'n, daß er nia an anderne o'schaugt.«

»Da wurd' a bald meineidi. No, gar z' schiach derfst d' as aa it fürstell'n. Bei an junga Bauern is de G'fahr it so groß; dö sell'n hamm mehra Stolz und mehra Eifa zu'n regier'n, aba bal's amal über 'n vierzga umi gengan, nacha muaß mi guat aufpass'n. Do kemman s' in zwoat'n Saft und schlag'n no mal aus, und g'schleckig waarn s' nacha'r aa, und passet eahna so a bissel an Abwechs'lung. Do kam 's eahna glei für, als wenn s' scho lang gnua bei oana blieb'n waar'n, und sie san viel dümma. Bal si da oani o'schmeichelt, glaab'n s' ihr mehra und hör'n 's gern, daß s' no' was taug'n.«

»Auf dös paß i amal guat auf.«

»Aba'r it grob sei und it streit'n, sinscht bild'n s' eahna an Stolz ei, daß sie 's erscht recht tean. Übahaupts, mirk da dös: de Mannsbilda muaß mi oiwei auf 'n Glaab'n lass'n, daß all's nach eahnan Kopf geht. Mi tean ja do de mehra Zeit, was mi mög'n; aba zoag'n derfen mi dös it, und d' Nas'n derf'n mi eahna it drauf stöß'n. Vo selm sehg'n s' as it, weil s' so viel ei'bilderisch san und moanan, es ko gar it anderst sei, als daß sie allssammete regier'n. De Freud muaß mi eahna lass'n, und na red'n s' recht g'scheit an Wirtshaus und in da Gmoa, aba staad und hoamli hamm mi 's Heft in da Hand.«

Die Schneiderin zwinkerte bedeutsam ihrem Schützling zu und tauchte eine Nudel in den Kaffee; die Ursula aber hielt sich die Hand vors Maul und lachte voll Verständnis und sah die Zukunft wieder in schöneren Farben.

Indem warf sie aber einen Blick auf die Uhr und rief:

»Jessas, jetzt is scho zwoa, und da Kaschpa is no it da!«

»Der bleibt it aus, und mi hamm ins glei bessa untahalt'n, weil er it da war.«

»Genga ma füri, na sehg'n ma 'n vielleicht kemma.«

»Vo mir aus!« sagte die Schneiderin, und sie gingen in die Stube und schauten vom Fenster aus in den Hof.

Es war wieder Trankzeit, in der die Kühe Wasser zu kriegen hatten, und darum stand Zenzi wieder am Brunnen und pumpte mit kräftigen Armen.

»Siehgst d', Urschula,« sagte die Base, »dös leid i net, daß si de Weibsbilda d' Röck gar so hoch aufischlag'n.«

»So oane schamt si ja it!«

»De amal g'wiß it! Schaug s' no grad o! Bis zu de Strumpfbandln siecht ma'r ihr aufi.«

»Wart', i schrei ihr g'schwind!«

Ursula wollte das Fenster öffnen, aber die Schneiderin hinderte sie daran.

»Laß 's guat sei jetzt; da kimmt grad da Kaschpa eina.«

Der Prücklbauer schlenkerte gemächlich durch die Einfahrt; und wie er die Zenzi sah, schob er den Hut zurück und pfiff lachend durch die Zähne.

Er trat von hinten an sie heran und klopfte ihr mit dem Stecken derb auf die Waden.

Sie fuhr herum:

»Du hoscht mi aba daschreckt!«

»Bischt du so g'schrecki, Madl? Siechst gar it aus danach.«

»Bal's d' ma du auf d' Hax'n haust!«

»I ho g'rad sehg'n woll'n, ob s' it ausg'stopft san.«

»Ja freili, i wer s' ausstopfa.«

»Saggera Hos'nzwickel!« lachte der Kaspar und schob den Hut verwegen aufs Ohr.

Aber die Zenzi hatte mit einem schnellen Blick die zwei Frauenzimmer am Fenster gesehen.

»Geah zua!« sagte sie. »Laß mi mei Arbet toa; i ho koa Zeit it für Dummheit'n.«

Da besann sich der junge Prücklbauer, daß er auf fremden Grund und auf Freiersfüßen stehe, und ging von ihr weg dem Hause zu.

Die Ursula atmete schwer, und ihre Augen funkelten.

»Hoscht d' as g'sehg'n, Basel?«

»Ja no, jetzt sei no staad! Mit an Krach derfst d' it o'fanga; bei'n Hoamfahr'n sag i 's eahm na scho, daß a si schama soll.«

»So a Schlamp'n!« schnaufte die Ursula und hatte große Mühe, ein freundliches Gesicht aufzusetzen.

Und setzte es aber doch auf, wie nun ihr Zukünftiger eintrat.

Der Schormayer war mit seiner Arbeit im Holz fertig und machte sich auf die Heimfahrt. Seine Gäule zottelten Schritt für Schritt durch den Wald, schläfrig und faul; aber der Bauer trieb sie nicht an, sondern ging tiefsinnig hinter dem Schlitten her.

Das Geständnis der Zenzi hatte ihn den ganzen Tag nicht losgelassen.

Das ging schon mit dem Teufel zu, daß eine allereinzige Dummheit gleich solche Folgen hatte.

Er sah es deutlich und unschön vor sich, wie es nun kommen werde. War sie bei andern Leuten im Dienst, hernach brachten ein paar Weibsbilder das Geheimnis schnell genug heraus, und jeder hatte Verdacht auf ihn. Hinterdrein kam das Kind zur Welt und mußte vor Gericht einen Vater haben; und was sollte das Frauenzimmer abhalten, den zahlungsfähigen Schormayer anzugeben, wenn es obendrein nicht mehr in seinem Dienst war?

Heilig's Kreuzdonnerwetter! Wie sie in der Gemeinde zahnen würden, wenn sie 's für gewiß hatten, daß ein alter Esel aufs Eis gegangen war! Stichelreden im Wirtshaus und Gezänk daheim, und Alimenten zahlen als Austrägler.

Der Handgaul fuhr erschrocken in die Höhe, weil ihm der Bauer in seiner stillen Wut eins überzog.

Und die ganze Verwandtschaft rundherum hatte ihre Unterhaltung über ihn.

Gelt, das war Zeit, daß der Schormayer abdankte, wenn er zu seinen Ehhalten in die Kammer schlich und den Respekt nicht mehr aufrecht halten konnte?

Wie oft sie die Schormayerin im Grabe umdrehen würden, damit sie seine Schlechtigkeit in der ganzen Größe ausmalen könnten! Das war eine liebe Zukunft, die sich da zusammenzog.

»Du Kramp'n, du vadächtiga, ko'scht du it aufpass'n? Fall am ebna Weg z'samm vor lauta Faulheit!«

Diesmal bekam der stolpernde Sattelgaul einen saftigen Peitschenhieb.

Aber vielleicht war es nur eine Ängstlichkeit von der dummen Person. Sie glaubt es, daß sie in der Hoffnung ist, sie glaubt es bloß, also war es noch nicht gewiß?

Nix! In der Sache kennt sich die Dümmste aus und wird ehender zu wenig als zu viel sagen. Mit dem Trost war es nichts. Saggeradi! Wenn er der Dumme war, der für einen andern zahlen sollte? Aber nie war ein Sterbenswörtel davon laut geworden, daß es die Zenzi mit einem Burschen in Kollbach hatte, und nicht einmal die Ursula hatte in der größten Wut eine Andeutung gemacht, und der wär 's doch gewiß nicht ausgekommen.

Es bleibt schon an dir hängen, Schormayer, und das Netz hat kein Loch. Da war guter Rat teuer.

Das nächste mußte sein, einmal ausführlich mit der Zenzi reden; und sie fragen, wie sie 's selber im Sinn hatte mit der Sache da, mit der Angabe von der Vaterschaft, und auch, wohin sie in den Dienst gehen wolle.

Ja, das war das nächste.

Vielleicht ließ sich das Mensch überreden, weit fort zu gehen und für ein paar hundert Mark sich einzulassen, daß es überhaupt keinen Vater nannte.

Das gab es doch auch, daß eine dem Gericht nichts sagte; und bei der ersten Fuhr nach Dachau wollte er einen Advokaten fragen. So, als wenn es sich um einen andern handeln würde.

Also, das war jetzt einmal zu tun, und hernach konnte man sehen, wie das Rad weiter lief.

Er war schon nahe beim Dorfe, und der Moosrainer Simon, ein Kleingütler, kam ihm mit seinem Ochsenschlitten entgegen.

»Grüaß di Good, Schormoar!«

»'s Good,« brummte der Bauer.

»Fahrst d' oiwei no Bamm für 'n Maier z' Dachau?«

»Ja.«

»Heunt hoscht an B'suach kriagt, gel?«

»I?«

»Freili; an Vormittag scho.«

»Da woaß i nix; i bin an Holz draußd g'wen.«

»D' Leut sag'n, es waar g'wiß a Hochzeita für dei Urschula?«

»De wiss'n na mehra wia'r i.«

»Mi moant halt, wei' s' gar so a nobels Zeug'l g'habt hamm.«

»Vo mir aus!«

»Di bekümmert dös gar it viel, han?«

»I wer' 's scho sehg'n, bal i hoam kimm.«

»No ja, freili! Du bringscht dei Tochta leicht o. Pfüat di!«

»Adjes!«

Es bekümmerte den Schormayer wirklich nicht viel, ob die Ursula ein halbes Jahr früher oder später aus dem Haus kam; er hatte andere Sorgen. Er ging deswegen um keinen Schritt schneller; und wie er daheim angelangt war, spannte er ohne Übereilung die Gäule aus.

Der Lenz half ihm dabei und sagte:

»Vata, 's Basel vo Arnbach is scho seit a'r a fünf Stund do.«

»So?«

»Und da Prückl vo Hirtlbach is bei ihr.«

»So? Was macht denn da Schimmi?«

»I moan, es gang eahm bessa.«

»Is da Dokta it da g'wen?«

»Jo. Er sagt, er kimmt scho durchi.«

»I wer 'n amal o'schaug'n.«

Der Schormayer ging zu dem kranken Gaul und fühlte ihn an.

»Mir kimmt für, daß a nimma so hart waar.«

»Es is guat g'wen, daß ma 'n glei warm ei'geb'n hamm, sagt da Dokta.«

»Paß no weita guat auf! Du bleibscht morg'n no dahoam, und i fahr wieda an 's Holz außi.«

Er ging gemächlich dem Hause zu; unterwegs blieb er stehen und schaute zum Kuhstall hinüber.

»I wer' s' morg'n in 's Holz außi kemma lass'n, da hamm ma nacha Zeit zu'n Dischk'rier'n,« brummte er vor sich hin, und dann stampfte er vor der Türe den Schnee von den Schuhen.

Im Flötz kam ihm Ursula entgegen.

»Vata, es waar a B'suach da.«

»Is scho recht.«

»Soll i da'r an Kaffee in d' Stub'n eini bringa; du werst was Warms mög'n?«

»Du bischt ja heunt ganz ausnahmsweis freundli.«

Es konnte ihm schon auffallen, daß er nach langer Zeit wieder ein lachendes Gesicht daheim sah.

»I ho da'r oan aufg'hob'n,« sagte Ursula zuckersüß.

»Bring an no eina!«

Wie der Schormayer in die Stube eintrat, stand die Schneiderin von der Ofenbank auf, und der Prückl Kaspar rekelte sich langsam in die Höhe.

»Du werscht it schlecht schaug'n, daß du ins da auftriffst?« sagte die Schneiderin.

»Mi is ganz recht, daß d' amal kemma bischt.«

»I ho oan bei mir, an Prückl Kaschpa vo Hirtlbach.«

Der Schormayer nickte dem fremden Menschen zu.

»So? Du bischt da jung Prückl? An Vata kenn i wohl.«

»Er hot ma 's g'sagt.«

»A G'schäft hätt' a mit dir,« fiel die Schneiderin ein.

»Was für oans?«

Der Kaspar räusperte sich und fuhr sich mit der Hand über den Kopf.

»I,« sagte er, »sollt an Fruhjahr an Hof übanehma, und durch dös sollt i heiret'n, in dem daß de Alt'n aa nimma weita macha woll'n, und weil na do a Bäurin in 's Haus muaß, und durch dös hon a ma denkt, ob's d' ma du it dei Urschula geb'n kunntst.«

»So?«

Der Schormayer holte sein rotes Sacktuch hervor und schneuzte sich erst einmal.

»Mhm!« sagte er. »I sag it na, und üba de Sach laßt si red'n. Hock di no hi!«

Der Kaspar ließ sich auf die Ofenbank nieder, und der Bauer setzte sich an den Tisch.

»So, so? Mei Urschula mögst du heiret'n? Wia viel, moanst d', daß s' nacha kriag'n sollt?«

Kaspar sah zur Schneiderbäuerin hinüber, und sie nahm für ihn das Wort.

»A tausend a fufzehni, hon i eahm g'hoaß'n.«

»Fufzehni?«

Der Schormayer schaute nachdenklich auf den Boden.

»Bal's mehra san, macht 's aa nix,« sagte der Kaspar fröhlich.

»Mehra wer'n 's kaam, mei Liaba. Aba auf fufzehni kunnt 's nausgeh.«

»Do waar er scho z'fried'n,« fiel die Schneiderin ein.

»Dös hoaßt, bal sie 's baar kriaget,« sagte Kaspar.

»Baar oiwei; de Hypathek'ng'schicht mag i selm it, und 's Geld liegt auf. Nach da Hozet wurd' 's auszahlt.«

Die Schneiderin stieß ihren Schützling mit dem Ellenbogen an.

»No also! Nacha seid's ja scho handeloans, braucht's grad ei'schlag'n.«

Aber der Kaspar räusperte sich doch noch einmal.

»Wia is na dös? Tat sie na was irb'n aa no?«

Ursula hörte die Frage, denn sie brachte gerade den Kaffee herein; und nachdem sie ihn auf den Tisch gestellt hatte, blieb sie erwartungsvoll stehen.

Der Schormayer rührte den Zucker um und überlegte sich die Antwort.

»Irb'n?« fragte er. »Ko sei, aba hoaß'n tua'r i nix g'wiß; und bal nix dazwisch'n kimmt, bis i stirb, kriagt s' scho no a Brocka.«

Ursula hatte wirklich ihren freundlichsten Tag, und mit der mildesten Stimme sagte sie:

»Was soll si denn do dazwisch'n kemma, Vata? Do kimmt si do nia nix dazwisch'n.«

»Dös woaß mi it.«

»Aba, Vata, woaßt do, daß mi di in Ehr'n hamm; und übahaupts brauchst d' koan Kumma üba dös gar it hamm.«

»I ho scho koan; und bal all's mit Recht'n geht, werst d' scho was kriag'n. Aba dös is mei guata Will'n, was i hint laß; und vasprecha tua'r i nix.«

Die Schneiderbäuerin wollte noch hilfreich sein.

»s' Heiret'n hoscht d' do nimma'r an Sinn?«

»Heunt net. Aba woaß i, was morg'n is?«

»Geah zua! Du werst üba Nacht it anderst g'sinnt wer'n.«

»I glaab 's selm it; aba dös is schö' gnua, wann i fufzehtausad baar auszahl, und auf nix anders laß i mi net ei.«

Kaspar hörte es am Ton, daß weiter reden keinen Wert hatte.

Er patschte aufs Knie und sagte frischweg mit lauter Stimme:

»Alsdann is mi a so aa recht; und dös ander werd scho amal kemma, wia 's Recht und G'setz is.«

Er hielt dem Schormayer die Hand hin, und dieser schlug ein.

»Du hoscht as g'hört, daß er di heiret'n möcht; vo mir aus liegt nix an Weg,« sagte er zur Ursula.

Sie strich die Schürze hinunter und hielt den Kopf gesenkt.

»Ja no ...« Sie stockte und schaute den Zukünftigen von unten herauf an ... »Mi is na aa gleich.«

»Gilt scho!« sagte Kaspar und gab auch ihr die Hand darauf.

»I mach mei Gratalation; und ös zwoa werd's it schlecht mitanand haus'n, und ös hockt's enk aa'r in a schön's Sach. Du kennst an Hof, Schormoar?« fragte die Schneiderin.

»I kenn an scho. Wia werd denn da Austrag für de Alt'n, Kaschpa?«

»Sie halt'n si scho a Geld z'ruck und nehma si it z' weni aus. Aba'r i tua ma'r it hart.«

»Dös is na enka Sach. Und wos i sag'n will: mit 'n Aufgebot und mit 'n Lad'n und mit dera ganz'n G'schicht kon i mi net befass'n, dös müaßt's selm macha.«

»I hilf scho, und übahaupts geh'n i da Urschula an d' Hand, weil d' Muatta nimma do is.«

»I dank da schö, Basel.«

»Dös tua'r i gern, und wann moant's, daß d' Hozet sei kunnt?«

»Oiwei no vor die Fascht'n,« schlug Kaspar vor.

»Dös waar in a vier Wocha? I moan, dös liaß si richt'n, Schormoar?«

»Richt's as no. Herwart'n hot aa koan Sinn.«

»Kimmst d' vielleicht morg'n auf Arnbach umi, Urschula?«

»Bal's an Vata recht is?«

»Mi is gleich. I bin a so in Holz draußd.«

»Also na geh'n i morg'n zu dir, Basel.«

»Dös is des G'scheitest; da macha mi allssammete aus; und was beim Pfarra und an Bezirksamt sei muaß, dös sell trifft an Kaschpa, und mit 'n Hozetlada kinna mir red'n, und ...«

»Jetzt is aba Zeit, daß ma gengan,« drängte Kaspar, »mi hockan scho den ganz'n Tag her.«

»Spann no ei; i bin glei g'richt',« sagte die Schneiderin.

Der junge Prücklbauer nahm seinen Hut von der Ofenbank und ging hinaus.

Im Stall fand er den Lenz auf ein paar Strohbündeln liegend im festen Schlaf.

Er rührte ihn mit dem Fuß an und pfiff.

»Hö, Lenz!«

Der fuhr auf und rieb sich die Augen.

»Wos is?«

»Ei'spanna hilf ma; i fahr.«

Lenz gähnte.

»So, du fahrst scho weg? Was is nacha wor'n?«

»Mi san richti.«

»Is a so g'wen, wia'r i g'sagt hab? Fufzehtausad?«

»Ja. No, mi wer'n na scho z' toa kemma, und d' Urschula is ja a guate Hauserin.«

»Do feit dir nix. Wiah! Geht's außa!« Er koppelte einen Gaul ab, den andern nahm Kaspar. Als sie eingespannt hatten, zündeten sie die Laternen an, denn es wollte schon dunkel werden.

Die Pferde scharrten ungeduldig mit den Hufen, und es dauerte eine Weile, bis die Schneiderin noch dies und das gesagt hatte.

Endlich stieg sie ein. Der Kaspar setzte sich neben sie und grüßte ein letztes Mal seine Hochzeiterin, die mit verschränkten Armen unter der Türe stand.

»Adjäs beinand! Hü!«

Die Gäule zogen scharf an, und klingelnd ging es zum Tor hinaus.

»Pfüad di Good, Kaschpa!« klang die Stimme der Ursula nach.

Schier fein und lieblich.

Elftes Kapitel

Mit rot gefrorenem Gesicht kam die Zenzi ins Möselholz, wohin sie der Bauer bestellt hatte, damit sie Daxen zusammenklauben sollte. Aber sie dachte sich gleich, daß noch ein anderer Grund dabei sein werde. Ein Holzknecht zeigte ihr, wo sie den Schormayer antreffen könne; und als sie ihn sah, ging sie, zögernd und von allerlei Bedenken beschwert, auf ihn zu.

»Wo soll i na Dax'n z'sammklaab'n?« fragte sie schüchtern.

»Dös pressiert it. I ho mit dir was z' red'n.«

»Wos nacha?«

»Dös werst d' glei hör'n.«

Der Schormayer machte erst die Zugstränge von den Wagscheiteln los, damit die Gäule nicht anziehen konnten; dann schaute er die Person, die ihre Hände schützend unter ihr Tuch versteckt hatte, scharf an.

»Du hoscht ma vorgeschtan was g'sagt. Wos soll denn dös sei?«

»Ja no.«

»Daß du in da Hoffnung waarst?«

»J – ja.«

»Wia kam denn dös?«

»Woaßt as ja so!«

Zenzi gab ihre Antworten in weinerlichem Ton, denn die Fragen des Bauern kamen grob und mißtrauisch daher, und von Mitleid war nichts darin zu spüren.

»Woaßt as ja so!«

»Nix woaß i. Und daß vo dem oa'mal, vo dera Dummheit, so was kam, dös sell glaab i dir no lang it. I bi ja volla Rausch g'wen.«

»Gar so b'suffa werst d' it g'wen sei.«

»Da hon i Zeug'n dafür, mei Liabi; de müass'n dös aufweis'n, daß i durchaus rauschi g'wen bi.«

»Wos ko denn i dafür, daß du kemma bischt? I ho da 's ja g'sagt, du sollst dös it toa, und ho no mei Tür vor deina zuag'spirrt, und hoscht ma s' schier ei'tret'n mit de Stiefeln.«

»So g'stellt si a jede; dös kennt mi guat.«

»I ho mi durchaus gar it g'stellt. Mi is selm it recht g'wen.«

»Ja, mei Liabi! Net recht g'wen! Weil dös it a jede daher bringt! Und bal's d' as it an Sinn g'habt hättst, nacha hättst ja d' Tür zualass'n kinna. I bi halt in Rausch a weng hi'g'fall'n.«

Zenzi verzog ihr Gesicht schmerzlich und fing zu weinen an.

»I ho ma 's scho glei denkt, daß d' di weglaugna willst, weil i jetzt an Elend do hock, und weil i mir selm nimma z' helfa woaß.«

»Plärr' it a so! Dös sell hot jetzt gar koan Wert.«

»Da sollst d' it woana, bal's du a so daher kimmst und sagst, i waar schuld.«

»Dös sag i pfeigräd. Z'weg'n was bischt denn du daher kemma im Hemmad? Hot dir dös wer g'hoaß'n?«

»I hon an Untarock aa'r o'ghabt!«

»Ja. Aba ob'nauf hoscht di sehg'n lass'n und hoscht d' as mit Fleiß recht herzoagt. Und bal mi b'suffa is, na is schnell was g'schehg'n.«

»Is vielleicht it a so?« fragte er barsch, weil Zenzi schwieg und vor sich hin schluchzte.

»I sag gar nix mehr, wei i dös scho siech, daß di du weglaugna willscht.«

»Ja no! Moanscht, i zahl für an andern?«

Zenzi hob den Kopf rasch in die Höhe.

»Wos für an andern?«

»Werst scho anort mit oan z' toa g'habt hamm! Was woaß i?«

»Bal's d' as it woaßt, muaßt d' as aa'r it sag'n.«

»Weil i 's net glaab, daß i mit mein Rausch do auf 's erstmal scho da Vata sei müaßt.«

»Dös werd si wohl aufweis'n, weil mi d' Zeit aa woaß.«

»Vo dem is nix bekannt, daß mi s' auf oan Tag sag'n ko.«

»Bring ma halt oan her, der wo dös mit Recht'n behaupt'n ko, daß i mit eahm beinand g'wen bi.«

»Zenzi, valaß di it z' viel auf dös! So was kimmt gern auf.«

»Bei mir kimmt gar nix auf, weil nix aufkemma ko.«

»Net, moanst d'?«

»Na, durchaus gar it, und da kon i a niad'n Eid schwiarn.«

»Aba meini Zeug'n kinnan a schwiarn, daß i durchaus b'suffa g'wen bi.«

»Dös werd na 's G'richt scho ausmacha; und jetzt geh'n i, und i ho ma 's glei denkt, daß 's a so kimmt ...«

Zenzi wandte sich langsam um und ging erst zögernd und dann schneller den Waldweg hinunter.

Sie war nicht weit gekommen, als der Schormayer laut pfiff und sie beim Namen rief.

Da blieb sie stehen und schaute rückwärts.

»Wos willscht no?«

»Geh nomal her!«

»Z'weg'n wos denn?«

»Geh no her! I sag da 's scho.«

Seine Stimme klang ruhiger, und sie kam gehorsam zurück. Er hatte den Fuß auf einen Baumstamm gestellt und schaute in Gedanken verloren zu Boden.

Schüchtern fragte sie wieder.

»Was willscht d' ma denn no sag'n?«

Der Schormayer redete nun beinahe sanft und mit Güte.

»Siehgst, i will koan Prozeß g'wiß it, und i moan, mir kinnan da aa'r in Guat'n ausanand kemma. Aba dös derfst d' ma'r it übl nahm, daß mi dös vadriaßt, wann i z'weg'n dera oan' Dummheit ganz und gar an Vata macha müaßt.«

Zenzi gab keine Antwort.

Er stimmte seinen Ton noch um eins milder.

»Schaug, für di is dös aa koa Vorteil, bal's du g'rad an alt'n Mensch'n hernimmscht, und no dazua dein Bauern, weil dir dös d' Leut ganz schlecht ausleg'n. Bal's du aba an junga Bursch'n aufweist, na is dös für di vui bessa; wei' di der vielleicht aa heiret', und wei' dös übahaupts schöna ausschaugt. Hoscht d' denn gar koan?«

»Na, Baua! G'wiß it! Bal i da 's amal sag.«

»Du b'stehst ma 's halt net ei! Aba du moaßt it moan, daß i di zu dein' Schad'n frag, und daß i nacha bei'n G'richt den selbinga o'gab. Dös is durchaus net da Fall. Dös sell ko'scht da leicht ei'bild'n, daß i mi it für 's G'richt hi'stell und üba d Vataschaft streit wia'r a Deanstknecht. I moan da 's guat, und is ja besser aa, wann mir zwoa z'sammhelfan, daß si de G'schicht no guat ausgeht. Du derfst ma 's g'wiß sag'n, was für an Bursch'n daß d' g'habt hoscht.«

Zenzi schaute ihren Herrn ehrlich an und gab aufrichtig Antwort:

»Siehgst, i tat da 's gern sag'n, bal i oan g'habt hätt'. Aba es hot si it auftroffa . . .«

»Geah zua, so a sauber's Madl wia du werd na leb'n wia'r an alte Betschwesta!«

»Mi sagt it vo dem, und dös laugn' i aa gar it, daß i früherszeit'n mit an Bursch'n was z' toa g'habt ho, aba dös is scho a guate Zeit her, und in Kollbach übahaupts it . . .«

»Wia lang is na dös her?«

»Ja, weit über 's halbi Johr, und der lasset si 's wohl net g'fall'n, bal i eahm o'geb'n tat.«

»B'sinn di no a wengl, vielleicht is 's do it so lang her.«

»Bal i da 's sag, Baua, daß 's a so is. I bin unta'n Johr bei dir ei'g'stanna, in der Arndt, und seit dera Zeit woaß i von koan' Mannsbild nix mehr.«

»Du moanst vielleicht, i möcht mi von Zahl'n drucka, Zenzi. Dös is aba it wohr. I zahl scho, und i tat glei an schön Betrag auf oamal hergeb'n, und na kunntst d' mit dem Geld heiret'n aa . . .«

»Dös waar mir freili dös liaba.«

»I sag da 's aufrichti; i hoaß da'r an g'wiss'n Betrag, und du gibst den richtinga Vata o und sagst eahm, daß du a bissel a Vamög'n aa hoscht; und bal er g'scheit is, na heiret a liaba, als daß er sie bucklat zahlt.«

»Aba, Baua, es is koana do!«

»Herrgottsaggerament, jetzt fangst d' ma wieda'r a so o!«

»I muaß sag'n, wia 's is. Was hoscht 'n du davo, bal i di o'lüag?«

»Du lüagst mi scho o!«

»Auf Ehr und Seligkeit it! Auf da Stell sollt' i tot umfall'n, bal's it wahr is!«

»A!«

»Siehgst d', Baua, i waar ja selm froh, wann i an ledinga

Bursch'n aufweis'n kunnt. Wei' de ganz Sach anderst waar, und bal er mi aa net heiret'n tat, auf dös gang 's it z'samm, aba 's G'redt waar it so viel, und da Vadruß a it . . .«

Der Schormayer schaute nachdenklich vor sich hin; er kratzte mit dem Fuß den Schnee zusammen und wieder auseinander. Es war still um sie herum.

Ein Nußhäher, der in ihrer Nähe aufbaumen wollte, flog erschrocken und schimpfend weg.

Von weither klang eine Säge, und dazwischen auch der Ruf eines Holzknechts.

Da fragte der Bauer vor sich hin, ganz leise, als wenn er mit sich selber redete:

»Wia denkst dir nacha du, daß dös werd?«

»I woaß wohl it.«

»Hoscht du scho an Platz auf Lia'meß?«

»Beim Untaburger kunnt' i ei'steh'.«

»Wos? Bei ins in Kollbach? In da nächscht'n Nachba'schaft?«

»Er hat mi sag'n lass'n, daß i zu eahm kemma sollt.«

»Und du hoscht di scho vadingt?«

»Na. I ho de Botschaft erscht gesting kriagt.«

Der Schormayer redete wieder laut und befehlshaberisch:

»Aus dem werd nix! Dös sag' i da glei.«

»Was will i macha? I muaß do an Deanst hamm!«

»Ja, muaßt d' hamm! In an etla Monat woaß dös ganz Dorf, wia 's bei dir steht. Dös sell geht it.«

Die Zenzi schaute ihren strengen Herrn ganz und gar hilflos an. Aber der fuhr eifrig fort:

»Und wia lang ko'scht d' denn dei Arbet richti macha? Mitt'n an Summa muaßt d' weggeh'. Na, dös paßt mi gar it.«

»Leb'n muaß mi na do, und si was vodean.«

»Aba'r it bei ins in Dorf. Du bischt vo Wolnzach umanand dahoam, gel?«

»J – ja.«

»Warum gehscht na it dort hi? Du werscht dort aa'r an Platz find'n.«

»Bal i neamd mehr kenn', und meine Leut' leb'n nimma. Da bin i grad fremd, und auf's Grat'wohl hi'laffa kon i do it!«

Der Schormayer dachte nach; und da fiel ihm sein Freund Tretter ein. Der war für so eine Sache zu brauchen.

»Vielleicht kunnt da i an Platz zuabringa,« sagte er.

»Wo nacha?«

»Dös woaß i jetzt an Aug'nblick aa it, aba i bi mit an Handler bekannt, der wo weit umadum kimmt, und dem selln reib' i a bissel was ei', daß a für die an Deanst ausfindi macht. Ja, dös tua i.«

»Werd' na do scho a richtiga Platz sei?« fragte die Zenzi kleinlaut.

»Warum it? Anderst wo is aa net schlechta wia'r in Kollbach.«

»Aba bis er oan findt?«

»Bis a'r oan findt, bleibscht bei mir! Jetzt geht 's auf a paar Wocha nimma z'samm, und vielleicht kimmt ins scho bis Lia'meß was passet's unta. Is da recht a so?«

»Mi muaß 's scho recht sei.«

»Na red'n ma nix mehr drüba. Und was i no sag'n will: i befrag mi bei an Advikat'n z' Dachau, ob dös it glei g'scheita waar, bal's du koan Vatern überhaupts gar it o'gibscht.«

»Na! Dös sell möcht i net!«

»Z'weg'n wos net?«

»A niad's Kind muaß do an Vatern hamm!«

»Wo steht dös g'schrieb'n? Dös, glaab i, liaß si ganz guat macha.«

»Na! Wia schaugst denn dös aus, bal dös Kind vo gar neamand waar?«

»Auf dös geht s' wohl net z'samm, wann 's amal a ledig's is.«

»Na, auf dös sell laß i mi it ei ...«

»Spreiz di no it gar a so! Bal da Advikat sagt, daß so was nach 'n G'setz geht, z'weg'n wos soll'n denn mir nacha so a Blamaschi hermacha?«

»An Vatern muaß a niad's Kind hamm, und dös waar ja grad, als wenn 's vo da Straß'n aufklaubt waar.«

»Mein Nama ko 's nia kriag'n.«

»Aba dös wurd' geschrieb'n, vo wem daß er is, und bal a größa wurd, na wisset a do, wer 'n herg'setzt hot ...«

»Du red'st g'rad, als wann's d' an Buam scho do hättst.«

»Bal's a Madl werd, is aa it anderst.«

»Paß auf, Zenzi! Und tua no it glei ob'n außi fahr'n! I woaß ja heunt aa net mehra wia du. Aba bal da Advikat ins den Rat gab, g'setzt den Fall, daß er 'n gab, na is do g'scheita, mir tean, wos er sagt, indem daß a 's do bessa vasteht. Es is ja g'rad z'wenga dem.«

Zenzi gab keine Antwort. Zwischen den Augenbrauen saß ihr eine Falte, und in ihrem Schweigen lag ein trotziger Widerstand.

»Red amal a Wort!« mahnte der Schormayer gutmütig.

»Da wissat ma'r amal gar nix vo eahm, bal nix g'schrieb'n werd, und d' Leut kunnt'n moana, woaß Gott wos daß fürkemma is ...«

»Dös is a G'red't, dös koa Hoamat it hot. Du muaßt do vui g'scheita sei. Mi kunnt'n mit anand an Hand'l macha. Bal da'r i an achthundert, a tausad March gab, nacha hättst du an auflieget's Geld, und waar it schlecht spekaliert, indem daß ja dös Kind sterb'n ko.«

»Aba'r a niad's muaß an Vatern hamm!«

»Geah zua! Mi red'n heunt nix mehr üba dös, und übalegst da de Sach amal richti, na kimmst scho auf 'n Vastand, daß i 's g'rad guat moan. Und bal di oana heiret, der sell kunnt ja dös Kind o'nehma. Waar dös it des allabescht?«

»Aba ...«

»Na, jetzt gehst hoam, und laß da nix o'kenna; und bal da Untaburga no mal was sagt, nacha laßt d' eahm wiss'n, daß du it mogst, oda sagst glei, du bleibscht bei mir in Deanst.«

»Daß i bei dir bleib?«

»Ja. Na hoscht dein Ruah. Und jetzt pfüad di!«

»Pfüa Good!«

»So a Weibsbild is scho wirkli was Dumm's,« sagte der Schormayer zu sich selber und schaute der Zenzi nach. »Auf dös kimmt oana gar it vo selm, wos dena all's eifallt. 's Kind muaß an Vatern hamm, sagt s', und ganz wehleidi tuat s', als wann dös wos davo hätt', bal s' mi ins Protakoll eini schreib'n! Na! Es is wirkli a so: sie san abscheuli dumm! Wiah! Steh um, Bräundl! Öh! ...« – Aber gar so einfältig waren die Gedanken der Magd nicht, als sie durch den stillen Wald ging und über lauter Sinnieren ihre Schritte langsamer werden ließ.

Die letzte Meinung des Bauern hatte sich fest bei ihr eingehakt.

Geld haben und einen heiraten, das wäre freilich das Beste

und Schönste. Und als richtiges Frauenzimmer wußte sie alsobald, wer derselbige sein könnte. Eine Viertelstunde außerhalb Kollbach stand in einer Waldecke das kleine Haus, in dem tausend bare Mark eine gute Hilfe gewesen wären. Und es gehörte der alten Holzweberin, die zwei Kühe hatte und einen Sohn. Über den Winter verdingte er sich als Holzknecht, und im Sommer taglöhnerte er, wenn daheim die Arbeit getan war, die nicht viel hieß bei den etlichen Tagwerken Acker und Wiesen. In der letzten Ernte hatte er beim Schormayer ausgeholfen, und sie waren oft beisammen gesessen in der Mittagszeit auf einem Feldrain oder im Schatten einer Haselnußstaude. Er war ein lustiger Mensch, der keck zu reden wußte mit jedem Mädel; und auch der Zenzi hatte er diesmal was gesagt, das ihr jetzt einfiel.

Vorhin, auf ihrem Weg zum Bauern, hatte sie ihn von weitem gesehen, und er hatte die Axt niedergestellt und herüber geschaut. Wenn es der für gewiß hätte, daß sie tausend Mark kriegen könnte, ließe er vielleicht mit sich reden. Sie blieb stehen; seitab von ihr rief jemand in langgezogenem Ton, und dann fiel krachend ein Baum zu Boden.

Wie sie hinschaute, sah sie etliche Leute an der Waldlichte stehen; einer wischte sich mit dem Ärmel den Schweiß von der Stirne, und ein anderer trank lange und herzhaft aus einer Bierflasche.

Das war der Holzweber Simmerl.

Die Zenzi erkannte ihn gleich mit scharfen Augen, und schier von selber tappte sie vom Weg ab in den Schnee und ging auf die Holzknechte zu.

»Guat Morg'n beinand!« sagte sie und lachte den Simmerl freundlich an. »Is insa Hansgirgl it bei enk?«

Der Simmerl wischte sich den Schnurrbart ab.

»Na. Is er enk valor'n ganga? Der kimmt scho wieda, bal 'n hungert.«

»Geah weita!«

»Lang gnua is er do beim Schormoar, daß a wieda hoam find't.«

»Du bischt oana!«

»Hoscht an Strick bei dir, daß d' 'n glei o'hängscht, bal a dir untakimmt?«

»I ho ma grad denkt, ob er it do is, wei' i eahm wos sag'n möcht.«

»Du muaßt vui Zeit hamm, bal's du zu'n Dischkriern do außa gehscht?«

»I bi ja beim Baua'n hint'n g'wen.«

»I woaß scho; mi hamm di scho g'sehg'n.«

Der Simmerl drückte ein Auge zu und lachte.

Und da sagte die Zenzi eifrig:

»Du muaßt dir nix denka dabei.«

»Mit 'n denka hob 's i übahaupts it.«

»Ja no, weil's d' a so lachst. I ho grad Daxn z'sammklaab'n müass'n.«

»So, Daxn? Dö hoscht aba g'schwindi beinand g'habt. Und buckt hoscht di aa it viel, wos ma g'sehg'n hot.«

Er blinzelte lustig zu seinen Kameraden hinüber.

»Geah zua, du lachst oiwei!« sagte Zenzi schmollend. »I woaß it, wos du zu'n lacha hoscht.«

»I wer halt mein luschtinga Tag hamm.«

»Du bischt wohl it oft trauri, han?«

»Net leicht, so lang i mir no a Maß Bier kaffa ko.«

»Daß ma di gar nia siecht?«

Zenzi schaute bei der Frage den Simmerl ganz freundlich an.

Er nahm wieder einen Schluck aus der Bierflasche und sagte:

»Muaßt halt öfta zu'n Daxn klaab'n kemma, na siechst mi scho.«

»Du tatst mi jetzt grad dablecka.«

»I? Ja, was moanscht denn? I dableck koa Madl gwiß it.«

»Du net?«

»Na! D' Madln san für was anders do.«

»Ah du! Jetzt red amal g'scheit: kimmscht d' gar it amal zu'n Hoamgart'n?«

Zenzi fragte leise, daß es der andere nicht hören konnte; aber Simmerl dämpfte seine Stimme nicht.

»Mögst d' ma was vazähln?«

»Vielleicht woaß i was.«

»Wos nacha?« – »A so halt.«

Da lachte der Bursche wieder kreuzvergnügt.

»I wer amal schaug'n,« sagte er; »bal i an Weg find', kimm i vielleicht.«

»Du find'st 'n scho.«
»It allmal. Bei da Nacht is gar finschta.«
»Gehscht halt beim Mo'schei.«
»Dös is wohr. Heunt schaug i amal glei an Kalenda nach.«
»Vielleicht g'freut 's di, wos i dir sag?«
»Warum it? Mi g'freut so wos schnell.«
»Nacha pfüat di, Simmerl.«
„Adjes, Zenzi! Und kimm vielleicht wieda ins Daxn klaabn!«
»N . . . du!«

Sie stapfte durch den Schnee zurück, und am Weg schaute sie noch einmal freundlich lachend herüber. Aber sie konnte nicht sehen, was für ein Gesicht der Simmerl machte, denn er stand zurückgebogen da und trank den Rest aus der Flasche.

Und sie war außer Hörweite, wie der andere Holzknecht sagte:

»Mit dera kunntst d' bal' glückli wer'n.«
»Moanscht?«
»De hot si ja d' Aug'n außakegelt vo lauta Gernmög'n.«
»Vo mir aus!«
»Du tuast it feini um?«
»Na.«
»I möcht g'rad wiss'n, was de bei'n Schormoar hint to' hot.«
»Hoscht as ja g'hört. Daxn hot s' klaabt.«

Da lachten alle zwei, und der Simmerl nahm seine Axt und ging daran, den Baum zu putzen. Nach ein paar Hieben fiel ihm ein alter Vers ein:

»He, ös meine Menscher,
Enk derf 's net vadriaß'n,
De Manner zahl'n sauern Wein,
D' Jungg'sell'n an süaß'n!«

Zwölftes Kapitel

Der Lichtmeßtag hatte sich, wie es die Bauernregel lobt, mit Schnee und Wind eingestellt; und aus der Kirche, worin heute das heilige Wachs geweiht worden war, ging die ehrengeachtete Brautperson Ursula Glas nach Hause. In Händen trug sie einen roten Wachsstock, der nach altem Brauche dieser baldigen Ehefrau zukam und ihr als hoffentlicher Wöchnerin gute Dienste leisten konnte. Denn um Hand und Fuß gewunden, wehrte er bösen Zauber von Mutter und Kind ab.

In der Stube saß die Näherin, die mit flinker Nadel und klappernder Schere hantierte und an der Ausstattung arbeitete. Da gab es Allerwichtigstes zu reden, und Ursula war schier unwillig, als ihr der Lenz zur Tür hereinrief, daß sie nur gleich in die Küche kommen solle.

Er machte zornige Augen, und seine Stimme klang gepreßt: »Woaßt d' as scho? D' Zenzi is doblieb'n!«

»Mi is gesting scho auffallend g'wen, daß sie si net zu'n geh' richt'.«

»Du hoscht as g'hört, daß a g'sagt hot, sie muaß auf Liachtmeß aus 'n Haus?«

»Freili hot a 's g'sagt.«

»Also, du bischt mei Zeug'n. I wart jetzt grad auf Mittag, und bal s' do it weg is, nacha frag i 'n schnurgrad. I will sehg'n, wos a sagt.«

»Du, Lenz, laß 's guat sei!«

»Wos? Kamst du jetzt aa mit'n guat sei lass'n? I zoag 's enk all mitanand, daß i net g'rad da Hanswurscht im Haus bi!«

»Schrei do it a so! Hört 's ja d' Natherin.«

»Dös is mir ganz wurscht. Moanst, d' Leut' red'n it an ganz'n Dorf? Und lachan ins aus, den alt'n Depp'n und di, und mi erscht recht? Is ja wohr aa, is denn dös no a Hauswes'n?«

»Aba schaug', jetz mach do koa G'schicht it her, de paar Wocha, wo i no dahoam bi!«

»Wos geht denn dös mi o? Du redt'st da leicht! Bal no du in Hirtlbach hockst, na derf do da größt' Saustall sei, moanst? Du siechst und hörscht nix davo.«

»Es helft dir ja do nix!«

»Dös wer'n ma sehg'n, ob i da gar neamd bi, und ob ma bei ins auf koa Ehrbarkeit übahaupts nimma aufpass'n muaß. Woaßt denn du, wo dös no hi'geht?«

»Er werd eahm nacha do selm schama!«

»Der schamt si brav, ja! Jetzt redt'st a so, und z'erscht hättst da liaba 's Mäu z'riss'n, und hoscht mi grad oiwei g'hetzt.«

»Wo hon i di g'hetzt? I ho da bloß g'sagt ...«

»Du hoscht bloß g'sagt, daß der Alt aufischliaft, und daß er in Händ'n vo dem Himmiherrgottssaggeramentsschlamp'n is, und daß mi gar nix mehr san, und daß vielleicht no amal allssammete hi' werd, und ...«

»Lenz, du muaßt it a so plärr'n. Laß da no sag'n ...«

»Nix laß i mir sag'n. Du gangst, und de bleibat, und i waar da Lapp auf und auf, und bal s' den Lattürl, den damisch'n, ganz rumkriagt, werd s' vielleicht no Bäurin.«

»Geah! So muaßt jetzt aa it red'n! Dös glaabst ja selm it.«

»Wos is da vui zu'n glaab'n? Hot ma dös no nia g'hört, daß so an Alta dappig wor'n is und auf gar nix mehr aufpaßt?«

»Scho! Aba ...«

»Aba dir is wurscht, gel? Du hoscht dei Geld brav ei'g'steckt und bischt drei Stund weg vo dera Gaudi. Aba'r i müaßt s' vor Aug'n hamm, und müaßt mi schind'n und plog'n und z'letzt von Hof geh' wia'r a Handwerksbursch, mit 'n Stecka in da Hand! Na, mei Liabi, jetzt drah i amal auf.«

»Da machst d' Sach it bessa.«

»Ah? So g'scheit bischt du jetz wor'n?«

»Laß da sag'n ...«

»Paß auf und laß da sag'n, und grad guat waarst du und grad sanftmaßi. Du redt'st halt aa, wia 's dir g'leg'n is.«

»Bal's d' ma du it zualus'n willst, nacha geh'n i wieda zu da Natherin eini.«

»Auf wos soll i lus'n?«

»Weil i mit 'n Basel g'redt hab üba dös, und de is do g'wiß auf inserna Seit'n und hot an Vastand.«

»Und du hoscht ihr all's g'sagt?«

»Freili! Wia s' z'letzt do g'wen is, und an andern Tag in Arnbach no'mal.«

»So? Hot na de aa nix ausz'setz'n an dem Zuastand, an dem abscheilinga?«

»Gnua hot s' ausz'setz'n, aba sie sagt, es waar übahaupts g'scheita g'wen, mi hätt'n gar it dagleicha to.«

»Sagt sie?«

»Ja, wei da Vata durch dös erscht recht stützig werd', und indem daß a si ei'bildt, er derf ins it nachgeb'n, und wei eahm 's Sach z'letzt do no g'hört, und ...«

»Hot sie g'sagt?«

»Ja, und daß 's übahaupts so Leut gibt, de wo si auf dös ei'spreiz'n, daß s' eahna nix sag'n lass'n. Und durch dös waar 's vielleicht bessa g'wen, bal mi koan Streit gar it g'habt hätt'n.«

»Hättst halt dei Mäu g'halt'n, na hätt' i nix g'wißt; hintadrei kimmst jetzt mit da G'scheitheit!«

»Desweg'n muaßt as du it no irga macha; und bal's jetzt nomal an Krach gibt, werst d' sehg'n, da bringst an Vata ganz ausanand.«

»I ho koa Wort nimma g'sagt, de ganz Zeit her, aba heunt is Liachtmeß, und de Loas muaß weg.«

»Du hoscht ja recht, es is schiach gnua, daß er s' it geh' laßt; aba moanst, er tuat 's, bal du heunt aufmahrig werst?«

»Na woaß a do, was i mir denk.«

»Dös woaß a'r a so. Wos hoscht denn du davo? Dös geht na wieda, wia 's letztmal, daß a dir sagt, du bischt it Herr, und bal's da'r it g'fallt, ko'scht geh.«

»Also, i muaß ma dös g'fall'n lass'n?«

»Wart'n sollst ...«

»Bist du aus 'n Haus bischt, gel?«

»Z'weg'n dem gar it; aba red'st d' halt selm mit 'n Basel.«

Lenz setzte sich und preßte die Hände zwischen den Knien zusammen.

»Daß i zuaschaugn muaß wia'r a Lausbua, und derf mi net rüahr'n! Liaba waar i Knecht; na durft' i do' red'n, bal ma wos it g'fallt, und gang mi aa nix o, kunnt g'schehg'n wos möcht! So muaß i oiwei in da Angst leb'n, daß d' Leut hinterrucks lacha und dös ganz Haus schlecht macha und a niada mi grad für an Buam o'schaugt, auf den it aufpaßt werd.«

»Wos kinnan denn d' Leut red'n? De wiss'n ja nix.«

»Na, gar nix. Dös hoscht scho du g'macht, daß si de guat untahalt'n kinnan über ins.« – »I?«

»Jawoi. Wo mi d' Zollbrechtin dawischt, red't s' mi dumm o und hot ihr'n Jamma und ihr Wehleidigkeit mit mir. Moanst, daß de grad zu mir was sagt?«

»I hon ihr aba nix vazählt!«

»Hör ma'r auf! Ös Weibsbilda kinnt's ja 's Mäu it halt'n, aa net, bal's mögt's.«

»De soll amal herkemma und soll sag'n, daß i ihr wos vazählt hab. Dös waar ma scho z' dumm, bal de a so lüagt.«

»Na hot s' as aus da Luft?«

»Wos woaß denn i, wo s' as her hot? De ko si denka, wos s' mag, aba dös braucht s' it sag'n, daß i g'ratscht hab. Weil dös durchaus it wohr is. De soll herkemma und soll dös behaupt'n.«

»A was! Und is aa ganz wurscht, ob sie 's vo dir oder vo ander Leut hot; aba mi müass'n staad sei, weil 's wohr is. Vorgeschtern hot s' as daher bracht, daß dös Mensch bei 'n Alt'n in Holz draußd g'wen is.«

»Dös hoscht ja du g'wißt.«

»Scho; aba daß s' zu'n Arbet'n außi is, glaab'n d' Leut it. De lachan schö hoamli.«

»Jessas na! Wann no dös amal an End' hätt!«

»Kimmt drauf o, wos für oans. Vielleicht kriag'n ma no a sauberne Stiafmuatta.«

»Geah! So was mag i gar it hör'n. Und dös sell muaß aa wohr sei, Lenz: seit den selbinga Mal hon i nia mehr wos g'spannt.«

»Vielleicht geht a nimma mit de g'nagelt'n aufi, und schliaft strumpfsöckli umanand.«

»I höret 'n scho; muaßt it moan, daß i dös it spannet.«

»Treibt a 's, wia'r a mog; umasinscht hot er s' it do lass'n.«

Ursula horchte. »Sei staad jetzt,« sagte sie hastig, »er kimmt!«

Der Schormayer war im Hausflötz.

Da stand Lenz auf und ging ohne Gruß an ihm vorbei in den Hof.

»Wos hot 'n der?« fragte der Alte. »Macht a G'sicht, als wenn eahm d' Henna 's Brot g'numma hätt'n. Hot 's wos geb'n?«

»Na!« log die Ursula. »I woaß gar nix. Vielleicht is eahm it recht extra.«

»So?«

Er holte aus der inneren Rocktasche ein mit Papier umwickeltes Ding: eine Wetterkerze, die auch am heutigen Tage geweiht worden war.

Er gab sie der Tochter.

»Leg ma s' ob'n auf in Kast'n eini.«

»Is scho recht.«

»Was i sag'n will: i ho ma 's übalegt, bal's du jetzt nacha aus 'n Haus gehst, muaß i wen hamm.«

»Wen?« fragte Ursula rasch.

»A Hauserin. Is, wer da will, – wann s' no ihra Sach vasteht.«

»Hoscht scho oani an Sinn?«

»Da Wirt hot ma g'sagt, er wisset oani; a seinige Bas'n; sie lebt in Freising und kennat si guat aus.«

»Wia alt waar na de?«

»Dös is wieda de richtige Frag für a Weibsbild und d' Hauptsach.«

»A junge kunntst do it hamm.«

»Warum it? Dös is koa Pfarrhof. Aba daß d' schlafa ko'scht heunt nacht, will i dir 's sag'n: sie hot scho fufzgi am Buckel.«

»Na is was anders.«

»So? Sinscht hätt i d' Erlaubnis it kriagt von enk?«

»Mi sagt it vo dem, Vata. Es is grad weg'n de Leut, und übahaupts waar 's aa nix für a junge; sie hot ja do koa lang's Bleib'n.«

»Wos woaßt du, wia lang de bleibt?«

»No, recht lang werd 's nimma hergeh', bis d' übagibscht?«

Der Schormayer zwickte die Augen zusammen und schaute Ursula forschend an.

»Aha! Habt's vo dem wieda a guate Untahaltung g'habt. Desweg'n hot da ander so an Schädel aufg'setzt!«

»G'wiß it, Vata. Mi hamm vo dem durchaus gar nix g'red't.«

»Na! Der red't ja nia vo dem! I möcht wiss'n, wos der sinscht an Sinn hot als wia dös! Von in da Fruah bis auf d' Nacht denkt der an nix anders und macht a G'frieß wia'r a vabrennte Wanz'n.«

»Er tat si halt leichta wart'n, bal er was g'wiß wissat.«

»Dös gang mehra Leut so. Aba eppas g'wiß koscht d' eahm sag'n: heuer werd 's nix. Und wos dös nachst' Johr is, dös sehg'n ma früah gnua. I ko 's dawart'n, daß i in Austrag kimm.«

»Zerscht hoscht d' as aba anderst an Sinn g'habt!«

»Do wer i da net viel g'sagt hamm vo dem.«

»Wia d' Muatta g'storm is, hoscht oiwei von Übageb'n gred't, und daß di 's Regiern gar nimma freut.«

»Wos ma beim Notari schreibt, dös gilt; dös ander is bloß g'red't. An Wirtshaus drin hamm scho vui Leut kafft und tauscht und übageb'n.«

»Mi geht 's ja nix o, und i misch mi a gar it ei'.«

»Dös werd dös g'scheita sei, und bal's dem andern gar a so

pressiert, na sagst d' eahm, daß i no auf 'n Bock sitz und kutschier, und da Wag'n lafft it schnella, als wia 's i hamm will.«

»I brauch übahaupts nix red'n; in an etla Wocha bin i a so nimma do.«

»Jetzt hoscht d' amal recht. Und, daß i net vagiß, i ho da Zenzi g'sagt, sie ko no bleib'n, bis s' an richtinga Platz kriagt.«

»Den kriagt ma'r aba sinscht auf Liachtmeß.«

»Ganz richti. Mi waar 's aba it passend g'wen, bal s' jetzt ganga waar.«

»Geah, Vata!«

»'s Mäu halt und lus zua! Du werst dir jetzt aa net d' Zeit nehma, daß d' a neue z' o'richt'n kamst, und de Hauserin kunnt aa it vor an Monat kemma.«

»I richt liaba a neue o, und is ma koa Müah it z' viel.«

»Sagst d' jetzt. Und nacha hockst bei da Natherin drin, und gehst auf Dachau in's Bezirksamt, und muaßt zu'n Basel umi, und in mein Stall kunnt 's geh', wia 's möcht.«

»Bal mi a richtige Dirn hamm, de sell werd ihra Sach' scho vasteh.«

»Woaßt du oani?«

»N... na; an Aug'nblick it.«

»Und i geh it auf d' Suach, grad weil 's dir passend waar. D' Zenzi bleibt, wia'r i 's ihr g'hoaß'n ho.«

»Aba bal d' Hauserin kimmt, stellst d' da'r an anderne ei; dös muaßt ma vasprecha.« – »Muaß i?«

»Schaug', Vata, i gang viel leichta furt, bal i de G'wißheit hätt.«

»Du gangst it, wann 's di net g'freuet. Und bal du amal Prücklin bischt, z' Hirtlbach drent, na hoscht di du gnua z' kümmern um dei Sach und um dein Bauern, aba'r it um mi.«

Ursula hielt ihre Hand hin und lachte so freundlich, als sie es konnte.

»Vata, geah, sei gscheit und vasprich ma 's!«

»Laß ma do mei Ruah mit dein Schmarrn! I ho's durchaus it an Sinn, daß i d' Zenzi do g'halt, aba dös is mei Sach. Warum soll i denn dir was vasprecha?«

»D' Leut kunnt'n dös schlechtast glaab'n, bal de it geht.«

»Hamm d' Leut in mein Hof herin was z' schmecka? Und muaß i auf dös aufpass'n, wos de alt'n Weiba sag'n?«

»Du woaßt scho!«

»Nix woaß i.«

»Schaug', es is aa weg'n an Lenz!«

»Geht da Wind do her? Habt's viel zu'n Dischkrier'n mitanand üba mi? Na, mei Liabi, i kriach no lang it zu'n Kreuz und vasprich dir und dem andern net, daß i brav sei will. De G'schicht hot koan Wert it, und bal's d' no so freundli vo hint'n her kimmst.«

»I ho 's guat g'moant, Vata.«

»Du hoscht nix zum moana; ös braucht's mi net bei da Hand führ'n. I ko scho alloa geh. Dös waar ja de vakehrt Welt! Bal i ...«

»Du muaßt it vazürnt sei üba dös.«

»Bal i auf enk hätt' wart'n müass'n, na waar i scho lang z' spat dro. Do seid's ös no Rotzlöffeln g'wen, wia'r i an Hof vorg'stanna bi, und werd koana sag'n kinna, daß a schlecht beinand is, und der selbige do, der ganz G'scheit', der hockt si amal in dös Sach eina, dös i herg'richt' hab. I alloa, gel? Und ho koa Lenz it braucht dazua und koan Vormunda.«

»Mi sagt it vo dem.«

»Mi sagt übahaupts gar nix mehr. Mi san scho an etlas Mal z'sammg'ruckt üba dös, und wann du wirkli g'scheit bischt, nacha sparst da du deine Wort für 'n Prückl. Den ziahgst dir, daß er genau a so werd, wia's 'n du hamm mögst, und bal's d' amal Kinda hoscht, na lernst d' eahna, wos da Brauch is. Da hoscht Arbet gnua.«

»G'wiß und wohr, Vata: i hätt it g'redt't, wann du it selm o'g'fanga hättst.«

»Und jetzt hon i aufg'hört. Und bal dir der ander d' Ohr'n voll blast mit seine Kümmernis, na gibst d' eahm den guat'n Rat, er soll si sei G'scheitheit aufheb'n, bis er s' amal braucha ko. Er soll it so umanand schmeiß'n damit, weil 's bessa is, bal ma no was hint hot. Guat Morg'n!«

Im Roßstall hockte Lenz auf der Habertruhe und biß von etlichen Strohhalmen Stücke ab, die er grimmig ausspuckte. Nicht weit weg von ihm stand Hansgirgl im Sonntagsgewand und schaute behaglich zu, wie seine Gäule mit malmenden Zähnen aus den Barren fraßen.

»Siehgst, Hansgirgl, i tat glei mit dir tausch'n.«

»Heunt vielleicht. Aba morg'n wurd'st da 's übaleg'n, wann's d' amal da Herr bischt.«

»Ja, morg'n!«

»Oda übamorg'n. Laß da no daweil! D' Zeit geht vo selm, de braucht ma'r it treib'n.«

»D' Zeit vogeht, und de bescht'n Jahr hockt inseroana her.«

»Du tuast dei Arbet wia'r i.«

»Um an halb'n Lohn!«

»Wos da Alt' daspart, kimmt dir amal z'guat.«

»Hoscht du dös für g'wiß?«

»Wer soll 's denn kriag'n?«

»Vielleicht de do drent.«

Lenz deutete mit dem Kopf gegen den Hof hinaus, und Hansgirgl lachte gemütlich.

»Ah! Laß da nix traama!«

»Du ko'scht leicht lacha; geht 's, wia 's mag, di bekümmert 's nix.«

»Dös is aa it da Fall.«

»Du kriagst dein Lohn danach wia davor.«

»N ... no, Lenz, wann ma lang in an Haus is, hot ma 's gern, bal d' Sach mit Ordnung geht.«

»Do werscht jetzt it viel Ordnung sehg'n.«

»I siech nix, üba was i red'n müaßt.«

»Hoscht du it g'spannt, wia d' Leut hinter ins drei red'n?«

»I hör' hint it.«

»Dös muaßt du it so g'ring schatz'n! Dös is a Schand für ins allssammete.«

»Wos denn? Bal dös Weibsbild da drent aufdrah'n derfat, und durft si g'scheit macha im Haus und o'schaffa, nacha waar 's anderst. Nacha gang i, weil mi dös vadriaß'n tat. Aba i siech ja nix davo. I ho no nix g'mirkt, daß si de aufmanndeln derf.«

»Dös sollt aa no sei!«

»Um dös geht 's aba! So lang ma do nix siecht, feit 's it weit.«

»Weit gnua, sinscht hätt' er s' it do g'halt'n.«

»Ja no. Du woaßt aa it all's, warum daß er s' da laßt.«

»Dös is schwar zun Derrat'n; weil sie eahm in Händ'n hot.«

»Er schaugt it a so aus.«

»Hilf du aa no dazua! Dös is schö vo dir!«

»So muaßt d' mir it kemma! Mir is a so it recht, wann d' mi du in an sellan Dischkursi über 'n Bauern einiziagst. Aba bal i dir o'gib, muaßt it moana, daß i dir nach 'n Mäu red'.«

»Aba dem andern! No ja, hoscht d' ja recht aa; er is da Herr, und auf mi brauchst du no lang it aufpass'n. Bis i amal dro'-kimm, ko'scht di leicht wieda drah'n.«

»Dös wart'st amal o, wos i tua. Aba dös trau i mir z' sag'n: bal du Herr bischt, werst d' aa koan Knecht it mög'n, der bloß dös schlecht an dir siecht.«

»I schaff mir aa selle o, de mi lob'n, wann i hinta de Weiba-kitt'l herlaff.«

»Du woaßt heut nimma, was d' sagst.«

»Aba dös woaß i, wia du bischt. Di kenn i jetzt, du Fei'-schpinna!«

»Du brauchst mir koan Nam it geb'n, gel?«

»A Fei'schpinna bischt.«

»Ah was! I streit mi mit dir umanand, bal i dumm bi!«

»Du bischt scho it dumm! Du bischt ganz hell, woaßt. Ganz a Feina.«

»Laß mir halt mei Ruah mit dein G'lump! Jamma ander Leut für, de 's no irga macha und a rechte Bedauernis hamm mit dir, daß dir dei Vata so schlecht g'rat'n is. Aba mi laß steh'!«

»I laß di steh' und geh'. Derfst aa umiroas'n zu eahm, und koscht eahm brüahwarm all's sag'n. Derfst mi gern vaklam-perln!«

»Hab' i di scho amal vaklamperlt?«

»Ja, du!«

»Bal i umi geh, sag i an Bauern was anders. Er soll si um an Knecht schaug'n, der 's Hetz'n bessa vasteht.«

»Du koscht dös it? Du Fei'schpinna!«

»Du Rotzbua, du trauriga!«

»Wos?«

Lenz sprang von der Truhe herunter und wollte sich über den Hansgirgl hermachen.

Aber der hatte blitzschnell eine Mistgabel in den Händen und hielt sie drohend vor sich hin.

»Geh no her, du! Du bischt ma no lang it z' guat, daß i di net durch und durch renn.«

Da wich Lenz zurück.

»Stell dei Gabl hi! I möcht di gar it o'rühr'n.«

Und als der Hansgirgl mit zornrotem Kopf aus dem Stall ging, schrie er ihm höhnisch nach. – »Heut derfst da an extrig's Trinkgeld geb'n lass'n vom Alt'n!«

Aber wie er dann allein auf der Truhe saß, fing er plötzlich zu heulen an wie ein Schulbub.

Hingegen war es dem Hansgirgl nicht weinerlich zumut. Aber zornig! Schon so zornig, daß es ihm in den Händen juckte, irgend was zu packen, zu zerreißen, in der Mitte auseinander zu brechen.

Was? Ein Feinspinner wäre er gar noch, und einer, der das dumme Gered von so einem jungen hirntappigen Lappen hinterbrächte. Noch jedesmal hatte er seinem Bauern gut zugeredet, wenn er gegen den Lenz was vorbrachte.

Der hatte wohl recht, daß er sich dem wetterlaunischen Burschen nicht auf Gnad und Ungnad auslieferte. Bricht einen Streit vom Zaun, weil man ihm die Hitze ein wenig löschen möchte, und schimpft einen alten Knecht, der ihm von jung auf bloß alleweil gefällig war, schimpft ihn wie einen hergelaufenen Tagdieb und packt ihn gleich gar an.

Feinspinner! Wenn einen was zu allertiefst wurmen kann, ist es *der* Namen! Hingestellt werden als ein falscher Kerl, der auf zwei Achseln trägt und kein Vertrauen wert ist, das brennt und beißt.

Mit einem beisammen bleiben, der so was sagt? Nein! Es gibt anderswo auch noch einen Platz, einen stilleren als beim Schormayer, wo der Junge über den Alten her ist und es für Falschheit ausgibt, wenn man zum Herrn hält. Wie es der Brauch ist, und wie es recht war in neun langen Jahren. Aus!

Der Hansgirgl riß die Türe der Wirtsstube so heftig auf, als ging es da hinein in das neue Leben; und erst ein lustiges Johlen weckte ihn aus seinen zornmütigen Gedanken auf.

Das Schreien kam von einem Tische her, an dem etliche junge Burschen saßen neben einem grauhaarigen Kerl mit spitziger Nase und verquollenen Augen.

Der war ihm bekannt. Ein alter Dienstknecht und Herumtreiber, der zwei- und dreimal im Jahr den Platz wechselte, und ganz gewiß einmal in der dringendsten Arbeitszeit.

Man hieß ihn den Unterländer Sepp, weil er aus dem Niederbayrischen war.

Die jungen Burschen trugen Sträuße und bunte Bänder auf den Hüten, zum Zeichen, daß sie aus dem alten Dienst ausgestanden waren.

Sie schrien dem Hansgirgl mit lauter Fröhlichkeit zu:

»Siecht ma di aa'r amal! Da setz di zuawa! Hau di no her, alta Schwed! Mir san zünfti beinand. Bei oan Bauern stenga ma'r aus und bei'n ander'n ei, aba dürscht'n tuat ins überall'n!«

Zu einer andern Zeit hätte es dem Hansgirgl schlecht gefallen, mit dem Unterländer Sepp beisammen zu hocken; aber zu einer andern Zeit wäre er auch um Mittag nicht ins Wirtshaus gegangen. Jetzt war es schon gleich!

Er rückte in die Bank hinein und gab fürs erste einen schweigsamen Zuhörer ab.

Sepp war dabei, vieles zu erzählen und gute Lehren zu geben, wozu ihn seine reichen Erfahrungen gar wohl ermächtigten.

»Ös Buama,« sagte er, »ös müaßt's glaab'n, daß de Deanstbot'n geg'n de Bauern z'sammhalt'n müass'n; sinscht san mir allsammt vokafft. Als dös erscht mirkt 's enk: no grad nix übrig's arbet'n; wos ma grad oamal freiwilli tuat, werd oan' am andern Tag g'schafft. I ho no koan Bauern g'sehg'n, der auf d' Uhr schaugt, bal ma üba sei Zeit arbet; aba wann's d' am andern Tag wieda eh'nder aufhörscht, ziahgt a g'wiß sein Prater außa.«

»Dös werd da no it oft fürkemma sei?«

»It leicht, Xaverl, wei' i a Mensch bi, der wo a G'fühl hot für de andern Deanstbot'n. Und zu'n Beischpiel, bal mir d' Arbet in an halb'n Johr firti macha, moant's ös, de Bauern fuattern ins de andern sechs Monat? Also muaß mi tracht'n, daß oane übri bleibt.«

Die Burschen lachten und waren es ganz zufrieden.

»Nacha mit 'n Essen,« fuhr der Sepp weiter, »do ko ma vui Zeit g'winna. Es geit Großknecht, de an Löffi it g'schwind gnua aus 'n Mäu bringa, und no glei wieda außi an d' Arbet! Selle Leut san da größt Schad'n für ins all mitanand; wos a richtiga Mensch is, der laßt sie daweil und braucht zun Löffi o'schlecka a schöni Zeit.«

»Du bischt wohl no it Großknecht g'wen, du Hadalump!«

»Na, aba o'g'richt' hon i mehra wia'r oan, daß as Ess'n it so eini gruacht hot wia'r a Hennahund. Und beim Bet'n hon i eahr aa zoagt, daß a rechta Chrischt langsam tuat; sinscht is ja koa Andacht dabei.«

Jetzt mischte sich aber doch der Hansgirgl ein.

»Geh, red' do it a so mit de Buam!«

»Warum it? Jetzt hamm s' Zeit, daß s' wos lernan.«

»De schiab'n z'erscht it z' vui o.«

»Bal s' g'scheit san, it. Aba du bischt aa so oana, der d' Arbet fress'n möcht. Moanst, du hoscht an Dank davo? Wart no, bis d' älta werst, na zoag'n 's da de Bauern scho.«

Da fiel es dem Hansgirgl siedheiß ein, wie sich der Lenz gegen ihn aufgespielt hatte, und er schlug seine harte Faust auf den Tisch.

»Z'letzt hoscht glei recht aa,« sagte er; »a Deanstbot is grad a Viech.«

Er schluckte sein Bier hastig hinunter und bestellte lärmend eine neue Halbe.

»Oho! Hansgirgl!« lachte der Wirt. »So hon i di no gar nia g'sehg'n.«

»I mi aa no net,« brummte der Schormayer-Knecht.

»A Deanstbot is grad a Viech,« fing der Sepp wieder an, »aba oft glei no dümma. Hot ma scho amal a Roß g'sehg'n, dös no ziahg'n möcht, bal eahm da Baua Feierabend gibt? Is it a jeda Ochs froh, bal ma 'n ausspannt? Aba selle Knecht gibt 's, de umanand lins'n, ob s' it no g'schwind wos zun arbet'n find'n, und a selle, de vor da Zeit aufstengan.«

»De mogst du it, Sepp?« fragte ein ganz Junger.

»Na, du Grasteufi, de mog i net; und wann du amal bei neunaneunz'g Bauern g'wen bischt, werst aa so hell sei.«

»Bischt du bei so viel ei'g'stanna?«

»Ja, mei Liaba, und ausg'stanna.« Sepp zog den Hut weiter in die Stirne und sang mit heiserer Stimme:

»Vo Weichs bis auf Irgertsham
Kenn i s' schier allesamm
Und i ho deraz'weg'n
Ziemli oa Spitzbuam g'sehg'n.«

Alle lachten. Bloß der Hansgirgl schaute finster vor sich hin und krampfte seine schwielige Hand um den Henkel und trank in kurzen Absätzen.

Er redete auch mit sich.

»Ah wos! Dir gib i na scho an Fei'schpinna! Dös wer'n ma ja sehg'n!«

»Wos sogscht?« fragte ihn sein Nachbar.

»Nix sag' i.«

»Lass'n steh'!« schrie der Sepp. »Der hot Zeitlang nach der Arbet, weil scho zwölf Stund Feiertag is.«

»Du! Mi muaßt it dablecka, sinscht dalebst wos!« knurrte der Hansgirgl.

»I sag ja, sie soll'n dir an Ruah lass'n. Also, Buam, paßt's auf, daß was kinnt's, bal's jetzt bei an neuch'n Bauern aufziagts. I will enk amal an Kalenda ausleg'n, denn de Wiss'nschaft kimmt oiwei mehra o, und de Bauern halt'n ganz weni auf den alt'n Brauch.«

»Laß di no außa, Sepp!«

»Mirkt's enk dös: alle Aposcht'ltäg san halberte Feiertäg; und dös laßt's enk it nehma, wei' da Mensch a Religion hamm muaß. Nacha steht g'schrieb'n: am Karsamschta soll die Erde ruhen. Ruhen, vasteht's?«

»Mir vastenga di scho.«

»Also! Net, daß oana außi fahrt und ackert! Dös sell waar a Frev'l. Und grad so is am erscht'n April. Da soll ma d' Arbet einschränken, sagt da Kalenda. Übahaupts an koan Samschtag an Mist fahr'n, sinscht hagelt's.«

»Woaßt na selle Täg aa, wo ma mehra arbet'n soll?«

»Na. De hamm si de Bauern g'mirkt, und es waar'n guatding dreihundert.«

Wie nun alle in ein schallendes Gelächter ausbrachen, kamen etliche Bauern in die Wirtsstube, der Unterburger dabei.

Der drehte sich im Vorbeigehen um, ob er auch recht gesehen habe, daß der Schormayer-Knecht bei den windigen Burschen saß, die wohl seit der Kirche schon tranken und jetzt die Köpfe zusammensteckten.

Aber es war so. Der Hansgirgl hockte mitten unter ihnen. Da winkte der Unterburger, nachdem er am Ofentisch Platz genommen hatte, verstohlen dem Wirt.

»Wos is denn, daß an Schormoar der sei' bei de andern hibei sitzt?«

»I woaß it; i ho mi selm g'wundert.«

»Hätt ma'r it denkt, daß si der it z' guat waar.«

»Er is erscht nach de andern kemma und hot a bissel z'wida drei'g'schaugt.«

»Dös tuat a no'; da hot 's was geb'n.«

»Soll i 'n amal schö staad frag'n?«

»Na, na! Mi geht 's nix o. Bringst ma'r a Halbi!«

»Beim Untaburga bin i aa'r amal g'wen,« tuschelte der Sepp den Burschen zu. »Der teilt si 's richti ei: viel Arbet und weng Fress'n. Da Schmalzhafa is dös Kleanst im Haus.«

»Du g'freust mi, und i kimm zu eahm,« sagte ein junger Knecht, der stark schielte.

»Do werst was daleb'n, Toni! Sie is gar a G'naue. Küach'ln bacht s' so groß, daß ma s' an da Uhrkett'n trag'n kunnt, und bal's d' zwoa g'fress'n hoscht, fahrt s' mit da Schüssel o.«

»Dös möcht i sehg'n!«

»Da siechst it viel, wanns d' a kreuzweis in de andern eahnere Teller schiagl'n ko'scht. Es is nirgats was drin.«

Die Unterhaltung wurde am Burschentisch immer lauter; und so oft ein neuer Gast kam, wußte Sepp etwas über ihn und sein Hauswesen, und zuletzt gab er sich keine Mühe mehr, leise zu reden, so daß die Bauern aufmerksam wurden und drohende Blicke herüberwarfen.

»Sing amal oans, Sepp! Woaßt d' as scho, dös sell vo de Deanstbot'n!« schrie der Toni; und der alte Vagabund war gleich aufgelegt, alle ehemaligen Dienstherren miteinander zu ärgern.

Er sang, so laut er konnte, und seine heisere Stimme gellte zum Ofen hinüber.

»Bauern, enk kenn i gnau,
Enk derf koa Ehhalt trau,
Mit enkern Toa und Treib'n
Kon enk koa Ehhalt bleib'n.
Braucht's oi Jahr drei und vier,
Koa richtiga bleibt enk nia,
Alle Tag fangts Jammern an,
Wann Liachtmeß kam.«

Die Bauern wurden unruhig.

»Wia is denn dös?« schrie der Unterburger. »Derf a so a Kerl ins aussinga?«

Aber der Sepp ließ sich nicht irr machen und sang, daß ihm die Stirnadern anschwollen.

»An Ehhalt'n schinden s' her,
Daß eahm glei d' Haut werd speer,
Mit lauter Plag'n und Scheern
Muaß a sein Lohn vodean,
Z'letzt tean s' oan no betrüag'n,
Tean eahm an Lohn o'ziahg'n,
Grobheit'n kriagst recht schö',
Nacha ko'scht geh'!«

»Wirt! Der muaß außi!« sagte der Steffelbauer, ein Mann mit breiten Schultern, und er sagte es im tiefen Baß, ohne Erregung, aber so bestimmt, wie einer, der nicht viel Widerspruch leidet.

»Wer muaß außi? Mir zahl'n insa Bier so guat wia ös. Dös woll'n mi sehg'n, wer ins ausschaff'n ko?« brüllte der Toni.

»Halt staad!« mischte sich der Wirt ein und stellte sich breitbeinig vor den Burschentisch. »Dös geht it, Buam! Ös müaßt's enka Bier mit Fried'n und Anstand trink'n, sinscht habt's koa Bleib'n bei mir!«

»So? Dös is brav! Du leid'st koane Deanstbot'n bei dir herin?«

»Lüag it, Sepp! Vo dem is koa Red it g'wen. Mir is a jeda Mensch recht, der bei mir was vazehrt, aba'r a Ruah muaß sei.«

»Und koa Hadalump derf sei Schlechtigkeit do herin ausüab'n,« schrie der Unterburger.

»Bin i dei Hadalump?« plärrte der Sepp zurück.

»Jetzt nimma; aba g'wen bischt da schlechtast.«

»So? Dös will i sehg'n, ob du dös sag'n derfst.«

»Sei staad, sag i no'mal!« drohte der Wirt, und den Unterburger beschwichtigte er: »Laß guat sei jetzt; es kimmt nix mehr für.«

»Is ja wohr aa!« brummte der Bauer. »Daß so a herg'laff'na Kerl de ganz Gmoa aussinga derfat.«

»Der is dir z' weni,« sagte ein anderer, »aba bal a nomal

singt, tean ma 'n außi, und glei a so, daß a'r in Kollbach koa Bleib'n nimma hot.«

Es wurde ruhig in der Stube; die Knechte sagten wohl zu einander, daß sie nicht hätten nachgeben dürfen, aber sie dämpften ihre Stimmen und schauten sich scheu nach dem Wirt um, der an der Schenke stand und die Augen überall hatte. Am Ofentisch war der Streit schneller vergessen über Gemeindesachen und anderen Dingen, um die sich ein gestandener Bauer mehr bekümmern mag als um die Frechheit eines zugewanderten Dienstboten.

Aber plötzlich klang vom Burschentisch herüber in die gedämpfte Erregung hinein eine tremolierende Stimme, die noch einmal den letzten Vers sang:

»Grobheit'n kriagst recht schö',
Nacha ko'scht ge'h!«

»Ja, Herrgott! Is koa Ruah gar it? Aba jetz is a zeiti wor'n.«

»Laßt's an Sepp steh'!« schrien die Burschen dagegen. »Hot ja da Hansgirgl g'sunga!«

»Wer?«

»Da Hansgirgl! Jawoi!«

Und wirklich saß der Schormayer-Knecht mit gläsernen Augen zu hinterst in der Bank und sang es noch einmal in wehmütig zitternden Tönen:

»Na—cha ko'scht geh'!«

»Wos waar denn dös, Hansgirgl? Scham di do!«

»Weil 's wohr is!« schrie der Knecht und schlug in den Tisch hinein. »Do brauch i mi gar nix z' schama.«

»Geh zua! Vo dir hot ma no nia an unrecht's Wort g'hört!« sagte der Steffelbauer.

»So? Hob i no nia was Unrecht's g'sagt? Für wos bin i nacha a Fei'schpinna?«

In diesem Augenblick kam der Schormayer zur Türe herein und sah verwundert, wie die Bauern um den Burschentisch standen, und noch verwunderter, wie da mitten unter den jungen Leuten sein Hansgirgl saß und betrunken und zornig den Steffel anstierte.

Und er hörte ihn noch einmal schreien:

»Ko'scht ma du dös sag'n, z'weg'n wos i a Fei'schpinna waar?«

Da trat der Schormayer an den Tisch hin und sagte gutmütig:

»Grüaß di Good, Hansgirgl! Di hätt i do aa it g'suacht.«

»I paß ganz guat her do; i g'hör zu dena.«

»Du woaßt recht guat, daß da'r i nix ei'red.«

»Und i g'hör amal zu dena!« schrie der Hansgirgl und nahm seinem Nachbar den geschmückten Hut vom Kopf und setzte sich ihn mit einem Ruck auf.

»Mi g'hört 's aa zua, daß i a Sträußel trag als an ausg'stand'-ner Knecht.«

»No, no! Da müaßt i aa was wiss'n.«

»Aba'r i woaß 's.«

»I vasteh di net, und jetzt sei no wieda guat! Hock di a bissel zu mir uma!«

»I mog it; i g'hör amal zu dena do.«

Dem Rauschigen weicht ein Wagen aus; und der Schormayer sah ein, daß er jetzt mit seinem Knecht nichts richten konnte.

»Laßt's 'n geh'!« sagte er zu den andern und setzte sich an den Bauerntisch.

Es war ihm aber nicht recht und ging ihm nicht aus dem Kopf, daß der Hansgirgl solche Andeutungen gemacht hatte, als wolle er den Dienst verlassen. Im Rausch sagt einer erst recht die Wahrheit. Und daß der brave, nüchterne Mensch, den er in der ganzen Zeit nie betrunken gesehen hatte, jetzt in dem Zustand dort drüben hockte, mußte seine eigene Bewandtnis haben. Er fragte die Nachbarn.

»Hot 's do was geb'n? Hot er an Streit g'habt?«

»Nix, wos i g'sehg'n ho,« antwortete der Unterburger. »I bi selm vahofft g'wen, wia'r i eina kemma bi, und er hockt dort hibei.«

»Dös ko it sei, daß er si grad a so an Rausch hersauft.«

»Da Wirt woaß aa nix; er sagt, daß da Hansgirgl scho fuchsteufelswild daher kemma is.«

»Na kenn i mi net aus,« sagte der Schormayer, und es war ihm nicht wohl zumut. Denn ganz gewiß hatte es daheim was abgesetzt; irgend was hinter seinem Rücken, wie er 's ja in der letzten Zeit hie und da erlebt hatte. Am liebsten hätte er den Hansgirgl gleich herausgerufen und gefragt, aber der war jetzt schon bockbeinig und wäre ihm doch nicht gegangen. Also abwarten bis zum Heimweg! Und dazu kam es schneller, als er gemeint hatte, denn plötzlich stand der Hansgirgl auf und sagte grob zum Nebenmann:

»Außi laß mi!«

Er versuchte, gerade zu stehen, als er zahlte, und ging dann so aufrecht, als es möglich war, hinaus.

Der Schormayer trank sein Bier nicht aus, legte das Geld daneben hin und eilte ihm nach. Auf der Straße traf er ihn, wie er gerade tiefsinnig stehen blieb und mit sich selber redete.

»So, Hansgirgl, jetzt genga ma mitanand hoam.«

»Han? Wo ... wo genga ma hi?«

»Hoam.«

»I bi nirgats ... dahoam.«

»Wos hoscht denn du?«

»An schön Dank hon i ... jawoi ... an schön Dank.«

»I vasteh di net; red halt amal!«

»Hoscht it g'hört, wos der g'sunga hot:

Grobheit'n kriagst recht schö',
Nacha ko'scht geh'!«

»Du, Hansgirgl, schaug mi amal o! Ho da'r i wos Unrecht's to?«

Der Knecht schaute seinen Herrn bolzengerade an und wurde etwas nüchterner.

»Na, du hoscht ma nix to,« sagte er kurz.

»Bischt mit wem andern über 's Kreuz kemma? G'wiß mit 'n Lenz?« – »I red it davo.«

»Jo, sag ma 's!«

»I mag it. Aba ... dös kon i dir sag'n, daß i morg'n geh.«

»Waar it aus! Du werscht auf Schnall und Fall weglaffa, und mir tatst it amal an Grund sag'n!«

»I geh.«

»Z'weg'n wos denn? Herrgottsaggerament!«

»I ... i ... bin a Fei'schpinna ... vastehst? So a ... so a schlechta Kerl, der wo d' Leut verklamperlt ... und an sellan muaß ma net halt'n. Vastehst?«

»Na, i vasteh di gar it. Und des ander wer i na scho morg'n in da Fruah hör'n. Da red'n ma wieda mitanand.«

Der Schormayer kehrte um und ging zum Wirtshaus zurück. Aus dem Hansgirgl war heute nichts mehr heraus zu kriegen; und je länger er ihn gefragt hätte, desto widerhaariger wäre er geworden. Morgen ließ sich das besser an. Aber gewiß hatte ihm der Lenz da was angerührt. Na! Er wollte ihm hernach schon kommen mit der Richtung.

Er schaute zurück und sah in der Dämmerung den Hansgirgl mit den Händen fuchteln. Der redete heftig mit einem unsichtbaren Feind.

»Derfst du mi schlecht macha ... du ... aba jetz is aus ... aus!«

Dreizehntes Kapitel

»Hätt'n ma 's ins geschtan fruah aa'r it denkt, mir zwoa, daß mir heut scho ausanand kemman, gel, Bräunl?«

Bei den Worten patschte der Hansgirgl seinen Lieblingsgaul zärtlich aufs Hinterteil.

»Ja, hätt ma 's it gmoant,« wiederholte er und seufzte. »Aba so geht 's nimma'r rum; der Lalli, der dappige, wurd' jed'n Tag häßlicha auf mi, und beim Bauern kennt man si aa net recht aus; der woaß ja selm it, ob a weita macha soll oda übageb'n. Und na hocket i do. Z'letzt bracht mi da Lenz no in 's G'redt, als wann i zu woaß Good wos für a Dummheit g'holfa hätt. Na; i mog nimma. In dem Haus g'winn i nix mehr, und zwisch'n an Alt'n und an Junga steh', paßt ma'r it.«

Er putzte den Stall sauber zusammen, stellte alles an seinen rechten Platz und legte dann den blauen Arbeitsschurz ab.

»So! Do waar'n ma wieda'r amal firti; schaug'n ma'r um a Haus weita! Wia mi da Lenz heunt in da Fruah o'g'schaugt hot! Warum i net in 'd Arbet fahr', fragt a mi. Für mi gibt 's do koan Arbet mehr, sag i. Und da lacht a recht drecki. Na, Bürschei, mit dir mog i nimma z'sammg'spannt sei. Is scho gar wor'n.«

Der Hansgirgl nahm seinen Janker vom Nagel und schloff hinein. Hernach hielt er noch einmal Umschau. Es war alles in Ordnung, und kein Mensch konnte ihm nachreden, daß er seine Sache nicht richtig hinterlassen hätte.

Im Haus drüben traf er die Ursula in der Küche an.

»Is da Baua scho in da Höch?«

»Jo. Er hot grad voring sei Kaffeesupp'n kriagt.«

»Na wer i eini geh dazua.«

»Geh no eini! Wos hoscht 'n du heunt, daß du dei guat's G'wand o'g'legt hoscht?« – »Feierabend hon i.«

»Wia dös?«

»Dös siehgst d' scho,« sagte der Hansgirgl und ging in die Stube.

»Ah, du bischt do!« lachte der Schormayer. »Hoscht dein Sausa vo geschtern ausg'schlaffa?«

»Do hon i net vui zu'n Ausschlaffa g'habt.«

»Öhö, mei Liaba, du bischt guat beinand g'wen.«

»Zu'n Abschied macht na dös aa nix.«

»Wos Abschied?«

»I tat di schö' bitt'n, Baua, daß d' ma'r a Zeugnis schreibst.«

Der Schormayer sprang vom Stuhl auf.

»Wos is denn mit dir, Mensch? Is dir de Dummheit net aus 'n Kopf ganga?«

»I hab 's für koa Dummheit it.«

»Ah! Dös hoscht do grad im Rausch g'sagt! Bal mi neun Johr auf oan Platz is, lafft ma'r it ohne Grund weg.«

»I ho scho mein Grund.«

»Den tat i halt nacha sag'n; und bal wos feit, ko ma 's ja richt'n.«

»Do is nix zun Richt'n. I sag da 's glei, Schormoar, i bi liaba auf an fest'n Plotz, und den hon i bei dir nimma. Du kunnt'st morg'n übageb'n, und i hängat do.«

»Wos woaßt du vo mein Übageb'n? Hot da ander dumm daher g'redt? Der kunnt sie aba schneid'n.«

»Na; der hot nix g'red't. I passet aa net auf.«

»Wia kimmscht ma nacha mit dem?«

»Ja no, dös werd amal schnell geh', bal jetzt d' Urschula weg is.«

»Wos bekümmern di de Sacha? I sag da 's für ganz g'wiß, daß i heuer net übagib.«

»Sell mog scho sei, aba i hon an weitschichtinga Vetta in Vierkirch'n drent, und ... und bei dem kriagat i jetzt an ruhig'n Plotz, und dös mog ma halt do it auslass'n.«

»Dös is dir erscht geschtan ei'g'fall'n?«

»Na, dös woaß i scho länga; er hot ma scho auf 's Neujohr g'schrieb'n.«

»Geh, hör' auf! Dös braucht an stark'n Glaab'n. Daß du de ganz Zeit her koan Schnaufa it to hätt'st vo dem?«

»Weil i mir selm it g'scheit gnua g'wen bi. Aba no, älta werd ma'r aa, und bal bei dir all's anderst wurd, kunnt i mi aa nimma ei'g'wohna, und drent hätt i de G'leg'nheit vasammt.«

»M–hm! Und z'weg'n wos bischt na du geschtan so belzi g'wen?«

»I?«

»Es schteht da it guat o, Hansgirgl, daß d' ma du it d' Wahrheit sagst.«

»I ho nix zu'n sag'n.«

»Dös hamm mehra Leut g'mirkt, net i alloa, daß du geschtan wos g'habt hoscht; und mit wem ko'scht d' di denn z'kriagt hamm? Mit mir net. Also hoscht mit dem Lackl an Streit g'habt. Und i brauch nix z' wiss'n; mir schmeißt d' an Strohsack hi und gehst, als wia wann mir it neun Johr mitanand g'arbet' hätt'n.«

Der Hansgirgl war nahe dabei, etwas von seinem Verdruß zu sagen, aber da fiel ihm das Wort vom Lenz ein, daß er ihn seinetwegen auch verklamperln könne.

Und die Nachrede wollte er sich nicht verdienen; zu was auch? Gehen mußte er, weil das Bleiben kein gut mehr tat.

Also kratzte er sich hinter den Ohren und setzte eine längere Rede zusammen.

»I bi gern bei dir g'wen, Schormoar, dös sell woaßt du recht guat, und hot aa nix geb'n; aba, net, bal ma si nimma außi siecht, indem daß also du nimma lang regierscht, und mi werd aa'r älta, und durch dös, daß mir da Vetta g'schrieb'n hot, i hätt bei eahm 's Bleib'n, derf ma halt so wos it vo da Hand weis'n; mi lebt it g'rad heut und muaß aa'r auf morg'n denka. Dös sell muaßt d' selm sag'n.«

»Wann's d' it bleib'n willst, – i kon di net halt'n; und i dank da recht schö, daß d' ma so mit da Tür ins Haus rumpelst. Eh'nder hättst d' ma 's it sag'n kinna, oda mi glei gar um an Rat frag'n, – dös sell waar gar it ganga!«

»Ma übalegt si 's halt hinum und herum ...«

»Und red't hinum und herum. Mei Liaba, für so dumm muaßt

du mi net kaffa, daß i gar nix spann. Du hoscht mit 'n Lenz wos g'habt, und i muaß 's Bad aussaufa. Aba dem kimm i, und net schlecht.«

»Na, dös möcht i fei gor it. I mog it mit an Vadruß wegkemma …«

»Dös is mei Sach. Seit an halb'n Johr hätt i nix als Z'widrigkeit'n mit dem Kerl, und jetzt vatreibat er mir no d' Leut!«

»Dös kam nacha so außa, daß 'n i schwarz g'macht hätt.«

»I glaab 's amal net anderst, und i schenk 's eahm it.«

»Nacha muaßt du an Zeug'n macha, bal's hintadrei hoaßt, i hätt 'n vaklamperlt. Du muaßt as bezeug'n, daß i vo dem gar nix g'sagt hab.«

»Vo wos? Gel', daß 's richti is? Jetzt hon i di g'fangt.«

»I woaß nix, Schormoar, und mi waar 's liaba, wann mir jetzt nix mehr red'n üba dös, und du tatst mir mei Zeugnis schreib'n.«

»Hoscht d' as fest an Sinn, Hansgirgl?«

»Jo. Schaug', es is amal it anderst!«

»Aba bal i ganz auf deina Seit'n steh?«

»Dös ko'scht d' it. Du muaßt mit dein Buam länga haus'n, als wia mit mir …«

»Wart 's o, wia lang i mit dem no haus'!«

»I wünsch enk it, daß ös ausanand kemmt's, und z'weg'n meina scho gar it. I wer an ander'n Platz kriag'n.«

»I ho gmoant, du hoscht 'n scho bei dein Vetta? Gel, Hansgirgl, hoscht d' di wieda vared't?«

»Na, bal i dir 's amal sag; aba du mögst mi so ausfratscheln, und dös hot koan Wert it. Laß guat sei, Schormoar! Mir gengan in Fried'n und schö ausanand.«

»Und i muaß schaug'n, wo i an Knecht herkriag.«

»I woaß da'r oa'n. Vom Blank in Neuhof drent an Blasi; der gang gern vo dahoam weg und hot aa scho öfta g'sagt, daß 's eahm bei dir g'fallat.«

»Dös is schö! Muaß i wiada'r auf a neu's mit oan o'fanga.«

»Der kennt sei Arbet; an dem hoscht d' it viel z' richt'n, und da Lenz is aa do.«

»Red' ma no g'rad net vo dem!«

»Mogst d' ma 's Zeugnis it schreib'n, Schormoar?«

»Wanns 's sei' muaß, schreib' i s' halt.«

Der Schormayer ging zur Türe und rief der Ursula.

»Bring ma'r a Tint'n und a Feda!«

»Es muaß all's drin sei.«

»Tua 's no her! I mog 's it suacha.«

Ursula kam in die Stube und fand endlich im Wandschrank hinter alten Medizinflaschen ein Tintenglas und auch einen Federhalter.

»Wo is na mei Brill'n?« fragte der Bauer. »Ohne Brill'n kon i it schreibn.«

Sie war nicht im Schrank und nicht in der Tischschublade und nicht im Schubfach unter der Bank, und fand sich zuletzt, in einen Kalender eingeklemmt, auf dem Fensterbrett. Der Schormayer setzte sie auf, und da wickelte der Hansgirgl sein Dienstbuch aus allerhand fettfleckigen Papieren und gab es ihm.

»Ja, geht denn da Hansgirgl?« rief Ursula.

»Geht a? Freili geht a! Weil ma bei enk it bleib'n ko.«

»Wos hon eahm denn i in Weg g'legt?«

»Ma red't net vo dir alloa.«

»Und i ho vo so was übahaupts nix g'sagt,« fiel der Knecht ein.

»Also, geh außi!« befahl der Schormayer seiner Tochter. »Mi braucha'n di net zu dem G'schäft.«

Er schlug das Dienstbuch auf und las.

»Eingetretten bei mir am viert'n Februar neunzehhundart und oans. Do steht no mei Untaschrift. Selbig'smal is da Preßl Bürgamoasta g'wen. Dös san jetzt akrat neun Johr.« Er schaute über die Brille weg vor sich hin, als wenn er über manches nachdächte. »Selbig'smal is no schöna g'wen. De Bäurin guat beinand, und sinscht aa all's ganz anderst. No ja! Jetzt is scho so.«

Er rückte die Brille näher an die Augen und schrieb es mit kratzender Feder und nach mehrmaligen Pausen hin, daß Johann Georg Egermayr diese Zeit her bei ihm in Dienst gestanden und auch seine volle Zufriedenheit durch Treue, Fleiß und Ehrlichkeit erworben habe.

»Dös ko ma bei dir mit guat'n G'wiss'n schrei'm,« sagte er.

Über den Hansgirgl kam es nun doch wie Heimweh; als er sein Büchel in Empfang nahm und in die Tasche steckte; der Kragen wurde ihm eng, und er zog ihn auseinander und schluckte ein paarmal.

»I ho schöne Täg bei dir g'habt, Baua, und i sag dir Vagelt's Gott; und des ander woaßt scho.«

»Und i wünsch dir Glück, Hansgirgl, und auf den selbinga Vetta waar i schier harb; wann i dro glaabet,« setzte der Schormayer hinzu, und um seine Mundwinkel war ein verstecktes Lächeln.

Aber dann wurde er wieder ernst, als er sagte:

»Mit dir geht was Guat's vom Hof weg, und i wollt, du waarst blieb'n; aba geg'n dein Will'n derf i di it halt'n. Pfüat di Good, und laß da 's guat geh'!«

»Adjes! Und no'mal schön Dank; und bal i auf Kollbach kimm, derf i scho zuakehr'n?«

»Allamal, so lang i do bin.«

Hansgirgl zog den Kopf ein und machte sich still hinaus.

Eine halbe Stunde später sah ihn der Schormayer vom Fenster aus mit seinem Koffer über den Hof gehen und unterm Tor sich noch einmal wenden.

Da schaute er zurück auf neun Jahre Leben und Arbeit.

»Hö! Is der alt' Spitzbua it dahoam?«

Vor der Küchentüre stand ein vierschrötiger Mensch und klopfte mit seinem Stecken ans Fenster.

Ursula fuhr erschrocken zusammen; sie kannte den Fremden nicht.

»Wos willst?«

»Ob der alt Spitzbua it dahoam is?«

»Wann's d' mein Vata moanst, der is an Roßstall vorn.«

»Ah, da schaug her; du bischt de Tochta? De jetzt Prücklin vo Hirtlbach werd?« – »De waar i, ja.«

»Da gratalier i; kriagst d' an warma Plotz. Feit si nix.«

»Wer bischt denn du?«

»I bin da Tretter Jackl vo Pettenbach und hätt' eppas z' red'n mit dein' Vata. So, so, du bischt an Prückl de sei? Daß ma fei wos z' kaffa kriagt aa aus enkern Stall!«

»Dös werd na scho *er* macha.«

»Er is a bissel a G'naua.«

»Werd' scho not toa.«

»Gar a so brauchat's as it, aba er hot 's vo seina Muatta. Auf de muaßt d' Obacht geb'n, daß s' da'r it z' viel drei'red't.«

»Sie kimmt ja in Austrag.«

»Ja mei! Austrag! De alt'n Weiba geb'n si ja nia und lass'n it nach; de hamm mehra Häut wia'r a Zwief'l. Und de alt Prücklin kenn i, de schliaft da nach in d' Millikamma und in Kella; und bal's d' dös den erscht'n Tag leid'st, na bischt vakafft, dös sag da'r i.«

»I leid 's scho it.«

»Derfst d' aba'r a guat's Mäu hamm, denn de sell halt 's mit drei Schaar'nschleifa aus. Und mit 'n alt'n Prückl werst d' aa dei Kreuz hamm; der fallt in d' Froas, wann a moant, es kunnt um an Pfenning Sach hi'wer'n.«

»Du g'fallst ma, daß du so daher kimmscht und meine Leut veracht'n tatst.«

»Sei froh, bal i da'r a bissel an Auskunft gib; es is do bessa, du woaßt, wia's d' di zu'n vahalt'n hoscht; du kriagst it lauta Schön's.«

»I wer 's scho aushalt'n.«

»Rühr' di no g'rad de erscht'n acht Täg und hau eahr mit 'n Kochlöffi auf 'n Rüass'l, bal's dir z' fleißi in dein' Haf'n einischaug'n. Na wer'n s' katholisch, bal s' sehg'n, daß 's so leicht it geht. Aba wia's d' dös it tuast, bischt d' scho drunt.«

»I dank da halt schö für dein guat'n Rat,« sagte Ursula und lachte.

»Is gern g'schehg'n. I hilf zu de junga Leut, und da Teufi zu de alt'n. Jetzt muaß i aba zu'n Vata.«

»Geh no umi an Roßstall.«

Dort steckte der Schormayer Heu in die Raufen und ging mit dem Trankeimer herum, als der Tretter unter der Türe auftauchte.

»Herrgott, hoscht du an Eifa!«

»Wann ma koan' Knecht it hot, muaß ma selm o'greifa.«

»Hoscht du koan?«

»Na. Der mei is heunt ausg'stanna.«

»Du, do hätt i oan für di; aba scho an ganz an guat'n.«

»I kunnt vom Blank in Neuhof oan hamm.«

»Vo seine Buam? Woaß it, ob dös guat is, wann ma si an Deanstbot'n aus da Nachbarschaft nimmt.«

Das war eigentlich richtig. Und der Schormayer hatte noch einen besonderen Grund, daß es ihm nicht lieb war.

»Do hoscht it unrecht,« sagte er.

»Nimm den mein'; der ko heunt no ei'steh.«

»Woher is na der?«

»Vo mein Nachbar'n in Pett'nbach; er is heunt mit mir umaganga, weil a no koan Plotz it hot.«

»Dös sell waar a bissel vadächti, aba schick 'n her! Bal a mir it g'fallt, brauch' i 'n net nehma.«

»I mach eahm 's z' wiss'n; er hockt beim Wirt. Und wos willst na du vo mir? Da Tristl Toni hot ma'r a Botschaft to, daß du mit mir red'n mögst.«

»Ja. I möcht di was frag'n,« sagte der Schormayer zögernd und bedächtig. »Bischt du weit umanand mit de Bauern bekannt?« – »I moa' scho.«

»Paß auf! Wissast du koan Deanst für a Madl, vastehst, für a Dirn? A bissel an leicht'n Deanst?«

»An leicht'n?«

»No ja, im Stall, und daß s' it de schwaarst Arbet hätt'. Und net in da Näh, sondern a bissel weit weg.«

»Weit weg?«

Der Tretter schmunzelte und drückte ein Aug zu.

»So, so? An leicht'n Deanst, und recht weit weg? Du mei Liaba, wo bischt d' denn do wieda zuawi kemma?«

»I frag di ja g'rad. Bal's d' nix woaßt, is ma'r aa gleich.«

»Weg'n an gleich sei hättst d' it umi g'schickt zu mir.«

»I ho wem an G'fall'n toa woll'n; da brauchscht du mi it auslacha.«

»Ohö! No net glei ob'n aus! Vielleicht fallt ma wos ei; aba wia steht 's denn do?«

Der Tretter rieb Daumen und Zeigefinger aneinander.

»Muaß ma di für an Auskunft zahl'n?«

»I will dös it sag'n. Aba oa G'fall'n is den andern wert. Muaßt halt an christlinga Preis macha, wann i da a Stuck Viech o'kaff.«

»Do wer'n mi scho mitanand red'n kinna.«

»Jetzt laß mi amal b'sinna. Recht weit weg! Bei Bruck umanand, han?«

»J–ja, dös gang.«

»In Olching, moan i, kunnt i wos find'n. Und an leicht'n Plotz, sagst?«

»Wia s' halt san. Net?«

»M–hm. Bis auf wann kriagt s' na 's Kind?«

»Wos Kind?«

»No, dös is it schwaar zun darat'n, z'weg'n wos oane de schwaar Arbet it toa sollt?«

»Du bischt do scho a g'machta Hanswurscht! Kimmt er do mit 'n Kind daher!«

»I kimm it damit, aba *sie* werd halt mit oan' kemma.«

»Kunnt de it a so aa krank sei?«

»Wann dös is, na muaßt du s' in a Krankahaus schick'n, aba'r it in Deanst.«

»Bal du a so denkst, na laß ma 's bleib'n. Do kam i no in 's G'red' aa.«

»Mit mir kimmst in koa's; aba i ko do net auf an Plotz, wo i a G'schäft mach, a Dirn hi'bringa, de vielleicht d' Lungl'sucht hot!«

»Dös is it da Fall.«

»Sie werd scho de Neunmonatkranket hamm! Du Spitzbua, du o'drahta!«

Tretter lachte, daß er außer Atem kam, und er hätte schier den Schormayer angesteckt.

»An leicht'n Platz braucht a! Ha – – ha – – ha! Bis ans End weit weg! H ... ha ... ha ... ha! Bis ans End der Welt? O du Tropf, du schei'heiliga!«

»Jetzt sag amal g'scheit: woaßt an Deanst, oda woaßt koan?«

»Auf da Stell it. I muaß in Olching nachfrag'n, ob wos Passat's do is ... für a ... ha ... ha ... ha! ... für a Wöchnerin.«

»Vo dir laß i mi lang für 'n Narr'n hamm, gel? Geh weita, i brauch di it.«

»Sei no net glei so harb! I find scho wos. Muaß ... ha ... ha! Muaß 's g'schwind sei?«

»Pressiert gar it.«

»Nacha frag i a wengl nach und kimm wieda her. Wer is na de selbige?«

»Dös sag' i dir, wann's d' wieda kimmst.«

»Vo mir aus! I bi net neugieri.«

Dem Schormayer kamen allerlei Bedenken, weil der Mensch gar so lustig war. Er hielt ihm die Hand hin und sagte ernst:

»Tretta, bal's d' ma du in dera Sach an G'fall'n tuast, werst d' mi aa find'n, wann du wos brauchscht.«

»Gern, sag i. Du kennscht mi ja!«

»Ja, ja. Aba mach koa Gaudi it draus! Und dös sag' i dir g'schwind: wann i hör, daß du 's Mäu it haltst und selle Spaßetln umanand bringst, na san mir z'kriagt.«

»I red g'rad di a bissel dumm o,« sagte der Tretter und kam wieder ins Husten und Schnaufen und Lachen. »I sag 's g'rad zu dir, weil's d' ma du gar so guat g'fallst als barmherziga Bruada.«

»Mi reut 's schier, daß i di um de G'fälligkeit o'ganga hab.«

»Warum nacha?«

»I trau dir net.«

»O jessas! Mir derfst du gnua trau'n. I bring di net a so in Valeg'nheit als wia du mi.«

»I di?«

»Ja, g'stell di no recht unschuldi! Wos moanst denn? I derf mi ja nimma in Weichs sehg'n lass'n, sinscht reißt si de Kaltnerin vo da Kett'n los!«

»A mei! De Dummheit!«

»Du redtst da leicht, aba i hon an schön Dank dafür, daß i dir 's guat g'moant ho.«

»Geh weita! Hoscht du dös an Ernscht glaabt, daß i dös alt Reibeis'n möcht?«

»Hätt'st ma 's g'sagt, aufrichti und wia 's a si g'hört, na waar's anderst g'wen.«

»Dös koscht da du ei'bild'n, wann d' ma du auf'n Weg untakimmst, und mir gengan Spaß halba wo hi, daß i nacha glei hänga bleib.«

»Es waar dei Schad'n nit g'wen. Für wos sollst denn du it heiret'n?«

»Aba de it. So a Kloahäuslerin, so an armselige!«

»Du hättst as bei a'r a andern g'rad a so g'macht.«

»Dös woaß i no lang it.«

Es war etwas in der Stimme des Schormayer, was den Tretter stutzig machte.

»Es is ja no it z' spat, wann du an Ernscht macha mögst.«

»Dös laßt si im voraus it sag'n; ma muaß do oiwei z'erscht wiss'n, wen ma'r ins Haus kriag'n kunnt.«

»I ho da selbig'smal a paar g'sagt. Beim Eberl in Asbach waar oani do, und beim Prantner in Eckhof, und da Sedlmoar vo Arnzell hätt oani, und ...«

»Oh! No staad! Wann ma mog, g'langt oani, aba auf 's Mög'n kimmt 's o.«

»Siehgst, jetzt redt'st wieda'r a so.«

»Paß auf, Tretta, i sag' da wos; und bal's d' g'scheit bischt, red'st nix davo, sinscht kam dir dös G'schäft ganz g'wiß aus.«

»Red' no!« drängte der Viehhändler.

»D' Urschula heiret, und i haus' it guat mit mein Sohn. G'rad heunt hon i wieda an Vadruß, daß i 'n am liebst'n nimma o'schaug'n möcht.«

»Dein Buam?«

»Ja, mein Buam. Er kennt sie nimma aus vo lauta Gier auf 'n Hof und z'kriagt si mit Good und da Welt. Geschtan hot a ma mein Knecht, der neun Jahr bei mir g'wen is, so ausanand bracht, daß a ma aufg'sagt hot. Übageb'n mag i net, und als a Lediga do hocka und mit eahm furt haus'n, dös g'freut mi gar nimma. I siech mir bald nimma anderst außi: heiret'n oda z'trümmern.«

»Dös sagscht d' jetzt aus Zorn! und wann i wos o'band'l, nacha mogscht wieda nimma.«

»Ja no, dös paßt mir gar it, daß i ganz öffatli auf d' Brautschau geh'; do bi i z' alt dazua und mog aa den Krach dahoam it. Dös müaßt oiwei staad geh und it auffällig, und bal i oane sehg'n tat, de mir guat o'stand, und de do her passet, na sag' i net na, aba'r aa net so g'schwind ja.«

»Geh mit mir umi auf Arnzell!«

»So mach ma de G'schicht nimma. I müaßt unta da Hand dafrag'n, wia 's mit 'n Geld steht und ob s' a Hauswes'n führ'n kunnt; und bal's do koa Ausstellung it gab, nacha kunnt i s' amal o'schaug'n, aba alloa, und so, daß koa Mensch nix dabei denk'n müaßt.«

»De Auskunft bring i dir schnell gnua her.«

»Laß da Zeit! Vor da Urschula ihra Hozet hot 's jetzt koan Wert it, und nacha möcht i aa dös mit dera Dirn z'erscht in Ordnung hamm.«

»Ja so, de gang da sinscht im Weg um?«

»Mir?«

»I will di it ausfrag'n. Obwoi daß 's bessa waar, wann i a bissel wos inne wurd. Weil i nacha do leichta mit de Leut in Olching red'n kunnt.«

»Du fragscht, ob s' a richtige Person brauch'n kinna, und vo mir sagst d' gar nix.«

»Dös tat i a so net; aba bal nacha dös auftrifft?«

»Wos?«

»No, dös sell halt!«

»Ah so! Dös werd it auftreffa, und für den Fall, daß also ... a ... für den Fall is ander Leut aa'r it bessa ganga, und du ko'scht hintadrei sag'n, du hoscht dös it schmecka kinna.«

»Is recht. I wer mei möglich's toa. Und vo Arnzell, do bring i dir a ganz a g'naue Beschreibung.«

»Dös sehg'n ma nacha scho.«

»Es muaß dir ernscht sei, Schormoar!«

»Jetzt is mir ernscht; aba bal i morg'n anderst g'sinnt bi, nacha heiret i dir z'liab it, dös ko'scht glaab'n.«

»Dös laßt si denga; aba entschädinga müaßt d' mi für meine Gäng.«

»I mog nix umasunst. Und jetzt pfüad di Good, und halt 's Mäu.«

»Is scho recht. Adjä! Und paß auf, i schaug dei Viech a wengl o. Hoscht d' nix zum vokaffa?«

»A paar Kaibln stenga do. Schaug da s' o und mach an Preis!«

Das hatte nun der Schormayer zu wenig bedacht, daß im Stall drüben die Zenzi war.

Der Tretter musterte alles Vieh und fand auch Gefallen an den Kälbern, mehr aber noch an dem stattlichen Weibsbild, das sich ihm zeigte.

Weil aber in ihm sogleich ein Verdacht aufstieg, wollte er sich Gewißheit holen.

Er fing damit an, die Zenzi ausbündig zu loben.

»Du hoscht dein Stall sauber beinand, g'rad sauba. Ma siecht it viel solchene. Bischt d' g'wiß scho lang auf 'n Hof?«

»Na. Erscht seit 'n Juli.«

»Mit dir is oana aufg'richt'. Du haltst dei Viech, wia 's a si g'hört.«

»Mi tuat halt sei Arbet.«

»A jede vasteht 's it a so; mit 'n Arbet'n alloa is it g'macht.

Wann's d' amal nimma do bleibn mogscht, na laßt d' ma 's wiss'n. Für di hätt i an ausnehmend guat'n Plotz.«

»Hoscht du a größer's Sach?«

»Es waar it bei mir. Aba no, du werst da so schnell it geh'.«

»Wo waar denn nacha dös?«

»Bei Bruck umanand. Aba i möcht di fei ja it wegred'n; dös tat i scho net z'weg'n an Schormoar.«

»Um dös brauchscht di it kümmern; an Baua waar 's aa ganz recht.«

»Bal du wegkimmscht?«

»Ja, weil a halt a Hauserin her tuat, und übahaupts.«

»So . . . so?«

»Hab i di!« dachte sich der Tretter. »Also, de is? No, da G'schmack waar gar it so schlecht!«

Und laut sagte er:

»Nacha sollt' i dir an guat'n Deanst varat'n?«

»Waar ma scho recht.«

»Du muaßt ma halt a wengl schö toa; du Fackei, du mollet's!«

»Geah, wos hoscht denn!«

Sie wich den derben Händen des Tretter aus.

»Tua no it so! I reiß da nix oba vom Fleisch.«

»Wos fallt dir denn ei?«

»Unseroana werd aa'r amal was sauber's o'rühr'n derf'n?«

»I mag dös it.«

»Hot bloß da Schormoar 's Recht dazua?«

»Wos red'st denn du daher?«

»Geh, hör auf, du Sukei, du g'schmach's! Bal an oa'schichtiga Mensch so was mollet's im Haus hot, na woaß ma 's scho.«

»Du bischt guat troffa!«

»Herrschaftseit'n überanand, bal i di no bei mir ei'stell'n kunnt, mi vastand'n ins bald.«

»Glaab dös it! I mag so was net.«

»Gar net?«

»Na!«

»Da waar i wieda anderst.«

Er griff noch einmal unzart nach ihr, aber sie kam ihm mit einer schnellen Wendung aus. Und sie war nicht dazu aufgelegt, mit dem wüsten Menschen einen Spaß zu haben.

Überhaupt war sie nicht lustig gestimmt.

Ihr Zustand und die Ungewißheit, und auch daß der Holzweber Simmer gar nicht dergleichen tat, und alles mitsammen machte ihr zuwidere Tage.

»Hör de Sach'n auf!« sagte sie unwirsch. »I bi koa Handtuach, wo dir du d' Händ' o'putz'n koscht.«

»Deifi überanand! So stolz! Vielleicht gibst du 's billiga, wann i di auf den sell'n Plotz bring.«

»I brauch di net dazua.«

»Selm suacha werd da halt oiwei härta o'kemma.«

»I vasteh di net; und jetz geh amal zua!«

»Adjä, schönes Mädichen, und grüaß ma'r an Jungfernbund; und bal's d' in dem Jahr no an Schnulla brauchscht, schick i da'r oan.«

»Gel, du mogscht it so frech sei?«

Aber der Tretter war schon lachend zur Türe hinaus und schlenkerte pfeifend über den Hof. Er suchte den Bauern auf.

»Was kost'n de Kaibln?«

»Wos willst d' geb'n?«

»Fufzgi, wia da Preis is.«

»'s Pfund gilt jetzt oansafufz'g, hot ma g'hört.«

»Da hoscht falsch g'hört.«

»Also nimm s' um fufzgi!« sagte der Schormayer. »Es gilt na für des ander aa.«

Der Tretter gab den Handschlag, und listig blinzelnd sagte er:

»A Kalbin hoscht in dein Stall, a recht a foaschte.«

»Da is mir nix bekannt.«

»No de sell, de wo i auf Olching umi treib'n soll.«

»Geh, laß de G'spaß! Dös stimmt gar it.«

»Net? No, nacha sag i halt Pfüat Good; de Kaibln laß i hol'n, und den Knecht schick i her.«

Auf der Straße blieb der Tretter noch öfter stehen und lachte vor sich hin.

»Mi möcht' a o'drah'n! O du Bauernspitzbua!«

Vierzehntes Kapitel

Aus den Fenstern des Hirtlbacher Wirtshauses klangen Bombardon und Klarinette, einmal tief hinunter und einmal hoch hinauf, und lockten immer neue Gäste herein zur Hochzeit des Kaspar Prückl.

Über die Stiege gingen Mädeln mit hochroten Gesichtern und wischten sich die Schweißtropfen ab; Burschen in Hemdärmeln riefen ihnen Späße zu; Teller klirrten, und die Deckel der frisch eingeschenkten Krüge klapperten, und der Bierschlegel schlug dröhnend den Hahn in ein neues Faß.

Fröhlichkeit und Lärm verrieten schon in den Vorräumen ein reiches Fest. Im Saale aber schleiften die Paare, tauchten im Lampenlicht auf und verschwanden drehend in dämmerigen Ecken.

Aus einer Wolke von Rauch und Dunst schoben sich allmählich bekannte Gesichter vor.

In der Mitte am Ehrentische das der wohlgezierten Hochzeiterin Ursula Kiening, nunmehrigen Prücklbäuerin; sie saß neben dem hochwürdigen Herrn Pfarrer; daneben war das Elternpaar des Hochzeiters, zwei Leute, denen Sparen und Arbeit anzukennen war.

Da sah man auch die Fischerbäuerin von Neuried und den gewichtigen Schneider von Arnbach und, etwas entfernt von ihnen, am bescheidenen Platze die Asamin, die mit flinken Augen alle Leute beobachtete, alle, die saßen und standen und tanzten, und der gar nichts auskam.

Sie hatte es mit der Grieblerin, einer armen Verwandten des Hochzeiters, getreulich ausgerechnet, was die Sache kosten könne, und alle zwei waren der Meinung, daß es ungeheuer viel sei, und daß diese Verschwendung sich abscheulich unterscheide von der Sparsamkeit gegen Verwandte, die es brauchen könnten.

Und die Asamin war nebenher noch angefüllt mit Schmerz darüber, daß man noch nicht ein halbes Jahr nach dem Tode ihrer Schwester, der Schormayerin, eine Hochzeit abhielt.

»Do ko nix Guat's außakemma,« sagte sie, »und mi g'fallt dös amal gar it, daß ma'r an Tot'n so schnell vagißt.«

»Hoscht dös it g'sehg'n,« fragte die Grieblerin, »daß si d' Hochzeiterin umdraht hot, wia s' in d' Kircha ganga san; wer dös tuat, sagt an alta Spruch, der schaugt si nach an andern Ehstand um.«

»Bei de Schormayerisch'n tat mi gar nix wundern, dös sag i dir.«

»Is it all's richti dabei?«

»O mei! Da mag mi gar it o'fanga. Vom Alt'n sag'n d' Leut allahand.«

»Wos denn?« Die Grieblerin rückte näher.

»Der is auf d' Weibaleut aus, daß 's a wahre Schand is. Ganz bocknarrisch is a, sag'n s'.«

»Geah? Der Alt?«

»Zu dem is a no it z' alt. Hinta a jed'n Weibakittl is a her.«

»Gel? Gel? Ja, wann eahr d' Weiba ster'm, wern s' ganz bärig. Dös hört ma'r oft sag'n.«

»Und zuageh' muaß bei eahm! Oiwei Krach und Unfried'n. De Zollbrechtin, sei Nachbarin, hot ma vazählt, daß ma 's oft weitum hört.«

»Dös laßt si denga.«

»Mi sagt aa, daß a desz'weg'n sei Urschula so g'schwind ausg'heiret hot; und do hot ma freili net wart'n kinna bis auf 'n Hirgst. D' Schwesta wann 's halt no wissat!«

»Good schenk ihr de ewig Ruah!«

»De braucht s'. Chrischtlich's O'denk'n hat s' net viel bei ihre Leut. Wann inseroans it a diam dafür bet'n tat, kriaget s' net viel Vaterunsa.«

»Da tuast d' freili a guat's Werk.«

»Obwoi daß i gar nix kriagt ho vo ihran Sach. It an Spensa oda'r an Rock oda sinscht wos. Liaba laßt ma 's in Schrank dafäul'n, als daß mi da Schwesta wos gab.«

»Selle Leut kinnan koa Glück hamm, Asamin.«

»Na, und mi wern 's aa daleb'n. Jessas, is dös a Spektakl!«

Die Klarinettentöne stiegen kreischend in die Höhe, hielten sich gellend oben und kletterten wieder herunter, wo sie ein gumpender Baß auffing im lustigen Takte, daß die Röcke schwenkten.

Die Fischerbäuerin rückte ihren Stuhl etwas näher zum hochwürdigen Herrn Pfarrer Kern und hub mit ihm und der tugendsamen Hochzeiterin ein Gespräch an.

»Dös hot ins scho alle mitanand g'freut, Herr Pfarra, daß S' vo da Urschula ihra Muatta so schön g'red't hamm; i ho woana müass'n.«

»Das ist recht,« sagte der geistliche Herr, ein vergnügter alter Junggeselle; »bei einer Hochzeit soll 's naß hergehen. Regnen soll 's, weil das ein Glück bedeut', weinen sollen die braven Frauenzimmer, weil 's ihnen ja so net hart ankommt; und beim Mahl, da soll 's dann was Ordentlich's zum trinken geb'n. No, das is ja auch vorhand'n.« Und er nahm einen braven Schluck.

»D' Muatta hätt 's halt daleb'n soll'n,« meinte die Fischerin immer noch wehleidig.

»Ja no, das laßt sich nicht ändern. Sterb'n ist unser aller Los. Der eine früher, der andere später. Wo hat denn übrigens die Wirtin das Kochen gelernt. Das war ja heute ausgezeichnet.«

»I glaab, in Dachau,« sagte Ursula.

»So? Da war sie in einer guten Schule. Ganz delikat war alles zubereitet!«

»Sie hot si übahaupts a Müah geb'n.«

»Und hat sich ausgezeichnet und bewährt als eine gute Regentin in ihrer Küche.«

»Sie sollt' halt do bei ins hocka,« sagte die Fischerbäuerin.

»Rufen wir sie herauf!«

»Na, i moan ja da Urschula ihra Muatta . . .«

»Ach so! Das laßt sich nun freilich nicht machen. Gönnen wir ihr den Frieden; und überhaupts, net wahr, sitzen wir da bei einer Hochzeit und haben die Hoffnung, daß wieder neues Leben daraus sprießt. Ja.«

Und nachdem er eine Prise genommen hatte, legte er die Dose wieder neben das Schnupftuch und sagte mit einem gutmütigen Lachen: »Der Kaspar scheint mir schon der Mann zu sein, auf den man gewisse Erwartungen setzen kann, und auch die Hochzeiterin ist vertrauenerweckend.«

Die Nächstsitzenden lachten noch herzhafter, weil der Spaß von ihrem geistlichen Herrn kam; und die Ursula wußte, was geziemend war, und schaute verlegen in den Schoß.

»Da werd nix fei'n,« sagte die Fischerin, »mi g'fallt scho dös, daß de Hozet bei zuanehmad'n Mond g'wen is. Dös hot mi gern; denn bei'n abnehmad'n Mond, sagt mi, bleib'n Kinda aus. Is it wohr, Herr Pfarra?«

»Jawohl, das ist ein alter Glaube; ob er richtig ist, können wir nicht wissen. Aber es g'hört halt noch was andres dazu als wie der zunehmende Mond.«

Er zwinkerte lustig, und alle lachten wie auf Befehl.

»Dös werd' na scho aa vorhand'n sei.«

»Hoffentlich, Fischerin; mich freut 's, wenn ich Arbeit krieg in dreiviertel Jahr, und wir wollen uns den Taufschmaus gut schmecken lassen.«

»Bal amal wos um an Weg is, kimm i zu dir, Urschula,« sagte die Schneiderbäuerin, »denn de Junga wiss'n it, wia ma si vahalt'n muaß. Daß mi vor da sieb'nt'n Wocha koa Kindswasch ins Freie hänga derf, und daß mi ja nix davo ausleicha sollt, und daß d' Wöchnerin sechs Wocha lang in koan Kella it geh' derf, dös san lauta Sacha, auf de mi guat aufpass'n muaß.«

»Z'weg'n wos sollt' oans it in Kella geh?«

»Z'weg'n de Hex'n, Fischerin. Hoscht du dös no nia g'hört?«

»Na, aba dös woaß i, daß a Wöchnerin it von Haus weg geh' soll, so lang s' net in da Kircha war.«

»Und daß mi in da Schwangerschaft net über an Pfluag steig'n derf, und üba koa Loata, sinscht gibt 's a harte Geburt.«

»Dös hon i aa scho g'hört, und drei Oar soll ma siad'n und 's Wassa trink'n.«

»Oda drei Nüss' ess'n.«

»Das sind weise Lehren,« sagte der Pfarrer lachend; »und diesmal kommt der gute Rat nicht zu spät.«

»Aba Sie müass'n do selm sag'n, Hochwürd'n, daß mi auf de alt'n Bräuch wos halt'n muaß?«

»Freilich, und auf die alten Weiber, denn die wissen mehr wie die Gelehrten. Aber jetzt muß ich mich verabschieden.«

»Bleib'n S' wirkli nimma, Herr Pfarra?«

»Es geht leider nicht, Hochzeiterin, und ich wünsch also einen guten Anfang. Gute Nacht beinander!«

Die Ehrengäste begleiteten den geistlichen Herrn zur Türe; und wie alles wieder Platz nahm, setzte sich der Schormayer zum alten Prückl.

»Sitz' ma'r a bissel z'samm!« sagte dieser. »Mi wer'n jetz bald Kamarad'n sei' im Austrag.«

»Woaß i no it.«

»Wos ko'scht d' macha? De Junga druck'n nach, bal eahna Zeit kemma is.«

»Ob 's halt scho so viel g'schlag'n hot?«

»A diam is g'scheidta, ma ruckt d' Uhr füri und hört eh'nder auf. In da letzt'n Viertlstund richt ma nimma viel aus.«

»Es is it bei an jed'n gleich, Prückl.«

»Freut di halt aa net, gel? Mir is selm it leicht wor'n, vom Sach weg geh, und vo da'r Arbet. Weil mi g'rad zuaschaug'n muaß, geht 's krumm oda g'rad, und bal da d' Händ jucka, koscht d' halt 's Loatsoal nimma nehma.«

»Drum muaß ma si 's übaleg'n, vor ma 's hergibt.«

»No, i ho koan Angst it bei'n Kaschpa; er hot 's Haus'n von jung auf g'lernt.«

»Seid's guat ausanand kemma bein Austrag?«

»Mi san handeloans wor'n; g'stritt'n hamm ma freili a weng, aba dös g'hört dazua; wer leicht wos vaspricht, dem is mit 'n Halt'n net ernscht.«

»Und dei Urschula hat dös bessa Mäu g'habt,« sagte die Prücklin; »dö vahungert it, wo ma si mit 'n Red'n a Geld vodeana ko.«

»Is s' a bissel a scharfe? Gel? Dös hon i dahoam aa g'spannt.«

»Scharf sei' schad't it. Es braucht 's scho bei de Zeit'n und mit de Deanstbot'n,« sagte die Alte.

»Und da Kaschpa werd ihr scho an Beißkorb o'leg'n.«

»So is, und d' Schneid valiert si a wengl im Ehstand. Wos tuast jetzt du, weil d' Urschula weg is?«

»I wer a Hauserin ei'stell'n.«

»A junge?«

»Jetzt muaß i do lacha,« sagte der Schormayer, »dös is wirkli de erscht Frag von a niad'n Weibats. D' Urschula, d' Schneiderin und du, a jede hot dös gleich g'fragt.«

»Mi woaß scho,.warum?«

»Ja, i woaß 's aa. Is aba koa Grund it vorhand'n, denn sie is scho übastandi.«

»G'halt s' no it z' lang, denn dös derfst glaab'n, a selle haust oiwei in ihr'n Sack.«

»I muaß s' halt g'halt'n, bis amal a Bäurin aufziagt.«

»Hoscht d' scho oane für'n Lenz?«

»Na. Mi pressiert aa nix.«

»Moanst d' nimma in dem Johr?«

»In dem Johr amal g'wiß it, Prücklin.«

»I kenn 's,« fiel der alte Prückl ein, »i woaß guat, wia dös is. I hätt ma 's aa no a Johr übalegt, bal *sie* it a so bengst hätt'.«

»Auf mi muaßt d' as it schiab'n. Wann di da Schlag net g'stroaft hätt', na hätt' i wohl nix g'sagt.«

»Dös sell muaß aa wieda wohr sei. Mi hot 's bös g'habt an Ausgang Novemba, Schormoar, und a Wocha a drei hon i gar nix mehr glaabt.«

»Daß i net vagiß,« sagte der Schormayer, »i ho g'hört, ös seid's weitschichti vawandt mit'n Sedlmoar vo Arnzell. Is vo dena wer do?«

»Er it, aba sie; er hot dahoam bleib'n müassn, weil a'r an Wehdam hot. Schaug no umi, an dem Tisch sell hockt s', neb'n an Schuasta vo Pellhamm; kennst d' 'n scho mit seina Platt'n.«

»So, de is? San Kinda do bei'n Sedlmoar?«

»Zwoa Töchta. Die oa is vaheiret in Sulzemoos, und de ander is dahoam; de hot an krumb'n Hax'n.«

»Krumb is s'?«

»Vo Kind auf scho. Sie hot desweg'n it g'heiret.«

»Aha!«

»Wia kimmscht du auf 'n Sedlmoar? Hoscht du g'moant, weg'n an Lenz? De waar nix für eahm; sie is scho bald dreiß'g Johr alt und muaß vui doktern, weil s' a G'schwär aa hot am Hax'n.«

»Von Heiret'n und von Lenz hon i nix g'moant. I ho g'rad a so g'fragt, weil z'nachst oana g'sagt hot, daß a'r eahm a Holz vokaffa kunnt.«

»Do hot 's koa G'fahr it; zahl'n tuat a guat, da Sedlmoar; no, daß ziemli oa Schuld'n do san, is ja richti, aba er haut si scho durch.«

»Mi geht 's übahaupts nix o,« sagte der Schormayer gleichgültig, nahm sich aber vor, den Tretter schön hinauszuwerfen, für den Fall, daß dieser unverschämte Mensch zu ihm kommen werde. Vor ein paar Tagen hatte ihm der einen Brief geschrieben, und da war kein Wort darin gestanden von dem Olchinger Platz für die Zenzi, aber drei Seiten lang Lobsprüche über die Tugenden und Reichtümer der Sedlmayertochter von Arnzell. Und wie man nur ein wenig genauer hinschaute, waren es lauter Lügen. Der hatte sich 's rein vorgenommen, ihm eine übergebliebene anzuhängen und sich noch brav zahlen zu lassen.

»Bischt d' it guat aufg'legt?« fragte die alte Prücklin.

»I? Mir feit gar nix.«

»Werst d' halt heut oft an dei Bäurin denga müass'n? Dös ko ma sich ei'bild'n.«

»Ja ... ja. Aba jetzt wer i mi a bissel zu'n Burgamoaschta umi hocka. Pfüad Good dawei!« –

»G'freut di 's Tanz'n gar it?« fragte die Schneiderin den Lenz, der mit finsterem Gesicht seinen Stuhl zwischen sie und die Ursula geschoben hatte.

»Na, zu so wos bin i net aufg'legt.«

»Laß da 's do it gar a so o'kenna!« mahnte die Ursula.

»Sei no du z'fried'n; du hoscht jetzt dein' Will'n und ziagst als Bäurin auf. Da ko'scht du g'scheit red'n.«

»I sag 's grad, wei' da Vata scho a paarmal herg'schaugt hot.«

»Lass'n herschaug'n! Muaß i G'sichta schneid'n, wia 's eahm paßt?«

»I vasteh an Lenz guat,« sagte die Schneiderin.

»Woaßt, d' Urschula is guat troffa; de helfat jetzt bald zu'n Alt'n.«

»I helf gar it zu eahm; dös muaßt d' it sag'n; aba 's z'kriag'n hot a koan Wert it.«

»Du hoscht recht; und vo Hirtlbach bis auf Kollbach umi braucht ma'r aa net streit'n.«

»Pst!« machte die Schneiderin. »Gebt's auf d' Leut Obacht!«

»Und auf meina Hozet werst d' ma na do koan Krach it macha?«

»I mach da koan; und dös liabst waar ma, i waar gar it herganga.«

»Do hättst d' überalln an Vadruß aufg'hob'n,« begütigte die Schneiderin.

»Auf a bissel mehra geht 's nimma z'samm. Und, is wohr aa, i paß gar it her. Zu de Bursch'n mog i net, und zu de Bauern g'hör i net.«

»No Lenz, in dein' Alta müass'n de mehrer'n dahoam an Deanstbot'n macha.«

»Ja, aba sie sehg'n an Ehrbarkeit und hamm a G'wißheit, daß s' scho amal dro kemma.«

»Dös hoscht du aa.«

»An Dreck hon i.«

»Pscht! D' Asamin schaugt scho oiwei umma!«

»Ah wos! Dös, wos mir hoamli red'n, pfeifan morg'n d' Spatz'n vom Dach.«

»Is wos neu's?«

»Na, lauta alt's; bei ins braucht 's nix neu's mehr. Jetzt hot a dös Mensch scho als Hauserin ei'g'stellt.«

»De Zenzi?« – »Jawoi.«

»Dös is it wohr, Lenz,« sagte die Ursula, »dös muaßt d' it sag'n.«

»Net is wohr? Wer is na in da Kuch'l?«

»Sie is grad zu da Aushilf drin.«

»So? Woaßt du dös?«

»Ja, dös woaß i. Paß auf, Schneiderin, de G'schicht is a so: er hot eahm a Hauserin dunga, de eahm da Wirt zuabracht hot, aba de sell is krank worn und ko erscht in a Wocha oda zwee vo Freising her kemma. Und weil d' Zenzi a wengl wos vasteht vom Kocha und scho länga do is, muaß sie dawei' aushelfa, und für d' Stallarbet hot a'r a Taglöhnerin.«

Der Lenz lachte höhnisch und sagte:

»Dös hört si ganz unschuldi o, gel, Schneiderin? Aba ganz so dumm bin i net, daß i 's glaab. Dös geht, wia 's de ganze Zeit her ganga is. Da vageht oa Wocha, und zwoa Wocha, und de selbige Hauserin werd oiwei no mehra marodi, und der Schlamp'n bleibt.«

Die Schneiderin machte ein sorgenvolles Gesicht.

»Mi g'fallt aa nix mehr. Hot a denn gar it denkt, wos d' Leut jetza scho red'n?«

»Na tuat a 's erscht recht. Aba'r i schaug den Saustall it o, i geh nimma an d' Stub'n eini, i iß nimma'r am Tisch.«

»Sagt's ma no grad, wo dös no hi'geht!«

»Dös kon i dir g'nau sag'n, Basel. Vor a Johr um is, derfst d' wieda in a Hozet geh, in a ganz luschtige, da heiret a schlecht's Mensch an alt'n Depp'n.«

»Jessas na! Es werd 's do scho insa Herrgott it zualass'n!« –

»Höhö! Was macht's denn ös für G'frieß her? So möcht i 's net bei meina Leich'!«

Der Hochzeiter kam von seinem Rundgang bei den Gästen zurück und setzte sich mit lauter Fröhlichkeit neben seine junge Bäuerin.

»Da, trink amal, Lenz, daß d' a Schneid kriagst! Flankl a weng umanand! San ja sauberne Madl gnua do.«

»I reiß mi it um dös.«

»Bischt denn du aa'r a Kerl? Wann i net scho o'g'hängt waar, heunt kunnt'st was sehg'n.«

»Ja, red' no zua! Du ko'scht di leicht prahl'n.«

»Ah! Mach' do koa G'schicht it her! Paß no auf, wia'r i auf deina Hozet amal tanz.«

»So is recht, Buam!« schrie er den Burschen zu, die zum Zwiefach mit ihren Mädeln antraten. »Helft's ma mein' Jungherrnstand schö' ei'grab'n. Auf geht 's!«

Und das wirbelte durcheinander, schob links und rechts und drehte sich, die Burschen juchzend und lachend, die Mädeln mit ernsten Gesichtern und niedergeschlagenen Augen.

Der Schormayer, der manchen tiefen Schluck getan hatte, ging ein wenig unsicher an den Tanzenden vorbei zum Ehrentisch und wurde vom Kaspar herzlich begrüßt.

»Jetzt is amal recht, Vata; den ganz'n Tag san ma no it viel z' red'n kemma. Ko'scht ma glei helf'n, daß ma'r an Lenz a weng aufriegeln.«

»Laß 'n do trauri sei, den Lapp'n! Mi bekümmert dös ganz weni.«

Er schaute seinen Sohn an, und einen Augenblick kreuzten sich ihre Blicke; Zorn und Verachtung blitzten darin auf. Aber während Lenz sich zur Ruhe zwang, überkam den Alten eine wilde Lust, den Sohn zu reizen.

»Wia kimmscht da denn für als junga Baua?« fragte er den Kaspar. »Gel, dös is wos schön's, wann ma d' Arm rühr'n ko, und muaß si nimma ducka und sein hoamlich'n Zorn vastecka und braucht sein Vata nimma schö toa ins G'sicht?«

»Dös hon i nia to.«

»Net? Na bischt du an Ausnahm. Aba selle gibt 's gnua, de si gar nimma auskenna vor lauta Sucht nach'n Regiment, dena d' Zung außahängt, woaßt, und möcht'n an Alt'n liaba vagift'n, als daß s' 'n no o'schaug'n, und derfen 's aba it zoag'n, vastehst? Und müass'n schö toa und g'rad falsch sei, und kusch macha, kusch! sag i.«

»Geh, Vata, wos hoscht 'n?« fiel Ursula ein.

»Nix hon i. I vazähl g'rad dein' Kaschpa, was ma siecht,

wann ma länga lebt. Setz eahm no Kinda her, na werd a no öfta an mi denka.«

»De ziag i mir scho,« sagte der junge Prückl.

»Ziag dir s' no, und schaug, daß du zu'n o'kratz'n kimmscht, vor s' groß san. Na hoscht d' lauta Freud g'habt, und d' Kinda aa.«

»Schormoar, jetzt san ma no g'müatli!« rief der Schneiderbauer, der sah, wie der Lenz in verhaltener Wut käsweiß wurde.

»Freili san ma g'müatli! Warum soll'n ma 's denn it sei, so lang ma g'sund san? Und scho so g'sund, daß ma'r auf und auf koa Kranket it g'spüarn und halt scho gar it vareck'n kinnan.«

»Gib nach, Vata, es horch'n d' Leut scho!«

»Laß s' horcha, Urschula! Da sehg'n s' amal, daß da Schormoar luschtig is auf deina Hozet. So luschti bin i scho lang nimma g'wen. Geh her, du junga Baua, und stöß amal o! Mi g'freut 's, bal i an Junga regiern siech. Dös is was anders als wia so a Lapp, der bloß möcht und net derf!«

»Vata!«

Lenz war aufgesprungen und beugte sich keuchend vor, und seine Faust preßte sich auf den Tisch.

»Han?« fragte der Schormayer wegwerfend.

»Du ... du muaßt 's it übatreib'n.« – »Red i mit dir?«

»Allssammete geht it, Vata!«

»Kusch! sag i.«

»Lenz, b'sinn di, wo's d' bischt!« beruhigte Kaspar den vor Wut Zitternden und faßte ihn beim Arm.

Der schaute wild um sich und sah neugierige Gesichter sich näher schieben und spürte ihre Blicke.

Da drehte er sich schweigend um und ging hinaus.

Der Schormayer patschte sich in die Hände.

»Heunt g'freut mi amal 's Leb'n, und hoam geh' tua i no lang it. Wos steht's denn ös da?« fragte er barsch die jungen Leute, die sich an den Tisch herangedrängt hatten. »Tanz'n sollt's, und it Maulaff'n fei'halt'n! Aufg'spielt! sag' i.«

Er warf einen Taler auf den Tisch. »Da gebt's 'n de Musikant'n, und i will an recht an schiaberisch'n Landla hör'n. So, Kaschpa, jetzt trink' i; mir schmeckt 's glei bessa, weil i mi a bissel ausdischkriert ho.«

»I misch mi in de Sach it, Schormoar.«

»Do hoscht recht, und es hot 's aa it notwendi. I brauch koan Helfa, und dem andern nutzet's nix.«

Er griff nach einem Maßkrug und trank in langen Zügen.

»Hätt' mi schier gar trucka g'red't,« sagte er, und wischte sich das Maul ab.

Wie er am Tisch herumschaute, sah er viele erschrockene Gesichter und merkte, daß die Frauenzimmer einander was zuflüsterten.

»Habt's no koane Hoamli'keit'n!« schrie er. »I sag mei Sach aa, wia 'r i mir 's denk, und schneid' it lang um. I ho ma durchaus nix z' fercht'n, und bal an etla Weibaleut in Kollbach de Köpf' z'sammsteckan, dös macht mir gar nix. I bin da Schormoar.«

Der alte Prückl trat hinter ihn und klopfte ihm auf die Schulter. Er wandte sich hastig um.

»Ah! Du bischt aa no do? Hock di her zu mir, alta Austragla, und vazähl ma wos vo dein Zuastand, daß 's ma no bessa graust davor.«

»Wos hoscht denn du?«

»I? Mein ganz Sach' hon i no, und i gib 's so schnell it her.«

»Hoscht ja recht, bal's d' it mogscht, aba jetz red'n ma vo was andern!« – »Moanst?«

»Freili! Wer werd si denn an Zorn ei'bild'n auf a Hozet?«

»I bi kreuzluschti, und mir feit nix. Aba scho gar nix!«

»Dös is a Wort!«

Der alte Prückl ging mit dem Aufgeregten so vorsichtig um wie mit einem geschürften Ei und fragte ihn viel nach früheren Zeiten, nach Arbeit und Wirtschaft und nach bekannten Leuten. Und der Schormayer wurde ruhig und betrunken und schläfrig.

Die Asamin an der unteren Tischecke hatte alles gehört und jedes Wort richtig gedeutet.

»Hoscht d' as g'sehg'n, Griablerin, wia de anand g'sinnt san, da Jung und da Alt? De hätt'n si liaba o'packt vor de Leut!«

»Mi is scho ganz anderst wor'n.«

»I hätt' aa koan Tropf'n Bluat nimma geb'n! Paß auf, da daleb'n ma no wos, und nix schön's it.«

»Wia hart daß 'n da Alt' g'red't hot!«

»Der gibt eahm an Hof it; und wer woaß, was da no g'schiecht!«

»Und Aug'n hot da Jung' g'macht!«

»Da siecht ma 's wieda, Griablerin, es is it all's, bal ma'r a Geld hot, und a Religion muaß vorhand'n sei in an Haus, sinscht is koa Glück it dabei.« – »Dös is amal wahr.«

»Und bal mi a Religion hot, na gibt mi an arma Mensch'n wos, der wo a tote Schwesta in Ehr'n halt und fleißi bet' dafür.«

»Sell is g'wiß, Asamin.«

Noch manches gute Wort der Frommen wurde übertönt von stampfenden Füßen.

Drei Paar lederne Strümpf,
Und zwoa dazua san fünf,
Hot ma mei Vata a Kart'n kafft,
San nix wia lauta Trümpf.

Die rindsledernen Stiefel wurden gar ausgelassen, und die Röcke schlugen an runde Waden bis tief in die Nacht hinein. Am Ehrentisch war es leer geworden; die Brautleute hatte man schon lange mit schmetternder Musik hinausgeblasen, die Eltern des Bräutigams und fast alle Verwandten hatten sich auf den Heimweg gemacht, da legte sich der Schormayer müd in den Tisch hinein und schlief, bis ihn der Wirt aufrüttelte.

»He! Schormoar!«

»Mei Ruah laß ma!«

»Wach auf! Du werst hoam woll'n!«

Der Schormayer schaute mit blinzelnden Augen über die leeren Stühle hin.

»Ja no, fahr ma halt hoam! Da Lenz soll ei'spanna.«

»Der is scho lang furt.«

»Furt? Ah so! Nacha spannst halt du ei!«

Schläfrig erhob er sich und ging mit unsicheren Schritten über die Stiege hinunter. Neben der Haustüre lehnte er sich an die Wand; der Kopf fiel ihm nach vorne, und die Arme ließ er schlaff herunterhängen, bis ihn der Hausknecht zum Wagen führte und ihn hinaufschob. Er drückte sich in die Ecke und ließ den Bräundl nach seinem Willen gehen, bergauf und bergab, und im langsamsten Schritt.

Ein zorniger Föhnwind heulte hinter dem Wagen her und stürzte sich wütend in die Bäume, die am Wegrande standen; der Schormayer hörte ihn nicht, und der Gaul ging mit flatternder Mähne ruhig fürbaß.

Fünfzehntes Kapitel

»Dei Vata is schö' vo da Hozet hoamkemma,« sagte Christl, der neue Knecht vom Schormayer, ein rothaariger, aufgeschossener Bursche, in dessen sommersprossigem Gesicht ein paar freche Augen saßen. »I hon eahm im Wagl drin aufwecka müass'n.«

Lenz gab keine Antwort; er putzte an einem Roßgeschirr herum, bloß um irgend etwas zu tun; es hätte Arbeit auf dem Feld draußen gegeben, aber es hielt ihn etwas daheim, und er schickte nun den Knecht hinaus und war erst recht mißmutig, daß er im Hof die Zeit vertragen sollte. – Aber hatte er überhaupt noch etwas zu arbeiten?

»Wos is?« fragte er nun den Knecht, der fort geredet hatte.

»Lacha hon i müass'n, wia'r i an Bauern g'fund'n ho. I hon an Gaul g'hört und mach 's Tor auf, do steht 's Wagl drauß'n, und da Bräunl scharrt mit 'n Huaf, und na hör' i schnarcha, und wia'r i nachschaug, flackt dei Vata im Wagl und schlaft. Der waar jetza no it aufg'wacht.«

»Schleun di a weng, daß d' mit 'n Dunga außi fahrst!«

»I spann glei ei. Woaßt, na hon i dein Vata aufg'weckt und hon eahm ins Haus umig'führt, und na hon i an Schlüss'l g'sucht, aba dawei is scho enka Hauserin kemma und hot an Bauern einizarrt.«

»Wos für a Hauserin?« – »De Zenzi halt.«

»Is de vielleicht insa Hauserin?«

»Vo mir aus is s', wos mog. I vazähl bloß, daß s' aufg'macht hot, und sie bringt 'n scho in d' Stub'n, hat s' g'sagt, und hoffentli hot eahm de Kält'n it g'schadt. Sie werd' eahm nacha scho aufg'warmt hamm.«

Christl hatte ein schmutziges Lachen in den Mundwinkeln, wie er das sagte.

»Mach amal, daß d' weita kimmscht mit 'n Fuhrwerk!« befahl der Lenz barsch und ließ den Knecht stehen.

Er war müde und abgeschlagen und wurde nicht fertig mit dem, was ihm gestern geschehen war. Vor allen bekannten und fremden Leuten hatte ihm der Vater Feindschaft angesagt, und aus jedem Wort war es nicht bloß für ihn deutlich zu hören gewesen, daß es aus sei zwischen ihnen; und die Hoffnungen, die schon so gewiß waren, daß er sie mit Händen hätte greifen können, hatten keinen Boden mehr. In einem kurzen halben Jahr war alles verändert. Warum? Das konnte ihm doch niemand weismachen, daß es von dem selbigen Streit herkam! Ein paar heftige Worte, wie sie anderswo genug fallen, die hatten das nicht gemacht. Aber er hatte es ja deutlich genug sehen müssen, wie der Vater von einem Tag zum andern gehässiger auf ihn wurde; und da war jemand dahinter; ja, ganz gewiß war eines dahinter und hetzte und schürte. Und niemand anders wie das verfluchte Weibsbild, das sich an den Alten hingemacht hatte, schon den allerersten Tag, nachdem die Mutter aus dem Haus war.

Die verstand es! Ganz fein ging sie es an und schob sich heimlich auf den Ehrenplatz im Hause. Daß es die Ursula nicht wahr haben wollte und das nicht sah, was doch so deutlich war! Die hatte halt mit Ruhe wegkommen wollen, weil sie 's doch nicht ändern konnte; und jetzt war vielleicht an ihm die Reihe, zu gehen, aber anders: in Feindschaft und Haß.

Lenz wischte sich über die Stirne; der Schweiß stand ihm darauf. Herrgott! Wenn er 's überdachte, – das konnte ja gar nicht sein, daß ihn der Vater wegen der hinausjagte, und alle Leute müßten auf seiner Seite stehen und es dem Alten sagen, was es für ein Unrecht sei.

Vielleicht, wenn er selber mit ihm reden würde, ganz ruhig, und würde es ihm vor Augen stellen, daß es die Jahre her nie etwas gebraucht hätte zwischen ihnen, und daß die Mutter verstorben sei im festen Glauben, daß ihr Sohn einmal das Sach in Händen haben werde, und daß jetzt eine fremde Person ihm Lügen erzähle, damit sie ihren Vorteil davon habe, dann müßte doch der Vater auf das Rechte kommen.

Und das sollte nun gleich sein und nicht aufgeschoben werden, denn der Zustand war nicht mehr zum Aushalten. Wie ein

Knecht herumstehen, dem man das Davonjagen angetragen hat, und der nicht weiß, ob es noch der Mühe wert tut, eine neue Arbeit anzufangen, das war das allerschlechteste.

Dem Lenz war sonderbar zumut, wie er sich auf den schweren Weg machte. Es war ihm, als sei er über Nacht fremd geworden daheim, als gingen ihn die altvertrauten Dinge, die er um sich herum sah, nichts mehr an, oder als müßte er von neuem ein Recht darauf suchen.

Zögernd trat er ins Haus. Im Flötz stand Zenzi vor einem offenen Schranke und kramte in der Wäsche herum. Oft hatte Lenz seiner Mutter zugeschaut, wenn sie die sauber gewickelten Leinwandrollen umschichtete oder ein weißes Linnen zusammenlegte und mit der Hand sorgsam glättete; und von klein auf hatte er Respekt gehabt vor diesem buntbemalten Kasten, über den die Mutter eifersüchtig wachte.

Jetzt langte das Weibsbild mit frechen Händen hinein und warf die alte Ordnung über den Haufen. Er gab ihm seinen Gruß nicht zurück, und wie es fragte, ob er zum Vater hinein wolle, hörte er nicht und ging ohne Antwort in die Stube.

Da setzte er sich an den Tisch und überlegte sich, wie er am besten seine Rede anfangen könne.

Wenn der Alte im Stuhl sitzen würde, ihm gegenüber, und er würde dann sagen: »Schau, Vata, des sell hat jetzt koan Wert gar it, daß mir da aufanand häßlich san. Also, net wahr? Jetzt hamm ma so lang mitanand g'haust, und z'weg'n wos soll'n denn nacha mir auf oamal z'kriagt sei? I tua mei Sach', und du werscht g'wiß it sag'n kinna, daß i net gern arbet, und du muaßt it sag'n, daß mir d' Zung außahängt vo lauta Gier nach 'n Sach. Daß i gern auf 'n Hof kam, dös sell is amal g'wiß, und weil mi aa gar nia was anderst g'wißt hot, und weil dös aa da Brauch is, daß mi 's Sach' vo de Eltern kriagt, und hot mi aa seine bescht'n Johr' dahoam zuag'setzt, durch dös, daß ma 's gar it anderst g'moant hot, aba desweg'n is durchaus it da Fall, daß i di mit G'walt weg hamm möcht', oda daß i dir dei G'sundheit it vagunn, und bal's du wos sogscht, nacha muaß dir dös wer anderna ei'g'redt hamm, und dös is amal frech g'log'n von dera Herrgottsaggerament ...«

Lenz redete immer lauter in seiner Erregung und schlug mit der Hand auf den Tisch.

Da hörte er in der Nebenkammer husten und räuspern und gleich darauf den Vater rufen:

»Wer red't denn da draußd?«

»I bin 's, Vata.«

»Mit wem streit'st denn?«

»I ho g'rad a so für mi hi' g'redt.«

»So? Sag' der andern, sie soll an Kaffee in d' Stub'n bringa.«

»I hätt' nacha aa mit dir wos z' red'n.«

»Wos denn?«

»Z'weg'n da Arbet, und a so halt.«

»Do bin i gar it aufg'legt dazua; dös sogscht d' ma spata.«

»Wann nacha?«

»Dös wer'n ma scho sehg'n; aba jetzt laß mir mei Ruah!«

»Sollt' i in a Stund wieda kemma?«

»Na, sog i. Du werst scho wart'n kinna!«

Mit der Rede war es vorläufig nichts, und Lenz ging verdrossen aus der Stube.

Er sah Zenzi in der Küche arbeiten und sagte, so grob er 's heraus brachte, zur halbgeöffneten Türe hinein:

»An Kaffee sollscht d' eahm bringa!«

Das Frauenzimmer war in seiner wichtigen Stellung mitteilsam geworden und rumorte mit der ungewohnten Arbeit mehr im Hause herum, als gerade notwendig war. Und jetzt wollte es auch arglos sich vor dem Sohn ein wenig prahlen und geschäftig zeigen.

»Hoscht d' an Vata aufg'weckt? Dös hättst it toa soll'n.«

»Hätt' i di frag'n müass'n?«

»Na, aba weil a halt gar so spat hoam kemma is, und i ho scho a weng Angst g'habt, daß a si wos to hot, weil a no im Wagl draußd g'schlafa hot, und i hon an aa so lang it g'hört, bis da Christl nacha außi is ...«

Lenz unterbrach die gesprächige Person, die er mit zugekniffenen Augen feindselig ansah.

»Du! Gel, du bild'st da wos ei? Aba dös is no lang it da Fall! Vastehst d' mi?«

Nein, die Zenzi verstand ihn und seinen Haß wirklich nicht.

»Wos tat i mir ei'bild'n?«

»Dös, was nia werd. Gar nia! Für dös steh da'r i guat, du Schlamp'n, du vadächtiga!«

Und da war er weg und ließ das Weibsbild in wirklicher Traurigkeit zurück; denn es schmerzt, mit einem friedfertigen Sinn und der allerbesten Meinung einen solchen Schlag auf den Kopf zu kriegen. Man grübelt darüber nach, und weil man keinen Grund zu dieser besonderen Roheit finden kann, glaubt man bald an die Schlechtigkeit der Welt oder daran, daß man sterbensverlassen der Gegenstand des allgemeinen Unwillens ist. Und hernach steht das hilflose Weibsbild mit tränenden Augen am Herd und wischt sich mit rußigen Fingern übers Maul und schaut aus wie ein Haufen Unglück.

»Wos feit denn dir?« fragte der Schormayer, wie ihm Zenzi mit stillem Schmerz den Kaffee hinstellte.

»Nix,« sagte sie.

»Weg'n nix werst d' na do it trenz'n?«

»Mi feit nix.«

»Vo mir aus! I brauch 's it z' wiss'n.«

Sie zog die Türe still hinter sich zu; und in dem Gefühl, das unschuldigste Opfer einer ganz abscheulichen Grobheit gewesen zu sein, tröstete sie sich nach und nach.

Der Schormayer löffelte im dumpfen Bewußtsein, daß hier wieder einmal eine Ursache zum Ärger vorhanden sein könnte, seinen Kaffee aus.

»Der werd all Tag bessa,« sagte er vor sich hin, »mit alle Leut is er saugrob, und mir schneid't er a G'sicht hi' wia neun Tag Reg'nwetta. An Hansgirgl hat a vatrieb'n, de ander trenzt im Haus umanand, und nacha wer i dro'kemma. Bal's d' di no it schneid'st, du Grobian, du haglbuachana!«

Wenn es einmal so weit ist, daß sich zwei Leute, die zueinander gehören, nicht mehr verstehen, dann helfen die besten Meinungen nichts. Lenz hatte mit sich selber eine große Erbarmnis, daß ihm sein anerkennenswerter Versuch sogleich mißlungen war, und in der dummen Geschäftigkeit der Zenzi sah er nichts als wohl angelegte Boshaftigkeit.

Und da er seinen Charakter behaupten und keine Arbeit angreifen wollte vor der Unterredung mit dem Alten, ging er am frühen Vormittag ins Wirtshaus. Als einziger Gast an diesem föhnwarmen Werktag, der jeden Pflug auf den Acker rief, erregte er das gerechte Aufsehen der Wirtin, und sie setzte sich mit einem dicken Knäuel Wolle neben ihn und hub ein Stricken und Fragen an, daß es dem verdrossenen Menschen zu eng in seiner Haut ward. Er gab mürrische Antworten und gab keine Antworten; aber das war für die kluge Frau erst der rechte Ansporn, von allen Seiten und hinten herum anzugreifen, denn das war doch einmal nicht natürlich, daß der Schormayer Lenz nach der gestrigen Hochzeit mit einem solchen Gesicht herumging; und da war irgend etwas geschehen, was sich aus einer halben Antwort auf drei Fragen am Ende schon erraten ließ.

Außerdem war ja die Unterwirtin nicht gerade auf den Kopf gefallen, hatte auch schon einiges läuten hören und wußte deswegen, wo sie das Brett lupfen mußte, um auf den Boden zu sehen.

Nach einigen Stunden wußte sie ungefähr, wie der Lenz über die Verhältnisse daheim gesonnen war, und wußte gewiß, daß er acht Halbe abgestandenes Bier getrunken hatte.

Beim Schormayer daheim war die Stimmung auch nicht viel schöner. Als er sah, daß die Pferde müßig im Stall standen, wurde er verdrießlich; und wie der Christl heimkam und sagte, daß weiter nichts angeschafft sei für den Tag, merkte er gut, daß ihm der Lenz trotzen wolle. Beim Mittagessen wollte er ihn schon zur Rede stellen, ob das eine Manier sei, am schönsten Tag alles liegen und stehen zu lassen; aber der Lenz blieb aus, und der Schormayer mußte seinen Ärger aufsparen.

Es kam auch gleich ein neuer hinzu, wie er seine Kommandogewalt ausübte und dem Christl befahl, noch diesen selbigen Nachmittag nach dem Scharrerwinkel auszurücken und frischweg drauf los zu ackern. Ja, das ginge nicht! Der eine Pflug sei noch beim Schmied, und bei dem andern müsse auch erst das Streichbrett gerichtet werden.

Kreuzteufel! Ob da keine Zeit dazu gewesen wäre, den ganzen Winter? Und jetzt, wo jeder Nachbar auf dem Feld sei, dächte man erst daran, das Zeug herzurichten?

Es war gut, daß der Schormayer wieder einmal selber zum Rechten schaute, und er machte sich auch gleich auf den Weg in die Schmiede. Bei der ersten Straßenbiegung wäre er beinahe an seinen Sohn hingerumpelt, der im eifrigen Selbstgespräch um die Ecke kam.

Oha!

Der Lenz schaute seinem Vater, der an ihm vorbeiging, verblüfft nach und richtete erst einmal seine Gedanken auf, die ein wenig übers Kreuz stolperten. Dann lief er dem Alten nach und pfiff ihm.

»Halt a wengl! Vata!«

Der Schormayer blieb stehen.

»Dös is grad recht, daß i di siech,« sagte der Lenz, »und jetzt möcht i amal wiss'n, wann mir mitanand z' red'n kemman.«

»Vielleicht spata, wann's d' nimma b'suffa bischt.«

»Wo bin i b'suffa?«

»Na, gar it! Stinkst auf drei Schritt nach 'n Bier.«

»Dös is it wahr!«

»I streit vielleicht mit dir auf da Straß'n? Mach', daß d' hoam kimmscht, und schlaf dein Rausch aus! Dös is schö, beim bescht'n Wetta blitz'n und in Wirtshaus hocka, wia'r a Handwerksbursch!«

Lenz schaute den Vater mit aufgerissenen Augen an, und plötzlich liefen ihm die Tränen die Backen herunter.

»Du ... du willscht mi ja it arbet'n lass'n, und hoscht ma 's vor alle Leut g'sagt, daß i a ... a Lapp bi, hoscht g'sogt ...«

»Geh jetzt zua, und scham di! I red' da nix mehr.«

Der Schormayer ging weg und schaute sich um, ob niemand sie beobachtet habe.

Das war noch das allerschönste! Mit einem Rausch am hellichten Werktag durchs Dorf gehen und mitten am Weg einen Streit anfangen. Und doch tat ihm der Bursch wieder leid, daß er sich aufführte wie einer, der ganz aus dem Geleise geworfen war; und es war etwas in seiner Stimme, und auch, wie er so zu weinen anfing, was ihn unruhig machte.

Er drehte sich um und sah, daß der Lenz noch immer auf dem gleichen Fleck stand und ihm nachstierte. Das ärgerte ihn wieder, und er brummte im Gehen: »De b'suffene Sau!«

Lenz ging mit zögernden Schritten heim; aber bevor er an den Hof kam, packte ihn die Scheu, geradewegs hinein zu gehen, und er schlich hinter den Stallungen vorbei in die Wagenremise. Hier setzte er sich auf eine alte Kiste und brütete lange vor sich hin.

Es war ihm zumut, als wenn er nicht mehr auf das Anwesen gehörte, und als wenn hier feindselige und fremde Menschen das Recht hätten, ihn fortzuweisen. Draußen rieselte in allen

Furchen das Schneewasser, und starker Erdgeruch drang zu ihm herein. Er frischte ihn nicht auf, sondern machte ihn müde und schläfrig. Von der Dachrinne tropfte es in regelmäßigen Pausen, und es war wie eine eintönige Musik zu seinen wirren Gedanken.

Es fiel ihm nur immer wieder ein, daß ihn der Vater zum zweitenmal abgewiesen hatte.

»Er mag it red'n, sagt a. In da Fruah is eahm it recht g'wen, jetzt is eahm it recht g'wen; i bi' neamd mehr dahoam.«

Der Kopf sank ihm tiefer, und er schlief ein.

Erst nach etlichen Stunden wachte er auf und fuhr fröstelnd zusammen; als die Sonne hinter den Hügeln verschwand, blies eine kalte Luft über die Felder.

Lenz mußte sich erst besinnen, wie er da in seinen Versteck hereingekommen war; und alles, an was er sich erinnerte, machte ihn zornig gegen sich und die andern. Einen Tag so dumm verhockt und verfaulenzt, bloß weil er in der Frühe nicht hatte reden dürfen!

Aber jetzt wollte er 's herunter haben, was ihn drückte; und, gern oder ungern, der Alte sollte ihn heute noch anhören. Er wollte sich nicht mehr abweisen lassen wie ein Bettelmann, dem man die Tür vor der Nase zuschlägt, und vielleicht morgen wieder ums Haus herumschleichen und warten aufs gnädige Gehör. Am End hatte er doch auch ein Recht, das er behaupten konnte.

Er horchte. Im Hof klangen Schritte, und dann hörte er den Vater rufen: »Chrischtl! Woaßt du aa nix, wo da Lenz is?«

»Na, i hon an den ganz'n Tag it g'sehg'n.«

Lenz schlich zur Remise hinaus, ging um die Stallung herum und kam nun mit festen Schritten auf das Haus zu.

»Bischt do amal dahoam?« fragte ihn der Schormayer, als sie nun in der Stube einander gegenüberstanden. »Hoscht dein Rausch ausg'schlaffa?« – »I woaß nix von an Rausch.«

»No, da red'n ma'r it lang drüba. Aba dös sell sagst d' ma vielleicht, wos dir du ei'bild'st? Selm nix arbet'n, an Knecht nix o'schaff'n, 's Zeug net beinand hamm, daß mi zuaschaug'n muaß, wia d' Nachbarn aufs Feld außifahr'n, – werd dös de neu Modi auf mein Hof?«

»Da bischt du schuld, Vata.«

»I?«

»Vielleicht woaßt du dös nimma, was d' ma du geschtan g'sogt hoscht vor alle Leut?«

»Und desweg'n saufst du heut umanand?«

»Wann du sogscht, daß i für nix bin!«

»I wer scho wiss'n, wos i sog'n derf; und di wer i no kaam frag'n müass'n. Und moanst du . . .«

»Du derfst aa it all's sag'n . . .«

»Laß mi ausred'n, gel! Muaß i no freundli sei, wann d' ma du an Knecht vatreibst, der neun Johr bei mir g'wen is?«

»I hab an Hansgirgl it vatrieb'n.«

»Na, du bischt ganz unschuldi. Dem is vo selm ei'g'fall'n, daß a ganga is.«

»Bal a g'sagt hot, daß 'n i vatrieb'n ho, na lüagt a. Soll a hergeh', und soll ma dös in 's G'sicht eini sag'n, bal a ko. Der Leutverhetza!«

»Der hot it g'hetzt und hot nix g'sagt. Aba gar so alt und so dumm, wia's d' mi du gern hätt'scht, bin i halt no net, und sehg'n tua'r i aa no, und durch dös woaß i, daß da Hansgirgl bloß weg'n deina ganga is.«

»Ander Leut sehg'n aa, Vata, und kinnan glaab'n, daß da Hansgirgl weg'n wos andern nimma bleib'n hot mög'n.«

»Weg'n wos?«

Lenz zuckte die Achseln.

»Allssammete paßt it an jed'n.«

Der Schormayer hatte in der Erinnerung an den Nachmittag ruhiger geredet, aber jetzt fuhr er wieder zornig auf.

»Wann du wos zum sag'n hoscht, nacha kimm net vo hint' uma, und bring' dei Sach für! De vasteckt'n G'schicht'n hamm bei mir gar koan Wert.«

»Es is it leicht, vo so was red'n.«

»Na muaßt d' gar nix sag'n, aba so hoamli muaßt d' as it o'bringa woll'n.«

Lenz gab sich einen Ruck und sagte dann, indem er es vermied, den Vater anzuschauen. »Es is wohr! Amal muaß g'redt wer'n, und i bi ja desweg'n kemma.«

»No außa damit!«

Der Schormayer stellte sich ans Fenster mit dem Rücken

gegen seinen Sohn, und so war der eher imstand, alles vorzubringen, was er sich die langen Tage her ausgedacht hatte.

»Siehgst d', Vata, a so geht 's nimma um. D' Leut veracht'n ins ...«

»Wen?«

»Ins all mitanand, weil ... weil ...«

»Red no weita!«

»Weil 's amal a Schand is, und so dumm san d' Leut it, daß s' dös it mirka, z'weg'n was d' Zenzi üba Liachtmeß bleib'n hot derfa ...«

Der Schormayer drehte sich halb um und fragte ruhig:

»Wos is denn dei Meinung, z'weg'n wos de bleib'n hot derf'n?«

Lenz stockte und wandte den Kopf nach rechts und links und zog sich den Hemdkragen weiter und sagte dann:

»No ja! Z'weg'n dem halt ...«

»Daß du gar so g'schamig bischt, und sagscht zu mir it dös nämli, wia zu de Leut?«

»I ho no nia wos g'redt üba dös.«

»Woher woaßt na du, daß a G'redt umgeht?«

»Dös sag'n oan' d' Leut, ohne daß mi fragt.«

»No also, wos sag'n s' denn?«

»Daß ... daß du 's hoscht mit da Zenzi.«

»Und du glaabst dös aa?«

Lenz zuckte die Achseln.

»I muaß 's scho glaab'n. Du hoscht d' as ja it g'laugn't, wia dir 's d' Urschula fürg'hebt hot!«

»Na, i ho 's it g'laugn't.«

»Is dös na koa Schand it, daß du so oane im Haus haltst?«

»I halt s' net z'weg'n dem. Ja, da muaßt du it lacha! Dös steht dir gar it o, daß d' mi du o'bleckst!«

»Da soll ma'r it lacha. Oamal hoscht d' as, und 's andermal hoscht d' as it!«

»Bal mir mit anand red'n soll'n, tua mi net Lüag'n straffa. Sinscht hamm ma glei ausg'redt!«

»Ja no, na hör i halt nimma richti.«

»Wiss'n tuast d' nix, und ei'bild'n tuast da z' vui!«

»Wos is da no zu'n ei'bild'n?«

»I sag da jetzt dös, und du ko'scht as glaab'n oda it, dös is dei Sach: i ho oamal im Rausch a Dummheit g'macht, und es ko sei, daß 's mi danach net g'freut hot. Üba dös gib i dir koa Rech'nschaft; aba mit dem oanmal is 's aus g'wen.«

»Dös laßt si denga!«

»Du brauchst as net glaab'n, und brauchst net so zahna!«

»Für so dumm muaßt d' mi na do scho it o'schaug'n! Z'weg'n wos hätt'scht du nacha dös Mensch als Köchin her to und hoscht d' as üba Liachtmeß g'halt'n?«

»Dös hot an andern Grund.«

»Aha!«

»Gar nix aha! Weil 's mi g'freut hot, hab i s' g'halt'n; weil 's mi g'freut hot, is s' in da Kuch'l; und bal 's mi freut, nacha geht s'.«

»Und weil 's di g'freut hot, bischt d' mit ihr im Holz draußd z'sammkemma.«

»Bischt du dös inne wor'n? Do schaug her! Hon i an Schpion im Haus!«

»Dös hamm scho d' Holzknecht vazählt und hamm di brav dableckt.«

»Fremde Leut kon i 's net vabiat'n, aba du reißt 's Mäu it auf geg'n meina!«

»I sag da 's g'rad, daß d' siehgst, wia'r i all's woaß.«

»An Dreck woaßt!«

»Ja, dreckig is 's, do hoscht recht!«

»Ah! Bischt du a Pfarra dazua zu'n Schpion?«

»Du muaßt ma'r it all's sag'n, Vata! Mi geht 's a so durch 'n Kopf, daß i mi nimma auskenn!«

»Bischt d' vielleicht no bsuffa?«

»Na! Bsuffa bin i gar it! I woaß grad, daß dös nimma sei derf, daß du a Luadaleb'n führscht mit dem Schlamp'n, und i leid 's nimma!«

»Kimmscht wieda mit de Schandarm?«

»I brauch koan. I wer scho selm firti mit dem Hadern!«

»Trau da! Du Lausbua, du nixiga! Rühr g'rad an Finga, sag i, und du flackst draußd auf da Straß'n!«

»Dös sogscht du zu mir? Und tatst dir it Sünd'n fercht'n? Und tatst 's O'denk'n it fercht'n vo da Muatta?«

»De müaßt si z'erscht schama mit dir, du Tagdiab!«

»I kunnt dir aa Nama geb'n, Vata!«

»Gib s'! Scheuch di net lang! Und weil's d' ma so kimmscht, sag i dir wos! I mog di nimma! Scho lang mag i di nimma, weil i di kenna g'lernt hob! Du tatst oan' mit Füaßn tret'n, wann's d' kunntst und an Herrn spiel'n derfast. Aba du! Du hoscht di g'schnitt'n! Da Herr bischt net und werst net! Du bischt grad da Hanswurscht do herin!«

Sinnlos vor Wut, die ihm die Augen verdunkelte, trat Lenz auf seinen Vater zu und packte ihn an der Brust.

Der riß sich heftig los und wich einen Schritt zurück und schrie mit gellender Stimme:

»Oho! Bürschei! An Vata o'greif'n! San ma scho so weit? Du Hund!«

Lenz griff sich an den Kopf. Der Atem ging ihm schwer.

»Schimpf zua!« sagte er dumpf.

»I schimpf di nimma. Mit ins zwoa is 's aus. Suach da'r an Plotz und geh, je eh'nder desto liaba! I will di nimma sehg'n.«

»So hat 's ausgeh' müass'n, daß ma sei eigen's Kind vajagt!«

»A sellas, dös sein Vata schlag'n möcht!«

»I hab nimma g'wißt, wos i tua.«

»Na b'sinn di bei fremde Leut; und weil's d' so guat predinga koscht, richt d' a'r amal dös z'samm, wos in viert'n Gebot steht!«

Lenz ging mit käsweißem Gesicht an die Türe; seine Lippen waren blaß, als wäre kein Tropfen Blut mehr in ihm.

Keuchend fragte er noch einmal:

»Is dös dei letzt's Wort, daß i koa Hoamat nimma hab?«

»Mei letzt's Wort!«

»Daß i Platz macha muaß für de? Für de da draußd?«

»Fangst d' wieda o?« schrie der Schormayer und ging mit schnellen Schritten in seine Kammer und schlug die Türe hinter sich zu.

Lenz blieb noch ein weniges stehen, als wartete er auf ein versöhnendes Wort.

Aber es blieb still.

Und da schlich er zum Hause hinaus.

Sechzehntes Kapitel

Es war an Kunigund, den 3. März, und war ein Tag, so fein wie Seide, warm und sonnig. Über die Berge, die ganz ferne wie weiße Streifen die Ebene abgrenzten, war der Frühling gekommen und schritt über die braunen Moore und die dunkeln Äcker her. Der Schormayer trat unter die Türe und atmete mit vollen Zügen die Morgenluft ein.

Eine lange Nacht lag hinter ihm, in der er wenig geschlafen hatte. Zornige Gedanken, schlechte und gute Gedanken hatten ihn wach gehalten. und zuletzt hatte er doch den Weg gefunden, den er gehen mußte.

So viel er dagegen suchen mochte, stellte sich doch immer klarer die Mahnung vor ihn hin, daß es den ganzen Verdruß nicht gebraucht hätte, wenn er von Anfang beim Rechten geblieben wäre.

Alles hätte sich vernünftig und redlich schlichten lassen. Und war der Fehler auch nicht gar zu groß gewesen, so wuchs er doch jetzt mächtig an und bedrohte sein Hauswesen und seine Ehrbarkeit mit großem Schaden.

Das war ja unmöglich, daß er alle Fäden zerschneiden sollte, die ihn an der Vergangenheit festhielten.

Die Erinnerung wurde in ihm lebendig, wie er die ersten Jahre mit seiner Bäuerin gehaust hatte, wie dann die Kinder kamen und als fröhliche Hoffnungen heranwuchsen, die Erinnerung an das Siechtum der armen Frau, an manchen Blick, der eine Bitte gewesen war, an den letzten Händedruck, der als treues Versprechen hatte gelten müssen. Und jetzt sollte er das alles wegwerfen und vergessen; und jetzt, wo er zu altern anfing, sollte er den Versuch machen, eine neue Zukunft zu gründen?

Das war ja dumm! Das konnte sich einer bloß im Zorn auf eine kleine Weile einbilden. In Ehrbarkeit die letzten Jahre leben und bei der alten Sitte bleiben, darin lag Vernunft; und bloß das konnte ihm Ruhe und Glück versprechen. Und wegen was sich Unrast auflegen und Feindseligkeit und Mißachtung?

Er dachte doch in seinem Herzen nicht daran, auf die Freite zu gehen; und nicht eine halbe Stunde weit hätte ihn die Lust getrieben, sich ein Weibsbild daraufhin anzuschauen.

Selbst wenn er frei von allen Pflichten gewesen wäre, hätte er lieber als Wittiber fortgehaust, als wie in diese zweifelhafte Lotterie gesetzt. So was sagt man nur und tut es nicht. Und gar in seinen Umständen! Mit den erwachsenen Kindern uneins werden, ihre bitterste Feindschaft erregen, die ganze Verwandtschaft rundum in Bewegung setzen!

Und alles fürs Ungewisse?

Noch einmal: das war unnützes Zeug und war so schnell vergessen, wie es gesagt war. Aber noch ein paar Jahre neben dem Lenz hausen und dermaleinst einen vernünftigen Austrag machen und die müden Füße in Behagen ausstrecken und mit Zufriedenheit zurückschauen auf vergangene Mühsal, das war gescheit und war der Brauch.

Und so wollte er es machen.

Es war ihm völlig leicht zumut, wie er den Entschluß gefaßt hatte.

Teufel übereinander, er hatte lang genug gebraucht und wüstes Zeug geredet und gedacht, bis er so weit war.

Aber nun war 's vergangen, und mit dem Lenz wollte er bald übereins kommen.

Der würde Augen machen nach dem gestrigen Verdruß!

Und wenn man 's recht bedachte, war der Schaden nicht so groß für später, wenn der heftige Mensch gesehen hatte, daß der Alte auch noch auf seinen Füßen stand.

Freilich, daß der Bursch seine Ruhe so ganz verloren hatte und außer Rand und Band geraten war, das lag nicht bloß an ihm.

Und brauchte es gute Worte, um wieder ins alte Gleichmaß zu kommen, so wollte er sie suchen und finden.

Und hernach war es auch nicht übel, wenn er in Güte ihm das noch einmal zusichern konnte, daß das Weibergeschwätz über ihn und die Zenzi schiech übertrieben war.

»Heda! Du!«

Er schrie dem Knecht, der einen Gaul aus dem Stall führte.

»Guat' Morg'n, Baua!«

»Is da Lenz no drin?«

»Wo drin?«

»Ob a im Stall is, frag i.«

»Na. Er is übahaupts it drin g'wen.«

Christl schaute den Schormayer lauernd an, in Hoffnung auf ein paar Hindeutungen.

Er hatte gestern wohl etwas von dem Lärm in der Stube gehört, aber leider zu wenig.

Aber er täuschte sich in seinen Erwartungen. Der Schormayer blieb gleichmütig und sagte:

»Na is a vielleicht in alla Fruah scho auf Arnbach umi, wia ma 's ausg'macht hamm.«

»Da hätt' i 'n do' sehg'n müass'n.«

»Du werscht a it all's sehg'n, bal's d' schlaffst; und jetzt roas' außi in Scharrerwinkl! I kimm glei nach mit 'n zwoat'n G'spann.«

»Mir kimmt 's a so für, als wann er gar it in sein Bett g'wen waar!«

»Herrgott! Kümmer di du um dei Bett, wann d' mit da Arbet firti bischt! Auf geht 's, sag i, und a wengl g'schwind!«

Christl war noch nicht lange aus dem Hof, da hatte der Schormayer schon seine zwei Bräundl angeschirrt und fuhr mit dem Pflug weg. Einmal fest geschnalzt und noch einmal! Es war schon ein Staat, zum erstenmal wieder hinausziehen hinter dem klirrenden Eisen.

Eine Amsel flog zwitschernd durch die Stauden hinter einer andern her.

»So is recht! Treibt 's no fleißi! Es is nimma z' fruah!«

Beim letzten Haus überkam ihn der Gedanke an den Lenz.

Hätte er nicht warten sollen und gleich reden? A was! Soll er noch ein paar Stunden bocken! Vielleicht kam er aufs Feld hinaus; und da hätte man 's gleich am leichtesten, den ganzen Verdruß zu begraben.

Wie der Schormayer mit Roß und Pflug einen Hohlweg hinaufschepperte, trat aus des Zollbrechts Stadel der Lenz heraus und schaute ihm nach.

Und schaute aus hohlen Augen ihm lange nach.

Dann, wie einer plötzlichen Eingebung folgend, wandte er sich rasch um und lief heim zu.

Der Bursch sah schlecht aus, übernächtig, verstört; die Haare hingen ihm wirr und ungekämmt in die Stirne herein, und seine Stimme hatte einen heiseren Klang.

Im Hof blieb er öfter stehen, als hätte er was zu überlegen, und seine Blicke hefteten sich auf den Boden, wenn er zögernd weiter schritt. Er schlich sich in den Viehstall und suchte die Aushelferin, die erst seit etlichen Tagen eingestanden war.

Sie saß hinter einer Kuh und melkte, und er trat leise an sie heran.

»Liesi!«

Sie fuhr herum und wäre bei seinem Anblick schier noch mehr erschrocken.

»Bischt du krank?«

»Na; g'rad a weng hoaser bin i.«

»Und de Hoor san voll Heu.«

»Is ma'r a Schüppl aufig'fall'n. Paß auf, du sollscht aufs Feld außigeh.« – »Wia kon i dös? I muaß do melka.«

»Dös macht scho d' Zenzi. Da Vata hot g'sogt, du mußt glei außi zu eahm.«

»Bis an Scharrerwinkl hintri?«

»Er hat 's amal g'sagt, du muaßt unbedingt kemma.«

»Jetzt kenn i mi gar it aus. Was soll i denn da draußd toa?«

»Vielleicht muaßt d' no wohi' geh. I woaß gar nix.«

»Ja, daß a ma 's it selm g'sogt hot?«

»Du frogscht mi umasinscht. Er hot ma g'schriean, wia'r a hint aufi is; und, sogt a, d' Lisei soll in a halb'n Stund außikemma und soll bei'n Wirt a paar Flasch'n Bier mitnehma.«

»Vielleicht moant a d' Zenzi?«

»Na! Bal i dir 's amal sag. Er hot 's no ausdrückli g'sagt, d' Zenzi soll daweil aushelfa im Stall.«

»No ja, na geh'n i halt.«

Da sie gerade mit dem Melken fertig war, stellte sie den Stuhl auf die Seite und strich den Rock herunter.

»Dös woaß i gar it, was dös is.«

»Vielleicht hoscht dir eppas z'schuld'n kemma lass'n,« sagte Lenz und ging ein paar Schritte weg.

»Da müaßt i scho aa wos wiss'n, und dös kunnt ma'r oan' dahoam sog'n!«

»Tua, was d' mogscht! I ho da 's ausg'richt', und do hoscht 's Geld für 's Bier. Dös hot a ma no eigens geb'n.«

»Muaß i mitt'n vo da Arbet weg, und 's Bier hätt' da Chrischtl leicht gnua mitnehma kinna, und ...«

»Wo san denn de Kaiblstrick?« fragte Lenz kurz.

»Hinta da Trucha, beim Fenschta.«

»Ah, da san s' ja; de kunnt ma'r aba bessa aufheb'n.«

»Brauchst as du?«

»Na, mi is g'rad ei'g'fall'n, wei' d' Kaibln erscht furtkemma san.«

Lenz hatte einen von den fettigen, dick gedrehten Stricken genommen und strich mit der Hand darüber hin.

Nach einigem Hin- und Herreden war Liesi so weit, daß sie gehen wollte.

»I muaß aba jetzt da Zenzi sag'n, daß d' Scheckin und de Blaß no it g'molka san.« – »Dös sag scho i.«

»Aba mirk dir 's: d' Scheckin und d' Blaß.«

»I woaß scho; und jetzt geh amal zua!«

Kopfschüttelnd ging die Taglöhnerin weg und drehte sich noch ein paarmal um.

Was einem alles angeschafft wird!

Lenz schaute ihr nach; und als sie durchs Tor verschwunden war, lief er mit langen Sprüngen dem Haus zu.

Zenzi spülte in der Küche Geschirr ab und verzog das Gesicht, als sie den Burschen sah. Sie hatte ihm die letzte Grobheit noch nicht vergessen.

Aber heute redete er freundlich; mit rauher Stimme, die ihm ein paarmal schier in der Kehle stecken blieb, aber recht freundlich.

»Du, Zenzi, da Vata hat g'sagt, du sollscht in Stall außi geh.«

»Wos tat i denn im Stall?«

»Ja, woaßt d', wei' d' Liesi furt hat müass'n, sollst du aushelfa, und de Blaß is no it g'molka, und g'fuattert is aa no it . . .«

»Daß de vo da Arbet weglafft?«

»Sie hot müass'n; bei ihr dahoam is was auskemma, und da Vata hot 's ihr verlaabt und hot g'sagt, du bischt scho so guat und machst heunt amal firti im Stall . . .«

»Daß sie nix sagt zu mir?«

»Vielleicht hot 's a so pressiert . . .«

»Hoscht denn du an Baua no g'sehg'n? Er hot di g'suacht.«

»I bin grad bei'n Hof eina, wia d' Liesi furt is und er aa; da hot a ma dös o'g'schafft.«

»Na wer i halt umi geh' müass'n.«

»Sie werd da nacha scho aa'r amal an G'fall'n toa; und bal i dir a wengl helfa ko, hilf i dir gern.«

»Du?«

»Warum it? Im Roßstall is nix zu'n Arbet'n, und auf's Feld geh'n i erscht in a Stund.«

Der Zenzi kam die Freundlichkeit auffallend vor, aber sie dachte nicht viel darüber nach und band sich die Schürze ab und ging über den Hof.

Lenz ging einen Schritt hinter ihr drein.

Im Stall wollte Zenzi gleich die Blaß melken, aber wieder hatte der Bursche eine freundliche Bitte an sie.

»Geh, du kunnt'st in d' Tenn aufi steig'n und Heu oba schmeiß'n; na gib i de Küah vor, wann du melkst.«

Sie wandte den Kopf nach ihm; in einem halben Jahr hatte er nicht mit ihr geredet, und ganz gewiß nie ein gutes Wort. Aber Lenz hatte sich umgedreht und ging langsam den Barren entlang.

Wenn er freundlich war, konnte er schon einen Grund haben; und es tat ihr wohl, ihn auch einmal handsam zu finden.

»Is scho recht,« sagte sie, »i wer' glei drob'n sei.«

Sie ging zur Türe hinaus, die nach dem Heuboden führte, und stieg die Leiter hinauf.

Sowie Lenz allein war, griff er nach der Tasche. Das Seil war darin.

Mit ein paar Sprüngen war er an der Leiter und kletterte hastig nach.

Dann kam ein gellender, markerschütternder Schrei, der über den Hof weg klang und einen Flug Tauben aufscheuchte.

Und ein paar gurgelnde Laute.

Und dann war es still.

Kurze Zeit darauf schlich Lenz aus dem Stall, horchte, sah sich um und horchte wieder.

Und dann lief er zum Brunnen und pumpte und wusch sich die Hände.

Und wusch sich in fiebriger Hast die Hände.

Am Scharrerwinkel hatte der Schormayer erst etlichemal gewendet; und wie er wieder auf der Höhe des ansteigenden

Ackers angelangt war, mußte er sich verschnaufen, denn bei der ersten Arbeit wird einer gern kurzatmig.

Wohlgefällig sah er, wie in dem prallen Sonnenschein alle Ackerkrumen aufweichten, und wie sich förmlich sichtbar überall das neue Leben regte, während in einer schattigen Waldecke Schnee und Eis noch den Platz halten wollten. Er setzte sich auf einen Ranken und indes er den Hut abnahm, schaute er fröhlich gegen Kollbach hinunter auf die breiten Dächer seiner Scheunen und Ställe.

Da drunten sollte nun wieder nach dem faulen Winter der rührigste Fleiß obenauf kommen, und Ordnung.

Ja, Ordnung, die er heute schon in sich selber geschaffen hatte, und mit ihr auch wieder die Lustigkeit. Denn eigentlich war es doch ein jämmerliches Ding um das versteckte Streiten, wenn kein Gruß mehr galt und jedes Wort einen Widerhaken hatte.

Aber jetzt konnte es anders werden unter den grauen Schindeln, die sich in der Wärme zu strecken schienen.

»Hoppla! Was hamm denn de Taub'n?«

Er sah den Schwarm aufsteigen und über die Häuser wegflattern.

Als wenn eine Katze drein gesprungen wäre.

Ihre weißen Federn glitzerten in der Sonne, und sie strichen weit hinaus in die Felder und wollten lange nicht zur Ruhe kommen.

Jetzt sah er unten ein Weibsbild auf dem Feldweg mit eiligen Schritten gehen.

Sein rotes Kopftuch leuchtete wie Feuer.

Wahrscheinlich eine Magd aus dem Dorfe, die was zu bringen hatte. Und Leute gab es ja genug rundum auf allen Äckern; überall sah man Gespanne bergauf und bergab wandeln, und auf allen Seiten blitzten weiße Hemdärmel und flatterten im Frühlingswind.

Das war ein anheimelndes Bild vom Wiederaufwachen der Arbeit.

Jetzt kam die Weibsperson näher heran und winkte herauf.

Ging das ihn an?

Doch wohl nicht; aber sie nahm den Weg gerade zu ihm her.

Der Schormayer stand auf und wollte den Pflug aus der Furche heben, da hörte er seinen Namen rufen.

Er hielt ein und schaute noch einmal schärfer hin, und dann ging er dem Frauenzimmer entgegen.

Die Liesi war's.

Schon auf zehn Schritte rief er sie an:

»Wos willscht ma denn du?«

»I will da nix, aba was willscht denn du?«

»Han?«

»Für wos mi du hol'n hoscht lass'n?«

Er schaute erstaunt in ihr gerötetes Gesicht.

»I hab di hol'n lass'n?«

»No freili! Da Lenz hot ma 's ausg'richt', i soll auf da Stell zu dir außa kemma und soll a Bier mitbringa.«

Dabei langte sie ihm zwei Flaschen hin.

»Wos soll denn dös für a G'spaß sei, daß er di do außa sprengt?«

Liesi schaute nun auch hilflos ihren Bauern an.

»Hoscht eahm du dös it o'g'schafft?«

»A! I hon an Lenz heut no it g'sehg'n.«

»Jessas na! Jetzt hot 's ma völli an Stich geb'n!«

»Daß der heunt zu sellane Dummheit'n aufg'leg't is, hätt i net glaabt.«

»I waoß it, Schormoar, ob da a G'spaß dabei is; mir is scho den ganz'n Weg her it recht g'wen, weil a gar so schiach drei'-g'schaugt hot.«

»Was soll 's denn sei?«

»I woaß wohl it.«

Der Schormayer wurde unruhig und ließ sich von der Liesi den ganzen Hergang erzählen. Und daß sie nicht einmal hatte ausmelken dürfen und auf der Stelle hatte fortgehen müssen.

»Und d' Zenzi, hot a g'sagt, muaß dei Arbet firti macha?«

»Ja! De Blaß und d' Scheckin san no it g'molka g'wen, und dös macht scho d' Zenzi, hot a g'sagt, und du hoscht as ausdrückli o'g'schafft, sagt a ...«

»Jetzt g'fallt ma selm nix mehr,« sagte der Schormayer vor sich hin.

»I spann aus und geh mit dir hoam,« setzte er entschlossen bei, und gleich darauf schritt er mit den zwei Gäulen hinter der Magd her.

Daß er gerade die Zenzi zur Arbeit hinstimmen wollte? Und

nach dem Krach von gestern? Und daheim hatte er gar nicht geschlafen, wie der Christl meinte?

»Liesi!«

Die Taglöhnerin blieb stehen.

»Is dir wos auffallat g'wen? Weil's du sogscht, daß a so schiach drei'g'schaugt hot?«

»Freili bin i an eahm ganz vahofft g'wen. D' Hoor san eahm einig'hängt, und so bloach is a g'wen wia'r a Krank's, und auf'm G'wand und auf'n Kopf is eahm 's Heu g'hängt, als wann a in an Schober übanacht hätt, und d' Aug'n hot 's eahm ganz außa trieb'n . . .«

»Vielleicht is eahm grad a weng schlecht g'wen, und junge Leut übanacht'n oft auf g'spaßige Platz. Aba geh a weng g'schwinda!«

Nach einer Viertelstunde, die ihm recht lange vorkam, war der Schormayer daheim.

Der Hof lag still im tiefsten Frieden.

»Lenz!« – Es kam keine Antwort.

»Geh in Stall und hol d' Zenzi! I bring dawei d' Roß eini.«

Schnell hatte der Bauer die Pferde angebunden, den Kummet nahm er ihnen nicht ab. Und dann lief er wieder ins Freie.

Drüben kam die Liesi aus dem Stall.

»D' Zenzi is it do,« schrie sie.

»Ja, Herrgott!«

In starker Unruhe eilte er ins Haus und gleich in die Küche.

»Zenzi! Zenzi!«

Nichts rührte sich.

Der Schormayer stellte sich ins Hausflötz und schrie noch lauter.

»Zenzi!«

Niemand gab Antwort.

Aber da war es, als ob ein Brett droben knarrte. Und nun lief der Bauer die Stiege hinauf und nahm drei Stufen auf einmal.

Im Gang hinten, neben dem Fenster, lehnte in der Ecke, die Schultern zusammengezogen und mit Augen wie ein scheues Tier, der Lenz.

»Lenz, was is denn?«

Der sagte nichts und streifte den Vater nur mit einem Blick von unten herauf.

»Mensch, was tuast denn?«

Jetzt redete er endlich, mit zusammengepreßten Zähnen.

»Mei Sach pack i.«

»Mach koane Dummheit'n, Lenz! Es is it so g'moant g'wen, und mir lass'n de G'schicht guat sei'!«

»Es werd nix mehr guat!«

»Warum denn it? Do hoscht d' mei Hand drauf!«

Lenz fuhr zurück.

»Na! Na! I gib da mei Hand it! I gib da s' it!«

»Geh Lenz!«

»Bitt' di gar schö! Rühr mi net o!«

Dem Schormayer griff es ans Herz, den armen verstörten Menschen zu sehen, und er wollte ihm wieder zureden.

Da drang über den Hof ein langgezogener Schrei an sein Ohr.

Erschrocken horchte er.

Und wieder schrie es, unten an der Türe:

»Baua! Baua! D' Zenzi hot si aufg'hängt!«

In fürchterlichem Entsetzen warf der Schormayer einen Blick auf seinen Buben.

Der zog den Kopf zwischen die Schultern, und ein Zittern lief über ihn hin.

Da brachen dem Alten die Knie.

»Jesus, Maria und Joseph!«

Das Anwesen des Sebastian Glas, zum Schormayer in Kollbach, ist im Herbst des selbigen Jahres zertrümmert worden, nachdem sein Sohn Lorenz zur schwersten Zuchthausstrafe verurteilt worden war.

Der Vater bewohnt in Dachau ein kleines Haus und ist durch starkes Trinken in seiner Gesundheit sehr zurückgekommen.

Münchnerinnen

Roman

In einer Seitengasse der inneren Stadt lag die Spezereiwarenhandlung von Nepomuk Globergers sel. Erben. Zwei Ladenfenster und eine mit Schnitzereien geschmückte Glastüre nahmen zu ebener Erde die Front des schmalen Globergerschen Hauses ein; in einer Nische über den Fenstern des ersten Stockwerkes stand eine Schmerzhafte Mutter Gottes, und davor brannte in einer roten Ampel ein ewiges Licht, gestiftet vom Gründer des Geschäftes, Nepomuk Globerger, der unter Max Joseph aus der altöttinger Gegend nach München verzogen war.

Wer sich an alten Häusern als den Wahrzeichen und Zeugen einer lieben Vergangenheit erfreut, mochte gerne vor dem Hause stehen bleiben und die Rokokoornamente über den Fenstern betrachten.

Aber der Laden mit den Auslagen mußte ihn aus der Behaglichkeit aufstören, denn Benno Globerger, der jetzige Besitzer, war dem Zeitgeiste, der Höhe und Breite braucht, um sich protzig zu geben, gefolgt und hatte die Fenster vergrößert, mit Spiegelscheiben versehen und mit Rolläden geschmückt.

Hinter den Fenstern leuchteten Plakate von Zigarettenfabriken, von Kakao-, Feigen- und Malzkaffeefirmen hervor.

Sympathische Hausmütterchen tranken aus großen Tassen ihre Lebenselixiere, Andreas Hofer schwang die Fahne zu Ehren eines Feigenkaffees, und reizvolle Damen rauchten Zigaretten und zeigten ihre schlanken Waden her.

Wer in den Laden eintrat, wurde von einem älteren, anscheinend schwerhörigen Ladendiener ohne sich überstürzende Höflichkeit begrüßt und konnte an seiner bedächtigen Manier, die Waren in Papier einzuschlagen, sehen, daß man hier Zeit hatte.

Ein Lehrbub, dessen sommersprossiges Gesicht Lust zu dummen Streichen verriet, stand gaffend hinter der Budel und schlenkerte mürrisch zur hinteren Tür hinaus, wenn ihm der Ladendiener in grobem Ton einen Auftrag gab.

Viel beschäftigt schien nur Herr Benno Globerger zu sein, der im anstoßenden offenen Kontor hinter einem Pulte stand.

Aber wenn er spielerisch mit dem Federhalter Kreise beschrieb, um schwungvolle Kaufmannsbuchstaben aufs Papier zu malen, oder wenn er sorgfältig ein Lineal auflegte, um rote Striche unter schwarze zu ziehen, erkannte man, daß seine Arbeit mehr qualitativ als quantitativ bedeutend war.

Er liebte es, sich vor Kunden ein Ansehen zu geben, und rief Fragen oder Befehle in den Laden herein, aber das mehrte seinen Ruhm nicht, denn der Ladendiener gab respektlose Antworten, und der Lehrling verzog das Gesicht zu einem heimlichen Lachen. Ob der Gram über den Mangel an Autorität, oder ob ein anderes Gefühl Herrn Globerger täglich kurz vor elf Uhr mit Unruhe erfülllte, mag dahingestellt sein; jedenfalls zog er stets um diese Zeit einigemal seine Uhr aus der Tasche, schüttelte den Kopf, murmelte etwas von dringenden Geschäften und holte dann mit einem energischen Ruck den Hut vom Nagel herunter, um schleunig ins Freie zu eilen.

Durch die Gasse ging er im Geschwindschritte, und sein Gesicht behielt einen sorgenvollen, überanstrengten Ausdruck bei, der sogleich einem aufatmenden Behagen wich, wenn Globerger auf den Marienplatz kam. Da schlenderte er langsam, alle Passanten jovial betrachtend, jedem Dinge Beachtung schenkend, einer Weinstube zu und trat von Wohlwollen strahlend ein. Er grüßte nach allen Seiten, erwiderte fröhliche Zurufe und zeigte in familiärer Behandlung der Kellnerin die Rechte des Stammgastes.

Hier war der Ort, wo er das glückliche Gefühl hatte, etwas zu gelten.

Und in der Tat konnte, wer sein Vermögen vergrößern und durch glückliche Unternehmungen Reichtum erwerben wollte, nichts Besseres tun, als auf Herrn Globerger hören, der bei einem Schoppen Wein die besten Ratschläge bereit hatte und genau wußte, wie aus der Entwicklung der Stadt erhebliche Gewinne zu ziehen wären.

Seine Pläne waren kühn und weit ausschauend, und sein Tadel gegen Rückständigkeit war herb.

Allerdings waren ihm selber alle Versuche, den Fortschritt auszubeuten, mißlungen, aber daran waren Zufälle, die auch der klarste Kopf nicht hatte berechnen können, schuld gewesen.

Sein geschäftlicher Rückgang aber fand die beste wie einfachste Erklärung darin, daß die Erfolge der Konkurrenz auf unsauberen Machenschaften beruhten. Da mußte man es wohl gelten lassen, daß sich ein Altmünchner gegen das neuzeitliche, unreelle Wesen sträubte und mit Rechtssinn und Biederkeit in Schwierigkeiten geriet.

An denen fehlte es nicht, und sie stellten sich zu allen Jahreszeiten ein; die Verfalltage ausgestellter Wechsel kamen hinter den Verfalltagen der Hypothekenzinsen, und sie hatten das gemeinsam, daß sie stets überraschend eintrafen.

Jedesmal äußerte Globerger sein unwilliges Erstaunen gegen den schwerhörigen Ladendiener, und jedesmal wunderte sich dieser über die Gunst des Schicksals, das im letzten Augenblick Hilfe schickte.

Auf schlimme Zeiten folgten schönere, wenn Herr Globerger etwa mit dem Vertreter einer Firma, die ihn bedrängt hatte, wieder zusammentraf.

Als gekränkter Ehrenmann war er groß in Seitenhieben und sarkastischen Bemerkungen über wahre Noblesse und Solidität, und seine Briefe an Geschäftshäuser, die ihn mit Klage bedroht hatten, waren vollends meisterhafte Leistungen voll treffenden Humors, der sich schon gleich in der auffälligen Vermeidung von Höflichkeitsformeln zeigte.

In diesen Dingen war Benno Globerger keine Ausnahmeerscheinung; er gehörte der zahlreichen Klasse behäbiger Bürger an, die von einem Kredite zum andern sehr auskömmlich leben.

Diese jeder nationalökonomischen Wissenschaft Hohn sprechende Kunst fand in München stets eine treffliche Pflege.

Der Vater Bennos, der Globerger Muckl, war ein Mann, der seinem Sohne außer den Anfängen des geschäftlichen Rückganges alle Eigenschaften hinterlassen konnte, die den Menschen vor Hast und Ruhelosigkeit bewahren.

Da er seine Frühschoppen, Abendschoppen und Kaffeehaussitzungen gewissenhaft unter die Kundschaft verteilte, und da er vielen Vereinen eine selbstlose, hingebende Tätigkeit widmete, hatte er keine Zeit, sich um die Erziehung zu kümmern.

Er überließ sie vertrauensvoll der Frau wie der Schule.

Wie recht er hatte, nicht überängstlich zu sein, bewies der Erfolg, denn auch Benno erreichte das eigentliche Ziel aller Vorbildung, die Berechtigung zum Einjährigendienste, die für ihn als Gradmesser wertvoll blieb, auch als er wegen Herzverfettung frei wurde. Er trat als Volontär bei einem befreundeten Kaufmanne ein, und es lag schon im Begriffe dieses Wortes begründet, daß er sich nicht überanstrengte.

Als der Globerger Muckl an einem sonnigen Novembertage von einem Ausfluge zum Giesinger Weinbauern nicht mehr heimgekehrt, sondern ohne Umstände und Vorbereitungen vom Schlage gerührt in einem Straßenbahnwagen verschieden war, übernahm Benno das väterliche Geschäft. Er war von der Bedeutung seiner Stellung als Bürger und Geschäftsherr tief ergriffen und zeigte in den ersten Wochen oder Monaten einen Eifer, den Kenner und Freunde der Globergerschen Familie belächelten.

Er trug sich mit großen Plänen und wollte den Betrieb reformieren, organisieren und dem Zeitgeiste anpassen. Er nahm sich vor, in Hamburg wie in Bremen Anschluß an bedeutende Firmen zu suchen, um das Beste in Kaffee, Tabak und Zigarren zu führen.

Er knüpfte Verbindungen mit der Londoner City an und wollte den feinsten Tee für München erhalten.

Die Nachbarn sahen mit Staunen, wie der junge Mann eine Stunde vor der üblichen Zeit den Laden öffnen ließ, wie er auf die Straße hinaustretend das Arrangement der Auslage überwachte, und sie übersahen es nicht, daß auch nach Ladenschluß noch längere Zeit Licht im Kontor brannte.

Durchs Fenster, das nicht verhängt war, konnte man sehen, wie Benno am Pulte stand und eifrig schrieb.

»Der Bub reibt sich auf,« sagte seine Mutter zu Bekannten. »Essen und Trinken kennt er schon bald nimmer. Wenn ich ihn an mein Mann selig erinner, bei dem's doch nie so pressant war, laßt er mich net ausreden. ›Mammi,‹ sagt er, ›der Pappi hat einer andern Zeit anghört. Da is 's noch pomadig gangen; die Neuzeit,‹ sagt er, ›verlangt eiserne Tatkraft.‹ I hab wirkli Angst um mein Beni.«

Auch der schwerhörige Ladendiener hatte Angst, Gram und Ärger, denn der junge Herr jagte ihn aus seiner Gemächlichkeit heraus, fragte, forschte, befahl und hielt feurige Ansprachen an ihn.

»Dös mach i nimmer lang,« sagte der Kommis, der Charles

Flunger hieß, aber von Benno, der es damals mit der englischen Tüchtigkeit hielt, Tscharlie genannt wurde. »I mag einfach nimmer. Heut will er Bilanz aufnehmen, morg'n will er an Ausverkauf arrangieren, 's Lager will er säubern, und 's Lager will er umbau'n, a Kaffeerösterei will er haben, neue Räume für'n Tee will er haben, von oan Eck hetzt er mi ins anderne, und allaweil dös Schimpfen über alte Schlamperei, na, fallt mir net ei. A Monat schau i no zua. Wird's net anders, sag i auf ...«

Es wurde anders.

Die Reformen im Großen verlieren ihren Reiz durch die ermüdenden Details, durch Schwierigkeiten und Widerstände. Gerade die flammenden Begeisterungen ersticken in der Atmosphäre von Nüchterheit und Mißtrauen.

Die alte Kundschaft wollte keine Neuerungen, sie hing am Hergebrachten, besonders an den alten Preisen.

Es erging dem Eifer Bennos wie den Blechdosen der Firma John Baxter and Donley, die mit köstlichem Tee angefüllt waren.

Zuerst standen sie auffällig in der Auslage, dann erhielten sie einen bescheideneren Platz im Laden, und nach etlichen Monaten standen sie in einer Ecke des Kontors, wo sie mit Staub überzogen wurden.

Benno stellte seine fieberhafte Tätigkeit nach Ladenschluß ein, und die Nachbarn konnten sich an seinem Fleiße nicht mehr erbauen. Übrigens war auch der Rolladen heruntergezogen.

Tscharlie wurde nicht mehr vom Laden ins Lager, vom Lager in den Keller gehetzt, und bald kam der Tag, wo Globerger junior, ganz so wie sein Vater, kurz vor elf die Uhr aus der Tasche zog, etwas von Geschäften murmelte und ins Freie eilte.

Es gab noch einmal eine Zeit der besten Vorsätze zu Aufschwung und Tätigkeit.

Das war, als sich Benno mit Paula, der Tochter des Hutmachers Schoderer, verheiratete.

Nicht als ob ihn eine tiefe Leidenschaft für das hübsche, gutmütige Mädel erfüllt hätte; sie gefiel ihm, und seine Werbung wurde angenommen.

Es war nichts Aufwühlendes, was ihn zu dem Vorsatze brachte, ein regsamer, vorwärts schreitender Handelsherr zu werden; es war eine milde Stimmung, der er sich als weicher, lenkbarer Mensch hingab.

Als der Pfarrer von den Stürmen des Lebens sprach, denen der Mann ruhig entgegen steuere, nickte Benno bestätigend mit dem Kopfe.

Als es dann hieß, die zarte Frau klammere sich an den Mann, wie sich der Efeu um den Baum ranke, nickte er wieder, und Tränen füllten seine Augen. Kämpfen, stark sein, das wollte er. Und er blickte gerührt auf dieses zarte, vertrauensvolle Wesen, das er fortan vor den Stürmen behüten sollte.

Einige Frauen der Hochzeitsgesellschaft bemerkten seine Bewegung und fanden Gefallen daran.

Wenn sie Tscharlie, der als Zuschauer im Hintergrunde stand, auch bemerkt hätte, wären in ihm schlimme Ahnungen aufgestiegen, Erinnerungen an schweißtriefende Reformpläne.

Aber er sah sie nicht, und als Benno mit der jungen Frau von der Hochzeitsreise heimkehrte, hatten seine Vorsätze alle Heftigkeit verloren.

Seine Zärtlichkeit war abgeflaut, und schon vor dem Einzug ins eigene Heim sah Paula, wie so manche junge Frau, mit Erstaunen, wie einschläfernd Gewohnheit auf junge Ehemänner wirkt. Wenn dieses Einschlummern mit dem Erwachen des anderen Teiles zusammentrifft, gibt es Enttäuschungen und Leiden, jenes bittere Durchringen zur Erkenntnis der Ehe.

Gutmütigkeit und ein bequemes, erregten Auftritten abgeneigtes Naturell verhinderten Paula, in diesen Kämpfen leidenschaftlich zu werden. Wenn Benno ihre Zärtlichkeiten, mit denen sie auch zur Unzeit freigebig war, nicht erwiderte, schmollte sie etwas täppisch, um sich gleich wieder anzunähern.

Nur ganz allmählich setzte sich in ihr eine leise Mißachtung gegen den Mann fest, der immer von Grundsätzen und vom Ernst des Lebens sprach, wenn er seinen nichtssagenden Freuden nachging und sie vernachlässigte.

Aber die Stimmung hielt nicht an.

In Vergnügungen und Gewohnheiten, im Klatsch mit den Bekannten und auch ein wenig im kleinen Krieg mit der Schwiegermutter übersah sie, wie leer und nichtssagend ihr Leben war.

Daß der Kindersegen ausblieb, bedrückte sie in den ersten zwei Jahren; später sah sie darin eine Bequemlichkeit, die ihr zusagte.

Eines Tages sagte Tscharlie auf und verließ Haus und Firma Globerger, um die Witwe eines mühldorfer Kaufmanns zu heiraten.

Es waren unangenehme Zeiten für Benno, der nunmehr die Unzuverlässigkeit der neuzeitlich verbildeten Angestellten, ihre hohen Ansprüche, ihren Mangel an Kenntnissen, ihr taktloses Benehmen, ihre Undankbarkeit so gründlich kennen lernte, daß er darüber die lehrreichsten Gespräche in der Weinstube führen konnte.

Selbst diese Erholung wäre ihm beinahe durch den ständigen Wechsel der Ladendiener verkümmert worden, und mehr wie einmal hatte er den Hut wieder an den Nagel gehängt, um bis zur Mittagszeit zu bleiben und dem neuen Kommis ein Beispiel der Pflichttreue zu geben.

Aber zuletzt siegte stets der unwiderstehliche Trieb in ihm, und er fand auch Mittel, den Neuling zu täuschen, indem er laut nach dem Postauslauf fragte, oder ein Bankgeschäft telephonisch anrief und ihm seinen sofortigen Besuch in Aussicht stellte, oder sich irgendwie mit Widerstreben, unter Seufzen über Zeitverlust, durch dringlichste Angelegenheiten bewegen ließ, einen Gang zu machen.

Zuweilen füllte er ein Geldkuvert mit leeren Briefbögen an, petschierte es sorgfältig an den vier Ecken und in der Mitte mit Siegellack und hantierte damit so auffällig im Laden, daß der neue Kommis den Geldbrief sehen und an eine wichtige Postsendung glauben mußte.

Allein es war zumeist überflüssig, daß der grinsende Lehrling den Neuling über die wahre Natur der Geschäftsgänge aufklärte.

Wenn Angestellte von der Natur noch so kümmerlich mit geistigen Gaben bedacht sind, sie besitzen doch einen ungemein sicheren Instinkt für die Fehler und Schwächen ihrer Prinzipale.

Ein paar tüchtige junge Leute sahen darin die Unmöglichkeit, Nützliches zu leisten, und gingen, so schnell sich's machen ließ; einige Taugenichtse mißbrauchten sie schon nach einigen Tagen so plump, daß man sie entlassen mußte.

Das Ladengeschäft wurde zusehends schlechter und Benno immer verdrießlicher.

Als sechster in der Reihenfolge meldete sich ein junger Mann aus Innsbruck, Sebastian Rubatscher, der wenig Aussicht auf den Posten gehabt hätte, wenn nicht so viele Enttäuschungen vorausgegangen wären.

Er war ein vierschrötiger Mensch, langsam und bedächtig in jeder Bewegung und von einer unerschütterlichen Gemütsruhe. Antreibende oder heftige Worte erwiderte er mit einem wohlwollenden Lächeln, zu dem er den Mund kaum eigens verziehen mußte, denn es saß immer um seine Lippen.

Zuweilen sagte er auch: »Woll, woll, Herr Ch.. Chloberger,« und die in tiefen Kehllauten gesprochenen Silben kamen eine nach der andern mühsam hervor.

Seine Arbeit erledigte er willig, und es ließ sich ihm kein Versehen nachweisen, nur durften ihm nervenschwache Menschen nicht zusehen, wie er etwa Kaffee abwog oder die Waren in Papier einschlug oder Zigarren in die Tüten steckte, denn die Langsamkeit seiner übergroßen Hände wirkte aufpeitschend. Und wenn er dazu, den Kopf seitlich geneigt, etwas träumerisch ins Leere schaute und vor sich hinlächelte, konnten reizbare Kunden in Wut geraten.

Aber da der Andrang nicht stärker wurde, ging die Sache von Woche zu Woche ihren ruhigen Gang; der Prinzipal bemerkte mit Wohlgefallen, daß sein Kommis immer gleich dienstfertig blieb und ehrerbietig zuhorchte, wenn er nach dem Präsentieren eines Wechsels über die unglaubliche Insolenz der Lieferanten und über das Schwinden aller reellen Prinzipien loszog.

Rubatscher machte zustimmende Gebärden und raffte sich sogar zu einer Bemerkung auf.

»Es sein höllische Facken,« sagte er.

»Was?«

»Höllische Facken sein s', sölle Lieferanten.«

»Dieser betreffende Wechsel da, der wo gestern in meiner Abwesenheit präsentiert worn is, bezieht sich auf eine Kaffeelieferung,« erklärte Benno. »Ich hab sofort reklamieren lassen, weil ich eine solchene Ware meinen Kunden nicht vorsetzen kann, ich hab auch Order geben, daß er auf der Stell' der betreffenden Firma zur Verfügung gestellt werd. Natürlich, der Pilzweyer, Ihr Vorgänger, hat die Sache wieder einmal verschlampt. Aber die Tatsache, daß ich reklamiert habe, bleibt bestehen. Eine solide Firma hätte einem langjährigen Primakunden, von dem sie Tausende verdient hat, ganz einfach schreiben müssen: Soundso, wir bedauern Vorgefallenes und berechnen das Kilo mit soundso viel weniger und hoffen mit nächster Sendung geneigtes Wohlwollen oder Zufriedenheit oder so erwerben zu können. Das wäre kulant gewesen. Aber das gibt's ja nimmer, im Zeitalter der Warenhäuser und Schwindelfirmen! Schickt mir ganz einfach den Wisch, aber ich werde dieser Firma Dudenbostel und Kompagnie ein Licht aufstecken. Vielleicht werden die Herrschaften begreifen, mit wem sie es zu tun haben.«

Rubatscher legte sich auch innerlich nicht die Frage vor, warum der Herr Prinzipal den Wechsel ausgestellt habe, wenn und so weiter ...

Er machte eine ernste Miene zu der unbegreiflichen Rücksichtslosigkeit der Firma Dudenbostel, und Benno ging als Sieger ab, um im Kontor einen beißenden Brief mit Weglassung aller Höflichkeitsformeln zu schreiben.

»Eigentlich kein übler Mensch,« sagte der Prinzipal zu sich selber. »Langsam und ein bissel dumm und ein echter tiroler Wastel, aber der Mensch versteht wenigstens, was ma der Autorität schuldig is. So was gfallt mir ...«

Den Dienstmädeln in der Nachbarschaft gefiel Rubatscher auch; an der Joppe trug er auf der linken Achsel eine doppelte geflochtene grüne Schnur, die wie eine Epaulette aussah; wenn er sich auf der Straße sehen ließ, hatte er einen Steyrerhut schief auf dem Kopfe sitzen, und darüber ragte kerzengerade ein Gemsbart in die Luft.

Er hatte etwas Gebirglerisches an sich; man dachte gleich an romantische Alpenlandschaften und an treuherzige Menschen, wenn man ihn erblickte.

Einige erzählten, daß er wunderschön auf der Zither spiele und dazu singe; in den Abendstunden hörte man die anheimelnden Klänge, wenn sich Rubatscher in seinem Dachzimmer am offenen Fenster hören ließ:

»Drunt im tiefen Toll
Rauscht a Wossafoll ...«

oder »Zillachtoll, du bischt mei Freid!«

Das weibliche Gemüt neigt sich dem Ungewöhnlichen zu und ist dankbar für alles, was die Phantasie anregt.

Und die beschäftigte sich gerne mit dem Lande, in das man sich hineinträumen konnte, wenn man in klaren Herbsttagen von der Sendlingerhöhe aus die verschneiten Berge sah; aus Theaterstücken und Romanen wußte man, wie bieder und herzig die Leute dort sind, und wie sich das Leben dort viel ergreifender abspielt als in den flachen Gegenden.

Von der erträumten Herrlichkeit, die stärker wirkt als jede Wirklichkeit, fiel ein Schimmer auf Sebastian Rubatscher und verschönte ihn, – was notwendig war, denn sein unreiner Teint, seine schadhaften Zähne und sein spärlicher Haarwuchs hätten streng urteilende Mädchen abstoßen müssen.

Die junge Frau Globerger hatte Augen für diese Mängel, und da angedichtete Romantik nur auf Entfernung standhält, im täglichen Umgange aber sogleich verblaßt, fand sie an dem neuen Ladendiener nichts, was ihr gefallen konnte.

Ganz abgeneigt war ihm die alte Frau, weil sein ungestümer Appetit eine Gefahr für den Haushalt bedeutete und, wenn man ihn nicht befriedigte, Grund zu schlimmen Befürchtungen gab.

Im Ofenloche in Rubatschers Zimmer hatte die rüstige Alte Häute von Zervelat- und Salamiwürsten entdeckt, auch in der Dachrinne lagen etliche neben einer Sardinenbüchse. Sie hinterbrachte das Ergebnis ihrer durchdringenden Forschungen sogleich Benno, der aber von der Aufforderung, den Sohn der Berge zu inquirieren, gar nicht angenehm berührt war.

Jemanden zur Rede stellen, lag nicht in seiner Natur.

So unzufrieden, ja so wütend er über die Vorgänger Rubatschers oft gewesen war, er hatte keinem seine Meinung gesagt.

Im Kontor hatte er vor seinem Pulte erregte Selbstgespräche gehalten und mit dem Lineal wütende Hiebe in die Luft geführt.

»Was wollen Sie? Frech wollen Sie sein? Machen Sie, daß Sie hinauskommen, Sie unverschämter Flegel ... Mich hintergehen, betrügen, faul sein, und noch 's Maul anhängen. Marsch hinaus!« Wenn er dann in den Laden ging, murrte er unverständliche Worte vor sich hin, öffnete hier eine Kiste, dort eine Büchse, schlug die Deckel geräuschvoll zu, hustete und zog sich ins Kontor zurück, um gleich wieder eine wohlgesetzte Rede zu halten:

»Also das verstehen Sie unter Ihren Pflichten und Aufgaben? Das ist Ihre Auffassung? Und ich habe sie einfach hinzunehmen? Meinen Sie? Nicht genug – schweigen Sie! Jetzt rede ich! –, nicht genug, daß Sie mir die Sachen verderben lassen, daß Sie mir die Kunden vertreiben, kommen Sie mir auch noch so! Sie irren sich, Verehrtester ... Es ist jetzt« – Benno zog die Uhr und blickte so energisch in den leeren Raum wie ein Feldherr oder ein oberster Richter – »es ist jetzt viertel über zehn ... wenn Sie in einer Stunde noch im Hause sind, lasse ich Sie hinauswerfen ... in einer Stunde, habe ich gesagt ...«

Wenn er sich dann nach diesen gewalttätigen Selbstgesprächen etwas beruhigt hatte, schrieb er die Kündigung in höflicher Form nieder und steckte sie in ein Kuvert, das er dem Ladendiener oben im Stübchen auf den Tisch legte.

Am darauf folgenden Tage vermied es Benno geflissentlich, mit dem Menschen allein zu sein; er ließ den Lehrling ins Kontor kommen und gab ihm, um den er sich sonst nie kümmerte, allerlei schriftliche Aufgaben, sprach lehrhaft und gütig mit ihm und zeigte nebenher sein unbekümmertes Gemüt dadurch an, daß er vor sich hinträllerte. So wie Kinder singen, wenn sie im Dunkeln sitzen oder durch einen unheimlichen Wald gehen.

Wie hätte er nun Rubatscher ins Gebet nehmen, ihm einen peinlichen Verdacht ins Gesicht schleudern sollen? Das ging nicht, aber er wollte auch seinem Ansehen bei der Mutter nicht durch eine Weigerung schaden.

Er brummte mürrisch, daß er schon achtgeben wolle, und er ging auch einige Male ins Lager und zählte die Würste ab, die an Stangen hingen.

Zweiundzwanzig Salami, tags zuvor waren es vierundzwanzig gewesen.

Die Hände in den Hosentaschen, arglos vor sich hinpfeifend, ging er ein paarmal durch den Laden, blieb dann stehen und sagte:

»Apropos, daß i net vergiß, der Verkauf von Salami is jetzt wieder lebhafter, net wahr?«

»Söll woll, Herr Ch.. Chloberger,« antwortete der Ladendiener, als müsse er seine Freude über das Aufblühen des Geschäftes zeigen.

»Nach meiner Berechnung müssen gestern allein zwei bis drei weggegangen sein ... waren's größere oder mittlere?« fragte Benno. – »Sie wern nit gar so machtig gwösen sein ...«

»So ... No, jedenfalls wer i nach Verona dös Weitere veranlassen, daß uns der Vorrat net ausgeht.«

Benno ging in das Kontor, pfiff sein Lied zu Ende und trällerte ein paar Töne vor sich hin, warf aber doch einen versteckten und recht mißtrauischen Blick auf den Ladendiener hinaus, der gerade eine Tüte aufblies und sehr mühsam einige Zigarren hineinsteckte.

»Hm ... tra ... lala ...
Denn so wie du ...
So lieblich und so schön ...«

Der Prinzipal schloß die Türe zwischen Laden und Kontor, wippte das Lineal nachdenklich auf und ab, und plötzlich nahm sein Gesicht einen forschenden, durchdringenden Ausdruck an.

Er sah im Geiste vor sich den tirolerischen Jüngling und hielt ein Selbstgespräch an ihn:

»Rubatscher, ich bin gewohnt, Vertrauen zu haben. Wenn ich aber einmal anfange, mißtrauisch zu werden, habe ich auch schon aufgehört damit. Denn in diesem Augenblick, in diesem Moment, a tempo – verstengan Sie? – is's aus. Radikal. Da gibt's kein Zurück mehr. Grad weil ich meinen Ehrenstandpunkt darein setze, zu vertrauen, weil es mir gegen die Natur geht – verstengan Sie? –, reagier ich auf die leiseste Verletzung dieses Vertrauens. Ich führe heute noch den etwas unnatürlichen Verbrauch von Salami auf zufällige Bedürfnisse der Kundschaft zurück ... heute noch ... Verstengan Sie? Ob ich es morgen noch kann, weiß ich nicht. In diesem Augenblicke, wo ich nicht mehr das Recht habe, zu vertrauen, hört jede Rücksichtnahme auf: das erfordert meine Stellung als Chef. Ich denke, wir haben uns verstanden, Herr Rubatscher? ...«

Benno blickte noch eine Weile durchbohrend, die Stirne ernst in Falten gezogen, gegen die Wand hin. Dann ging er zur Tür und öffnete sie, als hätte er sie nur aus Versehen oder zufällig geschlossen.

Er trällerte an seinem Liede weiter:

»... so lieblich und so schön ...
Kind, glaube mi — hir ...
War keine der Feen.«

Der Tiroler aber schaute, leicht angelehnt an die Ladenbudel, mit seitlich geneigtem Haupte zum Fenster hinaus und lächelte milde wie ein geschnitzter Heiliger im Dorfkirchlein.

Dabei sagte er halblaut vor sich hin: »Hot der höllische Deifel, söller Drachen, das Malafizweibsstück, was gschpannt.«

Der Brauch war, am Bennotage einen Ausflug zu machen und dem Namenstage des Herrn Globerger dadurch einen festlichen Anstrich zu geben.

In den ersten zwei Jahren hatte sich Benno dazu verstanden, mit Paula allein über Land zu fahren. Er ließ sich die harmlose Fröhlichkeit der Frau gefallen, ohne herzlich darauf einzugehen, und er verbarg kaum die Geringschätzung, die ein gesetzter Mann der Weiblichkeit entgegenbringt. Später war ihm aber die Verpflichtung so lästig, daß er auf Ausreden sann und die Zumutung, einen ganzen langen Tag allein mit seiner Frau zu sein, als sehr unbillig empfand.

»Alles, was recht is,« pflegte er im Gespräche mit Freunden zu sagen. »Man weiß ja und man anerkennt dös ja auch, daß ma gewisse Rücksichten aufs Familienleben zu nehmen hat. Und ma hat sei Frau auch gern; aber was redt'st damit den ganzen Tag? Ma kann sich doch in Gottes Namen net in solchene Interessen vertiefen, lauter Kleinlichkeiten und gewissermaßen kindisch. A vernünftiger Dischkurs is doch faktisch ausgeschlossen ...«

Aber Paula hing nach Frauenart zäh an ihrem Rechte auf diesen Ausflug, und sie verteidigte es mit einer Heftigkeit, die sie in wichtigeren Dingen nicht zeigte.

»Du magst mi nimmer,« schluchzte sie in ihr Taschentuch hinein. »Amal hast g'sagt, der Tag soll uns heilig sein, und unser ganz Leben, hast g'sagt, soll uns der Tag g'hör'n ...«

»Ich sag doch net, daß ...«

»Jawoi, du hast ausdrücklich g'sagt, ma muß sich bei solchene Gelegenheiten vom Alltag erholn ...«

»Hab ich g'sagt, schön ...«

»Was hab ich denn von dir? Vom Laden gehst zum Frühschoppen, und kaum hast an Löffel hing'legt, gehst ins Kaffeehaus, und ...«

»Tut ma denn das gern? Glaubst, mir wär's net auch lieber, wenn ich mich im Kreise der Familie erholen könnt und net der Kundschaft nachlaufen müßt? Glaubst, ich hab net auch Momente, wo ...«

»Und auf d' Nacht gehst wieder fort, und jeden Tag und jeden Tag ...«

»Mit euch Frauen ka ma über so was net red'n ... Daß ich als Geschäftsmann gebunden bin ...«

»Ich weiß schon, mei Mutter hat mir's oft g'sagt ...«

»Was hat s' g'sagt?«

»Daß dös der Anfang is, wenn d' Lieb aufhört. Daß nacha der Mann lauter Pflicht und G'schäft und Ausreden hat ...«

»Das is einfach lächerlich ...«

»Nein! Ich merk's doch so auch! Dös merkt ma doch an allem; was hab ich denn noch von dir? Und jetzt is dir sogar dös z'viel, und 's ganze Jahr hab ich mich drauf gefreut ...«

»Also schön! Von mir aus. Ich sag ja net, daß ich net will. Aus g'schäftlichen Rücksichten hätt ich eventuell ...«

»Nein, und es is amal der Tag ...«

»Hätt ich ... laß mich doch ausreden! Weil von der Firma Samhammer der Vertreter da is. Aber wenn du mir solchene Sachen imputierst, muß ich halt anders disponieren, nacha fahr'n ma übermorg'n ...«

»Es is ja so a Feiertag ...«

»Deswegen hätt ich das Geschäft schon abwickeln können; aber, wie g'sagt, mir fahr'n ...«

Paula zeigte über die Einwilligung eine solche Freude, daß Benno über die kindische Natur des Weibes neue und bleibende Eindrücke gewann. Um den Tag nicht ganz zu verlieren, überredete er seinen Freund, den Eisenhändler Nikolaus Schegerer, mitzufahren. Den übernächsten Tag saßen die vier, denn Schegerer hatte auch seine Frau Therese, eine üppige Blondine, mitgenommen, im Zuge, der sie nach Schliersee führen sollte.

Es war ein kühler Junimorgen, und daß die beiden Herren nicht gewohnt waren, zu so früher Stunde aufzustehen, bewiesen sie durch oft wiederholtes Gähnen.

»I hätt eigentli heut in 'n Arzber ... Arzber ...« Schegerers Worte verloren sich in einem langen Gähnen »... in 'n Arzberger Keller soll'n ... der Stadtler Muckl und der ... ah ... der Schtraßberger Maxi kemman hi ...«

»Einmal im Jahr kann ma sich ja zu einer Liebenswürdigkeit aufschwingen,« sagte lachend die Frau Resi. »Is der Ihrige auch so galant?« fragte sie Paula, die sich noch etwas schüchtern vor der neuen Bekannten zurückhielt.

»Der Benno war ganz gern dabei ... gelt?«

»Wie lang sind S'schon verheirat'?«–»Mir? Im vierten Jahr..«

»Vier Jahr ... na weiß i alles. O diese Männer! Da erlebt man seine Enttäuschungen ...«

Frau Resi zeigte gerne beim Lachen ihre weißen Zähne. Dabei hatte sie die Gewohnheit, ihre rote, spitze Zunge vorzustrecken, und in allen ihren Bewegungen war etwas Quecksilbernes. Ihre aufgeworfenen Lippen wie ihre Augen verrieten eine wache Sinnlichkeit, die der breitspurige Schegerer, der an einem kugelrunden Gesichte einen entstellenden Knebelbart hängen hatte, sicherlich nicht einzuschläfern versuchte.

»O diese Männer!« rief sie noch einmal mit einem Aufschrei... »Eigentlich sollt ma Buch führn, was die einem in den ersten vierzehn Täg sag'n ... Bloß damit man's ihnen hinterdrein unter d' Augen halten könnt ...«

»Da Ding ... da Schtra ... da Schtra ...« Herr Schegerer gähnte wieder ... »da Schtraßberger Maxi hat gestern an Schellnsolomatsch g'spielt mit'n blankn Graskini in da Hand ... an ang'sagtn Matsch ... an Hallmayer Winni hätt's schier z' riss'n vor Wuat über so eine Frechheit ... Eigentli is 's ja ein Betrug, hat er g'schrian, denn bal oana an Matsch ansagt, stellt er doch die Behauptung auf, daß er sämtliche Schtich in da Hand hat ... und dös is also, sagt er, die Vorspiegelung einer falschen Tatsache ... no, du kennst 'n ja, den g'scheidt'n Ha ... Ha ... uah ... Hallmayer ...«

Das Coupé hatte sich allmählich gefüllt, zumeist mit Leuten, deren Ausrüstung zeigte, daß sie Bergpartien machen wollten.

Kurz vor der Zug anfuhr, trat ein junger Mensch ein, der sich verlegen nach einem Platze umsah und sich unter linkischen Verbeugungen entschuldigte, als er seinen Rucksack über Benno ins Gepäcknetz legte.

Er war lang aufgeschossen und hatte etwas Ungewandtes, Eckiges in seinen Bewegungen, aber sein frisches Gesicht war so auffällig hübsch, daß ihn Frau Resi mit zugekniffenen Augen wohlgefällig musterte.

Sie bedauerte es heimlich, daß er auf der Bank hinter ihr einen Platz fand und durch die Halbwand ihren Blicken entzogen war.

Anscheinend war er Student; wenigstens ließ der schwarze Hornzwicker, den er trug, darauf schließen.

Nebenan, durch den Gang getrennt, saß an der Ecke ein Mann, dem ein buschiger, aufwärts gekämmter Schnurrbart und kühn rollende Augen ein martialisches Aussehen verliehen.

Er war viel mit sich beschäftigt, glättete seine Weste, richtete seine Krawatte, zog ein Bürstchen aus der Rocktasche und strich energisch den Schnurrbart in die Höhe. Dabei musterte er seine Mitreisenden, und seine Augen blieben bald auf der Frau Resi haften, die sich unter den herausfordernden Blicken wohlig dehnte wie eine Katze in den Sonnenstrahlen.

Der Zug fuhr an.

Der junge Mensch, der ein Student zu sein schien, hatte das Fenster geöffnet, und die einströmende Luft war so kühl, daß Frau Resi zusammenschauerte.

Sofort stand der martialische Herr auf und rief mit strenger Betonung: »Ich bitte, das Fenster zu schließen, den Damen zieht es ...« Vielleicht hatte der Student nicht gleich verstanden, daß die Aufforderung an ihn gerichtet war; er sah sich nach dem Platze um, von woher die laute Kommandostimme kam.

»Ich nehme an, mein Herr, daß Sie wissen, was sich gehört ... und daß man als Tschentlemänn Rücksicht auf die Damenwelt nimmt.«

Der Martialische sagte es mit einer Bestimmtheit, die zeigte, daß er gewohnt war, Widerstände unnachsichtlich zu beugen und zu brechen.

Das begriff auch der junge Mensch und zog, eine Entschuldigung murmelnd, das Fenster in die Höhe.

Damit war eine Anknüpfung ermöglicht.

Mit einer tiefen Verbeugung, die in ihm sofort einen Handlungsreisenden erkennen ließ, sagte der ritterliche Mann: »Es ist noch immer empfindlich kühl, meine Dame ...«

Frau Resi warf ihm einen freundlichen Blick zu und huschelte sich an Paula hin. Benno gähnte.

Schegerer sagte hinter der vorgehaltenen Hand...

»Ja... ja... werd halt wieder a ka... a ka... uah!... a kalter Summa...«

Dann wandte er sich an seinen Freund.

»Mit'n Graskini blank... woaßt, a Unverschämtheit is 's scho... Natürli, wenn oana an Matsch o'sagt, haltst do et mit a'r Aß oder mit an Zehna... an so was denkt ja koa Mensch... Obwohl daß i sag, gar so aufdrahn wia da Hallmayer...«

»Von einem Betrug laßt si doch net red'n,« sagte Benno. »Es is ein Bläff, wie der Engländer sagt; reschpektive trifft ihn auch das Risiko, und bald ich das Risiko einer Unternehmung trage, kann ma do nix sagn von an Betrug. Höchstens von an Bläff...«

»Wissen S', Frau Globerger... oder darf ich Frau Paula sagen...?«

»Sagen S' doch du zu mir!«

»Wirklich? Das freut mich... Sie... oder du hast mir schon gleich g'fallen... unsere Männer sin ja auch alte Freund...« Frau Resi drückte Paula einen flüchtigen Kuß auf den Mund und streckte die Zunge ein paarmal vor und rückte kokett hin und her.

Dabei streifte sie mit einem flüchtigen Blicke den martialischen Herrn, der den Blick auffing und gleich das Bartbürstchen aus der Tasche zog.

»Weißt, Paula, ich darf ja so an Tag rot im Kalender anstreich'n... Eine Reise mit dem gestrengen Eheherrn... uh! Machst du öfter so Touren?«

»N.. nein... es is nur heut... weil Bennotag is...«

»Jessas... ja! Da hätt ich bald vergessen... Der Herr Globerger hat ja sein Namenstag... mach meine Gratulation...«

Frau Resi steckte Benno ihre rundliche Hand hin, lächelte ihn an, lächelte auch den Ritter an und richtete sich flüchtig auf, wie um nach dem Fenster zu sehen. Sie warf dem Studenten einen strahlenden Blick zu und redete gleich wieder mit Paula.

»Da is ja heut ein b'sonderer Tag für dich... eigentlich hättst du die Fahrt allein machen müssen mit dem Herrlichsten von allen...« Sie lachte silbern auf...

»N ... no ... ja ... früher hamm mir ja ...«

»Früher! Heißt's bei dir auch schon so? Früher ... Was bei uns alles früher war! So ziemlich ... alles ...«

Frau Resi flüsterte Paula etwas in die Ohren, drückte die Augen zu und lachte ... »O die Männer! Ich kenn die Herren der Schöpfung ... gelt, Mausi?« Sie wandte sich an ihren Mann.

„Wos?«

»Wir tauschen grad unsere Erfahrungen mit der Männerwelt aus ...«

»So?« sagte Schegerer trocken und setzte sein Gespräch mit Benno fort:

»Da Stadler Muckl hat zahlt und g'lacht. I kriag di scho aa'r amal, sagt er und mischt d' Karten, als wenn nix gwen waar. Der hat gar nix dergleichen to, aber der Hallmayer! ›Faktisch is es einfach ein Betrug, in an honettn Spiel g'hört si so was net,‹ hat er geschrian ... Na is da Ding no da gwen, du kennst 'n ja, der Spangler von da Löwengruabn ... da Ding ... da ... da Weiß Festl ... den fragt da Hallmayer ... net? ... er soll sei Gutachtn abgebn, als a Unparteiischer ... ob so was zulässig is, und da Weiß Festl sagt: ›Warum denn net, i ko mit drei Spatzen an Matsch o'sagn, wenn i mag. Dös is do mei Sach‹, sagt er, ›ob i 's Geld verspieln mag‹ ...«

»Das is meine Ansicht auch,« rief Benno eifrig. »Die Sache liegt doch glatt! Ma braucht doch nur die Kehrseit'n zu betracht'n: wenn er zufällig das Spiel verliert. Da hätt da Herr Hallmayr vermutlich den Betrag einkassiert ... Also ... damit is doch der Beweis geliefert ... wenn man die Kehrseite betrachtet ... Ich wiederhole, es is ein Bläff auf Risiko des Spielenden reschpektive des Bläffenden.«

Der martialische Herr hielt einen runden Taschenspiegel vor sich hin und prüfte sein Aussehen. Er war zufrieden und beschloß, die üppige Frau, die wieder einmal mit halb geschlossenen Augen zu ihm herübergeblickt hatte, anzusprechen.

»Wohin fahren die Damen, wenn ich mir diese Frage erlauben darf?« – »Schliersee.«

»Ha! Schliersee! Da werden sie einen genußreichen Tag verleben ... Das Wetter verspricht schön zu werden, die Vegetation ist auch schon weit gediehen, die Aussicht auf das Gebirge könnte nach der Regenperiode auch sehr rein sein ...«

»Hoffentlich,« sagte Frau Resi.

»Die Dame ist gewiß eine gewandte Bergsteigerin?«

»Nein ... Da kommt unsereins nicht so viel dazu ...«

»Natürlich, die Pflichten der Hausfrau ... übrigens, erlauben die Herrschaften, daß ich mich vorstelle ... mein Name ist Fritz Laubmann, Vertreter der Firma Probst in Hof ...« Benno murmelte seinen Namen, Schegerer knurrte etwas vor sich hin, die Damen nickten freundlich, und darin sah Herr Laubmann, wie er das auch nicht anders erwartet hatte, daß seine Annäherung gern gesehen war. Er versprach sich nunmehr auch einen genußreichen Tag. Um sich das schwache Geschlecht noch geneigter zu machen, warf er einen drohenden Blick nach der Bank hin, auf der der Student saß, und sagte:

»Die Damen sind vorher belästigt worden ...«

»Ach wo!« wehrte Paula ab.

»Jedenfalls sind sie dem Zug ausgesetzt gewesen ... ich habe dem Übelstand ja sofort abgeholfen ... aber es hätte überhaupt nicht vorkommen sollen.«

Der Student las in einem Reclambändchen, und bemerkte die Gefahr nicht, die über ihm schwebte. Herr Fritz Laubmann nahm an, daß sein Ansehen gefestigt wäre, und begann das zu tun, was er die Leute in ein Gespräch verwickeln nannte.

Das Bild war glücklich gewählt, denn die unwidersprechlichsten Behauptungen und die ungemein richtigen Bemerkungen schlangen sich um die Zuhörerinnen, und es gab kein Entrinnen aus diesem Knäuel von Wahrheiten über gute Hotels, schlechte Zugverbindung und regen Verkehr.

Laubmann war ein geborener Redner, der durch Heben und Senken des Tones den bekanntesten Dingen Leben verlieh und das erlahmende Interesse sogleich wieder aufrüttelte.

Da es nichts zu widersprechen gab, begnügte sich Paula, ab und zu bestätigend mit dem Kopfe zu nicken, die lebhaftere Frau Resi öffnete und schloß die Augen, zog die Schultern hoch, rückte hin und her, lächelte, machte ein ernstes Gesicht und paßte ihre Mimik, so gut es nur irgend ging, dem nüchternen Gespräche an.

Manchmal seufzte sie auch, und es war nicht ganz klar, ob sie sich über die bayrischen Verkehrsverhältnisse oder über Herrn Laubmann grämte.

Hinter Holzkirchen konnte nichts Allgemeingültiges mehr festgestellt werden, und die Konversation drohte einen Augenblick zu stocken.

Paula schauerte zusammen und rieb sich nach ihrer Gewohnheit die Hände; dabei machte sie eine wohlige Miene, so ähnlich, als wäre sie nach einer kalten Dusche in ein gewärmtes Badetuch geschlüpft.

Frau Resi patschte sie zärtlich mit der Hand aufs Knie, blickte sie lachend an und richtete sich wieder halb auf, um einen strahlenden Blick nach dem Studenten zu werfen, der ihn diesmal bemerkte und darüber errötete.

Laubmann mochte glauben, daß er Glück und Behagen um sich verbreitet habe, und lächelte gütig mit, wonach er den Taschenspiegel herauszog und sein Antlitz untersuchte, ob es nicht etwa durch die Anstrengungen Schaden gelitten habe.

Es war auch nötig, den Schnurrbart aufwärts zu bürsten und einige Haare aus der Stirne zu streichen.

Er lächelte wieder, um Verzeihung für die längere Pause zu erbitten, und stieß mit geschlossenen Augen einen tiefen Seufzer aus. »Ja ... ja ... die Damen haben es schön.«

»Hm?«

»Ich meine, Sie reisen so frohgemut an der Seite ihrer Gatten durch diese herrliche Gegend und genießen alles Schöne. Ich fahre einsam durch die Welt.«

Laubmann war auch ein guter Darsteller; er verstand es, wirkliche Sehnsucht nach einem entbehrten Glücke zur Schau zu bringen.

»Aber warum ...?« fragte Paula.

»Sie meinen, warum ich allein in der Fremde umherirre? Tja ... das Geschäft ...«

Er zog ein dickes Notizbuch aus der Innentasche, blätterte darin und überreichte der Frau Resi eine Photographie.

»Meine Gattin und meine zwei Kinder. Ein Bub und ein Mäderl ...«

Paula beugte sich über ihre Freundin weg und betrachtete neugierig das Bild.

Eine magere Frau mit ziemlich gewöhnlichen Zügen saß auf einem Lehnstuhle und hielt ein Kind auf dem Schoße, über dessen Aussehen man sich keine Rechenschaft geben konnte.

Ein anderes, etwa dreijähriges Kind, das Bubi, saß daneben auf einem Hottegaul, hatte einen Helm auf dem Kopfe und blickte mit kreisrunden Augen den Beschauer an.

»Ach wie lieb!« rief Frau Resi aus. »Das glaub ich schon, daß Sie da Zeitlang haben ...«

»Tja ... das Geschäft ... darf ich den Herren zeigen?«

Er bot die Photographie Herrn Schegerer an, der sie, ohne nur einen Blick darauf zu werfen, an Benno weiter gab. Herr Globerger nickte zustimmend. »M ... hm ... ja ... ja ... sehr nett ...«

»Da glaub ich freilich, daß Sie nicht gern reisen,« sagte Frau Resi wieder. »Und Ihre Frau? Für die is es natürlich auch schrecklich, wenn sie ihren Mann immer unter fremden Menschen weiß. Unter so viel Verführungen!« rief sie aus und streckte das Züngelchen vor.

»Darin ist sie durchaus ruhig ...«

»O diese Männer! Ich trauet kei'm einzigen ...«

»Darin ist sie durchaus ruhig. Sie weiß, daß sie auf meine Treue bauen kann.«

»Ja. Sind Sie so ...?«

»Ich kenne meine Pflicht, und wenn ich mich unbedingt auf meine Frau verlasse ...« Herr Laubmann blickte die magere Dame zärtlich an und steckte sie wieder ins Notizbuch, »... und wenn ich felsenfest auf meine Frau baue, dann weiß ich, daß ich meinerseits Gleiches mit Gleichem vergelten muß. Dieses Prinzip halte ich hoch ...«

»Jetzt ich lasset mein Mann nicht allein in der Welt herumkutschieren. Nein! Ich tät ihn nicht so der Verführung aussetzen. In den Hotels, in den Kurorten! Unter den vielen Frauenzimmern!«

Frau Resi stieß bei jeder von diesen Gefahren einen leichten Schrei aus und zwickte die Augen zu, als wehrte sie sich gegen die Bilder, die vor ihr auftauchten.

Herr Laubmann lächelte mild.

Gewiß! Diese Gefahren existierten, sie lauerten überall auf einen gut aussehenden Mann, aber ein geläuterter, fester Charakter konnte ihnen mutig entgegensehen.

Er steckte das Notizbuch ein und fuhr sich mit einem Taschenkamme durch den Schnurrbart.

»Ich habe auf meinen ersten Reisen, als ganz junger Mensch, dieses oberste Prinzip anerkannt. Pfui Has! Wer sich in diesen Dingen nicht an eine eiserne Strenge ...«

»O die Männer!«

»Nein, wirklich, wer sich gerade in der Entwicklungsperiode nicht eine eiserne Strenge angewöhnt, der wird auch in anderer Beziehung seinen Charakter nicht bewahren.«

Schegerer sah schläfrig zum Fenster hinaus.

»San ma scho in Agatharied,« sagte er; »hamm ma nimma weit.«

»Was werden die Herrschaften heute beginnen?« fragte Laubmann, und in Ton und Miene lag seine Bereitwilligkeit ausgedrückt, bei den Ausflüglern treu auszuharren.

»Dös wiss'n ma selm net,« erwiderte Schegerer barsch.

»Ich hätte Ihnen selbstverständlich gerne ...«

»Nein, danke ...« unterbrach ihn Frau Resi ... »wir woll'n bloß ein bissel rum bummeln und haben gar keinen Plan. Wir haben unter uns so eine private Namenstagsfeier ...«

»Ich verstehe ... en famille ... da möchte ich keineswegs stören ... ich wünsche den Herrschaften einen vergnügten Nachmittag.«

Der Zug hielt in Schliersee.

Beim Aussteigen sah Frau Resi den hübschen Studenten wieder.

Er wurde an der Sperre von einem jungen Manne erwartet, der einige Jahre älter war und gewandter zu sein schien.

Wenigstens fing er gleich einen von den Blicken auf, die Frau Schegerer freigebig austeilte; ein verstehendes Lächeln huschte über sein gebräuntes Gesicht, und er schaute der beweglichen üppigen Frau wohlgefällig zu. »Sakerament, die hat was!« sagte er zu dem Studenten. »Hast dich an die nicht ein bissel anpürscht?«

»Ich kenn sie ja nicht.«

»Ja so, verzeih! Du unschuldiger Joseph redest bloß mit Damen, die dir vorgestellt wer'n. Und nachher lauter Tanzstundendiskurs. So was laßt man nicht aus, wenn man damit von München bis Schliersee fahrt. Das is dreimal mehr Zeit, als notwendig is ...«

Der Kandidat der Rechte Franz von Riggauer errötete wieder in der Erinnerung an die verlockenden Blicke, machte sich aber keine Gedanken mehr darüber und wollte ausschreiten, als ihn sein Gefährte zurückhielt.

»Ich will dir was sagen, Franzl, ich geh heut nicht nach Bayrischzell, ich bleib da ...« – »Mach kein Unsinn, Otto!«

»Eben, weil ich keinen mach; das wär heller Blödsinn, so eine nette Gelegenheit schwimmen lassen. Ich bleib da ...«

»Was willst d' denn? Es sind scheinbar verheiratete Frauen, und ihre Männer sin dabei ...«

»So? Das ändert die Sache – meinst du? Die zwei münchner Weißwurstarchitekten gehen mir nicht im Weg um; laß mich nur machen, gib gut acht ...«

»Herrgott, morgen früh wären wir auf dem Wendelstein ...«

»Der lauft dir net davon. Gib gut acht, sag ich, dann lernst was fürs Leben. Wir essen jetzt Mittag, danach bummeln wir in Schliersee herum, das andere gibt der Zufall ...«

Franz mußte wie immer seinem Vetter nachgeben. Der hatte als angehender Ingenieur und gedienter Soldat ein sehr bestimmtes Auftreten und dadurch starken Einfluß auf den schüchternen Studenten.

Und im Umgang mit Frauen hatte er den Schmiß, der diesem noch fehlte.

Benno stocherte nach dem Essen in seinen Zähnen herum und gab sich Mühe, die Augen, die ihm zufielen, offen zu halten.

Manchmal sank ihm der Kopf nach vorne, dann gab er sich krampfhaft einen Ruck, schaute mit erstaunten Blicken seine Umgebung an und nahm einen neuen Zahnstocher aus dem Behälter.

Schegerer hatte den Kampf mit dem Schlafe längst aufgegeben und schnarchte.

»Der fidele Ausflug!« sagte Frau Resi, und obwohl sie dazu lachte, klang doch ein gründlicher Unmut aus ihren Worten.

»Mucki!«

Paula rüttelte ihren Mann, dem der Kopf eben wieder nach vorne fiel, an der Schulter ...

»Weißt was, legt euch doch ein Stündl nieder und schlaft aus ... Das hat doch keinen Sinn, im Gastzimmer und auf die Stühl eindudeln ...«

»Han?«

»Schlafen gehts alle zwei; d' Frau Schegerer und ich gehen ein bissel an den See hinunter; in einer Stund kommen wir wieder ... derweil habts ihr ausg'schlafen ...«

Benno war gleich einverstanden und stand schwerfällig auf; nach einigen Anstrengungen hatte man auch Schegerer soweit, daß er mit seinem Freunde ein Zimmer aufsuchen konnte.

»Ah ... ja ... die Ehe und die Liebe ...« seufzte Frau Resi, als sie mit Paula zum Seeufer hinunterging. »Ich glaub, es is bei alle Leut gleich ... In München wenigstens scho ... was ich g'sehn hab', war überall das nämliche ... Meinst d' net?«

»No ja, dös is natürlich, daß ...«

»... d' Liab ei'schlaft. Gel?«

»Am End kann's auch net allaweil so bleib'n,« wandte Paula wieder gutmütig ein.

„Net so ...« machte Frau Resi nach.

»Was heißt denn ›net so?‹ So braucht's ja net bleiben, dös bild't ma si ja net amal als Backfisch ei, aber, weißt, daß hinterm ›so‹ gar nix mehr so is, das is scho a bissel a Zumutung für unserein. Net halbet so, net a viertel so, bloß a bissel so ... dös könnt ma verlanga.«

Paula lachte.

»Mir kommen heut oft auf des Thema,« sagte sie.

»Kunststück! Wenn ma 'r an ganz'n Tag den Herrn Gemahl vor seiner hat. Wer is denn schuld, wenn ma allaweil an sei langweiligs Leb'n erinnert werd?«

»Ja ... ja ...«

Der tiefe Seufzer, den Paula ausstieß, gab der Frau Resi ihre Fröhlichkeit zurück.

»Mir brauchst d' nix sag'n,« rief sie lachend. »Dein Benno kenn ich in- und auswendig ... die gleiche Ausgab wie der Meinige ... vielleicht noch net ganz so, weil der Mei' fünf Jahr länger im Gebrauch is, aber sonst, mein ich, wär der Unterschied net so groß ... brauchst net rot wern, Paulilutscherl ... Weißt,« fuhr sie, wieder ernster, fort, »ärgern kann ich mich doch, was sich die Männer immer noch für ein Ding geben, für ein Ansehen gegen uns. Immer sind s' noch die Überlegenen, die Herrn der Schöpfung, und mir sin die Schwächeren, die Dümmern, die Halbfertigen. Wenn der Meinige so erhaben dahockt und mir kaum a Wörtel gunnt, und wenn er scho allergnädigst amal was sagt, mir nacha ganz kalt merken laßt, daß er mei Meinung gar net beacht, da kann i mi scho wirklich gift'n. Mit was für an Recht tun s' denn gar so dick? I möcht wirkli frag'n. Von ihre G'wohnheit'n könna s' net lass'n, ob s' damit ihrer G'sundheit schad'n, oder an G'schäft schad'n oder uns schad'n, das is alles ganz gleich, es is einfach a G'wohnheit, und von der bringt ma s' net weg ... Wirtshauslauf'n, Kaffeehaushock'n, Kart'nspiel'n, Kegelscheib'n, Vereinssimpeln ... D' Häuslichkeit geht flöt'n, oder, eigentlich, hast du amal eine g'habt? I net. Net a Woch lang. Der Meinige hat si weiß Gott wie prahlt, weil er am Tag nach der Hochzeitsreis' mit'n Hausschlüssel zu seine Spezi kommen is und an Rausch heimtrag'n hat ... Daß er net an Preis dafür kriegt hat und in der Zeitung öffentlich dafür belobt worn is, war no alles mögliche ...«

»Geh, werst di do net ärgern, Resi?«

»O ja, i ärger mi; heut is ma allerhand ei'g'fall'n, wie i di und dein Beni mitanand g'seh'gn hab. Eine solche Ungerechtigkeit is dös ... Mir wenn ins G'schäft was drei'red'n wollt'n, du lieber Gott! Was dös für an Anmaßung wär ... aber dem nächstbest'n herg'laufana Ladenschwengel überlaßt ma 's ganze G'schäft und de ganze Verantwortung und lauft ins Wirtshaus. Natürlich! Was versteht denn unsereins? Aber der Herr der Schöpfung versteht all's und ko net amal so viel z'sammrechna, daß Null von Null aufgeht. Und daß ma 's Geld im Wirtshaus zweimal verliert: was ma verbraucht und was ma vasäumt. Aber diese Wichtigkeit! Hast d' net Obacht geb'n, wie die Herren der Schöpfung heut von dem faden Tarock g'redt hamm? Daß s' mit uns reden, ko ma doch gar net verlanga ... mir sin ihnen doch z' wenig; was uns interessiert, über dös sind s' doch erhaben ... Was dös scho braucht hat, daß s' uns gütigst mitg'nomma hamm, na reden s' drei Stund vom Kartenspiel'n, und jetzt schlafen s' ...«

»I hätt gar net g'laubt, daß du so ...«

»Was?«

»Ich mein, daß du so energisch sei könntst ...«

»Bösartig, willst d' sag'n ... o mei Paulilutscherl ... war i aa net ... und bin's eigentlich no net, aber heut war amal so a Tag ... weißt d', gegen uns laßt si auch allerhand sag'n, wenigstens gegen mi, da mach ich mir nix vor, aber wenn i so nachdenk, und i denk öfter drüber nach, als d' mir vielleicht zutraust, weißt, so kindisch sin mir net, und so ordinär sin mir net wie unserne Herren Gebieter und Erzieher. Denn ordinär könna s' sei, wenn s' mög'n. Aber es is g'scheiter, mir red'n nimma davo ... Wo hast'n du de hübsche Blusen her?«

»Vom Hirschberg.«

»So? De is geschmackvoll ... De mei hat mir a kleine Schneiderin g'macht in der Rosengass' ... I kann dir d' Adress' geb'n, wenn's d' amal was arbeit'n lassen willst ... Du, da schau hi ... De wink'n uns ja ...«

Ein Boot nähert sich dem Steg, auf dem Resi und Paula jetzt standen, und ein Herr schwenkte die Mütze und grüßte lachend zu ihnen herüber.

»Kennst 'n du?« fragte Paula.

»Na ... i glaub, der andere is der junge Mensch, der in der Bahn hinter uns g'sess'n is ...«

»Jessas ja ... komm, geh ma!«

»Warum denn? Zu die Schlafbärn? Na ... Paulilutscherl ... sei doch net ung'schickt ...«

»Gestatten die Damen ... Ingenieur Jüngst ... haben Sie nicht Lust zu einer kleinen Kahnfahrt?«

Frau Resi schaute in das braune, lachende Gesicht und fand Gefallen daran.

»Warum nicht?« sagte sie.

»Aber mir soll'n doch heimgehen ...« drängte Paula.

»Ach wo! Sei doch net so übergewissenhaft! Mir bleiben halt net lang aus ...«

»Bis zur Insel und wieder zurück,« sagte der Ingenieur ...

»Also, komm mit ...«

Resi war schon in den Kahn gesprungen, Paula stieg etwas unbeholfen und ängstlich nach.

Und als sie sich niedergesetzt hatte, fragte sie noch einmal:

»Meinst d' net doch?«

»Nein ... nein ...« sagte Frau Resi.

Mit kräftigen Ruderschlägen hatten die zwei jungen Leute den Kahn bald weit in den See hinausgetrieben.

»Eigentlich sind Sie jetzt unsere Gefangenen«, sagte Otto Jüngst mit fröhlichem Lachen. »Was wär's jetzt, wenn wir Sie recht lang nicht mehr an Ihre Herren Ehemänner ablieferten?«

»Jessas ... Sie wer'n doch keinen solchen Spaß machen!« rief Paula entsetzt.

»Was wär eigentlich dabei?« fragte Resi übermütig. »Es ist erst noch die Frag, ob der Kummer gar so groß wär ...«

»Nein ... wirklich, ich schrei um Hilf ...« Franz hörte zu rudern auf und wandte sich höflich an Paula, die ängstliche Augen machte.

»In einer halben Stund längstens sind Sie wieder am Steg. Ich garantier Ihnen dafür ...«

»Aber g'wiß?«

»Wenn ich's Ihnen sag ...«

Jüngst lachte.

»Das geht gut. Sie haben Angst vor uns, und der Benjamin da hat die größt Angst vor Ihnen ...«

»Ach was ...«

»Nur net leugnen! Er hat mich himmelhoch bitt, ich soll Sie nicht einladen ...«

»Was fürchten S' denn gar so an uns?« fragte Resi.

»Nichts, ich hab mir gedacht, es könnt Sie am End beleidigen ...«

„Ach du lieber Gott!« Sie stieß einen langen Seufzer aus. »Es is a Kreuz auf der Welt. Die jungen Herren lassen uns d' Langweil aus lauter Rücksicht, und die ältern aus ... no ja ... aus ... sag'n ma ... Überdruß ...«

»Die armen Weiberln!« rief Jüngst.

»Sie Schlimmer! Ihnen tät i net trauen ...«

»Das heißt, Sie täten mir trauen, daß ich Ihnen die Langweil vertreib ...« – »Ihnen tät d' Rücksicht net weh ...«

»Net arg, und jedenfalls weiß i net, was Überdruß is. Herrgott, wie man bei so was Nettem nur dran denken kann!«

»O mei, 's Feuer verfliegt schnell ...«

»Is 's verflogen?«

»Von so was red't ma net ...«

»O ja; wenn ma an heimlichen Kummer hat ...«

»Sie sin aber wirklich schlimm ...«

Frau Resi wurde sehr beweglich, sie rutschte auf ihrem Sitz hin und her, hielt die Hand vors Gesicht, guckte schelmisch durch die ausgespreizten Finger und schlug die Zunge heraus.

Paula saß ruhig neben ihr.

Anfänglich hatte sie sich öfter umgewandt und ängstlich nach dem Ufer hinübergespäht; wie sich aber nichts zeigte, gewann sie Sicherheit und Gefallen an dem harmlosen Vergnügen. Sie wunderte sich ein wenig über die Vertraulichkeit, die sich so rasch zwischen Resi und dem jungen Herrn angesponnen hatte, aber sie war viel zu gutmütig, um das mißgünstig zu beurteilen.

Ihr selber paßte es gut, daß sie schweigen durfte.

Der jüngere Herr, der eigentlich die Unterhaltung mit ihr hätte führen sollen, redete nichts; zuweilen streifte er sie mit einem Blick, als wollte er etwas sagen und fände keinen rechten Anfang.

Wenn sie sich unbeobachtet glaubte, musterte sie sein Aussehen.

Es lag noch etwas Herbes, beinahe Trotziges in seinem Gesichte, aber die Augen verrieten die Schüchternheit, die die Ursache davon war.

Vielleicht war er heiter und unbefangen im Verkehr mit seinen Altersgenossen, Frauen gegenüber hatte er noch den unbeholfenen Ernst, in dem Achtung und Scheu lag.

Darüber gab sie sich keine Rechenschaft, doch gefiel ihr die Zurückhaltung des jungen Menschen besser wie die unbekümmerte Art seines Freundes.

Der Kahn knirschte über feinen Kies und hielt.

Jüngst machte den Vorschlag, man solle auf der kleinen Insel landen, und als Paula ängstlich dagegen sprach, sagte Frau Resi schmollend, sie solle doch ein bißchen Courage haben und nicht sich und den andern den netten Nachmittag verderben; sie werde alle Schuld auf sich nehmen, wenn Herr Globerger brumme.

Da willigte Paula zögernd ein, blieb aber mit ihrem Begleiter im Kahne sitzen, während Jüngst und Frau Resi erklärten, sie wollten die Insel erforschen.

Sie waren den Blicken der beiden rasch entschwunden; von fernher klang heiteres Lachen herüber, dann hörte man nichts mehr als das leise Plätschern der Wellen.

»Hoffentlich kriegen Sie keine Unannehmlichkeiten,« sagte Riggauer nach längerem Schweigen.

»N ... ein, so schlimm is es ja auch net ... das heißt, wenn wir net gar zu lang wegbleiben; die Insel is ja net groß, da müssen die zwei bald wiederkommen ...«

»Wenn sie länger ausbleiben, fahr ich Sie allein hinüber ...«

»Nein, das gäb erst recht ein Aufsehen, wenn ich allein daherkäm ... was müßt sich der Resi ihr Mann denken?«

»Ja so ... ist der kleine, dicke Herr mit der Glatze der Frau Resi ihr Mann?«

Paula wurde feuerrot.

»Nein ... das ist der meinige ... er is doch net so dick ... finden Sie?«

Franz korrigierte sich rasch.

»Es is mir nur so vorgekommen. Genau hab ich ihn net g'sehn ...«

Sie schwiegen.

Paula tauchte die Hand ins Wasser und plätscherte nachdenklich darin herum.

»Warum haben Sie eigentlich net wollen, daß Ihr Freund uns zum Schifferlfahren einladt?« fragte sie nach einer Pause.

Nun wurde Franz rot.

»Ach Gott ... nicht wollen! Ich hab nur g'meint, es könnt Sie am End beleidigen ... Es is eigentlich gegen mein Prinzip ...«

»Mit Damen verkehren?«

»Nein ... aber Damen anreden, denen man nicht vorgestellt is!«

»Was haben S' Ihnen gedacht, wie wir gleich eing'stiegen sind. Am End' halten S' uns für recht leichtsinnig?«

»Nicht die Spur! Nein, wirklich net!«

»Wenn ich allein gewesen wär, hätt ich mich auch net traut. Aber meine Freundin hat mir so zug'redt ... Sie dürfen Ihnen fei nichts Schlechts denken ...«

»Das würde ich mir nie erlauben ...«

»Aber der andere Herr glaubt vielleicht ...«

»Nein, er macht nur gern seinen Spaß ... und es gibt ja Leute, die tun so, als wenn sie an keine Tugend mehr glauben könnten ...«

»Aber Sie gehören net zu denen? ...«

»Nein ... ich bin der Ansicht, daß man nicht das Recht hat, was Schlimmes zu glauben, solang man nicht Beweise hat.«

»Wissen S', die Welt is so schlecht. Die bricht allaweil gleich den Stab über eine Frau . . .«

»Ich beteilige mich grundsätzlich nicht an solchen Urteilen . . . obwohl . . .«

»Was meinen S'?«

»No ja, man hat auch seine Erfahrungen, aber das darf man eben nicht verallgemeinern.«

»Was haben Sie für Erfahrungen?«

»Das kann ich Ihnen als Frau nicht so sagen . . .«

»Bitt schön, erzählen S'! Bitte . . . bis die zwei kommen . . .«

»Es is nix so Merkwürdiges oder so was Besonderes . . .« Franz seufzte. »Ich bin eben auch einmal in meinem Glauben betrogen worden . . .«

»Ach gehen S'!« Paula sagte es sehr mitleidig. »Waren S' recht unglücklich?«

»Anfangs schon. Aber ich hab's überwunden.«

Franz zog bei den Worten seine Stirne in Falten und blickte düster ins Leere.

Die Wunde schien nicht ganz vernarbt zu sein.

»Wenn Sie Vertrauen zu mir haben . . .« Sie zog die Hand aus dem Wasser und hielt sie ihm hin . . . »Ich mein', bei so was wird einem leichter, wenn man sich amal ausspricht . . .«

Er hielt ihre Hand in der seinen und fuhr spielend mit dem Daumen über ihre rundlichen Finger. Dabei verschob sich der Ehering, und ein heller Streifen zeigte sich in der rosigen Haut.

Sie patschte ihm auf die Finger und sagte drängend.

»Jetzt erzählen S' aber doch!«

»Was is viel zu erzählen! Ich war eben einmal sehr töricht und glaubte an Treue . . .«

»War sie sehr hübsch?

Franz nickte und machte Augen, als blickte er auf eine unabsehbare Zeit von Jahren zurück.

»War's eine Frau oder ein Mädel?«

»Nein, nicht verheiratet. Sie war in einem Geschäft angestellt, und wir haben uns kennen gelernt . . .«

»Wie lang sind Sie mit ihr . . .?«

»Wie?«

»Ich mein, wie lang Sie mit ihr gangen sind?«

»Über ein halbes Jahr . . .« Franz sagte es wieder so, als

spräche er von einer endlos langen Zeit ... »Ich habe nie daran gedacht, daß es einmal anders werden könnte,« fuhr er fort. »Wenn mir jemand einen Verdacht hätt einflößen wollen, ich hätt dazu gelacht, so fest überzeugt war ich ... aber eines Tags hat mir ein Freund einen Brief von ihr gezeigt ... Da habe ich nicht mehr zweifeln können ...«

„Hat sie den Brief an Ihren Freund geschrieben?«

»Ja ...«

»Das is aber gemein!«

»Vielleicht war ihre Natur so ...«

»Nein, daß er den Brief verraten hat ...«

»Das war ein Akt der Freundschaft ... ich weiß, er hat es sehr ungern getan, er hat direkt mit sich gekämpft, aber wie er gesehen hat, daß ich mich immer mehr verrenne ...«

»Ich find's doch gemein! Könnten Sie so was tun?«

»Ich weiß, daß es das oberste Gebot ist, diskret sein, aber wenn ich auf der andern Seite zusehe, wie mein bester Freund betrogen wird ...«

»Für dös gibt's gar keine Entschuldigung ... Das is doch das höchste Vertrauen, was eine Frau zu einem Mann hat, und das mißbrauchen! Nein, da gibt's wirklich keine Entschuldigung ...«

Paula sagte es mit so eindringlicher Bestimmtheit, daß Franz dieses Problem nicht mehr als fraglich hinstellen wollte.

»Eigentlich ja ...« sagte er; »darin haben Sie recht. Wenn einer vor diesem Dilemma steht, muß er für sich das Vertrauen rechtfertigen. Nur möchte ich das bemerken: aus Geschwätzigkeit hat mein Freund sein Geheimnis nicht preisgegeben; er war eben empört ... jedenfalls, ich hab Klarheit gewonnen, und insofern hab ich ihm dankbar sein müssen ...«

»Hat sie's erfahren?«

»Das von dem Brief? Ich hab sie allgemein zur Rede gestellt und hab dabei kennen gelernt, wie alles Lug und Trug war, was sie sagte ... Es war eine sehr schlimme Enttäuschung. Ich weiß nicht, ob ich überhaupt jemals wieder Vertrauen gewinnen kann ...«

»Ach gehen S', das kommt von selber ...«

»So schnell nicht. Ich bin eine Natur, die mit so was nicht fertig wird.«

»O mei, Enttäuschungen erleben wir alle ...«

»Das schon. Aber wenn man sieht, daß man systematisch betrogen worden ist . . .«

»Verheirat waren S' ja nicht damit, und das andere, das werden S' bald vergessen haben . . .«

Franz schüttelte melancholisch den Kopf. Er wollte von seinem Unglücke nichts ablassen.

Aber Paula war nun gesprächig geworden.

»Was müßt da unsereins oft sagen! Wissen S', wenn die Enttäuschungen hinterdrein kommen, wenn's zu spät is, wenn s' in der Ehe kommen, des is viel härter . . .«

„Allerdings . . .«

»Da muß man's dann einfach haben und aushalten . . .«

»Darf ich fragen . . .?« Franz stockte.

»Was meinen S'?

»Ob das bei Ihnen der Fall ist?«

Sie wurde rot bis unter die Haarwurzeln.

»Nein! Das hab ich net sagen wollen. Mein Mann is ganz gut zu mir, aber . . . no ja . . . so wie man sich's als Mädel vorstellt, is es ja nie . . . Die Ideale gibt's eben net . . .«

»Die Ideale! Ich hab auch einmal daran geglaubt . . .«

»Sie glauben schon wieder dran, wenn die Betreffende kommt.«

»Ich würde mich fürchten, daß ich das gleiche noch einmal erleben müßte . . .«

»Ach gehen S', alle sin doch net gleich!«

Franz zog die Achseln hoch.

»Sehen S', jetzt glauben Sie auch an keine Tugend mehr, und vorhin haben S' doch g'sagt, daß man des nicht tun darf.«

»Das ist etwas anderes. Ich sage, daß ich prinzipiell nichts Unanständiges glaube von einer Frau, solang ich nicht die strikten Beweise habe. Aber ob ich persönlich noch einmal das tiefe Vertrauen fassen kann, das bezweifle ich . . .«

»Sie sind doch noch so jung!«

»Auf das kommt's nicht an. Eine einzige Erfahrung macht einen in der Beziehung . . . wie soll ich sagen . . . gereift . . .«

»Haben Sie s' noch allaweil gern?«

»Nein! Wenn ich einmal kein Vertrauen mehr haben kann, kann ich auch keine Liebe mehr fühlen . . . Aber, nicht wahr, das, was ich Ihnen gesagt habe, bleibt unter uns?«

»Selbstverständlich! Wem sollte ich denn was sagen?«

»Es wäre ja möglich g'wesen, daß Sie zufällig mit Ihrer Freundin ... und ich möcht vor allem nicht, daß mein Vetter was hört ... er macht oft Späß, die einen verletzen ...«

»Von mir hört niemand was ...«

Paula streckte ihre Hand zum Versprechen hin, und Franz hielt sie dankbar und nachdenklich in der seinen.

»Holiä ... holiä ... juhu!«

Frau Resi jauchzte aus einiger Entfernung herüber; sie kam Arm in Arm mit Herrn Jüngst, lachend und zuweilen einen Schrei ausstoßend, heran.

»Mir sin um die ganze Insel rumgangen ... war'n mir lang aus?« rief sie.

»Net so arg,« erwiderte Paula, „aber es is doch Zeit, daß mir heimtracht'n ...«

»Ah, papperlapapp! Mein Alt'n bringt d' Sehnsucht net um ...«

Resi war merklich ausgelassener und fröhlicher wie vor dem Spaziergange.

Als sie sich anschickte, in den Kahn zu steigen, raffte sie den Rock kokett bis zum Knie und stützte sich sehr fest auf ihren Begleiter.

»Net auslassen ... Ottibubi, rief sie, »sonst fall ich ... so ... no, Paulilutscherl ... wie hast dich unterhalten mit dein schweigsamen Kavalier?«

»Danke schön, ganz gut. Mir war'n gar net so schweigsam, gelten S'.«

»Schad, daß ihr net mitgangen seid's ... die Insel is nett,« sagte Resi mit einem entzückten Augenaufschlag. »Die alten Bäum' ... und diese Ruhe! Ganz romantisch ... Jessas ... Ottibubi, jetzt wärst mir beinah auf d' Hand nauftreten ...«

Herr Jüngst, der sich in der kurzen Zeit unter den romantischen Bäumen den zärtlichen Namen erworben hatte, schob den Kahn vom Ufer ab, und bald fuhren sie rasch über den See.

»Am Steg steht wer,« sagte Paula. »Ich glaub, das is mein Mann ...«

Resi sah scharf hin.

»Der mei is g'wiß net ... So besorgt is der net,« meinte sie.

Paula wurde ängstlich.

»Was sag'n mir denn, wo mir die Herren kennen g'lernt haben?«

»Wo? Ganz einfach, das Schifferl war das einzige, das frei war, und ...«

»Na, der Benno nimmt mir's übel, wenn ich mich von Fremde einladen laß ...«

»Ich sag ganz einfach, der Ottibubi is der Bruder von einer Freundin von mir. Mir hamm uns zufällig am Steg troffen ... Übrigens, dös is ja gar net dein Mann ...«

Paula atmete auf.

»Na ... er is net ... Gott sei Dank! ...«

»Dös is ja der fade Mensch, der in der Eisenbahn so viel g'red't hat ...«

Sie waren nahe genug ans Ufer gekommen, um Herrn Laubmann zu erkennen, der, auf seinen Regenschirm gestützt, in den See hinausspähte.

Als er die Bootsinsassen ins Auge gefaßt hatte, schwenkte er lebhaft seinen Hut. »Der will was,« sagte Jüngst.

»Wahrscheinlich uns wieder ansoßen ... Der gräusliche Mensch ...« Frau Resi schüttelte sich. »Aber dösmal laß ich ihn g'hörig abfahr'n ...«

»Lieber net,« bat Paula. »Ma weiß net, ob er net recht dumm daherred't, wenn er beleidigt is ...«

Herr Laubman hielt die Hände vor den Mund und schrie herüber.

»Die Damen werden von ihren Gatten erwartet ...«

»M–hm ... ja ... Da braucht ma di dazu ...« brummte Resi.

Paula nickte anscheinend freundlich mit dem Kopfe und winkte dem besorgten Herrn beschwichtigend mit der Hand.

»Die Damen werden von ihren Gatten ungeduldig erwartet ...« wiederholte Laubmann, als der Kahn anlegte.

Resi sprang zuerst heraus und glättete ihren Rock.

»Die Ungeduld wird net so groß sei,« sagte sie etwas schnippisch.

»Doch! Ich nehme an, daß Ihr Mann sehr besorgt ist, weil er öfters nach Ihnen gefragt hat ... die Herren machen ein Spielchen und wollten dem Kellner den Auftrag geben, nach den Damen zu forschen ... ich habe mich selbstverständlich dazu erboten ...«

»Gestatten ... Otto Jüngst ...«

»Sehr angenehm ... mein Name ist Laubmann, Vertreter der Firma Probst in Hof ...«

Franz murmelte seinen Namen und verhehlte kaum seinen Mißmut darüber, daß ihn der Mensch so verwundert anstarrte. Herr Laubmann war aber etwas erstaunt, den jungen Studenten in Gesellschaft der Damen wiederzufinden.

Resi machte der langweiligen Szene ein Ende.

»Wir müssen jetzt zu unsern Strohwitwern zurück ... Dank schön für die Fahrt ... und auf Wiedersehen ...« In dem Blick, den sie mit Herrn Jüngst wechselte, lag ein Versprechen.

Paula schüttelte Franz die Hand.

»Adiö.«

»Ich würde mich freuen, wenn ich wieder einmal die Ehre hätte,« sagte er.

»Vielleicht in der Stadt ... adiö!« wiederholte sie.

Herr Laubmann ging neben ihnen her.

»Wenn ich eine Ahnung gehabt hätte, daß die Damen Verehrerinnen des Wassersports sind, hätte ich Ihnen meine Dienste zur Verfügung gestellt ...«

»Es is so auch gangen,« erwiderte Resi.

»Gewiß ... aber wir hätten im Einverständnis mit Ihrem Gatten das Vergnügen ausdehnen können ...«

»Ja, wir müssen uns jetzt trennen,« sagte Paula.

Laubmann lächelte.

»Wenn Sie gestatten, möchte ich Sie doch Ihrem Gatten in die Arme führen ...«

»Na, dank schö ... dös schaut gar so arretiert aus ...« rief Resi sehr energisch. »Adiö ... Herr ... Herr ...«

»Laubmann,« ergänzte der Reisende mit einer ritterlichen Verbeugung.

Er sah hinter ihnen drein und bürstete seinen Schnurrbart in eine herausfordernde Lage, und in seinen Augen lag so etwas wie ernste Mißbilligung des weiblichen Leichtsinns.

Schegerer lag auf dem Kanapee eines kleinen Hotelzimmers und schnarchte. Benno lag auf dem Bette daneben und wachte soeben auf; er schaute wild um sich und erinnerte sich allmählich, daß er auf einer Landpartie in Schliersee war.

»Glasl! ... Glasl! ... He ... Du! Herrgottsakra ... Glasl! ... wach amal auf!«

Schlaftrunken hob der andere den Kopf vom Kissen.

»Was is? Was gibt's?«

»Aufsteh tean ma ... mir hamm lang g'nua duselt ...«

»Was tean ma nacha in dem Höft, wenn ma auf san?« Schegerer brummte es und blieb auf dem Kanapee sitzen; dabei schaute er unverwandt vor sich hin auf den Boden.

»Jetzt mach amal!« drängte Benno, der die Schuhe einschnürte. »Sonst kriagn mir wieder die Lamentationen der verehrten Damenwelt.«

»Von mir aus. Überhaupts, mei Liaba, mi stimmst so glei nimmer raus in dei schöne Bergwelt. In da Stadt drin gang i halt jetzt zu an vernünftigen Tertl ins Kaffee Perzl, und da heraus kon i d' Natur o'schaug'n mit die Aug'n. So schnell nimma, dös sag i dir ...«

»Du bist granti wia die kloan Kinda nach'n Schlaf'n ...«

»I bi scho z'erscht belzi g'wen, mei Liaba; weil i dös so gern hab, Familienausflug mit traulichen Gesprächen ...« Schegerer sagte es hochdeutsch, um seinen Abscheu deutlich zu machen.

»Jetzt san mir amal da und müass'n do a kloans bissel dergleichen toa ... Freuen tuat mi de Aufgab ja ungefähr so wia di ...« beschwichtigte Benno.

Schegerer hatte sich fertig gemacht, blieb aber noch am Fenster stehen und sah in den Hof hinunter.

»Hier ist zu sehen eine ländliche Idylle,« sagte er. »A Misthaufen nebst einigen Mistkratzern und dem dazugehörigen Gockel ... Ja, krah no, dummer Teufi! Wenn's d' amal g'scheiter werst, treibst di nimma mit die Henna umanand! Na schaugst aa, daß d' dein Grüabig'n hast ...«

Benno lachte. »Jetzt wenn di dei Alte höret!«

»Was waar's nacha? Glaabst d' vielleicht, de erfahret was Neu's?«

»Aber vielleicht saget s', daß s' di aa wieder amal gern krah'n höret ...«

»M–hm ... I glaab allaweil, mit dein Stimmstock is aa nimma weit her ...« Das Gespräch hatte Schegerer in bessere Laune versetzt, und er ging nun lachend mit seinem Freunde ins Gastzimmer hinunter.

An einem Tische saß ein Mann hinter einer Zeitung versteckt. Als er die lärmenden Stimmen hörte, ließ er das Blatt sinken, und in diesem Augenblick rief Schegerer:

»Jessas... da Rabl! Ja... Schorschi, wia kimmst denn du da außa?«

»G'schäftshalber, aba was teat's denn ös da?«

»Familiensimpeleihalber... Er, woaßt d'...« dabei deutete Schegerer auf Benno... »Aba jetzta, Schorschi, kimmst d' uns nimmer aus, jetzt geht a Tarock z'samm, sag i...«

»Warum net?«

»Also... Wirtschaft! He da! A neue Kart'n... Blöck'... Jetza bin i a bissel versöhnt mit dera Idylle und der schönen Bergwelt... Kreuzsakra, dös hätt i mir heut nimmer g'hofft...«

»I will g'schwind schaug'n, wo unsere Weiber san,« sagte Benno.

»Dableib'n!« kommandierte Schegerer, den die gute Laune sehr laut werden ließ. »Kreuz Birnbaam und Hollerstaud'n, dös waar mir dös Wahre! Da Bubi möcht d' Mama holn... gehst ma net weg mit dem Schmarrn!«

»Aba mir müass'n...«

»Nix müass'n ma, tarock'n ma, verstand'n. ...Da san d' Kart'n scho... hock di hi auf deine fünf Buchstab'n und woan net nach der Mammi... Du gibst, Schorschi.«

Benno ließ sich gerne überreden, und bald hatte er seine Frau genau so vergessen wie Herr Schegerer.

Er wurde an Paula erinnert, als Herr Laubmann ins Gastzimmer kam und an den Tisch herantrat.

»Die Herren machen ein Spielchen? Darf ich mich erkundigen, was die Damen unternommen haben?«

»I glaab, daß s' beim Konditor hocka und Zeitlang hamm nach Eahna,« antwortete Schegerer, der aus seiner Abneigung gegen den imposanten Reisenden keinen Hehl machte.

»Sehr schmeichelhaft,« sagte Laubmann, der einen Scherz nie übelnahm.

»Ich nehme an, daß die Damen eine Kahnpartie machen; wenigstens hat mir der Bootverleiher erzählt, daß zwei Frauen und zwei Herren nach der Insel gefahren sind. Die Beschreibung läßt mich vermuten, daß es sich um Ihre Damen handelt.«

Schegerer zeigte keine Überraschung; auch Benno blieb ruhig.

»I schick von der Wirtschaft wen nunter an See, daß d' Paula woaß, wo i bin, wenn s' z'ruck kommt ...« sagte er.

»Wenn Sie mir die Ermächtigung geben, will ich die Botschaft gerne bestellen.«

»Gib s' eahm!« sagte Schegerer trocken. »Vielleicht kriag'n ma nacha unser Ruah beim Tarock'n ... «

»Sie entschuldigen, wenn ich gestört haben sollte ...«

»I entschuldig gar nix, Sie hamm die Ermächtigung, Sie bestellen die Botschaft, Sie gengan am See abi, Sie lass'n uns in Ruah ... und jetzt spiel i a Graßsolo ... Du kimmst raus, Beni ... i bin in da Mittelhand ...«

Der Vertreter der Firma Probst entfernte sich mit verzeihendem Verständnisse für süddeutsche Derbheit und wurde am Seeufer Zeuge dessen, was die Damen unternommen hatten.

Durch Resis schroffe Ablehnung wurde er um die Möglichkeit gebracht, der Rückkehr der schuldbewußten Frauen beizuwohnen.

Sie vollzog sich einfach und herzlich.

Schegerer machte eine halbe Wendung gegen seine Frau Gemahlin und fragte: »Bist da? Warum seid's denn net länger am See blieben?«

Benno lächelte freundlich.

»Grüß di Gott, Muckerl! Setz di her und schaug zu, daß d' was lernst.«

Diese Einladung nahm Paula nicht an; sie setzte sich mit ihrer Freundin an einen Nebentisch.

»Da hast dei G'wissenhaftigkeit,« murrte Resi. »I hab's ja g'wußt, bei dir is genau wie bei mir, und i komm mei'm Mann allaweil no z' früh. Eigentli hätt i gute Lust und gehat nomal nunter am See.«

»Dös geht net,« flüsterte Paula.

»Geht net ... m ... hm ... aber dös geht, daß mir a paar Stunden dasitz'n wie ang'malte Affen ... Na ... einen Zorn hab i, daß i's Kaffeeg'schirr an d' Wand schmeißen möcht.«

»Laß dir's doch net so ankennen ...«

»Warum net? Schau do hin ... strapaziern sich vielleicht die edlen Herren und verstellen sich vor uns? Mit der größten Offenheit zeigen s' uns, daß ihna alls lieber is als wie unser

G'sellschaft. Weißt, Paula, uns Frauenzimmer g'schieht's eigentli recht, mir sin alle feig. Warum stehn mir net auf und sag'n zu dena Bierdimpfl ...«

»Bst ... aber geh ... Resi ...«

„Ja, Bierdimpfl ... sind s' vielleicht was andres? ... warum sagn mir ihna net, daß s' uns ekelhaft sin?«

»Weil ma sein Frieden haben möcht, und weil mit der Schimpferei nix besser werd ...«

»I will gar kein Frieden haben ... na! An solchen net, wo er alles tut, was er mag, und i alles leid, was i net mag ...«

»Heut machst d' 's auch nimmer anders, Resi ... jetzt geh doch zu ... was woll'n ma denn mach'n?«

Es gelang Paula allmählich, ihre Freundin zu beruhigen. Ein Ärger hielt bei Frau Resi nicht lange an, und ihr Mißmut schlug bald wieder in Fröhlichkeit über. Sie tätschelte Paula auf die Backen.

»Du bist a gute Haut ..., viel z' gut für an g'wissen Jemand ... aber eigentlich hast d' recht, ma soll sich net ärgern. Und jetzt freut mich was! Jetzt freut's mich erst!«

Sie patschte lustig in die Hände.

»Siehgst, wenn ma sich Gedank'n machet – aber ich mach mir scho keine –, aber wenn ich mir ei' machet, na brauch i bloß da nüber schau'n, und i bin gründlich kuriert ... Die da drüben meinen, weiß Gott wie untertänig mir sin, – Schnecken! ...«

»Du, Manni!« rief sie übermütig zum Spieltisch hinüber. »Auf der Insel war's heut lieb! Da möcht i no öfter nüber fahrn ...«

Herr Schegerer stach gerade mit dem letzten Trumpf und ließ sich nicht stören.

»Vo mir aus,« brummte er.

»Vo dir aus? Gibst mir du die Erlaubnis dazu?«

Sie lachte ausgelassen.

»Ja ... achtavierz'g ... neunafufz'g ... was gengan mir deine Inseln o? ... Jetzt laß mir mei Ruah! ...«

»De lass' ich dir ...« Frau Resi lachte sehr laut. »Hast d' ghört, Paulilutscherl, er erteilt mir seine Genehmigung.«

Benno sah herüber.

Es war etwas in der lauten Lustigkeit, was ihm auffiel, aber wie er die Frau ansah, die sich so kindisch über nichts und gar nichts freuen konnte, fand er seine Meinung von der weiblichen Minderwertigkeit wieder einmal bestätigt.

Der Nachmittag verging, die Sonne neigte sich zu den Hügeln im Westen hinunter, und es wurde ein stiller feierlicher Abend.

Auf den Spieltisch klatschten die Karten eintönig weiter; nach dem Herzsolo kam ein Schellensolo, Assen wurden verschunden, und Zehner wurden hineingetrieben. Es blieb noch eine Viertelstunde bis zum Abgang des letzten Zuges.

»Oans geht no,« rief Schegerer übermütig ... »gib aus, Schorschi, und tua net so langsam!«

Und das Glück war mit Schegerer. Er konnte noch einen Rufer spielen und den Aufenthalt in der herrlichen Bergwelt auf das schönste abschließen. Dann mußte man aber hastig die Wirtsrechnung zahlen und in scharfer Gangart zum Stationsgebäude eilen.

Kaum hatte die Gesellschaft ihre Sitze im Kupee eingenommen, setzte sich der Zug in Bewegung und fuhr an grünen Hügeln vorbei ins flache Land hinaus. Kräftiger Duft von frisch gemähtem Heu drang zum Fenster herein, und Paula schaute träumend zu den Bauernhäusern hinaus, die sich breit und behaglich die Abendsonne auf die Schindeldächer scheinen ließen.

Frau Resi blinzelte zur Brecherspitze hinüber, die auf den See hinuntersah, und sie dachte an eine Insel, die darinlag.

»Es handelt sich nämlich um ein äußerst fruktifizierliches Projekt,« sagte der Privatier Schmidramsl zu Benno, der mit einem unbehaglichen Gefühle in seinem Kontor den Besuch des Herrn Schmidramsl und des Herrn Rabl empfing.

Die beiden beleibten Männer, die ihn mit ihren Bäuchen an das Stehpult hinpreßten, sahen in dieser Vormittagstunde so feierlich aus, daß er sogleich wußte, sie wünschten von ihm Geld zu erhalten.

Und er suchte im Geiste sofort nach Ausreden, die schmerzlos und dennoch stichhaltig wären.

»Wenn ich bitten darf, Platz zu nehmen,« sagte er sehr höflich und wies auf das Kanapee.

Schmidramsl keilte sich zwischen Lehne und Herrn Rabl ein, die Federn knackten unter der Last, und Benno war nun eigentlich in der besseren Situation.

Er stand frei und sah auf sie herunter; die zwei Eindringlinge aber saßen in tiefen Mulden und teilten einander sehr viel animalische Wärme mit.

Trotzdem war Schmidramsl viel unbefangener und sicherer wie der Chef der Firma Globergers selige Erben.

»Es handelt sich nämlich um ein äußerst fruktifizierliches Projekt mit absoluter Garantie,« wiederholte er. »Der Herr Rabl, der wo ja, wie er mir sagt, ein Intimus von Ihnen ist ...«

»Dös hoaßt ...« wollte Rabl einfallen.

»No ja, den wo Sie also doch seit längerer Zeit kennen, hat ein Projekt ins Auge gefaßt ... Also, nämlich in der Arnulfstraße könnte man durch einen günstigen Zufall einen Bauplatz erlangen ...« – »Entschuldigen die Herren, aber ...«

»Herr Globerger, wenn Sie mir gestatten würden, daß ich mich zuerst über die Sache verbreite. Nämlich, Sie haben doch g'hört, ich sag: Arnulfstraße ...«

Er blinzelte bedeutsam.

Es lief da etwas Geheimes mit unter, was ein kluger, seinen Vorteil verstehender Mann sogleich erfassen mußte.

Der Appell an seinen Weitblick wirkte auf Benno ...

»M ...hm ... ja ... ja ...«

»Hamm S' mi?« Schmidramsl lächelte, fuhr aber, wie es sich bei solchen Dingen ziemte, in gebildetem Hochdeutsch weiter.

»Also, es handelt sich da nicht um ein gewöhnliches Spekulationsobjekt, wie man es jeden Tag sozusagen aufgedrängt erhalten bekommt, sondern in diesem speziellen Fall handelt es sich um eine großzügige Konjunktur ...«

»Du woaßt do, weg'n an Bahnhof ...«

»Herr Rabl, jetzt müssen Sie mich die Situation klären lassen. Also, net wahr, Herr Globerger, wie mir jetzt da beinand sind, mir drei, mir san doch lauter alte Münchner, und mir hamm mit einiger ... Einsicht, will i sagn, in die Verhältnisse die rapide Entwicklung verfolgt, die wo sich seit einigen Jahrzehnten vollzieht. Dieses Wachstum is unleugbar vorhanden, und dös is, net wahr, als wenn i an junga Menschen in a G'wand einnah ... einnähe ... net? ... und er werd größer ... er werd dicker ... er werd mächtiger ...«

Schmidramsl machte Bewegungen, die seine Fleischmassen in engste Berührung mit Rabl brachten.

»Er wachst ... er dehnt sich aus ... aber er steckt noch in dem G'wand ... Was ist die Folge? Hört sein Wachstum auf, oder sprengt er das G'wand? Ich meine doch, letzteres. Ich meine doch, für einen klaren Kopf dürfte es betreff dieser Frage kaum einen Zweifel geben.«

»M ... hm. Das is alles sehr recht, aber ...«

»Na ... na! Genga mir erst amal an Schritt weiter. Is dieser Bahnhof net wie a Sack, in den der wachsende Verkehr hineingezwängt is? Muß er nicht diese Fesseln sprengen? Und bald er sie sprengt ... Was is nacha?«

Schmidramsl machte eine Pause und sah Benno forschend an.

»Was is alsdann? Nacha sind diese betreffenden Bauplätze mitten in dem erforderlichen Rayon ... nacha muß sie der Staat, ich möchte sagen, zu jedem Preise erwerben ...«

Rabl war zufrieden mit dem Vortrage seines Begleiters und blickte lächelnd ins Weite, wo ungeheure Gewinne für ihn bereitlagen.

Aber Benno fühlte sich immer unbehaglicher.

Nun war es offenbar auf größere Beträge abgesehen, und er hätte den Angriff auf sehr kleine abweisen müssen.

»Ihre Ausführungen sind durchaus richtig,« sagte er, »aber man hat in einem Geschäft nicht immer die nötigen Summen disponibel ...«

»Naturgemäß,« pflichtete Schmidramsl bei.

Und Benno fuhr etwas erleichtert fort:

»Ihr Plan fußt auf Berechnungen, die ich immer vertreten habe. Wenn ich nicht gerade jetzt ein größeres Kapital in Waren festgelegt hätte, würde ich sofort diese Idee aufgreifen. Aber ich habe eben meine flüssigen Gelder gerade in diesem Moment fest engagiert.«

»Naturgemäß,« sagte Schmidramsl.

Benno sah ihn unsicher an.

Wollte er am Ende gar nichts?

Nein, er wollte nichts.

Er sah Herrn Globerger an, fast als weide er sich an seiner Angst, und erst nach einer kleinen Pause befreite er ihn davon.

»Sie gehn vielleicht von der Ansicht aus, daß Ihnen Ihr Freund zu diesem Behufe bei Ihnen ein Kapital aufnehmen will. Darum handelt es sich durchaus nicht ...«

Benno fiel ein Stein vom Herzen. Es war ihm zumute wie einem Sünder, der mit einer Verwarnung durchkommt, und er wurde in fröhlichem Dankgefühle sogleich mitteilsamer.

»Ich wiederhole, daß ich jedes Wort unterschreibe, was Sie über die Entwicklung der Stadt angeführt haben, jedes einzelne Wort. Man kann nicht anders kalkulieren, wenn man einen Blick hat für die wirtschaftlichen Notwendigkeiten ...«

»Also paß auf, Beni,« fiel nun Rabl ein. »Der Geldgeber is nämlich der Herr Schmidramsl selber ...«

»Ah so. Ja, wie gesagt, ich bedaure nur, daß ich mich an dieser Spekulation nicht beteiligen kann ...«

»Du ko'st scho ... Nämli, du woaßt ja selber, wia dös is, i bin ja an Herrn Schmidramsl guat, und das Objekt is eahm aa guat, aber er suacht eben do a dritte Sicherheit ...«

»Du sagst die Hauptsach net,« unterbrach ihn Schmidramsl. »Nämlich, Herr Globerger, wenn es sich um mein Geld handeln würde, brauchat's gar nix. Ich kenne das Projekt, ich befinde es ausgezeichnet, da is die Summe ... allein mir geht's wie Ihnen, ich habe auch in diesem gegebenen Moment kein flüssiges Kapital nicht auf der Hand, und dasjenige, wo ich Ihrem Freunde verschaffen will, entspringt einem Konsortium, und dieses Konsortium ... net? ... dessen Mitglieder sich sozusagen im Hintergrunde halten, verlangt statutengemäß eine Bürgschaft ...«

»Und da hab i gemoant, den G'fall'n kunntst du mir erweis'n ... i tat's ja aa für di ...«

»Es is pro forma,« sagte Schmidramsl. »In diesem gegebenen Fall wär's ja absolut nicht notwendig, weil das fragliche Objekt alle Sicherheiten bietet, aber Sie wissen ja, Herr Globerger, daß bei einem Konsortium sich keine Ausnahmen nicht durchsetzen lassen zwegen die Statuten, die festgehalten werden müssen ...«

»No ja ...«

»I woaß ja, daß du in dera Beziehung die Noblesse selber bist ... allerdings, es kost di bloß an Unterschrift, und i hab an sichern Profit ... aber ...«

»Na ... na ... das darf nicht so behandelt werden,« fiel Schmidramsl ein. »Freundschaft in Ehren, aber in Geschäftssachen muß das geschäftliche Prinzip vorherrschen. Ich verlange direkt von Ihnen, daß Herr Globerger mit einem gewissen Prozentsatz am Reingewinn beteiligt wird.«

»Da steht von meiner Seite nix entgeg'n ... Was sagst, Beni? Zehn Prozent Beteiligung, bals dir recht is ... mi freut's ja bloß, wann du aa'r an schön Brock'n abaschneidst.«

Die verlockende Aussicht reizte Benno nicht; er fühlte wohl, daß er nicht zusagen sollte, aber diese Weigerung hätte er mit Festigkeit vertreten müssen, Ausflüchte gab es nicht, wo es sich doch nur um die Unterschrift handelte.

Festigkeit lag aber nicht in Bennos Charakter, und wenn er innerlich auch widerstrebte, so willigte er doch ein.

»Es handelt si grad um zwölftausend Mark ... a Bagatell im Verhältnis zum Profit, und auf alle Fäll bleibt da Bauplatz da, und sein Wert verliert er gar nia ...«

Rabl stand bei diesen Worten auf und schlug seinem Freunde jovial auf die Schulter.

»Siehgst, Beni, i ko's braucha, wenn i an Vater Staat a bissel rüberziag, und schwitz'n muß a, dös versprich i dir, aber no mehra freut's mi, du derfst ma's glaab'n, wenn der Tag kimmt, wo i dir a Packl Banknot'n einatrag ... Denn du hast mir Freundschaft bewies'n ...«

Schmidramsl holte aus seinem Notizbuche ein Blatt Papier hervor.

»Ich habe da für den eventuellen Fall bereits eine kleine Urkunde aufgesetzt ...«

Es zeigte sich, daß er Herrn Globerger schon als Bürgen eingeschrieben hatte.

Eine innere Stimme warnte Benno noch einmal, als er das Papier vor sich auf dem Pulte liegen hatte.

Es fiel ihm ein, daß er doch eine Ausrede vorbringen konnte: er wolle die Sache, wie sich's unter Eheleuten zieme, mit seiner Frau besprechen. Hatte er die zwei den Raum so ungebührlich ausfüllenden Kerle nur erst zur Türe gebracht, dann war es leicht, ihnen eine Absage zu schreiben.

»Eigentlich muß ich doch meine Frau ...« wollte er eben sagen, aber ein Blick auf den jovialen Schmidramsl verschloß ihm den Mund. Der klopfte ihm lächelnd auf die Achsel: »Also ... erledigen mir diese Formalität ...!«

Da nahm Benno immer noch zögernd die Feder und schrieb seinen Namen unter das Schriftstück.

»Gratulier allerseits,« sagte Schmidramsl.

Und Rabl hielt seinem Freunde mit überströmender Biederkeit die Hand hin.

»Schlag ei, alter Spezi! Red'n tean mir da nix mehr drüber, aber du verstehst mi scho ... Balst du amal an G'fall'n braucht ... vastehst mi scho ... und, paß auf, wia mir an Vater Staat büchseln lassen. Deine zwanz'g Prozent ...«

»Zehni,« korrigierte Schmidramsl.

»Oder zehni,« sagte Rabl, dem es bei seiner Herzlichkeit auf Geld nicht ankam ... »Deine zehn Prozent trag i dir da eina ... grad schebbern müassen die Goldfuchs'n ...«

Sie verabschiedeten sich mit sehr kräftigem, sehr ausdrucksvollem Händeschütteln und schritten wuchtig und breit aus dem Kontor.

Benno sah vor sich hin. Sein Blick fiel auf die tiefen Mulden im Kanapee, und er schob die Unterlippe nachdenklich vor.

Er hatte das Bedürfnis, mit irgend jemand zu reden, und er trat in den Laden hinaus.

Ein frisches Dienstmädchen stand vor Rubatscher, der ein Gespräch mitten im Satze abbrach, als er den Chef kommen sah. Das Mädchen wurde rot und kramte in einem Handkorbe herum; Rubatscher sagte: »Seller Ceylon ischt leider nit vorrätig, aber Santosch und Menado kinnen Sie woll hoben ...«

»Da muß ich erst fragen,« sagte das Mädchen und eilte weg; unter der Türe warf sie noch einen verliebten Blick auf den Sohn der Berge.

»Wieso haben wir keinen Ceylon?« fragte Benno. »Ich wünsche nicht, daß beliebte Sorten ausgehen. Da fehlt es eben am Disponieren.«

»Seller Ceylon war von der Firma Dudenbostel ...«

»Ach so ... m ... hm ...«

Es war eine unangenehme Erinnerung an präsentierte Wechsel, Anwaltsbriefe oder dergleichen.

Benno legte die Hände auf den Rücken und marschierte durch den Laden.

»Ich werde hauptsächlich mit der Firma Maibaum und Söhne arbeiten und die besten Javasorten hier einbürgern. Ich muß einmal ... halt! notieren Sie ... Schreiben an Kaffeehäuser, Hotels, hierorts, ditto in der Provinz vorbereiten ... betreff Javasorten ... Wir müssen die Kundschaft zu gewinnen suchen, indem wir uns spezialisieren ... ich werde als Javahaus Globerger ein Inserat erlassen ... das is eine Idee ...« Benno patschte sich in die Hände und drehte sich nach Rubatscher um, der sein respektloses Lächeln sogleich in ein beifälliges umwandelte.

»Rubatscher, das ist eine Idee. Javahaus Globerger ... Das inserieren mir ... auf die Briefbögen kommt's groß gedruckt ... ich werd's noch heut vormittag bestellen ... und ... natürlich! ... einen Schild hängen wir über das Fenster ... ich muß mit dem Maler Weiß reden ... recht auffällig ... Javahaus Globerger ... Setzen Sie gleich ein Inserat auf. Empfehlen dringend unsere großbohnigen Javasorten, garantiert rein, von Kennern über Mokka gestellt ... und ... so weiter ... Recht eindringlich machen ... Zum Beispiel: Überschrift: Kaffeetrinker, wahrt Eure heiligsten Rechte! Oder Javas Zaubertrank ... oder so ... Und drunter kommt in sehr großer Schrift: Haben uns als erstes Javahaus Münchens etabliert. Setzen Sie das Inserat sofort auf ... oder nein, ich mach's selber ... Es ist zu wichtig ...«

Er eilte, angeregt und froh über seine Tüchtigkeit, ins Kontor zurück, indes Rubatscher wieder sein beifälliges Lächeln in ein hämisches umstellte, bei dem seine geschwärzten Zähne zum Vorschein kamen.

Benno schrieb eifrig, die unwichtigen Sätze mit schwarzer, die wichtigen mit roter Tinte, er unterstrich sie sorgfältig, die einen zwei- und dreimal, die wichtigsten vier- und fünfmal.

Als er fertig war, betrachtete er das Inserat mit liebevollen Blicken wie ein wohlgelungenes Kunstwerk.

»Man soll sich bloß auf's Geschäftliche werfen,« sagte er zu sich selber und stellte sich ans Pult in nachlässiger Stellung; dabei faßte er wieder die Mulden im Kanapee ins Auge und blickte ernst und sehr gefaßt in die Richtung.

»Herr Schmidramsl,« sagte er ... »ich bin Geschäftsmann. Zuerst und zuletzt Geschäftsmann. Alles, was Spekulation ist und was außerhalb meiner Geschäftssphäre liegt, existiert nicht für mich ... und was Sie da sagen von Bürgschaft, das muß ich schon gleich von der Hand weisen. Sehen Sie, Herr Schmidramsl ... und du mußt mir recht geben, mein lieber Rabl, was heißt denn Bürgschaft? Wenn ich weiß, daß mein Freund zahlt und zahlen kann, gebe ich ihm selber das Geld, wenn ich es habe.

Weiß ich das nicht, oder fehlt mir das Geld, dann kann ich auch kein Versprechen für die Zukunft geben. Das Unsolideste und das Gefährlichste, was es gibt, ist dieses Bürgschaftleisten. Das tun bloß Leute, die nicht von heut auf morgen denken und die zu feig sind, Nein zu sagen. Man muß auch Nein sagen können, Herr Schmidramsl. Und du mußt verstehen, mein lieber Rabl, daß es die ehrliche Bestätigung der Unmöglichkeit ist. Es ist mein Prinzip, nur das zu tun, was ich bestimmt tun kann, und nicht Versprechungen auf die Zukunft zu machen. Ich muß als Geschäftsmann mein Prinzip hochhalten, und Sie müssen mich eben verstehen. Es tut mir leid, meine Herren, ich habe die Ehre, adiö!«

Benno verbeugte sich gemessen gegen das Kanapee.

Er sah sie im Geiste aufstehen, zur Türe gehen und verbeugte sich nochmal.

»Wie gesagt, meine Herren, ich bedaure. Spekulation ist heißes Eisen, Bürgschaft erst recht. Ich bedauere, aber ...« Benno zog die Achseln sehr hoch, und die beiden verschwanden.

Ja, so hätte man reden müssen ... Aber das mit dem Inserat war doch wieder ausgezeichnet.

Da lag geschäftliche Routine drin.

Und die besten Aussichten eröffneten sich damit, Massenabsatz, Vertretung der ganz großen Firmen, Alleinvertretung in München, in Oberbayern ... Er blickte auf das Papier und las die mit roter Tinte geschriebene Zeile:

Javahaus Globerger ...

Er faltete den Briefbogen sorgfältig zusammen, steckte ihn in sein Portefeuille und nahm den Hut vom Nagel.

»Rubatscher, ich gehe in die Zeitungsexpedition, dann zum Maler Weiß ... fragt jemand nach mir, ab drei Uhr bin ich im Kontor ... Gut' Morgen!«

Und Benno eilte in die Weinstube, wo er den Stammgästen seine Ansichten über Bürgschaft und über die Möglichkeit und Notwendigkeit, Javakaffee in ganz großem Stil zu vertreiben, mitteilte.

»Um fünf Uhr beim Monopteros ...«

Paula saß auf einer Bank unter dem kleinen Tempel und wartete.

Es kam ihr seltsam vor, daß sie nun doch da war, obwohl sie während des Vormittags und auch nach Tisch noch den festen Willen gehabt hatte, der Bitte des Studenten nicht nachzugeben.

Aber es fiel ihr ein, daß sie nur gekommen war, um den jungen Menschen zu fragen, wie er sich hätte einbilden können, daß man sie als geachtete Bürgersfrau zu einem Stelldichein bestellen dürfe.

Vielleicht war es harmlos gemeint und sollte in allen Ehren die Fortsetzung einer flüchtigen Bekanntschaft ermöglichen.

Wäre sie nicht gekommen, hätte er in ihrer Ablehnung vielleicht eine schlimme Auffassung seiner bescheidenen Bitte sehen können, und das wollte sie erst recht nicht haben.

Denn bescheiden und sehr höflich und trotz allem schüchtern war der Brief.

Sie zog ihn aus dem Handtäschchen und las ihn wieder.

»Sie zeigten so viel Anteilnahme an dem herben Schlage, der mich getroffen und mir alle Illusionen geraubt hat, daß ich es wage ...«

Wahrscheinlich wollte er sich aussprechen. So ein junger Mensch hat ja eigentlich niemand, dem er eine Herzensgeschichte anvertrauen kann, und nachdem sie ihm damals bei dem Ausfluge in Schliersee Interesse gezeigt hatte, konnte er ja glauben, daß sie ihn auch weiter anhören wollte. Warum eigentlich nicht?

Es war Abwechslung in einem langweiligen, freudlosen Leben.

Warum sollte sie gar so ängstlich oder so streng in der Auffassung ihrer Pflichten sein? Nahm etwa ihr Mann Rücksicht auf sie? Resis Worte fielen ihr ein: »Uns Frauen g'schieht eigentlich recht, wenn uns die Männer so beiseit schieben ... Warum lassen wir's uns gefallen?«

Die Frau Schegerer vertrauerte ihre Zeit sicherlich nicht mehr.

Sie war nach dem Ausfluge schon zweimal zu Paula gekommen und war mit ihr in ein Café im Hofgarten gegangen. Und es war ihr aufgefallen, wie fröhlich und gesprächig sie geworden war. Sie hatte Resi gefragt, ob sie den Ingenieur, den Herrn Otto, noch einmal gesehen habe. Da war sie ihr um den Hals gefallen und hatte ihr einen Kuß gegeben und hatte lachend gesagt: »O du Tschapperl, du liebs ... meinst, ich bleib Strohwitwe bis in alle Ewigkeit, Amen? So gutmütig bist ja bloß du!«

So gutmütig war bloß sie.

Heute bei Tisch hatte Benno wieder einmal den Großartigen gespielt und gesagt, er hätte Aussicht, die Alleinvertretung der größten hamburger Firmen in Kaffee zu erhalten, und das wäre eine Gelegenheit, das Geschäft großartig auszubauen. Sie kannte diese Reden schon und gab nichts darauf.

Aber die Alte hatte Andeutungen gemacht, als fehle ihrem Benno bloß noch die richtige Geschäftsfrau. Sie hatte es nicht rundheraus gesagt, sondern den Angriff wie gewöhnlich in einer Erzählung versteckt angebracht.

Wie der und der in Flor gekommen sei, bloß weil eine tüchtige Frau im Laden alles überwacht hätte.

Diesmal hatte es Paula nicht schweigend überhört.

Sie hatte Benno aufgefordert, sie in Schutz zu nehmen. Ob es vielleicht nicht wahr sei, daß sie ihm angeboten habe, im Laden mitzuhelfen? Ob er sich nicht dagegen gesträubt und gesagt habe, das wolle er nicht, das tauge nichts? Und jetzt müsse sie noch die Vorwürfe einstecken ...

»Ich weiß net, was du hast,« hatte dann die alte Schlange gesagt. »Ich hab dir doch mit kei'm Wort Vorwürf gemacht. Ich hab bloß erzählt, daß der Homberger das meiste seiner Frau verdankt ...«

So machte sie's immer, und Benno nahm nie Stellung für seine Frau. Nie. »Sei doch net gar so nervös!« sagte er. »Und laßt's wenigstens mich in Ruh mit dena G'schicht'n ... Wenn ich müd und abg'spannt da rauf komm, will i kein Streit hamm ...«

Das lag in seiner Natur: alles von sich wegschieben und dazu große Worte machen. Paula seufzte.

Ja, eigentlich war man selber schuld, wenn man sich herumschubsen ließ.

Ein Herr und eine sehr stark parfümierte Dame gingen vorüber. Die Dame musterte sie mit neugierigen Augen und wandte den Kopf nach ihr um.

Sah man's ihr an, daß sie da auf jemand wartete?

Jesus! Wenn eine Bekannte sie sehen würde!

Die Alte hatte ihr ohnehin mißtrauisch nachgeschaut, weil sie das beste Kleid angezogen hatte.

Sie stand von der Bank auf, denn mit einemmal war eine ängstliche Unruhe in ihr, und sie nahm sich vor, den Weg langsam zurückzugehen.

Kam er ihr zufällig entgegen, so wollte sie ein paar Worte mit ihm reden und ihm sein Unrecht vorhalten; kam er nicht, so war es noch besser.

Aber schon nach einigen Schritten überlegte sie, daß er auch von der andern Seite um das Rondell kommen könnte und sie dann verfehlen müßte.

Sie wußte, daß die Wohnung, die er im Briefe angegeben hatte, im Lehel lag, und wenn er von daheim kam, konnte er ihr auf dem Wege, den sie jetzt eingeschlagen hatte, nicht begegnen. So kehrte sie um, und als sie wieder bei der Bank angelangt war, sagte sie sich, nachdem sie nun doch einmal da wäre, könnte sie nichts Besseres tun als warten.

In diesem Augenblick kam Franz. Sie ging ihm entgegen, und er grüßte etwas befangen und sah auf seine Uhr.

»Ich wär' früher gekommen, wenn ich's gewiß gewußt hätte ...«

»Ich hab auch gar net kommen wollen,« erwiderte Paula, »aber ich hab mir denkt, schreiben soll ich auch net, und da is 's doch das gescheitest, ich sage Ihnen selber, daß so was net sein darf ...«

Franz gab ihr innerlich recht.

Er hatte sich auf dem Herweg gesagt, daß sein Brief ungehörig und mehr als kühn gewesen sei, und er hatte sich schon damit abgefunden, daß sie nicht kommen und ihm die Zumutung verübeln würde.

»Sie waren vielleicht überrascht?« fragte er.

»Was S' Ihnen nur denkt hamm? Am End hat Ihr Freund Ihnen den Rat geben? Jessas, wenn der wüßt, daß ich ...«

»Nein, Frau Paula ... Ich würde keinem Freund so was anvertrauen ...«

»Gelten S' net? Ich glaub nämlich, daß er eine schlechte Meinung von den Frauen hat, und wenn's auch hundertmal wahr is, daß ich bloß deswegen kommen bin, damit ich Ihnen das ausred', des helfet mir doch nix ... Ich möcht net wissen, was er zur Resi sag'n tät ...«

»Die zwei haben sich wahrscheinlich schon öfter troffen?«

»Ich glaub, meine Freundin is ... no, wie soll ich sagen? ... sie hat halt a anders Temperament ...«

»Sie is mir damals sehr lustig vorkommen ...«

»Es is a Glück, wenn ma 's Leben so auffassen kann. Ich denk mir's oft. Ich kann's halt net, ich bin so schwerfällig, und die Angst, die ich ausstehen müßt'. Aber jetzt hamm S' mir immer noch net gsagt, was S' Ihnen denkt hamm ...«

»Bei dem Brief?«

»Ja ... Jessas, was hätt' ich g'sagt, wenn zum Beispiel mein Mann den Brief g'lesen hätt?«

»Insofern war's unvorsichtig, aber ...«

»Ich glaub, ich wär in 'n Erdboden versunken ... Nur daß er natürlich meine Brief net kontrolliert, weil er weiß, daß er sich da verlassen kann. Mir is ja noch nie so was passiert ...«

»Da sind wir gleich am Chinesischen Turm,« sagte Franz. »Möchten Sie nicht eine Tass' Kaffee trinken?«

»Um Gottes will'n! Wenn mich wer sehen tät ... Was müßten sich die Leut' denk'n?«

»Wir können uns doch zufällig getroffen haben ...«

»Die Welt is schlecht, die is immer glei fertig mit'n Urteil ...«

Der Garten war beinahe leer; nur an einigen Tischen saßen Leute, die sich nicht um die Ankommenden zu kümmern schienen, und da Franz zögernd stehen blieb, sagte Paula:

»Eigentlich is ja nix dabei, ma kann doch mit Bekannten in an öffentlichen Garten sitzen ...«

»Ich mein', wenn man selber weiß, daß man nichts Unrecht's will ...« erwiderte Franz. Sie nahmen Platz und ließen sich Kaffee bringen.

»Ich wunder mich über mich selber,« begann Paula wieder. »Wenn mir das wer gsagt hätt, vor a paar Tag noch, daß ich mit an fremden Herrn...« – »Ich bin Ihnen doch nicht fremd...«

»Oder überhaupt mit an Herrn ... daß ich da förmlich zu an Rendezvous komm ... das hätt ich nie für möglich ghalt'n ...«

»Ich hab das nicht wie ein Rendezvous aufgefaßt ...«

»O mei! Solche Brief wern S' scho viel g'schrieben hamm ...«

»Noch keinen einzigen.«

»Das sagt ma so, aber ohne Übung hätten S' Ihnen das net traut ...«

Franz machte ein sehr feierliches Gesicht, als er der Frau Globerger erklärte, daß es das Prinzip eines Ehrenmannes sein müsse, nie zu lügen und immer die Wahrheit zu sagen.

Und Paula schaute ihn mit ihren gutmütigen braunen Augen fast bewundernd an.

»Ich war nur einmal verliebt, das hab ich Ihnen ja erzählt; auf meiner Seite war's wirklich eine ehrliche Neigung, aber wie ich dann getäuscht worden bin, da war's mir grad, als wenn mein Herz ausgebrannt wär ...«

»Erzählen S' mir a bissel was davon ...«

»Von meiner Liebe? Da is net so viel zu erzählen. Ich hab sie im Löwenbräukeller das erste Mal g'sehen, und ein Bekannter hat mich vorgestellt. No ja ... dann is es eben so weiter gangen ... bis zu dem Tag, wo ich alles erfahren hab müssen ...«

»Sie hamm mir's schon amal abgstritten, aber ich weiß gwiß, Sie hamm s' noch immer gern ...«

»Nein ... das wäre unwürdig ... wenn man einmal so was weiß ...«

Der junge Mensch sah nett aus in seinem Ernste; er machte so schwermütige, traurige Augen, und um seinen Mund lag ein energischer Zug, der Paula besonders gut gefiel. Er war so gewissenhaft, auf die Uhr zu sehen und zu sagen, daß er die Gnädige nicht in Verlegenheit bringen wolle.

»Jetzt bin i schon amal da, und so genau brauch ich auch net Rechenschaft ablegen ...«

»Ich hätt mir nur Vorwürfe gemacht, wenn Sie meinetwegen ...«

»Nein ... wenn mich wer sieht, bin ich halt spazieren gangen ...«

Sie sah ihn an und fand in seinen Augen einen Ausdruck ehrlicher Besorgnis.

Das rührte sie, und unwillkürlich legte sie ihre Hand flüchtig auf die seinige.

»Ich glaub, Sie sin ein furchtbar guter Mensch ...« sagte sie dabei.

»Gut? Ihnen schon ...« Er stieß es hastig heraus und wurde rot; dabei wandte er den Blick ab, als wolle er den Unwillen nicht sehen, den sein unbesonnenes Wort erregen mußte.

Auch Paula schwieg.

Ein Fink hüpfte auf den Tisch und wandte den Kopf mißtrauisch nach allen Seiten, dann kam er näher und pickte einige Krumen auf.

»Die Erklärung sind S' mir immer noch schuldig,« sagte Paula.

»Welche Erklärung?«

»Was Ihnen denkt hamm, daß Sie mir den Brief g'schrieben hamm?«

Ja, wie war der junge Mensch dazugekommen, seine Schüchternheit zu überwinden? Und wie sollte er's beschreiben? Es war ein merkwürdiges Gefühl, über das er sich nicht recht klar war; er hatte immer an die Begegnung denken müssen.

Er hatte sich so verlassen gefühlt seit der Enttäuschung, und Paula war die einzige gewesen, der er sich anvertraut hatte. Warum? Dafür gab es keinen Grund, den man sagen konnte.

Er hatte gleich die Empfindung gehabt, daß sie ihn verstehe, und es war ihm merkwürdig leicht ums Herz geworden nach der kurzen Aussprache.

Es war ihm zumut gewesen, als hätte er endlich die mitfühlende Seele gefunden, die er in seiner Einsamkeit gesucht hatte. Das alles sagte er, zuerst stockend, dann in fließender Rede.

Er hatte eine von der Aufregung belegte Stimme; wenn er von seiner Seele und seiner Einsamkeit sprach, klang es verschleiert und müde. Das machte Eindruck auf Paula.

Immer wieder legte sie ihre Hand auf die seine, und wenn er von dem merkwürdigen Zutrauen sprach, das sie ihm beim ersten Blicke eingeflößt hatte, drückte sie sie fest.

Wie lautete das anders als die kurzen, brummigen Worte, die sie daheim hörte.

Wenn sie zurückdachte an die ersten Monate ihrer Ehe, fand sie, daß Benno selbst damals nie so zart und rücksichtsvoll mit ihr gesprochen hatte.

Aber die derben Scherze und Zutraulichkeiten hatten bald aufgehört; er war immer wortkarger geworden und hatte ihr deutlich gezeigt, wie er sich in ihrer Gesellschaft langweilte; jetzt waren sie schon so weit, daß er ihr häufig auf Fragen nicht antwortete.

Ihr Vertrauen zu schenken, sich herzlich mit ihr auszusprechen, das war ihm nie eingefallen.

Franz aber sagte ihr Dinge, die sie wohl in Romanen gelesen, aber noch nie gehört hatte.

Und er sagte sie so herzlich und mit einem Unterton von Zuneigung, den sie wohl heraushörte.

Sie drückte wieder seine Hand.

»Sie sind wirklich ein guter Mensch, Herr von Riggauer ...«

»Sagen Sie doch Franz zu mir! Bitt schön ...«

»Also, Herr Franz ... und wissen S', eine Seelenfreundschaft, so eine Freundschaft, wo ... wissen S' ... wo eins zum andern das größte Vertrauen hat, die könnt ich Ihnen schon entgegen bringen ... Wissen S', ohne häßliche Nebengedanken ...« fügte sie hinzu, und Franz nickte ernsthaft.

Er stimmte mit ihr überein, daß die Nebengedanken häßlich seien.

»Unsereins,« sagte Paula nach einer kurzen Pause, in der sie sich treuherzig in die Augen geschaut hatten, »unsereins hat ja so oft das Bedürfnis, sich auszusprechen, und ich hab ja auch niemand, zu dem ich offen reden könnt ...«

»Ihr Mann ...?«

»M ... m ...«

Ein Schatten huschte über ihre Augen, und sie seufzte.

»Mit mei'm Mann kann ich am allerwenigsten reden. Der hört mich net an. Aber net daß Sie glauben, ich möcht ihm was nachsagen! Wissen S', das is halt so in der Ehe. Ich glaub, es geht alle andern grad so. D' Resi hat neulich zu mir g'sagt, daß ich in der gleichen Haut steck wie sie ...«

»Ja ... ja ...« antwortete Franz, den ihre Offenheit wieder etwas in Verlegenheit brachte.

»Aber eine Seelenfreundschaft!« rief Paula und sah ganz schwärmerisch zum grünen Laubdach der Bäume hinauf. »Oft ... du lieber Gott ... wie oft hab ich mir das g'wunschen! Und warum soll's das net geben? Sie denken nichts Schlechts von mir, gelt?«

»Im Gegenteil. Es gibt ja Leute, die das bestreiten, daß es so etwas gibt zwischen Mann und Frau, und die behaupten, daß immer die ... ein anderes Gefühl dazwischen käme, aber ich sehe nicht ein, warum ...«

»Gel, das sag ich auch, und wenn Sie mögen, und wenn Sie mir Vertrauen schenken, dann gilt's ...« – »Es gilt.«

Franz sagte es beinahe feierlich, und er schüttelte herzhaft ihre Hand.

»Eigentlich sollten wir ...« fuhr er fort, »ich meine, wenn wir wirklich Freundschaft mit einander schließen ...«

»Was?«

»Ich meine, wir sollten ...« er wurde sehr rot ... »wir sollten du zu einander sagen?«

Paula war viel zu natürlich, um die Erschrockene zu spielen.

»Das ist eigentlich wahr,« sagte sie, »wenn wir einander gut Freund sind, is doch nix dabei ... also wenn du magst ...«

»Du ... Gute!«

Eine halbe Stunde später gingen sie langsam der Stadt zu.

Auf dem Hauptwege begegneten ihnen viele Leute, die der schöne Abend zu einem Spaziergange verlockt hatte, und Franz schlug deswegen einen Umweg über Tivoli vor, wo es stiller war.

Es gab da ein paar versteckte Fußsteige, über denen dichtbelaubte Zweige ein schützendes Dach bildeten.

Und mit einem Mal, ohne daß Franz es sich vorgenommen, und ohne daß es Paula recht gewollt hatte, küßten sich die beiden, erst schüchtern und dann immer stürmischer.

»Jessas ... wenn jetzt wer kommen wär!« rief die gutmütige Frau Globerger und setzte sich den Hut zurecht.

»Es is niemand kommen ... und wenn? Das wird da herin schon oft passiert sein,« sagte Franz, den ein ungewohntes Siegergefühl verwegen machte.

»No ... i dank schön! Ich tät mich ja in 'n Erdbod'n verkriechen ...«

»Komm! Noch ein Bussel! Das aller-allerletzte!«

»N ... nein!«

Aber sie gab's ihm doch. Und darnach sagte sie:

»Eigentlich is 's ja unrecht. Mir hamm doch g'sagt, daß mir nur eine Seelenfreundschaft schließen ...«

»Das g'hört mit dazu ...«

»Du! Das glaub ich net. Aber jetzt is 's amal g'schehn ...«

Sie lachte fröhlich.

So leicht und heiter war ihr zumut wie schon lange nicht mehr.

»Da sin mir als Kinder oft runter kommen,« erzählte sie, als sie am Tivoligarten vorbeikamen. »Da waren alleweil Karussell, und i bin für mein Leben gern g'fahr'n. Weißt was, wenn 's Oktoberfest is, geh'n mir mitanand auf d' Wies'n zum Schottenhamel oder in d' Hendlbraterei. Da sitzen net so viel

Leut, und i nimm mir scho an Ausred daheim, na können mir lang sitz'n bleib'n ... I freu mi scho drauf ... Und an Ausflug könnt'n mir auch amal mach'n ... nach Gauting oder nach Starnberg ... Radelst du?«

»Freilich ... du auch?«

»Und wie gern! Früher hab ich oft kleine Touren gemacht, aber in die letzten Jahr bin ich nie mehr dazugekommen ...«

»Wenn du magst, am nächsten Sonntag ...«

»Ja! Ja!« Sie patschte in die Hände. »Jessas, da muß i glei mein Rock zu der Schneiderin trag'n ... und mei Blusn muß i mir a bissel z'sammricht'n, und, weißt was, ich sag daheim, ich fahr wieder amal mit der Stufer Annie, das is a Freundin von mir, und der schreib ich an Brief, daß s' mir zu dem Schwindel hilft ...« Sie hielt plötzlich inne und sah ihn ernsthaft an. »Gelt, du denkst dir am End was Schlechts von mir?«

»Nein! Ich denk mir halt, du hast schon lang keine Freud mehr g'habt ...«

»Und dös is auch wahr. I hab nix g'habt wie Langweil und grantige Stund'n ... Jetzt bin i so froh, weil mir gute Freund sein wollen ... net, Franz!« – »Einen Abschiedskuß!«

»Na ... heut nimmer! Schau, es kommen auch Leut da vorn ... und in der Lerchenfeldstraße mußt d' mich allein gehen lassen, sonst könnt uns wer seh'n ...«

»Aber beim Wiederseh'n krieg ich dafür das allerbeste Bussel ...«

»Eins ... vielleicht ... und du wartst am Sonntag früh mit 'n Radl auf mich. Wo treffen mir uns?«

Franz überlegte, doch Paula kam schneller zu einem Entschlusse.

»Am Sendlingertorplatz beim Brunnen ... um acht Uhr ... Is dir recht?«

»Ich bin pünktlich da; dösmal komm ich schon früher, daß du net warten mußt ...«

»Und jetzt laß mich allein gehen! Adjö ... adjö ...«

Der Ausflug nach Planegg verlief hübsch und ließ die Seelenfreundschaft sich vertiefen. Paula hätte sich dem beglückenden Gefühle der Freiheit noch viel mehr hingegeben, wenn nicht eine rechte Schulmädelangst in ihr gesteckt hätte.

Jeder Blick, der ihr folgte, erregte Bedenken in ihr. Was sich der gedacht hatte? Ob er sie vielleicht gekannt hatte? Er hatte sich doch so g'spaßig umgedreht.

Wenn ihnen größere Scharen von Radlern und Radlerinnen entgegenkamen, überfiel sie ein Schrecken, der ihr Herzklopfen verursachte. Einmal sprang sie hastig ab und wollte sich im Walde verstecken, weil sie einen Bekannten von weitem zu sehen glaubte, und als sich das als Irrtum herausstellte, konnte sie sich doch noch lange nicht beruhigen. Wenn es der gewesen wäre! Und es war doch so leicht möglich, daß der oder ein anderer auf der belebten Straße daher kam!

Franz gab sich Mühe, ihr die Angst auszureden.

Erstens – dozierte er –, erstens könne in der bloßen Tatsache, daß sie einen Ausflug mache, gar nichts Sonderbares oder Verdächtiges erblickt werden, und zweitens würde es um so weniger auffallen, je gleichgültiger sie dabei bliebe. Natürlich, wenn sie selber eine solche Überraschung oder einen solchen Schrecken zeige ...

»Weißt, Franz, ich bin halt so was gar net g'wöhnt. D' Resi fahret lachend an die Leut vorbei oder machet ihna no wo mögli a lange Nas'n ... Aber ich zitter förmlich, wenn wer daherkommt ...«

Indessen war alles gut vorübergegangen. Weder auf dem Wege noch im planegger Wirtsgarten waren ihnen Bekannte untergekommen, und der kleine Gott, der für Liebende so trefflich sorgt, schien auch das ihm weniger vertraute Gebiet der Seelenfreundschaft zu überwachen.

Diese Freundschaft aber verlangte, daß man sich einmal gründlich aussprach, an einem Ort, wo jede Störung ausgeschlossen war.

Franz schlug es vor, und Paula stimmte ein.

Aber wo ließ sich diese Sicherheit finden? Man dachte an kleine, versteckte Lokale, an Ausflugsorte, kam davon ab und nannte wieder andere, bis Franz ein bißchen zögernd die Meinung äußerte, ganz und absolut ungestört sei man am Ende nur in seiner Wohnung.

Paula widersprach, aber sie widersprach nicht so, daß man den Gedanken sogleich fallen lassen mußte.

Es gab Wenn und Aber, und mit ihnen gab es eben doch die

Möglichkeit, und wo erst eine Möglichkeit ist, siegt die Liebe, und wo diese siegt, kann auch eine tiefe Seelenfreundschaft auf Erfolg rechnen.

Es wurde ausgemacht, daß Paula an einem Mittwoch Nachmittag in Franzens Wohnung kommen sollte. Die Türe würde offen stehen, so daß sie nicht erst läuten und warten müßte, alle Maßregeln sollten getroffen sein, daß ihr niemand im Gang begegnen könnte.

Wieder war das Glück hold, und zur bestimmten Stunde stand Paula, vor Aufregung und Verlegenheit hochrot, in dem kleinen Zimmer, das Franz bewohnte.

Nachdem sie hastig hineingeschlüpft war und noch eine Weile gehorcht hatte, ob sich keine Neugierde bemerkbar machte, blieb sie mitten im Zimmer stehen und sagte:

»Bleiben tu ich fei net. Ich geh gleich wieder ...«

»Aber mir haben doch ausg'macht, daß mir uns endlich richtig aussprechen wollen ...«

»Nein, Franz, das darfst net verlangen. Was mußt du dir überhaupts von mir denken? Daß ich als verheiratete Frau ... Jessas! Es war scho zu leichtsinnig, daß ich da raufgangen bin ...«

»Du zeigst mir damit Vertrauen,« sagte Franz, »und du darfst von mir glauben, daß ich das zu würdigen weiß ...«

»Schon, aber ich bin halt doch in dei'm Zimmer ... na, ich geh glei wieder ... weißt was, gehn wir mitanand in Englischen Gart'n ...«

»Wenn du absolut willst ... aber dann haben wir unsere Absicht nicht erreicht ...«

»Was für a Absicht?«

»No, daß wir uns ungestört aussprechen; das haben wir doch neulich ausgemacht ...«

»Da hab i net g'wußt, daß 's mi so hart ankommt. Du glaubst gar net, was ich für a sonderbars G'fühl hab ...«

»Ach geh ... du Gute ... setz dich her und nimm dein Hut ab ...«

»Na, dös tu i net ... an Hut tu ich net runter ...«

Sie setzte sich ganz vorne an die Ecke des Diwans, und Franz saß ihr gegenüber auf einem Stuhle.

Sie fächelte sich mit ihrem Taschentuche Kühlung zu, er hatte die Hände auf die Knie gelegt, und eine Befangenheit war zwischen ihnen, größer wie beim ersten Stelldichein. Manchmal griff Paula nach ihrem Hute, wie um sich zu vergewissern, daß er noch oben sitze, und es schien, als betrachte sie ihn als einen Talisman in dieser Gefahr.

Allmählich gewann sie ihre Sicherheit, und nun schaute sie neugierig im Zimmer herum.

Zwei gekreuzte Schläger hingen an der Wand, darunter einige Photographien, gegenüber war eine Bücherstellage, in der ein paar dicke Folianten nach schwerer Gelehrsamkeit aussahen, und Paula war gleich bereit, sie mit Respekt zu betrachten.

Es entging ihr auch nicht, daß obenauf ziemlich viele Hefte lagen, die, ebenso wie einige Tintenflecke auf dem Tische, den Fleiß des Herrn Studenten verrieten.

Die bescheidenen Möbel, das Bett, einige Stühle und eine polierte Komode waren sehr sauber gehalten; neben dem Spiegel hingen etliche bunte Mützen und wieder einige Bilder; in der Ecke neben dem Ofen stand ein breiter, behäbiger Kleiderschrank.

Also hier hauste er.

Der Raum kam ihr recht behaglich vor, und sie dachte, wenn an den langen Winterabenden die Petroleumlampe brenne und das kleine Zimmer mit ihrem Lichte erfülle, müsse es sich darin sehr gemütlich arbeiten lassen.

Sie strich über die Plüschdecke, die über den Diwan gebreitet war. Und plötzlich kam ihr der Gedanke an die andere, die wohl oft hier gewesen war. Mit einer raschen Kopfbewegung gegen Franz sagte sie:

»Geh, zeig mir ihr Bild!«

Er verstand sie nicht gleich; erst ihr Lächeln verriet ihm ihren Wunsch.

»Du meinst von ... ihr ... das hab ich doch nicht mehr ...«

»Das sagst d' halt ...«

»Nein, wirklich net; damals hab ich's verbrannt mit ihren Briefen ...«

»War sie oft da?«

»Ach komm, wir wollen doch net davon reden ...«

»Nein, das mußt d' mir sagen ... Hat sie dich oft b'sucht ... da?«

»Erstens hab ich damals gar net hier g'wohnt, sondern in der Galeriestraß', und zweitens war sie überhaupt nicht so oft bei mir, wie du glaubst ...«

»Also da herin war s' nie?« – »Nein!«

Paula rückte vergnügt weiter auf dem Diwan zurück.

»Du ...« sagte sie, »jetzt bin ich lieber da. Weißt, es war mir doch g'spaßig, daß ich gewissermaßen ... no ... du weißt schon ...«

»Nein ... bitte, sag's ...«

»No ... halt ... so gewissermaßen ...« Sie wurde rot und lachte.

»Du meinst?« fragte er.

»Wie die Nachfolgerin,« sagte sie resolut.

»Aber Paula, unsere Freundschaft hat doch damit ...«

»J ... ja, aber schau, ma denkt halt doch dran. Net? Wie ich jetzt da so auf dem Diwan g'sessen bin, hab ich mir vorgestellt, genau so is amal die andere auch da g'sessen, und was ma sich halt so denkt, und das schiniert ein so, weißt.«

»Solche Gedanken mußt du dir nicht machen. Das is wie eine Entweihung.«

Sie schaute ihn an.

Er hatte wieder den netten, ernsten Zug um den Mund.

»Ja, wie eine Entweihung. Schau, ich vergleich dich doch nie mit ihr, ich meine, es is gar nichts in dem Gefühl, das ich dir entgegenbring, was man mit dem früheren vergleichen kann. Du bist für mich doch etwas ganz anderes, viel Höheres ...«

»Is das wahr? Hast du net denkt, die is jetzt auch kommen, und so ... du verstehst schon?«

»Nein, mit keinem Gedanken. Ich schwör dir ... das liegt mir so fern; es tut mir weh, daß du dich in Beziehung bringst zu der ...«

Sein Gesicht drückte wirklich Schmerz aus, und Paula sprang auf, nahm seinen Kopf in beide Hände und gab ihm rasch einen Kuß.

Dabei war ihr der Hut hinderlich, und ohne ein Wort darüber zu verlieren, zog sie die Nadeln heraus und legte ihren Talisman auf die Kommode.

Franz stand hinter ihr; da beugte sie den Kopf zurück, und sie küßten sich wieder.

»Du, jetz is 's aber g'nug,« sagte sie.

»Wer is das?« Sie deutete auf eine Photographie.

»Meine Eltern.«

»Ah, deine Eltern ...« Sie nahm das Bild von der Wand und betrachtete es.

»Du siehst dei'm Papa sehr ähnlich, und die Mama sieht noch jung aus. Wann is denn das Bild gmacht?«

»Erst vorigs Jahr ...«

»Geh, das möcht ma net glauben ... eine Frau, die so an großen Buben hat ... Du, komm, setz dich zu mir und erzähl mir was von deine Leut. I hör dir so gern zu, und, weißt, dös is mir auch so was Ungewohnt's und so was Liebs, wenn du was für mich verzählst. I bin von daheim bloß a paar Brummer gwöhnt ...«

Sie saßen auf dem Diwan, und der Franz erzählte. Die Eltern hatten ein Gut, nicht weit von Landshut entfernt; der Papa war früher Offizier gewesen, Leutnant bei den Chevauxlegers. Das merke man immer noch. Er sei streng und leide keine Unordnung.

»Du hast das von ihm,« unterbrach ihn Paula und zog eine Linie vom Mundwinkel abwärts. »Du kannst auch so streng ausschauen.«

»Ich soll mehr meiner Mama nachg'raten sein. Wenigstens daheim behaupten sie's ...«

»'s Mutterbuberl!«

Sie schmiegte sich an ihn.

»Bist du der einzige?«

»Nein, wir sind drei Geschwister; einen Bruder hab ich, der soll einmal das Gut übernehmen; vorläufig ist er Leutnant in Landshut, und eine Schwester, die ist erst aus 'n Institut kommen ...«

»Ihr müßts vornehme Leut sei ...«

»Wie kommst d' auf so was?«

»Ja, weißt, dös sieht man gleich ... dös hab i beim ersten Mal g'sehn, schon in der Eisenbahn ... Hast du mi eigentli damals auch bemerkt?«

»Freilich, und auch dein ...«

»Mein Mann, meinst d' ... Was hast d' dir eigentlich denkt, was das für a Gsellschaft is?«

»Ich hab scho kennt, daß ihr Münchner seid, und ...«
»Du, hast gleich das Gfühl g'habt, als obs d' mi kenna lerna möchtst?«
»Ja, du hast mir gleich g'fall'n!«
»Besser wie die Resi? Die hat nämlich allaweil auf dich nüberg'schaut ...«
»Die Resi gfallt mir überhaupt nicht so b'sonders ...«
»Gel, weil s' so herausfordernd is?«
»Aufrichtig g'stand'n, ich hab mich wenig drum kümmert.«
»Jessas, wenn ich denk, dös is bloß a paar Wochen her; da warn mir anander noch ganz fremd, und jetz sitz i neben dir in dein Zimmer ...«
Sie lehnte den Kopf an seine Schulter; er zog sie näher an sich und küßte sie ...
»Du lieber, lieber Bub!«
»Paula ...«
»I hab glei g'wußt, daß i di gern hamm könnt ...«
»Hast du mich gern? Richtig gern?«
»Wie kannst noch frag'n ... du! ... Aber Franz! Was tust d' denn? ... Franz! ...«

»Aber na! I scham mi ...!«
Paula hielt die Hände vors Gesicht und guckte ein bißchen durch die Finger auf Franz, der ein netter Bursche war und keine Siegermiene aufsetzte. Er lächelte glücklich und zog ihr langsam die Hände weg.
»Jetzt wirst dir ganz gwiß denken, die is wie alle andern?«
»Ich denk überhaupt nix, ich möcht nur ein Busserl ...«
»O du lieber, lieber Bub!«
Sie war ganz zärtliche Hingebung, er war heiter und viel gesprächiger wie bisher; auf ihre liebkosenden Worte, die nicht immer tiefen Sinn hatten, antwortete er auch mit einem lustigen Lachen. Sie sah ihm mit glückstrahlenden Augen zu und rief:
»Was du für schöne Zähne hast! Ein am andern und schneeweiß ... Überhaupt bist du so reinlich ...«
»Das muß man doch sein.«
»M ... hm ... ma müßts allerdings sein ...«
Irgend etwas fiel ihr ein, und eine Falte zeigte sich auf ihrer Stirne. Sie seufzte.

»Jessas! du, wenn mei Mann wärst! ... Aber das is Unsinn ... gel? Du bist ja viel z' jung ... eigentlich bist d' noch a Bub ... wenn d' mi so anschaust, hast noch ganze Kinderaugen ...«

Sie fuhr mit der Hand in sein dichtes Haar und zog seinen Kopf an sich.

»Schlaf, Bubi, schlaf! ... Und dabei hat er an Schatz, und i bin net amal sei erster ... Du, hamm dich die andern auch so gern g'habt? Keine Falten ziehen, kein böses G'sichtl machen! Braves Bubi sein! Ich frag bloß, weil i's wissen möcht ...«

Er lachte.

»Das glaub ich dir ...«

»Gel, ich bin recht dumm? Am End is dir mei Unterhaltung fad?«

»Nein ... aber nach der andern mußt mich net frag'n ...«

»Nach *die* andern ...«

»Jetzt soll ich dir ein ganzes Register aufzähl'n ...«

»Na, i will's net wiss'n ... aber der andern, weißt, wo du so unglückli warst, der tät ichs net gönnen, daß sie dei erste Liebe war ...«

»Ich war gar net so unglücklich ...«

»Ooh! Denk nur dran, was d' mir in Schliersee erzählt hast. Und so traurige Aug'n hast d' gemacht ...«

»Ich glaub, ich hab ein bissel Eindruck schinden wollen.«

»Was is dös?«

»No, weißt, ich war gleich in dich verliebt ... oder jedenfalls hast du mir gleich g'fallen, und da hab ich auf dei gut's Herz spekuliert ...«

»O du! Und ich hab glaubt, du kannst net bis fünfi zähln! Da sieht ma die Männer ... Ihr seids alle falsch ... Ganz g'wiß hast d' scho was vorg'habt, wie du mich bitt' hast, ich soll da raufkommen ...«

»Nein. Paula ...«

»Wirklich net?«

»Mein Ehrenwort ... ich hab nicht daran gedacht ... das is so von selber kommen, so unwillkürlich, nein, so was darf doch keine Berechnung sein ...«

»Ich glaub dirs auch, du lieber Bub ...«

»Und du, Paula? Reut's dich?«

Sie schlang den Arm um seinen Hals. »Gar net ... im Gegenteil ... So glücklich bin i ... Und warum soll's mich denn reu'n? Weißt, wenn alles so wär, wie's sein könnt, oder wie's eigentlich sein müßt ... Du verstehst mi schon ... nachher könnt ich mir ja Gedanken machen ... aber so! Na ... gar net im mindesten reut's mi ...«

Es klang trotzig, und wieder so, als wollte sie sich selbst einreden, daß sie im Recht gewesen sei.

Sie erzählte ihm von ihrer unerfüllten Sehnsucht nach dem Glück, doch umschrieb sie alles und sagte nichts mit deutlich hinweisenden Worten.

Indes sie davon sprachen, traten ihr die vielen bitteren Enttäuschungen und ihre trüben Stimmungen deutlich vor Augen, und sie begann plötzlich zu weinen.

»Du darfst net schlecht von mir denken ...«

»Aber liebe, gute Paula ... du ... ich bin dir so dankbar ... ich verehr dich doch so ...«

»Das mußt d' mir versprechen, daß d' mi net für so was ...« sie schluchzte stärker ... »für so was haltst ... Nie! Nie!«

»Ich versprech dir's ... ich verehr dich doch so ... ich weiß ja jetzt erst, wie lieb ich dich hab ...«

Sie trocknete ihre Tränen.

»So Heimweh hab i oft g'habt ... so Zeitlang ... für jedes gute Wort wär ich dankbar g'wes'n ... aber ...«

Sie fing wieder zu weinen an.

Er hatte tiefes Mitleid mit ihr und versuchte sie zu trösten.

»Bin ich schuld, du Liebe? Verzeih mir's doch ...«

»Nein, du bist net schuld ... es is bloß, weil mir allerhand ei'fallt ...«

»Ich mach mir aber doch Vorwürfe ...«

Sie sah ihn zärtlich an.

»Du brauchst dir kei' mach'n. Da kannst du nix dafür und kann ich nix dafür ... Es war ja wirklich kei Berechnung dabei, aber gut sein mußt d' zu mir, und zeig'n sollst d' mir's net, denn ... wenn ...«

»Was meinst du?«

»Zeigen sollst d' mirs net, wenn ich dir vielleicht amal gleichgültiger wer ...«

»Das wirst du nie!«

»Da is ja auch kei Absicht dabei ...«

»Nein, – nie! Das ist so ausgeschlossen. Das ist so unmöglich! ... Schau, lieber, guter Schatz ...«

»Ach geh! Wie er das sagt!«

»Ich schwör dir's ...«

»Sag nochmal Schatz ... dös hör ich so gern von dir ...«

»Schatz! Lieber Schatz!«

»Du!«

Es dämmerte schon, als Paula vor dem schmalen Spiegel stand und ihren Hut aufsetzte. Sie wehrte Franz ab, der sie immer wieder küssen wollte.

»Net ... net ... du! Ich muß jetzt machen, daß ich heimkomm. Du darfst mir mei Frisur net in Unordnung bringen ... eins noch ... aber ganz zart ... so ...«

Sie trat näher an den Spiegel und prüfte ihr Aussehen.

Ihr Teint war frischer, ihre Augen blickten lebhafter wie sonst, und ein Gefühl von Gesundheit und Jugend durchströmte sie. Sie legte die Hände an die Hüften und straffte sich, drehte sich blitzschnell um und umarmte Franz.

»Da! No a Bussel ... und noch eins! Aber jetzt muß ich geh'n. Jessas! Es is scho acht Uhr vorbei ... Was sag i denn daheim?«

»Hast du Unannehmlichkeiten?«

»N ... na! Höchstens ärgert sich die Alte, daß i net pünktlich beim Essen da war ... sonst wer i net so schwer vermißt ... Ich glaub, daß ma scho lang ausgangen is ... Freili! Heut is ja Kegelabend ...«

Sie sagte nicht »er«, und noch weniger brachte sie es über sich, seinen Namen zu nennen, sie sagte »man«.

»Ich glaub, daß ma heut nachmittag überhaupts net heimkomma is ... sondern gleich vom Kaffeehaus weg ins Wirtshaus ... i bin froh, na begegend ma sich heut nimmer ... ach ja ... Bubi ...«

Sie seufzte.

»Wie komm i jetzt raus? Meinst d', es sieht mich niemand im Gang?«

Sie stellte sich an die Türe, öffnete sie sehr leise und horchte.

Wie sie so spähend dastand, huschte ihm blitzschnell die Erinnerung an eine andere durch den Sinn; es war etwas Unangenehmes, Störendes, über was er sich keine Rechenschaft gab. Sie flüsterte:

»Adjö ... Bubi ... ich geh jetzt ...«

»Soll ich mit? ...«

»Nein ... du mußt dableib'n ... Am Samstag ... gel? Adjö ... Bubi ...«

Sie schlich auf den Zehenspitzen durch den Gang. Die Wohnungstüre knarrte ein bißchen, dann klappte das Schloß zu. Noch einmal dachte er an eine fatale Ähnlichkeit, aber er wehrte sich fast unwillig dagegen.

War es nicht häßlich und undankbar, an so was auch nur zu denken? Mit solchen Gedanken eine Frau zu beleidigen, die so reizend, so hingebend, so natürlich war?

Er blickte im Zimmer herum, in dem sich dieses Große, Merkwürdige begeben hatte, und es schien ihm, als könne er nicht recht daran glauben. Aber da lag etwas auf dem Boden, dicht neben dem Diwan.

Ein brauner Glacéhandschuh. Er hob ihn auf und legte ihn in die Kommode; dabei sah er sein Bild im Spiegel, und er lächelte sich an.

Wer hätte das gedacht? Eine ehrbare, nette Bürgersfrau, und so verliebt und so stürmisch! Man hat doch immer falsche Vorstellungen ...

Er nahm eine bunte Mütze vom Nagel herunter, setzte sie sehr schief auf und betrachtete lachend sein Bild.

So tritt man aus der naiven Jugendzeit in die reifen Jahre und in die Abenteuer.

»Was de hat?« brummte die alte Frau Globerger vor sich hin und blieb horchend auf der Treppe stehen. Im Wohnzimmer machte sich Paula etwas zu schaffen und trällerte ein Lied.

»Dös is was Neu's bei ihr ... sonst hat ma s' das ganze Jahr net g'hört.« Sie ließ es sich nicht nehmen: mit der Schwiegertochter war irgend was passiert; ohne Grund verändert man sich nicht so völlig in ein paar Wochen. Sonst war Bennos Frau still, so ein bißchen gedrückt und wehleidig; zanken hörte man sie selten, aber beleidigt war sie gleich, und dann saß sie schweigend bei Tisch und schmollte.

Jetzt war sie ausfällig und gab so scharfe Antworten, wie man sie nie von ihr erwartet hatte.

Neulich ... ja, wie war das gleich? – Da fing sie selber an

und hielt sich darüber auf, daß Benno schmatzte beim Suppenessen... Frau Sophie erinnerte sich jetzt genau... es war eine Nudelsuppe... und da sagte Paula auf einmal ganz heftig, wenn er nicht anders esse, müsse sie vom Tisch aufstehen.

Sie kannten sich zuerst gar nicht aus, sie und Benno, was Paula hatte, ob das Spaß war oder Ernst, denn so was war man von ihr nicht gewohnt. Aber sie war richtig zornig, ganz mächtig, und wie Benno vielleicht mit Fleiß oder aus Spaß die Nudeln erst recht laut hineinschlürfte, warf sie den Löffel auf den Tisch und lief hinaus und schmiß die Tür zu.

Nachher, wie Benno ins Kaffeehaus gegangen war, fragte sie die Schwiegertochter, gut und sanft, wie es überhaupt ihre Art war, was sie denn gehabt habe. Wenn ein Mann so eine Gewohnheit habe, in Gottes Namen, die müsse man halt nicht beachten; wenn man verheiratet sei, gäbe es allerhand, was man nicht so kritisch anschauen dürfe... aber, – gute Nacht!

Wie die sich brauchte!

Das hätte sie jetzt oft genug gehört, daß man das ertragen müsse, und das leiden müsse, und das hinnehmen müsse, und die ganze Ehe sei für gewisse Leute überhaupt nichts wie ein Recht für den Mann und ein Zwang für die Frau. Vom ersten Tag an habe man ihr das gepredigt, und sie hätte nur gesehen, daß eine Frau schlechter daran sei wie eine Magd. Vor der nehme man sich immer noch mehr zusammen.

Und da fragte sie, die Frau Sophie, und zwar in aller Güte, wie sie es nun einmal gewohnt war, was sie, die Paula, denn habe. Was ihr auf einmal eingeschossen sei... der Benno sei doch weiß Gott der gutmütigste Mensch, den man sich denken könne.

»So? Gutmütig?« fragte sie, die Paula, zurück. Und ob das alles sei, und auch das sei erst noch die Frage, denn wenn einer letschig sei – letschig sagte sie, wortwörtlich – deswegen sei er noch lange nicht gutmütig, und sie verlange einmal, daß er auf sie Rücksicht nehme. Wenn Gäste da seien, warum könne er sich da zusammennehmen? Aber natürlich bloß für die Frau und bloß wegen der Frau, da sei es nicht der Mühe wert. Das seien so die richtigen Spießeransichten. Woher sie bloß die Ausdrücke hatte? Spießeransichten, sagte sie, und von münchner Bierphilistern sagte sie auch was. Die keine Manieren hätten und die noch damit protzten, daß sie rüpelhaft seien. Nein, rüpelhaft sagte sie nicht ... rauhbeinig, so sagte sie ... lauter Ausdrücke, die man im Hause noch nie gehört hatte. Die Paula hatte eine andere Sprache und andere Manieren und einen andern Humor, ganz plötzlich – und das sah sie deutlich, und blind war die alte Globergerin Gott sei Dank nicht. Es gab noch allerlei, was ihr auffiel.

Allerlei.

Zum Beispiel: daß man sich in den letzten vierzehn Tagen zwei neue Blusen angeschafft hatte.

Und daß man es verheimlichen oder gar abstreiten wollte.

Denn wie sie die Paula ganz zufällig fragte, woher die neue Bluse wäre, wurde sie gleich ausfällig. Das sei keine neue, und sie verbitte sich die Schnüffeleien.

Keine neue!

So was mußte man ihr, der alten Globergerin, weismachen wollen, die jedes Abwischtuch im Hause kannte, jeden Putzhadern, und der kein neuer Rocksaum entgehen konnte.

Keine neue!

Mit der gestreiften, vom Hirschberg, über die sie sich damals schon genug geärgert hatte, weil das nicht der Brauch gewesen war, wenigstens früher nicht, daß sich Bürgersfrauen so modische Sachen aus den Läden holten, mit der gestreiften war sie nach Schliersee gefahren.

Und die weiße mit dem Muster war danach gekauft, und die andere weiße auch.

Nur nicht glauben, daß man sie anblümeln könnte.

Und zu was mußte man denn heftig werden? Und warum ging man jeden Nachmittag aus dem Haus? Das waren lauter Dinge, über die man sich seine Gedanken machen konnte.

Dem Benno natürlich fiel nichts auf, der wollte nur seine Ruhe haben.

Wie sie mit ihm diese Sache besprechen wollte, wegen der Blusen und wegen dem vielen Spazierenlaufen, da sagte er, die Paula habe halt eine neue Freundin, die Frau Schegerer, und das wisse man doch, wie die Weiber seien, daß sie sich zuerst vor Lieb und Freundschaft beinah auffräßen, und hinterdrein lasse es nach, und meistens ende es mit Geratsch und Feindschaft.

In so was müsse ein Mann sich nicht mischen, und er kümmere

sich prinzipiell nicht darum; mit solchen Läppereien gebe er sich nicht ab.

No ja, die Männer!

Er merkte gar nicht, daß die Paula anders war, daß sie ihm schnippische, boshafte Antworten gab; nicht einmal der Spektakel damals, wegen der Nudelsuppe, war ihm richtig aufgefallen.

Wann hat auch ein Mann Zeit für solche Geschichten?

Vor er ins Wirtshaus oder ins Kaffeehaus ging, gewiß nicht. Da pressierte es, und da wollte man sich nicht aufhalten lassen.

Und wenn er aus dem Wirtshaus kam, war er schon gar nicht für diesen Pfifferling und Papperlapapp zu haben. Da hatte er Schlaf. No ja ... man werde schon sehen.

Jedenfalls ein Paar Augen gab es im Hause, die waren scharf und sahen alles und ließen sich nichts vormachen.

Frau Sophie Globerger schlich sich von der Treppe zurück und ging in ihr Zimmer. Die Türe ließ sie nur angelehnt. Man hörte dann besser, was im Hause vorging.

Eine halbe Stunde später trällerte Paula im Gange. Die alte Globergerin horchte. Jetzt sang sie sogar.

»Nun leb wohl, du kleine Gasse ...
Nun leb wohl, du stilles Haus! ...«

Das war auch ein Lied, das die Alte noch nie gehört hatte.

Paula summte und schritt die Treppe hinunter.

Da schlich die Alte vorsichtig zum Geländer vor und sah sie gerade noch auf dem untersten Absatze.

Das war ja ein neuer Hut?

Sie eilte in das nächste Zimmer und stellte sich an ein Fenster.

Es dauerte nicht lange, da schritt Paula in federleichtem Gange die Gasse hinauf, wiegte sich wohlig in den Hüften und hatte wirklich einen neuen Strohhut mit dunkelroten Blumen auf dem Kopfe.

So ... so?

Ein paar Tage später erhielt Benno Besuch von einem regensburger Geschäftsfreunde, einem Kaufmann Leistl.

Sie wollten abends zu einem Konzert in den Löwenbräukeller gehen, und Paula sollte mitkommen.

Sie sträubte sich dagegen, denn in den paar Wochen war ihr das Zusammensein mit ihrem Manne immer lästiger geworden, und einen Abend lang bei ihm und seinen Freunden zu sitzen, diese Reden und diese Späße anzuhören, erschien ihr unerträglich.

Sie hatte sich ganz dem Glücke hingegeben, das sie in der Liebe zu Franz gefunden hatte; und naiv, wie sie war, sah sie alles, was sie im täglichen Umgange mit ihm erlebte, für vollkommen an und zugleich für die Erfüllung ihrer heimlichen Sehnsucht.

Was war das für eine andere Welt, die sich da auf einmal vor ihr aufgetan hatte!

Wie zart und höflich er war, wie er zu reden wußte, wie er Interesse für sie und alles, was sie anging, nahm! Sie, die so lange bescheiden und gedrückt die Unmanieren dieses Philisters – sie sagte wirklich Philisters – ertragen hatte, gewann Vertrauen zu sich selbst, glaubte an ihren Wert, und zugleich war sie empfindlich und überempfindlich gegen alles geworden, was Benno sagte oder tat.

Sie wunderte sich, daß sie nicht längst gesehen hatte, wie hohl und dumm die Redensarten dieses bequemen Faulenzers waren.

Jetzt traf sie jede großartige Phrase, hinter der er seine Schwäche verstecken wollte, wie ein Peitschenhieb, und ihr geschärftes Ohr hörte aus jedem seiner Worte seine Unwahrhaftigkeit heraus.

Auch die Art, wie er sich gehen ließ, das Schlumpige in seinem Äußeren sah sie mit unbarmherziger Schärfe, und in ihr war nichts mehr von gütiger Nachsicht, die über Kleinigkeiten wegsehen läßt.

Sie gab sich keine Mühe, ihren Widerwillen zu verbergen; gerade weil sie unverdorben war, fiel es ihr nicht ein, zu schauspielern und Gefühle zu heucheln, die ihr größere Sicherheit verschafft hätten.

In ihrem Enthusiasmus für den Geliebten wäre ihr das wie Verrat und Untreue vorgekommen.

Zu ihrem Glücke war Benno viel zu oberflächlich und zu eitel, um die Veränderung in ihrem Wesen zu bemerken; er hielt das für üble Laune, und die üble Laune eines Frauenzimmers hatte doch wirklich nicht so viel zu bedeuten, daß sich der Herr Globerger darum gekümmert hätte.

Er hörte auch nicht, daß sie Worte gebrauchte, die sie nie gekannt hatte, und die ihr in ihrem bisherigen Umgange fremd geblieben sein mußten. Daß sie in ihren Bewegungen eine etwas gesuchte Feinheit verriet, hätte nur ein guter Beobachter gesehen.

Paula hatte schon einmal einen Sonntagnachmittag mit Franz im Löwenbräukeller zugebracht; so gründlich hatte sie ihre Ängstlichkeit abgelegt.

Es waren etliche Freunde von Franz dazugekommen, nette junge Leute, von verbindlicher Höflichkeit und doch so ausgelassen lustig.

Wie hatte es ihr geschmeichelt, daß man ihr ritterlich den Hof gemacht und sie ganz offiziell als Frau des Korpsbruders behandelt hatte. Sie brachte allem, was da besprochen wurde, das größte Interesse entgegen und war von der Bedeutung dieser studentischen Dinge fest überzeugt.

Da sollte sie nun in dem gleichen Garten mit Benno und einem dicken Banausen aus Regensburg sitzen und sich den ganzen Abend langweilen? Sie weigerte sich und wollte Kopfweh vorschützen, aber eine bissige Bemerkung der alten Frau brachte Benno in Harnisch, und er verlangte heftig, daß auf seinen Geschäftsfreund Rücksicht genommen werde.

Mürrisch und verdrossen willigte Paula ein, aber sie verlangte, daß Resi eingeladen werde, und nach Tisch ging sie zu der Freundin.

»Tu mir den G'fall'n, dann hab ich doch a Ansprach. Ich mag ganz einfach net allein sein mit dene Bierdimpfln.«

Resi lachte.

»Warum denn net? Der G'fallen is net so groß ... aber laß dir was sag'n, Paulilutscherl ... zeig's ihm net so!«

»Was?«

»No ... du verstehst mi scho ... Weißt, dir kennt ma's wirklich auf tausend Schritt an, daß du verliebt bist ...«

Paula wurde sehr rot.

»Wie kommst d' denn auf so was?«

»Da wär auch noch schwer drauf kommen. Seit drei Wochen bist du überhaupt nimmer die alte Paula, und außerdem erzählt mir der Ottibubi allerhand ... hast ja recht ... wärst ja dumm! Aber wenn i du wär, tät ich mir's net so anmerken lassen ...«

Paula verzog ihr Gesicht zu einer Gebärde des Ekels.

»Ich halt's einfach nimmer aus!« Resi lachte laut.

»Du Patschi! Wer wird si denn so über d' Ohren verlieben!«

»Ich sag dir's ganz offen, mir graust's vor ... vor ...«

»Ich weiß schon ... hab ich auch schon durchg'macht ... Du ... vor *der* Krankheit muß ma si in acht nehmen. I mein net, daß ma sich zwingen kann und net siecht, was an dem Herrn und Gebieter eigentlich dran is ... aber an Kopf muß ma ob'n b'halt'n ...«

»Ah ...«

»Nix ah ...! auch wegen dem Herzgepäppelten ... weißt. Ich hab auch amal g'meint ... und der Betreffende war älter, – da war 's viel ernster ... und da hab ich g'meint, ich muß alles liegen und steh'n lass'n ... aber wie ich alle Bedenken aufgeb'n hab wollen, hat er die Bedenken kriegt und is ganz moralisch worden. Den Brief möcht' i dir zeig'n, wenn i 'n no hätt ...«

»Das is gemein ...«

»N ... ja ... wie ma 's nimmt. D' Lieb is lusti ... die Folgen san fad ... so denken sich d' Mannsbilder ...«

»Net alle, es gibt auch andere, die viel zu anständig sin ...«

»Geh ... geh! Und der Betreffende, den du jetzt meinst, und ich vielleicht auch, der kommt do gar net in Betracht. Wär er älter, und wär a G'fahr dabei, nachher tät er auch 'n Kopf rausziehen ... sei lustig ... na hast d' was davon! Die Ehemänner bleib'n uns scho erhalt'n ...«

Paula schwieg.

Sie konnte nicht in diesem Tone von Gefühlen reden hören, die ihr alles galten, am wenigsten vermochte sie es, selber darüber zu sprechen.

Sie war froh, daß sein Name nicht ausgesprochen worden war, und sie scheute die Möglichkeit, daß es noch geschehen könnte.

Darum brachte sie das Gespräch auf gleichgültige Dinge und verabschiedete sich rasch.

Im Löwenbräukeller waren alle Tische von fröhlich lärmenden Menschen besetzt, und immer noch drängten sich neu Ankommende zwischen den Reihen durch.

Leute eilten mit leeren Maßkrügen zur Schenke, andere kamen mit gefüllten von dorther zurück; man sah aufgeregte Menschen sich zur Küche hindrängen und mit aufgehäuften Tellern, die sie kaum zu tragen vermochten, an ihre Plätze eilen, dicke Kellnerinnen liefen zwischen den Tischen herum, wiederholten mit schrillen Stimmen die Bestellungen, und in das Schreien, Lärmen und Lachen hinein klangen die schmetternden Trompeten einer Husarenregimentskapelle.

Nach und nach kam Ruhe über die gesättigten Menschen, und die Musik konnte auf sie wirken.

Wenn ein feuriger Marsch gespielt wurde, sah man deutlich, wie Unternehmunglust und Verwegenheit die Männer ergriffen; mancher schob den Hut zurück und setzte ihn schiefer auf, die Augen blitzten kühner, die Füße bewegten sich im Takte.

Wenn aber ein schmeichelnder Walzer erklang, wandelten sich Ernst und Grimmigkeit in weiches Sichanschmiegen.

Die milde Regung führte wie der Trotz die Hand zum Kruge, und lange Schlucke dämpften die Tapferkeit wie die Sehnsucht nach Liebe.

Ein Signal ertönte und machte das Publikum darauf aufmerksam, daß sich etwas Sensationelles ereignen werde.

Ein schöner, etwas beleibter Husar, dessen Rundungen in der prall sitzenden Hose sehr zur Geltung kamen, trat auf ein erhöhtes Podium und stand unbeweglich im grellen Lichte einer Bogenlampe.

Eine schmelzende Weise setzte ein; wie ein Marmorbild stand der Husar vor der Menge, bis er plötzlich, wie automatisch, eine Trompete an den Mund führte und lange, tremolierende Töne blies. Das Publikum war über seine Kunst, den Atem anzuhalten, begeistert und schrie und klatschte. Der Husar ließ davon ungerührt das Wasser aus der Trompete laufen und wartete in steinerner Ruhe, bis sein Moment wiederkam.

Unter denen, die sich davon begeistert zeigten, war auch der Geschäftsfreund Bennos, der Kaufmann Leistl aus Regensburg.

»Ein Deifelskerl!« rief er ... »aber scho großartig ... Wenn's d' moanst, er muaß unbedingt aufhör'n, es geht einfach nimma, na blast der Deifelskerl no oan Tremolo nach dem andern ...«

»Spektakel machen ham de Breißen no allaweil kinna,« sagte Schegerer, der keinen Enthusiasmus schätzte.

»Dös is scho a bissel mehra, wia Spektakl g macht, mei Liaba ... Das is Kunst ... Bei de landshuata Schwar'n Reiter war ein Trompetta, wart amal, wie lang is des her? No ... Ende der achzger Jahr, wia'r i in Kondition drunt'n war, ein Trompetter, der hat auch eine kolossale Atemführung g'habt ... auf d' Atemführung kummt 's o ... aber der Husar blast 's Piano entschieden feiner, der hat eine besserne Ambuschur ...«

»Von mir aus,« erwiderte Schegerer. »I gib auf de brotlosen Künst nix ...«

»Brotlos? Oho! Was glaub'n Sie, daß sich der Mann verdient? Unter dreiß'g bis vierz'g Mark blast der net ... I hab do den landshuata Kapellmeister guat kennt. Der hat mi informiert ...«

»Wann alle so waar'n wia'r i, kriagt er koane dreiß'g Pfenning ... i mag de Blaserei net und trinket mei Bier liaba mit Ruah ...«

»No ... Herr Schegerer, erlauben Sie mir, Sie könna do die Macht der Musik net läugna ...«

»De läugn' i scho.«

»Aber erlauben Sie mir ...«

»Er leugnet sie ja gar net,« fiel Benno ein. »Reschpektive er leugnet sie sozusagen bloß aus Opposition ...«

»Dös is a Schmarrn.«

»Na ... mei Lieber ... Du hast amal diesen Widerspruchsgeist ... Hab i net recht, Frau Reserl?«

Resi schreckte zusammen, da sie ihre Aufmerksamkeit gerade einem benachbarten Tische schenkte, an dem einige junge Leute saßen. Einer davon sah so aus wie Herr Otto Jüngst, und er wurde ihm noch ähnlicher, als er seinen Krug hob und sich lächelnd zum Gruße verneigte. Sie war aber gleich gefaßt und unbefangen.

»Wie?«

»Ob der Herr Gemahl net die Eigenschaft hat, daß er aus purer Opposition allaweil 's Gegenteil sagt?«

»Oh ... überhaupt die Männer!«

»Da waar i wieder ganz anders,« rief Herr Leistl, »wenn ich in zarten Fesseln waar, da gab's koan Widerstand ... kein Widerstreben,« verbesserte er sich.

»Wirklich?«

Resi warf ihm einen koketten Blick zu, der den regensburger Geschäftsfreund in Wallung brachte. Er versuchte in sein dickes Gesicht, das ein starker, durch Anleihen an den Mundwinkeln vergrößerter Schnurrbart zierte, einen huldigenden Ausdruck zu legen.

Seine hervorquellenden Augen verrieten so etwas wie Zärtlichkeit.

»Wenn i in Hymens Banden waar' ...« Leistl fand Gefallen an dem Satze, obwohl er ihm wie zäher Gummi an der Zunge klebte; er wiederholte ihn: »Gnä Frau dürfen glauben, wenn i in Hymens Banden waar' – leider, daß es nicht der Fall is ...«

»Das Leider is aber nicht aufrichtig,« sagte Frau Resi lachend.

»Es gibt Momente, wo man sich sehnt ... wo ... wo man sein Schicksal als Junggeselle beklagt ... wo man sich sagt, daß man das wahre Glück versäumt hat ...«

»Woher wissen S' denn, daß dös a Glück is, wenn Sie's net ghabt hamm?« knurrte Schegerer.

»Woher i dös woaß? No, an beiläufigen Begriff hat unseroana auch davon ...«

»Von was?«

Leistl zwirbelte seinen Schnurrbart in die Höhe und warf einen vielsagenden Blick auf Resi.

»Von den Freiden der Liebe...« sagte er und drückte ein Auge zu.

»Ah so ... i hab gmoant, Sie reden vom Heiraten ...! Dös is a bissel an Unterschied ...«

Die Männer lachten; Resi rief:

»Da sehen S', wie galant mein Herr Gemahl is ...«

»I waar' anderst.« Leistl legte beteuernd die Hand aufs Herz; dabei glitzerten die Diamantringe, die er an seinen dicken, wurstartigen Fingern trug. »Wenn i so a blitzsaubers Frauerl hätt ... kaam ... käme ein solches Wort nie aus meinem Munde.«

»Es is einer wie der andere. Ich kenne die Männerwelt.«

»Warum hamm S' denn net g'heirat, wenn S' so gschleckig san?« fragte Schegerer.

»Ich?«

Leistl legte sein Gesicht in ernste Falten.

»Vielleicht ... vielleicht aus unglücklicher Liebe ...«

Die Musik spielte ein Potpourri von Volksliedern; die Melodien paßten zu der Schwermut, die der regensburger Geschäftsfreund blicken ließ. Er nahm einen tiefen Schluck aus seinem Maßkruge und schaute sinnend vor sich hin.

Frau Resi fühlte sich durch das Gespräch angeregt; sie rückte mit dem Stuhle näher heran, warf einen vollen Blick zum Ottibubi hinüber und bat:

»Aus unglücklicher Liebe? Das müssen S' erzählen.«

An den nächsten Tischen murrten die Leute:

»S ... ss ... t! Ruhe!«

»Wenn d' Musi gar is,« versprach Leistl mit gedämpfter Stimme.

Aber als das letzte Volkslied verklungen war, griff er wieder zum Maßkruge, trank und schwieg. Vielleicht war er noch nicht mit sich einig über die Geschichte, die er erfinden mußte. Indessen Frau Resi drängte, und er fuhr sich mit dem Handrücken über den feuchten Schnurrbart.

»Ja ... mei ... am End is net viel zum verzählen ... I war halt aa 'r amal jung und fesch ...«

»Kennt ma nix mehr,« sagte Schegerer.

»Kann sein, außerdem san Sie net maßgebend. Dös müass'n de Damen entscheiden ...«

»Erzähln S' nur weiter!« bat Resi.

»No ja ... daß i auf de Sach komm ... i war also jung – net wahr? – und bin in Landshuat gwen ... i bin da in Kondition g'stand'n ... no ja ... was sag i? Da is mir halt ganga, wia's an jungn Mensch'n geht ... Eines Tages ... net?... hab' i mi verschossen ... Die Betreffende war a sehr a saubers Madl ... aus feiner Familie ... nur prima ... es waar' in dieser Beziehung nix im Weg g'stand'n ... no ja... eines Tages will ich mich der Betreffenden nähern ... Gewissermaßen also ... ah ... meine Erklärung abgeben ... net? ... und i geh zu diesem Behuf die Altstadt abi ... no ja ... da blend't 's mi scho von da Weit'n ... i siech die Betreffende ... net? ... mit an Leitnant von die Jäger ... Frau Schegerer, Sie derfen 's mir glaab'n ... was ich in diesem Momente empfunden habe ... i derf scho sag'n ... gelitten habe, das spottet jeder Beschreibung ... Von diesem Moment an waar's aus, es war grad, als ob in mir was z'sprunga waar ... an Schtich hat's mir geb'n, ei'wendig ... no ja ... ich möchte nur konschtatieren, in diesem Momente war mein Glaube an die Menschheit verschwund'n ...«

Herr Leistl schwieg und trank.

»A schöne Gschicht,« sagte Schegerer, »de gfallt mir aa.«

»Sie entspricht aber durchaus den Tatsachen.«

»Haben S' dann nie mehr was von dem Mädel g'hört?« fragte Resi.

»G'hört? N ... ja ...« sagte Leistl zögernd, weil er ungern daran ging, eine Fortsetzung zu erfinden.

»Hat s' den Leitnant g'heirat?«

»Ah! Der hat net dran denkt. Das war doch net auf einer soliden Basis aufgebaut ... natürli hat er s' sitzen lassen. Sie soll nacha später eine sehr bescheidene Partie gmacht hamm, an kloan Beamt'n ... hab i g'hört ...«

»Das is eine gerechte Strafe,« sagte Benno ... »Jetzt wird s' ja wissen, was ihr verloren gangen is ... der Herr Leistl hat nämlich zwei große Häuser in Regensburg und ein gut gehendes Geschäft ...«

»No ja ... es floriert ... Gott sei Dank ...«

Paula nahm an der Unterhaltung nicht teil; sie hörte kaum, was die Leute am Tische redeten.

Wenn Benno oder der Geschäftsfreund ein lautes Gelächter aufschlug, wurde sie nervös.

Über was freuten sich die? Was redeten sie? Sie dachte an die Zeit zurück, wo sie Interesse an ihnen gehabt hatte. Das war noch vor kurzem gewesen, und ihr kam es vor, als müsse es viele Jahre zurückliegen. Ein Hausierer kam an den Tisch, der Merkzeichen für Bierkrüge verkaufte.

Sie hatte ihn auch damals gesehen, als sie mit Franz hier gewesen war, und ganz plötzlich überfiel sie eine quälende Sehnsucht nach ihm.

Wäre sie nur auch so klug gewesen wie Resi und hätte ihn herbestellt. Dann würde er drüben am Tische neben seinem Vetter sitzen, sie könnte ihn sehen und ihn mit Blicken liebkosen.

Sie winkte dem Hausierer und kaufte ihm ein Zeichen in den Farben des Korps ab, dem Franz angehörte.

Benno achtete nicht darauf, aber als sie es an ihrem Kruge befestigte, sah Otto herüber und nickte ihr lächelnd zu. Sie vergaß sich und dankte ihm deutlich für den Gruß.

»Wer is denn dös?« fragte Benno und sah nach dem Tisch hinüber.

Paula wurde verlegen.

»Ich weiß sein Namen net... ich glaub ... ich hab ihn in Schliersee kennen glernt oder in der Bahn.«

»So?«

Resi trat ihr auf den Fuß und blickte sie warnend an.

So was Ungeschicktes! Die Aufmerksamkeit auf Ottibubi lenken!

Der Zwischenfall ging unbemerkt vorüber, und als die Musik einen schmetternden Marsch blies, schmiegte sich Resi zärtlich an Paula.

Dabei sagte sie halblaut:

»Du bist gut! Sei do vorsichtig, die müssen ja was spannen!«

»Ach was!«

»Was glaubst d' denn? Und den ganz'n Abend redt'st und deut'st nix ...«

»Ich kann einfach net ...«

»Ja, und Knopfstieferl kannst beim Mandelbaum seh'n,« sagte Resi laut, da es ihr schien, als horche Benno zu ihnen herüber ... »weißt ... so was Elegants ... mei Eisbär muß mir ein Paar zum Geburtstag schenken ... gel, Manni?«

Schegerer brummte etwas Unverständliches in den Maßkrug hinein.

»Hu ... sind die Ehemänner schwerhörig ... Sind Sie auch so, Herr Beni-Beni?«

»In was für einer Beziehung?«

»Wenn man sich schön machen will für sein Mann?«

»No ja ... mit Maß und Ziel ...«

»Jessas, Sie Eiszapfen! Ma tut ja doch nur alles für euch ...«

»Wegen meiner brauchst di net so anstrenga,« sagte Schegerer. »Da fallt mir allaweil da Ding ei, der Karpfhammer Schorschi ... Dem sei Alte hat si a Biß ei'setz'n lass'n wolln ... ›Zu was denn?« sagt da Schorschi ... »Du brauchst de Leut net z' g'falln ... mir g'fallst aa net ...‹ «

»Übrigens ...« sagte Herr Leistl ganz unvermittelt ... »übrigens, hamm de Herrschaften scho g'les'n von unserm regensburger Ehedrama?«

»Nein ... was hat's da geb'n?« fragte Benno.

Herr Schegerer verdaute noch an seiner humorvollen Geschichte.

»›Du brauchst de Leut net g'fall'n,‹ sagt da Schorschi, ›mir g'fallst aa net.‹«

Resi beugte sich zu Paula hinüber.

»Du ... wirkli ... nimm di a bissel z'samm ...«

»Hamm de Herrschaft'n dös net g'les'n, von unserm regensburger Ehedrama?« wiederholte Leistl.

»Was war denn?« fragte nun auch Resi.

»Der Goldarbeiter Flunger, der im Gemeindekollegium drinna war, a sehr angesehener Mann, hat si daschoss'n. In der Zeitung is bloß g'stand'n, zwegn ehelichen Dissidien, aber i kenn die Verhältnise sehr genau, dös hoaßt, wenn's Ihna intressiert ...«

»Bitte, erzählen S'!«

Frau Resi rückte wieder näher; für solche Geschichten, und gar wenn sie gruselig ausgingen, war sie Feuer und Flamme.

»Ja ... also de Frau Flunger ... sie war von Straubing ... net? ... eine Getreidehändlerstochter ... a saubere Person, sehr stattlich... de war bedeitend jünger wia er und hat gern Staat gmacht. Er ... der Flunger war a kloans Manndl ... unscheinbar und koana von Gebenhaus'n ... a Notniggl, um mich also richtig auszudrück'n ... No, die Ehe hat net lang dauert, a Jahr vielleicht, da hat ma scho allerhand gmunkelt. Es soll da ein Kammerherr eine Rolle gspielt hamm ... de Sach hat aber zu keinen Konsequenzen nicht geführt ... Derweil is vor ungefähr zwoa Jahr ein ungarischer Musiklehrer in Regensburg aufgetaucht ... net? ... no, und daß i 's kurz sag, die Flungerin is auf oamal musikalisch worn. Sie hat Stundn g'numma bei dem Schlawina, d' Hausleut hamm da allerhand pikante Vorkommnisse beobacht' ... aber, net gnua, mit da Zeit hat sie den schwarzhaaret'n Donauratz'n auch ins Haus zog'n. D' Leut hamm g'red't, aber der Flunger hat nix g'spannt. Mit da Zeit is er do mißtrauisch worn, und es soll'n sehr heftige Szena sich abgspielt hamm. Amal soll er'n mit'n Revolver in der Hand ausgschafft hamm, aber sie hat's do wieder durchgsetzt, daß er blieb'n is ... kurz und guat ... was sag i? ... eines Tags is der Schlawiner fort, aber d' Flungerin aa, und dem Vernehmen nach a großer Teil Diamantn und anderne Edelstein. Da Flunger hat koa Anzeig gmacht ... laßt si ja denk'n ... überhaupt hat a von der Gschicht koa Wort verlautn lass'n. Sei Schwager, da Hofrat Singer, ein bedeitender Arzt, hat 'n tröst'n woll'n ... net ... reschspektive er hat si über de Sach informieren wolln, aber der Flunger hat si umdraht, und hat 'n ohne Antwort steh lass'n. Dös dauert a Monat a zwoa ... im Gemeindekollegium laßt er si nimmer sehgn, in koa Gsellschaft geht er ... und am Johannitag hamm zwoa Schifferknecht an Mensch'n beobacht, der am Ufer naufgloffen is und mit die Arm g'fuchtelt hat ... sie kümmern si weiter net drum, und bald drauf hörn s' an Schuß ... net? wia s' hi laff'n, finden s' eine Leiche ... an Herrn Flunger.«

Leistl schwieg und sah mit Befriedigung, daß seine Erzählung Eindruck gemacht hatte.

Frau Resi zog die Luft hörbar ein.

»Der arme Mensch!« sagte sie.

»Das Bedauernis war auch allgemein, und ein Leichenbegängnis hat er ghabt, geradezu pompös ...«

»Da hat er was davo ...« sagte Schegerer.

»Es war halt der Ausdruck der Teilnahme ... net?«

»I will Eahna was sag'n ... wenn i der g'wen waar ... i lebet no ... vielleicht fressat'n d' Fisch den sell'n Donauratzen ... aber i lebat ... dös woaß i g'wiß ...«

»Es san net alle Menschen gleich,« erwiderte Resi. »Der Mann hat halt den Schmerz net überwinden können.«

»Das is auch bei uns die allgemeine Ansicht,« bestätigte Leistl. »Ma glaubt sogar Anhaltspunkte zu hamm, das er a Zeitlang g'hofft hat, sie kommt wieder.«

»Jetz is recht... so a Schmieselmadam ... wieder kemma? Wieder Klavier spiel'n mit 'n Schlawina? Jetzt is sei Grabschrift firti ... für mi scho ...«

»In gewisser Beziehung haben Sie recht.«

»In jeder Beziehung hab i recht. Mir ... ah was ... Da mag ma ja gar net red'n ... mir sollt a so a Schlawina ins Haus eina schmeck'n ... Du z'sammklaubter Rastelbinder ... saget i ... Du! saget i ... Mir? ... saget i ... Und er scho drauß'd lieg'n auf der Straß'n ... So a Zigeuna, aus sei'n Wanz'nsanatorium kaam er in a Bürgerhaus ... Raus! saget i ... «

»Aber Klasi, schrei do net so! D' Leut schaug'n scho ...«

»Weil 's wahr is! A Hack'n nehmet i, a buach'ns Scheitl nehmet i ... hi' müaßt er sei ... so a Krattlermusikant ...«

»Es ist net jeder so energisch,« sagte Frau Resi beschwichtigend.

Sie schickte zuvor ein Lächeln zu Herrn Jüngst hinüber, der einen fragenden Blick auf sie gerichtet hatte.

Denn das Geschrei Schegerers, der im Geiste den ungarischen Musiklehrer mißhandelte, war weithin vernehmlich gewesen.

»Reg di do net auf, Manni! Es is net jeder wie du ...«

»Jetzt, ich,« sagte Benno, »ich muß schon auch sag'n, dieser Selbstmord kommt mir äußerst unmotiviert vor. Ich würde das System der Rache vorziehen ...«

»Is auch meine Ansicht,« pflichtete Leistl bei.

»Zum Beispiel, wenn Sie sag'n, daß der Mann gewarnt war und schon einmal dem Betreffenden mit der Waffe entgeg'ntret'n is, z'wegn was schießt er ihn net nieder? Wie einen Hund? Z'weg'n was richtet er die Waffe gegen sich selbst?«

»Weil er ... ah was! ...«

»Laß mi amal red'n, Schegerer! Gesetzt den Fall, es kommet ein solchener Eingriff in meine Ehre, na machet ich doch dem Betreffenden nicht Platz dadurch, daß ich aus der Welt scheide. Sondern im Gegenteil, ich muß doch trachten, daß ich den andern hinausbeförder. Ich schießet ihn nieder wie einen Hund ...«

»Schiaß'n?« lärmte Schegerer. »Na, mei Liaba ... dös gang z' schnell, dös waar koa Straf ... De Händ tat i so an Kerl auf 'n Buckel z'sammbind'n und ziahgat 'n langsam in d' Höh, an Kupferdraht, daß 's eahm d' Arm auskegeln müaßt, und nacha ... vastehst ... rennat i eahm 's Messa in d' Wampn ... so machet 's i ...«

»Auf jed'n Fall tat i 'n aus der Welt befördern,« sagte Benno.

»Oder i passet eahm auf, wenn er grad über d' Stiag'n naufschliafat zu der Madam ...«

»Jetzt hör do amal auf!« sagte Resi.

»G'setzt den Fall, sag i,« fuhr Schegerer fort, der in grausamen Vorstellungen schwelgte ... »bis zu der Tür lasset i 'n schleicha ... und da stand i da mit a'r a viereckat'n Eisenstang ... wünsch viel Vergnüg'n, saget i, er si umdrahn ... wumms ... schlaget i eahm an Schädel ei ... so machet 's i ...«

Herr Leistl gab auch noch einige Methoden an; er glaubte, daß man mit einer langen, leicht gekrümmten Schusterahle gute Erfolge erzielen würde, oder mit einem Bleiknopfe, oder mit einem japanischen Krummsäbel.

Aber Schegerer war der grausamste.

Er wollte nicht bloß töten, sondern langsam töten, Qualen verursachen. Er sprach von Widerhaken, glühend gemachten Eisenspitzen, Sägen und anderen Marterwerkzeugen.

Benno blieb bei der Schußwaffe.

Die Kapelle hatte schon längst zu spielen aufgehört, fast alle Gäste hatten den Garten verlassen, als die Ehemänner und der Geschäftsfreund aus Regensburg noch immer die furchtbaren Folgen einer Verletzung ihres Hausfriedens besprachen.

Immer leerer wurde es.

Nur Herr Jüngst blieb an seinem Tische sitzen und verwandte kein Auge mehr von Resi, die bei dem Eifer ihrer Tischgenossen Gelegenheit fand, mit ihm die zärtlichsten Blicke zu wechseln.

Paula sah es und dachte an einen andern, den sie herbei wünschte, obwohl sein Leben durch spitzige Eisen, Bleiknöpfe, Schusterahlen und Revolverkugeln theoretisch bedroht war.

Es gab kein Bier mehr.

Da erhoben sich die grimmigen Rächer ihrer Ehre und gingen mit ihren Frauen heimwärts.

Am Bahnhofplatze nahm man Abschied. Herr Leistl wohnte dort in einem Hotel.

Schegerer sagte noch beim letzten Händedrucke, er würde dem Betreffenden eine dreizinkige Mistgabel in den Leib rennen oder ihn an einem Kupferdraht aufhängen. Dann ging er mit Frau Resi der Schillerstraße zu.

Paula schritt schweigend neben Benno her. Sie waren schon fast bei ihrem Hause angelangt, als er fragte:

»Was hast denn du eigentlich g'habt? Den ganz'n Abend hast du koa Wort g'redt ...«

»Vielleicht hab ich Kopfweh,« antwortete sie müde. »Und so viel Phantasie haben mir ja auch net wie ihr.«

Die Bürgschaft, die Benno geleistet hatte, beunruhigte ihn nicht lange. Ein paar Tage war ihm die Erinnerung daran unangenehm, doch wußte er sich zu trösten und seinen Leichtsinn zu entschuldigen.

Man ist halt gutmütig und kann einem Freunde die Hilfe nicht verweigern. Er gab sich nicht einmal Rechenschaft darüber, ob er, wenn er in Anspruch genommen würde, der eingegangenen Verpflichtung nachkommen könnte.

Dazu würde es schon nicht kommen; der Rabl war ein Ehrenmann und der Schmidramsl ein geriebener Kerl, der sein Geld nicht an zweifelhafte Spekulationen setzte. Nach einer Woche hatte Benno die ganze Sache vergessen.

Er wurde daran erinnert, als ihm Schmidramsl ordnungshalber mitteilte, daß der Schuldner die Zinsen nicht bezahlt habe. Da schrieb er an Rabl einen Brief, in dem der Standpunkt eines ehrenhaften Geschäftsmannes mit starken Worten hervorgehoben wurde.

»Es gibt gewisse Ehrenpflichten,« schrieb er, »die man unter keinen Umständen verletzen darf. Ich hoffe nicht, daß sich mein Vertrauen, welches ich auf Deine anständige Gesinnung gesetzt und selbes auch bekundet habe, als ein blindes herausstellt. Andernfalls müßte ich verlangen, daß man gegen Dich unnachsichtlich vorgeht, denn ich bin nicht gewillt, für etwaige Liederlichkeit in die Bresche zu treten ...«

Er unterstrich die schärfsten Stellen seines Schreibens zweimal und dreimal.

Zwei Tage darauf kam Rabl zu Benno und wies ihm die Quittung des Herrn Schmidramsl vor.

»Dös hätt's net braucht, daß d' ma du an solchen Brief schickst ... I war in geschäftlichen Angelegenheiten abwesend und hab in Gotts Namen net dran denkt, daß i vor der Abreise diese Lappalie erledigt hätt' ... desweg'n schmeißt ma oan net solchane Ausdrück an 'n Kopf ...«

»Erlaub du mir ...«

»Das is net freundschaftlich gehandelt; dös muaß i dir scho sag'n...«

»Erlaub du mir, ich stell mich da auf den Boden der Tatsachen, net wahr? Ich erhalte ganz einfach eine Zuschrift vom Schmidramsl des Inhalts, daß du de ersten Zinsen nicht bereinigt hast. Ergo muß ich doch annehmen, daß diese Kapitalistengruppe ... net wahr ... von der du die Summe bezogen hast, deine Kreditwürdigkeit in Frage gestellt hat. Z'weg'n was schreibt mir denn sonst der Schmidramsl?«

»Dös is zum Lacha! I muaß in einer Angelegenheit, bei der a bissel mehr im Feuer is als wia der Pfifferling da, verreis'n, es pressiert, daß i grad no den nächst'n Zug erwisch', und in der G'schwindigkeit vergiß i auf de paar Markl'n ...«

»Zugegeben, aber das kann doch ich net wissen! Ich hab mich einfach auf den Boden der Tatsachen g'stellt. Mein Brief an dich war nur eine gegebene Konsequenz ...«

»Schön, also betracht'n wir die Sach als erledigt ...«

Rabl schüttelte Benno herzlich die Hand. Es konnte einem Ehrenmanne nicht leicht fallen, so herbe und so ungerechte Vorwürfe zu vergessen, aber echte Freundschaft überwindet viel.

Diese Mischung von gekränktem Biedersinne und verzeihender Gutmütigkeit war in den Augen Rabls deutlich zu lesen.

Benno war gerührt.

Sein heftiger Unwille, der sich tags vorher in langen Selbstgesprächen Luft gemacht hatte, wich dem Frohgefühle über die Abwendung der Gefahr.

Und dies machte ihn gesprächig und jovial.

Er schlug dem Freunde kräftig auf die Schulter.

»No, alter Spezi, wie geht's dir denn sunst?«

»Guat, wenn i koane Briaf kriag ...«

»Ah was! Dös is jetzt vergess'n ... aber daß ma di gar nia siecht?«

»Was glaubst d' denn, was i für G'schäft hab. Jetz is der gegebene Zeitpunkt, mei Liaba, wo i allaweil g'sagt hab, München steht vor einer Entwicklungsperiode wie no gar nia ... Jetzt bringt ma sei Heu rein.«

»Hast d' wieder eine Spekulation?«

»Oane? Zehni ... zwanz'g ... dös sag i dir, Globerger; sag, i hab's gsagt, mir mach'n aus München die Zentrale des Fremdenverkehrs ... den Treffpunkt der feinen Welt ... wer si amisier'n will, muaß nach München ...«

»Man hört allgmein, daß si da Fremdenverkehr hebt, und neuli, der Bürgermeister ...«

»Ah ... was! Heb'n ... Organisier'n tean ma'n ... Mir gründen erst die Fremdenzentrale München ... bis jetzt war's ja nix ... was is denn g'schehg'n? A bissel inseriern und Zeitungsschmarrn und vielleicht Festspiele, na hamm ma's beinand. Mit dem macht ma's net, mei Liaba ... man muaß dem reisenden Publikum ganz was anderes bieten. Von diesem Gesichtspunkte gehen wir aus ...«

Rabl wurde eifrig und kam ins Hochdeutsche; es klang, als lese er die Sätze aus einem Prospekt vor.

Benno wurde aufmerksam.

»Du sagst allaweil ›wir‹ ...«

»Ja ... ein Komitee von ungefähr zwanzig Personen ... hat sich im stillen gebildet, is nix in d' Zeitung kumma, denn derartige Unternehmungen im größten Stil verlangen eine gewisse Diskretion ... Dös kannst dir ja denk'n ...«

»Is der Schmidramsl dabei?«

»Ja ... dös hoaßt ... er is zugelassen als Vertreter einer bestimmten Kapitalistengruppe ... aber er spielt keine Rolle ... mei Liaba, da san ganz andere Persönlichkeiten beteiligt ... Vertreter der Finanzwelt, Künstler, bedeitende Anwälte, in erster Linie Architekten ...«

»Daß ma da no nix g'hört hat davo?«

»Vorläufig hängt ma's net an de groß Glock'n ... dös is doch ganz klar ... weil mir inbetreff der Baugründe eine vorsichtige Politik treib'n ... wenn mir unsere Direktiven verrat'n, treib'n mir ja selber die Preise in eine schwindelnde Höhe ... dös sagt oan doch der Verstand ...«

»Seit wann is denn dieses Komitee beinand?«

»Seit wann? No ... mit dir kann i ja drüber red'n ... obwohl mir sonst die größte Diskretion wahren ... das is jetzt zwoa Monat ... da hat sich der Verein zur Organisation der Fremdenzentrale konstituiert ... es san dann mehrere Gruppen gebildet worden ... die kaufmännische Abteilung, die künstlerische Abteilung ...«

»Also is dös in an ganz großen Stil?«

»Dös glaab i! Es san erste Namen dabei, Baufirmen, Künstler ... und dös sag i dir, dös ganze intelligente München ... was überhaupt in Betracht kummt und was an' Unternehmungsgeist hat, wird sich da in kurzer Zeit anschließn, oder muaß si anschließ'n ...«

»M ... hm ... ja ...«

Benno verhielt sich noch reserviert, obwohl ihn als neuzeitlichen Münchner das Wort Fremdenverkehr sogleich in seinen Bann gezogen hatte.

»Übrigens fallt mir grad ei,« sagte Rabl, »heut nachmittag kommen einige Vertreter von alle drei Gruppen im Café Gröber z'sammen ... wenn's di intressiert ...«

»I mag mi nimmer auf Spekulationa einlass'n ...«

»Von dem red i do net ... Mei Liaba, do hätt i aa gar net den Einfluß, daß ich dir den Beitritt zu Spekulationen verschaffen kunnt ... dös geht net so leicht ... aber i hab g'sagt, wenn's dich intressiert, weil du früher Interesse zoagt hast, in diesem Fall hätt ich dir Gelegenheit verschafft ...« – «Man is also net gezwungen, daß ma si da g'schäftlich beteiligt?«

»Gezwungen!« Rabl lachte herzlich. »Du bist guat! Da muaß ma verschiedene Garantien leist'n, bis ma die Genehmigung kriagt, daß ma si beteiligt ... So liegt die Sache ...«

»Dös mag scho sei. Ich sag's ja auch bloß zu dir, damit i mein Standpunkt klar leg. I hab mir's zum Prinzip g'macht, daß i nimmer spekulier ...«

»Dös is dei Sach. I sag dir bloß, dös Prinzip gibst no amal gern auf, Mannderl! Sag, i hab's g'sagt ... Aber i will di wahrhaftig net überred'n ...«

»Hinschau'n kann i ja amal. Im Café Gröber, sagst?«

»Ja ... Um zwoa bin i dort. Wenn's d' kumma willst, is recht ... aber, wia g'sagt ... ganz nach dei'n Belieb'n ...«

»Vielleicht kimm i ...«

»Also pfüat di Good, Beni ... und gel, dös siechst ei, daß ma bei dem Großbetrieb a so a Lappalie übersehg'n ko?«

»Von dem red'n ma nimmer ... pfüat di Gott ...«

Rabl ging bis zur Türe. Als er die Hand auf die Klinke legte, fiel ihm noch etwas ein.

»Ah ... paß auf ... Beni ..., daß i net vergiß ... gel ... die alte Frau Hartwig in Schwabing drunt ... de dös Anwes'n hat ... den Gart'n ... woaßt scho ... bei der Seestraß'n ... de is a Verwandte von dir?«

»Ja ... sie is a Bas'n von mein Vater selig ... Wie kommst denn auf de?«

»Neuli war die Sprach davo. De Frau hat ein großes Vermög'n und woaß 's net ...«

»Du ... wenn du vielleicht da was glaabst ... da sag i dir glei, gib dir koa Müah! De alte Frau hängt an ihrem Häusel und will nix von der Welt ...«

»Ko' ma net wiss'n ...« Rabl zog die Achseln hoch und machte eine geheimnisvolle Miene. »De alt'n Leut rechna mit ganz andere Verhältnis ... Aber wenn amal Riesensummen geboten wer'n, verstehn de Leut auch, daß sie si net selber Feind sei derf'n ... Es kummt a neue Zeit ... Beni ... dös sag da'r i ... also adje!«

Es traf sonderbar zu, daß gerade um diese Zeit die alte Frau Sephi Hartwig von einem schweren Kummer bedrückt wurde, denn aus der neumodischen Welt, von der sie und ihr stilles Häuschen abgeschieden waren, drang eine Nachricht zu ihr, die ihr alle Ruhe nahm.

Der Magistrat wollte den südlichen Friedhof, der mit dem Wachstum der Stadt von neuen Straßen eingefaßt worden war, auflassen, und der Beschluß war schon gefaßt, daß von einem nahen Zeitpunkte ab niemand mehr darin begraben werden dürfe.

Nichts hätte die Alte härter treffen können als die Befürchtung, daß sie nicht, wie sie es immer gedacht hatte, einmal neben ihrem Manne und ihrer einzigen Tochter, die vor mehr als dreißig Jahren als angehende Zwanzigerin gestorben war, liegen sollte. Die Nachricht kam ihr zuerst unglaubwürdig vor. So grausam konnte doch die Verwaltung ihrer Heimatstadt nicht vorgehen, so wichtig konnten doch diese neuen Interessen nicht sein, daß man ihr den billigen Wunsch, den einzigen, den sie noch hatte, verwehrte..

Damals, als ihr Katherl sterben mußte, hatten sie, die Hartwigs, noch ihre Wohnung in der inneren Stadt gehabt; erst später hatten sie, weil sie die Erinnerung an das einzige Kind bedrückte, das kleine Haus mit Garten in Schwabing gekauft.

Und wie vor acht Jahren auch ihr Xaver Abschied genommen hatte, war es ganz selbstverständlich gewesen, daß er zur letzten Ruhe neben die Tochter zu liegen kam. Da wartete er jetzt auf seine Sephi, die auf dieser Welt nichts mehr zu suchen und alle Freude in der andern zu erwarten hatte.

Wie hätte sie je daran denken können, daß die neue Zeit, die ihr München so verändert, ihr Leben, wo es nur möglich war, bedrängt hatte, nun auch noch die so ehrwürdige Hoffnung bedrohen sollte?

Sie war gleich ins Rathaus gegangen und hatte sich in den finstern Gängen, wo man Stufen auf und Stufen ab und immer um Ecken herum gehen mußte, zu dem Rechtsrat durchgefragt, der diese Sachen zu verwalten hatte.

Der behäbige Herr mit dem Zwicker auf der Nase hatte mit einem überlegenen Lächeln dieses Überbleibsel aus einer vergangenen Zeit betrachtet.

»Gute Frau,« hatte er dann gesagt... »gute Frau, Ihr Wunsch ist ja begreiflich, obwohl... aber das ist am Ende ein anderer Standpunkt... ich meine, mir wäre es nicht so wesentlich, ob ich im östlichen oder nördlichen oder im südlichen Friedhof beerdigt würde... ich verstehe,« der Herr Rat war eine Säule des Liberalismus und eigentlich über so was erhaben, »ich verstehe, daß Sie als gläubige Christin einmal – wir wollen hoffen, erst nach einiger Zeit – in geweihter Erde Ihre Ruhestätte finden mögen, aber was nun das Spezielle anlangt, obwohl ich, wie gesagt, den Wunsch begreiflich finde, was das Spezielle anlangt, so können wir uns nur an den Beschluß halten. Wo kämen wir hin, wenn wir Ausnahmen machten? Bedenken Sie, dreißig Jahre nach der Bestattung des letzten Toten kann der Friedhof erst dem Verkehr übergeben werden...« – »Ja... ich muß doch neben meine Leut kommen... mir hamm doch auch allaweil unser Sach richtig g'macht und war'n ordentliche Bürgersleut...«

Frau Sephi hatte vor Weinen nicht weiter reden können.

Da war dem Herrn Rat die Einsicht gekommen, daß er mit Vernunftgründen nichts ausrichten könne, und vielleicht hatte ihn auch das Mitleid ein wenig gefaßt.

»Jetzt trösten Sie sich nur,« hatte er gesagt. »Wir wollen einmal sehen, ob sich eventuell was tun läßt.«

Frau Sephi war aber nicht getröstet; in der Trambahn sprach sie still vor sich hin, und da sie die Hände auf dem Schoße gefaltet hielt, glaubten die andern Fahrgäste, das alte Weiblein bete.

Nahe beim großen Wirt stieg sie aus und ging in der Richtung gegen den Englischen Garten zu.

Da war vor kurzer Zeit noch ein Dorf mit kleinen Häusern und niedlichen Gärten davor gewesen.

Nun waren die meisten verschwunden und hatten kahlen Miethäusern Platz gemacht, aus deren Fenstern die grämliche Verdrossenheit zusammengepferchter Menschen schaute.

Ein Steinhaufen nach dem andern hatte sich über die Wiesen vorgeschoben und die alten Wohnstätten eingepreßt, daß ihnen Licht und Luft fehlte, und daß sich die Besitzer bestimmen ließen, dem Zeitgeiste nachzugeben und ihr vererbtes Gut Spekulanten zu überlassen.

Aber etliche Dorfhäuser waren erhalten geblieben, und eines der nettesten, das Hartwigsche, das mit einem stattlichen Vorgarten an der Kreuzung zweier neu angelegter Straßen lag, konnte die Aufmerksamkeit fortschrittlicher Bauschwindler in hohem Grade erregen. Und konnte die Freunde alter Behaglichkeit erfreuen.

Die kleinen Fenster schauten mit hellen Scheiben zwischen dem Laub der Spalierbäume heraus auf Blumen und Gemüsebeete; ein blanker Kiesweg lief vom Gartenzaune bis zur überdachten Haustüre und schien jeden einzuladen, sich aus der angerußten Stadt in diese Reinlichkeit zu flüchten.

Aber Frau Sephi freute sich nicht über all das Anheimelnde, als sie von ihrem Gange zurückkehrte.

Und doch war der Herbsttag feierlich schön, und das Sonnenlicht lag wie flüssiges Gold auf den Blumen; an den eben erst aufgeblühten Astern saßen scharenweise die Bienen, und bunte Schmetterlinge klammerten sich gierig daran fest.

Frau Sephi beachtete es nicht; sie machte sich auch nicht wie sonst an den Beeten was zu schaffen, sondern ging zum besorgten Erstaunen ihrer alten Magd in die Wohnstube und setzte sich am hellen Vormittag, kurz vor der Essenszeit, wo sie immer in der Küche nachgesehen hatte, in einen Lehnstuhl.

Über der polierten Kommode hingen zwei Porträts, in der Manier der vierziger Jahre gemalt; eine junge Münchner Bürgersfrau mit der Riegelhaube auf starken Zöpfen. In dem frischen Gesichte fielen zwei rehbraune Augen auf, die schalkhaft zu dem dicken Herrn hinüberschauten, der nebendran aus seinem Rahmen ehrenhaft auf den Beschauer blickte.

Sein rosiges Gesicht erzählte eine ansprechende Geschichte

von der alten münchner Wohllebigkeit, vom Gedeihen des bürgerlichen Handwerks und von seiner Ehrlichkeit.

Das war das Porträt des Bortenmachers Xaver Hartwig, der mit seiner Eheliebsten vor beinahe dreißig Jahren dieses Haus erworben und seine Ruhetage darin beschlossen hatte.

Heute schien er seine Blicke verwundert auf seine Sephi zu richten.

Was sie nur hatte?

Warum sie hier vor ihm so müde und zerschlagen im Lehnstuhl saß, statt wie sonst in Haus und Garten nach dem Rechten zu sehen?

Ging es schon an Krankheit und Sterben? Aber kürzlich war sie doch noch frisch und munter gewesen und hatte ihm liebevoll mit dem Staubtuche über das Gesicht gewischt, nachdem sie, ganz wie sich's gehörte, die Uhr im Säulentempelchen aufgezogen hatte. Und wenn das Ende herankam, warum war sie darüber gar so betrübt? Wie oft hatte sie gesagt und es ganz gewiß auch gedacht, daß es Zeit für sie werde, neben ihrem guten Xaver Platz zu nehmen!

Darin war keine Wehleidigkeit gelegen, die ja zur heiteren Frau Sephi nicht gepaßt hätte, das war mit klarer Vernunft überlegt und ausgesprochen, denn wer den Achtziger überschritten hat, kann nichts Schönes mehr erwarten und darf daran denken, wie er das letzte Geschäft richtig und mit Anstand abmachen werde.

»O mei Xaver!« seufzte unten im Lehnstuhl Frau Sephi, und die Tränen kugelten ihr über die eingeschrumpften Wangen auf den Schoß herunter.

»Wie s' di naustragen hamm, is mir net so traurig z' Mut g'wes'n wie heut. I hab mir denkt, wegen de paar Jahrl Trennung is net aus, und i kumm bald, und nacha schlaf'n mir nebenanander bis zum Jüngsten Tag ...«

Sie weinte ins Taschentuch hinein.

»Daß es eine solchene Zeit und solchene Leut geben kann! Vor nix Respekt haben, alles z'sammreiß'n, alle Ruh und Gemütlichkeit aus der Welt schaff'n, und jetzt gunnen s' einem nicht einmal das Platzl unterm Boden ...«

Draußen klapperte die alte Resi mit Geschirr und Schüsseln und kam herein.

»Frau Hartwig . . .«

»Was denn?«

Das klang müde, beinahe krank.

»Ja, was hamm S' denn?«

»Nix hab i . . . Mußt mi heut net frag'n und plag'n . . .«

»Zweg'n da Dampfnudeln, hab i gmoant . . .«

»Mach s' no selber . . . I hab net derweil und mag net außi.«

Kopfschüttelnd ging Resi in die Küche zurück und kopfschüttelnd räumte sie nach dem Essen ab.

Ihre Frau hatte kaum was angerührt; wenn sie krank würde, das wär arg. Siebenunddreißig Jahr war sie im Hause, und jetzt in den alten Tagen da heraus müssen, unter fremde Leut?

Da setzte sich auch Resi auf einen Küchenstuhl und weinte.

Am Gartentor läutete es.

Die alte Magd stand mühsam auf und sah hinaus. Gott sei Dank! Da kam der Herr Reindl, aber schon wie gerufen! Sie ging, so rasch sie konnte, über den Kiesweg zum Eingange und öffnete:

»Ihna hat heut unser Herrgott g'schickt,« sagte sie.

»No . . . no . . . no . . . feit was?«

»I woaß net, mit unserer Frau is was . . .«

»Ja waar net übi . . . is s' krank?«

»Sie sagt Na.«

»No, mir wer'n amal schaug'n . . .«

Herr Simon Reindl war nämlich der einzige überlebende Freund des alten Hartwig, ein quieszierter Bräumeister und, dem Äußern nach zu schließen, recht wohl geeignet, mit Lebensmut und Frische ansteckend zu wirken.

Im Alter mochte er der Frau Sephi wenig nachgeben, eher drüber als drunter sein, aber man sah es weder seiner gedrungenen Gestalt, noch dem von Gesundheit geröteten Gesichte an. Seine weißen Haare bildeten eine dünne, aber ausreichende Decke für den Schädel, und sie waren an den Seiten sorgfältig nach vorne gestrichen.

Seine lustigen, viel Schlauheit verratenden Augen waren auch völlig klar, und Simmerl schrieb das dem Umstand zu, daß er Ohrringe, oder vielmehr kleine goldene Sterne, in den gut entwickelten Ohrlappen trug.

Der lange braune Rock, den er anhatte, und die brokatne,

geblümte Weste hatten alten Schnitt und zeigten, daß der Herr Bräumeister noch immer was auf sein Äußeres hielt.

Er erzählte gerne und oft von der Zeit, wo er Pfannenbursche beim Pschorr gewesen war.

Da hatte ein berühmter Ringer, ein Franzose, ein Musje, sagte Simmerl, eine Ankündigung gemacht, er wolle mit dem stärksten Mann in München ringen und soundso viel hundert Gulden geben, wenn er geschmissen werde.

Es meldeten sich gleich drei Bräuburschen, alle vom Pschorr, der ordentlich stolz drauf war, und der dritte war Simon Reindl, gebürtig aus Lenggries.

Aber leider kam er nicht zum Ringen, denn der erste Bräubursche schmiß auf der Bühne des Hoftheaters, wo der Kampf vor einem dichtgedrängten Publikum ausgetragen wurde, den Musje mit den ersten paar Griffen auf die Bretter, daß ihm Hören und Sehen verging.

»Es war schad,« setzte Simmerl jedesmal bei, »daß mir andern zwoa net z' toa kemma san ... Mir hätt'n an grad a so hi'g'schmissen ...«

Mit Hartwig war er gemeisam bei der münchner Landwehr gewesen, beim Artillerie-Korps. Zu mancher Parade waren sie ausgerückt, und wie sie Gefallen aneinander gefunden hatten, war Simmerl ein gern gesehener Gast im Hause und ein treuer Freund geworden.

»Mir wer amal schau'n,« sagte der Herr Bräumeister und schritt bedächtig zum Hause hin, denn Hastigkeit mochte er nicht.

Er stellte seinen polierten Spazierstock mit der silbernen Kugel darauf in den Schirmständer und stand bald in der Wohnstube, wo er zu seinem Erstaunen Frau Sephi mit verweinten Augen am Fenster sitzen sah.

Es gelang ihr nicht wie sonst, freundlich zu lächeln, sie nickte nur mit dem Kopfe.

»Ja, was waar denn jetzt dös? Sephi, mir scheint gar, du hast gwoant ... hat ma d' Resi scho g'sagt ...«

»Ah! De muaß allaweil tratschen ...«

»Scheint aber, sie hat recht. Bei dir feit was ...«

Der Anblick des alten Freundes stimmte Frau Sephi wieder recht wehmütig, und sie hatte Mühe, ihre Tränen abzutrocknen.

»No ... no ... no ... geh! Was is denn?«

»Nix is mehr ... so alt hat ma wer'n müss'n, daß ma dös no derlebt! Waar i vor mein Xaver g'storbn, oder do vor a paar Jahr, nacha hätt i dös net erfahrn müss'n ...«

»Ah was ... sterb'n! Dös kimmt auf d' letzt, jetzt sag mir amal, was g'schehg'n is ...«

Sephi erzählte, und Simmerl unterbrach sie oft mit einem: »Ja, was sagst mir denn da? ... Ja, was waar denn net dös?«

»Die Stadt dehnt sich ins Weite, hat der Rat zu mir g'sagt, das Leben verlangt sein Recht ... sagt er ... Siehgst, Simmerl, da hab i mir denkt, seiner Lebtag hat ma de Stadt als Hoamat betracht und hat s' gern g'habt, und jetzt hätt ma net amal als Toter an Platz drin, und wo is denn 's Recht von de Lebendigen, wenn ma net amal dös g'wiß hat, daß ma sei Ruah im Grab find't und daß ma bei seine Leut lieg'n derf?«

»Dös woll'n mir amal sehgn, ob a solchene Gemeinheit existieren derf,« sagte Simmerl und strich sich zornig über die Haare. »Da hört si na do scho alls auf! Ma is nacha do Bürger seit fufzg Jahr und länger, und koa herg'laufene Bagasch, und daß d' Frau neb'n an Mo begrab'n g'hört, dös Recht is am End do älter als wia de neumodische Gaudi. Müassen s' am End an Zirkus außi bau'n oder a Großmarkthalle oder an Ausstellung oder an andern Schmarrn? Aber da muaß nacha do de ganz Bürgerschaft hi'steh' und muaß amal sag'n, was der Brauch g'wen is, und was da Brauch bleib'n muaß. Daß ma no a sogenannte Pietät aa braucht, net bloß Warenhäuser und Schwindel überanand. Laß da Zeit, Sephi, allssammt kinnan de Leut net umstöß'n ...« – »Aber der Rat hat mir gar koa Hoffnung g'macht ...«

»Ko scho sei. Is vielleicht aa so a neumodischer, so oana, der für d' Amerikaner Buckerln macha muaß und d' Zigeuner herzügeln muaß. Aber da werd's nacha wen geb'n, der wo ober eahm is, und wenn ma bis zum Regenten geh müass'n, da lass'n mir net aus. Was tat denn da Xaverl sag'n, wann er di net daneb'n hätt, wenn amal Zeit is zum Aufsteh? Müaßt a no als seliger Geist auf Schwabing oba, und gang net amal a Tramway!«

Simmerl hielt einen Spaß für das beste Mittel gegen Traurigkeit, und Sephi tat ihm auch den Gefallen und versuchte es, zu lächeln. Sie seufzte ein bißchen erleichtert auf.

»Da muaß 's doch a Hilf geb'n ... moanst net?«

»Natürli gibt 's oane; höher gang 's nacha do scho nimma, als daß ma oan so an selbstverständlichs Recht nehmat ...«

»Du kunnt'st mir do aa behülfli sei, Simmerl. Geh, i bitt di schö, denk an mein Xaver ...«

»Braucht koa Bitt'n, Sepherl ... dös versteht si von selber ... i muaß mir de G'schicht überleg'n ... wia mir dös am g'scheitest'n o'pack'n. Mein Vettern sei Bua, an Ringler Toni, kennst d' ja, dem sei Ältester is Advokat, und bei dem wer i amal z'erscht frag'n ...«

»Sei halt so guat!«

»I bin scho so guat, und jetzt hör auf mit'n Woana und schaug a bissel auf mi. Übers Ei'grab'nwern muaßt d' 's Lebendisei net vergess'n ... i hätt a bissel an Durscht kriagt ...«

»Ja, gel? Und i laß di da sitz'n und frag net ... Resi!«

Die alte Magd mußte aus der nächsten Wirtschaft Bier herüber holen, zum Vespern gab es etliche gute Sachen, und der Simmerl blieb noch lange sitzen.

Er redete von alten, schönen Zeiten, und natürlich kam auch die Geschichte vom Ringkampf im Hoftheater daran, und da Sephi so aufmerksam zuhörte, als wäre sie ihr neu, wurde er heiter und gesprächig.

Beim Abschied fand er noch tröstliche Worte.

»Du werst sehg'n, du kriagst dei Platzerl hintern Sendlingertor draußd. Aber net, daß dir nacha recht pressiert, wenn i dir de Wohnung verschaff'. Dös bitt i mir aus ...«

»Gar z' lang mag i nimmer wart'n ...«

»Auf mi wartst, Sepherl. I mach dir an Vorreiter und sag di beim Xaverl o ...«

»Du denkst no lang net ans Geh'n, Simmerl ...«

»Sag dös net! Mir kimmt 's öfter so vor, als waar i scho viel z' lang blieb'n. Waar ma liaba g'wen, i hätt 's net derlebt, wia dös alte München verschwindt ... I hab mir 's heut wieder denkt, wia'r i zu dir her ganga bin ... Hinter'n Siegestor siecht ma koan Münchna mehr. Nix wia Schlawiner, lauter Schlawiner. Und drin in da Stadt is net viel besser; seit vierasechz'g Jahr bin i do, na wart amal, seit fünfasechz'g ... selbigsmal bin i beim Gilgenrainerbräu ei'g'standen in der Sendlingergassen. Du liabe Zeit, alls werd mehra, d' Leut wer'n mehra, 's Geld werd mehra, bloß de Bräuer san weniger wor'n. Um d' Sendlingergass'n und d' Neuhausergass'n rum hat 's selbigsmal mehra Bräu geb'n wia jetzt in der großmächtig'n Stadt. Wo san s' denn, der Hascherbräu, der Schleibinger, der Loderbräu, der Menterbräu, da Hallmayer, da Büchlbräu? All's weg und verschwund'n. Nix mehr als wia a paar große Bierfabriken. Fünfasechz'g Jahr ... und jetzt kenn i mi in da Stadt nimmer aus. Alle Bäch san zuadeckt, alle Wies'n und Gärt'n san überbaut ... all's is anderst, und nix is schöner wor'n ... Sag 's amal Sepherl, g'fallt 's dir no?«

»Mir scho lang nimmer ...«

»Gel ... und wann mir uns z'ruckziahg'n woll'n untern Boden, weil 's uns drob'n nimmer paßt, müaßt ma si um de paar Schuah Erden no streit'n ... is dös aa no a Menschheit? Aber dös derstreit'n mir dennerscht no ... pfüat di Good!«

Paula saß mit einem verdrossenen Gesichte auf ihrem Karussellpferde; ihre Miene paßte gar nicht zu dem heiteren Walzer, den die Orgel dröhnend und pfeifend spielte, indes sich Pferde, Schwäne, Schlitten in immer rascherem Schwunge drehten. Ihre Augen blickten finster, ihr Mund war zu einem Schmollen verzogen, und während sich vor ihr und hinter ihr lustige Paare lachend und kreischend dem kindlichen Vergnügen hingaben, schaute sie düster vor sich hin.

Das Karussell hielt. Paula stieg langsam ab und ging zu Franz, der verstimmt oder gelangweilt dem Treiben zugesehen hatte.

»Also, jetzt sei net so fad und tu halt mit! Warum verdirbst mir denn das bissel Freud'?«

»Ich fahr nicht am Tag. Prinzipiell nicht. Ich hab dir 's schon g'sagt ...«

»Allaweil prinzipiell. De andern Leut sin lustig, und du bist prinzipiell fad ...«

»Mit den Dienstbot'n da herumkutschieren, das tu ich nicht.«

»Früher warst d' anders ...«

»Ach bitte ...«

»Ja, dös is amal wahr. Da wärst halt auch naufg'sess'n und wärst lusti gewes'n, wie die andern Leut. Aber i kenn 's scho lang ...«

»Du hättest ja warten können. Ich hab dir am Herweg gesagt ... jawohl, wortwörtlich hab i dir 's g'sagt: unter Tags setz ich mich nicht in ein Karussell. Ich hab meine Gründe dafür ...«

»Vielleicht schinierst dich mit mir ...«

»Ich genier' mich mit der Gesellschaft da ... jetzt fahren andere Leut als wie abends ...«

»Na muß i halt heimgeh'n ...«

Paula drehte sich um und ging weg. Am liebsten hätte sie laut hinausgeschrieen.

Es war nicht wegen der Kinderei, o nein! Deswegen war's wirklich nicht.

Er zeigte ihr mit seinen Launen, daß er abgekühlt war; sie fühlte es so deutlich, sie merkte es an allem, was er sagte und was er nicht mehr sagte. Ja, daran am meisten.

Er redete oft wie ein Schulmeister und korrigierte an ihr herum.

Wenn sie zusammen ausgingen, mußte sie acht haben auf ihre Worte und ihre Bewegungen; gleich war ihm etwas zu auffallend oder zu zärtlich.

Sie hatte ihre Scheu beinahe überwunden, wo sie doch viel mehr zu fürchten hatte wie er, und jetzt weigerte er sich oft, mit ihr Arm in Arm zu gehen, und predigte Vernunft.

Und einmal war sie rasch vom Hause weg zu ihm gekommen, und vielleicht waren ihre Haare wirklich nicht ganz in Ordnung gewesen. Wer sieht denn so was?

Einer, der wirklich verliebt ist, paßt auf solche Kleinigkeiten nicht auf.

Aber er hatte gleich die Stirne gerunzelt und ihr einen Vortrag gehalten, daß man sich nicht gehen lassen solle, wenn man sich länger kenne, und daß er prinzipiell gegen solche Nachlässigkeiten sei. Er wisse schon, viele Frauen hätten das so, daß sie glaubten, man müsse sich nicht mehr voreinander genieren, aber *die* Art von Vertraulichkeit könne er gar nicht vertragen.

Und so rechthaberisch wurde er. Früher, da war er immer entzückt gewesen und hatte nichts wie lauter Schönes und Gutes an ihr gesehen.

Das war jetzt alles anders. Heute hatte sie ihm vorgeschwärmt von ihrer Freude am Karussellfahren, und da war er gleich wieder der Schulmeister gewesen. Erstens sei es überhaupt kein Vergnügen für Erwachsene, und zweitens, wenn man so was schon mitmache, müsse man in Stimmung sein. Ach! Die Ohren taten ihr oft weh, wenn er so anfing. Und dann fuhr sie doch, und er bockte, wie er's oft machte.

Wegen solcher Läppereien konnte er Streit suchen, ihr den Tag verderben! Nein, da war's gleich gescheiter, es war alles auf einmal aus.

Aber wie sie es nur dachte, wußte sie auch, daß ihr die Liebe zu ihm alles geworden war. Sie sah ins Leere; da war doch nichts mehr, gar nichts mehr, wenn das nicht mehr war.

Tränen verdunkelten ihren Blick ... aber sie ging von ihm weg.

Sie wollte nicht bleiben und seine guten Lehren anhören ...

Franz sah ihr nach.

Einen Augenblick hielt er noch an seinem Trotze fest. »Man muß Frauen nicht immer nachgeben,« sagte er altklug zu sich selber. Sie sollte sehen, daß er seinen Willen behielt.

Als er bemerkte, wie ihr Schritt unsicher war, wie sie den Kopf sinken ließ und die Schultern nach vorne zog, ergriff ihn tiefes Mitleid, und er eilte ihr nach.

»Paulimutsch ... du! Sei wieder gut!«

Sie sah ihn von unten auf an wie ein Kind, und um den Mund zuckte ein heftiges Weinen.

»Ich war doch net ...« Sie konnte nicht weiter reden und klappte hastig ihre Handtasche auf, um ihr Sacktuch herauszuholen. »I war doch net bös ...«

»Aber ich? Gelt? Wein net, guts liebs Mädel! Ich war so verdrießlich, so dumm, i weiß ja selber ...«

»So garstig bist d' jetzt oft mit mir ... Dös halt i net aus ... wenn's d' mi nimmer magst, sag mir's do lieber glei ganz!«

»Geh, wie magst d' so red'n? ... Du weißt doch ...«

»Na ... dös weiß i oft nimmer ...«

»Daß i di gern hab? Dös weißt du net? Geh, Paulimutsch ... Das fühlst du doch ...«

»Wenn man ein' gern hat, plagt ma'n doch net.«

»O ja ... erst recht ... Da steigt's ei'm oft so in 'n Kopf, da bitzelt all's an ei'm ... ma muß ei'm weh tun ...«

»Ich kunnt's net ... g'wiß net ...«

»Du freilich net ... du bist so gut ... aber schau, vielleicht war's Eifersucht, weil i net mag, daß dich die andern Leut ausg'lass'n seh'n ...«

»Was is denn dabei? Schau, i bin als Kind scho so gern Karussell g'fahr'n, und jetzt, 's erste Mal auf der Festwies'n mit dir ...«

»Du hast ja recht ... und jetzt geh'n mir zum Schottenhammel, und darnach fahrn mir mitsamm ...«

»Na ... fahr'n tu i nimmer ... dös möcht i net nomal hamm ...«

»I fahr ja mit, und recht lusti woll'n mir sei ...«

»Jessas!« Paula drehte sich hastig um.

Auf der anderen Seite der Straße stand Rubatscher mit einem jungen, ziemlich aufgedonnerten Frauenzimmer, das eben zu überlegen schien, wie es durch den aufgeweichten Schmutz kommen könne.

»Was hast du?« fragte Franz.

»Tu so, als ob d' net zu mir g'hören tätst,« antwortete Paula ziemlich aufgeregt.

Sie schien angelegentlich die Photographien zu betrachten, die in einem Auslagekasten hingen, Franz ging etliche Schritte von ihr weg. Der Budenbesitzer schrie ihm nach:

»Kommen Sie herein, mein Herr! Lassen Sie sich aufnehmen mit ihrer reizenden Gemahlin! Es wird ein bezauberndes Bild geben. Es wird für Ihre Kinder ein liebliches Andenken sein ... Nur ein paar Minuten, meine Dame!«

Paula war erschrocken; es waren in der frühen Nachmittagsstunde so wenig Menschen auf dem Festplatze, daß sie von Rubatscher gesehen werden mußte. Und das Geschrei des Photographen konnte er kaum überhören.

Sie nahm sich zusammen und ging rasch, als hätte sie einen bestimmten Gang zu machen, an Franz vorbei.

»Komm mir unauffällig nach!« murmelte sie ihm zu.

In einiger Entfernung blieb sie vor einer Menageriebude stehen und sah sich wie zufällig um. Rubatscher war nicht mehr zu sehen, und sie atmete auf.

»Was war denn?« fragte Franz.

»Unser Kommis ... i hab glaubt, i gib kein Tropfen Blut mehr. Wenn mich der beobacht' hätt mit dir! I kann den Kerl a so net ausstehn ...«

»Was hätt er denn beobacht'n können? Daß du zufällig mit an Herrn g'sproch'n hast? No, was is dabei?«

»I hab doch g'weint, und du hast in mich nei'g'red't ...«

»Ah! So genau hat der das net g'sehn ...«

Paula war gleich wieder beruhigt und ging nun, glücklich über die Versöhnung mit Franz, zum Schottenhammel. Ab und zu machte sie halt und spähte vorsichtig umher, ob der ekelhafte Kerl nicht auftauchte.

Aber der war ja nach der entgegengesetzten Richtung gegangen.

Rubatscher hatte mehr gesehen, als die Frau seines Chefs ahnte; jedenfalls so viel, daß er von der Begegnung für sich keine schlimmen Folgen befürchtete.

Er hätte eigentlich ein schlechtes Gewissen haben müssen, weil er den Lehrling allein im Laden zurückgelassen hatte, angeblich um einen notwendigen Gang nach dem Zollamt zu machen.

Statt dessen bummelte er mit einem Dienstmädchen auf der Wiese herum.

»Dös war die Frau Globerger?« fragte das Mädel.

»Sell woll ...«

»Herrschaft na! De sagts am End?«

»Wos sagt sie?«

»Daß s' di auf der Wies'n g'sehgn hat mit mir ...«

»Beileib net. De werd niacht sog'n ... sinst sog i eppan aa wos ... sell braucht di gar nix bekimmern ...«

»Was sagetst du?«

»Allerhand um an Kreizer ...«

Rubatscher war nicht mitteilsam. Er brummte vor sich hin: »So ... so? Hiatzt geht mir a bengalisch Liacht auf. Hab mir schun alm denkt, warum sie gar nimmer dahoambleibt. Sell isch er g'wösen, der Fack. Wie er in sie einig'redt hot, aft hot sie trenzt ... sell isch er g'wösen ...«

»Lassen sie sich aufnehmen, schöner Herr!« rief der Photograph. »Ein reizendes Familienbild für die lieben Angehörigen ... Arm in Arm mit der lieblichen Braut. In drei Minuten ist das Bild fertig ... Kommen Sie herein, mein Herr!«

Rubatscher ging an ihm vorbei. Er überlegte sich, ob er Paula nicht von weitem beobachten könnte. Aber wenn sie es merkte, konnte sie leicht eine Geschichte erfinden und ihn beim Globerger verklagen. »Sell war niacht ratsam ...« Er ging lieber mit seinem Mädel in eine Wirtsbude und trank Märzenbier zu sehr viel Schweinswürsteln. Erst nach etlichen Stunden brach er auf und schimpfte daheim über das schlamperte Zollamt.

Franz und Paula fanden Gesellschaft in der großen Halle von Schottenhamel: Herrn Otto Jüngst und Frau Resi Schegerer. Etwas später kam ein Freund von Jüngst dazu, ein Maler Nottebohm aus Hamburg. Er stellte die junge Dame, die bei ihm war, als Fräulein Merry vor, ohne einen Familiennamen anzugeben.

Vielleicht war er ihm entfallen; ein Mann von der Waterkant wird sich den Namen Stingelwagner nicht leicht merken. Wozu dann freilich Merry oder Mary nicht wohl paßte, und eigentlich hieß sie auch Zenta, und der Name lag ihr.

Zenta Stingelwagner, dem Äußern und etlichen in unbewachten Momenten sich verratenden Manieren nach aus dem östlichen München, aus dem Viertel der ruhmreichen Erinnerungen, – Weißenburg, Wörth, Orléans.

Sie hatte ein keckes Gesicht, das man hübsch nennen konnte, und das ansprechender gewesen wäre, wenn es nicht Versuche zur Vornehmheit entstellt hätten; sie zog dabei die Brauen hoch und blickte unter halbgeschlossenen Lidern blasiert über die Menschheit hinweg.

»Das ist Geschmackssache,« sagte sie, als Nottebohm die münchner Fröhlichkeit rühmte, die sich schon ringsum in der Halle bemerkbar machte. »Man fühlt sich doch nicht recht wohl dabei.«

»Sie müssen sich halt bei uns einleben, gnä Frau ...« erwiderte Jüngst. »Sie wern sehen, es g'fallt Ihnen großartig ...«

»Das glaube ich nicht. Es sind doch meistens Leute, die nicht zu einem passen ...«

»Aber das is ja grad nett ... Gibt's denn was Faderes als eine G'sellschaft, in der alle z'sammpass'n?«

Zenta zuckte die Achseln; sie war nicht zu überzeugen.

»Das ist Ansichtssache. Manchen gefällt der Ton, manchen nicht.«

Sie musterte mit einem sehr vornehmen Blick den nächsten Tisch, an dem ein Herr, der gebratene Hühner brachte, mit überlauter Fröhlichkeit begrüßt wurde.

Eine junge Dame sprang auf und umarmte ihn stürmisch, eine andere kreischte vor Entzücken und warf ihm Kußhände zu. Es waren Leute vom Theater, die sich redliche Mühe gaben, erkannt zu werden; als es ihnen gelungen war, spielten sie dem Publikum eine sich ganz vergessende Ausgelassenheit vor.

Die Herren lachten in dröhnendem Basse, die Damen in wohlklingendem Sopran; alle beanspruchten Aufmerksamkeit für ihre selige Stimmung und erwiderten sie.

»Kinder! Ist das nicht herrlich?« rief der Älteste in der Schar, dessen Augen hinter starken Fettpolstern vergnügt funkelten. Er gab wie ein Chorführer immer wieder das Zeichen zu neuen Ausbrüchen, wenn Pausen eingetreten waren.

»Was sagt ihr zu dem Göttermahl? Nüsse, Würste und Huhn am Spieß gebraten, und dieses Bier! Und wären wir hier, wenn Maxe nicht auf die großartige Idee gekommen wäre? Kinder! Wir müssen auf sein Wohl trinken...« Maxe wurde wieder umarmt. Die lebhafte Blondine neben ihm zog seinen Kopf an sich und küßte ihn schallend auf die Glatze.

Der dicke, recht gewöhnlich aussehende Herr hatte ein stilles Lächeln für all das Übermaß von Freude, das er um sich verbreitete. Er besaß irgendwo im Rheinischen eine gut gehende Fabrik und reiste mehrmals im Jahre nach München, wo er Gott und Protektor der Kunst, und wo er Maxe bei allen Tinis und Lillys war.

Zur andern Seite der Blondine saß ein jüngerer Mann von gutem Aussehen; seine dunkeln Augen und das wellige, braune Haar konnten sicherlich Eindruck auf empfindsame Frauen machen; er war der einzige, der nicht von der allgemeinen Heiterkeit mitgerissen wurde. Nur zuweilen raffte er sich mit Gewalt zusammen und stimmte ein Lachen an, aber es klang höhnisch und schneidend. Dann stützte er den Kopf wieder mit der Hand und blickte finster, beinahe drohend in die Ferne.

Sein deutlich zur Schau getragener Schmerz fiel Paula auf, die nach Zwist und Versöhnung in sehr weicher Stimmung war, und sie fragte sich mitleidsvoll, was der arme, hübsche Mann wohl für einen geheimen Kummer haben müsse.

Manchmal fuhr er auf und preßte die Lippen zusammen, oder er fuhr sich mit der Handfläche über die Stirne, als wolle er einen bösen Traum verscheuchen.

Er bemerkte bald den Eindruck, den er auf die gutmütige Frau gemacht zu haben glaubte, und seine tieftraurigen Augen suchten die ihrigen.

»Kinder! Das geht nicht!« rief der Chorführer. »Seht mal Rolf an! Was ist dir denn passiert, Junge?«

Rolf antwortete nur mit einem sehr bitteren Lächeln, und er zog die Achseln hoch.

»Na also, sprich dich aus! Du bist doch unter Freunden!«

Die Blondine winkte ab. Man sollte nicht darüber reden, nicht in dem Schmerze wühlen, nicht Wunden aufreißen. Sie beugte sich über den Tisch und flüsterte dem Chorführer so laut, daß es alle hörten, zu:

»Man hat ihm eine Rolle genommen.«

»Tini!« Der junge Schauspieler rief es sehr eindringlich und sehr wohllautend.

»Man hat sie dir *ja* genommen, und es ist und bleibt eine unsägliche Gemeinheit.« Der Chorführer streckte mit einer herzlichen Gebärde seinen Krug vor.

»Stoß an, alter Freund! Trink ihn aus, den Trank der Labe und vergiß den großen Schmerz!«

»Schmerz! Ihr werdet doch nicht glauben, daß mir der Alte Schmerz zufügen kann ...«

Rolf lachte sehr höhnisch auf.

»Na also, dann nicht Schmerz, aber Entrüstung oder Indignation, und nun trink mal und sei fröhlich. Was soll denn Maxe denken?«

Alle wollten mit Rolf anstoßen und ihm Teilnahme und treue Freundschaft zeigen.

Vielleicht hätte er sich umstimmen lassen, wenn nicht gerade Maxe, dem zuliebe ungetrübte Heiterkeit herrschen sollte, die unvorsichtige Frage gestellt hätte: »Was für eine Rolle hat man dir genommen?«

Da brach der Gekränkte los.

Genommen war kein Wort für dieses Vorgehen. Hinterlistig entwendet hatte man ihm die Rolle; mit gemeinen, niedrigen Lügen hatte man ihn in Sicherheit gewiegt, um den Arglosen dann um so schmählicher zu betrügen.

Man neidete ihm den jungen Ruhm, man wollte seine Existenz untergraben. Hätte man wenigstens einem Würdigen die

Rolle gegeben! Aber so einem ... man werde ja sehen ... diesen Vormittag, bei der Generalprobe hatte es sich schon gezeigt, was für eine haarsträubende Fehlbesetzung das war. Es kam da eine Stelle vor ... der beleidigte Graf mußte aufspringen und seinen Gegner niederdonnern ... »Und *das* ... *das* sagen Sie mir? ...« In diesem wiederholten »Das« lag die Steigerung, lag eigentlich die Wirkung der ganzen Szene.

Rolf beugte den Oberkörper langsam zurück, ruckweise, sah Maxe mit starren Augen an, sprang auf und brüllte die gewichtigen Worte in die Halle. »Und *das* ... *das* sagen Sie mir?« So mußte es gemacht werden. Der Graf mußte aufspringen wie ein Löwe, wie ein verwundeter Löwe. Aber dieser impotente Kerl war aufgestanden, wie ein krankes Pferd. Man würde ja sehen. Wenn der traurige Lump von einem Kritiker nicht einmal das sah.

»Bst!« mahnte der Chorführer.

»Ein bestochener trauriger Lump sage ich ... meinetwegen kann ihm das jeder erzählen ...«

»Bst! Er sitzt doch selber da.«

»Wo?«

»Am zweiten Tisch hinter dir ...«

Rolf wandte langsam den Kopf nach der Richtung.

Ein pausbackiger Mensch aß dort gebratene Würstchen und gab sich Mühe, bedeutend auszusehen, als er sich von den Schauspielern entdeckt sah.

»Doktor!« rief der Chorführer und schwenkte seinen Krug. Die Blondine stand auf und jubelte ihm zu, andere winkten ihm, so daß er nicht anders konnte, als herüber kommen und seine Schlachtopfer begrüßen. Man schüttelte ihm bieder die Hand, sah ihm liebeheischend ins Auge, und lud ihn ein, Platz zu nehmen. Das lehnte er ab, denn irgendwelche ungeschriebenen Gesetze verboten es Richtern, mit Delinquenten, und Kritikern, mit Schauspielern zusammen zu sitzen.

Als er sich wieder verabschiedet hatte, sagte Rolf, man hätte eigentlich den Schurken erdolchen müssen; er warf ihm finstere Blicke nach und versank in seinen Schmerz zurück.

Aber Paula beachtete seine tieftraurigen Blicke nicht mehr; sie war näher an Franz gerückt und tauschte heimliche Zärtlichkeiten mit ihm aus.

Frau Resi schwieg, und es war deutlich genug zu merken, daß sie ihrem Ottibubi zürnte.

Wie hatte er nur dieses Weibsbild einladen können! Das war doch eine unverzeihliche Rücksichtslosigkeit, Paula und sie als verheiratete, angesehene Bürgersfrauen mit einer solchen zusammenzubringen.

Sie wollte ihm aber sagen, daß sie sich derartige Dinge schönstens verbitte.

Und wie ekelhaft war es, daß er die Person als gnädige Frau titulierte!

So eine, der man es auf hundert Schritte ansah, daß sie vor ein paar Wochen noch Wassermädel in einem Kaffeehause gewesen war.

Zenta, die merkte, daß man ihr einige Abneigung entgegenbrachte, war nun erst recht entschlossen, ihre Bedeutung hervorzuheben.

Als ein italienischer Händler an den Tisch kam und gebratene Kastanien zum Kaufe anbot, wechselte sie mit ihm etliche Worte.

»Quanti costa?« und »Grazie tanto . . .«

Otto tat ihr den Gefallen, zu fragen, ob die gnädige Frau Italienisch spräche. Sie hätte, was ihm schon gleich aufgefallen wäre, einen südländischen Typus.

Das gab Zenta Gelegenheit, den Roman ihres Lebens zum besten zu geben.

Es schien nicht das erstemal zu sein, denn Nottebohm hustete, rückte unruhig auf seinem Stuhle hin und her und wollte ein anderes Gespräch anschlagen.

Aber nach einem strafenden Blicke auf ihn erzählte die gnädige Frau dennoch die Geschichte einer Verlassenen.

Natürlich hatte sie südländisches Blut in den Adern. Ihre Mama war nämlich mit einem italienschen Grafen verlobt gewesen. Das Paar liebte sich innig, und alle Bedingungen zum Glücke waren vorhanden, wenn sich nur die Eltern des Conte nicht so erbittert und hartnäckig seiner Verbindung mit einem bürgerlichen Mädchen widersetzt hätten.

Lange Zeit schien er im Kampfe gegen die Seinen stark bleiben zu wollen; aber eines Tages war er verschwunden. Die Unglückliche hörte nie mehr von ihm; sie gab einem Mädchen das Leben, kränkelte und starb.

Das Mädchen war Zenta, das heißt Merry, die dann von Verwandten an Kindes Statt angenommen und erzogen wurde.

»Du, ich geh jetzt ...« sagte Resi zu Otto.

»Warum denn? Mitten am Nachmittag?«

»Weil i Kopfweh hab ... I kann den Spektakel nimmer vertrag'n ...«

»Jetzt bild dir doch keine Schwachheit'n ei ... i hol dir nachher was z' ess'n, da wird's dir scho wieder besser ...«

»Nein, danke. Du kannst ja bleib'n, wenn du so rücksichtsvoll bist ...«

»Alles, was recht is, aber i lauf do net um sechs Uhr von der Wies'n heim ...«

»Ich will ja gar net, daß du das herrliche Vergnüg'n aufgibst ... adjö!« Resi stand auf.

»Gehst du mit?« fragte sie Paula. Diese zögerte, aber als ihre Freundin beleidigt den Kopf zurückwarf und durch die Tischreihen schritt, sagte sie zu Franz:

»Ich komm dann wieder; wir gehen bloß ein bissel ins Freie, und wenn Resi eine Tablette nimmt, ich hab was bei mir, dann wird's ihr schon wieder gut.«

Sie eilte Resi nach.

Als sie an dem Tische der Schauspieler vorbeikam, verneigte sich Herr Rolf ehrerbietig vor ihr. Sie dankte flüchtig und etwas erstaunt. Am Ausgange holte sie ihre Freundin ein, die hochrot vor Aufregung war und mit ihren Tränen kämpfte.

»Geh, was hast denn?«

»Nix. Eigentli is ja so a Mensch net wert, daß ma ... daß ...«

Nun schluchzte Resi und eilte voran, zwischen den Buden durch auf die freie Wiese, wo sie allein waren.

»Hast du an Streit mit ihm g'habt?« – »Nein ...«

»Ja, was war denn auf einmal?«

Resi fuhr sich ungestüm mit dem Taschentuch über die Augen.

»Laßt du dir dös g'fallen, daß si so a giesinger Schlampn an unsern Tisch herhockt? Wenn uns ein Mensch g'sehn hätt, was müßt ma si denn da nachsag'n lass'n?«

»Da kann er do nix dafür!«

»Net? Der Maler is do sei Freund. Hätt er ihm net sag'n könna, daß er in Begleitung is und a g'wisse Diskretion wahren muß? Wär dös net ganga?«

»Er hat vielleicht net g'wußt, daß sei Freund wen mitbringt.«

»Na hätt er's ihm merk'n lass'n sollen, daß dös unpassend is. Oder er hätt jetzt mitgeh'n sollen. Aber Aug'n macht er ihr hin, und gnä Frau hin und gnä Frau her sagt er zu dem G'schoß ...«

Paula lächelte.

»Du bist gar eifersüchtig ...«

»I? Fallet ma'r ei! Weißt, wenn er so weni G'schmack hat, – von mir aus! Na, ich dank schö! Mit so was konkurrier ich noch lang net. Es muß ja net sei ...«

»Aber Resi, mach's net ärger, wie's is ...«

»I find's arg g'nug. Sei ganze Existenz setzt ma für an Menschen auf's Spiel, und das is der Dank! Der nächstbeste Schlampen werd ei'm vor'zogen ... Wenn dös net arg is ...«

»Was soll er denn machen? Schau, sie is amal mit sei'm Freund kommen, und auf der Wies'n nimmt ma's am End net so g'nau ...«

»Weil's mi kränkt ... net, daß er so einer auch noch schö tut ... von mir aus! Ich sag dir ja, da konkurrier ich net; und merk i was, hamm mir ein für allemal ausg'red't ... na, desweg'n gar net, aber daß ma sich dös g'fallen lassen soll, mit so an davo'g'hauten Wassermadel auf gleich behandelt wer'n ... sie a G'schpusi ... i a G'schpusi ... na, mei Liebe, da hört's bei mir auf ... am End is ma doch eine verheiratete Frau und hat sein' anständigen Verkehr ...«

»An dös hat der Herr Otto gar net denkt; der hat dich doch net kränken woll'n ...«

»Ah, geh mir mit die Männer! Vor drei Monat hätt er sich net mit der Person abgeb'n ... Da hätt er mir net zug'mut, daß ich mit der an ei'm Tisch sitzen soll. Aber es dauert ja scho lang g'nug, und mir wer'n nie g'scheit. Mir geb'n allaweil z' stark nach und vergess'n, daß bei die Männer d' Lieb abnimmt, wenn s' bei uns wachst. Desweg'n taugen die meisten Ehen nix, und die Verhältniss' erst recht net ... aber i zeig's ihm schon ...«

»Ich mein', das gescheitest is, wir gehen jetzt wieder nei' und setzen uns ruhig hin ...«

»Freili, und horchen zu, wie de Schmieselmadam sich als a Grafentochter aufspielt. Daß i net lach! Sonst sin die Herren der Schöpfung so g'scheit, und da hocken s' da und lassen si an solchen Schmarrn vorerzähl'n ... Mit an italienischen Grafen is die Mama verlobt g'wes'n ... ja, mit an Ziegelbrenner von Ismaning; und wie's kalt worn is, hat si der Herr Graf mit sein Bolentag'schirr verzogen ... und hat ihr die Ziegelpatscherprinzeß als teures Andenken hinterlassen ... Eigentli ärgert's mi, daß i's ihr net glei in's G'sicht nei' g'sagt hab ...«

»Es war besser so ... und jetzt komm!«

»Na ... ich geh net nei. I verkehr amal net mit dem italinischen Adel.«

»Aber schau, ich muß do wieder zum ... ich muß do wieder nei' ...«

»I will di net aufhalt'n ... bis zum Eingang geh i mit, da begleit i di no, und nachher geh ich heim ...«

»Vielleicht überlegst dir's no ...«

»Na ... jetzt is 's amal g'sagt, und der Herr soll nur sehg'n, daß ma sich net jede Rücksichtslosigkeit bieten laßt ...«

Vor der Halle trafen sie auf Franz, der unruhig wartete.

»Wo bleibst denn, Paulimutsch?«

»Ich hab doch mit der Resi gehen müssen, schau ... warum hast net drin auf mich g'wart?«

»Ich hab nicht allein in dem Spektakel bleiben mögen ...«

»Is der Otto weggegangen?« fragte Resi hastig.

»Ja ... gleich nach Ihnen ...«

»Mit ... mit sein' Freund?«

»Ja ... sie haben noch Buden anschauen wollen ...«

»Gehen wir auch?« fragte Paula.

»Gern, wenn's dir recht is.«

Sie hing sich an Franz ein; Resi schritt neben ihnen her.

Sie überhörte Fragen, die beide an sie richteten, und wenn sie Antwort gab, war ihre Stimme heiser vor Aufregung; in ihrer Ungeduld lief sie voraus, blieb wieder stehen und schaute mit suchenden Blicken herum. Sie wollte allein sein, um rascher vorwärts zu kommen; an einer Straßenkreuzung verabschiedete sie sich, murmelte hastig etwas von Eile und Heimgehen und ging mit raschen Schritten weg.

»Die Arme!« sagte Paula.

»Was is eigentlich?«

»Hast du net gemerkt, daß sie eifersüchtig war? Da is sie rausgangen, und jetzt is er weg ...«

»Die finden sich schon wieder.«

»Ach ja ... ihr! Eigentli wißt ihr gar net, wie's unserei'm z' mut is ... Ihr seid viel gleichgültiger. D' Resi hat recht. Bei euch nimmt d' Liab ab, und bei uns wachst s' ...«

Franz lachte.

»Du warst heut auch so hart zu mir,« sagte Paula.

»Erstens war ich net hart, und zweitens haben wir uns wieder versöhnt. Und das is doch so nett!«

»Ach du!«

»Find'st du nicht? Man sollt sich eigentlich hie und da ein bissel zerkriegen, bloß weil die Versöhnung so lieb is ...«

»Nein! Du darfst nie mehr so zu mir sei' ... Ich hab an Augenblick g'laubt ... nein, gelt, du bist nie mehr so zu mir?«

»Was hast du glaubt?«

»Ach geh! Ich mag net dran denken ... An Augenblick hab ich gar nimmer g'wußt, wo ich hing'hör ... Zu dir nimmer ... und ... und ... dorthin ja erst recht nimmer ... und da war's so leer und ganz schwarz um mich rum. Das mußt nimmer tun, Franz!«

»Ich tu's ja nimmer ... gib mir ein Bussel!«

»Dös geht doch net ... mitten unter die Leut!«

Er ging mit ihr aus dem Lichtkreis der Bogenlampen in den Schatten einer Bude.

»Aber da geht's ...« – »Ach ... du! ...«

Resi lief mehr, als sie ging, an den hell erleuchteten Buden vorbei; vor den Karussels blieb sie stehen und suchte sie in fiebernder Unruhe ab. Dann eilte sie weiter und weinte vor sich hin.

Das konnte er ihr antun! Das! Mit dem Weibsbild, mit dieser schmierigen Person weglaufen, um sie recht tief zu kränken.

Sie wollte umkehren, heimgehen, nie mehr etwas von sich hören lassen. Er solle nur sehen, daß sie ihren Stolz hatte. Sie malte sich aus, wie das wäre, wenn er flehentlich an sie schriebe. Ganz kalt würde sie ihm antworten. »Mein Herr! Sie haben gewählt ... Man beleidigt mich nur einmal ...« So würde sie ihm zurückschreiben. Ob ihm das weh täte? Es wäre die gerechte Strafe für seine Rücksichtslosigkeit ... weglaufen und sie einfach stehen lassen ... und mit so einer gehen ...

Sie stieß oft an Leute an; manche sahen ihr verwundert nach, etliche riefen ihr derbe Worte zu ...

»Oho ... pressiert's so? Wo aus denn so schleuni? Sie, Fräulein, könna S' as nimmer derwart'n? Herrgottsakra, wenn no de weg'n meiner so laufet ... Teufi! De hat Holz vor der Hütt'n!« Ein junger Mensch eilte ihr nach.

»Fräulein, darf ich Sie begleiten?«

Sie gab keine Antwort, und er faßte nach ihrem Arm.

»Sie unverschämter Mensch! Lassen Sie mich gehen!«

»Entschuldigen Sie halt, daß man herumirrende Damen bei der Nacht verwechselt ...«

Er rief ihr noch allerlei nach, doch sie eilte weiter.

Der Lärm der Drehorgeln, der Musikbanden vor den Schaubuden tat ihr weh.

Was war das für eine sinnlose Fröhlichkeit? Waren alle diese Menschen wirklich vergnügt und bloß sie von Zorn und Schmerz herumgejagt?

Aber weit wollte sie nicht mehr gehen. Nur mehr zu dem zweiten hell beleuchteten Karussell vor ihr, dann wollte sie einen Wagen nehmen, heimfahren, ihn nie mehr sehen.

Sie kam zum nächsten Karussell, blieb stehen und suchte.

Einen Augenblick war's ihr, als sähe sie die Ziegelpatscherprinzessin ... Aber es war eine andere, sie hatte nur den gleichen Hut auf.

»Ah! Was sehe ich? Die gnädige Frau!«

Resi drehte sich erschrocken um.

Herr Fritz Laubmann, Vertreter der Firma Probst in Hof, stand vor ihr und verbeugte sich höflich. »Auch auf der Wiese? Aber Sie erinnern sich meiner vielleicht nicht mehr?«

»O ja ...« sagte sie ungeduldig.

»Auf jener hübschen Fahrt nach Schliersee hatte ich erstmals das Vergnügen ... leider waren Sie etwas okkupiert ... sozusagen ... ich hatte es fast bedauert ... Darf ich fragen, ob Sie allein ...«

»Nein, ich hab mich mit mei'm Mann zusammenb'stellt ...«

»Natürlich ... ja ... es läßt sich denken, daß Sie nächtlicherweile nicht allein in diesem Trubel sind ... fährt Ihr Herr Gemahl?«

Resi zitterte vor Ungeduld.

Wenn sie den gräßlichen Kerl nicht anbrachte, konnte sie nichts anderes tun, als gleich zum Fiakerstand eilen ...

»Ich such ihn ja ...« sagte sie gereizt.

Herr Laubmann überhörte den ungeduldigen Ton und bot seine Begleitung an.

»Wir könnten dann gemächlich nach beiden Seiten hin Ausschau halten; Sie nach der einen, ich nach der andern ...«

»Nein ... ich dank schön für die Freundlichkeit ... lassen S' Ihnen net stören ...«

»Ich habe nichts vor, und gnädige Frau dürfen überzeugt sein, es geschieht gerne ...«

»Ich mag aber net ...« Resi schrie es beinahe heraus.

»Pardon!«

Herr Laubmann hielt seinen Hut mit edler Gebärde, den kleinen Finger weggestreckt, in die Höhe. Resi wollte den barschen Ton etwas entschuldigen.

»Mein Mann is so eigen ... ich mag net, daß er mich in Begleitung sieht ...«

»Ach so ... die Eifersucht ist begreiflich ...« lächelte der Reisende etwas säuerlich ... »als Gatte der schönsten Frau Münchens hat man ein Recht dazu ...«

»Adjö!« sagte Resi kurz und eilte weg.

Laubman folgte ihr langsam und sprach allerlei vor sich hin, was nicht ganz so ritterlich war ...

»Und der Dämlack hat auch Ursache genug. So was von einer verkommenen, sittlich tief stehenden Gesellschaft gibt es Gott sei Dank bei uns zu Hause nich. Der Lumich hat nischt gemerkt, wie sie doch damals gleich angefangen hat, Zicken zu machen ... aber Friedrich Wilhelm Laubmann kannste nich bedeppern ... du Aas ...«

Resi hatte Herzklopfen.

Nun wollte sie ganz gewiß nicht mehr weiter gehen als bis zum Schiffskarussell ... wie leicht konnte ihr der Mensch folgen und sie beobachten. Er hatte sie mit seinem falschen, schielenden Blick so mißtrauisch angesehen, und beleidigt hatte sie ihn obendrein. Endlich war sie angelangt. Sie stellte sich in den Schatten, und beim ersten Blick erkannte sie Zenta, die in einem der auf und ab schaukelnden Kähne saß und sich laut lachend festhielt. Ihr gegenüber saß Nottebohm; aber Otto? ...

Sie blickte angestrengt hin, als die zwei bei der Drehung wieder nach vorne kamen.

Otto war nicht bei ihnen.

Sie atmete auf, und gleich dachte sie zärtlicher an ihn. Vielleicht war er in die Halle zurückgegangen und suchte sie nun mit der gleichen Unruhe wie sie ihn.

Sie überlegte, wie sie auf dem kürzesten Weg zum Schottenhammel gelangen könte ... da faßte sie jemand am Arm.

Ungestüm riß sie sich los und sah nach dem Frechen um ...

Herr Jüngst stand vor ihr mit dem gemütlichen Lachen, das seine weißen Zähne sehen ließ.

»Na ... ausgschmollt? du ... Dumme ...«

»Gar net dumm ...«

»Net z' wenig ... Resl ...«

Sie war zu froh, als daß sie ihm ein böses Wort hätte sagen können.

»Gib acht ... Otto ... der ekelhafte Sachs ... i hab dir ja erzählt ... der in Schliersee war ... hat mich vorhin ang'redt, wie ich dich g'sucht hab ...«

»Du hast mich g'sucht?«

»Leider ... war i so blöd ... aber im Ernst ... der Kerl spioniert mir ganz g'wiß nach ...«

»Da geh'n mir einfach ums Karussell rum über d' Wies'n; da is dunkel ...«

»Aber vielleicht mußt auf dei italienische Gräfin wart'n ...«

»Mei ... Gräfin? Siehgst, da hast di scho verratn ... jetzt warst halt doch dumm ...«

»Der Dumm' warst scho du! Auf der ihr'n z'sammklaubten Schmarrn rei'flieg'n!«

»Bin i?«

Otto lachte lustig.

»Glaubst du wirkli, i kenn unsern Adel von Giesing net?«

»Warum hast du nacher per gnädige Frau damit g'redt?«

»Rauskitzelt hab i's ... und di damit ...«

»Ja ... sagt ma ... hinterdrei ...«

»Hättst d' mi halt a bissel lieb ang'schaut; i hab a paar Mal 's linke Aug zudruckt. Du hättst mi leicht geh'n hör'n könna ... aber mach, daß mir weiterkommen, sonst lauft der Nottebohm noch a mal mit uns ...«

Die Eile, mit der er einer Begegnung mit dem Maler und seiner Italienerin auswich, versöhnte Resi ganz und gar.

Sie schritten eng aneinander geschmiegt über das Feld, das hinter den Budenreihen völlig im Dunkel lag, und schlüpften, um die Versöhnung zu feiern, in eine kleine Weinbude, wo sie ungestört blieben.

Zweimal war Benno schon im Café Gröber bei dem Organisationskomitee, das München zur großen Fremdenzentrale umgestalten wollte, zu Gast gewesen, und die kühle, fast abweisende Behandlung, die er bei den Leuten gefunden hatte, war nicht ohne Wirkung auf ihn geblieben. Man hatte in seiner Gegenwart ganz allgemein und etwas verschleiert von den ungeheuren Projekten gesprochen, die teils begonnen waren, teils in Vorbereitung standen, aber die Sicherheit, ja die Gleichgültigkeit, mit der über große Summen verfügt zu werden schien, überzeugte Benno davon, daß nun wirklich im großen Stile an die Hebung seiner Vaterstadt herangegangen werde. Ein Architekt Firnkäs, der jahrelang in New York Bedeutendes geleistet haben sollte, war, wie er sagte, nur durch diese glänzenden Aussichten auf dem Kontinente festgehalten worden. Er war eigentlich nur auf Urlaub nach Deutschland gekommen und hatte die Absicht gehabt, sehr bald wieder nach den Vereinigten Staaten zurückzukehren, als er bei einem vorübergehenden Aufenthalte in dieser heiteren Kunststadt urplötzlich auf die Idee gekommen war, sie zur Zentrale der Europäer, die sich amüsieren wollen, zu machen.

In echt amerikanischer Weise hatte er den Gedanken sogleich verwirklicht oder wenigstens die einleitenden Schritte dazu getan.

Norddeutsches Kapital und amerikanisches Kapital, wie es hieß, waren sogleich flüssig gemacht oder fest gezeichnet worden.

Es handelte sich für Herrn Firnkäs nur darum, geeignete Leute zu finden, die seine Ideen im Detail ausarbeiten und die notwendige Grundwerbung mit Klugheit in die Wege leiten konnten.

Wie Benno unter der Hand erfuhr, war die regsame Baufirma Pflamminger & Kotzbauer sofort auf den Plan getreten.

Man wußte, das heißt, man konnte erfahren, wenn man Beziehungen zu eingeweihten Persönlichkeiten wie Schmidramsl, Rabl und ähnlichen Herren hatte, man konnte unter dem Siegel der Verschwiegenheit in Erfahrung bringen, daß Pflamminger & Kotzbauer drei ungeheure Projekte ausgearbeitet und schon seit Jahren fix und fertig in feuersicheren Schränken liegen hatten.

München als Kunststadt, München als Fremdenstadt, München als Gartenstadt. Dann gab es noch eine aufsehenerregende Broschüre von einem Dr. Petuchowski, betitelt »München als Mittelpunkt des Kontinents«, in welcher der geradezu schwindelerregende Aufstieg der heitersten Stadt der Welt geschildert war.

Firnkäs hatte in richtiger Abschätzung des ungeheuren Wertes einer regelmäßigen, klug geleiteten Propaganda sofort die Gründung einer periodischen Zeitschrift ins Auge gefaßt.

Sie sollte »Isar-Athen« heißen und in riesigen Auflagen gedruckt werden.

Um den durchaus reellen Charakter des Unternehmens für alle Welt darzutun, wollte man Beratungskomitees konstruieren, denen die geistigen Führer im Lande ebenso angehören sollten wie die geschäftlichen Koryphäen.

Und zwar ging die Absicht dahin, die einzelnen in Betracht kommenden Interessen verschiedenen Komitees zu überweisen.

Die künstlerische Ausgestaltung hatten die bekanntesten Maler, Bildhauer und Architekten zu überwachen, die Finanzierung sollte durch die größten Unternehmer, Industrieellen und Handelsherren klar gehalten werden, die Anlage neuer Straßen und Plätze unterlag ja ohnehin der städtischen Kontrolle, aber es war nur billig, daß auch die staatlichen Behörden zu Worte kamen, da man durch die neu erstehenden Stadtteile zur Belebung des landschaftlichen Bildes einen Fluß durchleiten wollte, der wieder Teichanlagen zu speisen hatte.

Außerdem mußte man endlich daran gehen, den Norden der Stadt an die Bahnlininen anzuschließen.

Der umfassende Weitblick des Architekten Firnkäs, seine Gabe, das Größte wie das Kleinste zu berücksichtigen, konnte nicht deutlicher dokumentiert werden, als durch seinen Vorschlag, auch die Geistlichen der verschiedenen Konfessionen heranzuziehen. Er dachte daran, aus dem Erzbischof, dem Konsistorialpräsidenten und dem Oberrabbiner ein Trifolium, wie er sagte, zu bilden, das über den Ausbau neuer Tempel, die bei dem zu erwartenden kolossalen Verkehr notwendig wurden, zu entscheiden hätte.

Allerdings kam man davon zurück, diesen Vorschlag zu Protokoll zu nehmen und den Akten der Münchner Bodenverwertungsgesellschaft einzuverleiben, da sich über die religiösen Bedürfnisse noch nicht existierender Stadtteile keine feste Meinung bilden ließ, und da man doch in erster Linie daran gehen wollte, durch ausgesprochen weltliche Reizmittel kapitalkräftige Leute anzulocken. Und kapitalkräftige Leute, wurde gesagt, seien doch nur in Ausnahmefällen religiös.

Ging man also darüber hinweg, so wurde die Errichtung modernster Kulturstätten als der Trägerinnen der Entwicklung um so eingehender erwogen.

Es sollte womöglich in einem zusammenhängenden Komplex von Palästen alles geboten werden, was dem deutschen wie dem internationalen Publikum zum Bedürfnisse geworden war.

Theater, und zwar mit besonderer Berücksichtigung der Operette, Lichtspiele, Konzerte, Varietékunst, Kabarett, Tänze.

Die Lebewelt, die bis jetzt immer noch gezwungen war, die einzelnen Arten des Amüsements mit erheblichem Zeitverlust und mit Aufwand von Mühe aufzusuchen, sollte endlich in der Lage sein, von Saal zu Saal ein ganzes Stadtviertel der Freude und der Kunst bequem zu durchwandeln. Um sicher zu sein, daß in jedem Genre das Beste geboten werde, sollte ein ganzes Konsortium von bewährten Direktoren angeworben, und die Oberleitung sollte einem durch seine großartigen Darbietungen berühmten Berliner Direktor übertragen werden.

Das war es ungefähr, was Benno nach zwei Besuchen im Café Gröber erfahren hatte.

Man darf aber nicht glauben, daß Firnkäs oder Heigelmoser, der Vertreter der Firma Pflamminger & Kotzbauer, sich dazu verstanden hätten, ihr Vorhaben dem kleinen münchner Kaufmann auseinanderzusetzen.

Er konnte wohl einiges aus ihren kurzen Bemerkungen und Gesprächen heraushören, aber den Einblick in diese Welt von Ideen und kühnen Plänen verdankte er ausschließlich seinem Freunde Rabl, der, wie er selbst bescheiden sagte, nur als kleiner Agent in der Abteilung für Terrainankauf beschäftigt wurde.

Benno war berauscht von der ungeheuerlichen Größe der Projekte; alles, was er da zu hören bekam, war auf den Gipfel getriebene Steigerung alles dessen, was er in bescheidenen Maßen gedacht, geträumt, geplant hatte.

Als münchner Bürgerssohn war er natürlich aufgewachsen mit Vorstellungen von Reichtum, der sich mit Grundstücksspekulationen schnell erwerben ließ. Vielleicht träumt der Rheinländer von der Entdeckung reicher Flöze, der Hamburger von Konjunkturen in Kaffee, der Sachse von der Erfindung praktischer Gebrauchsgegenstände, der Münchner sieht in holden Träumen das Glück stets im Hinaufschnellen der Preise von Quadratschuhen, in der Umwandlung von Wiesen zu Bauplätzen.

Benno war, wie die meisten seiner engeren Landsleute, vollgepfropft mit Geschichten von ausgenützten und von versäumten Gelegenheiten; er konnte Leute nennen, auf deren Kartoffeläckern ganze Reihen von Mietkasernen erbaut worden waren, und wieder andere, die wertlose Flächen um ein Spottgeld erwerben und Millionen verdienen hätten können, er kannte Abfallplätze und Kiesgruben, die später ein Sündengeld kosteten, und er beklagte Dutzende von Gelegenheiten, die sein Vater gehabt und nicht erkannt hatte.

Aber was war das alles gegen den verwirrenden Glanz, der da mit einem Male seine Augen blendete?

Er machte beim Frühschoppen Andeutungen, daß München vor einer Umwälzung stehe, daß es in kurzem die Stadt des Luxus und der Lebensfreude sein werde, und den Zweifeln seiner Tischgenossen setzte er ein siegesgewisses Lächeln entgegen.

Wenn sie wüßten!

Allerdings, manchmal wunderte er sich selbst, daß die Kunde von diesen kolossalen Gründungen nicht in die Öffentlichkeit gedrungen war; man hätte glauben sollen, daß sie wie fressendes Feuer um sich greifen werde. Aber es setzten sich darum keine Zweifel in ihm fest.

War er doch unbeteiligt, hatte doch niemand das geringste Interesse daran, ihn zu täuschen; und die Männer, die er von dieser fertigen, vollendeten Tatsache hatte sprechen hören, waren weltgewandte Geschäftsleute. Daß sie das Geheimnis so strenge gewahrt hatten, bewies nur ihre Tüchtigkeit, und daß er,

Benno Globerger, als einer der ganz wenigen, ins Vertrauen gezogen worden war, zeigte, daß er was galt.

Es gab ihm Selbstgefühl und Würde, und davon bekamen seine Leute zu Hause einiges zu kosten.

Er kehrte die Herrennatur stark heraus und sprach bei unbedeutenden und bei unpassenden Gelegenheiten von Rücksichten, die er verlangen könne und verlangen müsse. Schon der Ton seiner Stimme war verändert, sie klang voller und kräftiger, und er vermied es offensichtlich, im Dialekt zu sprechen.

Er konnte mit der Uhr in der Hand und einen sehr strafenden Blick aussendend mit scharfem Tonfalle fragen:

»Warum ruft man mich zu Tisch, wenn die Suppe noch nicht dasteht? Ich habe gestern gesagt ...«

»No, auf de paar Minuten geht's aa nimmer z'samm,« erwiderte die Mutter.

»Nicht? Weißt du das besser wie ich? Wenn ich im Kontor stehe und fieberhaft arbeite ... Glaubst du, es ist mir angenehm, wenn ich da herausgerissen werde? Und dann muß ich hier die kostbare Zeit versitzen ...«

»Jetzt hör auf! Du kummst halt vom Frühschoppen ... net?«

»Kontor, habe ich gesagt. Ich komme eben aus dem Kontor ...«

»Na ... bist halt vor fünf Minuten hoamkumma ...«

»Ich bitte, mir nicht fortwährend solche Sottisen zu sagen ... ich glaube, daß ich gewisse Rücksichten verlangen kann, wenn ich nervös und abgespannt von der Arbeit heraufkomme ...«

»Was hast denn eigentli, Beni?«

»Ich glaube, daß ich in meinem Hause, an meinem Tisch wenigstens das bißchen Anerkennung beanspruchen darf ...«

»Seit acht Tag kenn i di nimmer ...«

»Möglich.«

»Mir ham dir doch nix in Weg g'legt. Woaßt du eigentli, was er hat, Paula?«

»Nein.«

Paula sagte es sehr ruhig, sie hätte hinzusetzen können, daß es sie nicht im mindesten interessiere.

Sie beachtete die Wichtigkeit und das aufgeblasene Wesen ihres Mannes nicht. Das Zusammensein mit ihm wurde ihr stets unerträglicher; zuerst hatte sie sich ihm gegenüber schuldbewußt gefühlt, und sie war geneigt gewesen, durch Güte ihr Unrecht auszugleichen. Sie hatte sich gegen die Erkenntnis von seinem Unwert und seinen Schwächen gewehrt, aber aus jedem Worte hatte sie die Verlogenheit seines Wesens herausgehört.

Nichts war an ihm, gar nichts.

Es war zwischen ihnen nie zu einer Szene oder auch nur zu einem erregten Streite gekommen, seit sie Franz liebte.

Ganz so wie früher lebten sie nebeneinander; es fielen sogar die verdrießlichen Stimmungen weg, die ehedem durch ihr Schmollen über seine Gleichgültigkeit entstanden waren.

Aber viele Kleinigkeiten, die sie früher nicht beachtet hatte, sah sie jetzt mit grausamer Deutlichkeit, und jede zeigte ihr, wie der Mensch für nichts als schale Vergnügungen Sinn hatte, wie ihm jede ernste Auffassung vom Leben, jeder Mut zur Arbeit fehlte, wie er sich selber mit Redensarten belog, wie unfertig er war. Sie gab sich über die Einzelheiten keine Rechenschaft, sein ganzes Wesen stieß sie ab, reizte sie zum Zorne, ekelte sie. Ob sie wußte, was er hatte?

Irgendeine dumme Laune, die ihn hoffärtig stimmte, ihn an seine Bedeutung glauben ließ, nachdem er vielleicht den Tag zuvor von seiner Schwäche überzeugt gewesen war und die Eltern einer verfehlten Erziehung, das Schicksal der größten Ungerechtigkeit beschuldigt hatte.

Sie wußte ja, irgendein eingebildeter oder auch wirklicher Fortschritt im Geschäft machte, daß er ein paar Tage auf Stelzen ging; kamen erst wieder Mahnbriefe und Wechsel, so wurde er kleinmütig und trank im Weinhaus aus Kummer, wie er zuvor aus selbstgefälliger Freude getrunken hatte.

Nein, sie wußte nicht, was mit ihm war. Früher hatte sie es zuweilen gewußt; das war vorbei.

Sie sah ihn nur einmal an. Sie kannte die Miene schon, die er jedesmal aufsetzte, wenn die Bedeutsamkeit über ihn kam.

»Is denn was B'sonderes im Geschäft?« fragte die Mutter.

»Was? Geschäft?«

»No, weil d' sagst, daß d' so arbeit'n muaßt?«

»Das muß ich vielleicht immer. Aber man denkt net bloß an sich und seine Interessen. Man sieht vielleicht hie und da weiter ...«

Das kannte die alte Globergerin nun auch zur Genüge, das Weitersehen, die G'schaftlhuberei. Von der wollte sie nichts hören, und sie stellte das Fragen ein.

Der Gleichmut dieser zwei Frauenzimmer reizte Benno. Indes er in den Zähnen stocherte, nahm er sich vor, sie aufzustacheln.

»Hat niemand von einem Komitee nach mir gefragt?«

»Woaß nix von an Komitee ...«

»Oder vom Magistrat? Hat überhaupt niemand nach mir gefragt?«

»Na ...«

Die Unterhaltung stockte wieder. Paula stand auf und räumte das Geschirr ab; die alte Globergerin gähnte; sie hatte Schlaf. Es war für Benno wenig Aussicht vorhanden, noch etwas Geheimnisvolles anzubringen. Aber ohne den Versuch dazu wollte er nicht abgehen. Er zog seine Uhr heraus, denn das tat er immer, wenn er ganz Herr der Situation und ganz Geschäftsmann war.

»Sollte ... ah ... für den Fall, daß jemand nach mir fragen sollte, so bin ich bis halb drei Uhr im Café Probst anzurufen ...«

»Was gibt's denn so Pressant's?« fragte nun doch die Mutter. »Oder Wichtig's?«

»Jedenfalls etwas so Wichtiges, daß ich sofort angerufen werden muß.«

»Is 's weg'n a Lieferung?«

»Nein.«

»Oder wieder amal weg'n der Straßenverbreiterung?«

»Verbreiterung?« Benno lachte überlegen. »An unser Winkelwerk da herin denkt zurzeit niemand. Vielleicht handelt es sich um neue Straßen, um Straßenzüge, um Stadtviertel ...«

»Was geht denn dös uns o?«

»Das heißt, was es mich angeht? Sehr viel, kann ich dir sagen. Mehr als du denkst ...«

»Straßenzüg?«

»Ja ... Stadtviertel, neue Zentren ... aber ich habe nicht das Recht, darüber zu reden ... wie gesagt, bis halb drei Uhr Café Probst ...«

»Du ... paß auf ... Beni ...«

»Adjö einstweilen!«

»Beni ...«

Er hatte schon die Türe hinter sich geschlossen. Die Alte war aber unruhig geworden.

»Er werd do net wieder a Spekulation im Kopf haben? Woaßt du was davon?«

»Nein,« sagte Paula gleichmütig.

»Hat er nix g'red't mit dir?«

»Nein.«

»Na ... sagst d' allaweil. Und g'rad so, als wenn's di nix o'gang. Werst scho sehg'n, was's is, wenn er de Dummheit wieder o'fangt! Hamm ma no net g'nua Hypothek'n auf'n Haus?«

»Ich bin doch net schuld ...«

»Soll'n d' Schuld'n allaweil no mehra wer'n? Und wer zahlt denn die Zinsen? Und wenn oan de amal über'n Kopf wachsen, was is denn nacha?«

»No ja.« Paula zuckte die Achseln.

»I versteh di net. ›No ja,‹ sagt s', ›i bin net schuld,‹ sagt s' ... als wenn's gar nix waar, als wenn ma net von Haus und Hof kumma kunnt! Als wenn net anderne auf de Weis' scho ihr ganz' Sach' verlor'n hätt'n ... ›No ... ja ... Wer'n ma halt bankrott,‹ net? ›Lass'ma halt 's Haus versteigern,‹ net? ›Find'n ma scho wieder an anders ... Was liegt denn dro?‹ «

»Kann ich was machen?«

»O ja ... red'n ko ma ... moanst du, mir hätt'n no an Ziegel auf'n Dach, wenn i mein Mann selig alloa wursteln hätt lass'n? In die siebaz'ger Jahr, wia der groß' Schwindel war? Da hab i mi aa auf's Red'n verleg'n müass'n und auf's Bitt'n ... bloß auf de Weis' hab i 's Ärgste verhüat. Alles net, aber do wenigstens 's Ärgste. Wie oft hab i g'sagt: ›Denk an dein Buam!‹ «

»I weiß ja gar net, ob er was vorhat ...«

»Da fragt ma halt! Da red't ma, und red't und fragt ... amal ruckt er scho raus ... Di schauet's scho anderst o, wenn's d' a Kind hätt'st ... aber freili, wenn's ös Kinder hätt's, waar' alles anders ...«

Paula ging schweigend hinaus.

Wenn die Alte davon anfing, war kein Ende abzusehen.

Wie es der Zufall wollte, kam aber wirklich der beste Freund Bennos – der war Rabl geworden – und fragte hastig und geheimnistuerisch nach ihm. Er hielt der alten Globergerin, die ihn ausfragen wollte, nicht stand, sondern eilte in das Kaffeehaus, wo er Benno auf die Seite zog, um ihm mitzuteilen, daß man seine Anwesenheit bei einer Beratung in der Kanzlei des Justizrats Hiergeist wünsche. »Man«, nämlich ein Ausschuß der Bodenverwertungsgesellschaft. Benno war sehr überrascht. Was konnte man denn von ihm wollen?

»Dös kann i dir leider net sag'n ... Es muaß was Wichtig's sei, weil mir der Firnkäs selber den Auftrag geben hat. Beni, laß dir de Gelegenheit net auskemma! Wenn du mit de Leut amal in Beziehungen treten bist ... verstehst? ... wenn du mit dena amal z' toa kemma bist, nacha bist drin in dem Kreis ... verstehst? ... und dös will was hoaßen. De Leut' nutzen oan net aus, sie verlangen allerdings streng reelles Vorgehen, zum Beispiel, wenn s' von dir an Auskunft hamm wollen, wia g'sagt, i woaß ja net, warum dein Erscheinen gewünscht wird, aber wenn s' an Auskunft wollen, schneid net um, bleib bei der Wahrheit, kurz und guat, reell, du vastehst mi scho. Und daß i's nomal sag, bist d' oamal drin, nacha bleibst d' aa drin, und dös waar dir g'schäftlich da größte Nutzen. Zum Beispiel de ausschließliche Lieferung für de Etablissements kunnt dir übertragn wern ... Was moanst denn, daß dös hoaßet? Beni! Die ausschließliche Lieferung, die aus ... schließ ... liche ... also konkurrenzlos ... verstehst? ... für die sämtlichen Objekte? Hast d' an Idee? Was moanst denn, daß da amal Kaffee g'suffa werd? Tee? Schokoladi? Oder was d' Zigarren ausmacha? Und d' Zigarett'n? Oder d' Sardell'n? Mei Liaba ... Und dös ander, was de feine Welt frißt und sauft? Mensch, da liegen ja Vermög'n für di auf da Straß'n!«

Benno zwang sich zur Ruhe.

»Das liegt im weiten Feld,« sagte er. »Ich weiß ja noch net, ob und wie und mit was ich den Leuten dienlich sein kann ...«

»Zum o'schaug'n lassen di de Herren net komma. Dös ko'st da denk'n. Irgend was muaß da im Werk sei ... Und bal's dös Geringste is, so hast du jedenfalls die G'legenheit, daß du vorläufi amal Fuaß fassen ko'st ... Haut scho ... Beni! I hab an Ahnung, daß du heut an Glückstag hast ...«

»Abwart'n,« antwortete Benno mit Würde. »Um wieviel Uhr soll ich bei dem Justizrat sein?«

»Punkt vieri ... verspät di net! Es machat an schlecht'n Eindruck ...«

»In Geschäftssachen gibt's bei mir nur Pünktlichkeit; Justizrat Hiergeist, nicht wahr?«

»Ja ... der bekannte Vertrauensmann bei alle Unternehmungen ... Du woaßt scho ... Kaufingerstraße ...«

Um vier stand Benno vor der Türe der Anwaltskanzlei.

»Nicht anklopfen!« war angeschrieben. Er trat in ein geräumiges Zimmer ein, in dem vier Schreiber an Pulten saßen; einer davon wandte sich halb gegen Benno hin.

»Sie wünschen?«

»Mein Name ist Globerger ...«

»Globerger ... mit G? Fischer ... hamm mir an Akt Globerger?«

Ein junger blasser Mensch, der an einem Stück Brot kaute, murmelte mit vollem Mund:

»Globerger ... Globerger ... contra ... hab i no nia was g'hört ...«

»Ich bin nämlich eingeladen zu einer Sitzung der Bodenverwertungsgesellschaft.«

»Boten ... verwertungsgesöllschaft ... bei ins da?« fragte der Buchhalter.

Der blasse Mensch ging zu ihm hin und flüsterte ihm etwas zu.

Benno fühlte sich unbehaglich. Er hatte sich einen Saal vorgestellt, einen langen, grünen Tisch, um ihn herum feierlich blickende Männer, und jetzt stand er vor einem kauenden Schreiber.

»Botenverwertungsgesöllschaft?« fragte der Buchhalter noch einmal. »Hamm mir an Akt Botenver ...«

Der junge Mann flüsterte ihm wieder was zu; diesmal deutlicher, weil er sein Brot hinunter geschluckt hatte.

Nun schien ihn der andere zu verstehen.

»Ah so ... da Firnkaas ... so ... soo ... ja ...« fragte er Benno ... »san Sie b'stellt?«

»Man hat mich ersucht, mich hier einzufinden ...«

»Fischer ... fragen S' amal beim Chef o ...«

Der Blasse ging langsam zur Türe, die in das Zimmer nebenan führte, da wurde diese rasch geöffnet, und ein dicker, mit etwas auffälliger Eleganz gekleideter Herr kam in die Schreiberstube.

Justizrat Hiergeist, der Sachwalter der Spekulanten.

Es war ein Hauch von Unsolidität um den Mann, und der ließ sich nicht an Einzelheiten feststellen, er war undefinierbar und machte sich doch geltend.

Kam es davon, daß sich seinem Äußern die Absicht, als etwas anderes zu erscheinen, anmerken ließ?

Der Stehkragen mit den umgebogenen Ecken, der den Adamsapfel frei ließ, die nachlässig geschlungene Krawatte konnten auf einen Sänger raten lassen.

Auch den karrierten, gut gearbeiteten Anzug hätte man nicht bei einem Aktenmenschen gesucht.

Das Auffälligste waren Ringe mit großen Brillanten, die er an zwei Fingern der linken Hand trug. Der Zipfel eines sehr merkbar parfümierten Sacktuches sah aus der Seitentasche heraus, und der Geruch vermengte sich mit einem leisen Duft von Wein.

In seinen Bewegungen zeigte der Justizrat die Eleganz eines Ballettmeisters, eines Zirkusdirektors, eines Mannes, der das Auftreten einer Diva verkündet. Er verbeugte sich mit einem fragenden Blicke leicht gegen Benno.

»Mit wem habe ich die Ehre?«

»Globerger ist mein Name ...«

»Ah! Scharmant! Freut mich sehr, Ihre Bekanntschaft zu machen, Herr Firnkäs sagte mir schon ... Bitte, wollen Sie eintreten? Die andern Herren werden im Moment kommen.« Er verbeugte sich kavaliermäßig, er schlürfte mit dem Fuße und ließ Benno den Vortritt.

Das war doch etwas anderes wie der erste Empfang, das hatte Ähnlichkeit mit dem, was man sich beim Herweg vorgestellt hatte.

Der Raum, in den Benno eintrat, war durch schwere Plüschvorhänge verdunkelt; die Einrichtung war altdeutsch, wie es der Münchner nannte.

Auf einem der hochlehnigen Stühle saß Herr Firnkäs, der sich nachlässig erhob und den Eintretenden mit dem durchdringenden amerikanischen Blicke musterte.

»A–ch! Ich kenne Sie. Ich habe Sie gesehen in das Kaffeehaus am Gemüsemarkt ...«

Herr Firnkäs hatte viele Jahre bloß Englisch gesprochen und beherrschte das Deutsche nicht mehr völlig korrekt. In seiner Aussprache machten sich auch die angelsächsischen Gaumenlaute sehr bemerkbar.

»Ich habe schon die Ehre gehabt ... Globerger ist mein Name ...«

»Yes ... ja wohl ... Sie haben das große Geschäft beim Felber .... beim Färbergraben ... sehn Sie ... ich weiß es ...«

»So groß, möcht ich nicht g'rad behaupten ...«

»Es ist mir gesagt worden, Sie sind ein tüchtiger Mann ... ein moderner Geschäftsmann ... ich weiß es ... ein Mann hat es gesagt, auf den Vertrauen ist ...« Herr Firnkäs sah Benno noch einmal durchdringend an. Wenn Amerikaner einen Mann so anschauen, geht der Blick durch Herz und Nieren; sie prüfen den Mann; und schütteln sie ihm dann die Hand, fest, beinahe schmerzend, dann haben sie ihn für gut befunden und halten zu ihm. For ever. Und Herr Firnkäs schüttelte Benno die Hand ruckweise, sehr fest, und nochmal mit einem Ruck.

Das Vertrauen war da.

Der Justizrat bot den zwei Männern, die gegenseitig ihren Wert erkannt hatte, Zigaretten an. Aus einem goldenen Etui, das er nachlässig wieder in die Westentasche steckte.

Er wandte sich an Benno.

»Ich nehme an, daß Sie über den Gegenstand unserer Beratung ausreichend informiert sind. Wenn Sie 's aber wünschen, lege ich Ihnen den Akt vor mit den Protokollen der vorausgehenden Sitzungen.«

»Entschuldigen, Herr Justizrat, aber ich muß aufrichtig gestehen, daß ich inbetreff dieses keine Ahnung habe, was eigentlich die Einladung bezweckt ... beziehungsweise ... also ... womit ich sozusagen dienen kann.«

»Ach so ... Sie sind nicht eigentlich eingeweiht ...?« Hiergeist warf einen fragenden Blick auf den Amerikaner, der heimlich die Augenbrauen hoch zog.

Der Justizrat verstand, daß er Zurückhaltung üben sollte.

»So ... so ... übrigens fällt mir jetzt ein ... ja ... ja ... ganz richtig. Was wollen Sie sagen, Herr Ingenieur?«

Firnkäs blies Rauch durch die Nase.

»Oh... eigentlich wollte ich nichts bemerken ... ich will nur meinen, vielleicht abwarten wir, bis die ganze society ... bis alle gekommen sind, sonst wird es zweimal gesagt, und ich finde, Wiederholung ist immer Zeitverlust.«

Er wandte sich an Benno.

»Wir wollen guten Nutzen ziehen aus Ihrer großen Kenntnis von München ... Ihr Einblick in das Leben hier ist sehr wertvoll. Überhaupt ist notwendig die Mitarbeit von mehreren. Ich sage immer, man muß Verteilung der Kraft suchen. Ich nehme ein Rad; für ein Rad allein ist zu viel Anstrengung geboten, ich nehme zwei Räder, ich nehme drei Räder und übertrage und habe sofort die power, die Kraft, and velocity kolossal vermehrt. Understand? So muß man es auch machen in unser Bodenverwertungsassoziation, damit die größte power gehabt wird. Wir wollen, daß Sie ein Rad sind ... Agreeing?«

Benno lächelte zufrieden und glücklich. Er sah, daß man ihm hier gerecht wurde.

Der Justizrat fragte ihn:

»Finden Sie nicht auch, daß der Herr Ingenieur jeden Begriff außerordentlich scharf umrissen, ich will sagen, plastisch gibt?«

»Jawoll,« erwiderte Benno, »bin in dieser Beziehung durchaus Ihrer Meinung.«

»Ich habe meine Begriffe aus dem Praktischen,« sagte Firnkäs, »und ich bringe sie wieder ins Praktische. Ich sage, der Staat, die human society, die Gemeinde, das ist alles eine Maschine. Wenn man sie kennt, wenn man weiß, wie sie in Bewegung ist, wenn man ihre Leistung kennt, kann man sie benützen ...«

»Und Sie kennen sie,« sagte der Justizrat voll Anerkennung.

»I mean so or ich hoffe, sie zu kennen ...«

Es klopfte, und gleich darauf traten zwei Männer ins Zimmer, die von Hiergeist freundlich begrüßt wurden. Er stellte vor:

»Herr Architekt Frühbeis, Herr Hofrat Almus ... Herr Kaufmann Globerger.«

Frühbeis, den Samtjakett und Lavallièrekrawatte als Künstler kennzeichneten, war ein sogenannter Urmünchner, ein Mann von erfrischender Derbheit und zupackender Treuherzigkeit, ein Mann, dessen Benehmen jedem sagte, daß er nie eine Schmeichelei und immer nur die Wahrheit sprechen könne, die Wahrheit auf Kosten seines Nutzens, seines Wohlergehens, die Wahrheit unter allen Umständen, aus innerer Notwendigkeit.

Hofrat Almus war sichtlich Schauspieler, oder war es gewesen. Wenn er guten Tag sagte, wußte man es, wenn er sich verbeugte oder die Hand zum Gruße bot, fand man es bestätigt.

Seine tiefe Stimme und seine Art, willkürlich Vokale ein- und umzuschalten, um die Bedeutung wie die Schönheit eines Wortes zu heben, verrieten ihn als Heldenvater.

Seine königliche Würde machte auf Benno einen so tiefen Eindruck, daß er sich jedesmal verbeugte, wenn er dem Mimen antwortete.

»Herr Globerger,« sagte Almus, »es freut mich, einen Vertreter des intelligenten Bürgertums zu sehen ... Sähr angenähm ... Nein, wiraklich, es tut wohl, einen Mann zu sehan, der als einar der erstan dem Panier des Foratschrittes folgt ...«

Man wartete noch auf Schmidramsl, der als Vertreter einer Kapitalistengruppe eingeladen worden war.

Endlich kam er, und der Justizrat übernahm gewandt die Leitung der Versammlung.

»Die Herren gestatten ... es ist notwendig, ein kurzes Resumé zu geben, um Herrn Globerger, dem ich für sein Erscheinen den Dank der Bodenverwertungsgesellschaft, insbesondere den Dank der heute hier vertretenen Abteilung für künstlerische Ausgestaltung, darbringen möchte, es ist notwendig, sage ich, ganz kurz auszuführen, was der Zweck unserer heutigen Versammlung ist, was wir wollen, was uns veranlaßt hat, Herrn Globerger zu bemühen. Ich nehme an, daß unserm verehrten Gast das große Projekt der Gesellschaft bekannt ist ...« Eine Verbeugung und ein fragender Blick heischten Antwort von Benno.

»Ja, im allgemeinen, das heißt beziehungsweise ...«

»Nun,« fuhr Hiergeist fort und nahm sich eine Zigarette, »es ist mit einem Satze zu sagen. Die Bodenverwertungsgesellschaft will auf Anregung und in Verfolg der gigantischen Pläne unseres Herrn Firnkäs München zur Zentrale des europäischen Fremdenverkehrs machen. Dazu ist es – der Justizrat lächelte ironisch – in seinem jetzigen Zustande nicht geeignet, – ich bin sehr für Originalität, ich verkenne durchaus nicht den ethischen und künstlerischen Wert der Originalität, aber bloß

Hofbräuhaus, Sommerkeller und Prinzregententheater, meine Herren! Das allein genügt nicht auf die Dauer. Damit machen wir 's nicht... Vergessen wir nicht: das europäische Publikum, auf das wir rechnen, kommt aus Großstädten mit hervorragender Kultur und will wieder Großstadt und Kultur, denn sonst geht es eben in die Schweiz, nach Tirol. Also Umgestaltung, Neugestaltung...«

»Hörat!« rief Almus. Hiergeist verbeugte sich.

»Über Neugestaltung des Hotelwesens, des Verkehrs, des Wohnungswesens habe ich mich heute nicht zu verbreiten. Ich will nur kurz sagen: die Reform nach dieser Richtung hin ist nicht weniger großzügig geplant und ausgearbeitet als die Reform in der Sparte, die wir heute behandeln. In der künstlerischen Ausgestaltung des Vergnügens, des Amüsements...«

»In den Darabietungen der Kunst,« warf Almus ein.

»Gewiß, auch die höhere Kunst soll die würdigste Stätte finden. Ich kann unserm Gaste die bündige Versicherung geben, daß der bis ins kleinste ausgearbeitete Plan unserm München das geben wird, was ihm bisher gefehlt hat, einen Sammelplatz der eleganten Welt, die auf einem Punkte vereinigt alle feineren Vergnügen findet...«

»Und die Darabietungen...«

Hiergeist nickte dem Hofrate lächelnd zu.

»Und alles, was gewählte, auserlesene Schauspielkunst an Befriedigung des verwöhntesten Geschmackes zu bieten vermag. Was ist?«

Der Justizrat sah den eintretenden Schreiber ungeduldig an.

»Da der Herr Grünbaum fragt, ob er nicht eintreten derf...«

»Natürlich... Grünbaum! Wollen die Herren...?«

»Lassen Sie ihn kommen... er ist sehr lively... ich will sagen, smart... er lauft sehr heftig hinter einer Sache nach...« Firnkäs sagte es gelassen, und der Justizrat nickte dem Schreiber zu.

Gleich darauf kam der lively Charles Grünbaum eilig ins Zimmer.

Ein kleiner, fetter Mann, der so aussah, wie man sich südöstliche Mädchenhändler vorstellt.

Er gab sich für einen Wiener aus, und er bemühte sich auch, den Dialekt der Donaustadt zu sprechen.

»Oba bidde ... Herr Justizrat ... bin ich engagiert für die Varietéabteilung. Bin ich der Vertreter davon? Wenn ich's *ja* bin, warum sagt man mir nix'n? Wenn ich's *nein* bin, warum lauf ich mir d' Füß weg?«

»Sie sollen es sein ... nehmen Sie Platz!« sagte Firnkäs in seiner kurzen, bestimmten Art.

»Gut ... soll i 's sein heute, war i 's g'wes'n gestern ... warum sagt man mir nix'n?«

Der Justizrat wurde wohlwollend, da er wußte, daß er sonst nicht fertig würde.

»Nur keine Aufregung, lieber Grünbaum. Wir werden heute über die Varietéabteilung wenig oder nichts zu sagen haben. Es handelt sich um Grundstücke und Bauplätze, es handelt sich ...«

»Erzählen S' mir nix. I weiß eh alles. Bidde, wer hat in Schwabing ...«

»Sie sollen sein ruhig,« sagte Firnkäs.

»No ja, i bin scho wieder gut.«

»Also, meine Herren, um wieder auf die Sache zurückzukommen: die großen, allgemeinen Gesichtspunkte, aus denen heraus sich ... oder ... äh ... die für die nächsten Schritte der Bodenverwertungsgesellschaft bestimmend sein müssen, habe ich insoweit berührt und dargelegt, daß unser verehrter Gast imstande ist, sich ein Bild von den Bestrebungen zu machen. Heute,« der Justizrat hob die Stimme, »heute ist die große, vielleicht entscheidende Frage zu stellen, und es ist an ihre Lösung heranzugehen: Wo soll der mehrfach erwähnte Sammelplatz sein? Wo soll der Komplex von Gebäuden errichtet werden, die den angegebenen Zwecken dienen sollen?«

»Wie heißt Frag'? Es is do kei Frag' ...«

»Herr Grünbaum, ich möchte Sie wirklich bitten, mich nicht zu unterbrechen!«

»Weil Sie sag'n, es is a Frag' ... es is ka Frag' ...«

»Sie sollen sein ruhig!« rief Firnkäs.

»Und Eahnern verehrten Brotladen in Gotts Namen endlich amal fünf Minuten lang zuhalt'n,« ergänzte Frühbeis.

»Diese Frage ist,« fuhr der Justizrat fort und sah Grünbaum strafend an, weil er schon wieder den Ansatz zu einem Zwischenrufe machte, »diese Frage ist, wie unser rühriger Vertreter der Abteilung für Varietékunst andeutete, im Prinzip schon beantwortet.« Er machte eine Pause. »Schwabing … daß nur Schwabing in Betracht kommt, in Betracht kommen kann, ist die übereinstimmende Ansicht aller Sachverständigen, aller Beteiligten, es ist und war von vorneherein die Ansicht des Vaters der Idee, unseres Herrn George Firnkäs.« – »Tschortsch« sagte Hiergeist. – »Es liegt eigentlich auf der Hand, daß hier, wo sich der leichtbeschwingte künstlerische Geist Münchens seine Heimstätte gesucht hat, daß hier, wo der genius loci den geplanten Darbietungen entgegenkommt, der den Grazien und Musen geweihte Gebäudekomplex stehen muß.«

»Bravo! Voratrefflich!« rief Almus.

Hiergeist dankte ihm und erteilte das Wort dem Ingenieur Firnkäs.

Dieser schlug ein Bein über das andere, lehnte sich in seinem Stuhl zurück und verstärkte seine angelsächsiche Aussprache. »Wir wollen Schwabing nehmen, wir müssen Schwabing nehmen. Gut! Wir werden es nehmen. Hier ist der moderne Geist. Er ist nicht in der Umgebung vom Hofbräuhaus, er ist nicht dort, wo es nach Bier riecht. Sondern er ist außerhalb von das Siegestor. Ich habe sofort meinen Blick dorthin geworfen, und Sie wissen, aber Herr Globerger weiß es nicht, ich habe dort wundervolle Gelegenheit gefunden. Herr Frühbeis wird es auseinandersetzen. Wie ich den Ort gesehen habe, da habe ich gesagt: ›Hier oder nirgends!‹ Ich habe Leute gefragt, ich habe Pläne gemacht, ich habe viele Gedanken darüber gehabt, und ich habe das Resultat: Hier oder nirgends. Ich bitte, Herr Frühbeis, das andere zu sagen.«

»Also … wenn ich also das Wort ergreifen darf, dann möcht ich eigentlich das nämliche sag'n, was der Herr Firnkäs bemerkt hat … meine Herren! Das Projekt ist bloß in Schwabing möglich. Wo denn sonst? Im Westen is der Bahnhof, und wenn unser Bierdimpflministerium – die Herren entschuldigen schon, i red gern deutsch –, wenn de da droben amal an Begriff vom Verkehr kriegen, wird der ganze Westen nix wie Bahnhofviertel, Rangierbahnhöf, Werkstätten et cetera. Im Süden? Da is die Festwiesen, das heißt also Heringsbrater, Hendlbrater, Volksbelustigung mit luftgeselchtem Einschlag. Die Eleganz müßt sich in der Umgebung g'spaßig ausnehmen. Und erst drenter der Isar! Soll mer vielleicht am Nockherberg oder in der Näh von Berg am Loam internationale Kultur entfalten? Na, meine Herren, der erste Blick sagt's einem, und je mehr ma drüber nachdenkt, desto deutlicher wird's einem: für das Projekt gibt's bloß eine Möglichkeit, und de is Schwabing. I woaß scho: wenn ma Schwabing sagt, denkt ma an Schlawiner. Aber dös macht nix. Der haut goût, den dös Schlawiner-Zigeunermäßige hat, der derschreckt mi gar net. Im Gegenteil. Er paßt a bissel dazu. Mir woll'n ja keine Kindergärten errichten. Mir woll'n was Fesches, Pikantes; regen S' Ihna net auf, Herr Hofrat...«

Almus hatte sich halb vom Stuhle erhoben...

»Regen S' Ihna net auf! I woaß scho, die hohe Kunst... kommt aa... alles kommt... aber über dös können mir jetzt net red'n... i muß jetzt auf den eigentlichen Gegenstand übergeh'n, weg'n dem der Herr Globerger uns seine Anwesenheit geschenkt hat... Also... net wahr... Herr Globerger... mir zwoa brauchen net viele Wort macha... mir kennen uns auf den erst'n Blick... als Münchna... hamm ma's Herz auf'n recht'n Fleck, wenn ma'r aa... no, sag'n ma, a bissel rauhschalig san... und gradaus... uns muaß ma scho nehma, wia ma san... also, jetzt passen S' auf...« Frühbeis breitete eine Karte aus... »Da schaug'n S' jetzt amal her... da is d' Leopoldstraß'n... da drunt da große Wirt... weiter herob'n, sehg'n S' rechts ab... de Fläche, i hab' s' rot markiert... da muaß des Zentrum von unserm Komplex hie... da dehnen mir uns nach und nach aus bis zum Bach nunter; kommt de G'schicht in Flor, genga mir rüber auf de ander Seit'n... Platz gibt's g'nua... aber da...« Er klopfte mit dem Bleistift auf einen roten Fleck... »da is des Zentrum, von dem aus muaß de ganze G'schicht ausstrahl'n... da muaß das erste Gebäude hin... der projektierte Kristallpalast... seh'g'n S' as?«

Globerger stand über die Karte gebückt.

»I siech's scho.«

»Schön... Jetzt passen S' auf...« Frühbeis legte jovial seine Hand auf Bennos Schulter. »Wissen S', wem dös Platzl g'hört?«

»Ich denk ma's... aber...«

»Denken S' as Ihna no! Dem alten, guat'n Basl g'hört es ... der Hartwig ... dem nett'n alt'n münchner Original ...«

»Ja ... das is sehr schön, aber ...«

»Nix aber! Hamm S' an Idee? Wissen S', was mir dem Weiberl geben? Jetzt fallen S' ma net um! Zwoamalhundertfufzigtausend Mark ... Sie, dös werd an Erbtant ... Kreuzdividomine! Was?«

»Es is wohl viel Geld, Herr Architekt, aber so weit i de Alte kenn, trennt sich de absolut net von ihrem Besitz ...«

»Sie trennt si hart, woll'n ma sag'n ... Du liaba Gott, es laßt si leicht einbild'n, dös arme Hascherl ... aber a Viertelmillion. Mei liaba Globerger ... da hat ma doch die Pflicht ...«

»Sagen Sie uns einmal Ihre Meinung, sagen Sie Ihren Glauben,« mischte sich Firnkäs mit der ihm eigenen Ruhe ein.

Alle Blicke richteten sich auf Benno, der sich in den Mittelpunkt des Interesses gestellt sah.

»Ja ... meine Meinung ... wenn ich mich also diesbezüglich äußern soll, so möchte ich also sagen, diese betreffende Frau Hartwig, von der also die Sprache ist bezüglich des Projektes, sie ist nämlich sehr betagt, über achtzig Jahr, und das fragliche Anwesen ist ihr sozusagen oder wenigstens wahrscheinlich ans Herz gewachsen, indem sie es sehr lange in Besitz hat. Ich muß zunächst bemerken, daß ich seit Jahren nicht mehr in Kommunikation mit ihr stehe, indem ich natürlich durch meinen Geschäftsbetrieb nicht in der Lage war, diese Beziehungen zu pflegen. Also möchte ich konstatieren, daß mein Einfluß auf die alte Frau vielleicht nicht erheblich is ...«

Grünbaum hatte den Justizrat in eine Ecke gezogen und führte mit ihm flüsternd ein lebhaftes Gespräch; Firnkäs trat zu ihnen, und die drei waren in eine lebhafte Beratung vertieft, von der man nur zuweilen Ausrufungen hörte.

»Wenn ich amal sag ... wann's der Grünbaum amal sagt ...«

Inzwischen wurde Frühbeis immer treuherziger.

»Mei liaba, guata Herr Globerger, dös san ja Krampf! I woaß, alte Leut hamm ihre Eigenheit'n, und de muaß ma berücksichtig'n, aba alles hat seine Grenzen. I bin als Münchner ganz g'wiß für Pietät, genau wie Sie, aber da hört mei Guatmüatigkeit auf ... a Viertelmillion! I bitt Eahna um all's in der Welt! Hat ma scho so was g'hört?«

»Man kann ja den Versuch mach'n,« sagte Benno, »aber ich geb mich da gar keinen Illusionen nicht hin ...«

»Nacha muaß ma anderne Sait'n aufziahg'n. Sie san doch verwandt mit der bockboanig'n alten Schacht'l?«

»Ja, mein Großvata und die Hartwig war'n G'schwisterkind ...«

»No also! Da hamm doch Sie an Interesse. Da hamm doch Sie das denkbar größte Interesse, daß mit dera Sentimentalität net a Vermög'n verdummt werd. – Sie entschuldigen scho, aber i sag mei Ansicht frischweg, da hamm doch Sie an Interesse!«

»Was kann ich mach'n?«

»Was Sie mach'n kinna? Da muaß ma eb'n schaug'n, ob Ihna 's Gesetz nicht eine Handhabe bietet ... zum Beispiel, ob ma de Alte net als schwachsinnig oder so was entmündig'n ko ... da frag'n ma jetzt glei unsern Justizrat.«

Hiergeist kam eben mit den andern aus der Ecke heraus.

»Was wollen Sie mich fragen, Herr Architekt?«

»I sag grad, wenn ma de Frau Hartwig net im Gut'n rumkriegt, müss'n die Verwandten eingreif'n. Ob ma net an Antrag auf Entmündigung stell'n ko?«

»Des geht nicht ganz so einfach, wie Sie sich das vorstellen ...«

»Aber ma hat doch Beischpiele von Exempeln ...«

»Ich sage nicht, daß es unmöglich oder völlig ausgeschlossen ist. Aber ein solcher Schritt kann nur im äußersten Notfalle erwogen werden. Ich glaube, daß wir vielleicht auf andere Weise leichter zum Ziele gelangen ... Herr Globerger, unser Herr Grünbaum hat eine Angelegenheit in Erfahrung gebracht, die scheinbar ...«

»Des is nix scheinbar,« rief der rührige Mann ...

Hiergeist lächelte.

»Die hoffentlich zu einer gütigen Erledigung führt. Nämlich, Frau Hartwig ist in Sorge, daß sie durch die Auflassung des südlichen Friedhofes nach ihrem Ableben nicht neben ihrem vorverstorbenen Ehemanne bestattet wird. Das ist die wichtigste Angelegenheit für die alte Frau, für die sie jedes Opfer bringen würde. Nun wollen wir ja keineswegs, daß sie wirkliche Opfer bringen soll, im Gegenteil, wir wollen nur ihren Vorteil und den ihrer Familie. Ich überlege gerade, ob es mir oder andern Herren der Bodenverwertungsgesellschaft nicht gelingen könnte, durch Beziehungen zum Magistrat, besonders zu den maßgebenden Persönlichkeiten, ob es uns nicht gelingen könnte, sage ich, die alte Dame von diesem schweren Kummer zu befreien. Natürlich müßte der Verkauf des Anwesens das Äquivalent bilden ... was glauben Sie, Herr Globerger? Und wie verhalten Sie sich zu dieser Frage?«

Benno wurde es unbehaglich.

Er sprach gerne über Dinge, die in weiter Ferne lagen, und er war um so tatkräftiger, je weniger Aussicht vorhanden war, daß er einen Entschluß fassen müßte.

Sowie eine Entscheidung an ihn heran kam, war er in seinem Behagen gestört.

Vielleicht fühlte er, wenn auch undeutlich, daß die Art, wie man ihn als Werkzeug gebrauchen wollte, nicht sehr vertrauenerweckend war und ein sonderbares Licht auf die so bombastisch verkündeten Pläne warf.

Er sah sich unsicher um, und der Wunsch, mit Redensarten, die ihn zu nichts verpflichteten, zu entrinnen, setzte sich bei ihm fest.

»Ja ...« sagte er achselzuckend ... »ich kann mir betreff dieser Frage keine Meinung bilden, insoferne ich, wie gesagt, mit der Frau Hartwig keine Kommunikation unterhalten habe und keine Informationen besitze ... Vielleicht,« er atmete innerlich auf, als ihm dieser Vorschlag einfiel, »vielleicht dürfte ich den Herren proponieren, daß ich Erkundigungen einziehe und dann das Resultat mitteile?«

»Sie können Ihnen verlassen ... wann ich amal sag, es is so ...« rief Grünbaum.

»Gewiß ... ich möchte auch Ihre Behauptungen durchaus nicht in Zweifel ziehen, aber die Herren werden zugeben, ich muß mir über die Situation klar werden ...«

»Das ist selbstverständlich,« pflichtete der Justizrat bei. »Indes, es wäre immerhin schon etwas gewonnen, wenn wir wüßten, ob Sie geneigt wären, die Bestrebungen der Bodenverwertungsgesellschaft nach der Richtung hin zu unterstützen ...«

»Selbstverständlich!« sagte Benno mit starker Betonung. »Wenn Sie mir die Bemerkung gestatten, habe ich von Anfang an die großzügigen Bestrebungen dieser Gesellschaft mit dem wärmsten Interesse verfolgt...«

»Mister Globerger...« Firnkäs stellte sich vor Benno hin; die Hände hatte er in die Hosentasche vergraben, und seine Blicke hielt er fest auf den Mann gerichtet; er war ganz Amerikaner und großer Unternehmer, und er hatte etwas Abschließendes zu sagen.

»Mister Globerger... ich muß für Sie Aufklärung schaffen ... Diese Männer hier,« ein Blick umfaßte die Runde, »sind gekommen auf meine Einladung. Ich habe ihnen gesagt, wir brauchen für unsere nächsten Pläne die Hilfe von einem intelligenten und charaktervollen Bürger, der Beziehungen hat zu dieser alten Frau. Man hat mir gemeldet, daß Sie der Mann sind. Gut. Ich habe veranlaßt, daß Sie eingeladen sind worden ... Ich habe Sie vorher gesehen in jenes Kaffeehaus. Gut. Sie verstehen, was Sie heute gehört haben, ist im Vertrauen gehört; Sie werden es nicht publik machen. Das ist nicht Ihr Charakter. Ich weiß es. Sie werden jetzt heimgehen und überlegen, ob es Ihr Interesse ist, der Assoziation, die ich gegründet habe, eine Beihilfe zu geben, oder nicht. Es ist Ihr Interesse. Es ist Ihr sehr starkes Interesse, Mister Globerger. Wenn ich zu einem Manne sage, beteiligen Sie sich, so weiß ich, daß er keinen guten Willen haben kann für nichts. Ich habe auch keinen guten Willen für nichts. Ich muß dem Mann zeigen, daß er seinen Nutzen auf meiner Seite hat, das ist meine Aufgabe. Und er muß die Intelligenz haben, das zu begreifen. Das ist seine Aufgabe. Well. Ich will nicht wissen, ob Sie von der alten Frau erben, ich sage nur, was Sie von uns haben werden. Sie werden eine Provision haben von Zehntausend Mark, Mister Hiergeist soll darüber ein Protokoll geben. Sie werden aber noch mehr haben. Ich gebe Ihnen einen Vertrag für alle Kolonialwaren für den Kristallpalast. Ich kann nicht sagen, wie viel es ist. Ich verspreche nichts, was ich nicht kenne. Ich schätze, es wird viel sein, und ich schätze, Sie wissen es besser als ich. Das mußten Sie hören, und jetzt überlegen Sie, auf welcher Seite Ihr Vorteil ist. Good bye!« Er schüttelte Benno mit festen Rucken die Hand, grüßte den Justizrat und die andern und ging.

Seine Rede, eigentlich mehr seine Art zu sprechen, hatte Benno gleich wieder ins Schwanken gebracht.

So redet eigentlich kein Mann, der jemand täuschen oder übervorteilen will. Das war so hingesagt: willst du was profitieren, mir ist's recht; willst du nicht, mir ist's auch recht. Die Sache liegt so und so. Jetzt weißt du's. Tu, was du magst.

Die Pläne der Assossiäschen, der Bodenverwertungsgesellschaft, gewannen ein ganz anderes Aussehen, wenn man Herrn Firnkäs hörte.

Benno wurde nachdenklich.

Zehntausend Mark auf die Hand, einen festen Vertrag über Warenlieferung. Was brauchte es eigentlich lange überlegen?

Er wandte sich an Hiergeist.

»Herr Justizrat, also, ich werde so bald wie möglich die einleitenden Schritte ergreifen. Sowie ich approximativ beurteilen kann, ob sich in der Sache was erreichen läßt, werde ich Ihnen sofort Mitteilung machen...«

»Sehen Sie mal zu, erkundigen Sie sich, es läßt sich in solchen Dingen nichts übereilen,« sagte der Justizrat, der die wechselnden Stimmungen des Gastes bemerkt hatte.

»Wie gesagt, ich will mein Möglichstes betreff dieser Angelegenheit tun...«

»Nur net auslassen, Globerger!« Herr Frühbeis war jetzt völlig Herzbruder und Landsmann. »Reden S' dem alten Weiberl zua! Waar ja zum lachen! Da muaß ma bloß wissen, wia ma's anpackt. ›Muatterl,‹ saget i ihr, ›Muatterl, de ganze Stadt, dei liabe, schöne Münchnerstadt, werd amal dei Andenken segnen‹ und so weita. Oder i saget was vom Beten. De alte Generation gibt no was auf de Sach'n. Kurz und guat, de kriaget i rum, und Sie ham do aa den Münchna Brustton... Waar zum Lacha...!«

Der Justizrat sah, daß das überströmende Wohlwollen des Architekten keinen günstigen Eindruck machte, und er bat ihn, um ihn von weiteren Versuchen abzuhalten, daß er noch etwas im Büro verweilen möge; von Benno verabschiedete er sich herzlich und doch gemessen.

Dieser stieg nachdenklich die Treppe hinunter und wollte eben auf die Straße hinaus treten, als ihn Almus einholte.

»Mein tarefflicher Herr Globerager, haben Sie noch einen Augenblick für mich übrig?«

»Ja... aber...«

»Sehen Sie, verehrter Gönner, man hat heute manches voragebracht, aber, wie das häufig so geht, das Wichtigste hat man veraschwiegen, veragessen ... Haben Sie auch nur einmal das Wort ›Ideale‹ vernommen? Nein! Man hat es nicht gesagt, man hat es nicht einmal angadeutet, und doch muß es mit goldanen Lettern am Firste des neuen Tempels stehen ... Dem Ideale! Herr Globerager ...«

»Ja ... aber entschuldigen S' ...«

»Herr Globerager, wir bereiten der Kunst den Weg in Ihre Vatarstadt. Sie ist noch nicht eingazogen, sie ist nicht hier. Mag die Welt sagen, was sie will! Nun und nimmer ist die hohe, himmlischa Göttin hier ... Und da spricht man von Veragnügen, vom Zentrum des Veragnügens ... vom Sitze der Musan sollte man sprechen ...«

»Jawoi ... entschuldigen S' ...«

»Herr Globerager, wenn Sie am Hoftheater stehen, blicken Sie die Musan im Giebelfelde ... Spottan ihrer selbst und wissen nicht wie, sagt der große Dichter ... Drinnen ist eine Bühne, die Musan bleiban heraußen ... aber wir, verehrter Gönner, wir wollen Ihre Vatarstadt zur Kunststadt erheban ...«

»Entschuldigen S', da kummt mei Tramway. I muß ...«

Vom Portier des Hotels Leinfelder erhielt Franz die Auskunft, daß ihn Herr von Hausladen in seinem Zimmer erwartete.

Er wurde von dem Gutsbesitzer aus Winhöring und seiner Frau, die mit seiner Familie eng befreundet, auch entfernt verwandt waren, herzlich begrüßt.

»Der Papa glaubt net recht an die Abhaltung. So viel Eifer hat ma früher net g'habt, daß ma vor lauter Studieren net amal in d' Vakanz gangen is ... und die Treibjagden auslaßt ... Is 's denn wirkli so grimmig mit'n Studieren?«

Herr von Hausladen zwinkerte dabei ein wenig ungläubig mit den Augen. Er war der echte niederbayrische Gutsherr, mehr breit wie hoch, das runde, stark gerötete Gesicht zeigte die Spuren des Aufenthalts im Freien wie die eines gesegneten, mit guten Dingen gestillten Appetites.

Ein martialischer Schnurrbart wies auf militärische Vergangenheit hin; ein Monokel, das er selten, aber doch zuweilen einklemmte, enthob einen der Möglichkeit, in Herrn von Hausladen einen Gutsverwalter, Bräumeister oder sonst was Ländlich-Bürgerliches zu vermuten.

»Vor dem Examen war man schon früher fleißig,« sagte Franz.

»Wann geht's denn scho los?«

»Im Juli ...«

»No, jetzt hör amal, – noch a ganzes Jahr! So eifrig war ma früher net ...«

»Du tust so, als wenn das was Schlimmes wär,« sagte seine Frau. »Das ist doch sehr anerkennenswert, wenn er an sein Examen denkt ...«

»Wenn ... m ... hm ... jawohl ... wenn so a Kalfakter net andere Gründ hat, daß er sich net trennen kann vom sogenannten Studium ... ahan ... jetzt wer'n ma ja rot ...«

»Wär ein Wunder, wenn du ihn so in Verlegenheit bringst ... Franz, deine Mama hat mir's auf die Seele gebunden, ich soll Umschau halten, wie du wohnst, ob es nicht zu feucht ist an der Isar unten. Wir haben immer noch die altmodische Angst vor der Gegend um den Englischen Garten herum. Das kommt von Typhus- und Cholerazeiten, aber ich hab's einmal der Mama versprechen müssen, und wenn's dir paßt, komm ich in den nächsten Tagen ... wie wär's eigentlich morgen?«

»Morgen? ...« Franz überlegte, daß Paula ihren Besuch angesagt hatte. »Morgen? Ich hab allerdings von drei bis fünf ein Kolleg, das ich nicht versäumen darf, aber ...«

»Nein ... mach keine Umstände; dann übermorgen?«

»Ja, übermorgen. Vielleicht hol ich dich im Hotel ab ...«

»Wenn du Zeit hast ...«

»Gern ...«

»No ... hör amal ... gern ...« fiel Hausladen ein. »Ich muß sagen, der Besuch von Damen der Verwandtschaft oder Bekanntschaft wär mir seinerzeit, wie ich Leutnant bei die Kürassier war, in Landshut, net grad hoch erfreulich gwes'n Die Damen haben verdammt feine Nas'n, schnüffeln was aus, an was ma in seiner Unschuld gar net denkt ...«

»Du immer mit deinen Späßen!«

»Ich kann dir bloß sagen, so eine sturmfreie Studentenbude

untersuchen, ob sie trocken genug is, ob sie g'sund is, das is ein bissel komisch ...«

»Es wird mich sehr freuen ...« wiederholte Franz.

»Aber räum gut auf ... das sag ich dir! Wenn eine Haarnadel im Zimmer is, find't s' mei Frau ...«

»Aber Wucki.«

»Lisel, ich kenn dich ... Ich muß den arma Menschen warnen ... jetzt wird er scho wieder rot ...«

»Bei deiner Unterhaltung wird er's noch öfter werden ...«

»Wollt ihr länger in München bleiben?« fragte Franz.

Hausladen lachte.

»Ahan ... hast d' schon Angst? Braucht's net. Ich bring mei Frau bald wieder ab von deiner Fährten ... öfter wie einmal derf s' net in dein Fuchsbau, außerdem kann i's daheim net entbehrn, und i bleib höchstens drei Tag. I halt's net aus auf'n Pflaster ...«

»Wir haben nur unser Fannerl begleitet,« sagte seine Frau deren Wesen Güte und Klugheit verriet. Aber ein paar flinke Augen und ein energischer Zug um den Mund ließen erkennen, daß sie als Leiterin eines großen Haushalts die Zügel straff führte.

»Fannerl soll ein paar Monat bei der Tante Wolffsegg bleiben. Sie muß ein bissel in die Stadt und in die Gesellschaft ...«

»Denn sonst ...« fiel Herr von Hausladen ein ... »hätt ich am End auch was von mein Kind, wenn d' Fanny daheim bleibet ...«

»Über das Thema streiten wir jetzt nicht. Ich bin froh, daß sie hier sein kann, und du hast ja selber zugeben, daß sie nicht den ganzen Winter in Winhöring sitzen kann ...«

»Zugeben! Nachgeben hab i ... ja ... leider, weil die Bengserei net aufg'hört hat. Wär's dem Madel net g'sünder in der frischen Luft ...?«

»Darüber haben wir uns verständigt und fangen nicht wieder an ... Wie lang hast du eigentlich unser Fannerl nimmer g'sehn?« wandte sie sich an Franz.

Wie lang?

Ja, das war eine geraume Zeit her, seit Herr von Riggauer dem dicken, lebhaften Backfisch die Würde eines Primaners entgegengestellt hatte. Dann war das Abiturium gekommen, die akademische Freiheit, die erzieherische Wirkung des Korpslebens, das den gedankenlosen Jüngling zu einem bedeutenden Mitglied der besseren Gesellschaft machte; und während allem Reifen und Erleben hatte er doch wirklich nicht an das unbedeutende Mädel gedacht, das wenig Sinn für seine Ideen gezeigt hatte.

Wenn er in den Ferien heimgekommen war, hatte er beiläufig gehört, daß die Kleine irgendwohin zur Ausbildung geschickt worden war. In die Schweiz ... oder ... er mußte sich ehrlich gestehen, daß er es nicht genau gewußt hatte.

Ja, wie lang?

»Es muß über vier Jahre sein ...« sagte er zögernd.

Frau von Hausladen rechnete.

»Das letzte Jahr im Institut, dann zwei Jahre in Lausanne ...«

»Zum Französischparlieren und Überspanntwer'n ...« ergänzte ihr Mann.

»Das kannst du nicht behaupten ... dann in der Haushaltungsschule ...«

»Weil ma im Haushalt daheim an Haushalt nimmer lerna kann ... Da braucht ma jetzt Schulen und Professer und Schmarrn und Blech ...«

»Ich hätt auch manches recht gut brauchen können, hätt mir in vielem leichter getan ...«

»Nur ja net rechtgeb'n ... und ich halt amal nix von dem neumodischen Getu ...«

»Ich hab's auch aufgegeben, dich zu übazeugen ...«

»Hast's leicht aufgeb'n können, weil ma sich ja doch allaweil umstimmen laßt ...«

»Also, es wird sicher über vier Jahr sein, Franz ... Du wirst sie kaum mehr kennen ...«

»So vornehm is s' worn, aber ein bissel Winhöring hängt ihr Gott sei Dank noch an. Da kannst dich übrigens selber überzeugen ...«

Eine hochgewachsene junge Dame trat ins Zimmer; ihr Gesicht war nicht regelmäßig schön, Mund und Nase konnten die Kritik herausfordern, aber prachtvolle Zähne, blanke, fröhliche Augen und ein Hauch von Frische und Gesundheit ließen gar nicht an Mängel denken, ja wirkten so anmutend, daß man sich keine Linie in dem frohen Mädchengesichte anders gewünscht hätte.

Ihre Bewegungen zeigten Kraft und Geschmeidigkeit, und ihr Benehmen war frei von zur Schau getragener Unnahbarkeit.

»Also...« fragte der Papa... »kenna mir uns noch?«

Franz verbeugte sich wie in der Tanzstunde und war befangen; Fanny ging auf ihn zu und schüttelte ihm herzhaft die Hand.

»Warum soll ich ihn nicht kennen? Er hat sich fast gar nicht verändert...«

»Aber umgekehrt... was?«

»Allerdings... ich glaube, auf der Straße wär ich an ihr vorbeigegangen...«

Franz sagte es zur Mama; er wußte nicht recht, ob er das vertrauliche Du gebrauchen dürfe, und das verwirrte ihn.

Fanny half ihm aus der Verlegenheit. »Ich hätte dich schon nicht übersehen,« sagte sie, »ich muß dir ja einen Gruß ausrichten vom Flori, ich hab's ihm eigens versprochen. Der Bock lebt heut noch, läßt er dir sagen, der wartet auf dich. Und warum du nicht gekommen bist?«

Er sagte etwas von einem Ferienkurse, vom Studieren, der Papa gab wieder seine Zweifel zu erkennen, und Fanny stimmte in den neckenden Ton ein.

Allmählich legte der junge Herr sein steifes Wesen ab, hinter dem nichts anderes steckte als Scheu vor edler Weiblichkeit.

Wenn er sich darüber Rechenschaft abgelegt hätte, wäre er vielleicht zu der Erkenntnis gekommen, wie ihn und andere gerade die gerühmte Erziehung von wirklichen Lebenswerten ab zu läppischen Dingen geführt hatte; allein der Korporationsgeist erzieht seine Leute dazu, Nichtigkeiten zu verehren, nicht aber dazu, über sie nachzudenken. Und so schnell stieg Franz von der eingebildeten Höhe nicht herunter. Es war schon etwas, daß er vor diesem hübschen, natürlichen Mädel nicht mehr recht an die Überlegenheit glaubte, die er vor etlichen Jahren betont hatte, und die ihm jetzt als Jugendeselei erscheinen wollte.

Allerlei Erinnerungen drängten sich ihm auf.

Seine Schwester Tilde hatte ihn stets bewundert und war immer glücklich gewesen, wenn ihr der Gymnasiast Einblick in seine Erlebnisse gewährt hatte. Fanny hatte einige Male daran teilnehmen dürfen, und manches war darauf berechnet gewesen, auch diesem unerfahrenen Backfische Verehrung einzuflößen. Aber sie hatte nie Verständnis dafür gezeigt, im Gegenteil, sie hatte durch manche vorlaute Frage Erklärungen verlangt über Unterschiede und Vorzüge, die man fühlen, aber nicht erklären kann.

Es fiel ihm ein, daß er zuweilen dadurch verletzt worden war, und daß es ihn gegen das törichte, respektlose Mädel eingenommen hatte.

Nun war er ärgerlich über seine Schüchternheit, die das Gespräch nicht in Fluß kommen ließ. Oder was hinderte ihn sonst, harmlos und anregend zu plaudern?

Die anerzogene Meinung von der geistigen Überlegenheit des Mannes, diese Verbildung des Empfindens, die bei uns aus Jünglingen schon Junggesellen macht?

Jedenfalls, es waren Hindernisse da.

Ein paarmal war er geneigt, mißtrauisch zu sein, als Fanny ihrer Mama beiläufig erzählte, daß sie moderne Zimmereinrichtungen gesehen habe, gegen die sie dann allerlei vorbrachte.

Im Vorrat männlicher Begriffe gibt es einige recht gangbare über weibliche Wesen, die sich um solche Dinge kümmern oder darüber sprechen.

Aber er kam doch nicht dazu, seine despektierliche Meinung abzurunden, denn Fanny sprach mit einer Sicherheit, die so weit ab war von gesuchter Klugheit, daß sich der junge Herr eingestehen mußte, dieses Mädchen scheine durchdachte Ansichten über die Dinge zu haben, die ihm fremd geblieben waren. Er fühlte sich unsicher und darum unbehaglich, und doch mutete ihn der Unterton von Jugendfreundschaft, der sich immer wieder geltend machte, wohltuend an.

Halb war er froh, halb tat es ihm leid, als ihn Hausladen durch den Wunsch nach einem soliden Frühschoppen zum Abschied nötigte. Die Einladung für den Nachmittag nahm er sehr rasch an, ohne Bedenken über versäumte Kollegien.

Die Damen wollten Einkäufe machen und dann mit Papa und ihm in einer neuen Teestube zusammentreffen.

»Tee... brr... auch was Neumodisches... Teestube... hat's früher net geben,« sagte Herr von Hausladen, als er mit Franz das Hotel verließ.

»No,« fragte er dann und nickte zurück, »was sagst d' zu unserm Fannerl?«

»Sie... ist... ich meine, sie hat sich ganz...«

»Nett ausg'wachsen... jawohl. Eigentlich ein bissel aus dem winhöringer Schlag naus. Aber, ich muß sagen, wie s' daheim war, jetzt im Sommer, war s' doch wieder die alte. Jedenfalls, überspannt is sie nicht worden, obwohl... no ja... an der Möglichkeit dazu hätt's nicht g'fehlt. Das Experiment is gut aus-g'fallen, aber ich bleib dabei: Mädel sollen im Haus aufwachsen ... Jetzt eine Frag: Wo gehen wir hin? Nur kein Bier, ich mag's net am Vormittag...«

»Ratskeller?«

»Natürlich, wo mer alle Provinzler hinschleppt. Nein, mein Lieber, jetzt führ ich dich. Ich hab an Ostern, wie ich's letztemal da war, ein Weinbeisel entdeckt. Gutes Gabelfrühstück und einen trinkbaren Schoppen. Beim Marienplatz.«

Hausladen ging mit Franz in die Stammkneipe des Herrn Globerger, und er traf dort zu seiner Freude einen alten Regimentskameraden, einen pensionierten Major Prechtl, der ihm und seinem jungen Begleiter Plätze anbot.

Am Tisch saßen noch ein Rechtsrat und ein Herr, der ohne nähere Angabe als Doktor vorgestellt wurde.

Er war, wie sich im Laufe der Unterhaltung herausstellte, ein reicher Hamburger, dessen Name immer genannt wurde, wenn in München ein Kunstverlag gegründet, ein Theater gebaut oder die längst ersehnte große Tageszeitung herausgebracht werden sollte.

Herr Dr. Walter Kresin hatte sich dadurch einen angesehenen, ja berühmten Namen gemacht, obwohl es immer nur beim Plänemachen geblieben war. Aber gerade, weil er nie zur Ausführung kam, tauchte jeder Plan immer wieder von neuem auf und beschäftigte die Gemüter lebhafter als ein fertiges Werk.

Major Prechtl, der als knorriger Soldat bei den bedeutenden Männern – denn auch Rechtsrat Vogel galt dafür – wohl gelitten war, nahm Hausladen in Beschlag mit der Frage, was eine solche ländliche Schermaus in der Stadt zu suchen habe.

Der Gutsherr setzte ihm auseinander, daß ihn Vaterpflichten hergeführt hätten.

»Übrigens,« sagte er, »als Großstädter hab ich dich auch net immer in Erinnerung. Du warst doch längere Zeit in Burghausen oder da rum?«

»Tittmonning, jawoll. Leider hab ich mich verführen lassen und bin hieher ...«

»Na, in München läßt sich's doch leben, Herr Major,« fiel Kresin ein.

»Mir war's in dem kleinen Nest lieber ...«

»Nanu ...«

»Ich will Ihnen was sagen. Man braucht net mehr wie drei Mitmenschen. Die langen zu einem gemütlichen Schafkopf. Und viertausend drum rum is netter wie viermalhunderttausend. Oder gar fünf ... Der Herr Rechtsrat is sonst beleidigt, wenn ich von der Großstadtzahl was abzwick'.«

»Wärst halt drunt blieb'n an deiner Salzach,« sagte Hausladen.

»Wärst halt ... freilich! Wenn mit der Pensionierung net die Unruh angehet ... 's Nixtun is die größte Kunst, ich hab's net z'sammbracht. So lang ich Rekruten zwiefelt hab, hab ich meine seelische Ruhe und 's Gleichgewicht g'habt. Ich hab net denken müssen: Was tu ich heut? Was tu ich um zwölf Uhr, was tu ich um drei? Ich hab's einfach g'wußt. Und das schöne *Müssen!* Etwas tun müssen, das is der Idealzustand. Nachdenken, was ma tun will oder soll, das is eine Krankheit ... Da geht das miserable Zweifeln an. Vorher zweifeln, ob was anders net besser wär, nachher zweifeln, ob's richtig war ... Himmel ... Herrgott!«

»Man kann's auch so ansehen,« sagte der Rechtsrat.

»Kann! Wissen Sie, Ihre Seufzer über'n Dienst sind genau so unehrlich, wie die meinigen waren. Ma kokettiert bloß damit ...«

»Verehrter Herr Major, ich lasset Ihnen gern von meiner Arbeit die Hälfte nüber ...«

»Nicht ein Itüpferl laßt'n Sie her ... glauben S' die G'schicht'n net ...«

»No ... Maxl ... i erinner mi net g'rad an dein fürchterlichen Diensteifer, wie mir Leutnant waren. Da verknüpft sich der Name Prechtl mit ganz andern Episoden ...«

Der Major lachte.

»Varus ... Varus! Gib mir meine Episoden wieder! Aber da hat's was. Ja, mei lieber Nikodemus, so lang's Episoden geb'n hat, hab i freili kein Stecken braucht zum Zeitvertreib'n.«

»Du bist ein Nörgler wor'n ...«

»Und du hast di mit'n Leb'n ausg'söhnt, net wahr? In Winhöring draußen, wo's d' mitten im Schmalzhaf'n sitzt.«

»Es is net alles so einfach, mei Lieber ...«

»Is 's wahr? Laufen dir die Spanfackl allaweil noch net brat'n ins Maul? Dauerst mich schon recht ... Das wär was für Sie, Herr Rechtsrat, da könnten S' Ihnen jetzt gegenseitig was vorjammern über die Härten des Berufs ... Mein Freund, denken S' Ihnen nur, hat in der Blüte seiner Jugend ein Rittergut erben müssen. Wie er den Schicksalsschlag ertragen hat, sehen S' ihm ja an ...«

Hausladen lachte mit den andern.

»Mit'n Erben war's net g'schehen,« sagte er ... »ich hab's auch erhalt'n müssen, verbessern, i hab manches durchkämpfen müss'n ...«

»Dös Wort mag i,« rief der Major. »Es is so schön g'schwollen. Kämpfen! Rastlos ... net wahr? Berliner Schloßgewächs ...«

»Heut sind S' wieder amal g'lad'n, Herr Major!« sagte der Rechtsrat.

»Gegen Redensarten ... jawoll« ... Er wandte sich wieder zu Hausladen.

»Nikodemus, ich war net g'scheiter wie du, und du warst jedenfalls net viel g'scheiter wie ich. Mir wer'n damals 's Leben ungefähr gleich dumm ang'schaut haben. Aber heut weiß ich, was es wert wär: draußen leben, auf eignem Grund und Boden sitzen; da mußt du am End wissen, was es wert is ...«

»Ja, das leug'n ich net ...«

»Schön. Und wenn dir die rastlose Tätigkeit schmerzhaft vorkommt, nacha schaust dich amal hier um, wie s' uns das alte München verschandeln ...«

»Gar so arg, Herr Major ...«

»Verschandeln, hab ich g'sagt, Herr Rechtsrat ... gehen S' a paar Schritt naus und schauen S' rum ... aber keine Rosabrillen aufsetzen und die amtliche Unfehlbarkeit weglassen.«

»Da muß ich als Hamburger eine Lanze für München brechen,« rief Herr Kresin. »Sehen Sie, ich kenne Deutschland, nich wahr? Und ich versichere Sie, auch als Mann, der sich am Ende für die künstlerische Seite der Sache interessiert, ich habe nirgends den Eindruck einer so eigenartigen, sofort auf den Beschauer wirkenden Schönheit gehabt wie hier ... Was haben Sie hier immer noch für gute Architektur, was haben Sie für reizvolle Städtebilder! Nee, Herr Major, Sie gehen in Ihrer Abneigung gegen Neuerungen, die ja ihre gewisse Berechtigung haben mag, entschieden zu weit ...«

»Ich dank Ihnen schön für die mildernden Umständ, die Sie mir lassen, Herr Doktor; ich kann mich aber leider net revanchieren. Ich red' von dem, was München war; und wenn Sie's net g'sehen haben, hat Ihr geschätztes Urteil nicht das große Gewicht ...«

»Ich sehe aber das, was noch da ist ...«

»Und ich seh', was nicht mehr da is, und seh, wie man den Charakter der Stadt versaubeutelt hat ...«

»Nanu ...« rief Kresin.

»Jetzt erlauben Sie mir ein paar Fragen ...«

»Darnach, Herr Rechtsrat. Ich muß zuerst das Hamburger Entsetzen beschwichtigen ... Die Bauten, die Ihnen g'fallen, Herr Doktor, die vom ersten Ludwig herstammen, was sind denn die? Universität, Bibliothek, für Kunstsammlungen die Glyptothek, die Pinakotheken, net wahr, die haben unserm München den bestimmten Charakter geben sollen: Kunststadt. Aber wirkliche, net Plakatschwindel für Fremdenindustrie. Von früher her hamm sie die schönen Palais, die der Landesadel auf Wunsch, manchmal auf Befehl der Churfürsten hat bauen müssen. Da war auch ein bestimmter Willen ausgesprochen. München als Residenzstadt ausschmücken. Und wie wir noch frömmer waren und der Hort der Gegenreformation, haben wir zum Beispiel die Michelskirche baut. Das alles hat höhere Zwecke verfolgt, is ins Große gangen. Was baut ma denn jetzt? Kaffeetempel, Bierpaläste ... Is München wirklich aus der churbayrischen Residenz, aus dem bayrischen Rom, aus der königlichen Kunststadt ein Gaudiplatz oder – wie sagt ma in Berlin? – ein Rummelplatz worn, von dem ma nix mehr anders weiß, als daß des ganze Jahr ein Freß- und Saufkarneval is.«

»Aber erlauben Sie mir, Herr Major, des is denn doch ...«

»Wenn Sie mir nur ein paar Worte gestatten, Herr Rechtsrat!« bat Kresin beinahe flehend. »Ich glaube, ich kann mit der Konstatierung einer einzigen Tatsache das, ich will sagen, sehr harte Urteil unseres allverehrten Herrn Majors widerlegen. Was, glauben Sie, hat mich veranlaßt, hieher zu ziehen?«

»Aufrichtig gestanden, darüber hab ich noch nie nachdenkt.«

»Ich stelle es nicht als wichtig hin, nur als typisches Beispiel. Ich bin Privatgelehrter, widme mich kunstgeschichtlichen Studien, ich kann leben, wo ich will ... warum bin ich nu gerade nach München? Ich muß doch irgend ein Motiv gehabt haben. Und das, sehen Sie, Herr Major, war meine Überzeugung, daß meine Bestrebungen, meine Studien in dem künstlerischen Milieu, das ich hier fand – es lassen sich ja die einzelnen Komponenten dieser Stimmung nicht so im kurzen klarlegen –, daß mir meine Studien hier ungleich mehr Erfolg versprachen als irgendwo anders.«

»Schön,« sagte der Major trocken ... »Also jetzt is das Rätsel Ihrer Anwesenheit gelöst ...«

»Ich führte sie als typisches Beispiel an,« sagte Kresin etwas gereizt. »Das Materielle, das Sie erwähnt haben, hat mich so wenig wie verschiedene andere hierher gelockt. Um gut zu essen, fährt man wahrhaftig nich von Hamburg nach München. Sehr im Gegenteil. Und bayrisch Bier bekomme ich überall ...«

»Ich möchte den Ton noch auf etwas anderes legen,« fiel der Rechtsrat ein. »Wer gerecht sein will, muß doch zugeben, daß wir zum Beispiel vorbildliche Schulhäuser gebaut haben ...«

»Ich will ja gar net gerecht sein.«

»Ach so! ...«

»Jawoll, mit der verdammten Gerechtigkeit kommt man zu gar nix. Einerseits is was zu beklagen, andrerseits muß man bedenken ... Net wahr? Und dann is man mit dem Zustand zufrieden ... Nix da! Ich sag, da liegt der Hund begraben, und fertig ...«

»Schön, aber das kann doch nicht der Standpunkt der städtischen Verwaltung sein, die gerecht abwägen muß ...«

»Wär die nur amal auf dem Standpunkt, daß die Stadt für sich und durch sich was sein muß! Daß es auf die Leistung ankommt. Daß uns Gewerbefleiß, Kunst, Wissenschaft vorwärtsbringen. Daß ma net allaweil von dem red't und an dös denkt, was ma dem nächstbesten Bummler zu bieten hat. Is denn das noch g'sund?«

»Du hast dir ein nettes Mundwerk ang'schafft,« sagte Hausladen kopfschüttelnd. »Ich kenn dich nimmer. Woher du das alles hast?«

»Das kann ich dir schon erklären, mein guter Nikodemus. Jeder Mensch muß sein Quantum reden. Ich hab dreiß'g Jahr lang 's Maul halten müssen und muß jetzt schau'n, daß i mein Quantum noch erledig ...«

»Aber was kümmert an alt'n Kürassier 's Häuserbau'n?«

»Den Kürassier nix, aber den nachdenklichen Pensionisten sehr viel ...«

»Wir kennen unsern Herrn Major,« sagte der Rechtsrat. »Wir wissen schon, daß er es nicht so schlimm meint ...«

»Nur net eia-popeia! Ich mein's noch viel schlimmer, wenn ich net beim Frühschoppen sitz ... Sternsakrament! Ich bin kein Privatgelehrter, und zu dem bissel Pension verzehren brauch i kein Milieu ... aber seine Erinnerungen hat ma. Wie ich Junker war, ein blutjunger Kerl, – nix verstanden, aber doch voller Stolz auf das alte, schöne München und seinen Ruhm. Man hat gewußt, da unter uns leben und schaffen die Männer; es war, als wenn ma ein Recht drauf ghabt hätt, und als hätt jeder sein Teil von der Bewunderung, die ihnen die ganze Welt zeigt hat. – Die Stadt, in der sie so gern waren, hamm sie mit ihren Werken g'schmückt, sie hamm zu uns g'hört, mir zu ihnen. Hat ma sich kümmert um Fremde? Wenn einer kommen is, um was zu lernen, um was Schön's zu sehen, hat er dafür dankbar sein müssen. Und jetzt? Jedem amerikanischen Proleten lauft ma bis zum Bahnhof entgegen und bitt't 'n, daß er uns sein protziges Wohlwollen schenkt ... Pfui Teufel!«

»Ich bin auch nicht dafür, daß man die Sache übertreibt, aber den Forderungen der Zeit kann man sich hier so wenig wie anderswo verschließen ...«

»Das war das rechte Wort, Herr Rechtsrat. Nur sich net

verschließen, nur keine Eigenart haben! Alles muß plattgewalzt werden. Vulgär sein is die Losung ... Aber jetzt entschuldigen die Herren, ich bin etwas stark in 'n Eifer kommen ... Babettl, zahlen ...«

Der Major verabschiedete sich kurz und stülpte seinen Schlapphut auf.

»Sieht ma dich noch amal?« fragte Hausladen.

»In der Woch nimmer. Ich hab mein Quantum g'redt, aber wenn du so lang da bleibst, am nächsten Montag oder Dienstag trink ich da wieder ein paar Schoppen ... guten Morgen, meine Herren!«

»Ein prächtiger alter Soldat,« sagte Kresin. »Ein Feuerkopf. Es ist mir immer ein Genuß, ihn reden zu hören. Ich teile natürlich seine Ansichten nicht, aber die Art, wie er sie vorbringt, wie er alles kurz und klein schlägt, das hat Stil ...«

»Ja ... tja ... ich will Ihnen was sagen, Herr Doktor ...« Der Rechtsrat lehnte sich zurück und trommelte mit den Fingern auf den Tisch, »diese Art Kritik is vielleicht amüsant oder kann einem so vorkommen, aber nützlich, Herr Doktor, nützlich is sie nicht. Sehen Sie, dieses Absprechen, dieses in Bausch und Bogen verurteilen, dieses – wie soll ich sagen? – Perhorreszieren der gegebenen Faktoren, der Notwendigkeiten, der Möglichkeiten ... ich kann Ihnen nur sagen, das erschwert die Verwaltungstätigkeit mehr, als Sie glauben ...«

»Ich bin mit meinem guten Prechtl acht Jahre lang bei den schweren Reitern oder damals noch Kürassieren in Landshut g'standen ...« Hausladen wollte sich dem Vergnügen hingeben, das einem die Erzählung alter Erinnerungen bereitet, als vom Nebentische ein Mann aufstand und mit dem Schoppenglase in der Hand eine Verbeugung vor dem Rechtsrate und dann vor den andern machte.

»Wenn die Herren gestatten, daß ich etwas Platz nehme, es ist nämlich ein Thema angeschlagen worden, zu dem ich mir eine Bemerkung erlauben möchte ... Globerger ist mein Name ... ich möchte mir als Mann der Praxis ... wenn Sie gestatten ... nur ein paar Worte zu dem Thema erlauben ...«

Der Rechtsrat machte eine einladende Bewegung, und Benno nahm Platz. Franz fühlte, wie ihm eine brennende Röte ins Gesicht stieg; er hatte Paulas Mann schon vorher mit Unbehagen am Nebentische gesehen, jetzt drängte sich der taktlose Prolet – so hieß er ihn – in die Gesellschaft und saß breitspurig und selbstgefällig schräg gegenüber.

Ob er sich an die schlierseer Fahrt erinnerte und ihn wiedererkannte? Die Befürchtung war grundlos, denn Benno war in das wichtige Thema vertieft, und außerdem hatte er für solche Kleinigkeiten, wie die flüchtige Begegnung war, kein Gedächtnis.

»Herr Rechtsrat Vogel... net wahr? Ihr werter Name is ja bekannt und hat einen guten Klang, sozusagen, im Bürgertum. Es sin ja vorhin Stimmen laut geworden gegen die modernen Bestrebungen, ich meine hinsichtlich des Fremdenverkehrs, und Herr Rechtsrat haben treffend bemerkt, daß ma sich den Forderungen der Zeit anpassen muß. Ich möchte diesbezüglich nur sagen, daß die denkende Bürgerschaft in diesem Punkte auf Ihrer Seite is, Herr Rechtsrat, und daß man darin sogar eine Existenzfrage für München erblickt...«

»Es wär aber besser, wenn sich die guten Münchner ihre Existenz solider fundieren würden,« sagte Hausladen nicht ohne Schärfe.

Der Mensch da war ihm nicht sympathisch.

Benno merkte es nicht. Ihm war froh zumute, daß er vor bedeutenden Kapazitäten sein reifes Urteil abgeben konnte, und Einwendungen belebten seinen Geist.

»Gewiß... ich möchte auch durchaus nicht gesagt haben, daß man darauf ausschließlich seine Existenz basieren soll, oder daß der einzelne sich da auf trügerische Hoffnungen einlassen darf, aber die Stadt als solche kann nicht umhin, die momentane Konjunktur auszunützen. Herr Rechtsrat werden mir in diesem Punkte beipflichten...«

»Ich habe meinen Standpunkt schon mehr wie einmal öffentlich betonen müssen...«

»Gewiß!« sagte Benno sehr eifrig. »Diese betreffenden Reden haben allgemeinen Beifall gefunden...«

»Wie g'sagt, ich hab meinen Standpunkt klargelegt. Nach meiner Ansicht is München vor die entscheidende Frage gestellt, ob es den Fremdenstrom, der doch unleugbar von Norden nach Süden flutet, ob es diesen Fremdenstrom hier stauen will, um ...ihn... gewissermaßen, von hier aus dann durch verschiedene Kanäle ins Land zu leiten, wo er befruchtend wirken muß ... oder ob es diesen Strom an sich vorüberfluten lassen will ...«

»Ausgezeichnet!« rief Benno. »Herr Rechtsrat werden es mir als bescheidenem Bürger nicht verübeln, wenn ich sage, ich finde hier den Nagel auf den Kopf getroffen.«

Franz, der seine Verlegenheit überwunden hatte und nun sicher war, daß ihn Benno nicht erkannte, beobachtete den selbstgefälligen Herrn, der das Maul spitzte und die Augen aufriß, um seine Klugheit und sein tiefes Verständnis anzuzeigen.

Eine nervöse Unruhe war in dem dicken, vom Weintrinken erhitzten Manne. Er klopfte die Asche von seiner Zigarette, warf die halbgerauchte in den Aschenbecher und zündete sich eine neue an; wenn er getrunken hatte, wischte er sich umständlich die Lippen ab, er richtete seine Krawatte, er zog seine Weste straffer an, immer war er mit sich beschäftigt. Er schlug ein Bein über das andere, aber die Stellung war ihm wegen seines Bauches unangenehm, und er setzte sich wieder gerade. Dabei sah man, daß ihm der Socken an dem einen Fuße heruntergerutscht war. Die Weste hatte Flecken, am Rockkragen hingen Schuppen.

Und wie nun dieser Mensch mit seinen abstoßenden Manieren so auf Armslänge vor ihm saß, erinnerte sich Franz einer peinlichen Szene, die er kaum eine Woche vorher erlebt hatte. Er hatte Paula auf Umwegen durch kleine, schlecht beleuchtete Gassen heim begleitet. Da war sie plötzlich zusammen gefahren und hatte ihn hastig in einen Hausgang gedrängt. »Sei still, er kommt grad daher!« Er hatte ihr Herzklopfen gefühlt, wie sie sich hinter der Tür an ihn gepreßt hatte. Auf der Straße waren dann zwei Männer im Gespräche vorübergegangen; als ihre Schritte verhallt waren, hatte Paula erleichtert aufgeatmet wie nach einer überstandenen großen Gefahr. »Gott sei Dank!« hatte sie geflüstert, »er hat nix g'merkt ... Jessas, wenn wir ihm grad in d' Arm g'laufen wären! ... Grad hab ich ihn noch g'sehen unter der Latern ...«

Der Vorfall war ihm damals peinlich gewesen; jetzt in der Erinnerung kam er ihm noch widerwärtiger vor.

Daß er sich vor dem da versteckt hatte!

»Was hättst denn getan?« hatte Paula gefragt. »Wenn mir jetzt so Arm in Arm grad an ihn hingrumpelt wär'n? Ich glaub, es hätt eine Rauferei geben ...«

»Die hätt nicht lang dauert,« hatte er geantwortet.

»Ja, aber ich! Was hätt denn ich tan? I hätt' ja gar nimmer heimgehen können ...« Die paar Worte hatten ihm damals wie eine Warnung geklungen, hatten ihn auf eine große Gefahr hingewiesen.

Etliche Stunden später hatte er sie wieder vergessen, aber er hatte doch über die Folgen nachgedacht.

»Aber ich? Was hätt' denn ich getan?«

Nun fiel's ihm wieder ein und stand recht deutlich vor ihm. Hätte ihm nicht der Zufall die schwerste Verantwortung aufbürden können?

Er riß sich von dem Gedanken los und blickte zu Hausladen hinüber. In dem unbehaglichen Gefühl, das ihn beschlichen hatte, kam ihm der joviale Freund seiner Eltern wie ein mahnender und helfender Vertreter der Welt vor, zu der er gehörte. Ganz unvermittelt sagte er zu ihm:

»Wenn's der Tante Lies recht is und dir, bleibe ich morgen nachmittag bei euch ...«

Er wollte sich selber festigen in dem Entschlusse, den er plötzlich gefaßt hatte: auf keinen Fall mit Paula zusammenzukommen, so lang die Winhöringer da waren.

»Natürlich kommst d' zu uns ... auf de paar Tag geht's doch wirklich net z'samm ... und jetzt trachten wir heim, wenn's dir recht is ...«

Benno hatte dem Rechtsrat eben mit dunkeln Worten und mit Augenzwinkern zu verstehen gegeben, daß er im Besitze des allerwichtigsten Geheimnisses sei, daß er irgendwo die Hände im Spiele habe, daß er Mitglied und Beirat eines Konsortiums sei, das die Zukunft Münchens umgestalten werde. Leider sei es ihm nicht möglich und nicht gestattet, darüber nähere Angaben zu machen, aber der Rechtsrat könne versichert sein, daß seine Wünsche und Bestrebungen in ungeahnter Weise erfüllt würden.

Hausladen und Franz gingen. Auf der Straße sagte der Gutsherr:

»Ein ekelhafter Kerl, der münchner Spieß da. Und der Vereinsredner vom Magistrat paßt zu ihm. Ich wollt, der Prechtl wär noch dagewesen, der hätt von seinem Räsonierquantum noch eine ordentliche Portion anbracht . . .«

Wege und Wiesen im Englischen Garten waren mit welkem Laub übersät, und die Amseln erschraken über den Lärm, den sie in den raschelnden Blättern machten. Ein dicker Nebel senkte sich auf die Baumwipfel herunter; von den Häusern der Königinstraße war nichts zu sehen, vom Lärm der Stadt nichts zu hören. Mit heiserem Schrei und klatschendem Flügelschlage flog zuweilen eine Krähe auf, und ein Spaziergänger konnte glauben, daß er irgendwo draußen auf dem Lande sei, nicht aber mitten in einer großen Stadt.

Paula, die bald zögernd, bald hastig auf den stillen, menschenleeren Wegen dahin schritt, beachtete es nicht, aber die graue, an Vergehen und Sterben mahnende Stimmung drückte auf sie.

Als sie an die Bank unterm Monopteros kam, blieb sie stehen.

Gelbe Blätter lagen darauf.

Sie streifte sie nicht hinunter, achtete auch nicht darauf, daß das Holz naß war, und setzte sich.

Eine bittere Erinnerung stieg in ihr auf, und plötzlich weinte sie still vor sich hin.

Wie lange war's her? Vor wenigen Monaten, es ließ sich nach Wochen rechnen, da hatte sie auf dieser Bank gesessen. Wie hell und warm war es damals gewesen!

Sie sah ihn mit raschen Schritten heraneilen; sie hörte seine ersten, unbeholfenen Worte wieder, die ihr seine Schüchternheit gezeigt hatten. Sie war selbst zaghaft gewesen, aber doch hatte sie ihn angeführt, bis er sich getraute, ihr seine Liebe zu gestehen.

Wieviel Glück hatte sie darin gefunden! Und wie fest hatte sie ihm vertraut! Wenn sie je einmal von Aufhören und Ende gesprochen hatte, war's doch nur geschehen, um seine stürmischen Versicherungen zu hören, daß er nie von ihr lassen wolle.

Aber war's denn zu Ende? Mußte sie aus seinen zwei Briefen das Schlimmste herauslesen?

Sie holte die zerknitterten Bögen aus ihrer Tasche und fuhr nervös zusammen, als sie das Schloß laut und scharf zuklappte.

Sie las.

Eine Entschuldigung. Er habe Besuch von daheim erhalten, er müsse sich den alten Freunden seiner Familie widmen.

Das konnte doch wahr sein; und wenn's so war, durfte er sich der Pflicht nicht entziehen.

Aber warum stand kein zärtliches Wort in dem Briefe? Warum klang nicht das leiseste Bedauern durch, daß er ihr fernbleiben mußte? Warum keine Freude auf Wiedersehen?

Die Antwort auf diese Fragen, ja die stand doch in dem zweiten Briefe, der die Spuren ihrer Tränen zeigte. Wie kalt klang das alles!

»Es ist mir absolut unmöglich, dich bei mir zu sehen, da es nicht ausgeschlossen ist, daß man mich besucht. Meine Mutter hat ihre Freundin gebeten, daß sie meine Bude ansieht, weil sie glaubt, alle Wohnungen am Englischen Garten seien feucht und deshalb ungesund. Wir müssen uns also vorläufig gedulden ...«

Sie las noch einmal.

Die Angst machte Paula scharfblickend. Sie fühlte deutlich, daß er etwas verschwiegen hatte, um etwas herumgegangen war.

»Wir müssen uns also vorläufig gedulden.« Hatte er kein herzliches Wort gefunden, um seine Sehnsucht nach ihr zu zeigen? Aber die hatte er nicht mehr. Zu deutlich sah sie es.

Rasch stand sie von der Bank auf. Er mußte ihr Rede stehen, er mußte ihr's wenigstens sagen, wenn alles aus war. Sich vorläufig gedulden, bis ihr der dritte Brief die Absage brachte, oder sein Ausbleiben ihr das gleiche bewies, nein!

Das wollte sie nicht.

Und einen Grund mußte sie wissen.

Nicht weggeschoben sein, wie was Lästiges, das man einfach nicht mehr mag.

Sie ging jetzt mit raschen Schritten zur Lerchenfeldstraße hinüber.

Einen Grund mußte sie wissen.

Sie wollte ihn nicht plagen, sie wollte nicht betteln. O nein!

Sie sagte sich die Worte vor.

»Wenn du ... wenn Sie eine Ursache haben, wenn ich Ihnen

vielleicht einen Grund gegeben habe, dann müssen Sie auch den Mut haben, es mir zu sagen ...«

Aber die Antwort darauf?

Dann war's ja aus, für immer aus!

Das war doch nicht möglich!

Sie wimmerte vor sich hin: »Franz, lieber, lieber Franz!«

Die Treppe zu seiner Wohnung stieg sie langsam hinauf. Im Glasfenster des Stiegenhauses war eine leichtbekleidete weibliche Figur, die Blumen aus einem Füllhorn schüttete.

Heute gerade so wie an den fröhlichen, glücklichen Tagen, wo sie rasch, um nur schnell bei ihm zu sein, die Stufen hinaufgehuscht war.

Paula blieb stehen und schaute in das pausbäckige Gesicht dieser Flora. Wenn sie hinunterkommen würde, wenn sie die Figur wiedersehen würde, war's zu Ende... war das Abschiedswort gesprochen ...?

Sie stand vor der Wohnungtür und läutete. Die Hausfrau, der sie früher kaum einmal begegnet war, öffnete. Eine magere, kleine Person mit sehr neugierigen Augen und einem mürrischen Zuge im Gesichte.

»Der Herr Doktor Riggauer zu Hause?«

»Der Herr Baron?« korrigierte die Frau... »Nein, der is net da ...« – »Können Sie mir net sagen, wann er kommt?«

»Ja, dös weiß i net ...«

Die Frau musterte Paula scharf und mißgünstig; sie machte eine Bewegung, als wollte sie gleich wieder die Türe schließen.

»Ein' Augenblick ... entschuldigen Sie ...« Paula wußte eigentlich nicht, was sie wollte ... da kam ihr ein Entschluß. »Dürft ich nicht ein paar Zeilen bei Ihnen schreiben?« Sie öffnete ihre Tasche und nahm aus ihrem Portemonnaie ein Geldstück, das sie der Person gab ... »Es handelt sich um was Wichtiges ...«

»So? ... Na ... kommen S' halt rein ...« Sie ging voran durch den Gang, am Zimmer von Franz vorüber. Paula zögerte; aber es war besser nicht da hineinzugehen; am Ende hätte sie sich vor der Frau nicht mehr beherrschen können.

In der Küche kramte diese nach längerem Suchen aus der Tischschublade einen kleinen, etwas beschmierten Briefbogen heraus. Paula schrieb mit Blei hastig ein paar Worte hin.

»Um Gottes willen ... was ist denn? Ich komme heute nochmal. Ich muß dich sprechen. Ich muß ...«

Sie steckte das Papier in ein Kuvert, das schlecht gummiert war und kaum schloß.

»Bitte legen Sie den Brief ins Zimmer ... sagen Sie ihm auch, daß Nachricht da is ...«

Paula eilte weg. Sie war froh, den prüfenden Blicken der Frau zu entrinnen.

Auf der Straße fiel ihr ein, wie leicht der Brief zu öffnen war; aber es stand doch nichts darin, was ihn oder sie bloßstellen konnte.

Sie überlegte, ob sie nicht doch in einem Laden einen andern Brief schreiben sollte, und ohne daß sie sich dazu entschlossen hatte, trat sie, wie unter einem Zwange handelnd, bei einem Buchbinder ein und schrieb einen längeren Brief voll ängstlicher Fragen, Bitten und wieder Fragen. Nun hatte sie einen Grund, gleich wieder zu seiner Wohnung zurückzukehren. Als sie zum Nationalmuseum kam, sah sie Franz um die Ecke biegen. Sie eilte nach und kam fast ins Laufen; ein paar Arbeiter riefen ihr nach: »Hö ... Muckerl ... pressiert's so? ...«

Nun war sie ihm bis auf wenige Schritte nachgekommen.

»Franz!«

Er drehte sich hastig um. Er war überrascht, verlegen.

»Du bist's?«

»Ja, ich war bei dir.«

»Aber ich hab dir doch geschrieben ...«

»Deswegen bin ich zu dir. Willst du mir's verbieten, daß ich zu dir nauf komm?«

Sie war auffallend blaß, und ihre Augen flackerten.

»Nein ... Warum soll ich dir's verbieten? Ich hab dir doch in deinem Interesse geschrieben, daß ich möglicherweise Besuch bekomme, daß Tante Lies meine Bude ansehen will ...«

»Vor ein paar Wochen hätt'st du kein B'such ang'nommen ...«

»Aber ...«

»Nein, das weiß ich.«

Er hatte Mitleid gefühlt, aber nun regte sich wieder der Unmut in ihm.

»Was kann denn ich dafür? Entschuldige halt, daß sich meine

Leute daheim noch um mich kümmern. Vielleicht grad deswegen, weil ich dir zulieb nicht heimg'fahren bin. Soll ich vielleicht ...?«

»Red nicht so! Bitte, bitte, red nicht so! Ich muß sonst laut hinausweinen.«

»Warum soll ich nicht reden? Ich muß dir doch sagen ...«

Sie blieb stehen und fing leise zu wimmern an. Wie im Krampf zog es sie zusammen.

»So nimm doch Vernunft an! Da kommen Leute ...«

»Ich kann nix dafür ... ich kann nix dafür ...«

»Paula ... wir sind auf der Straße ... ich bitte dich ...«

»Es is alles aus ... alles ... alles ...«

»Also, das geht nicht ...«

Herr Studiosus von Riggauer war in der peinlichsten Verlegenheit. Eine solche Szene auf offener Straße!

Ein Herr, der den besten Ständen anzugehören schien, hatte sie im Vorübergehen sehr befremdet und unmutig angesehen. Er hatte sogar so etwas wie Skandal vor sich hingemurmelt. Zwei ältere Damen hatten von der anderen Seite der Straße scharfe Blicke herübergeworfen. Und eben näherten sich wieder einige Leute.

Da war ja das, was er seit kurzer Zeit befürchtete, was drohend vor ihm gestanden war. Die Bloßstellung, die Gefährdung seiner Existenz, die Vernichtung, ja die auch, die Vernichtung von Hoffnungen, die sich gerade in ihm geregt hatten.

Natürlich dauerte sie ihn; aber das war nicht das stärkste Gefühl in ihm. Eine jämmerliche Angst kam über ihn.

Sollte sich das, was er seit ein paar Tagen eine Torheit nannte, an ihm rächen?

Nahm sie nicht die geringste Rücksicht auf ihn?

Er stampfte zornig den Fuß auf, aber ein Blick auf sie zeigte ihm, daß er nur mit gütlichem Zureden etwas ausrichten konnte.

»Paula ... ich bitte dich wirklich ... du kannst doch nicht auf der Straße so weinen ... komm zu mir hinauf!«

»Du willst doch nicht, daß ich ... ich darf doch nicht ... nicht mehr ...«

»Ich bitte, komm! Es geht nicht, daß wir da stehen. Willst du nicht?«

»Ja ...«

»Also, dann gehen wir ...«

»Ja ... mir ist so schwindlig ... darf ich mich einhängen?«

Sie fragte es ängstlich, fast demütig ... Herr von Riggauer zögerte einen Augenblick. Es war möglich, daß jemand kam, der ihn kannte. Aber dann war es unangenehmer, wenn der die Szene beobachtete. Er bot Paula den Arm an.

»Häng dich nur ein!«

Sie stützte sich fest auf ihn.

»Du mußt entschuldigen ... meine Füß zittern so ...«

»Nimm dich nur zusammen, es geht schon, aber ...«

»Was meinst?«

»Ich dachte mir, wegen der Hausfrau ... Du sollst dich nicht zu stark gehen lassen ... bei mir oben ...«

»Ich kann doch nix dafür ...«

»Ich sag's nicht als Vorwurf ... ich möcht nur nicht, daß die Person weiß Gott was herum erzählt ...«

Er sah ein, daß er behutsam sein mußte; sie konnte einen neuen Anfall bekommen. Er ging nun schweigend neben ihr her, und wie er immer in Angst vor einer neuen Szene beinahe die Schritte zählte, die er noch gehen mußte, sagte er in sich hinein: »Das ist einfach nicht mehr möglich ... das ist einfach nicht mehr möglich.«

Er atmete auf, als sie vor seinem Hause anlangten.

»Wart einen Moment ... ich geh rasch hinauf und laß die Tür offen ...«

»Ja ...«

Sie sagte es ganz mechanisch.

Sie wehrte sich kaum mehr gegen das trostlose Gefühl, das seine Worte wie sein Schweigen bestärkt hatten.

Was wollte sie noch? Es war doch aus.

Aber sie wollte es von ihm hören; so weg gehen und in Ungewißheit bleiben, schien ihr unerträglich.

Der Studiosus von Riggauer ging nicht rasch die Treppe hinauf, er nahm mürrisch und nachdenklich Stufe für Stufe.

»Also das ist einfach unmöglich ...« Diesmal sagte er es halblaut vor sich hin. War das keine Zwangslage, daß sie da unten stand und dann herauf kam und erst recht wieder eine Szene machte? Um halb acht Uhr sollte er bei der Generalin sein, bei der nun Fanny wohnte. Ob er weg konnte? Ob er

Paula dazu brachte, daß sie sich beruhigte und heimging? »Also das ...« Die Hausfrau rief aus der Küche:

»Herr Baron ... es liegt a Briaf für Eahna drin ...«

»Ja ... is schon recht,« sagte er verdrossen.

»A Frauenzimmer hat'n bei mir in da Kuchl g'schrieb'n ... i hab ihr an Briafbogen geb'n müass'n ...« Frau Schinnagl kam in den Gang heraus und war zu einem Gespräche aufgelegt.

»Sie, Herr Baron, i sag Eahna, wia de z'rupft ausgschaugt hat ...«

Er ging in sein Zimmer, ohne ihr eine Antwort zu geben, und die Schinnaglin wollte schon die Küchentüre schließen, als sie die Wohnungstüre zuklappen hörte.

Sie spähte hinaus und sah Paula, die erst zögernd vor dem Zimmer stehen blieb, vor sie hineinging.

»Ah so ... hat s' 'n abpaßt ...«

Herr von Riggauer war nervös, und sein Unbehagen steigerte sich, als Paula im Zimmer stand und an ihm vorüber zum Fenster hinsah.

Die kahlen Äste eines Kastanienbaumes schwankten draußen im Winde. Damals, als sie das erste Mal hier war, standen noch verspätete rote Blütenkerzen zwischen den Blättern.

Dachte sie daran?

Sie blieb unbeweglich stehen und schwieg. Sie wußte, wenn sie ein Wort sprechen, wenn sie ihre eigene Stimme hier in diesem Raume hören würde, könnte sie sich nicht mehr aufrecht halten. Diese Stille war peinigend.

»Willst du dich nicht setzen?«

Paula schüttelte den Kopf.

»Also, dann bitte, sag mir, was du mir sagen wolltest ...«

»Ich dir?«

»Ja ... du wolltest doch zu mir ... und hast mir auch geschrieben.« Er nahm ihren Brief vom Tische und öffnete ihn.

Er hatte ihn also vorher gar nicht beachtet.

»Da ... du schreibst ja: Ich muß dich sprechen ...«

»Das war voher.«

»Jetzt nicht mehr?«

»Nein; ich weiß auch so alles ...«

»Was weißt du?«

»So quäl mich doch net so!« schrie sie hinaus.

»Entweder du wolltest mir etwas sagen, schön ... ich bin mit dir hergegangen, ich hab dich gebeten, heraufzukommen, – oder,« Herr von Riggauer wurde lehrhaft, »oder du wolltest nicht mit mir reden, dann verstehe ich nicht, warum du so darauf bestanden hast ...«

»Das verstehst du nicht?«

»Nein. Wirklich nicht. Ich verstehe auch nicht, warum du mir eine solche Szene gemacht hast. Auf der Straße.«

Sie sah ihn an.

War das wirklich der gleiche Mensch, der ihr in diesem Zimmer hundert törichte, verliebte Dinge gesagt hatte?

Er stand vorne am Fenster und lehnte sich an die Brüstung. Dabei sah er zur Feuermauer des Nachbarhauses hin und vermied es, ihrem Blicke zu begegnen.

Es beruhigte seine Nervosität, wenn er sprach.

»Was war denn eigentlich? Ich hab Besuch bekommen von einer Familie, mit der meine Leute sehr gut stehen, die mich von Jugend auf kennt. Hätt ich sagen sollen: Adjö, tut mir leid, ich hab keine Zeit für euch? Meine Mutter hat ihrer besten Freundin den speziellen Auftrag gegeben, sich nach mir umzusehen. Natürlich war das überflüssig, weiß ich schon, aber am Ende kann ich nicht zu der Dame sagen: sparen Sie sich Ihre Bemühungen, ich habe was Besseres zu tun, oder so ähnlich. Ob es mir angenehm war oder nicht, jedenfalls ich mußte das dankbar annehmen, und ich mußte ganz einfach die Dame bitten, zu mir zu kommen und mein Zimmer anzusehen. Und wenn das so war, dann blieb mir nichts anderes übrig; das war doch logisch – ein drittes gab es einfach nicht –, daß ich an dich schrieb: Sei so gut und komm nicht, meine Bude ist momentan nicht sturmfrei, ich kann Besuch bekommen, du kannst Begegnungen ausgesetzt sein, die für dich peinlich wären, et cetera. Ich meine, das war doch logisch und außerdem meine Pflicht gegen dich. Und ich gestehe dir ganz offen, mir selbst wäre es sehr unangenehm, wenn die Leute zu Hause erzählten, sie hätten bei mir Damenbesuch angetroffen. Abgesehen davon, daß sie das als Beleidigung auffassen können. Gewisse Rücksichten habe ich ganz einfach zu nehmen; tut mir leid, daß es dich momentan kränkt, aber ich kann's nicht ändern.

Und du kommst doch in der Voraussetzung zu mir, daß du absolut sicher bist, und für diese Sicherheit habe eo piso ich zu sorgen. Wenn ich dann schreiben muß: Heute ist diese Sicherheit nicht gegeben, liegt doch darin keine Kränkung. Das ist Vorsicht für dich, allerdings auch für mich, und ob das nun angenehm ist oder nicht, das spielt doch keine Rolle im Vergleich zu ...«

Das Türschloß klinkte zu.

Franz, der bei seiner wohlgesetzten Rede auf und ab schritt, wandte sich um.

Paula war fort, war weggegangen, als sich ein Grund logisch aus dem andern entwickelte.

So ... so? Man wollte die Trotzige spielen? Oder faktisch Schluß machen?

Er horchte und öffnete leise die Türe; sie war wirklich weggegangen. Auch gut. Oder nein, desto besser. Er stellte sich vor den Spiegel und runzelte die Stirne.

Seine Augen zeigten einen tiefen Ernst.

Es gibt Dinge, die man einfach durchfechten muß. Das Leben verlangt manchmal unbeugsame Härte, und ... außerdem, es war einfach nicht mehr möglich.

Moral

Komödie in drei Akten

Personen

Fritz Beermann, Rentier
Lina Beermann, seine Frau
Effie, beider Tochter
Adolf Bolland, Kommerzienrat
Klara Bolland, seine Frau
Dr. Hauser, Justizrat
Frau Lund, eine alte Dame
Hans Jakob Dobler, Dichter
Frl. Koch-Pinneberg, Malerin
Otto Wasner, Gymnasiallehrer
Frhr. von Simbach, herzogl. Polizeipräsident
Oskar Ströbel, herzogl. Polizeiassessor
Madame Ninon de Hauteville, eine Private
Freiherr Botho von Schmettau, genannt Zürnberg, herzogl. Kammerherr und Adjutant
Josef Reisacher, ein Schreiber
Betty, Zimmermädchen bei Beermann
Zwei Lohndiener
Ein Schutzmann

Ort der Handlung: Emilsburg, Hauptstadt des Herzogtums Gerolstein. Der erste und dritte Akt spielen im Hause des Rentier Fritz Beermann, der zweite Akt spielt im Polizeigebäude. Zeit: Von Sonntag mittag bis Montag abend.

Erster Akt

Rauchzimmer bei Rentier Beermann. Im Hintergrunde links Flügeltür, die in den Speisesaal führt. Rechts eine kleinere Türe zum Musikzimmer. An der Seite links eine Türe, die in den Gang führt. Links vorne ein kleiner Erker, in dem ein Spieltisch steht. Rechts vorne ein Sofa, bequeme Stühle; gegen den Hintergrund ein Tisch, auf dem Kaffee serviert ist; ein zweiter Tisch, auf dem Zigarrenkisten stehen.

Erste Szene

Ein Lohndiener ist am Kaffeetisch beschäftigt; ein zweiter öffnet die Flügeltüre links. Man hört Stimmengewirr, Stühlerücken. Dann kommen durch die Flügeltüre Bolland mit Frau Beermann, Beermann mit Frau Bolland, Dr. Hauser mit Effi, Wasner mit Frl. Koch-Pinneberg; Dobler. Allgemeines Mahlzeit! *Wasner teilt nach allen Seiten turnerische Händedrücke aus; geht zu Frau Beermann:* Ich wünsche gesegnete Mahlzeit! *Die Diener servieren Kaffee. Beermann ist mit Bolland nach vorne gegangen.*

BOLLAND: Sie kriegen zweitausend Stimmen mehr als der Sozialdemokrat. Das ist sicher.
BEERMANN *zweifelnd:* Na – na!
BOLLAND: Wenn das ganze liberale Bürgertum mit den Konservativen zusammengeht? Ich bitte Sie!
BEERMANN *vom Diener eine Kaffeetasse nehmend:* Wenn ...
BOLLAND: Der Zusammenschluß ist da. Er ist die natürliche Entwicklung. Glauben Sie einem Praktiker: die Zeit für Nüancen ist vorbei; es geht um den Besitz.
WASNER *ist hinzugetreten:* Und ganz Deutschland schart sich um die nationale Fahne.
BEERMANN: Aber wir haben doch überall Widersprüche. Ich merke es am besten an dem, was ich nicht sagen darf.
BOLLAND: Wieso?

Beermann: Zum Beispiel übermorgen im freisinnigen Wahlverein. Da darf ich doch nicht das gleiche reden wie gestern bei den Konservativen?

Bolland: Im Detail natürlich nicht. Aber im Grunde genommen ist es dasselbe.

Beermann *trinkt:* Ist es dasselbe? Wissen Sie, ich bin schon ganz konfus von dem Lavieren.

Effie *ruft vom Kaffeetische her, wo sie bei den übrigen steht:* Papa! Siehst du, Frau Bolland sagt auch, daß die indische Tänzerin so interessant ist.

Frau Bolland: Rasend interessant! Man begreift mit einem Male das ganze Indien!

Effie: Warum sind wir noch nicht hingegangen?

Frau Bolland: Aber Sie müssen hingehen! Mir hat Professor Stöhr gesagt, er hat noch nie so was Großartiges gesehen.

Fräulein Koch-Pinneberg: Sie wirkt so als Fleck.

Frau Bolland: Ich habe nicht geahnt, daß indisch so hübsch sein kann.

Beermann: Wir können sie ja mal ansehen.

Effie: Aber sie tritt nur noch morgen auf.

Beermann *zum Zigarrentisch gehend:* Schön. Dann erinnere mich morgen daran. *Nimmt eine Kiste und bietet dem zunächststehenden Dobler an.* Rauchen Sie?

Dobler *nimmt:* Ja, aber Importen bin ich eigentlich nicht gewohnt.

Beermann *wohlwollend:* Das gute Leben lernt sich schnell.

Bolland *zu Dobler:* Sie sind noch nicht lange hier?

Dobler: Seit zwei Jahren.

Bolland: Und vorher waren Sie in ... äh ...

Frau Bolland: In Unterschlettenbach. Das weiß man doch ...

Bolland *sich verbessernd:* Natürlich. Aus der Literaturgeschichte. Es muß übrigens 'n sehr interessanter Ort sein.

Dobler: Klein und sehr arm, Herr Kommerzienrat. Die meisten Leute sind Pfannenflicker.

Bolland: Sehen Sie mal! Das wußte ich gar nicht. So ... Pfannenflicker? Aber sagen Sie, wie kommt Ihnen dann das Leben hier vor? So ... Das großstädtische ... elegante?

Dobler *die Zigarre anzündend:* Es gefällt mir gut. Aber es bleibt einem innerlich fremd.

BOLLAND: Ungewohnt?
DOBLER: Es ist alles anders. Oft kommt es mir vor, als wäre ich nur rasch in ein prächtiges Haus gegangen, aber draußen wartet mein Kamerad, das alte Leben.
FRAU BOLLAND: Wun–der–voll! Das ist ganz wundervoll gesagt. Man sieht es förmlich. Überhaupt, Herr Dobler, ich muß Ihnen sagen, Ihr Roman! Mein Mann und ich, wir reden den ganzen Tag davon.
BOLLAND: Sagen Sie mal, der junge Mensch, der darin vorkommt; haben Sie sich da eigentlich selbst gezeichnet?
DOBLER: Es ist meine Jugend, ja.
BOLLAND: Aber doch mit dichterischer Phantasie ausgeschmückt?
DOBLER: M–ja.
BOLLAND: Zum Beispiel: Sie haben doch nicht wirklich gehungert?
DOBLER: Gewiß. Da ist nichts erdichtet.
BOLLAND: So wie Sie's geschildert haben? Daß Ihnen alles rot vorgekommen ist?
DOBLER: Daß mir alles rot vorgekommen ist. Ich habe einmal vier und einen halben Tag keinen Bissen gegessen.
FRAU BEERMANN *bedauernd:* Ach Gott!
FRAU BOLLAND: Das ist rasend interessant!
BOLLAND: Bitte, erzählen Sie uns genau. Es hat Ihnen geflimmert?
DOBLER: Ich sah alle Dinge wie durch einen Schleier, und alle Dinge hatten einen rosaroten Reifen. Und dann schwächte sich das Gehör.
BOLLAND: Soo? Das Gehör auch?
DOBLER: Ja. Wenn jemand neben mir sprach, das war so, als wenn es weit, weit entfernt wäre.
FRAU BOLLAND: Davon hat man nun eigentlich gar keine Ahnung!
BEERMANN: Und wie ging's weiter?
DOBLER: Wieso?
BEERMANN: Na, einmal müssen Sie ja doch wieder was gegessen haben?
DOBLER: Ich bin ohnmächtig auf einer Wiese gelegen und da hat man mich gefunden und ins Krankenhaus gebracht.
FRAU BEERMANN *mit einem Seufzer:* Daß es so etwas immer

noch geben kann!
FRAU BOLLAND: Ich bitte Sie, unter diesen Idealisten!
HAUSER: Die sind das nicht anders gewohnt.
BEERMANN: Wie haben Sie sich dann rausgemacht?
DOBLER: So nach und nach. Ich war Buchdrucker und habe Stellung gefunden.
BOLLAND: Das kommt auch im Roman vor. Aber, nicht wahr, das stimmt nicht, daß Sie als Handwerksbursch gereist sind?
DOBLER: Ich war dreiviertel Jahr auf der Walze.
FRAU BOLLAND: Walze! So was Echtes!
FRÄULEIN KOCH-PINNEBERG: Das stelle ich mir fein vor, als Handwerksbursch wandern.
DOBLER: Ja, wenn man soviel Geld hat, daß man sich wenigstens ein Stück Brot kaufen kann. Aber es kommt auch anders. Wir waren damals zu dritt und sind von Basel aufwärts, einmal links und einmal rechts über den Rhein. In Worms ging uns das Geld aus, und da war nichts zu machen, als fechten.
FRAU BOLLAND *verständnislos:* Was ist das? Fechten?
DOBLER *pathetisch:* Betteln, gnädige Frau. Betteln ums liebe Brot. *Alle schweigen. In die Stille tönt laut die Stimme des Dieners, der Liköre serviert:* Cognac vieux! Fine Champagne! Chartreuse!
BEERMANN *nimmt ein Glas:* Einem gebildeten Menschen muß so was unangenehm sein. Was?
DOBLER *nimmt ein Glas Kognak:* Ja nu! *Trinkt.* Die Empfindlichkeit verliert sich. Das erstemal will's nicht gehen, aber dann lernt sich's. Einen heißen Tag auf der Landstraße, daß man jeden Nagel spürt. Und der Staub verklebt die Augen, und immer weiter und weiter. Dann kommt der Abend. Vor einem liegt das Dorf, aus allen Schornsteinen raucht es und heimelt an. Da zieht man den Hut und bettelt um die warme Suppe. *Kleine Pause.*
WASNER *im tiefen Basse:* Heimatkunst!
BOLLAND: Mich erinnert die Geschichte kolossal an meinen seligen Vater.
FRAU BOLLAND: Aber Adolf!
BOLLAND: Wenn ich dir sage ...
FRAU BOLLAND: Wie kann man so was vergleichen: Herr Dobler ist ein berühmter Dichter geworden.

BOLLAND: Na, vielleicht kann man behaupten, daß es mein Vater auch zu was gebracht hat. Als er starb, standen über vierhundert Arbeiter an seinem Sarge.
FRAU BOLLAND *ungeduldig:* Das weiß man schon ... Herr Dobler, haben Sie schon als Handwerksbursche Gedichte gemacht?
DOBLER: Nein. Das kam später.
FRAU BOLLAND: Ich muß Ihren Roman gleich noch einmal lesen. Wo ich jetzt das Persönliche weiß ...
FRAU BEERMANN *zu Wasner:* Sie wollten doch singen, Herr Professor? Effie wird Sie begleiten.
WASNER: Wenn das gnädige Fräulein die Liebenswürdigkeit haben will ... aber ich weiß nicht, ob ich bei Stimme bin ...
FRAU BOLLAND: Sie singen so grrroß–artig!
WASNER *im Abgehen:* Aber die vielen Versammlungen jetzt! Die Politik ruiniert auch die Stimme.
FRÄULEIN KOCH-PINNEBERG: Machen Sie uns die Freude. *Frau Bolland, Frau Beermann, Wasner, Frl. Koch, Effie ab ins Musikzimmer.*

Zweite Szene

Herr Beermann. Herr Bolland. Dobler. Dr. Hauser.

BEERMANN: Schade, daß der Professor singt. Sonst könnten wir unsern Skat anfangen. Darf ich noch Kognak anbieten?
HAUSER: Nein. Danke.
DOBLER: Wirklich nicht. *Bolland hat sich auf das Sofa gesetzt; Hauser, Dobler setzen sich auf Stühle. Beermann nimmt sich eine neue Zigarre. Ein Lohndiener geht ins Musikzimmer; wenn er die Tür öffnet, hört man Töne eines Pianos.*
BOLLAND: Wie ich Ihnen sagte, Herr Dobler: Ihre Geschichte vorhin hat mich kolossal an meinen Vater erinnert.
HAUSER: An den Geheimen Kommerzienrat Bolland?
BOLLAND *setzt sich zurück; schlägt ein Bein übers andere:* Der aber nicht immer der reiche Kommerzienrat war. *Sich zu Dobler wendend:* Stellen Sie sich vor, eine Winterlandschaft. Strenge Kälte, alles in Schnee gehüllt, grauer Himmel. Es schneit und schneit, da geht, oder, besser gesagt, da wankt auf der Straße

von Perleberg, die durch den Perleberger Forst führt, ein junger Mensch. Ein halbverhungerter, junger Mensch. *Macht affektiert eine Pause und klopft die Asche von der Zigarre. Aus dem Musikzimmer kommt der Lohndiener herein, holt ein Glas Wasser und geht wieder hinaus. Während er die Türe offen läßt, hört man Professor Wasner singen. Tremolierender Baßbariton:*

In deinen Augen hab ich einst gelesen
Von Lieb' und Glück – von Lieb'
und Glück den Schein ...

Die Türe fällt ins Schloß, man hört nichts mehr.

BOLLAND *hat inzwischen weiter gesprochen:* Die Flocken fallen dichter und dichter, und weil der junge Mensch par tout nichts im Magen hatte, bekommt er 'ne Schwäche und setzt sich auf ein Bündel Reisig und schläft ein. Zum größten Glück kommt ein Perleberger Bürger des Wegs und sieht den halb eingeschneiten Jungen und nimmt ihn mit heim. *Pausiert.* Und dieser Junge wurde späterhin mein Vater ...

HAUSER: Und Geheimer Kommerzienrat.

BOLLAND: Und Geheimer Kommerzienrat. *Zu Dobler:* Aber sagen Sie selbst, ist das nicht merkwürdig? Ist das nicht 'n Roman?

DOBLER: Ja, ja ...

BOLLAND: Das könnten Sie doch sehr schön verwenden! Denken Sie, der arme Junge, die Schneelandschaft ...

HAUSER: Das Bündel Reisig.

DOBLER: Das Leben hat originelle Einfälle und spielt gerne mit Kontrasten.

BOLLAND: Das ist das richtige Wort. Es spielt mit Kontrasten.

HAUSER: Aber originell? Die Geschichte wiederholt sich zu oft.

BOLLAND: Was wiederholt sich?

HAUSER: Die Geschichte vom armen Jungen, der Millionär wird. Jede große Fabrik hat so'n Papa.

BOLLAND: Glauben Sie?

HAUSER: Und er wird immer noch ärmer. Ihr Sohn wird den Jungen ganz erfrieren lassen.

BOLLAND: Ich gebe mein Ehrenwort, daß die Sache so war. *Zu Dobler:* Sie sollten sich den Stoff nicht entgehen lassen. Wie er das Geschäft gründete, und wie es allmählich wuchs und wuchs ... *Frau Beermann kommt aus dem Musikzimmer. Man hört den Professor tremolieren:* »Behüt dich Gott, es hat nicht sollen sein.« *Dann wieder still.*

DOBLER: Eines ist sicher. Die Figur des self made man ist in Deutschland noch kaum literarisch verwendet.

BOLLAND *eifrig:* Das ist's ja, was ich sage. Immer diese Armeleutegeschichten! Aber daß 'n Mensch mal ordentlich verdient, daß 'n Mensch was wird, das ist doch auch poetisch!

HAUSER: Wissen Sie was, lassen Sie Ihr Hauptbuch drucken. *Von links kommt Frau Lund, hinter ihr das Zimmermädchen.*

Dritte Szene

Die Vorigen. Frau Lund.

FRAU BEERMANN *ihr lebhaft entgegeneilend:* Mama Lund! Das ist lieb, daß Sie kommen ...

FRAU LUND *heiter:* Immer gerne zu Ihnen. Guten Tag, meine Herren. Wo ist die kleine Effi?

FRAU BEERMANN: Im Musikzimmer. *Zum Mädchen:* Bitte, sagen Sie meiner Tochter ...

FRAU LUND: Nein, nein. Lassen Sie nur!

BEERMANN: Darf ich Ihnen vorstellen? Herr Hans Jakob Dobler, unser berühmter Dichter.

FRAU LUND *Dobler die Hand reichend:* Ein berühmter Dichter? Das freut mich.

BOLLAND: Der Verfasser des »Armen Hans«.

FRAU LUND *liebenswürdig zu Dobler:* Wenn ich jünger wäre, würde ich selbstverständlich so tun, als hätte ich's gelesen. Aber in meinem Alter strengt das an. Was ist das »Der arme Hans«?

DOBLER: Ein Roman, gnädige Frau.

BOLLAND: Ein Meisterwerk!

FRAU LUND: Dann ist meine Unkenntnis strafbar. Ich will sie bald gutmachen.

Vierte Szene

Vom Musikzimmer herein stürmt Frau Bolland, hinter ihr kommen Effie, Wasner und Fräulein Koch.

Frau Bolland: Es ist höchste Zeit. Ich muß in den Kunstverein. *Zu Frau Lund:* Guten Tag, gnädige Frau.

Effie *ist zu Frau Lund geeilt und küßt ihr die Hand:* Mama Lund!

Frau Lund: Wie geht's dir, kleiner Wildfang? Kommst du bald zu mir?

Effie: Gerne, aber die Musikstunden, und der Vortrag von Professor Stöhr ...

Frau Lund: Und dies und das und deine achtzehn Jahre. Du hast ganz recht.

Frau Bolland *zu Frau Beermann:* Effie darf doch mitkommen? Im Kunstverein sollen wun–der–volle Bilder sein.

Frau Beermann *mit einem Blick auf Frau Lund:* Ich weiß nicht ...

Frau Lund: Aber natürlich soll sie gehen. Mit dem hübschen Kleid darf sie nicht daheim bleiben. Wir unterhalten uns schon mit den Herren.

Frau Bolland: Dann müssen wir uns eilen. Es ist höchste Zeit. Adieu, gute Frau Beermann. Es war recht pracht–voll bei Ihnen. Adieu, Frau Lund, es war zu hübsch, daß ich Sie noch gesehen habe. Adieu! Adieu! – Adolf!

Bolland: Ja – Buzi?

Frau Bolland: Wir fahren um acht ins Theater. Der Wiener Gast soll großartig sein. *Ab nach links. Effie und Fräulein Koch hinter ihr. Frau Bolland bleibt an der Türe stehen.*

Frau Bolland: Herr Dobler, bitte, begleiten Sie uns; Sie können uns manches erklären.

Dobler: Wenn Sie gestatten. *Gibt Frau Beermann die Hand und verbeugt sich gegen die übrigen.*

Beermann: Bald wieder, Herr Poet.

Bolland: Und überlegen Sie sich mal den Stoff. *Dobler ab. Vorher sind Frau Bolland, Effie und Fräulein Koch links abgegangen.*

Fünfte Szene

FRAU LUND: Und jetzt bitte ich um eine Tasse Kaffee.
FRAU BEERMANN: Sie sollen frischen bekommen. *Zu dem Diener, der den Kaffeetisch abräumt:* Sagen Sie in der Küche, daß man Kaffee macht. *Der Diener ab durch die Flügeltüre, währenddessen kommt Frau Bolland nochmal links unter die Türe.*
FRAU BOLLAND: Adolf!
BOLLAND: Ja – Mausi?
FRAU BOLLAND: Am Donnerstag geht der »Ring« an. Vergiß nicht auf die Vormerkungen!
BOLLAND: Schon gut.
FRAU BOLLAND *im Abgehen:* Ich freue mich ra–send darauf. *Ab.*

Sechste Szene

Frau Lund hat sich auf das Sofa gesetzt, rechts neben ihr Frau Beermann. Beermann und Bolland haben gegenüber auf Stühlen Platz genommen. An das Sofa gelehnt neben Frau Beermann steht Hauser. Hinter Bolland steht Wasner.

FRAU LUND: Sagen Sie doch, Herr Justizrat, wo stecken Sie immer?
HAUSER: Leider im Bureau. Aber Sie waren an der Riviera?
FRAU LUND: Vier Wochen in Monte Carlo. Kinder, ich habe gespielt, wie eine alte Russin!
BEERMANN: Mit welchem Erfolg?
FRAU LUND: Natürlich verloren. Ich stelle doch die Welt nicht auf den Kopf. Aber sagen Sie, Beermann, was erlebt man hier für Überraschungen! Sie sind Kandidat für den Reichstag?
BEERMANN: Tja – man hat mich aufgestellt.
FRAU LUND: Bei welcher Kulör?
BEERMANN: Die vereinigten Liberal-Konservativen.
HAUSER: Und die Konservativ-Liberalen.
FRAU LUND: Früher war das doch ein Unterschied?
HAUSER: Ja, früher!
BEERMANN: Es ist aber jetzt eine Konstellation.
FRAU LUND *zu Frau Beermann:* Sie haben mir nie was gesagt, daß Ihr Mann Politiker ist.

FRAU BEERMANN: Er ist es ja erst seit vierzehn Tagen.
FRAU LUND: Wie schnell das kommen kann! Und gerade Sie!
BEERMANN: Warum ich?
FRAU LUND: Ich glaubte immer, daß Sie nicht einmal die Zeitung lesen.
BOLLAND: Wir sind unserm Beermann von Herzen dankbar, daß er in der Stunde der Not dieses Opfer gebracht hat.
FRAU LUND: Herr Kommerzienrat, wie Sie das sagen: Stunde der Not und Opfer bringen, da wären doch Sie der Mann für den Reichstag.
BOLLAND: Ich bin zu prononciert nationalliberal.
HAUSER: Ist das unheilbar?
BOLLAND: Es macht jedenfalls meine Aufstellung unmöglich. Wir brauchten jemand, der sich nicht zu stark auf ein Parteiprogramm festgelegt hat.
FRAU LUND: Das heißt also: unser Beermann wird Politiker, weil er kein Politiker ist.
HAUSER: Was man eine Konstellation heißt.
BEERMANN: Darf ich mir vielleicht eine Frage erlauben? Warum soll ich nicht Reichstagsabgeordneter werden?
HAUSER: Das ist wahr. Sagen Sie selber, Frau Lund, warum soll er nicht?
BEERMANN: Wenn ich Neuling bin, das war jeder einmal.
HAUSER: Und man kann jeden Tag anfangen, ohne Befähigungsnachweis.
BOLLAND: Das ist wieder der Jurist! Sie möchten wohl ein Examen einführen?
HAUSER: Glauben Sie, es würde schaden?
BEERMANN *großartig:* Ich will Ihnen was sagen, lieber Herr Justizrat, wenn man im Leben steht, das ist mehr wert als Bücherweisheit. Wir haben überhaupt zu viel Juristen. Das ist unser Unglück.
FRAU LUND *lustig zu Frau Beermann:* Nu debattiert er schon!
BOLLAND *in nachlässiger Pose:* Ich habe eine Seifenfabrik, wie Ihnen wohl bekannt ist. Ich beschäftige vierhundertzweiundsechzig Arbeiter; sage und schreibe mit Worten vierhundert—zwei—und sechzig Arbeiter, deren Wohl und Wehe in meiner Hand liegt. Ja, glauben Sie, das verlangt keine Umsicht?
HAUSER: Aber ...

BOLLAND *ihn unterbrechend:* Glauben Sie, daß diese Sorge ums Detail, und dann wieder die Übersicht übers Ganze, glauben Sie, daß das nichts ist?
HAUSER: Aber unser Beermann hatte doch nie eine Seifenfabrik!
BEERMANN: Warum reden wir, wenn Sie Witze machen?
HAUSER: Ich verstehe den Zusammenhang nicht recht ...
BEERMANN: Jedenfalls kann ich mit dem Buchbinder konkurrieren, den die Sozialdemokraten aufgestellt haben.
BOLLAND: Und besitzen etwas mehr Erfahrung, nicht wahr? 'n Horizont, nicht wahr?
FRAU LUND: Aber ich habe noch etwas gehört, was mir gar nicht gefallen hat.
BEERMANN: Von mir?
FRAU LUND: Von Ihnen. Sie sind der Vorstand des neuen Sittlichkeitsvereins? Warum machen Sie so was? Das ist nicht nett.
FRAU BEERMANN: Bravo! Daß Sie das auch sagen!
BEERMANN: Was heißt Bravo? Wenn mich ehrenhafte Männer zu ihrem Präsidenten wählen, ist das bloß schmeichelhaft.
FRAU LUND: Es paßt nicht zu Ihnen, und es ist Ihnen nicht ernst.
FRAU BEERMANN: Es ist so falsch wie nur etwas, und du redest dabei lauter Sachen, an die du nie gedacht hast.
BEERMANN: Erlaub du mir! Ich muß besser wissen, was mir ernst ist.
FRAU LUND: Auf der Welt ist mir nichts so zuwider wie ein Bußprediger. Aber wenn's einer schon sein will ... Dann muß er nach dem alten Rezept Heuschrecken essen. Mit Moselwein und Hummerscheren stimmt's nicht.
BEERMANN: An Heuschrecken kann ich mich nicht mehr gewöhnen.
FRAU LUND: Warum gewöhnen Sie sich an diese Moral?
BOLLAND: Die Damen wissen offenbar nicht, welche Ziele unser Verein verfolgt. Sie würden jedes Wort unterschreiben, das in unsern Satzungen steht.
FRAU LUND: Das möchte ich mir recht energisch verbitten.
BOLLAND *greift in die Brusttasche:* Aber so lesen Sie doch unsern Aufruf!
FRAU LUND *ablehnend:* Ich danke.

BOLLAND: Jede Frau muß glücklich sein, wenn sie das liest.
FRAU LUND: Meinen Sie? Ich finde die Vereinsmeierei nur komisch. Sie treffen sich also nicht bloß zum Kegelschieben, Sie müssen auch miteinander moralisch sein?
HAUSER: Und dabei denke ich immer an Hungerkünstler, die heimlich essen.
WASNER: Man kann jede Überzeugung lächerlich machen, wenn man sie für unehrlich erklärt. Dafür soll man Beweise haben.
HAUSER: Herr Professor, die Höflichkeit verlangt, daß man jeden einzelnen für eine Ausnahme hält, aber nicht ganze Vereine.
BOLLAND: Ich muß sagen, das ist bedauerlich, wenn eine schöne große Bewegung so abgetan wird mit ein paar Worten. Das verbittert einen, der ehrlich an der Gesundung unseres Volkes arbeitet.
FRAU LUND: Wo haben Sie Ihr Patent erworben, daß Sie Arzt sein dürfen?
WASNER: Jeder soll Arzt sein.
HAUSER: Ich bleibe Patient. Ein paar brauchen Sie doch, sonst haben Sie nichts mehr zu kurieren.
BEERMANN: Man kann sich leicht darüber lustig machen. Ich habe früher selbst solche Witze gemacht; aber wenn man die Sache von der ernsten Seite nimmt, wenn einem erst die Augen geöffnet werden ...
FRAU BEERMANN: Es ist unerträglich, was du für Redensarten gelernt hast.
BEERMANN: Wir können uns ja eine Szene machen.
FRAU BEERMANN: Jetzt sind wir sechsundzwanzig Jahre verheiratet. Haben Glück gehabt mit den Kindern. Was gehen dich andere Leute an?
BEERMANN: Das ist nicht logisch, meine Liebe. Gerade weil ich meine Kinder gut erzogen habe, kann ich mitreden ...
FRAU BEERMANN: Du hast dich sehr geplagt mit der Erziehung!
BEERMANN: Offenbar habe ich nichts versäumt.
FRAU LUND: Am Ende prahlen Sie doch mit einer Kraft, die Sie nicht ausprobiert haben?
BEERMANN: Die ich nicht ausprobiert habe! Gute Frau Lund, an jeden Mann kommt die Versuchung. Was weiß eine Frau davon?

FRAU LUND: Jedenfalls erfährt sie nicht, wie es ausgeht.
BOLLAND: Gestatten Sie! Unsere Bewegung ist für die Frauen gemacht. Was Sie als Frau schätzen, finden Sie bei uns.
FRAU LUND: Nein. Wir Frauen schätzen auch die Sparsamkeit, und wir sehen es nicht gerne, wenn die Männer mehr Moral ausgeben, als sie haben.
BOLLAND: Bleiben wir ernsthaft! Die öffentlichen Mißstände müssen Sie mehr verletzen als uns.
FRAU LUND: Es gehört schon die männliche Gefühlsstärke dazu, um sich durch das Elend verletzt zu fühlen.
WASNER: Sie sprechen von Elend, wie wir von Laster.
FRAU LUND: Darum werden wir uns nie einigen.
FRAU BEERMANN: Und jedenfalls soll sich mein Mann nicht als Beispiel hinstellen, weil er nicht weiß, was Sorge oder Elend ist.
BEERMANN: Mit solchen Grundsätzen läßt sich nichts anfangen.
FRAU LUND: Bitte, keine Grundsätze!
BOLLAND: Sie werden aus Opposition sagen, daß Sie andere haben als wir.
FRAU LUND: Ich werde sagen, daß ich keine habe.
BOLLAND UND WASNER *gleichzeitig:* Aber gnädige Frau!
FRAU LUND: Ich kann nichts dafür. Das Leben hat sie aufgefressen. Ich habe gesehen, daß alle Grundsätze Löcher haben, durch die man sich und seine Lieben schlüpfen läßt. Und man hat also nur die Wahl, seine Grundsätze ehrlich aufzugeben, oder sie unehrlich auf andere anzuwenden.
WASNER: Echte Grundsätze gibt man nicht auf.
HAUSER *ironisch:* Bravo!
BOLLAND: Für mich ist Moral einfach Naturgebot. Die Stimme der Natur.
FRAU LUND: Warum gründen Sie dann Sittlichkeitsvereine? Glauben Sie, daß Ihre Statuten stärker sind als die Stimme der Natur?
WASNER: Darf ich hier eine Bemerkung einstreuen?
BEERMANN: Hört!
WASNER *den Bart streichend:* Vielleicht kommen wir zu einem abschließenden Urteil, wenn wir sagen: Es ist das schöne Vorrecht der Frauen, daß Ihnen gewisse Dinge fremd bleiben dürfen, mit denen uns – leider – das Leben bekannt macht.
HAUSER: Leider?

WASNER: Ich bitte, mich einen Augenblick nicht zu unterbrechen. Ich sage allerdings: leider. Seit vier Jahren verfolge ich aufmerksam die obszöne Produktion, und ich habe davon eine Sammlung angelegt, die heute wohl die vollständigste ist. Ich rede also von einer Sache, über die ich genau informiert bin. *Sich steigernd:* Es ist unglaublich, bis zu welchem Gipfel der Gemeinheit man heute gelangt ist!

FRAU LUND: Und Sie sind der Sammler dieser Gemeinheit?

WASNER: Glauben Sie mir: ich habe mich mit Abscheu dieser Aufgabe unterzogen.

HAUSER: Herr Professor, ich habe noch keinen Menschen gesehen, der freiwillig vier Jahre lang etwas tut, was ihm unangenehm ist.

WASNER: Das durfte nicht gesagt werden!

HAUSER: Irgendeine Befriedigung werden Sie dabei finden.

WASNER: Dann glauben Sie an die Befriedigung, welche mir die Rettung unseres Volkes gewährt.

FRAU LUND: Wo soll denn die Rettung sein? Man wird immer mit Erfolg auf die Geschmacklosigkeit spekulieren. Das beweisen auch die sittlichen Kunstwerke, die gefallen.

WASNER: Es handelt sich um Schlimmeres als um Geschmacklosigkeit.

FRAU LUND: Es gibt nichts Schlimmeres.

WASNER *beschwörend:* Wenn Sie wüßten!

FRAU LUND: Ich brauche Ihre Galerie nicht zu sehen. Ich sage Ihnen nur, daß mich das schmutzigste Bild nicht stärker abstoßen könnte als die Art, wie Sie in Ihren Versammlungen reden.

BEERMANN: Oh! Oh!

FRAU LUND: Die seelischen Nuditäten sind ekelhaft; nicht die körperlichen. Kein Laster ist so widerwärtig wie die Tugend, die sich vor der Öffentlichkeit entblößt. Das Laster hat doch wenigstens die Scham sich zu verstecken!

BEERMANN *zu Bolland:* Verstehen Sie das eigentlich?

BOLLAND: Ich muß offen gestehen: Nein.

WASNER: Gnädige Frau sagten: Das Laster versteckt sich. Aber deshalb existiert es doch!

BOLLAND: Das ist das richtige Wort: Es existiert!

WASNER: Sollen wir es dulden, weil es sich in dunkle Winkel

verkriecht?
FRAU LUND: Es wird weniger dunkle Winkel finden, wenn die Sonne heller in die Welt scheint.
BOLLAND: Würden Sie auch dann gegen uns sein, wenn Sie einen Sohn hätten, der den Verführungen der Großstadt ausgesetzt wäre?
FRAU LUND: Es würde mir leid tun, wenn ich aus persönlichem Grunde aufhören könnte, frei zu denken.
BEERMANN: Stellen Sie sich das vor! Ein blühender junger Mensch in den Händen eines schlechten Geschöpfes!
FRAU LUND: Ich könnte mir was Schlimmeres denken.
BEERMANN: Noch schlimmer?
FRAU LUND: Zum Beispiel: Wenn er mit der Gläubigkeit der Jugend bei Ihrem Sittlichkeitsverein mittäte.
BOLLAND: Na aber!
BEERMANN: Ihnen ist heute gar nichts ernst.
FRAU LUND: Sehr ernst. Ein junger Mann kommt vielleicht doch dazu, daß er für das schlechte Geschöpf – wie Sie sagen – Mitleid empfindet. Dann hat er etwas Wirkliches für seine Moral gewonnen. Und bliebe ihm das als tiefer Eindruck, dann hätte ihm das Geschöpf eine bessere Lehre gegeben als irgendwer mit schönen Worten.
BOLLAND: Ich bin einfach starr.
WASNER: Und unserem Verein, dem trauen Sie einen schlechten Einfluß zu?
FRAU LUND *sehr bestimmt:* Ja.
BOLLAND *ironisch:* Natürlich, die Universitätsprofessoren, die bei uns sind, und die Konsistorialräte ... oder ein General ... die verderben selbstverständlich die Jugend! Im Gegensatz zu den braven Mädchen!
WASNER: Und was soll denn der schlechte Einfluß sein?
FRAU LUND *wärmer:* Daß der junge Mensch Selbstgerechtigkeit für eine gute Sache ansieht, daß er sich Härte angewöhnt, daß er sich für immer die Möglichkeit nimmt, das Leben zu verstehen und ein hilfreicher Mensch zu werden.
BOLLAND: Was das für Worte sind für eine solche Sache!
FRAU BEERMANN: Das sind prächtige Worte, und ich würde mich auch bedanken, wenn mein Junge so ein Tugendheld würde!
BEERMANN: Lina, dir verbiete ich ganz einfach, so was zu sagen.

Frau Beermann: Wirklich?

Beermann: Von Frau Lund weiß man, daß sie freigeistig ist, aber du brauchst dir das nicht anzugewöhnen.

Frau Beermann: Ich nehme nicht so schnell Gewohnheiten an wie du.

Hauser *zu Beermann:* Nur nicht aufregen! Sie müssen als Politiker erlauben, daß man seine Meinung sagt.

Wasner: Und dann sage ich als Lehrer der Jugend: ich wünsche von Herzen, sie möge auch fernerhin, und sie möge immer mehr ihre Ideale bei hochgesinnten Männern suchen, und nicht in dunkeln Gassen!

Bolland: Und nicht in dunkeln Gassen, meine Damen!

Frau Lund: Aber auch nicht dort, Herr Kommerzienrat, wo man dem natürlichen Empfinden das Schamtuch wegreißt und ihm jeden heimlichen Reiz nimmt.

Wasner *grimmig:* Den Reiz wollen wir allerdings nehmen.

Frau Lund: Sie verstehen es gut. In Ihren Versammlungen herrscht ein Ton, der alle Zartheit aus der Welt bringt.

Wasner: Es liegt nicht in unserm Volkscharakter, gewisse Dinge zu beschönigen.

Frau Lund: Warum sagt man Volkscharakter für schlechte Manieren?

Wasner: Weil es deutsch ist, eine Sache beim rechten Namen zu nennen.

Beermann *aufstehend:* Fangen wir lieber mit unserm Skat an! Wir kommen doch zu keinem Resultat.

Bolland: Weil eben hier zwei verschiedene Weltanschauungen aufeinanderstoßen. *Beermann geht nach links an den Spieltisch, holt aus der Schublade ein Spiel Karten und nimmt die Enveloppe ab.*

Beermann: Es ist immer das Alte. Man soll nicht mit Frauen streiten, weil man nie recht bekommt. *Er setzt sich auf den Spieltisch. Bolland ist aufgestanden und setzt sich neben ihn.*

Frau Lund *lacht:* Das war wieder recht aus dem Bürgerherzen gesprochen.

Wasner: Ich möchte das Thema nicht noch einmal berühren; aber wenn Sie vielleicht den Eindruck gewonnen haben, daß ich in dieser Sache einseitig urteile, so gebe ich Ihnen das sofort zu.

Beermann *ruft:* Kommen Sie doch, Herr Professor!
Wasner *gegen den Spieltisch:* Sofort. *Zu den andern:* Ich gebe es mit Stolz zu, daß ich einseitig bin, denn für mich gibt es nur die eine Frage: Wie nütze ich meinem Volke?
Bolland *ruft:* Herr Professor!
Wasner *gegen den Spieltisch:* Im Moment! *Zu den andern:* Das gibt für mich den Ausschlag. Das Mark unseres Volkes erhalten, und darin weiß ich mich sicher gegen alle Scheingründe; denn dieses Streben ist zum mindesten ...
Beermann *laut:* Aber lieber Wasner!
Wasner *unbeirrt fortfahrend:* Denn dieses Streben ist zum mindesten national.
Hauser: Wollen Sie nicht lieber Skat spielen?
Wasner *geht zum Spieltisch:* Es erübrigt mir noch, um Entschuldigung zu bitten, falls ich etwas schroff gewesen sein sollte. *Setzt sich.*
Bolland: Sie geben, Herr Professor.
Wasner *mischt die Karten und spricht dabei:* Für mich gibt es nur ein Ideal. Das Tacitus einst bei unserm Volke gefunden hat. Quamquam severa illic martrimonia nec ullam morum partem magis laudaveris. *Läßt abheben und gibt.* Die eheliche Sitte ist streng, und sie bildet wohl die achtungswerteste Seite germanischer Zustände. Nam prope soli Barbarorum singulis uxoribus contenti sunt. Die Germanen sind fast das einzige Barbarenvolk, welches sich mit einem Weibe begnügt.
Beermann *laut:* Turnee!
Bolland: Halt ich.
Beermann: Zwanzig.
Bolland: Halt ich.
Beermann: Dann rin ins Vergnügen!
Bolland: Gras–Solo! *Sie spielen. Hauser, Frau Lund und Frau Beermann sitzen rechts.*
Frau Lund: Nun ist Deutschland ruhig.
Hauser: Ja, und warum haben wir uns eigentlich echauffiert? Die sind uns über. Erst rühren sie Weltanschauungen um, dann holen sie sich Karten und kehren zu ihrer natürlichen Beschäftigung zurück.
Frau Lund: Und man fragt sich, ob man auf der richtigen Seite steht. Denn eine solche Gemütsruhe muß doch einen tiefen

Fonds haben.
HAUSER: Oder man fragt sich, warum diese braven Menschen jemals das Skatspielen unterbrechen, bloß um Dummheiten zu machen.
BEERMANN *vom Spieltisch herüber:* Ich habe gute Ohren.
HAUSER: Das ist viel wert im vorgerückten Alter.
BOLLAND *eine Karte auf den Tisch schlagend:* Neunundfünfzig und vier macht dreiundsechzig. Die anderen können Sie haben.
Sie werfen die Karten zusammen. Bolland nimmt sie und mischt.
WASNER *dreht sich halb gegen Hauser zu:* Und dann jene berühmte Stelle: Ergo septa pudicitia agunt, nullis spectaculorum illecebris corruptae.
BEERMANN: Ich habe sechs Karten.
BOLLAND: Die unterste gehört dem Professor.
WASNER *wie oben:* So lebt die Frau im Kreise keuscher Sitte dahin, und so weiter. Literarum secreta ... Heimliche Briefe kennt weder Mann noch Frau.
BEERMANN: Jetzt hören Sie einmal auf mit Ihrem Tacitus! Sie müssen sich erklären.
WASNER: Ich passe.
BOLLAND: Ich auch.
BEERMANN *laut, freudig:* Grand Schneider, meine lieben Brüder!
WASNER *murmelnd:* Paucissima adulteria in tam numerosa gente ... *Verstummt allmählich und spielt eifrig mit.*
FRAU BEERMANN: Sie können über das Getue lachen, aber ich leide darunter.
HAUSER: Erlauben Sie mir, das wäre Gefühlsverschwendung!
FRAU LUND: Liebes Kind, Sie dürfen das nicht tragisch nehmen. Die Männer wollen sich hie und da Gemütsbewegungen verschaffen.
HAUSER: Und daheim kann man darüber lachen. Bloß die arme Regierung ist übel daran; die muß ein feierliches Gesicht dazu machen und manches tun, was sie nicht will.
FRAU LUND: Die sollte eben auch Bescheid wissen.
HAUSER: Weiß sie recht gut. Aber die Tugend, auch wenn sie unwahr ist, bleibt das Schöne an sich und darf amtlich nicht mißbilligt werden,
FRAU LUND: Darum kommt man nie aus der Verlogenheit heraus.

HAUSER: Aber manchmal in die Verlegenheit hinein. Wir werden das allernächstens auch hier erleben.
FRAU BEERMANN: Hier?
HAUSER: Jawohl hier. Man hat gestern eine Frau verhaftet, die ein sehr gastfreies Haus führte. Aber ich vermute, daß der Polizei der Fund zu reichlich sein wird. Die Dame hat sehr gutes Publikum bei sich gesehen.
BEERMANN *hat bei den letzten Worten aufgehorcht und zu Hauser hinübergesehen.*
BOLLAND *schreit ärgerlich:* Aber Beermann, warum haben Sie den blauen Jungen nicht gebracht? Wenn Sie den blauen Jungen bringen, und dann Treff acht, dann komme ich mit Treff und Treff und nischt wie Treff ...
WASNER *zählend:* Ich habe einundsechzig.
BOLLAND *nimmt die Karten zusammen und mischt:* Sie machen keine Vierzig, wenn Beermann seinen blauen Jungen bringt und dann Treffacht. Ich spiele meine Foße an; er kommt in Stich und muß Ihren letzten Atout holen, und dann kommt Treff und Treff ...
BEERMANN *zu Hauser hinüber:* Was ist das mit der Dame, was Sie da gerade erzählt haben? Hm?
HAUSER: Man hat sich bei ihr von seiner Ehrbarkeit erholt, und davor muß man die großen Kinder mit Vollbärten und Glatzen behüten.
BEERMANN: Ich finde es allerdings richtig, wenn man dagegen einschreitet. Übrigens, wie heißt denn die Person?
BOLLAND: Aber Beermann, nun merken Sie endlich auf das Spiel auf!
BEERMANN: Ich wollte nur wissen ...
WASNER: Ich reize.
BOLLAND: Ich passe.
BEERMANN: Ich auch. *Sie spielen weiter, Beermann ist sichtlich zerstreut und horcht über seine Karten weg.*
FRAU BEERMANN: Ich verstehe nicht, warum die Polizei deshalb in Verlegenheit kommen soll? ...
HAUSER: Weil sie den Glauben an die bevorzugte Menschheit nicht erschüttern darf. Der gehört zu unseren höchsten Gütern.
FRAU LUND: Und ist in Gefahr?
HAUSER: Ja, solche Laster ziehen immer einen Schweif von

Tugend nach sich. Und in diesem Fall ist es besonders schlimm, weil die Dame ein Tagebuch geführt hat, und dieses Tagebuch hat man gefunden.
BOLLAND *wirft die Karten auf den Tisch und schreit:* Also das ist unerhört! Jetzt schmiert er dem Gegner eine Aß!
BEERMANN *steht auf und geht zu Hauser herüber:* Wie heißt denn die Person?
HAUSER: Warten Sie mal! Sie hat 'n französischen Namen.
BEERMANN *betroffen:* Französisch?
HAUSER: So einen, der nach Patschuli riecht.
BEERMANN *erregt:* Ich verstehe nicht, wie man den Namen vergessen kann! Wenn man so was erzählt!
HAUSER: Ninon – – – Ninon . . . de Hauteville.
BOLLAND *steht ebenfalls auf:* Was ist damit?
BEERMANN *bestürzt:* Sie sagen, die hat 'n Tagebuch?
HAUSER: Einen ganzen Katalog.
FRAU BEERMANN *zu Beermann:* Was geht dich das an?
BEERMANN: Ja, bin ich Präsident des Sittlichkeitsvereins oder bin ich es nicht?

Vorhang

Zweiter Akt

Ein Polizeibureau. Der Schreibtisch des Assessors steht links rückwärts, rechts rückwärts ist ein einfacher Tisch, an dem der Aktuar sitzt; daneben Aktenbund. Links vorne ein Sofa und zwei Stühle. An der rechten Wand ein Telefon. Ein Seiteneingang links; ein weiterer Eingang in der Mitte.

Erste Szene

Assessor Ströbel; Aktuar Reisacher. Beide sitzen mit den Rükken gegeneinander. Ströbel links, Reisacher rechts. Ströbel liest in einer Zeitung. Reisacher schreibt.

STRÖBEL *wendet sich halb um:* Reisacher!
REISACHER *ebenso:* Jawoll, Herr Assessor?
STRÖBEL: Kennen Sie den Ausdruck: »Die Gewappelten?«
REISACHER: Jawoll, Herr Assessor!
STRÖBEL: Was soll das heißen: Die Gewappelten?
REISACHER: Das sind die Leut, die wo was sind und die wo Geld haben.
ASSESSOR: Ist in dem Wort eine Verachtung ausgedrückt oder Klassenhaß?
REISACHER *lebhaft:* Na – Na! Vor die Leut hat man Respekt.
STRÖBEL: Sie wissen es genau?
REISACHER: Jo – Jo! *Beide drehen sich um. Ströbel liest. Reisacher schreibt. Kleine Pause.*
STRÖBEL *mit halber Drehung:* Reisacher!
REISACHER *ebenso:* Jawoll, Herr Assessor?
STRÖBEL: Es ist doch Klassenhaß.
REISACHER: Na – na!
STRÖBEL: Geben Sie mal acht! Hier heißt es *liest vor:* »Für die Gewappelten gibt es natürlich kein Gesetz.« Das soll doch heißen: Die gebildete Klasse bekleidet eine Ausnahmestellung, und wenn ich sage: Ausnahmestellung, so involviere ich damit die beleidigende und aufhetzerische Idee, daß vor dem Gesetz nicht

alle gleich sind, und will zugleich diese bevorzugte Klasse verhöhnen durch eine ordinäre Bezeichnung.
REISACHER: Jawoll, Herr Assessor!
STRÖBEL: Wie können Sie dann sagen, es drückt keinen Klassenhaß und keine Verachtung aus?
REISACHER: Weil man halt doch wieder Respekt hat vor die Leut, die wo Geld haben.
STRÖBEL: Sie werden nie präzis denken, Reisacher!
REISACHER: Jawoll, Herr Assessor! *Beide drehen sich um. Ströbel liest. Reisacher schreibt. Kleine Pause. Von links Präsident Frhr. von Simbach. Ströbel erhebt sich rasch und macht eine devote Verbeugung. Reisacher sieht sich um und fährt auf. Bleibt in strammer Haltung stehen.*

Zweite Szene

PRÄSIDENT: 'n Morgen, Herr Assessor. *Zu Reisacher:* Sie können Ihre Arbeit unterbrechen und außen warten. *Reisacher ab durch die Mitteltüre.* Ich möchte Sie um einiges fragen, Herr Assessor. *Ströbel verbeugt sich. Der Präsident geht während der Unterredung gegen die Mitte der Bühne. Er spricht in nonchalantem Ton; etwas gedehnt.* Ich habe Ihren Bericht gelesen. Sie haben vorgestern, das war Samstag, eine Frau verhaften lassen?
STRÖBEL: Ja, Herr Präsident.
PRÄSIDENT: Was ist mit ihr?
STRÖBEL: Wie mir der Kommissär Schmuttermaier sagt, haben wir da eine ganz gefährliche Person gefaßt.
PRÄSIDENT: So?
STRÖBEL: Sie hat in kurzer Zeit geradezu demoralisierend auf die hiesigen Zustände gewirkt.
PRÄSIDENT: Sie ist drei oder vier Jahre hier, wie ich aus dem Bericht sehe?
STRÖBEL: Ja.
PRÄSIDENT: Was ist das mit der Gefährlichkeit? Sie hat galante Zusammenkünfte vermittelt? Oder liegen besondere Geschichten vor?
STRÖBEL: Besondere nicht. Aber ich meinte, ihr ganzes Auftreten. Sie hat eine elegante Wohnung mitten in der Stadt, soll

sehr gut eingerichtet sein und treibt auch persönlichen Luxus ...
PRÄSIDENT: Und rechnet also nicht auf das gewöhnliche Publikum. Halten Sie das für sehr erschwerend?
STRÖBEL: Das nicht, Herr Präsident.
PRÄSIDENT: Eben. Ich bitte, nur keine populären Ansichten über das Verderbnis in der guten Gesellschaft! Seidenjupons machen nichts schlimmer. *Ströbel verbeugt sich.*
PRÄSIDENT: Wie heißt sie?
STRÖBEL: Ninon de Hauteville. Aber ihr wirklicher Name ist Therese Hochstetter.
PRÄSIDENT: Haute – Ville.
STRÖBEL: Sie ist in guten Verhältnissen aufgewachsen. Ihr Vater war peruanischer Konsul, ist aber später verarmt, und sie war verheiratet mit einem Legationsrat. Seit vier Jahren ist sie geschieden.
PRÄSIDENT: Also eigentlich eine gebildete Person.
STRÖBEL: Aber sie ...
PRÄSIDENT: Wirkt demoralisierend. Weiß schon. Sagen Sie mal, wie kam denn die Verhaftung?
STRÖBEL *wichtig:* Vor acht Tagen erhielt ich einen Brief, in dem sehr schwere Vorwürfe gegen die Polizei erhoben waren, weil sie das Treiben dieser Person dulde ...
PRÄSIDENT: Von wem war der Brief?
STRÖBEL *zögernd:* Er war – eigentlich – anonym.
PRÄSIDENT: Ich hoffe, Sie sind vorsichtig gegen anonyme Zuschriften?
STRÖBEL: Ich gebe sonst wenig darauf. Aber dieser Brief war so abgefaßt, daß ich ihn beachten mußte. Ich habe ihn natürlich nur als Fingerzeig benutzt und wollte mir erst Beweise schaffen. Ich gab dem Kommissär Schmuttermaier Auftrag, die Hochstetter genau zu überwachen. Und am Samstagmittag hatte ich den glatten Nachweis in der Hand.
PRÄSIDENT: Und weiter?
STRÖBEL: Dann ließ ich Haussuchung halten ...
PRÄSIDENT: Dabei wurde ein Verzeichnis beschlagnahmt?
STRÖBEL: Ja, Herr Präsident. Ein Tagebuch, in dem die Besucher aufgeführt sind. Datum, Name, Stand, alles.
PRÄSIDENT: Sie haben es durchgelesen?
STRÖBEL: Nein. Ich habe nur flüchtig hineingesehen. Der Kom-

missär hat es mir vor einer Stunde gebracht, weil ich gestern nicht im Bureau war.

PRÄSIDENT *nachdenkend:* Dann geht es heute nicht mehr ... Bringen Sie mir also morgen ... *zieht die Uhr,* sagen wir vormittag zehn Uhr ... einen genauen Bericht über alle wissenswerten Namen, die sich in dem Buch finden.

STRÖBEL: Morgen zehn Uhr vormittag.

PRÄSIDENT: Ich lege Wert darauf, daß Sie den Auszug persönlich machen. Der Schreiber bekommt das Buch nicht in die Hand. Oder hat er schon?

STRÖBEL *geht an den Schreibtisch:* Nein. Es ist in meinem Schreibtisch eingeschlossen.

PRÄSIDENT: Lassen Sie nur! Sie können es mitbringen, wenn Sie mir Bericht erstatten.

STRÖBEL: Nach welchen Gesichtspunkten wünschen Herr Präsident, daß ich den Auszug mache? Soll ich auch vermögliche Bürger aufführen ...?

PRÄSIDENT *betonend:* Alle ... wissenswerten – Namen. Apropos, wie steht die Sache jetzt? Haben Sie weitere Schritte getan?

STRÖBEL: Ich habe jetzt das Verhör mit der Hochstetter ...

PRÄSIDENT: Und der Kommissär? Hat er Auftrag zu neuen Recherchen?

STRÖBEL: Vorerst nicht. Weil ich ja das Tagebuch habe.

PRÄSIDENT: Ich wünsche vor allem, daß der Mann nicht selbständig vorgeht. Subalterne entwickeln mir zu oft den Kleineleute-Instinkt.

STRÖBEL: Wie Herr Präsident befehlen.

PRÄSIDENT: Ich befehle nichts. Sie haben die Verantwortung, und es fällt mir nicht ein, Ihnen Vorschriften zu machen. Aber die Recherchen unterbleiben, bis ich das Verzeichnis kenne.

STRÖBEL: Gewiß, Herr Präsident.

PRÄSIDENT: Dabei werden Sie natürlich nichts versäumen, was vorgeschrieben ist.

STRÖBEL: Ich werde alles tun, was im Interesse der Moral notwendig ist.

PRÄSIDENT *der auf- und abgegangen ist, wendet sich rasch gegen den Assessor zu und bleibt stehen:* Der Moral? Ja, sehr gut. *Kurze Pause.* Wir stehen hier an besonderer Stelle, nicht wahr, Herr Assessor? *Ströbel verbeugt sich.* Wir unterscheiden sehr wohl zwischen amtlichen – – und sagen wir – – persönlichen Empfindungen, nicht wahr? *Ströbel verbeugt sich zustimmend.* Ich erwähne das nur, weil Sie von Moral gesprochen haben. Es gibt eine Moral, über die man sich privatim sehr anregend unterhalten kann. Die darf meinethalben unbegrenzt sein. Aber es gibt auch eine öffentliche Moral, die wir zu überwachen haben. Die hat sehr präzise Grenzen. Zum Beispiel: den Skandal. Vergessen Sie nie, daß der Skandal sehr oft erst dann beginnt, wenn ihm die Polizei ein Ende bereitet.

STRÖBEL *schlägt die Hacken zusammen:* Gewiß, Herr Präsident.

PRÄSIDENT: Übrigens, das bringt mich auf eine Frage: Wir haben hier seit 'n paar Wochen einen sogenannten Sittlichkeitsverein. Haben Sie Fühlung mit den Leuten?

STRÖBEL: Ich kenne die Bestrebungen ...

PRÄSIDENT: Die interessieren mich nicht. Ich meine, ob Sie persönlich Fühlung haben mit den Mitgliedern?

STRÖBEL: Noch nicht.

PRÄSIDENT: Noch nicht? Hm! Es ist wahrscheinlich, daß sich der Verein sehr angelegentlich um diese Affäre da kümmert. Wenn jemand zu mir kommt, weise ich ihn an Sie, Herr Assessor. *Ströbel verbeugt sich.* Sie werden im Auge behalten, daß der Verein Beziehungen zum Landtag und zur Presse hat. Und überhaupt konservative Tendenz zeigt.

STRÖBEL: Gewiß, Herr Präsident.

PRÄSIDENT: Also sehr entgegenkommend. Auf jede Anregung dankbar eingehen. Vorschläge zur Besserung des Volkes, et cetera. Mit verbindlichem Danke anhören, aber weiter nichts.

STRÖBEL *unsicher:* Wie meinen Herr Präsident?

PRÄSIDENT: Wei–ter nichts.

STRÖBEL: Gewiß, Herr Präsident.

PRÄSIDENT: Man muß die Leute an ihren Einfluß glauben lassen. Die Hauptsache bleibt, daß sie keinen haben.

STRÖBEL: Ich darf also ...?

PRÄSIDENT: Alles, was Sie verantworten können. Ich mache prinzipiell keine Vorschriften. Und den Auszug erhalte ich, *zieht die Uhr,* morgen vormittag zehn Uhr? Nicht wahr? 'n Tag. *Geht gegen die Tür links. An der Türe bleibt er stehen und wendet sich um.* Ich muß übrigens sagen, Sie sind sehr eifrig in Ihrem Referat. *Ströbel verneigt sich.* Diese Verhaftung auf einen anonymen Brief hin, *räuspert sich,* das beweist jedenfalls großen Eifer. *Ströbel verneigt sich.* Ich sehe es sehr gerne, wenn man eifrig ist, aber, *räuspert sich*, behalten Sie das im Auge, was ich vorhin sagte. Vom Skandal. 'n Morgen! *Ab.*

Dritte Szene

Ströbel setzt sich an seinen Schreibtisch, blickt nachdenklich zur Decke hinauf, wippt mit dem Stuhle und pfeift. Reisacher kommt durch die Mitteltür und setzt sich an seinen Tisch. Er räuspert sich.

STRÖBEL *sich halb umwendend:* Reisacher!
REISACHER *ebenso:* Jawoll, Herr Assessor?
STRÖBEL: Wie lang sind Sie schon hier in der Polizei?
REISACHER: Im Herbst werden's achtzehn Jahr.
STRÖBEL: Da haben Sie auch schon verschiedenes mitgemacht, wie?
REISACHER: J – jo!
STRÖBEL: Sagen Sie mal, unser Präsident, wie lang ist der hier?
REISACHER: Der Herr Präsident? Ja, dös sind sieben ... warten S' ... dös sind acht Jahr.
STRÖBEL: Hm ... Wissen Sie eigentlich, ob der Herr Präsident wünscht, daß man stramm ins Zeug geht?
REISACHER *eifrig:* Jo – jo! Dös hat er gern.
STRÖBEL: So? – – *Kleine Pause.* Ich glaubte fast, er will nicht, daß man durch Strenge Aufsehen erregt.
REISACHER *eifrig:* Na – na! Dös mag er gar net!
STRÖBEL *wendet sich ganz um:* Ja, hören Sie mal, Reisacher! Sie widersprechen sich ja fortwährend!
REISACHER *ebenso:* Entschuldigen S', Herr Assessor, wenn ich mir eine Bemerkung erlauben darf ...
STRÖBEL: Sie widersprechen sich ja fortwährend! Einmal ja -- einmal nein!
REISACHER: Entschuldigen S', Herr Assessor! Nämlich ich glaub', bei der Polizei is alles recht, was gut naus geht.
STRÖBEL *dreht sich um:* Sie werden nie lernen, einen Gedanken präzis zu fassen.

Reisacher *ebenso:* Jawoll, Herr Assessor!
Kleine Pause. Ströbel liest. Reisacher schreibt. Vor der Mitteltüre erhebt sich Lärm. Die Türe wird aufgerissen. Ninon de Hauteville tritt ein, hinter ihr ein Schutzmann, der sie am Arme gefaßt hält. Ninon versucht, sich frei zu machen.

Vierte Szene

Hauteville *trägt großen Glockenhut, riecht stark nach Parfüm:* Lassen Sie mich los! Ich habe doch keinen Mord begangen! Ich bitte, lassen Sie mich los!
Ströbel *ist aufgestanden:* Was ist?
Schutzmann *läßt den Arm los und steht stramm:* Ich melde gehorsamst, die vulgo Hochstetter.
Hauteville: Mein Herr, helfen Sie mir! Man behandelt mich wie die gemeinste Verbrecherin.
Ströbel: Was haben Sie denn da für'n Hut auf? Sie sind hier nicht zu Besuch.
Hauteville: Ich bin hier nicht zu Besuch. O nein! In meinem Leben würde es mir nicht einfallen, hier Besuch zu machen.
Ströbel: Seien Sie ruhig! Ja? *Zu Reisacher:* Richten Sie das Protokoll her.
Hauteville: Ist hier das Bureau, wo ich mich beschweren kann? Ich will endlich wissen, warum man mich verhaftet hat.
Ströbel: Das werden Sie hier allerdings erfahren. *Zum Schutzmann.* Sie können abtreten. *Schutzmann ab durch die Mitteltüre.*
Hauteville: Oh monsieur! Man hat mich mißhandelt. Man hat mich in einen Stall gesperrt mit zwei Personen von der Landstraße. Sie werden mir helfen, nicht wahr?
Ströbel *ist zu Reisacher getreten:* Ich bitte – keine Konversation!
Hauteville: Ich bin hier schutzlos. Niemand will mich anhören; niemand gibt mir Antwort. Eine schreckliche Person bringt mir gelbe Brühe in einer Blechschüssel und einen Löffel – so groß! *Zeigt ihre Hand.* Da, essen Sie! Und geht wieder. Nicht wahr, mein Herr, Sie machen, daß meine Freunde erfahren, wie es mir geht?
Ströbel *blickt Reisacher über die Schulter:* Ihre Freunde kön-

nen Ihnen nicht helfen. *Zu Reisacher:* Machen Sie den Rand nicht so breit! Sie verschwenden ja das Papier! *Zur Hauteville:* Ihre Freunde können Ihnen absolut nicht helfen.

HAUTEVILLE: Was denken Sie? Ein Wort, und ich bin frei.

STRÖBEL *höhnisch:* Gewiß!

HAUTEVILLE: Und man wird sich bei mir noch heute entschuldigen. Noch heute!

STRÖBEL: Gewiß! – *Zu Reisacher:* Assessor mit zwei s; beide Male, wenn ich bitten darf!

HAUTEVILLE: Wenn die Leute eine Ahnung hätten, wen sie gestört haben! Wen sie gezwungen haben, in den Kleiderschrank zu flüchten!

STRÖBEL *wendet sich rasch gegen die Hauteville:* Kleiderschrank! So – so? Kleiderschrank. Notieren Sie das mal gleich, Reisacher! *Zur Hauteville, jedes Wort betonend:* Es hat sich also jemand in einen Kleiderschrank geflüchtet?

HAUTEVILLE: Ja. Es hat sich jemand in einen Kleiderschrank geflüchtet.

STRÖBEL *plötzlich sehr freundlich:* Na, sehen Sie, wir verstehen uns ja prächtig! Sie sind so klug und leugnen nicht erst!

HAUTEVILLE: Ich habe nur ein Interesse daran, daß Sie alles wissen.

STRÖBEL: Bravo! Ich könnte beinahe sagen, daß ich vor Ihnen Respekt habe. *Sehr wohlwollend.* Wissen Sie, Hochstetter, jeder Mensch kann mal 'ne Dummheit machen.

HAUTEVILLE: Das weiß Gott! Man kann kolossale Dummheiten machen.

STRÖBEL: Und kann auch mal das Gesetz übertreten. Aber nur hinterher nicht lügen! Das macht sich so jämmerlich! Und wir erfahren ja doch die Wahrheit.

HAUTEVILLE: Ich wollte, Sie hätten sie schon erfahren.

STRÖBEL: Wir sind ja dabei. Aber das muß ich sagen: Hut ab! Sie haben Ehrgefühl.

HAUTEVILLE: Ja?

STRÖBEL: Entschieden.

HAUTEVILLE: Man verliert die Empfindung dafür, wenn man zwei Nächte in einer solchen Gesellschaft ist.

STRÖBEL *sehr wohlwollend:* Es war etwas hart für Sie.

HAUTEVILLE: Es war gräßlich. Man hat mir die Diskretion

wirklich schwer gemacht.
STRÖBEL: Unmöglich hat man sie Ihnen gemacht. Man stürzt Sie ins Unglück, und Sie sollen die Leute noch schonen! Nee!
HAUTEVILLE: Ich muß zusehen, daß man nachts in meine Wohnung dringt und mich fortschleppt.
STRÖBEL: Nee! Das ist zu viel!
HAUTEVILLE: Man hat mich nicht einmal Leibwäsche mitnehmen lassen! Man sperrt mich mit Weibern zusammen, die jede vorkommende Art von Ungeziefer haben.
STRÖBEL: Und dabei soll man diskret sein!
HAUTEVILLE: Wenn ich mir die Haare richten will, gibt mir die Aufseherin den Kamm, den die ganze Woche diese zwei Frauenzimmer benutzt haben.
STRÖBEL: Das geht einfach nicht mehr.
HAUTEVILLE: Und die Luft! Ich habe bisher nicht gewußt, daß es solche Gerüche geben kann!
STRÖBEL: Und Sie sollen andere schonen! Nee! Überhaupt, wissen Sie: Diskretion ist 'ne bloße Redensart.
HAUTEVILLE: Wie?
STRÖBEL: Ich meine, wenn irgend jemand das moralische Recht hat, rücksichtslos alles zu sagen, dann sind Sie's. Nach all dem, was Sie erduldet haben.
HAUTEVILLE: Dann bin ich es.
STRÖBEL: Und also: Es hat sich jemand in einen Kleiderschrank geflüchtet?
HAUTEVILLE: Ja. Es hat sich jemand in den Kleiderschrank geflüchtet.
STRÖBEL *eifrig:* Wer? *Kleine Pause.*
HAUTEVILLE *lächelt:* Wer?
STRÖBEL *schärfer:* Wer ist letzten Samstag nachts zehn Uhr den Nachforschungen der Polizei dadurch entgangen, daß er sich in einem Kleiderschrank versteckte? *Kleine Pause.*
HAUTEVILLE *lächelt:* Es ist wirklich nicht nötig, daß ich Ihnen das sage.
STRÖBEL *scharf:* Was?!
HAUTEVILLE: Es läßt sich nicht vermeiden, daß Sie es erfahren.
STRÖBEL: Läßt sich nicht vermeiden?
HAUTEVILLE: Aber ich kann es nicht sagen. Auch wenn ich wollte. Gott, wenn man sich streng daran gewöhnt hat, nie

einen Namen zu nennen, kommt man darüber nicht weg. Ich glaube, man muß auch das erst lernen.

STRÖBEL *schreiend:* Und Sie werden es lernen; dafür garantiere ich Ihnen. Sie!

HAUTEVILLE: Mais monsieur!

STRÖBEL *schreiend:* Nischt monsieur! Hier wird ehrliches Deutsch gesprochen.

HAUTEVILLE: Ich verstehe nicht, warum Sie sich aufregen.

STRÖBEL: Ich bin nett zu der Person, ich rede ihr zu, und dann sagt sie, man muß das Indiskretsein erst lernen. *Schreit.* Die Anständigkeit müssen Sie lernen, und ich werde sie Ihnen beibringen.

HAUTEVILLE: Momentan nicht.

STRÖBEL: Wissen Sie, Sie kenn' ich! Sie wollen Zeit gewinnen, damit Sie sich faustdicke Lügen aushecken.

HAUTEVILLE: Das wäre überflüssig, weil mir die geschickteste Lüge nicht so viel nützen kann, wie die Wahrheit.

STRÖBEL: Dann heraus damit!

HAUTEVILLE: Es ist besser, Sie erfahren sie von jemand anderm.

STRÖBEL: Meinen Sie?

HAUTEVILLE: Sie wären in Verlegenheit, und von mir wäre es eben doch ein Vertrauensbruch.

STRÖBEL *höhnisch:* Weil man zu Ihresgleichen Vertrauen hat!

HAUTEVILLE: Ich denke, man rechnet stark damit, daß uns Diskretion keine bloße Redensart ist.

STRÖBEL *wieder ruhig:* Ich will Ihnen mal was sagen: Sie sind sich nicht klar über Ihre Situation. *Hauteville zuckt die Achseln.* Nein. Sie wissen gar nicht, um was es sich handelt.

HAUTEVILLE: Es ist viel peinlicher, daß Sie nicht wissen, um wen es sich handelt.

STRÖBEL *rasch:* Bei was?

HAUTEVILLE: Bei der – Situation im Kleiderschrank.

STRÖBEL: Sind Sie verrückt? Sie wollen hier als Angeklagte Scherz treiben?

HAUTEVILLE: Nein.

STRÖBEL: Oder Sie kommen sich großartig vor mit Ihren Andeutungen?

HAUTEVILLE: Man kommt sich nicht großartig vor, wenn man gelbe Brühe aus Blechschüsseln essen muß.

STRÖBEL: Und das werden Sie noch lange.
HAUTEVILLE *energisch:* Ich werde es nicht mehr. Denn das sage ich jetzt: ich bringe in diesem Stall keine Nacht mehr zu. Ich lasse mich nicht mehr mißhandeln.
STRÖBEL *höhnisch:* Wir werden Ihre Erlaubnis einholen.
HAUTEVILLE: Ich bleibe nicht hier. Wenn man denkt, daß ich mich zugrunde richten lasse, dann irrt man sich. Das ist gewissenlos, und da hört meine anständige Gesinnung auf.
STRÖBEL: Ihresgleichen, und anständige Gesinnung!
HAUTEVILLE *bitter:* O ja, meinesgleichen. Wir hören jeden Tag die Beichte von Leuten, die uns öffentlich Verachtung zeigen. Wir wissen, wie verlogen die Redensarten sind, mit denen man uns verurteilt, aber wir schweigen. Wir kennen die Tugend, mit der man gegen uns prahlt, aber wir schweigen.
STRÖBEL: Und alles aus purer anständiger Gesinnung? Nicht wahr? *Er macht die Bewegung des Geldzählens.*
HAUTEVILLE: Ach, mein Herr! Mit Geld bezahlen unsere Besucher das, was sie hinterher unanständig heißen. Anständigkeit erhält man bei uns so wenig wie anderswo für Geld. Glauben Sie mir, wir könnten viele Illusionen zerstören.
STRÖBEL: Dann machen Sie mal hier den Anfang.
HAUTEVILLE: Hier sollte es unmöglich sein. Die Polizei kann so wenig Illusionen haben wie wir. Das heißt, wenn sie gut unterrichtet ist.
STRÖBEL: Nun brauchen Sie ja bloß 'n Vergleich ziehen.
HAUTEVILLE: Wir und die Polizei, wir könnten den Kredit der Tugend ruinieren, aber wir tun es beide nicht. Sie – weil Sie denken, daß der Kredit das Kapital ersetzt, und wir – Gott, weil wir auch diesen Kredit brauchen.
STRÖBEL: Wir auch? Sie auch?
HAUTEVILLE: Wenn die öffentliche Tugend ihren Kredit verliert, fällt die heimliche Sünde im Kurs.
STRÖBEL: Von was sprechen Sie eigentlich?
HAUTEVILE: Davon, warum die Polizei und wir diskret sein müssen.
STRÖBEL: Und daß es eine wirkliche Moral gibt, ist Ihnen unbekannt?
HAUTEVILLE: Sie meinen die Moral, in der man über die Straße geht? Ich kenne sie gut. Man gibt sie bei mir in der Garderobe

ab, und da kann ich sie genau mustern. Es ist merkwürdig, daß man mit Kostümen, die so oft geflickt sind, auch noch Staat machen kann!

Reisacher *der bisher anscheinend teilnahmslos mit dem Rücken gegen die beiden gesessen ist, wendet sich halb um:* Entschuldigen S', Herr Assessor!

Ströbel *ungeduldig:* Was wollen denn Sie?

Reisacher: Entschuldigens Herr Assessor, soll ich dös alles ins Protokoll nei'schreib'n?

Ströbel: Ich werde Ihnen schon diktieren ... *Zur Hauteville:* Sie sind nicht hier, um sich zu unterhalten.

Hauteville: Das weiß ich.

Ströbel: Hören Sie mal ruhig zu! Sie haben vorhin angedeutet, daß Sie gestehen wollen, wenn man Sie noch 'n Abend hier behält. Na, ich kann Ihnen sagen, wir behalten Sie diesen und einige Abende. Sie können also ruhig Ihr Gewissen erleichtern.

Hauteville: Ich würde damit nur das Ihrige beschweren.

Ströbel: Mein Gewissen?

Hauteville: Ja. Wenn ich hier rede, gibt es keinen Irrtum mehr. Es muß aber alles ein Irrtum bleiben.

Ströbel: Ich habe Geduld gehabt mit Ihnen, aber spaßen lasse ich nicht mit mir. Nehmen Sie sich zusammen und überlegen Sie jedes Wort! Was muß ein Irrtum bleiben?

Hauteville: Alles, was von Samstagabend bis jetzt geschehen ist.

Ströbel: Das muß ein Irrtum bleiben?

Hauteville: Als Tatsache ist es unmöglich. Niemand ist in meine Wohnung gedrungen. Niemand hat mich verhaftet. Niemand hat niemand gezwungen, in den Kleiderschrank zu flüchten.

Ströbel *schreit:* Und niemand hat jemals ein so freches Weibsbild gesehen!

Hauteville: Dieser Ton!

Ströbel: Er paßt für Sie!

Hauteville *hält sich indigniert die Ohren zu:* Das erinnert einen so an die Blechschüssel und den Kamm!

Ströbel *geht zornig auf und ab:* Es ist nicht zu glauben! Die Person macht Andeutungen, als hätten wir etwas zu scheuen.

Bleibt vor der Hauteville stehen. Ja, glauben Sie vielleicht, die staatliche Autorität versteckt sich vor Ihnen?
HAUTEVILLE: Sie hat sich vor ihrem Kommissär versteckt.
STRÖBEL: Was?
HAUTEVILLE: In den Kleiderschrank.
STRÖBEL *auf und ab gehend:* Ich werde ihn herausholen aus Ihrem Kleiderschrank, den Herrn! Ich werde ihn ans Licht ziehen! Ans helle Tageslicht! *Bleibt vor der Hauteville stehen.* Sagten Sie was?
HAUTEVILLE: Non.
STRÖBEL *geht wieder:* Steigt so einer in die Pfütze und glaubt, wir müssen Rücksicht auf ihn nehmen! Wir! *Bleibt vor der Hauteville stehen.* Was haben Sie gesagt?
HAUTEVILLE: Nichts.
STRÖBEL: Traurig genug, wenn sich wirklich mal ein halbwegs anständiger Mensch zu Ihnen verirrt hat.
HAUTEVILLE: Er kann das nur bedauern, weil er gestört wurde.
STRÖBEL *geht rasch an seinen Schreibtisch und sperrt eine Schublade auf:* Übrigens müssen Sie nicht glauben, daß wir Ihre Geständnisse brauchen! *Er holt ein broschiertes Heft hervor, das die Form eines ziemlich starken Schulheftes hat, und hält es triumphierend in die Höhe.* Da! kennen Sie das?
HAUTEVILLE *ruhig; ohne Spur von Überraschung:* Es sieht aus wie mein Tagebuch.
STRÖBEL: Es ist Ihr Buch.
HAUTEVILLE *sehr ruhig:* Der Schreibtisch war versperrt.
STRÖBEL: Und ist aufgebrochen worden. Na? Was ist jetzt mit Ihrer Diskretion?
HAUTEVILLE *zuckt die Achseln:* Ich habe sie gewahrt. Einen feuerfesten Geldschrank habe ich nicht.
STRÖBEL *höhnisch:* Wollen Sie mir vielleicht den Namen zeigen? Hm?
HAUTEVILLE: Welchen Namen?
STRÖBEL: Den Herrn im Kleiderschrank.
HAUTEVILLE *lacht:* Der steht wahrhaftig nicht darin.
STRÖBEL: Lassen Sie die Ausreden!
HAUTEVILLE: Es gibt Herren, die man nicht ins Fremdenbuch schreibt, wenn sie inkognito reisen.
STRÖBEL *eindringlich:* Hochstetter, ich habe den Eindruck, daß

Sie nicht gerade dumm sind. Und ich glaube, daß Sie auf Ihre – Gäste, *auf das Tagebuch zeigend,* gerne Rücksicht nehmen. Wenn Sie mir den Namen nicht sagen, lade ich die ganze Gesellschaft vor.

HAUTEVILLE *achselzuckend:* Ich kann Sie nicht daran hindern.

STRÖBEL: Wo bleibt da Ihre anständige Gesinnung?

HAUTEVILLE: Ich habe das Buch nicht ausgeliefert. Von mir hätten Sie es nie bekommen. Aber daß es der Kommissär im Schreibtisch gefunden hat, ist mir ganz lieb.

STRÖBEL: Meinen Sie?

HAUTEVILLE: Sonst hätte er am Ende den Kleiderschrank untersucht.

STRÖBEL: Jetzt ist meine Geduld zu Ende. *Er drückt auf eine Glocke, die auf seinem Schreibtisch steht.* Ich kenne keine Rücksicht mehr. *Ein Schutzmann tritt ein.* Führen Sie die Person ab! *Schutzmann ab mit Hauteville. Ströbel setzt sich, rückt seinen Stuhl heftig an den Schreibtisch, wirft das Tagebuch darauf, nimmt andere Bücher und schlägt sie auf die Tischplatte; dabei spricht er mit sich selbst:* Eine solche Frechheit! Un–er–hört! *Reisacher blickt ihm verstohlen zu und vergnügt sich an der Aufregung. Es klopft.*

STRÖBEL *streng:* Herein!

Fünfte Szene

BEERMANN *kommt hastig von links. Er atmet schwer, hat ein Taschentuch in der Hand, mit dem er sich häufig die Stirne trocknet:* Bin ich hier endlich im richtigen Bureau? Man schickt mich im ganzen Haus herum. *Holt Atem.* Hoffentlich bin ich jetzt im richtigen Bureau?

STRÖBEL: Was wollen Sie?

BEERMANN: Entschuldigen Sie, ich muß mich verschnaufen. Zweimal war ich im dritten Stockwerk und wieder im Parterre. Der Herr Präsident schickt mich weg, ich soll ins Zimmer 147. Dort sagt man, ich muß ins Zimmer 174.

STRÖBEL: Wer hat Sie geschickt?

BEERMANN: Der Herr Präsident. *Holt tief Atem.* Ich wollte eigentlich mit ihm selber sprechen, aber er sagte, ich soll zu dem Herrn gehen, der die Sittlichkeit unter sich hat. Sind Sie der

Herr, der die Sittlichkeit unter sich hat?

Ströbel: Allerdings.

Beermann: Endlich! *Wischt sich die Stirne.* Herrgott, wenn so viel davon abhängt, soll man einen nicht im Haus herumjagen. Also Sie sind der Herr, der die Sache in der Hand hat?

Ströbel: Was für eine Sache?

Beermann: Am Samstag in der Nacht ist eine Dame verhaftet worden. Man hat ihr gewisse Aufschreibungen weggenommen. Haben Sie diese Aufschreibungen hier?

Ströbel: Was geht das Sie an?

Beermann: Mein Name ist Beermann. Rentier Fritz Beermann. Ich bin der Präsident des Sittlichkeitsvereins.

Ströbel *sehr höflich:* Ach so! Verzeihen Sie nur! Ich habe mich nicht gleich an Ihren Namen erinnert, aber ich habe Sie erwartet.

Beermann *erschrocken:* Sie haben mich erwartet?

Ströbel: Der Herr Präsident sagte, daß Sie jedenfalls kommen würden.

Beermann: Er sagte, daß ich jedenfalls kommen würde? Aber davon hat er kein Wort gesagt, wie ich jetzt bei ihm war! Es wäre vielleicht gut, wenn ich wieder zu ihm hinunter ginge?

Ströbel: Das ist nicht nötig. Ich habe die Sache in der Hand.

Beermann: Freilich, Sie haben die Sache in der Hand. Und die Aufschreibungen, die sind auch bei Ihnen?

Ströbel: Das Tagebuch? *Zeigt auf den Schreibtisch.* Da liegt es.

Beermann *schielt ängstlich hin:* Es ist also ein richtiges Tagebuch?

Ströbel: Und genau geführt. Datum, Name. Sogar scherzhafte Bemerkungen über die Betreffenden.

Beermann *schreit:* Es ist eine unglaubliche Gemeinheit! Wozu schreibt sie das auf? Was hat das für einen Zweck? Sie muß sich doch sagen, daß es gefährlich ist! In drei Teufels Namen, wenn man selbst auf Diskretion angewiesen ist, legt man doch kein Adreßbuch an!

Ströbel: Seien wir froh, Herr Beermann!

Beermann: Wir?

Ströbel: Ich sage Ihnen, die Person würde lügen! Aber dagegen gibt es nichts, *hebt das Tagebuch in die Höhe,* sie soll uns vor Gericht nur kommen mit ihren Redensarten! *Ahmt die Haute-*

ville nach. »Als Tatsache ist es unmöglich!« Ich werde sie mit Tatsachen an die Wand drücken. Wir holen einfach die Kerle vor. Einen nach dem andern.

BEERMANN *bestürzt:* Vors Gericht?

STRÖBEL: Jawohl! Da heißt's: Hand auf und geschworen! Ich will sehen, ob niemand niemand gezwungen hat, in einem Kleiderschrank zu verschwinden!

BEERMANN: Aber das ist unmöglich! Man ruiniert nicht das Familienleben einer Stadt!

STRÖBEL: Wieso?

BEERMANN: Es soll sich jeder im Gerichtssaal hinstellen und vor allen Leuten sagen: jawohl, es ist wahr, daß ich ... und so weiter?

STRÖBEL: Warum nicht?

BEERMANN *schreit:* Es sind doch lauter Familienväter!

STRÖBEL: Aber lieber Herr Beermann, das ist doch mir ganz egal!

BEERMANN: Das ist nie und unter keinen Umständen egal. *Auf Reisacher blickend.* Können wir nicht unter vier Augen ...?

STRÖBEL: Wenn Sie es wünschen. Reisacher, stellen Sie im Vorzimmer den Polizeibericht zusammen!

REISACHER: Jawoll, Herr Assessor. *Er nimmt einige Schreibereien und geht durch die mittlere Türe ab.*

Sechste Szene

STRÖBEL: Nehmen Sie doch Platz, Herr Beermann! *Beermann setzt sich auf das Sofa; Ströbel nimmt gegenüber auf einem Stuhle Platz.*

BEERMANN *trocknet sich die Stirne:* Eine Frage, Herr Assessor: Sind Sie verheiratet?

STRÖBEL: Nein.

BEERMANN: Ich dachte mir's. Wenn Sie Familie hätten, würden Sie nicht so von Egalsein reden.

STRÖBEL: Wenn ich Familie hätte, würde ich mich zunächst nicht kompromittieren.

BEERMANN: Aber ...

STRÖBEL: Ich stünde nicht in dem Tagebuch der Frau Hochstetter.

BEERMANN: Das kann man nie wissen.
STRÖBEL: Erlauben Sie mir! Wo ist da überhaupt noch 'n Familienleben, wenn solche Geschichten passieren?
BEERMANN: Wieso? Wenn es niemand erfährt?
STRÖBEL: Man lebt doch nicht fortwährend unter Lügen!
BEERMANN: Herr Assessor, wenn in der Ehe die Lügen aufhören, dann geht sie auseinander.
STRÖBEL: Nanu!
BEERMANN *eindringlich:* Glauben Sie mir! In jeder glücklichen Ehe lügt man einander vor, daß sich die Gefühle nicht verwandeln.
STRÖBEL: Aber man bleibt sich treu.
BEERMANN: Keine Idee!
STRÖBEL: Na, hören Sie, das ist doch selbstverständlich!
BEERMANN: Aber keine Idee! Wenigstens nicht buchstäblich! Ein Mann ist treu, auch wenn er ... und so weiter.
STRÖBEL: Ihre Ansichten überraschen mich ...
BEERMANN: Ich meine, er ist treu in seiner Art. Er bleibt immer noch wohlwollend gegen seine Frau, er sorgt für die Familie, und das ist die Hauptsache. Das andere, was Sie meinen, das ist bloß 'n Ideal.
STRÖBEL: Und Ideale befolgt man.
BEERMANN: M–ja! Aber wenn man sie nicht befolgt, schont man Sie wenigstens.
STRÖBEL: Ich muß schon sagen, ich wundere mich. Sie sind doch Vorstand des Sittlichkeitsvereins?
BEERMANN: Was konnte ich machen, wenn man mich wählt?
STRÖBEL: Aber jedenfalls vertreten Sie die Ansichten Ihres Vereins, und ich dachte, Sie seien deshalb hierher gekommen?
BEERMANN: Weshalb?
STRÖBEL: Um Ihrer Befriedigung Ausdruck zu geben, daß wir das Treiben dieser Person aufgedeckt haben.
BEERMANN: Deshalb bin ich hierhergekommen?
STRÖBEL: Nicht?
BEERMANN *hält sich das Taschentuch vor die Stirne:* Verzeihen Sie, Herr Assessor, ich bin noch angegriffen von dem vielen Treppensteigen. Ich kann Ihnen nur nicht so schnell folgen. Nicht wahr, Sie erwähnten doch vorhin ein Tagebuch?
STRÖBEL: Ja.

BEERMANN: Und das Tagebuch, das haben Sie gelesen?
STRÖBEL: Nein; ich habe noch keine Zeit gehabt.
BEERMANN: Aber Sie sagten doch etwas von scherzhaften Bemerkungen, die darin stehen?
STRÖBEL: Was ich so beim Durchblättern gesehen habe.
BEERMANN *erleichtert:* So?
STRÖBEL: Übrigens, der Inhalt des Tagebuchs wird Ihnen ein Geheimnis bleiben, Herr Beermann. Ich darf Ihnen nichts darüber sagen.
BEERMANN: Nein, nein, ich will nichts davon wissen.
STRÖBEL: Sie erfahren später alles, wenn die Gerichtsverhandlung ist.
BEERMANN *bestürzt:* Ja, wird es da verlesen?
STRÖBEL: Selbstverständlich. Heute kann ich Ihnen nicht mehr sagen, als daß wir rücksichtslos vorgehen werden. Darüber kann Ihr Verein beruhigt sein.
BEERMANN *aufstehend:* Ich bin aber gar nicht beruhigt, wenn ich an die Folgen denke.
STRÖBEL *ebenso:* Was kümmern Sie die Folgen? Sie haben sich ein hohes Ziel gesteckt in Ihrem Verein. In Ihrem Programm heißt es, daß Sie mit eiserner Energie die Auswüchse beseitigen wollen. Jetzt erleben Sie die Genugtuung.
BEERMANN: In unserm Programm heißt es, daß wir für die Erhaltung der Ehe eintreten unter nationalen, sittlichen und sozialen Gesichtspunkten. Und die Ehe wird untergraben, wenn das alles bekannt wird!
STRÖBEL: Was sind das für sittliche Gesichtspunkte?
BEERMANN: Aber soziale! Weil gerade die besitzende Klasse kompromittiert wird!
STRÖBEL: Das wird sich die selbst zuschreiben.
BEERMANN: Es ist einfach unmöglich! Es muß sich ein Ausweg finden lassen.
STRÖBEL: Aus dem Bereiche des Gesetzes gibt es keine Auswege.
BEERMANN: Wem sagen Sie das? Dann gibt es eben Umwege.
STRÖBEL *verweisend:* Herr Beermann!
BEERMANN: Jawohl! Ich bin alt genug, um das zu wissen. Die Polizei hat – weiß Gott! – nicht die Aufgabe, einen solchen Riesenskandal zu provozieren. Da geht Autorität verloren. Da wird bei den Massen der Respekt erschüttert.

STRÖBEL: Den Skandal haben diese Herren, *auf das Tagebuch klopfend*, provoziert.
BEERMANN: Das ist kein Skandal, wenn zwischen vier Wänden sich einer mal gehen läßt. Ein Skandal wird es erst, wenn man die Geschichte vor Krethi und Plethi breit tritt. Aber – das geht einfach nicht!
STRÖBEL: Herr Beermann, ich ehre die humane Idee, welche Sie offenbar leitet. Sie müssen jedoch zugeben, daß wir vollständig im Einklang handeln mit den Klassen, von denen Sie sprechen.
BEERMANN: Aber nein!
STRÖBEL: Aber ja! Die gute Gesellschaft hat hier vor zwei Wochen einen Verein gegründet, weil sie eine größere Strenge gegen die Unsittlichkeit für notwendig hält.
BEERMANN: Gegen die Unsittlichkeit in den unteren Schichten, wo sie leicht in Zügellosigkeit ausartet. Als Präsident muß ich am Ende wissen, was wir wollen.
STRÖBEL: Auch die Frau Hochstetter gehört zu den unteren Schichten. Wenn jetzt Berührungspunkte zutage treten, so tut's mir leid.
BEERMANN: Die Polizei soll nichts tun, was ihr leid tut. Herrgott! Wenn mich nur der Präsident angehört hätte! So was behandelt man doch nicht bloß geschäftsmäßig!
STRÖBEL: Der Herr Präsident hätte das nämliche gesagt. Er kann auch nichts ändern.
BEERMANN: Man kann alles.
STRÖBEL: Hier liegen die Beweise. *Deutet auf das Tagebuch.* Kein Mensch kann sie mehr aus der Welt schaffen. Auch der Herr Präsident nicht.
BEERMANN: Und was geschieht damit?
STRÖBEL: Sie gehen an den Staatsanwalt. Die Lawine ist im Rollen.
BEERMANN: Und was sie erschlagen wird, das sollen wir einfach abwarten? *Es läutet am Telephon.*
STRÖBEL: Entschuldigen Sie mich einen Augenblick. *Geht nach rechts zum Telephon. Während Ströbel am Telephon spricht und ihm den Rücken kehrt, geht Beermann zum Schreibtisch und versucht, in das Tagebuch einen Blick zu werfen. Er öffnet es furchtsam und schließt es mehrmals, wenn er glaubt, daß sich Ströbel umwendet.*

STRÖBEL *am Telephon:* Hier Amtszimmer des Assessor Ströbel ... Wer dort ... Hier Amtszimmer ... Jawohl ... Assessor Ströbel ... ach, Pardon, Herr Präsident ... *Pause;* ich habe verstanden, gewiß. Ich werde im Bureau bleiben ... *Pause;* ich habe die Hochstetter vernommen ... die Frau Hauteville ja ... *Pause;* ich bleibe im Bureau, bis Herr Präsident kommen, ich habe die Ehre. *Ströbel läutet ab. Beermann schließt hastig das Buch und bemüht sich, gleichgültig auszusehen.*

STRÖBEL: Da sehen Sie selbst, Herr Beermann, daß der Präsident die Sache im Gang hält. Er will heute noch mal mit mir darüber konferieren.

BEERMANN: Man muß also hilflos zusehen, wie das Unglück kommt?

STRÖBEL: Sie müssen konsequent sein ...

BEERMANN: Da können Bekannte dabei sein, Verwandte.

STRÖBEL: Sie müssen konsequent sein. Die Gründung Ihres Vereins ist doch jetzt glänzend gerechtfertigt.

BEERMANN *wütend:* Ach, lassen Sie mich in Ruhe mit dem dummen Sittlichkeitsverein! Man bleibt doch 'n Mensch!

STRÖBEL: Ich begreife Sie nicht.

BEERMANN: Sehen Sie, ich habe die schwersten Gewissensbisse. Heute nacht, wie ich mir das so vorstellte, was kommen wird, dieses Familienunglück, da habe ich mich gefragt, was ist wichtiger: daß man Moral besitzt, oder daß man an unsere Moral glaubt?

STRÖBEL: Und Sie haben die Antwort nicht gefunden?

BEERMANN: Doch, ich bin mir vollständig klar darüber geworden, daß es viel wichtiger ist, wenn das Volk an unsere Moral glaubt.

STRÖBEL: Dazu hätten Sie keinen Verein gebraucht.

BEERMANN: Erst recht. Moralisch sein, das bringe ich in meinem Zimmer allein fertig, aber das hat keinen erzieherischen Wert. Die Hauptsache ist, daß man sich öffentlich zu moralischen Grundsätzen bekennt. Das wirkt günstig auf die Familie, auf den Staat.

STRÖBEL: Ich muß sagen, von der Seite habe ich die Sache noch nicht betrachtet.

BEERMANN: Denken Sie bloß nach! Mit der Moral ist es genau wie mit der Religion. Man muß immer den Eindruck haben, daß es eine gibt, und einer muß vom andern glauben, daß er eine hat. Meinen Sie denn, daß es noch eine Religion geben würde, wenn die Kirche unsere Sünden öffentlich verhandeln würde? Aber sie vergibt sie im stillen, und so schlau sollte der Staat auch sein.

STRÖBEL: Es klingt manches richtig von dem, was Sie sagen.

BEERMANN: Es ist richtig. Sie können sich darauf verlassen.

STRÖBEL: Theoretisch vielleicht. Aber das hilft uns nichts. Solange das Gesetz es vorschreibt, werden diese Sünden, *auf das Tagebuch klopfend,* öffentlich verhandelt.

BEERMANN: Auch wenn man weiß, daß der Staat Schaden leidet?

STRÖBEL *zuckt die Achseln:* Tja!

BEERMANN: Nehmen wir an – ich weiß es ja nicht – aber nehmen wir an, nur ein angesehener Mensch hätte mal 'ne schwache Stunde gehabt und stünde in dem Buch ...

STRÖBEL *energisch:* Dann wird er vorgeladen, ohne Gnade und Barmherzigkeit.

BEERMANN *schreit:* Aber das ist ja der helle Blödsinn!

STRÖBEL *verweisend:* Es ist Pflichterfüllung. *Lehrhaft:* Sehen Sie, Herr Beermann, Sie sind Laie. Bei Ihnen darf das Gefühl eine Rolle spielen. Wir Beamte dagegen stoßen mit unsern Empfindungen an die eherne Mauer der Pflicht.

BEERMANN *hält sich die Ohren zu:* Hören Sie auf!

STRÖBEL: Darüber weg tragen uns keine Schwingen.

BEERMANN *zornig:* Wenn man schon Federvieh ist, soll man auch fliegen können. Ich will Ihnen was sagen. Wissen Sie, was wir seit drei Wochen tun? Die Zungen reden wir uns aus den Hälsen, um eine regierungsfreundliche Wahl zu ermöglichen. Nichts wie Vaterland und Staat und Religion seit drei Wochen! Und das ist der Dank! Ins Teufels Namen, stellen Sie sich vor, es würde einer kompromittiert, der in dreißig Versammlungen staatsfeindliche Ideen bekämpft hat!

STRÖBEL *zuckt die Achseln:* Tja!

BEERMANN: Liefert die Regierung ihren eigenen Gegnern den Mann aus?

STRÖBEL: Wir würden ihn bedauern, aber wir würden ihn vorladen.

BEERMANN: Ohne Gnade und Barmherzigkeit – *Am Telephon läutet es sehr heftig.*

STRÖBEL: Entschuldigen Sie einen Augenblick! *Ströbel geht*

zum Telephon und wendet Beermann den Rücken zu. Hier Amtszimmer – – jawohl, Herr Präsident, ich bin selbst am Telephon, *kleine Pause* ... bei der Verhaftung? ... bei der Verhaftung war der Kommissär anwesend und ein Schutzmann ... *Kleine Pause,* und ein Schutzmann ... *Pause,* gewiß, Herr Präsident, ich habe verstanden ... ich soll den Kommissär Schmuttermaier, *kurze Unterbrechung* ... ich soll den Esel Schmuttermaier sofort hierher zitieren ... *Pause,* und soll selbst warten ... jawohl, Herr Präsident. *Während des Telephongespräches ist Beermann wieder an den Schreibtisch getreten. Er nimmt mit zitternder Hand das Tagebuch, legt es wieder hin, nimmt es wieder und schiebt es hastig mit energischem Ruck in die Brusttasche. Ströbel geht in deprimierter Stimmung vom Telephon weg. Beermann stellt sich so vor den Schreibtisch, daß ihn Ströbel nicht überblicken kann. Er ist verstört und hustet, um seine Unruhe zu verbergen. Ströbel drückt auf eine Glocke, die auf Reisachers Tisch steht.*

BEERMANN *unter Hustenanfällen:* Ich sehe ein, daß nichts mehr zu machen ist, und will Sie nicht länger stören.

STRÖBEL *hastig:* Nein, bitte, bleiben Sie! Im Augenblick kommt der Präsident, da können Sie mit ihm selbst sprechen.

BEERMANN: Sie sagten doch, daß es nichts hilft ... *Reisacher kommt durch die Mitteltüre.*

STRÖBEL *dringlich:* Reisacher, suchen Sie sofort den Kommissär Schmuttermaier! Wenn er nicht im Hause ist, schicken Sie nach ihm! Oder telephonieren Sie! Er muß sofort hierher kommen.

REISACHER: Jawoll, Herr Assessor. *Rasch ab durch die Mitteltüre.*

BEERMANN: Sie sagten selbst, daß es nichts hilft, und ich empfehle mich Ihnen.

STRÖBEL *unruhig:* So warten Sie doch auf den Präsidenten!

BEERMANN: Es hat keinen Zweck. Ich ... ich habe getan, was ich konnte ... und wenn es nichts nützt ... also ... adieu! *Will ab nach links. Die Türe wird jedoch heftig aufgerissen; der Polizeipräsident erscheint, läßt Baron Schmettau eintreten und zieht die Türe zu.*

Siebente Szene

PRÄSIDENT *zu Schmettau:* Darf ich bitten, Herr Baron ... *Zu Beermann:* Ah ... das ist ja ... der Herr Präsident des Sittlichkeitsvereins? *Beermann verneigt sich. Höhnisch:* Haben Sie Ihre Mission beendigt? *Beermann verneigt sich.* Sind Sie mit der Verhaftung zufrieden, oder wünschen Sie noch mehr? *Zornig.* Herr, ich verbitte mir ein für allemal Ihre Kontrolle. Predigen Sie Ihre Grundsätze wo Sie wollen, aber nicht hier! *Beermann schleicht sich unter tiefen Verbeugungen hinaus.*

Achte Szene

PRÄSIDENT *zu Schmettau:* Diese Moralprediger pfuschen uns ins Handwerk ...

SCHMETTAU *mit einem Blick auf den Assessor:* Darf ich bitten, mich vorzustellen?

PRÄSIDENT: Assessor Ströbel – Freiherr von Schmettau, Adjutant Seiner Hoheit, des Prinzen Emil. *Ströbel schlägt die Hacken zusammen und verbeugt sich tief. Schmettau dankt kurz.*

PRÄSIDENT *in scharfem Tone:* Herr Assessor, ich habe Herrn Baron Schmettau ersucht, mit mir zu kommen, weil ich in seiner Gegenwart eine Taktlosigkeit korrigieren will, die zu meinem größten Bedauern und gegen meine Intentionen von diesem Kommissär Schmuttermaier begangen wurde.

SCHMETTAU: Es war scheußlich.

PRÄSIDENT: Ich will wissen, welchen Auftrag der Mann hatte.

STRÖBEL *ängstlich:* Herr Präsident meinen den Fall mit der Hochstetter?

PRÄSIDENT: Mit Frau von Hauteville – ja. Wer hat die Recherchen geleitet?

STRÖBEL: Die Recherchen?

PRÄSIDENT: Man hat hoffentlich vor der Verhaftung sich genau informiert, mit wem man es zu tun hatte?

STRÖBEL: Gewiß, Herr Präsident ...

PRÄSIDENT: Und das Ergebnis?

STRÖBEL: Ich erhielt die Gewißheit, daß die Frau in Konflikt mit der Moral stand.

PRÄSIDENT: Ich muß im dienstlichen Verkehr um klare Antworten bitten. Was haben die Recherchen ergeben?
STRÖBEL: Daß sie auffälligen Herrenbesuch empfing.
PRÄSIDENT: Auffällig? Dann weiß der Kommissär, wer die Herren waren?
STRÖBEL: Das nicht ...
PRÄSIDENT: Nicht? Er forschte nicht nach, wenn ihm was auffällig war?
STRÖBEL: Er wollte nur konstatieren, daß die Besuche der Hauteville galten.
PRÄSIDENT: So? – – Ich habe recht genügsame Beamte. Um das Wer und Was kümmerte sich der Mann nicht?
STRÖBEL: Ich dachte auch, das würde sich hinterher finden.
PRÄSIDENT: Es gibt Dinge, die man nicht sucht und noch weniger findet. Sie haben die Sache angefaßt, als hätten Sie einen Taschendieb fangen müssen. *Zu Schmettau:* Es ist, wie ich Ihnen sagte ... Der Mann hat keine Ahnung gehabt. *Zu Ströbel:* Hat dieser Schmuttermaier von Besuchern etwas gehört oder gesehen in der Wohnung?
STRÖBEL: Nein, Herr Präsident.
PRÄSIDENT *zu Schmettau:* Wie ich Ihnen sagte ...
STRÖBEL: Übrigens war jemand in der Wohnung, wie ich jetzt weiß ...
PRÄSIDENT *rasch:* Wer?
STRÖBEL: Das habe ich noch nicht eruiert. Die Hauteville hat nur Andeutungen gemacht, als habe sich jemand in einen Kleiderschrank geflüchtet.
PRÄSIDENT: Hat sich allerdings – hat sich leider – *zu Schmettau:* zu meinem aufrichtigen Bedauern – Seine Hoheit, unser gnädigster Erbprinz Emil.
STRÖBEL *bestürzt:* Ich ... ich hatte keine Ahnung ...
PRÄSIDENT: Man hat einfach die Ahnung. Wenn dieser Schmuttermaier Talent hätte, wäre das nicht passiert. Aber es ist die alte Geschichte; von selbständigem Takt keine Spur!
STRÖBEL: Ich weiß nicht, wie ich mich entschuldigen soll.
PRÄSIDENT: Ich auch nicht. Übrigens hat Herr Baron Schmettau den ganzen unliebsamen Vorfall mitgemacht.
SCHMETTAU *spricht sehr korrekt, doch scharfes st:* Ich war wie vor den Kopf geschlagen. Ich verstehe so etwas nicht. Stellen

Sie sich das mal vor ... Gott ja! ... ich war und bin der Ansicht, daß unsere junge Hoheit das Leben kennen lernen muß ... und ich habe doch nicht die Aufgabe, als Pastor zu wirken ...

PRÄSIDENT: Aber ich bitte, Herr Baron, das ist ja selbstverständlich ...

SCHMETTAU: Es ist das nun mal meine Ansicht. Ich stehe im Leben und bin Kavalier, und ich halte das für das Richtige, daß Hoheit das Leben kennen lernen soll ...

PRÄSIDENT: Ich teile vollkommen Ihre Ansicht.

SCHMETTAU: Aber es ist vorhin der Ausdruck Moral gefallen. Ich kann in meiner Stellung solche Worte mal von der Kanzel hören, aber außerhalb der Kirche muß ich sie entschieden zurückweisen.

PRÄSIDENT *zum Assessor:* Sie haben den Ausdruck gebraucht.

SCHMETTAU: Wenn jemand behaupten will, daß meine Erziehung nicht vollständig ist, muß er das mit der Pistole in der Hand beweisen.

STRÖBEL: Ich dachte nicht, daß Sie das Wort verletzen würde.

SCHMETTAU: Es hat mich verletzt. Solche Ausdrücke gehören in Asyle für Verwahrloste, aber man wendet sie nicht auf kavaliermäßige Vergnügungen an.

PRÄSIDENT: Darf ich für meinen Assessor ein gutes Wort einlegen? Er hat sicher nicht daran gedacht, Sie zu beleidigen.

SCHMETTAU: Er hat nicht daran gedacht? *Zum Assessor:* Dann will ich annehmen, daß der Ausdruck nicht gefallen ist. *Ströbel schlägt die Hacken zusammen.* Ich bin etwas gereizt, aber das ist kein Wunder. Sie können sich denken, mit welcher Sorgfalt ich zu Werk gegangen bin. Man hat mir von berufener Seite Frau von Hauteville empfohlen; sie hat gute Manieren, ist diskret.

PRÄSIDENT: Sicher eine sehr anständige Person in ihrer Art.

SCHMETTAU: Absolut. Nachdem ich mal auf dem Standpunkt stehe, daß Hoheit das Leben kennen lernen muß, konnte ich nicht besser disponieren. *Zum Präsidenten:* Wir verstehen uns?

PRÄSIDENT: Gewiß!

SCHMETTAU: Jede Garantie gegen Taktlosigkeiten; alles tipp – topp. Nun stellen sich vor, von meiner Seite geschieht alles Menschenmögliche, und dann kommt es zu einem solchen unglaublichen Skandal!

Präsident: Es ist die alte Geschichte. Die Leute haben keinen Takt.

Schmettau: Das hilft mir nichts. Ich rede Ihnen nicht in Ihr Ressort hinein. Das liegt mir sehr ferne, aber ich muß Ihnen sagen, das hilft mir nichts. An mir bleibt die Sache hängen. Man sagt mir ganz einfach, so was durfte nicht passieren. Das ist eine unmögliche Situation!

Präsident *zu Ströbel:* Die Sie geschaffen haben.

Schmettau: Wenn ich das hätte ahnen können, dann hätte ich Sie vorher avisiert.

Präsident: Hätten Sie nur!

Schmettau: Wer denkt an so was? Ich muß doch annehmen, daß die Polizei in erster Linie Diskretion wahrt!

Ströbel: Ich gebe Ihnen mein Ehrenwort, Herr Baron, daß ich nicht im Traume an eine solche Begegnung dachte.

Schmettau *zieht die Achseln hoch:* Ist das so schwer zu denken?

Präsident: Dasselbe, was ich sage. Wenn man seinen Dienst kennt, weiß man so was. Aber wenn man in Volksverbesserung arbeitet, hat man die Nase in der Luft.

Schmettau: Dieser Kommissär oder was der Kerl ist, hat sich überhaupt benommen, als wenn er Stoff für eine sozialdemokratische Zeitung sammeln müßte. Hoheit waren noch nicht fünf Minuten im Hause, da läutet es heftig, und jemand stößt mit den Stiefeln gegen die Türe wie 'n betrunkener Fuhrknecht. Madame stürzt in das Zimmer und ruft: »Hoheit sehen mich unglücklich, die Polizei ist hier!« »Lassen Sie nur!« sage ich; »sie wird rasch verschwinden.« »Unmöglich!« sagt sie, »ich kann nicht zugeben, daß man Hoheit förmlich attrappiert; ich nehme die Sache auf mich.« Die Frau hat den Takt, das zu sagen. »Unmöglich,« sagt sie, »daß man Hoheit attrappiert.«

Präsident: Wirklich anständig!

Schmettau: Absolut. Und mir leuchtet sofort ein, daß sie recht hat. Die Situation ist scheußlich. Der Kerl verlangt womöglich 'n Militärpaß von Hoheit! Was tun? Madame sagt: »Verstecken Sie sich um Gottes willen in den Schrank!« Draußen macht der Kerl Radau, klopft, stößt, brüllt, läutet, von links und rechts wird die Nachbarschaft lebendig, und mitten

in diesem Tohuwabohu steht – – Hoheit! Was tun? Ein paar Sekunden später stecken Hoheit neben mir in einem Schrank zwischen Kleidungsstücken und holen nur mühsam Atem.
STRÖBEL: Wenn ich nur eine Ahnung gehabt hätte!
PRÄSIDENT *zornig:* Wissen sollen Sie! Nicht ahnen!
SCHMETTAU: Und was nun kam! Das ging mit genagelten Stiefeln durch die Zimmer, Türe auf, Türe zu, und immer grob und flegelhaft, und steht drei oder viermal vor unserm Schrank, und ich fühle effektiv, wie Hoheit schwitzen. Stellen sich mal die Situation vor, wenn der Mensch den Schrank öffnet! Stellen Sie sich das vor, und dann wissen Sie, wie mir zumut war.
PRÄSIDENT: Sie müssen furchtbar gelitten haben!
SCHMETTAU: Was liegt an mir? In solchen Momenten denkt man nur an Hoheit. Es war infam! Endlich entfernten sich die Schritte. Madame, die sich übrigens tadellos benahm, wird abgeführt, und Hoheit können den Schrank verlassen, in dem Sie hoch zwanzig Minuten zugebracht haben. Und jetzt frage ich noch einmal: Wie war das möglich?
PRÄSIDENT *zu Ströbel:* Die Antwort werden Sie finden.
SCHMETTAU: Obendrein ist die Frau noch in Haft. Die Zeitungen schreiben darüber; Hoheit leiden unter den Möglichkeiten, die es noch geben kann.
PRÄSIDENT: Darüber können Sie beruhigt sein, Herr Baron! Jetzt wache ich über den Verlauf. *Zieht die Uhr und spricht mit affektierter Ruhe:* Wir haben ein Viertel vor eins. Heute abend acht Uhr ist Frau von Hauteville auf freiem Fuß, und es ist alles so arrangiert, daß ihre Entlassung keinen Verdacht erregt.
ASSESSOR: Aber wie ...?
PRÄSIDENT: Details sind Ihre Sache.

Vorhang

Dritter Akt

Im Hause Beermanns. Behaglich eingerichtetes Herrenzimmer. An der rechten Seite Schreibtisch, der bis an das große Doppelfenster gerückt ist. An der rückwärtigen Wand rechts ein langes Bücherregal; daneben ein Lederfauteuil. Mehr nach links eine Doppeltüre mit Glasscheiben. An der linken Seite vorne ein Rauchtisch, einige bequeme Lehnstühle. Dann eine einfache Türe.

Erste Szene

Beermann kommt durch die Glastüre, geht an den Schreibtisch, sperrt eine Schublade auf und nimmt das Tagebuch der Hauteville heraus. Er sieht sich vorsichtig um, holt aus dem Bücherregal einen Band des Konversationslexikons, schlägt ihn auf und legt das Tagebuch darauf. Er setzt sich und beginnt zu lesen. In diesem Augenblicke wird die Glastüre leise geöffnet, und Frau Beermann sieht herein.

FRAU BEERMANN: Bist du allein, Fritz?

BEERMANN *schlägt erschrocken den Band zu, wodurch das Tagebuch eingeklemmt wird:* Aber Lina, wie kannst du mich so erschrecken?

FRAU BEERMANN: Ich wußte bis gestern nicht, daß du nervös bist.

BEERMANN: Ach was, nervös! Ich bin überarbeitet, aufgeregt. Wenn man jeden Tag eine Rede vorbereiten soll!

FRAU BEERMANN: Und darin habe ich dich gestört? Entschuldige!

BEERMANN: Was willst du eigentlich?

FRAU BEERMANN: Dich um eine Unterredung bitten.

BEERMANN: Das muß doch nicht jetzt sein! Morgen oder ...

Zweite Szene

EFFIE *öffnet die Glastüre und ruft:* Papa, hast du vergessen?
BEERMANN *ungeduldig:* Auf was denn?
EFFIE *tritt ein:* Wir wollten doch heute zu der indischen Tänzerin gehen?
BEERMANN: Das geht heute nicht.
EFFIE: Ach Gott, ich hab' mich schon so gefreut. Sie tritt zum letztenmal auf.
BEERMANN: Dann warten wir eben, bis die nächste kommt.
EFFIE: Ich weiß nicht, warum gerade wir so schwerfällig sind.
BEERMANN: Weil ich noch andere Sachen zu tun habe, als so ein Gehüpfe anzusehen.
EFFIE *lustig:* Huh! Wie bös!
BEERMANN: Ich bin gar nicht aufgelegt für so was!
EFFIE *tritt an den Schreibtisch und nimmt den Band des Konversationslexikons:* Das kommt bloß von deiner Politik. Man muß dir die Schmöker konfiszieren.
BEERMANN *erregt:* Gib das Buch her!
EFFIE *springt weg:* Nein, Papachen! Du wirst uns noch krank damit!
BEERMANN *schreit:* Ich verbitte mir die Scherze. Du gibst sofort das Buch her!
FRAU BEERMANN: Was hast du denn?
BEERMANN: Ich kann das unkindliche Betragen nicht leiden.
EFFIE *legt das Buch auf den Tisch:* Ich bitte um Verzeihung, lieber Papa!
BEERMANN *nimmt hastig den Band und stellt ihn in das Regal:* Jeder Scherz hat seine Grenzen; das darfst du nicht vergessen.
EFFIE: Und zur Strafe darf ich die Tänzerin nicht sehen?
BEERMANN: Ich möchte doch lieber mit dir gehen, als – – hier sitzen. Aber es ist einmal nicht möglich.
FRAU BEERMANN: Geh jetzt, Kind! Ich muß noch allein mit Papa reden.
BEERMANN: Aber ich habe wirklich keine Zeit.
FRAU BEERMANN *bestimmt:* So viel hast du.
EFFIE: Adieu, Papachen!

Dritte Szene

Frau Beermann setzt sich in den Lehnstuhl, der neben dem Bücherregal steht. Beermann steht mit dem Rücken an den Schreibtisch gelehnt. Durch das Doppelfenster scheint die Abendsonne, so daß Beermann beleuchtet ist, während Frau Beermann im Halbdunkel sitzt.

BEERMANN: Lina, ist es notwendig, daß wir ...?
FRAU BEERMANN: Ja.
BEERMANN: Läßt sich's nicht verschieben?
FRAU BEERMANN: Ich habe es manches Jahr verschoben, und jetzt ist es Zeit geworden.
BEERMANN *verwirrt:* Manches Jahr? Von was sprichst du denn?
FRAU BEERMANN: Ich habe eine Bitte an dich.
BEERMANN: Aber gerne ...
FRAU BEERMANN: Blamiere uns nicht!
BEERMANN: Wie?
FRAU BEERMANN: Du sollst uns nicht blamieren. Das ist meine Bitte.
BEERMANN: Sei so gut und gib mir keine Rätsel auf!
FRAU BEERMANN: Was man weiß, muß man nicht erst erraten.
BEERMANN: Erklär dich doch deutlich!
FRAU BEERMANN: N ... n ... nein! Ich werde mich nicht deutlich erklären.
BEERMANN: Das verlange ich als dein Mann.
FRAU BEERMANN: N ... nein!
BEERMANN: Das ist aber sehr traurig! Zwischen Eheleuten soll es überhaupt keine Geheimnisse geben.
FRAU BEERMANN: Ist das wieder ein Grundsatz? Aber es sind ja keine Geheimnisse! *Beermann zuckt die Achseln.* Nein. Nimm an, ich wüßte einiges von dir.
BEERMANN *hastig:* Was?
FRAU BEERMANN: Einiges. Was du sehr genau wissen mußt, und was ich nun auch weiß. *Kleine Pause.* Dein Grundsatz ist also nicht verletzt. Es gibt zwischen uns keine Geheimnisse.
BEERMANN: Ich kann mir nicht den Kopf zerbrechen.
FRAU BEERMANN: Und du sollst auch nicht denken, daß ich hier auf dem Richterstuhl sitze.

BEERMANN *mit falschem Pathos:* Anstatt, daß du frei heraus sagst, was du gehört hast! Dann könnte ich mich rechtfertigen.
FRAU BEERMANN: Das will ich gerade vermeiden. Es hat so was Jugendliches, sich rechtfertigen.
BEERMANN *wie oben:* Auf die Weise kann die niedrigste Verleumdung ein Familienglück zerstören.
FRAU BEERMANN: Ach, Fritz! Wir haben so gar keine Zuhörer.
BEERMANN: Du nimmst mich nicht ernst?
FRAU BEERMANN: Nein. Und das ist gut für uns beide. Jedenfalls für mich.
BEERMANN: Was dabei Gutes sein kann! Ich hätte mir was anderes erwartet.
FRAU BEERMANN: Das hast du nicht. Wenn du ehrlich sein willst, mußt du mir's zugeben. Wir spielen einander seit vielen Jahren Theater vor. Du als christliches Familienhaupt und ich als gläubige Zuschauerin.
BEERMANN: Das ist recht hübsch!
FRAU BEERMANN: Nicht hübsch, aber wahr. Wir können am Ende nichts dafür, denn es kommt von den angelernten Ideen. Ihr alle sollt imponieren, wir alle sollen bewundern.
BEERMANN: Und dir ist das nicht möglich?
FRAU BEERMANN: Auch christliche Hausregeln müssen begründet sein. Was hätte ich bewundern sollen?
BEERMANN: Wenn du mich erst fragst!
FRAU BEERMANN: Vielleicht habe ich es schneller aufgegeben als andere. Aber das liegt in unseren Verhältnissen. Wir waren immer zusammen. Woher soll ein Mann soviel Charakter nehmen, daß er jeden Tag vierundzwanzig Stunden damit wirkt?
BEERMANN: Also das stellt ungefähr deine Ansicht über unsere Ehe vor?
FRAU BEERMANN: Es stellt sie genau vor.
BEERMANN: Nach so langer Zeit!
FRAU BEERMANN: Ich habe sie ziemlich früh gewonnen.
BEERMANN: Und jetzt nach sechsundzwanzig Jahren erklärst du mir, daß du unglücklich bist!
FRAU BEERMANN: Nein, Fritz! Es langt bei uns nicht zum Unglück. Es ist kein Ideal zertrümmert worden. Unsere Ehe weiß keines, und – deine Persönlichkeit, nimm mir's nicht übel, war nie so strahlend, daß ihr ein paar Flecken was geschadet hätten.

BEERMANN *erregter:* Aber irgendeinen Grund mußt du haben, daß du mir heute solche Vorwürfe machst.
FRAU BEERMANN: Wir verstehen uns nicht, wenn du das Vorwürfe heißt.
BEERMANN: Was sonst?
FRAU BEERMANN: Es war als Bitte gemeint: Du sollst uns nicht blamieren!
BEERMANN: So spiel nicht erst Verstecken! Womit blamiere ich euch?
FRAU BEERMANN: Mit deinem sittlichen Priestertum, zu dem du kein Recht hast.
BEERMANN: Zu dem ich kein Recht habe?
FRAU BEERMANN: Nicht das mindeste. Du schaffst dir aber Gegner, die dich und uns mit dir lächerlich machen, wenn sie einiges erfahren. Und man kann es erfahren, auch ohne es zu wollen.
BEERMANN *lacht gezwungen:* Linchen, ich glaube, du bist eifersüchtig?
FRAU BEERMANN *ruhig:* Auf was? *Kleine Pause.* Ich hoffe, du traust mir den Geschmack zu, daß ich nicht auf ein sogenanntes Recht eifersüchtig bin? Und – sonst geht mir nichts verloren. Nein, Fritz, ich bin nicht eifersüchtig. *Kleine Pause. Es dämmert.* Ich mußte mich daran gewöhnen, ja. Denn diese Heimlichkeiten und kleinen Lügen und dazu die falsche Gravität verstimmen ein bißchen stark, und man hat Mühe, daß man sich das kameradschaftliche Gefühl erhält. Aber ich bin darüber weggekommen, weil – – ja, weil ich dich nie recht ernst genommen habe. *Pause.*
BEERMANN *mit falschem Pathos:* Lina! Was sagst du mir für Dinge! Ja, weißt du eigentlich, was du sagst?
FRAU BEERMANN: Ich denke wohl.
BEERMANN *wie oben:* Das ist ja furchtbar! Jedes Wort ist eine ... eine Katastrophe. Ich habe bis heute, ich habe bis zu dieser Stunde an unser behagliches, stilles Glück geglaubt, und jetzt soll alles vorbei sein!
FRAU BEERMANN: Wenigstens das Vertrauen auf meine Blindheit.
BEERMANN: Du mußt mich hören. Das ist kein Familienleben, wenn man kein Vertrauen mehr hat.

FRAU BEERMANN: Oh, man kann sich auch daran gewöhnen.
BEERMANN: Nein, Lina! Siehst du, man hat dir Geschichten erzählt, und ich kann mich nicht verteidigen, weil ich keine Ahnung davon habe. Du mußt mir jetzt alles sagen. Das verlange ich von dir.
FRAU BEERMANN: Wenn ich das wollte, hätte ich vor Jahren reden müssen.
BEERMANN: Warum hast du's nicht getan!
FRAU BEERMANN: Du kannst dir denken, daß ich mir die Gründe wohl überlegt habe.
BEERMANN: Für so was gibt es keine Gründe.
FRAU BEERMANN: Ich konnte darüber wegsehen und schweigen. Das war mein Recht. Aber reden und mich beschwichtigen lassen, das hätte ich nicht fertig gebracht. Dann hätte ich lügen müssen, und mir liegt das nicht so. *Beermann macht eine Bewegung.* Nein – unterbrich mich nicht! Diese Dinge sollen keine Folgen haben, die ich nicht will. Und sie haben sie, wenn ich sie nenne.
BEERMANN: Dann muß ich also diesen Verdacht auf mir ruhen lassen?
FRAU BEERMANN: Ja.
BEERMANN: Mit einer Kälte redest du! Wenn das wahr wäre, was du glaubst, – das könnte dir doch nicht gleichgültig sein!
FRAU BEERMANN: Verlangen deine Vereinsstatuten, daß man in solchen Fällen unglücklich ist?
BEERMANN: Wenn ich denke, wie lange du neben mir hergehst mit diesen Vermutungen, und kein Wort hast du gesagt. Aber warum denn heute?
FRAU BEERMANN: Weil du daran bist, auch meine Freundschaft zu verlieren. Alles stört mich, was ich sehe und höre. Wie du mit einer Strenge prahlst, die dir selbst sehr unangenehm sein müßte. Seit Wochen ist um mich herum alles Lüge. Was du mir sagst, was du den Kindern sagst, was du am Abend vorher öffentlich gepredigt hast. Jedes Wort schmerzt in den Ohren und reizt zum Widerspruch; ich schweige, und das ist auch gelogen.
BEERMANN: Aber Lina!
FRAU BEERMANN: Es ist unerträglich, wenn zuletzt jeder Blick, jede Bewegung gemacht ist! Und dazu kommt die Angst um die Kinder. Wie sollen die in ihrem Leben noch einmal unbe-

fangen sein, wenn sie ein Zufall aufklärt? Denke dir, ich hätte ihnen zulieb geschwiegen, und jetzt forderst du alle Welt heraus, zu reden. Ich mag nicht so leben zwischen Sorge und Widerwillen. Was ich schon überwunden habe, taucht wieder auf und kommt mir heute häßlicher vor. Ich weiß nicht, ob ich heute noch an deine Gutmütigkeit glauben kann, und ob ich dir noch Freundin bin. *Sie steht auf und geht zur Tür.*

BEERMANN: Ich kenne dich gar nicht mehr. In unserer langen Ehe hast du nicht so viel ernste Worte geredet, wie jetzt in einer Viertelstunde.

FRAU BEERMANN: Das war vielleicht ein Fehler; aber ich habe ihn gebüßt. *Sie öffnet die Türe.*

BEERMANN: Linchen! Und jetzt sagst du mir nichts mehr?

FRAU BEERMANN: Bloß die Bitte: blamiere uns nicht! *Ab.*

Vierte Szene

Beermann steht noch eine kleine Weile in Gedanken vertieft. Dann dreht er das elektrische Licht auf, geht seufzend an das Bücherregal, holt sich aus dem Konversationslexikon das Tagebuch der Hauteville, öffnet es und liest im Stehen. Es klopft. Beermann steckt das Tagebuch hastig in die Brusttasche.

BEERMANN: Herein! *Justizrat Hauser kommt von links.*

Fünfte Szene

HAUSER: Guten Abend!

BEERMANN *eilt ihm entgegen:* Herrgott, weil Sie nur da sind!

HAUSER: Ist was passiert?

BEERMANN: N . . . nein.

HAUSER: Sie haben mir sagen lassen, daß Sie mich heute noch unter allen Umständen sprechen müssen.

BEERMANN: Ich war zweimal bei Ihnen.

HAUSER: Und haben mich leider nicht getroffen. *Er hat seinen Überrock ausgezogen und legt ihn nun auf einen Stuhl.* Sagen Sie mal, Sie kommen mir sehr verstimmt vor?

BEERMANN: Ich bin's auch.

HAUSER: Na, deswegen haben Sie mich wohl rufen lassen. Also

was ist los?

BEERMANN: Bitte, setzen Sie sich. *Sie nehmen links vorne Platz.* Ich muß etwas weiter ausholen ... wollen Sie keine Zigarre? *Nimmt vom Rauchtisch eine Kiste und bietet sie an. Hauser nimmt eine Zigarre.*

BEERMANN: Ich muß nämlich etwas weiter ausholen ... Erinnern Sie sich an unser Gespräch von gestern?

HAUSER: Über das wahrhaft sittliche Leben? *Zündet seine Zigarre an.* Natürlich weiß ich das noch.

BEERMANN: Ich habe den Eindruck gehabt, daß Sie ziemlich frei denken.

HAUSER: Frei?

BEERMANN: Daß Sie nicht philiströs sind.

HAUSER: Wissen Sie, ich bin ein alter Advokat und opponiere aus Gewohnheit. Vielleicht habe ich mich schlechter gemacht, wie ich bin. Also, wenn Sie wegen mir Gewissensbisse haben ...

BEERMANN: Ich sage es bloß, weil Sie das Leben kennen, und weil ich mit jemand reden muß, der nicht so spießbürgerlich denkt und freier urteilt ...

HAUSER: Als wie Sie gestern geurteilt haben.

BEERMANN: Ich war auch im Eifer. Aber reden wir nicht davon! Ich muß Sie um Rat fragen. *Kleine Pause.* Nicht wahr, Sie müssen auch das Amtsgeheimnis wahren?

HAUSER: Wir müssen es auch wahren.

BEERMANN: Was ich Ihnen sage, ist nämlich absolute Vertrauenssache. Vielleicht werden Sie es sonderbar finden – – übrigens: dürfen Sie das Amtsgeheimnis auch dann halten, wenn Sie etwas Strafbares erfahren?

HAUSER: Sie sind ein vorsichtiger Verbrecher.

BEERMANN: Es könnte Ihnen peinlich sein ...

HAUSER *verbeugt sich:* Ich weiß Ihre Schonung zu würdigen. Aber machen Sie sich keine Sorge um mich. Ich habe das Recht, zu schweigen.

BEERMANN: Also dann ... *fährt sich durch die Haare,* ich muß weiter ausholen. Ich habe nämlich in den letzten Tagen viel nachgedacht über Monogamie. Ich bin gewiß der letzte, der den hohen sittlichen Wert der Ehe anzweifelt, aber es läßt sich doch manches dagegen sagen. Es ist freilich ein sehr heikliges Thema...

HAUSER: Dann überspringen Sie doch ein paar Kapitel und

reden Sie gleich von der Frau Hauteville!

BEERMANN: Woher wissen Sie ...?

HAUSER: Ich ahne. Vielleicht sind Sie nicht der erste, der in meinen Beichtstuhl kommt. Seit gestern sind viele Gewissen aufgerüttelt worden. Das Ihrige gehört also auch dazu?

BEERMANN: Sie fragen sich wohl, wie das möglich ist?

HAUSER: Nein. Solche indiskrete Fragen stelle ich nicht an mich.

BEERMANN: Sie haben wahrscheinlich geglaubt, daß bei uns ein ungestörtes Familienglück herrscht ...

HAUSER *rasch:* Beermann, das nehme ich Ihnen übel, wenn Sie sich interessant machen.

BEERMANN: Sie müssen das nicht falsch auffassen. Ich gebe niemand die Schuld. Ich will nur ...

HAUSER: Sie wollen nur eine moralische Berechtigung auch fürs Unmoralische.

BEERMANN: Ich weiß schon, daß es nicht berechtigt ist. Das habe ich mir hundert- und hundertmal gesagt. So leicht habe ich meine Grundsätze nicht überwunden.

HAUSER: Sie haben nur Ihre Ängstlichkeit überwinden müssen.

BEERMANN *schwer seufzend:* Ach, wenn Sie wüßten.

HAUSER: Nu, natürlich sind Sie nicht mit beiden Füßen ins Vergnügen gesprungen, sondern sind vorsichtig über den Zaun geklettert, – wie es Ihrem Embonpoint entspricht.

BEERMANN: Ich habe bei Ihnen was anderes gesucht als Spott.

HAUSER: Ich soll vielleicht erschüttert sein über Ihren Sündenfall? Wozu denn? Was hätten Sie davon? Aber so seid Ihr. Solang man keine Beweise hat, muß Eure Tugend immer bengalisch beleuchtet sein, und wenn Ihr aufkommt, sollen sogar Eure kleinen Lasterchen in einem merkwürdigen Licht erscheinen. Nee, lieber Freund! Die sittliche Weltordnung kriegt keinen Riß, weil Sie auf die Nase gefallen sind.

BEERMANN: Sie können nicht wissen, was Sie mir in diesem Augenblick antun.

HAUSER: Machen Sie keine langen Umwege! Sie wollen doch nicht meine Absolution, sondern ich soll Ihnen helfen, daß die Sache vertuscht wird.

BEERMANN *springt vom Stuhl auf:* Ja, das sollen Sie! Herrgott, ich bitte Sie darum! Ich bin in der gräßlichsten Lage. Sie können sich keine Vorstellung machen, in welcher Lage ich bin.

HAUSER: Nu, setzen Sie sich wieder und übertreiben Sie nicht.
BEERMANN *setzt sich:* Kein Mensch hat so viel Phantasie, daß er das noch übertreiben kann. Was glauben Sie denn? Jeden Augenblick kann die Polizei kommen und mich verhaften.
HAUSER *ernst:* Hat es bei der Hauteville böse Sachen gegeben?
BEERMANN: Nicht, was Sie denken. Davon ist keine Rede.
HAUSER: Was reden Sie dann vom Verhaften? Das ist ja Unsinn! Wir wollen die Sache mal ruhig überlegen. Apropos: hat Ihre Frau eine Ahnung von der Geschichte?
BEERMANN: Von der Geschichte? Ich glaube nicht. Sie hat nur so allgemein ... aber das sind jetzt Kleinigkeiten. Sie wissen doch von dem Tagebuch, das man bei der dummen Person gefunden hat?
HAUSER: Natürlich weiß ich. Ohne das hätten wir nicht so viel Bußfertige in der Stadt.
BEERMANN: Stellen Sie sich meine Situation vor! Ich weiß, daß ich darin stehe; ich bin durch dieses verfluchte Buch einfach ausgeliefert!
HAUSER: Ist es denn so sicher, daß Ihr Name dabei ist?
BEERMANN *laut:* Ja!
HAUSER: Es wäre ja möglich, daß ...
BEERMANN: Es ist gar nichts möglich. Ich stehe darin. Und da soll ich ruhig warten, wie ich ruiniert werde! Denn ich bin ruiniert, wenn das bekannt wird. Denken Sie, ich als Kandidat für den Reichstag! Ich als Präsident des Sittlichkeitsvereins! Das geht durch alle Zeitungen!
HAUSER: M–ja; es würde auffallen.
BEERMANN *aufspringend:* Und dann die Folgen hier! In der Stadt! In der Familie! Ich bin ja einfach erschossen! Herrgott, was habe ich mich geplagt, daß ich es diesem Menschen in der Polizei begreiflich mache, was er für ein Unheil anrichtet!
HAUSER *erschrocken:* Sie waren in der Polizei?
BEERMANN: Natürlich war ich dort.
HAUSER: Und haben gebeichtet?
BEERMANN: Keine Idee! *Setzt sich wieder.* Ich habe für die anderen geredet. Ich habe dem Menschen vorgestellt, daß er die konservativen Elemente bloßstellt, daß er den Staatsgedanken schädigt – aber! *Schlägt mit der flachen Hand auf die Stirne.* Da! das hat ja nur Paragraphen im Kopf!

HAUSER: Das Schreien hilft uns nicht, Beermann. Wir müssen ruhig überlegen. Eines ist zunächst wichtig. Noch ist das Buch nicht beim Staatsanwalt.
BEERMANN: Nein, da ist es nicht.
HAUSER: Und so lange es in der Polizei ist, gibt es Möglichkeiten.
BEERMANN: In der Polizei ist es auch nicht.
HAUSER: Natürlich ist es dort. Wo soll es denn sein?
BEERMANN *auf seine Brust deutend:* Hier!
HAUSER *verständnislos:* Was?
BEERMANN *zieht das Tagebuch aus der Brusttasche und legt es auf den Rauchtisch:* Hier ist es!
HAUSER: Das ist das berühmte Tagebuch der Frau Hauteville? *Beermann nickt.* Ja, wer hat Ihnen das gegeben?
BEERMANN: Niemand. Ich hab' es mir genommen.
HAUSER: Ge ...
BEERMANN: ... stohlen.
HAUSER *rückt seinen Stuhl zurück und bricht in lautes Gelächter aus:* Das haben Sie getan? *Lacht.* Das ... das ist flott! Jetzt habe ich Respekt vor Ihnen. Das hätt' ich Ihnen, weiß der Teufel, nicht zugetraut. *Lacht und patscht sich auf die Knie.*
BEERMANN: Sie haben gut lachen, und ich schwitze vor Angst.
HAUSER: Zerstören Sie mir den Eindruck nicht! Ich bin beinahe daran, Sie zu bewundern. *Lacht wieder.* Ich muß Ihnen Abbitte leisten. Ich habe Sie für einen schwabbeligen Bourgeois gehalten, und jetzt machen Sie das!
BEERMANN: Geben Sie mir lieber einen Rat! Ich bin keine Minute ruhig, seit ich das Buch habe. Ich wollte es vernichten, aber wie? Wenn ich es zerreiße, kann man die Stücke finden.
HAUSER: Verbrennen.
BEERMANN: Wo? Wir haben nur in der Küche Feuer! Wenn ich es verstecke, muß ich immer wieder hinlaufen und schauen, ob es noch da ist. Nur wenn ich es bei mir trage, fühle ich mich ein wenig sicher. Aber ich habe das Gefühl, als wenn es mir aus der Tasche herauswächst. Und der Polizei muß es doch fehlen!
HAUSER: Reißen Sie das Blatt heraus, auf dem Ihr Name steht, und schicken Sie es anonym zurück!
BEERMANN: Das geht nicht; ich stehe zu oft darin.
HAUSER: T ... ja!

Beermann: Was soll ich tun, wenn mich die Polizei nach dem Buch frägt?
Hauser: Da gibt es nur eins. Sie wissen nichts.
Beermann: Aber es liegt auf der Hand, daß ich es habe!
Hauser: Jetzt müssen Sie fest bleiben. Kriechen Sie um Gottes willen nicht auf den Leim, daß man durch ein Geständnis seine Sache besser macht! *Man hört eine elektrische Klingel stark und anhaltend läuten.*
Beermann *fährt erschrocken auf:* Da! Haben Sie gehört?
Hauser: Es wird ein Besuch sein.
Beermann: Um die Zeit kommt kein Besuch. *Nimmt hastig das Tagebuch.* Wo stecke ich das verdammte Ding hin? *Er zieht einen Band aus dem Bücherregal und will das Tagebuch hineinlegen, zögert wieder und stellt den Band zurück.* Herrgott, wo stecke ich's hin?
Hauser: Geben Sie's mir! *Beermann gibt es ihm, und Hauser steckt das Buch in die Brusttasche.* Bei mir sucht's niemand.
Beermann: Ich bitte, bleiben Sie bei mir!
Hauser: Wenn Ihnen ein Gefallen damit geschieht. Aber, Mann Gottes, nehmen Sie sich zusammen! Wenn jetzt wirklich die Polizei käme, Sie zittern ja! *Es klopft.*
Beermann *keuchend:* Still! *Es klopft noch einmal.* Herein! *Betty kommt von links und gibt Herrn Beermann eine Visitenkarte.*
Betty: Der Herr möchte Sie dringend sprechen. *Beermann nimmt mit zitternder Hand die Karte und liest vor.* Professor Wasner. *Er atmet hörbar auf, dann sagt er mit kräftiger Stimme:* Ich lasse bitten. *Betty ab.*
Beermann: So lebe ich seit sechs Stunden.
Hauser *gibt Beermann die Hand:* Seien Sie stark, teurer Freund! Und wenn man wirklich an Sie kommt, dann lügen Sie darauf los! Talent haben Sie ja! Guten Abend! *Ab nach links. Unter der Türe stößt er auf Wasner, den er grüßt.*

Sechste Szene

Wasner trägt eine Pelerine; das rechte Ende malerisch um die linke Schulter geworfen. In der Hand hält er einen großen Schlapphut. Das Haar hängt ihm in die Stirne; der blonde Bart wallt auf die Brust.

WASNER: Ich komme in der merkwürdigsten Sache, in der jemals ein Mann zum andern gekommen ist.
BEERMANN *sehr nervös:* Muß es heute sein, Herr Professor?
WASNER: Die Umstände zwingen mich, diese Frage zu bejahen.
BEERMANN: Aber es ist schon so spät!
WASNER: Ich gebe zu, daß die Stunde als ungeeignet erscheinen kann. Dessenungeachtet muß ich Sie bitten, mich anzuhören.
Beermann setzt sich an den Schreibtisch und drückt ein Taschentuch gegen die Stirne. Wasner spricht stehend weiter.
WASNER: Sie wissen, daß ich mir seit Jahren die Aufgabe gestellt habe, alle Erzeugnisse zu sammeln, durch welche das sittliche Empfinden unseres Volkes untergraben wird. Ich kann wohl sagen, daß meine Sammlung lückenlos ist, und daß es mir gelang, die Gefährlichkeit der obszönen Produktion unwiderleglich zu beweisen. Welchen verderblichen Einfluß diese Anreizung der Phantasie haben muß, das erleidet heute keinen Zweifel mehr, denn – – *eindrucksvolle Pause. Wasner senkt den Ton noch tiefer* – – ich selbst bin ihr zum Opfer gefallen. *Beermann bleibt apathisch sitzen. Pause.* Ich verstehe, daß Sie keine Worte finden; ich bin beinahe selbst an mir irre geworden. Ich habe mich gefragt, ob ich noch das Recht habe, an der moralischen Gesundung unseres Volkes zu arbeiten, und ich habe diese Frage erst nach langer Prüfung bejaht. *Pause.*
BEERMANN *geistesabwesend:* Ja – ja! Herr Professor.
WASNER: Sie haben ein Recht darauf, alles zu erfahren, aber erlassen Sie mir die Einzelheiten! Kurz und gut, eines Tages stand ich meiner Sammlung nicht so objektiv gegenüber wie sonst, und ich ließ mich durch einen Freund zu einem verdammenswerten Besuche verleiten. Ich brauche Ihnen nicht erst zu sagen, daß ich diesen Menschen jetzt verabscheue.
BEERMANN: Warum erzählen Sie mir das eigentlich?
WASNER: Weil wir Schulter an Schulter gegen die Unmoral ge-

kämpft haben. Ich muß Sie fragen, ob Sie mich noch für würdig halten, für unsere gemeinsamen Ideale zu streiten.

BEERMANN: Meinetwegen, so viel Sie wollen. Ich lege Ihnen nichts in den Weg.

WASNER: Dann werden Sie mir Ihren Beistand nicht versagen.

BEERMANN: Wir wollen darüber morgen sprechen, Herr Professor.

WASNER: Morgen ist es zu spät. *Beermann lehnt sich apathisch zurück.* Nach meinem Fehltritt war es mir klar, daß ich andere vor dieser Gefahr behüten mußte. Mein Pflichtgefühl war neu gestärkt, und ich schrieb einen – allerdings anonymen – Brief an die Polizei, worin ich sie energisch aufforderte, dem Unwesen jener Person ein Ende zu machen.

BEERMANN *wieder aufmerksam:* Hören Sie, das finde ich aber nicht hübsch.

WASNER: Ich mußte mir Gewißheit verschaffen, daß ich innerlich noch zum Sittlichkeitsverein gehörte.

BEERMANN: Ich finde es nicht hübsch. Man soll immer dankbar sein.

WASNER: Dieses Gefühl hätte mich erst schuldig gemacht. *Beermann zieht die Achseln hoch.* Aber nun kommt das, weswegen ich hier bin. Meine Anzeige hat Erfolg gehabt. Das Geschöpf wurde verhaftet, und heute nach dem Essen kam jener falsche Freund zu mir und klagte sich an, er sei unvorsichtig gewesen, er habe der Person damals meinen Namen genannt, und ich stünde jedenfalls in dem Verzeichnis, das bei ihr gefunden wurde.

BEERMANN *springt auf:* Wie heißt sie?

WASNER: Hauteville.

BEERMANN: Also Ihnen verdankt man die Geschichte. *Zornig.* Herr, wissen Sie auch, was Sie angerichtet haben? Wie viele Familienväter Sie an den Rand der Verzweiflung getrieben haben?

WASNER: Ich weiß es.

BEERMANN: Sie wissen es nicht!

WASNER: Ich bin ja deswegen hier.

BEERMANN *verständnislos:* Was?

WASNER: Ich soll Sie ersuchen, daß Sie noch heute nacht eine Ausschußsitzung einberufen. Der Verein muß alles tun, daß dieser Prozeß abgewendet wird.

BEERMANN: Hätten Sie keinen anonymen Brief geschrieben!

WASNER: Ich bitte, hören Sie mich an. Es ist jemand kompromittiert, der Ihnen nahe steht. Ich ging auf jene Nachricht sofort in die Polizei und wollte mich als Vertreter des Sittlichkeitsvereins einführen. Aber sowie ich das sagte, wurde ich förmlich hinausgeworfen. Auf der Treppe begegnete mir unser Kommerzienrat Bolland, dem es beim Polizeipräsidenten ebenso ergangen war. Ich klagte ihm mein Leid, und da gestand er mir, daß auch er jener Circe zum Opfer gefallen ist.
BEERMANN: Unser Kommerzienrat Bolland?
WASNER: Leider. Ich verstehe es allerdings nicht, denn er ist wohl kaum durch das Sammeln von Beweisstücken in Versuchung geraten.
BEERMANN: Und was wollen Sie jetzt von mir?
WASNER: Unser Freund schickt mich zu Ihnen. Er wäre selbst gekommen, aber die Erschütterung warf ihn aufs Krankenlager. Er bittet Sie flehentlich, Sie sollen den Ausschuß sofort zusammenrufen. Wir haben einflußreiche Persönlichkeiten im Verein, die es beim Ministerium durchsetzen müssen, daß die Sache niedergeschlagen wird.
BEERMANN: Hätten Sie keinen anonymen Brief geschrieben!
WASNER: Ich war dazu moralisch verpflichtet.
BEERMANN: Und jetzt sind wir moralisch verpflichtet, die Geschichte zu vertuschen. *Betty kommt von links.*

Siebente Szene

BETTY *gibt eine Karte ab:* Der Herr sagt, es ist sehr eilig.
BEERMANN *liest:* »Assessor Ströbel!« *Erschrocken zu Betty:* Sagen Sie, ich sei verreist – *Betty will abgehen.* Nein! sagen Sie, ich sei krank ... oder Betty ... sagen Sie, ich erwarte ihn. *Betty ab.*

Achte Szene

WASNER: Um wieviel Uhr soll die Ausschußsitzung sein?
BEERMANN *aufgeregt:* Lassen Sie mich in Frieden mit Ihrem Ausschuß!
WASNER: Sie dürfen uns in der Gefahr nicht verlassen. Führer und Gefolgschaft gehören nach germanischer Sitte zusammen.

BEERMANN *wie oben:* Sie allein sind an allem schuld.
WASNER: So muß ich unserm kranken Bolland sagen, daß wir nicht auf Sie rechnen dürfen?
BEERMANN: Wenn ich in einer Stunde noch dazu imstande bin, dann besuche ich ihn. Mehr kann ich nicht versprechen. *Assessor Ströbel kommt von links und bleibt an der Türe stehen.*

Neunte Szene

STRÖBEL *sehr ernst:* Herr Beermann, ich muß Sie unter vier Augen sprechen.
BEERMANN *verwirrt:* Sie – mich? Ja, dann bleibt wohl nichts anderes übrig.
WASNER: Ich gehe. *Geht links ab. Ströbel ist eingetreten. Unter der Türe bleibt Wasner stehen.*
WASNER: In einer Stunde versammelt sich der Ausschuß bei dem kranken Freunde. Wir erwarten den Präsidenten. *Ab.*

Zehnte Szene

Ströbel und Beermann stehen sich schweigend gegenüber. Beide räuspern sich. Kleine Pause.

STRÖBEL: Sie sind wahrscheinlich überrascht, daß ich zu dieser ungewöhnlichen Zeit komme?
BEERMANN: Warum soll ich überrascht sein?
STRÖBEL: Es ist etwas so Dringliches, was mich zu Ihnen führt, daß Sie mich entschuldigen müssen.
BEERMANN: Oh, bitte! *Kleine Pause. Beide räuspern sich.*
STRÖBEL: Sie waren heute vormittag in meinem Bureau.
BEERMANN: Ich?
STRÖBEL: Nun ja, Sie waren doch heute bei mir ...
BEERMANN: Richtig, ja! Wir hatten eine kurze Unterredung. Ich muß nämlich um Entschuldigung bitten, Herr Assessor, ich leide an Ohrensausen, und das macht mich so vergeßlich ...
STRÖBEL: Aber Sie wissen hoffentlich, was wir gesprochen haben?
BEERMANN: Ganz dunkel. Wenn Sie mir darauf helfen, wird es schon gehen.

STRÖBEL: Sie kamen wegen der Hauteville.
BEERMANN: Soo?
STRÖBEL: Oder Hochstetter ...
BEERMANN: Ja, wenn Sie's sagen, wird es wohl so sein.
STRÖBEL: Ich glaubte zuerst, Sie kämen, um Ihre Freude auszudrücken, weil wir die Person gefaßt hatten ...
BEERMANN: Nee, das tu ich nicht.
STRÖBEL: Natürlich haben Sie es nicht getan. Ich war ja erstaunt, daß Sie förmlich gegen die Verhaftung waren.
BEERMANN: Warum soll ich gegen die Verhaftung sein?
STRÖBEL *ungeduldig:* Aber Herr Beermann. Sie müssen sich doch erinnern, wie wir von dem Tagebuch gesprochen haben!
BEERMANN *rasch:* Von einem Tagebuch weiß ich nichts!
STRÖBEL: Sie regten sich sogar heftig auf!
BEERMANN: Von einem Tagebuch weiß ich gar nichts. Sie haben mir nie ein Buch gezeigt. Das weiß ich bestimmt.
STRÖBEL *verzweifelt:* Das hat mir noch gefehlt, daß ich Sie in dieser Verfassung antreffe! Sie sind offenbar leidend!
BEERMANN: Furchtbares Ohrensausen – –
STRÖBEL: Ich würde mich sofort entfernen, wenn der geringste Aufschub möglich wäre. Aber ich muß das Allerwichtigste noch heute abend mit Ihnen besprechen. Können Sie sich denn nicht durch eine Medizin helfen?
BEERMANN: Da hilft keine Medizin! Ich kann Ihnen bloß sagen, ich weiß nichts von einem Buch.
STRÖBEL: Gott! Lassen wir doch das Buch! Das ist ja so nebensächlich!
BEERMANN: Es ist nebensächlich?
STRÖBEL: Das liegt gut in meinem Schreibtisch ...
BEERMANN: So? Aber ich verstehe nicht, warum sind Sie heute abend noch gekommen?
STRÖBEL *ganz verzweifelt:* Ich wollte Ihnen das ja ganz genau erklären. Aber wie soll ich es machen? Sie erinnern sich kaum mehr daran, daß Sie bei mir waren. Es ist unerhört, wie mich seit heute mittag das Unglück verfolgt!
BEERMANN *sehr erleichtert:* Nu, beruhigen Sie sich nur, Herr Assessor, wir werden das Ding schon kriegen.
STRÖBEL *gebrochen:* Nein! Wir kriegen es nicht.
BEERMANN *begütigend:* Setzen Sie sich mal in den Stuhl – –

soo! Und ich setze mich hierher – – soo! Und nun wollen wir mal sehen. *Sie setzen sich links vorne.* Ich fühle mich nämlich schon etwas leichter. Also das Buch, das ist in Ihrem Schreibtisch?

STRÖBEL: Meinetwegen liegt es tausend Klafter tief im Boden. Reden wir doch um Gottes willen nicht mehr von dem Buch! Das führt uns ganz vom Weg ab.

BEERMANN: Sie haben recht. Wir reden nicht mehr davon. Nun lassen Sie mal sehen; ich war bei Ihnen wegen der Hauteville ...

STRÖBEL: Und bei dieser Gelegenheit haben Sie mich förmlich beschworen, wir sollen die Sache unterdrücken.

BEERMANN: Das habe ich. Jawohl.

STRÖBEL: Sehen Sie! Und darum glaubte ich, Sie hätten das größte Interese daran, daß der Skandal vermieden wird.

BEERMANN: Wieso?

STRÖBEL: Nicht ein persönliches Interesse. Sondern ein allgemein menschliches oder bürgerliches. Sie haben mir sogar gesagt, gerade in Ihrer Stellung als Präsident des Sittlichkeitsvereins betrachten Sie es als Ihre Pflicht, den Prozeß zu verhüten.

BEERMANN: Wegen des staatserhaltenden Prinzips.

STRÖBEL: Wegen der Rücksicht auf das gutgesinnte Publikum. Und ich dachte, daß Ihnen diese Rücksicht wirklich sehr viel galt.

BEERMANN: Herr Assessor, gilt! Glauben Sie, ich ändere meine Überzeugung? Ich wiederhole Ihnen, daß ich den Prozeß für ein Unglück halte, weil er gegen die Staatsräson geht.

STRÖBEL: Aber dann sind wir ja im Prinzip einig!

BEERMANN: Sie auch?

STRÖBEL: Absolut.

BEERMANN: Ich dachte, weil Sie heute vormittag ...

STRÖBEL: Und ich dachte, weil Sie sich jetzt nicht mehr erinnerten. Aber jedenfalls im Prinzip sind wir einig. *Sie schütteln sich die Hände.*

STRÖBEL: Es ist mir das eine große Erleichterung, wenn schon damit noch nichts gewonnen ist. Aber wir werden uns besser verstehen. Ich komme jetzt zum eigentlichen Zweck meines Besuches. *Räuspert sich.* Herr Beermann, ich muß um Ihr Ehrenwort bitten, daß keine Silbe von dem, was ich sagen werde, jemals über Ihre Lippen kommt.

BEERMANN: Mein Ehrenwort!

STRÖBEL: Es sind Amtsgeheimnisse. Vielleicht sogar Staatsgeheimnisse, und ein unvorsichtiges Wort könnte unabsehbare Folgen haben.

BEERMANN: Verlassen Sie sich auf mich!

STRÖBEL: Auch in der Familie.

BEERMANN: Keinen Ton!

STRÖBEL: Es haben sich nämlich heute, nachdem Sie bei mir waren, die merkwürdigsten Dinge herausgestellt. In ihrer Art vielleicht einzig. Aber nicht wahr, ich habe Ihr Ehrenwort?

BEERMANN: Mein heiliges Ehrenwort.

STRÖBEL *beugt sich vor, hält eine Hand vor den Mund und flüstert:* An dem Abend, als man bei der Hauteville Haussuchung hielt, befand sich in ihrer Wohnung ohne unser Wissen eine sehr hohe Persönlichkeit.

BEERMANN: Ich kann mir's denken.

STRÖBEL *laut:* Sie können sich's nicht denken. *Flüsternd.* Unser junger Erbprinz Emil.

BEERMANN *patscht sich erstaunt aufs Knie, pfeift:* Nu, sieh mal einer!

STRÖBEL *wieder laut:* Sie werden verstehen, daß ich Ihnen das nicht als bloße Neuigkeit mitteile, sondern daß mich zwingende Gründe dazu veranlassen. Was Sie vorhin sagten von Staatsräson, das ist damit kulminiert. Bis aufs äußerste kulminiert. Alle Möglichkeiten, jetzt noch einen Prozeß gegen die Person zu führen, haben sich damit einfach in der Luft verflüchtigt.

BEERMANN *springt auf:* Aber dann ist ja alles gut!

STRÖBEL: Nichts ist gut. Bleiben Sie sitzen, Herr Beermann! Freilich, der Tatbestand ist verschwunden, – aber das Subjekt der Gesetzesverletzung ist noch da und liegt wie ein Felsblock im Weg, daß wir nicht darum herumkommen.

BEERMANN: Die Hauteville? *Ströbel nickt.* Na, zeigen Sie ihr ein Loch, und sie ist weg!

STRÖBEL *schüttelt den Kopf:* Erstens – zweitens. Glauben Sie, ich habe nicht meinen Kopf zermartert, um eine Möglichkeit zu finden? Erstens: Wenn wir sie einfach laufen lassen, weiß es morgen die ganze Stadt. Die Presse greift es auf, und der Skandal wird ärger als bei einem Prozesse. Nein, der Buchstabe des Gesetzes wenigstens muß gewahrt werden. Die Hauteville muß

Kaution stellen, wird auf freien Fuß gesetzt, und dann muß sie fliehen. Nur so sind wir gegen üble Nachrede geschützt. Verstehen Sie mich?

BEERMANN: Sie meinen die Kaution?

STRÖBEL: Ich meine erstens die Kaution. Aber wenn es nur das wäre! Denken Sie, die Person will überhaupt nicht fort.

BEERMANN: Sie will nicht?

STRÖBEL: Nein. Will nicht. Ich ließ sie heute nachmittag wieder vorführen und sagte ihr, daß wir uns nicht weiter mit ihr abgeben wollen. Hören Sie, sagte ich, Sie haben Glück. Stellen Sie fünftausend Mark Kaution, in einer Viertelstunde sind Sie frei, und morgen früh sieben Uhr geht ein Zug nach Brüssel. *Man hört die Hausglocke.* Was glauben Sie, daß die Person tut? Sie lacht. Sie weiß recht gut, warum wir so human sind, sagte sie. Und noch nicht fünf Mark Kaution stelle sie, auch wenn sie's zufällig hätte. Sie habe sich schon an den Gedanken gewöhnt, verhandelt zu werden, sagt sie. Ich rede ihr zu. Fein und grob. Nichts! Sie lacht bloß. *Es klopft. Betty kommt von links mit einer Visitenkarte.*

BEERMANN *zu Betty:* Was ist denn das heute? Hier ist doch kein Hotel. *Nimmt die Karte und liest:* Freiherr Bodo von Schmettau, Herr auf Zirnberg?

STRÖBEL: Ich bitte, empfangen Sie den Herrn!

BEERMANN: Jetzt, wo wir beraten?

STRÖBEL: Ich bitte darum.

BEERMANN *zu Betty:* Ich lasse den Herrn Baron ersuchen. *Betty ab.*

STRÖBEL: Er ist der Adjutant des Erbprinzen. Ich habe ihm gesagt, daß ich zu Ihnen gehe, und Sie können sich denken, in welcher Unruhe er schwebt.

BEERMANN: Wenn Ihnen damit ein Gefallen geschieht ...

STRÖBEL: Ein sehr großer. Die ganze Verantwortung hängt an mir, und ich muß wenigstens zeigen, daß ich kein Mittel unversucht lasse. *Es klopft.*

BEERMANN: Herein! *Von Schmettau tritt ein.*

Elfte Szene

SCHMETTAU: Guten Abend!
STRÖBEL *der sich, ebenso wie Beermann, erhoben hat:* Darf ich die Herren miteinander bekannt machen? Herr Rentier Beermann – Herr Baron Schmettau.
SCHMETTAU: Wir haben uns heute schon flüchtig gesehen.
BEERMANN: Ich erinnere mich.
SCHMETTAU: Sie sind der Vorstand des hiesigen Moralklubs? Ich muß allerdings gestehen, daß ich nicht einverstanden bin mit diesen Ansichten ...
STRÖBEL *ängstlich einfallend:* Herr Baron, darf ich Sie darauf aufmerksam machen, daß Herr Beermann persönlich sehr hoch über diesen Theorien steht?
SCHMETTAU: Das freut mich. Übrigens, als Theorie ist das alles nicht so übel. Nur sehe ich es nicht gerne, wenn man keine Unterschiede macht.
BEERMANN: Es ist genau das, was ich sage.
SCHMETTAU: Na, sehen Sie!
STRÖBEL: Herr Beermann ist auch Kandidat des hiesigen konservativ-liberalen Bundes.
SCHMETTAU: Also gewiß kein Prinzipienreiter. Es soll mir lieb sein, wenn wir uns verstehen. Wie weit sind die Herren?
STRÖBEL: Im Prinzip sind wir einig.
BEERMANN: Absolut.
SCHMETTAU: Dann werden wir auch die richtige Anwendung finden.
STRÖBEL: Ich habe Herrn Beermann ins Vertrauen gezogen.
SCHMETTAU: Das war eine böse Sache. Bös! Wer einigermaßen loyal fühlt, kann sich das vorstellen.
BEERMANN: Herr Baron waren ...?
SCHMETTAU: Im Schrank.
STRÖBEL: Darf ich auf die Sache zurückkommen? Ich erzählte gerade, daß sich die Hauteville geweigert hat. Sie sagt, sie hat die Kaution nicht, und wenn sie's hätte, würde sie nichts hergeben.
SCHMETTAU: Gott! Sie beherrscht eben die Situation!
STRÖBEL: Nun kommt aber das Schwierigste. Sie sagt, wenn sie die Stadt verlassen müsse, und ihre ganze Existenz verliere,

dann wolle sie eine angemessene Entschädigung. Ich habe ihr natürlich vorgestellt, daß das, gelinde gesagt, ein unerhörtes Verlangen sei. Dann nicht, sagt sie. Dann wird verhandelt.

BEERMANN: Sie weiß, daß das unmöglich ist.

SCHMETTAU: Ich bin Ihnen dankbar für dieses Wort.

STRÖBEL: Ich fragte sie, was sie unter angemessen verstehe. Sie antwortet mir: Zehntausend Mark. Ich fiel auf den Rücken. Das macht mit der Kaution fünfzehntausend Mark!

SCHMETTAU: Am Ende ist das nicht so furchtbar.

STRÖBEL: Aber wer soll sie geben?

SCHMETTAU: Ja, wir nich. Mit der Zivilliste! – Und außerdem soll ja von jetzt ab der Geist der Sparsamkeit bei uns einziehen.

STRÖBEL: Ich bin in einem Dilemma, das ich nicht lösen kann. Ich nicht. Ich weiß nur eines, Herr Beermann: Sie selbst haben gesagt, daß der Sittlichkeitsverein das größte Interesse daran hat, daß der Glaube an die Moral erhalten bleibt. Ihren Mitgliedern wäre es doch ein leichtes, durch eine Kollekte diese Summe aufzubringen! Ein zweites weiß ich nicht.

BEERMANN *steht sinnend mit untergeschlagenen Armen für sich:* Der Ausschuß harrt seines Präsidenten. Und ich kenne einen Professor, der seinen Brief mit tausend Mark bezahlen soll. *Zu den anderen.* Ohne viele Worte, meine Herren, ich tu's. Ich übernehme die Summe für den Verein.

SCHMETTAU: Herr von Beermann, ich kann nur sagen: Sie haben honett gehandelt. Es gibt einen Hausorden Emils des Gütigen! *Reicht ihm die Hand.*

BEERMANN: Herr Baron, glauben Sie mir, ich habe es nicht deswegen getan.

Vorhang

Lausbubengeschichten

Aus meiner Jugendzeit

Gretchen Vollbeck

Von meinem Zimmer aus konnte ich in den Vollbeckschen Garten sehen, weil die Rückseite unseres Hauses gegen die Korngasse hinausging.

Wenn ich nachmittags meine Schulaufgaben machte, sah ich Herrn Rat Vollbeck mit seiner Frau beim Kaffee sitzen, und ich hörte fast jedes Wort, das sie sprachen.

Er fragte immer: »Wo ist denn nur unser Gretchen so lange?« und sie antwortete alle Tage: »Ach Gott, das arme Kind studiert wieder einmal.«

Ich hatte damals, wie heute, kein Verständnis dafür, daß ein Mensch gerne studiert und sich dadurch vom Kaffeetrinken oder irgend etwas anderem abhalten lassen kann. Dennoch machte es einen großen Eindruck auf mich, obwohl ich dies nie eingestand.

Wir sprachen im Gymnasium öfters von Gretchen Vollbeck, und ich verteidigte sie nie, wenn einer erklärte, sie sei eine ekelhafte Gans, die sich bloß gescheit mache.

Auch daheim äußerte ich mich einmal wegwerfend über dieses weibliche Wesen, das wahrscheinlich keinen Strumpf stricken könne und sich den Kopf mit allem möglichen Zeug vollpfropfe.

Meine Mutter unterbrach mich aber mit der Bemerkung, sie würde Gott danken, wenn ein gewisser Jemand nur halb so fleißig wäre, wie dieses talentierte Mädchen, das seinen Eltern nur Freude bereite und sicherlich nie so schmachvolle Schulzeugnisse heimbringe.

Ich haßte persönliche Anspielungen und vermied es daher, das Gespräch wieder auf dieses unangenehme Thema zu bringen.

Dagegen übte meine Mutter nicht die gleiche Rücksicht, und ich wurde häufig aufgefordert, mir an Gretchen Vollbeck ein Beispiel zu nehmen.

Ich tat es nicht und brachte an Ostern ein Zeugnis heim, welches selbst den nächsten Verwandten nicht gezeigt werden konnte.

Man drohte mir, daß ich nächster Tage zu einem Schuster in die Lehre gegeben würde, und als ich gegen dieses ehrbare Handwerk keine Abneigung zeigte, erwuchsen mir sogar daraus heftige Vorwürfe.

Es folgten recht unerquickliche Tage, und jedermann im Hause war bemüht, mich so zu behandeln, daß in mir keine rechte Festesfreude aufkommen konnte.

Schließlich sagte meine Mutter, sie sehe nur noch ein Mittel, mich auf bessere Wege zu bringen, und dies sei der Umgang mit Gretchen.

Vielleicht gelinge es dem Mädchen, günstig auf mich einzuwirken. Herr Rat Vollbeck habe seine Zustimmung erteilt, und ich solle mich bereit halten, den Nachmittag mit ihr hinüberzugehen.

Die Sache war mir unangenehm. Man verkehrt als Lateinschüler nicht so gerne mit Mädchen wie später, und außerdem hatte ich begründete Furcht, daß gewisse Gegensätze zu stark hervorgehoben würden.

Aber da half nun einmal nichts, ich mußte mit.

Vollbecks saßen gerade beim Kaffee, als wir kamen; Gretchen fehlte, und Frau Rat sagte gleich: »Ach Gott, das Mädchen studiert schon wieder, und noch dazu Scheologie.« Meine Mutter nickte so nachdenklich und ernst mit dem Kopfe, daß mir wirklich ein Stich durchs Herz ging und der Gedanke in mir auftauchte, der lieben alten Frau doch auch einmal Freude zu machen. Der Herr Rat trommelte mit den Fingern auf den Tisch und zog die Augenbrauen furchtbar in die Höhe.

Dann sagte er: »Ja, ja, die Scheologie!«

Jetzt glaubte meine Mutter, daß es Zeit sei, mich ein bißchen in das Licht zu rücken, und sie fragte mich aufmunternd: »Habt ihr das auch in eurer Klasse?«

Frau Rat Vollbeck lächelte über die Zumutung, daß anderer Leute Kinder derartiges lernten, und ihr Mann sah mich durchbohrend an, das ärgerte mich so stark, daß ich beschloß, ihnen eines zu geben.

»Es heißt gar nicht Scheologie, sondern Geologie, und das braucht man nicht zu lernen,« sagte ich.

Beinahe hätte mich diese Bemerkung gereut, als ich die große Verlegenheit meiner Mutter sah; sie mochte sich wohl sehr über mich schämen, und sie hatte Tränen in den Augen, als Herr Vollbeck sie mit einem recht schmerzlichen Mitleid ansah.

Der alte Esel schnitt eine Menge Grimassen, von denen jede bedeuten sollte, daß er sehr trübe in meine Zukunft sehe.

»Du scheinst der Ansicht zu sein,« sagte er zu mir, »daß man sehr vieles nicht lernen muß. Dein Osterzeugnis soll ja nicht ganz zur Zufriedenheit deiner beklagenswerten Frau Mutter ausgefallen sein. Übrigens konnte man zu meiner Zeit auch Scheologie sagen.«

Ich war durch diese Worte nicht so vernichtet, wie Herr Vollbeck annahm, aber ich war doch froh, daß Gretchen ankam. Sie wurde von ihren Eltern stürmisch begrüßt, ganz anders wie sonst, wenn ich von meinem Fenster aus zusah. Sie wollten meiner Mutter zeigen, eine wie große Freude die Eltern gutgearteter Kinder genießen.

Da saß nun dieses langbeinige, magere Frauenzimmer, das mit ihren sechzehn Jahren so wichtig und altklug die Nase in die Luft hielt, als hätte es nie mit einer Puppe gespielt.

»Nun, bist du fertig geworden mit der Scheologie?« fragte Mama Vollbeck und sah mich herausfordernd an, ob ich es vielleicht wagte, in Gegenwart der Tochter den wissenschaftlichen Streit mit der Familie Vollbeck fortzusetzen.

»Nein, ich habe heute abend noch einige Kapitel zu erledigen; die Materie ist sehr anregend,« antwortete Gretchen.

Sie sagte das so gleichgültig, als wenn sie Professor darin wäre.

»Noch einige Kapitel?« wiederholte Frau Rat, und ihr Mann erklärte mit einer von Hohn durchtränkten Stimme:

»Es ist eben doch eine Wissenschaft, die scheinbar gelernt werden muß.«

Gretchen nickte nur zustimmend, da sie zwei handgroße Butterbrote im Munde hatte, und es trat eine Pause ein, während welcher meine Mutter bald bewundernd auf das merkwürdige Mädchen und bald kummervoll auf mich blickte.

Dies weckte in Frau Vollbeck die Erinnerung an den eigentlichen Zweck unseres Besuches.

»Die gute Frau Thoma hat ihren Ludwig mitgebracht, Gretchen; sie meint, er könnte durch dich ein bißchen in den Wissenschaften vorwärtskommen.«

»Fräulein Gretchen ist ja in der ganzen Stadt bekannt wegen ihres Eifers,« fiel meine Mutter ein. »Man hört so viel davon rühmen, und da dachte ich mir, ob das nicht vielleicht eine Aufmunterung für meinen Ludwig wäre. Er ist nämlich etwas zurück in seinen Leistungen.«

»Ziemlich stark, sagen wir, ziemlich stark, liebe Frau Thoma,« sagte der Rat Vollbeck, indem er mich wieder durchbohrend anblickte.

»Ja, leider etwas stark. Aber mit Hilfe von Fräulein Gretchen, und wenn er selbst seiner Mutter zuliebe sich anstrengt, wird es doch gehen. Er hat es mir fest versprochen, gelt, Ludwig?«

Freilich hatte ich es versprochen, aber niemand hätte mich dazu gebracht, in dieser Gesellschaft meinen schönen Vorsatz zu wiederholen. Ich fühlte besser als meine herzensgute, arglose Mutter, daß sich diese Musterfamilie an meiner Verkommenheit erbaute. Inzwischen hatte die gelehrte Tochter ihre Butterbrote verschlungen und schien geneigt, ihre Meinung abzugeben.

»In welcher Klasse bist du eigentlich?« fragte sie mich.

»In der vierten.«

»Da habt ihr den Cornelius Nepos: Das Leben berühmter Männer,« sagte sie, als hätte ich das erst von ihr erfahren müssen. »Du hast das natürlich alles gelesen, Gretchen?« fragte Frau Vollbeck.

»Schon vor drei Jahren. Hie und da nehme ich ihn wieder zur Hand. Erst gestern las ich das Leben des Epaminondas.«

»Ja, ja, dieser Epaminondas!« sagte der Rat und trommelte auf den Tisch. »Er muß ein sehr interessanter Mensch gewesen sein.«

»Hast du ihn daheim?« fragte mich meine Mutter, »sprich doch ein bißchen mit Fräulein Gretchen darüber, damit sie sieht, wie weit du bist.«

»Wir haben keinen Epaminondas nicht gelesen,« knurrte ich.

»Dann hattet ihr den Alcibiades oder so etwas. Cornelius Nepos ist ja sehr leicht. Aber wenn du *wirklich* in die fünfte Klasse kommst, beginnen die Schwierigkeiten.«

Ich beschloß, ihr dieses »wirklich« einzutränken, und leistete heimlich einen Eid, daß ich sie verhauen wollte, bei der ersten Gelegenheit.

Vorläufig saß ich grimmig da und redete kein Wort. Es wäre auch nicht möglich gewesen, denn das Frauenzimmer war jetzt im Gang und mußte ablaufen wie eine Spieluhr.

Sie bewarf meine Mutter mit lateinischen Namen und ließ die arme Frau nicht mehr zu Atem kommen; sie leerte sich ganz aus, und ich glaube, daß nichts mehr in ihr darin war, als sie endlich aufhörte.

Papa und Mama Vollbeck versuchten, das Wundermädchen noch einmal aufzuziehen, aber es hatte keine Luft mehr und ging schnell weg, um die Scheologie weiter zu studieren.

Wir blieben schweigend zurück. Die glücklichen Eltern betrachteten die Wirkung, welche das alles auf meine Mutter gemacht hatte, und fanden es recht und billig, daß sie vollkommen breitgequetscht war. –

Sie nahm in gedrückter Stimmung Abschied von den Vollbeckschen und verließ mit mir den Garten.

Erst als wir daheim waren, fand sie ihre Sprache wieder. Sie strich mir zärtlich über den Kopf und sagte: »Armer Junge, du wirst das nicht durchmachen können.«

Ich wollte sie trösten und ihr alles versprechen, aber sie schüttelte nur den Kopf.

»Nein, nein, Ludwig, das wird nicht gehen.«

Es ist dann doch gegangen, weil meine Schwester bald darauf den Professor Bindinger geheiratet hat.

Meine erste Liebe

An den Sonntagen durfte ich immer zu Herrn von Rupp kommen und bei ihm Mittag essen. Er war ein alter Jagdfreund von meinem Papa und hatte schon viele Hirsche bei uns geschossen. Es war sehr schön bei ihm. Er behandelte mich beinahe wie einen Herrn, und wenn das Essen vorbei war, gab er mir immer eine Zigarre und sagte: »Du kannst es schon vertragen. Dein Vater hat auch geraucht wie eine Lokomotive.« Da war ich sehr stolz.

Die Frau von Rupp war eine furchtbar noble Dame, und wenn sie redete, machte sie einen spitzigen Mund, damit es hochdeutsch wurde. Sie ermahnte mich immer, daß ich nicht Nägel beißen soll und eine gute Aussprache habe. Dann war noch eine Tochter da. Die war sehr schön und roch so gut. Sie gab nicht acht auf mich, weil ich erst vierzehn Jahre alt war, und redete immer von Tanzen und Konzert und einem gottvollen Sänger. Dazwischen erzählte sie, was in der Kriegsschule passiert war. Das hatte sie von den Fähnrichen gehört, die immer zu Besuch kamen und mit den Säbeln über die Stiege rasselten.

Ich dachte oft, wenn ich nur auch schon ein Offizier wäre, weil ich ihr dann vielleicht gefallen hätte, aber so behandelte sie mich wie einen dummen Buben und lachte immer dreckig, wenn ich eine Zigarre von ihrem Papa rauchte.

Das ärgerte mich oft, und ich unterdrückte meine Liebe zu ihr und dachte, wenn ich größer bin und als Offizier nach einem Kriege heimkomme, würde sie vielleicht froh sein. Aber dann möchte ich nicht mehr. Sonst war es aber sehr nett bei Herrn von Rupp, und ich freute mich furchtbar auf jeden Sonntag und auf das Essen und auf die Zigarre.

Der Herr von Rupp kannte auch unsern Rektor und sprach öfter mit ihm, daß er mich gern in seiner Familie habe, und daß ich schon noch ein ordentlicher Jägersmann werde, wie mein Vater. Der Rektor muß mich aber nicht gelobt haben, denn Herr von Rupp sagte öfter zu mir: »Weiß der Teufel, was du treibst. Du mußt ein verdammter Holzfuchs sein, daß deine Professoren so auf dich loshacken. Mach es nur nicht zu arg.« Da ist auf einmal etwas passiert.

Das war so. Immer wenn ich um acht Uhr früh in die Klasse ging, kam die Tochter von unserem Hausmeister, weil sie in das Institut mußte.

Sie war sehr hübsch und hatte zwei große Zöpfe mit roten Bändern daran und schon einen Busen. Mein Freund Raithel sagte auch immer, daß sie gute Potenzen habe und ein feiner Backfisch sei.

Zuerst traute ich mich nicht, sie zu grüßen; aber einmal traute ich mich doch, und sie wurde ganz rot. Ich merkte auch, daß sie auf mich wartete, wenn ich später daran war. Sie blieb vor dem Hause stehen und schaute in den Buchbinderladen hinein, bis ich kam. Dann lachte sie freundlich, und ich nahm mir vor, sie anzureden.

Ich brachte es aber nicht fertig vor lauter Herzklopfen; einmal bin ich ganz nahe an sie hingegangen, aber wie ich dort war, räusperte ich bloß und grüßte. Ich war ganz heiser geworden und konnte nicht reden.

Der Raithel lachte mich aus und sagte, es sei doch gar nichts dabei, mit einem Backfisch anzubinden. Er könnte jeden Tag drei ansprechen, wenn er möchte, aber sie seien ihm alle zu dumm.

Ich dachte viel darüber nach, und wenn ich von ihr weg war, meinte ich auch, es sei ganz leicht. Sie war doch bloß die Tochter von einem Hausmeister, und ich war schon in der fünften Lateinklasse. Aber wenn ich sie sah, war es ganz merkwürdig und ging nicht. Da kam ich auf eine gute Idee. Ich schrieb einen Brief an sie, daß ich sie liebte, aber daß ich fürchte, sie wäre beleidigt, wenn ich sie anspreche und es ihr gestehe. Und sie sollte ihr Sacktuch in der Hand tragen und an den Mund führen, wenn es ihr recht wäre.

Den Brief steckte ich in meinen Caesar, De bello gallico, und ich wollte ihn hergeben, wenn ich sie in der Frühe wieder sah.

Aber das war noch schwerer.

Am ersten Tag probierte ich es gar nicht; dann am nächsten Tag hatte ich den Brief schon in der Hand, aber wie sie kam, steckte ich ihn schnell in die Tasche.

Raithel sagte mir, ich solle ihn einfach hergeben und fragen, ob sie ihn verloren habe. Das nahm ich mir fest vor, aber am nächsten Tag war ihre Freundin dabei, und da ging es wieder nicht.

Ich war ganz unglücklich und steckte den Brief wieder in meinen Cäsar.

Zur Strafe, weil ich so furchtsam war, gab ich mir das Ehrenwort, daß ich sie jetzt anreden und ihr alles sagen und noch dazu den Brief geben wolle.

Raithel sagte, ich müsse jetzt, weil ich sonst ein Schuft wäre. Ich sah es ein und war fest entschlossen.

Auf einmal wurde ich aufgerufen und sollte weiterfahren. Weil ich aber an die Marie gedacht hatte, wußte ich nicht einmal das Kapitel, wo wir standen, und da kriegte ich einen brennroten Kopf. Dem Professor fiel das auf, da er immer Verdacht gegen mich hatte, und er ging auf mich zu.

Ich blätterte hastig herum und gab meinem Nachbar einen Tritt. »Wo stehen wir? Herrgottsakrament!« Der dumme Kerl flüsterte so leis, daß ich es nicht verstehen konnte, und der Professor war schon an meinem Platz. Da fiel auf einmal der Brief aus meinem Cäsar und lag am Boden.

Er war auf Rosapapier geschrieben und mit einem wohlriechenden Pulver bestreut.

Ich wollte schnell mit dem Fuße darauf treten, aber es ging nicht mehr. Der Professor bückte sich und hob ihn auf.

Zuerst sah er mich an und ließ seine Augen so weit heraushängen, daß man sie mit einer Schere hätte abschneiden können. Dann sah er den Brief an und roch daran, und dann nahm er ihn langsam heraus. Dabei schaute er mich immer durchbohrender an und man merkte, wie es ihn freute, daß er etwas erwischt hatte.

Er las zuerst laut vor der ganzen Klasse.

»Innig geliebtes Fräulein! Schon oft wollte ich mich Ihnen nahen, aber ich traute mich nicht, weil ich dachte, es könnte Sie beleidigen.«

Dann kam er an die Stelle vom Sacktuch, und da murmelte er bloß mehr, daß es die andern nicht hören konnten.

Und dann nickte er mit dem Kopfe auf und ab, und dann sagte er ganz langsam:

»Unglücklicher, gehe nach Hause. Du wirst das Weitere hören.«

Ich war so zornig, daß ich meine Bücher an die Wand schmeißen wollte, weil ich ein solcher Esel war. Aber ich dachte, daß mir doch nichts geschehen könnte. Es stand nichts Schlechtes in dem Brief; bloß daß ich verliebt war. Das geht doch den Professor nichts an.

Aber es kam ganz dick.

Am nächsten Tag mußte ich gleich zum Rektor. Der hatte sein großes Buch dabei, wo er alles hineinstenographierte, was ich sagte. Zuerst fragte er mich, an wen der Brief sei. Ich sagte, er sei an gar niemand. Ich hätte es bloß so geschrieben aus Spaß. Da sagte er, das sei eine infame Lüge, und ich wäre nicht bloß schlecht, sondern auch feig.

Da wurde ich zornig und sagte, daß in dem Briefe gar nichts Gemeines darin sei, und es wäre ein braves Mädchen. Da lachte er, daß man seine zwei gelben Stockzähne sah, weil ich mich verraten hatte. Und er fragte immer nach dem Namen. Jetzt war mir alles gleich, und ich sagte, daß kein anständiger Mann den Namen verrät, und ich täte es niemals. Da schaute er mich recht falsch an und schlug sein Buch zu. Dann sagte er: »Du bist eine verdorbene Pflanze in unserem Garten. Wir werden dich ausreißen. Dein Lügen hilft dir gar nichts; ich weiß recht wohl, an wen der Brief ist. Hinaus!«

Ich mußte in die Klasse zurückgehen, und am Nachmittag war Konferenz. Der Rektor und der Religionslehrer wollten mich dimittieren. Das hat mir der Pedell gesagt. Aber die andern halfen mir, und ich bekam acht Stunden Karzer. Das hätte mir gar nichts gemacht, wenn nicht das andere gewesen wäre.

Ich kriegte einige Tage darauf einen Brief von meiner Mama. Da lag ein Brief von Herrn von Rupp bei, daß es ihm leid täte, aber er könne mich nicht mehr einladen, weil ihm der Rektor mitteilte, daß ich einen dummen Liebesbrief an seine Tochter geschrieben habe. Er mache sich nichts daraus, aber ich hätte sie doch kompromittiert. Und meine Mama schrieb, sie wüßte nicht, was noch aus mir wird.

Ich war ganz außer mir über die Schufterei; zuerst weinte ich, und dann wollte ich den Rektor zur Rede stellen; aber dann überlegte ich es und ging zu Herrn von Rupp.

Das Mädchen sagte, es sei niemand zu Hause, aber das war nicht wahr, weil ich heraußen die Stimme der Frau von Rupp gehört habe. Ich kam noch einmal, und da war Herr von Rupp da. Ich erzählte ihm alles ganz genau, aber wie ich fertig war, drückte er das linke Auge zu und sagte: »Du bist schon ein verdammter Holzfuchs. Es liegt mir ja gar nichts daran, aber meiner Frau.« Und dann gab er mir eine Zigarre und sagte, ich solle nun ganz ruhig heimgehen.

Er hat mir kein Wort geglaubt und hat mich nicht mehr eingeladen, weil man es nicht für möglich hält, daß ein Rektor lügt.

Man meint immer, der Schüler lügt.

Ich habe mir das Ehrenwort gegeben, daß ich ihn durchhaue, wenn ich auf die Universität komme, den kommunen Schuften.

Ich bin lange nicht mehr lustig gewesen. Und einmal bin ich

dem Fräulein von Rupp begegnet. Sie ist mit ein paar Freundinnen gegangen, und da haben sie sich mit den Ellenbogen angestoßen und haben gelacht. Und sie haben sich noch umgedreht und immer wieder gelacht.

Wenn ich auf die Universität komme und Korpsstudent bin, und wenn sie mit mir tanzen wollen, lasse ich die Schneegänse einfach sitzen.

Das ist mir ganz wurscht.

Der Meineid

Werners Heinrich sagte, seine Mama hat ihm den Umgang mit mir verboten, weil ich so was Rohes in meinem Benehmen habe, und weil ich doch bald davon gejagt werde. Ich sagte zu Werners Heinrich, daß ich auf seine Mama pfeife, und ich bin froh, wenn ich nicht mehr hin muß, weil es in seinem Zimmer so muffelt.

Dann sagte er, ich bin ein gemeiner Kerl, und ich gab ihm eine feste auf die Backe und ich schmiß ihn an den Ofenschirm, daß er hinfiel.

Und dann war ihm ein Zahn gebrochen, und die Samthose hatte ein großes Loch über dem Knie.

Am Nachmittag kam der Pedell in unsere Klasse und meldete, daß ich zum Herrn Rektor hinunter soll.

Ich ging hinaus und schnitt bei der Türe eine Grimasse, daß alle lachen mußten. Es hat mich aber keiner verschuftet, weil sie schon wußten, daß ich es ihnen heimzahlen würde. Werners Heinrich hat es nicht gesehen, weil er daheim blieb, weil er den Zahn nicht mehr hatte.

Sonst hätte er mich schon verschuftet.

Ich mußte gleich zum Herrn Rektor hinein, der mich mit seinen grünen Augen sehr scharf ansah.

»Da bist du schon wieder, ungezogener Bube,« sagte er, »wirst du uns nie von deiner Gegenwart befreien?«

Ich dachte mir, daß ich sehr froh sein möchte, wenn ich den ekelhaften Kerl nicht mehr sehen muß, aber er hatte mich doch selber gerufen.

»Was willst du eigentlich werden?« fragte er, »du verrohtes Subjekt? Glaubst du, daß du jemals die humanistischen Studien vollenden kannst?«

Ich sagte, daß ich das schon glaube. Da fuhr er mich aber an, und schrie so laut, daß es der Pedell draußen hörte und es allen erzählte. Er sagte, daß ich eine Verbrechernatur habe, und eine katilinarische Existenz bin, und daß ich höchstens ein gemeiner Handwerker werde, und daß schon im Altertum alle verworfenen Menschen so angefangen haben wie ich.

»Der Herr Ministerialrat Werner war bei mir,« sagte er, »und schilderte mir den bemitleidenswerten Zustand seines Sohnes,« und dann gab er mir sechs Stunden Karzer als Rektoratsstrafe wegen entsetzlicher Roheit. Und meine Mutter bekam eine Rechnung vom Herrn Ministerialrat, daß sie achtzehn Mark bezahlen mußte für die Hose.

Sie weinte sehr stark, nicht wegen dem Geld, obwohl sie fast keines hatte, sondern weil ich immer wieder was anfange. Ich ärgerte mich furchtbar, daß meine Mutter so viel Kummer hatte und nahm mir vor, daß es Werners Heinrich nicht gut gehen soll.

Die zerrissene Hose hat uns der Herr Ministerialrat nicht gegeben, obwohl er eine neue verlangte.

Am nächsten Sonntag nach der Kirche wurde ich auf dem Rektorat eingesperrt. Das war fad.

In dem Zimmer waren die zwei Söhne vom Herrn Rektor. Der eine mußte übersetzen und hatte lauter dicke Bücher auf seinem Tische, in denen er nachschlagen mußte. Jedesmal, wenn sein Vater hereinkam, blätterte er furchtbar schnell um und fuhr mit dem Kopfe auf und ab.

»Was suchst du, mein Sohn?« fragte der Rektor. Er antwortete nicht gleich, weil er ein Trumm Brot im Munde hatte. Er schluckte es aber doch hinunter und sagte, daß er ein griechisches Wort suche, welches er nicht finden kann.

Es war aber nicht wahr; er hatte gar nicht gesucht, weil er immer Brot aus der Tasche aß. Ich habe es ganz gut gesehen.

Der Rektor lobte ihn aber doch und sagte, daß die Götter den Schweiß vor die Tugend hinstellen, oder so was.

Dann ging er zum andern Sohn, welcher an einer Staffelei stand und zeichnete. Das Bild war schon beinah fertig. Es war eine Landschaft mit einem See und viele Schiffe darauf. Die Frau Rektor kam auch herein und sah es an, und der Rektor war sehr lustig. Er sagte, daß es bei dem Schlußfeste ausgestellt wird, und daß alle Besucher sehen können, daß die schönen Künste gepflegt werden.

Dann gingen sie, und die zwei Söhne gingen auch, weil es zum Essen Zeit war. Ich mußte allein bleiben und bekam nichts zu essen.

Ich machte mir aber nichts daraus, weil ich eine Salami bei mir hatte, und ich dachte mir, daß die zwei dürren Rektorssöhne froh wären, wenn sie so viel kriegten.

Der Ältere stellte sein Bild an das Fenster im Nebenzimmer. Das sah ich genau. Ich wartete, bis alle draußen waren, und las dann die Geschichte vom schwarzen Apachenwolf weiter, die ich heimlich dabei hatte.

Um vier Uhr wurde ich herausgelassen vom Pedell. Er sagte: »So, diesmal warst du aber feste drin.« Ich sagte: »Das macht mir gar nichts.« Es machte mir aber schon etwas, weil es so furchtbar fad war. Am Montagnachmittag kam der Rektor in die Klasse und hatte einen ganz roten Kopf.

Er schrie, gleich wie er herin war: »Wo ist der Thoma?« Ich stand auf. Dann ging es an. Er sagte, ich habe ein Verbrechen begangen, welches in den Annalen der Schule unerhört ist, eine herostratische Tat, die gleich nach dem Brande des Dianatempels kommt. Und ich kann meine Lage nur durch ein reumütiges Geständnis einigermaßen verbessern.

Dabei riß er den Mund auf, daß man seine abscheulichen Zähne sah, und spuckte furchtbar und rollte seine Augen.

Ich sagte: »Ich weiß nichts; ich habe doch gar nichts getan.« Er hieß mich einen verruchten Lügner, der den Zorn des Himmels auf sich zieht. Aber ich sagte: »Ich weiß doch gar nichts.« Und dann fragte er alle in der Klasse, ob sie nichts gegen mich aussagen können, aber niemand wußte nichts.

Und dann sagte er es unserm Professor. In der Frühe sah man, daß im Zimmer neben dem Rektorat das Fenster eingeschmissen war, und ein großer Stein lag am Boden, der war auch durch das Bild gegangen, welches der Sohn gemalt hatte, und es war kaputt und lag auf dem Boden.

Unser Professor war ganz entsetzt, und sein Bart und seine

Haare standen in die Höhe. Er fuhr auf mich los und brüllte: »Gestehe es, Verruchter, hast du diese schändliche Tat begangen?« Ich sagte, ich weiß doch gar nichts, das wird mir schon zu arg, daß ich alles getan haben muß.

Der Rektor schrie wieder: »Wehe dir, dreimal wehe! Wenn ich dich entdecke! Es kommt doch an die Sonne.«

Und dann ging er hinaus. Und nach einer Stunde kam der Pedell und holte mich auf das Rektorat. Da war schon unser Religionslehrer da und der Rektor. Das Bild lag auf einem Stuhl und der Stein auch. Davor stand ein kleiner Tisch. Der war mit einem schwarzen Tuch bedeckt, und zwei brennende Kerzen waren da und ein Kruzifix.

Der Religionslehrer legte seine Hand auf meinen Kopf und tat recht gütig, obwohl er mich sonst gar nicht leiden konnte.

»Du armer, verblendeter Junge,« sagte er, »nun schütte dein Herz aus und gestehe mir alles. Es wird dir wohl tun und dein Gewissen erleichtern.«

»Und es wird deine Lage verbessern,« sagte der Rektor.

»Ich war es doch gar nicht. Ich habe doch gar kein Fenster nicht hineingeschmissen,« sagte ich.

Der Religionslehrer sah jetzt sehr böse aus. Dann sagte er zum Rektor: »Wir werden jetzt sofort Klarheit haben. Das Mittel hilft bestimmt.« Er führte mich zum Tische, vor die Kerzen hin, und sagte furchtbar feierlich:

»Nun frage ich dich vor diesen brennenden Lichtern. Du kennst die schrecklichen Folgen des Meineides vom Religionsunterrichte. Ich frage dich: Hast du den Stein hereingeworfen? Ja – oder nein?«

»Ich habe doch gar keinen Stein nicht hineingeschmissen,« sagte ich.

»Antworte ja – oder nein, im Namen alles Heiligen!«

»Nein,« sagte ich. Der Religionslehrer zuckte die Achseln und sagte: »Nun war er es doch nicht. Der Schein trügt.«

Dann schickte mich der Rektor fort.

Ich bin recht froh, daß ich gelogen habe und nichts eingestand, daß ich am Sonntagabend den Stein hineinschmiß, wo ich wußte, daß das Bild war. Denn ich hätte meine Lage gar nicht verbessert und wäre davongejagt worden. Das sagte der Rektor bloß so. Aber ich bin nicht so dumm.

Onkel Franz

Da bekam meine Mutter einen Brief von Onkel Franz, welcher ein pensionierter Major war. Und sie sagte, daß sie recht froh ist, weil der Onkel schrieb, er will schon einen ordentlichen Menschen aus mir machen, und es kostet achtzig Mark im Monat. Dann mußte ich in die Stadt, wo Onkel wohnte. Das war sehr traurig. Es war über vier Stiegen, und es waren lauter hohe Häuser herum und kein Garten.

Ich durfte nie spielen, und es war überhaupt niemand da. Bloß der Onkel Franz und die Tante Anna, welche den ganzen Tag herumgingen und achtgaben, daß nichts passierte. Aber der Onkel war so streng zu mir und sagte immer, wenn er mich sah: »Warte nur, du Lausbub, ich krieg dich schon noch.«

Vom Fenster aus konnte man auf die Straße hinunterspucken, und es klatschte furchtbar, wenn es daneben ging. Aber wenn man die Leute traf, schauten sie zornig herum und schimpften abscheulich. Da habe ich oft gelacht, aber sonst war es gar nicht lustig.

Der Professor konnte mich nicht leiden, weil er sagte, daß ich einen sehr schlechten Ruf mitgebracht hatte.

Es war aber nicht wahr, denn das schlechte Zeugnis war bloß deswegen, weil ich der Frau Rektor ein Brausepulver in den Nachthafen getan hatte.

Das war aber schon lang, und der Professor hätte mich nicht so schinden brauchen. Der Onkel Franz hat ihn gut gekannt und ist oft hingegangen zu ihm.

Dann haben sie ausgemacht, wie sie mich alle zwei erwischen können.

Wenn ich wieder von der Schule heimkam, mußte ich mich gleich wieder hinsetzen und die Aufgaben machen.

Der Onkel schaute mir immer zu und sagte: »Machst du es wieder recht dumm? Wart' nur, du Lausbub, ich komm' dir schon noch.«

Einmal mußte ich eine Arithmetikaufgabe machen. Die brachte ich nicht zusammen, und da fragte ich den Onkel, weil er zu meiner Mutter gesagt hatte, daß er mir nachhelfen will. Und die Tante hat auch gesagt, daß der Onkel so gescheit ist, und daß ich viel lernen kann bei ihm.

Deswegen habe ich ihn gebeten, daß er mir hilft, und er hat sie dann gelesen und gesagt: »Kannst du schon wieder nichts, du nichtsnutziger Lausbub? Das ist doch ganz leicht.«

Und dann hat er sich hingesetzt und hat es probiert. Es ging aber gar nicht schnell. Er rechnete den ganzen Nachmittag, und wie ich ihn fragte, ob er es noch nicht fertig hat, schimpfte er mich fürchterlich und war sehr grob.

Erst vor dem Essen brachte er mir die Rechnung und sagte: »Jetzt kannst du es abschreiben; es war doch ganz leicht, aber ich habe noch etwas anderes tun müssen, du Dummkopf.«

Ich habe es abgeschrieben und dem Professor gegeben. Am Donnerstag kam die Aufgabe heraus, und ich meinte, daß ich einen Einser kriege. Es war aber wieder ein Vierer, und das ganze Blatt war rot, und der Professor sagte: »So eine dumme Rechnung kann bloß ein Esel machen.«

»Das war mein Onkel,« sagte ich, »der hat es gemacht, und ich habe es bloß abgeschrieben.« Die ganze Klasse hat gelacht, und der Professor wurde aber rot.

»Du bist ein gemeiner Lüger,« sagte er, »und du wirst noch im Zuchthaus enden.« Dann sperrte er mich zwei Stunden ein. Der Onkel wartete schon auf mich, weil er mich immer durchhaute, wenn ich eingesperrt war. Ich schrie aber gleich, daß er schuld ist, weil er die Rechnung so falsch gemacht hat, und daß der Professor gesagt hat, so was kann bloß ein Esel machen.

Da haute er mich erst recht durch, und dann ging er fort. Der Greither Heinrich, mein Freund, hat ihn gesehen, wie er auf der Straße mit dem Professor gegangen ist, und wie sie immer stehen blieben und der Onkel recht eifrig geredet hat.

Am nächsten Tag hat mich der Professor aufgerufen und sagte: »Ich habe deine Rechnung noch einmal durchgelesen; sie ist ganz richtig, aber nach einer alten Methode, welche es nicht mehr gibt. Es schadet dir aber nichts, daß du eingesperrt warst, weil du es eigentlich immer verdienst, und weil du beim Abschreiben Fehler gemacht hast.«

Das haben sie miteinander ausgemacht, denn der Onkel sagte gleich, wie ich heimkam: »Ich habe mit deinem Professor gesprochen. Die Rechnung war schon gut, aber du hast beim Abschreiben nicht aufgepaßt, du Lausbub.«

Ich habe schon aufgepaßt, es war nur ganz falsch.

Aber meine Mutter schrieb mir, daß ihr der Onkel geschrieben hat, daß er mir nicht mehr nachhelfen kann, weil ich die einfachsten Rechnungen nicht abschreiben kann, und weil er dadurch in Verlegenheit kommt.

Das ist ein gemeiner Mensch.

Der Kindlein

Unser Religionslehrer heißt Falkenberg.

Er ist klein und dick und hat eine goldene Brille auf.

Wenn er was Heiliges redet, zwickt er die Augen zu und macht seinen Mund spitzig.

Er faltet immer die Hände und ist recht sanft und sagt zu uns: »ihr Kindlein«.

Deswegen haben wir ihn den Kindlein geheißen.

Er ist aber gar nicht so sanft. Wenn man ihn ärgert, macht er grüne Augen wie eine Katze und sperrt einen viel länger ein, wie unser Klaßprofessor.

Der schimpft einen furchtbar und sagt »mistiger Lausbub«, und zu mir hat er einmal gesagt, er haut das größte Loch in die Wand mit meinem Kopf.

Meinen Vater hat er gut gekannt, weil er im Gebirg war und einmal mit ihm auf die Jagd gehen durfte. Ich glaube, er kann mich deswegen gut leiden und läßt es sich bloß nicht merken.

Wie mich der Merkel verschuftet hat, daß ich ihm eine hineingehaut habe, hat er mir zwei Stunden Arrest gegeben. Aber wie alle fort waren, ist er auf einmal in das Zimmer gekommen und hat zu mir gesagt: »Mach daß du heimkommst, du Lauskerl, du grober! Sonst wird die Supp' kalt.«

Er heißt Gruber.

Aber der Falkenberg schimpft gar nicht.

Ich habe ihm einmal seinen Rock von hinten mit Kreide angeschmiert. Da haben alle gelacht, und er hat gefragt: »Warum lacht ihr, Kindlein?«

Es hat aber keiner etwas gesagt; da ist er zum Merkel hingegangen und hat gesagt: »Du bist ein gottesfürchtiger Knabe, und ich glaube, daß du die Lüge verabscheust. Sprich offen, was hat es gegeben?«

Und der Merkl hat ihm gezeigt, daß er voll Kreide hinten ist, und daß ich es war.

Der Falkenberg ist ganz weiß geworden im Gesicht und ist schnell auf mich hergegangen. Ich habe gemeint, jetzt krieg' ich eine hinein, aber er hat sich vor mich hingestellt und hat die Augen zugezwickt.

Dann hat er gesagt: »Armer Verlorener! Ich habe immer Nachsicht gegen dich geübt, aber ein räudiges Schaf darf nicht die ganze Herde anstecken.«

Er ist zum Rektor gegangen, und ich habe sechs Stunden Karzer gekriegt. Der Pedell hat gesagt, ich wäre dimittiert geworden, wenn mir nicht der Gruber so geholfen hätte. Der Falkenberg hat darauf bestanden, daß ich dimittiert werde, weil ich das Priesterkleid beschmutzt habe. Aber der Gruber hat gesagt, es ist bloß Übermut, und er will meiner Mutter schreiben, ob er mir nicht ein paar herunterhauen darf. Dann haben ihm die andern recht gegeben, und der Falkenberg war voll Zorn.

Er hat es sich nicht ankennen lassen, sondern er hat das nächstemal in der Klasse zu mir gesagt: »Du hast gesündigt, aber es ist dir verziehen. Vielleicht wird dich Gott in seiner unbeschreiblichen Güte auf den rechten Weg führen.«

Die sechs Stunden habe ich brummen müssen, und der Falkenberg hat mich nicht mehr aufgerufen; er ist immer an mir vorbeigegangen und hat getan, als wenn er mich nicht sieht.

Den Fritz hat er auch nicht leiden können, weil er mein bester Freund ist und immer lacht, wenn er »Kindlein« sagt. Er hat ihn schon zweimal deswegen eingesperrt, und da haben wir gesagt, wir müssen dem Kindlein etwas antun. Der Fritz hat gemeint, wir müssen ihm einen Pulverfrosch in den Katheder legen; aber das geht nicht, weil man es sieht. Dann haben wir ihm Schusterpech auf den Sessel geschmiert. Er hat sich aber die ganze Stunde nicht darauf gesetzt, und dann ist der Schreiblehrer Bogner gekommen und ist hängen geblieben.

Das war auch recht, aber für den Kindlein hätte es mich besser gefreut.

Der Fritz wohnt bei dem Malermeister Burkhard und hat

ihm eine grüne Ölfarbe genommen, wie der Katheder ist. Die haben wir vor der Religionsstunde geschwind hingestrichen, wo er den Arm auflegt.

Da hat es auf einmal geheißen, der Falkenberg ist krank und wir haben Geographie dafür. Da ist der Professor Ulrich eingegangen, weil er voll Farbe geworden ist, und er hat den Pedell furchtbar geschimpft, daß er nichts hinschreibt, wenn frisch gestrichen ist.

Der Kindlein ist uns immer ausgekommen, aber wir haben nicht ausgelassen.

Einmal ist er in die Klasse gekommen mit dem Rektor und hat sich auf den Katheder gestellt. Dann hat er gesagt: »Kindlein, freuet euch! Ich habe eine herrliche Botschaft für euch. Ich habe lange gespart, und jetzt habe ich für unsere geliebte Studienkirche die Statue des heiligen Aloysius gekauft, weil er das Vorbild der studierenden Jugend ist. Er wird von dem Postament zu euch hinunterschauen und ihr werdet zu ihm hinaufschauen. Das wird euch stärken.«

Dann hat der Rektor gesagt, daß es unbeschreiblich schön ist von dem Falkenberg, daß er die Statue gekauft hat, und daß unser Gymnasium sich freuen muß. Am Samstag kommt der Heilige, und wir müssen ihn abholen, wo die Stadt anfangt, und am Sontag ist die Enthüllungsfeier.

Da sind sie hinausgegangen und haben es in den anderen Klaßzimmer gesagt. Und ich und der Fritz sind miteinander heimgegangen.

Da hat der Fritz gesagt, daß der Kindlein es mit Fleiß getan hat, daß wir den Aloysius am Samstagnachmittag holen müssen, weil er uns nicht gönnt, daß wir frei haben. Ich habe auch geschimpft und habe gesagt, ich möchte, daß der Wagen umschmeißt.

Dem Fritz sein Hausherr hat es schon gewußt, weil es in der Zeitung gestanden ist.

Er kann uns gut leiden und redet oft mit uns und schenkt uns eine Zigarre.

Auf den Falkenberg hat er einen Zorn, weil er glaubt, daß sein Pepi wegen dem Falkenberg die Prüfung in die Lateinschule nicht bestanden hat. Ich glaube aber, daß der Pepi zu dumm ist.

Der Hausherr hat gelacht, daß so viel in der Zeitung gestanden ist von dem Heiligen. Er hat gesagt, daß er von Gips ist und daß er ihn nicht geschenkt möchte. Er ist von Mühldorf. Da ist er schon lang gestanden, und niemand hat ihn mögen. Vielleicht hat ihn der Steinmetz hergeschenkt, aber der Falkenberg macht sich schön damit und tut, als wenn er viel gekostet hat. Das ist ein scheinheiliger Tropf, hat der Hausherr gesagt, und wir haben auch geschimpft über den Kindlein.

Dann ist der Samstag gekommen. Das ganze Gymnasium ist aufgestellt worden, und dann haben wir durch die Stadt gehen müssen. Vorne ist der Rektor mit dem Falkenberg gegangen, und dann sind die Professoren gekommen. Der Gruber war nicht dabei, weil er Protestant ist. Oben auf dem Berg ist ein Wirtshaus, wo die Straße von Mühldorf herkommt. Da haben wir gehalten und haben gewartet. Ein halbe Stunde haben wir stehen müssen, bis der Pedell daher gelaufen ist und hat geschrien: »Jetzt bringen sie ihn.«

Da ist ein Leiterwagen gekommen, da war eine große Kiste darauf.

Der Falkenberg ist hingegangen und hat den Fuhrmann gefragt, ob er von Mühldorf ist und den heiligen Aloysius dabei hat. Der Fuhrmann hat gesagt ja, und er hat einen in der Kiste. Da hat sich der Kindlein geärgert, daß der Wagen so schlecht aussieht und keine Tannenbäume darauf sind.

Aber der Fuhrmann hat gesagt, das geht ihn nichts an, er tut bloß, was ihm sein Herr anschafft.

Da haben wir hinter dem Wagen hergehen müssen, und die Glocken von der Studienkirche haben geläutet, bis wir dort waren.

Vor der Kirche hat der Fuhrmann gehalten, und er hat die Kiste herunter tun wollen.

Aber der Falkenberg hat ihn nicht lassen. Die vier Größten von der Oberklasse mußten sie heruntertun und in die Sakristei tragen. Das war der Pointner und der Reichenberger, die andern zwei habe ich nicht gekannt.

Wir haben gehen dürfen, und das Läuten hat aufgehört. Bloß die vier Oberklaßler mußten dabei sein, wie der Heilige aufgestellt wurde; die anderen nicht, weil erst morgen die Einweihung war. Wir haben aber gewußt, wo er hingestellt wird.

Bei dem dritten Fenster, weil dort das Postament war und Blumen herum.

Der Fritz und ich sind heimgegangen; zuerst war der Friedmann Karl dabei. Da hat der Fritz gesagt, er muß noch viel büffeln auf den Montag, weil er die dritte Konjugation noch nicht gelernt hat.

»Die haben wir ja gar nicht auf,« hat der Friedmann gesagt.

»Freilich haben wir sie aufgekriegt. Der Gruber hat es ganz deutlich gesagt,« hat der Fritz gesagt. Da ist dem Friedmann angst geworden, weil er immer furchtsam ist, und er ist der Erste.

Er ist gleich von uns weggelaufen, und der Fritz hat zu mir gesagt: »Jetzt haben wir unsere Ruhe vor ihm.«

Ich fragte, warum er ihn fortgeschickt hat, aber der Fritz wartete, bis niemand in der Nähe war. Dann sagte er, daß er jetzt weiß, wie wir den Kindlein darankriegen, und daß wir auf den Aloysius einen Stein hineinschmeißen.

Ich glaubte zuerst, er macht Spaß, aber es war ihm Ernst, und er sagte, daß er es allein tut, wenn ich nicht mithelfe.

Da habe ich versprochen, daß ich mittue, aber ich habe mich gefürchtet, denn wenn es aufkommt, ist alles hin.

Aber der Fritz hat gesagt, dann muß man es so machen, daß kein Mensch nichts merkt, und so eine Gelegenheit kriegen wir nicht mehr, daß wir dem Kindlein etwas antun, was er sich merkt.

Wir haben ausgemacht, daß wir uns um acht Uhr bei den zwei Kastanien an der Salzach treffen. Ich habe daheim gesagt, daß ich mit dem Fritz die dritte Konjugation lernen muß, und bin gleich nach dem Abendessen fort.

Es war schon dunkel, wie ich an die Kastanien hinkam, und ich war froh, daß mir niemand begegnet ist.

Der Fritz war schon da, und wir haben noch gewartet, bis es ganz dunkel war. Dann sind wir neben der Salzach gegangen; einmal haben wir Schritte gehört. Da sind wir hinter einen Busch gestanden und haben uns versteckt.

Es war der Notar; der geht immer spazieren und macht ein Gedicht in das Wochenblatt.

Er hat nichts gemerkt, und wir sind erst wieder vorgegangen, wie er schon weit weg war.

Das Gymnasium und die Studienkirche sind am Ende von der Stadt; es ist kein Mensch hinten, wenn es dunkel ist. Bloß der Pedell, aber er ist auch nicht hinten, sondern beim Sternbräu.

Wir sind hingekommen, und jeder hat einen Stein genommen.

Wir haben die Fenster noch gesehen. Das dritte war es. Der Fritz sagte zu mir: »Du mußt gut rechts schmeißen; wenn es an die Wand hingeht, prallt es schon hinein. Und du mußt halb so hoch schmeißen, wie das Fenster ist; ich probiere es höher, dann erwischt ihn schon einer.« »Es ist schon recht,« sagte ich, und dann haben wir geschmissen. Es hat stark gescheppert, und wir haben gewußt, daß wir das Fenster getroffen haben.

Gleich hinter dem Gymnasium sind Haselnußstauden; da haben wir uns versteckt und haben gehorcht. Es ist ganz still gewesen und der Fritz sagte: »Das ist fein gegangen. Jetzt müssen wir achtgeben, daß uns niemand gehen sieht.«

Wir sind schnell gelaufen, aber wenn wir etwas gehört haben, sind wir stehen geblieben. Es ist uns niemand begegnet, und beim Fritz seinem Hausherrn sind wir hinten über den Gartenzaun gestiegen und ganz still die Stiege hinaufgegangen.

Der Fritz hat sein Licht brennen lassen, daß sie glaubten, er ist daheim. Wir setzten uns an den Tisch und haben uns abgewischt, weil wir so schwitzten.

Auf einmal ist wer über die Treppe gegangen und hat geklopft.

Ich bin zum Fenster hingelaufen, weil ich noch ganz naß war, aber der Fritz hat seinen Kopf in die Hand gelegt und hat getan, als wenn er lernt.

Es war die Magd vom Expeditor Friedmann und sie hat gesagt, einen schönen Gruß vom Friedmann Karl, und er glaubt nicht, daß wir die dritte Konjugation aufhaben, weil er den Raithel gefragt hat und den Kranzler, und keiner hat etwas gewußt.

Der Fritz hat seinen Kopf nicht aufheben mögen, weil er auch so geschwitzt hat. Er hat gesagt, daß er es deutlich gehört hat, und er lernt die dritte Konjugation.

Da ist die Magd gegangen, und wir haben gehört, wie sie drunten zu der Frau Burkhard gesagt hat, daß der Fritz so fleißig lernt, und daß es grausam ist, wieviel man in der Schule lernen muß.

Am andern Tag ist Sonntag gewesen, und um acht Uhr war die Kirche und die Feier für den Aloysius.

Aber sie ist nicht gewesen.

Wie ich hingekommen bin, war alles schwarz vor der Türe, so viele Leute sind herumgestanden.

Um den Pedell ist ein großer Kreis gewesen, der Rektor ist daneben gestanden und der Falkenberg auch.

Sie haben geredet und dann haben sie zu dem Fenster hinaufgezeigt. Da waren zwei Löcher darin.

Ich habe den Raithel gefragt, was es gibt.

»Dem Aloysius is die Nasen weggehaut,« hat er gesagt.

»Haben s' ihn beim Aufstellen runterfallen lassen?« habe ich gefragt.

»Nein, es sind Steine hineingeflogen,« hat er gesagt.

Der Föckerer und der Friedmann und der Kranzler sind hergekommen. Der Föckerer macht sich immer gescheit, und er hat gesagt, daß er es zuerst gehört hat.

Er ist dabei gewesen, wie der Falkenberg gekommen ist, und der Pedell hat es ihm gezeigt. Da ist ein furchtbarer Spektakel gewesen, denn wie sie die Löcher in dem Fenster gesehen haben, sind sie hineingegangen, und da haben sie gesehen, daß von dem Aloysius seinem Kopf die Nase und der Mund weg waren, und unten ist alles voll Gips gewesen, und dann hat man zwei Steiner gefunden. Der Föckerer hat gesagt, wenn es aufkommt, wer es getan hat, glaubt er, daß man ihn köpft.

Der Pedell hat es gesagt. –

Ich habe mich nicht gerührt, und der Fritz auch nicht. Er hat nur zum Friedmann gesagt, daß er jetzt die dritte Konjugation kann.

Ich bin zu den Großen hingegangen, wo die Professoren gestanden sind. Der Pedell hat immer geredet.

Er erzählt alles immer wieder von vorne.

Er hat gesagt, daß er daheim war und nachgedacht hat, ob er vielleicht eine Halbe Bier trinken soll. Auf einmal hat seine Frau gesagt, es hat gescheppert, als wenn eine Fensterscheibe hin ist. Wo soll eine Fensterscheibe hin sein? hat er gefragt. Dann haben sie gehorcht, und er hat die Haustüre aufgemacht. Da ist ihm gewesen, als wenn er einen Schritt hört, und er ist in sein Zimmer und hat sein Gewehr geholt. Dann ist er heraus und hat dreimal »Wer da?« gerufen. Denn beim Militär hat er es so gelernt, wo er doch ein Feldwebel war. Und im Krieg haben sie es so gemacht, da ist immer einer Posten gestanden, und wenn er etwas Verdächtiges gehört hat, hat er »Wer da?« rufen müssen. Es hat sich aber nichts mehr gerührt, und er ist im Hofe dreimal herumgegangen und hat nichts gesehen. Und dann ist er zum Sternbräu gegangen, weil er gedacht hat, daß er eine Halbe Bier trinken muß. Er hat gesagt, wenn er einen gesehen hätte, dann hätte er geschossen, denn wenn einer keine Antwort nicht gibt auf »Wer da«, muß er erschossen werden.

Der Rektor hat ihn gefragt, ob er keinen Verdacht hat.

Da hat der Pedell gesagt, daß er schon einen hat, aber er hat mit den Augen geblinzelt und hat gesagt, daß er es noch nicht sagen darf, weil er ihn sonst nicht erwischt. Wenn nicht gleich so viele Leute herumgestanden wären, hat der Pedell gesagt, dann hätte er ihn vielleicht schon, weil er die Fußspuren gemessen hätte, aber jetzt ist alles verwischt.

Da hat ihn der Rektor gefragt, ob er glaubt, daß er ihn noch kriegt. Da hat der Pedell wieder mit den Augen geblinzelt und hat gesagt, daß er ihn noch erwischt, weil alle Verbrecher zweimal kommen und den Ort anschauen. Und er paßt jetzt die ganze Nacht mit dem Gewehr und schreit bloß einmal »Wer da?« und er schießt gleich.

Der Falkenberg hat gesagt, er will beten, daß der Verbrecher aufkommt, aber heute ist keine Kirche nicht, weil man den Aloysius wegräumen muß, und wir müssen heimgehen und auch beten, daß es offenbar wird. Da sind alle gegangen, aber ich bin noch stehen geblieben mit dem Friedmann und dem Raithel, weil der Pedell zu uns hergegangen ist und alles wieder erzählt hat, daß es schepperte und daß seine Frau es zuerst gehört hat.

Und er sagte, daß er den Verbrecher erwischt, und vor eine Woche ganz vorüber ist, erschießt er ihn, oder er schießt ihm vielleicht auf die Füße.

Ich bin zum Fritz gegangen und habe es erzählt. Da haben wir furchtbar lachen müssen.

Hernach ist eine große Untersuchung gewesen, und in jeder Klasse ist gefragt worden, ob keiner nichts weiß.

Und der Kindlein hat gesagt, daß er seinen Schülern keinen

Aloysius nicht mehr schenkt, bevor es nicht aufgekommen ist, wer es getan hat.

Wir haben jetzt vor der Religionsstunde immer ein Gebet sagen müssen zur Entdeckung eines gräßlichen Frevels.

Es hat aber nichts geholfen, und niemand weiß etwas, bloß ich und der Fritz wissen es.

In den Ferien

Es ist die große Vakanz gewesen, und sie hat schon vier Wochen gedauert. Meine Mutter hat oft geseufzt, daß wir so lange frei haben, weil alle Tage etwas passiert, und meine Schwester hat gesagt, daß ich die Familie in einen schlechten Ruf bringe.

Da ist einmal der Lehrer Wagner zu uns auf Besuch gekommen. Er kommt öfter, weil meine Mutter so viel vom Obst versteht, und er kann sich mit ihr unterhalten.

Er hat erzählt, daß seine Pfirsiche schön werden, und daß es ihm Freude macht.

Und dann hat er auch gesagt, daß die Volksschule in zwei Tagen schon wieder angeht und seine Vakanz vorbei ist.

Meine Mutter hat gesagt, sie möchte froh sein, wenn das Gymnasium auch schon angeht, aber sie muß es noch drei Wochen aushalten.

Der Lehrer sagte: »Ja, ja, es ist nicht gut, wenn die Burschen so lange frei haben. Sie kommen auf alles mögliche.«

Und dann ist er gegangen. Zufällig habe ich an diesem Tage eine Forelle gestohlen gehabt, und der Fischer ist zornig zu uns gelaufen und hat geschrien, er zeigt es an, wenn er nicht drei Mark dafür kriegt.

Da bin ich furchtbar geschimpft worden, aber meine Schwester hat gesagt: »Was hilft es? Morgen fängt er etwas anderes an, und kein Mensch mag mehr mit uns verkehren. Gestern hat mich der Amtsrichter so kalt gegrüßt, wie er vorbeigegangen ist. Sonst bleibt er immer stehen und fragt, wie es uns geht.«

Meine Mutter hat gesagt, daß etwas geschehen muß, sie weiß noch nicht, was.

Auf einmal ist ihnen eingefallen, ob ich vielleicht in der Vakanz in die Volksschule gehen kann, der Herr Lehrer tut ihnen gewiß den Gefallen.

Ich habe gesagt, das geht nicht, weil ich schon in die zweite Klasse von der Lateinschule komme, und wenn es die anderen erfahren, ist es eine furchtbare Schande vor meinen Kommilitonen. Lieber will ich nichts mehr anfangen und sehr fleißig sein.

Meine liebe Mutter sagte zu meiner Schwester:

»Du hörst es, daß er jetzt anders werden will, und wenn es für ihn doch so peinlich ist wegen der Kolimitonen, wollen wir noch einmal warten.«

Sie kann sich keine lateinischen Worte merken.

Ich war froh, daß es so vorbeigegangen ist, und ich habe mich recht zusammengenommen.

Einen Tag ist es gut gegangen, aber am Mittwoch habe ich es nicht mehr ausgehalten.

Neben uns wohnt der Geheimrat Bischof in der Sommerfrische. Seine Frau kann mich nicht leiden, und wenn ich bloß an den Zaun hinkomme, schreit sie zu ihrer Magd: »Elis, geben Sie acht, der Lausbube ist da.«

Sie haben eine Angorakatze; die darf immer dabei sitzen, wenn sie Kaffee trinken im Freien, und die Frau Geheimrat fragt: »Mag Miezchen ein bißchen Milch? Mag Miezchen vielleicht auch ein bißchen Honig?«

Als wenn sie ja sagen könnte oder ein kleines Kind wäre.

Am Mittwoch ist die Katze bei uns herüben gewesen, und unsere Magd hat sie gefüttert. Da habe ich sie genommen, wie es niemand gesehen hat, und habe sie eingesperrt im Stall, wo ich früher zwei Könighasen hatte.

Dann habe ich aufgepaßt, wie sie Kaffee getrunken haben. Die Frau Geheimrat war schon da und hat gerufen: »Miezi! Miezi! Elis, haben Sie Miezchen nicht gesehen?«

Aber die Magd hat es nicht gewußt, und sie haben sich hingesetzt, und ich habe hinter dem Vorhang hinübergeschaut.

Dann hat die Frau Geheimrat zu ihrem Mann gesagt: »Eugen, hast du Miezchen nicht gesehen?«

Und er hat gesagt: »Vüloicht, ich woiß es nücht.« Und dann hat er wieder in der Zeitung gelesen.

Aber die Frau Geheimrat war ganz nachdenklich, und wie sie ein Butterbrot geschmiert hat, hat sie gesagt: »Ich kann mir nicht denken, wo Miezchen bleibt. Sie fängt doch keine Mäuse nicht?«

Indes bin ich geschwind in den Stall und habe die Katze genommen. Ich habe ihr an den Schweif einen Pulverfrosch gebunden und bin hinten an das Haus vom Geheimrat am Zaun und habe den Frosch angezündet. Dann habe ich die Katze freigelassen. Sie ist gleich durch den Zaun geschloffen und furchtbar gelaufen.

Die Magd hat geschrien: »Frau Geheimrat, Mieze kommt schon.« Und dann habe ich die Stimme von ihr gehört, wie sie gesagt hat: »Wo ist nur mein Kätzchen? Da bist du ja! Aber was hat das Tierchen am Schweif?« Dann hat es furchtbar gekracht und gezischt, und sie haben geschrien und die Tassen am Boden hingeschmissen, und wie es still war, hat der Geheimrat gesagt: »Das üst wüder düser ruchlose Lauspube gewösen.«

Ich habe mich im Zimmer von meiner Schwester versteckt; da kann man in unseren Garten hinunterschauen. Meine Mutter und Anna haben auch Kaffee getrunken, und meine liebe Mutter sagte gerade: »Siehst du, Ännchen, Ludwig ist nicht so schlimm; man muß ihn nur zu behandeln verstehen. Gestern hat er den ganzen Tag gelernt, und es ist gut, daß wir ihn nicht vor seinen Kolimitonen blamiert haben.«

Und Anna sagte: »Ich möchte bloß wissen, warum der Herr Amtsrichter nicht stehengeblieben ist.«

Jetzt ist auf einmal am Eingang von unserem Garten der Geheimrat und die Frau Geheimrat gewesen, und meine Mutter sagte: »Ännchen, sitzt meine Haube nicht schief? Ich glaube gar, Geheimrats machen uns Besuch.«

Und sie ist aufgestanden und ihnen entgegengegangen, und ich hörte, daß sie gesagt hat: »Nein, das ist lieb von Ihnen, daß Sie kommen.« Aber der Geheimrat hat ein Gesicht gemacht, als wenn er mit einer Leiche geht, und sie ist ganz rot gewesen und hat den abgebrannten Frosch in der Hand gehabt und hat erzählt, daß die Katze jetzt wahnsinnig ist und drei Tassen kaputt sind. Und daß es niemand anderer getan hat wie ich.

Da sind meiner Mutter die Tränen heruntergelaufen, und der Geheimrat hat gesagt: »Woinen Sü nur, gute Frau! Woinen Sü über Üren mißratenen Sohn!« Und dann haben sie verlangt, daß meine Mutter die Tassen bezahlt, und eine kostet zwei Mark, weil es so gutes Porzellan war.

Ich bin furchtbar zornig geworden, wie ich gesehen habe, daß meine alte Mutter den kleinen, alten Geldbeutel herausgetan hat, und ihre Hände waren ganz zittrig, wie sie das Geld aufgezählt hat.

Die Frau Geheimrat hat es geschwind eingesteckt und hat gesagt, das Schrecklichste ist, daß die arme Katze wahnsinnig geworden ist, aber sie wollen es nicht anzeigen aus Rücksicht für meine Mutter. Dann sind sie gegangen, und er hat noch gesagt: »Der Hümmel prüft Sü hart mit Ürem Künde.«

Ich habe noch länger in den Garten hinuntergeschaut. Da ist meine Mutter am Tisch gesessen und hat sich mit ihrem Sacktuch die Tränen abgewischt, aber es sind immer neue gekommen, und bei Ännchen auch. Das Butterbrot ist auf dem Teller gewesen, und sie haben es nicht mehr essen mögen. Ich bin ganz traurig geworden, und ich bin fort, daß sie mich nicht gesehen haben.

Ich habe gedacht, wie es gemein ist von dem Geheimrat, daß er das Geld genommen hat, und wie ich ihm dafür etwas antun muß. Ich möchte die Katze kaputt machen, daß es niemand merkt, und ihr den Schweif abschneiden. Wenn sie dann ruft: »Wo ist denn nur unser Miezchen?« schmeiße ich den Schweif über den Zaun hinüber. Aber ich muß mich noch besinnen, wie ich es mache, daß es niemand merkt. Da bin ich wieder lustig geworden, weil ich gedacht habe, was sie für ein Gesicht machen wird, wenn sie bloß mehr den Schweif sieht. Dann bin ich heim zum Essen gegangen. Anna ist schon an der Tür gestanden und hat gesagt, daß ich allein essen muß in meinem Zimmer, und daß ich morgen in die Schule gehen muß. Der Herr Lehrer Wagner hat es angenommen und hat versprochen, daß er mit mir streng ist.

Ich habe schimpfen gewollt, weil es doch eine Schande ist, wenn ein Lateinschüler mit den dummen Schulkindern zusammen sitzt, aber ich habe gedacht, daß meine Mutter so geweint hat.

Und da habe ich mir alles gefallen lassen.

Ich bin am andern Tag in die Schule gegangen. Es war bloß

ein Zimmer, und da waren alle Klassen darin, und auf der einen Seite waren die Buben und auf der anderen die Mädchen.

Wie ich gekommen bin, hat mich der Lehrer in die erste Bank gesetzt. Dann hat er gesagt, daß sich die Kinder Mühe geben sollen, weil heute ein großer Gelehrter unter ihnen sitzt, der Lateinisch kann.

Das hat mich verdrossen, weil die Kinder gelacht haben. Aber ich habe es mir nicht merken lassen. Einer hat ein Lesestück vorlesen müssen. Es hat geheißen »Der Abend« und ist so angegangen: »Die Sonne geht zur Ruhe, und am Himmel kommt der Abendstern. Die Vöglein verstummen mit ihrem lieblichen Gesange; nur die Grillen zirpen im Felde. Da geht der fleißige Bauersmann heim. Sein Hund bellt freudig, und die Kinder springen ihm entgegen.« So ist es weiter gegangen. Es war furchtbar dumm, und ich habe gedacht, was es für eine Schande ist für einen Lateinschüler, daß er dabei sitzen muß.

Der Lehrer sagte, die Kinder von der siebenten Klasse müssen es nun aus dem Kopfe schreiben und er ladet den Herrn Lateinschüler auch ein.

Er hat mir eine Tafel und einen Griffel gegeben und dann sagte er, daß er eine halbe Stunde in die Kirche fort muß, und daß die Furtner Marie die Aufsicht hat. Sie war auch von der siebenten Klasse und die Tochter von einem Bauern, der nicht weit von uns ein Haus hat. Da bin ich noch zorniger geworden, daß ich einem Mädel folgen soll.

Wie der Lehrer draußen war, habe ich den Leitner, der neben mir gesessen ist, ganz ruhig gefragt, ob er heute nachmittags zum Fischen mitgehen will.

Da hat die Furtner Marie gerufen: »Ruhig! Wenn du noch einmal schwätzest, wirst du aufgeschrieben.«

»Entschuldigen Sie, Fräulein Lehrerin,« habe ich gesagt, »ich will es nicht mehr tun.«

Dann habe ich einen Schlüssel aus der Tasche gezogen und habe probiert, ob er noch pfeift.

Da ist die Furtner Marie zur Tafel hinaus und hat hingeschrieben: »Thoma hat gepfiffen.«

Ich bin aufgestanden und habe gesagt: »Entschuldigen Sie, Fräulein Lehrerin, was muß ich denn machen, daß Sie mich nicht aufschreiben?«

Sie sagte, daß ich den Aufsatz »Der Abend« schreiben muß. Da habe ich geschwind etwas geschrieben, und dann bin ich wieder aufgestanden und habe gesagt: »Entschuldigen Sie, Fräulein Lehrerin, darf ich es nicht vorlesen, daß Sie mir sagen, ob es recht ist?«

Da ist die dumme Gans stolz gewesen, daß sie einem Lateinschüler etwas sagen muß, und sie hat gesagt: »Ja, du darfst es vorlesen.«

Da habe ich recht laut gelesen:

»Die Sonne geht zur Ruhe. Der Abendstern ist auf dem Himmel. Vor dem Wirtshause ist es still. Auf einmal geht die Tür auf, und der Hausknecht wirft einen Bauersmann hinaus. Er ist betrunken. Es ist der Furtner Marie ihr Vater.«

Da haben alle Kinder gelacht, und die Furtner hat zu heulen angefangen. Sie ist wieder an die Tafel hin und hat geschrieben: »Thoma war ungezogen.« Das hat sie dreimal unterstrichen. Ich bin aus meiner Bank gegangen und habe den Schwamm genommen und habe ihre Schrift ausgewischt.

Und dann habe ich die Furtner Marie bei ihrem Zopf gepackt und habe sie gebeutelt, und zuletzt habe ich ihr eine Ohrfeige hineingehauen, damit sie weiß, daß man einen Lateinschüler nicht aufschreibt.

Jetzt ist der Lehrer gekommen, und er war zornig, wie er alles erfahren hat. Er sagte, daß er nur wegen meiner Mutter mich nicht gleich hinauswirft, aber daß er mich zwei Stunden nach der Schule einsperrt. Das hat er auch getan. Wie die Kinder fort waren, habe ich dableiben müssen, und der Lehrer hat die Tür mit dem Schlüssel zugesperrt. Es war schon elf Uhr, und ich habe furchtbar Hunger gehabt, und ich habe auch gedacht, was es für eine Schande ist, daß ich in einer Volksschule eingesperrt bin.

Da habe ich geschaut, ob ich nicht durchbrennen kann und vielleicht beim Fenster hinunterspringen. Aber es war im ersten Stock und zu hoch, und es waren Steine unten. Da schaute ich auf der andern Seite, wo der Garten war. Wenn man auf die Erde springt, tut es vielleicht nicht weh. Ich machte das Fenster auf und dachte, ob ich es probiere. Da habe ich auf einmal gesehen, daß an der Mauer die Latten für das Spalierobst sind, und ich habe gedacht, daß sie mich schon tragen.

Ich bin langsam hinausgestiegen und habe die Füße ganz vorsichtig auf die Latten gestellt. Sie haben mich gut getragen, und wie ich gesehen habe, daß es nicht gefährlich ist, da ist mir eingefallen, daß ich die Pfirsiche mitnehmen kann. Ich habe alle Taschen voll gesteckt und den Hut auch.

Dann bin ich erst heim und legte die Pfirsiche in meinen Kasten.

Am Nachmittag ist ein Brief vom Herrn Lehrer gekommen, daß ich die Schule nicht mehr betreten darf.

Da war ich froh.

Die Verlobung

Unser Klassenprofessor Bindinger hatte es auf meine Schwester Marie abgesehen.

Ich merkte es bald, aber daheim taten alle so geheimnisvoll, daß ich nichts erfahre.

Sonst hat Marie immer mit mir geschimpft, und wenn meine Mutter sagte: »Ach Gott, ja!«, mußte sie immer noch was dazu tun und sagte, ich bin ein nichtsnutziger Lausbube.

Auf einmal wurde sie ganz sanft.

Wenn ich in die Klasse ging, lief sie mir oft bis an die Treppe nach und sagte: »Magst du keinen Apfel mitnehmen, Ludwig?« Und dann gab sie Obacht, daß ich einen weißen Kragen anhatte und band mir die Krawatte, wenn ich es nicht recht gemacht hatte.

Einmal kaufte sie mir eine neue, und sonst hat sie sich nie darum gekümmert.

Das kam mir gleich verdächtig vor, aber ich wußte nicht, warum sie es tat.

Wenn ich heimkam, fragte sie mich oft: »Hat dich der Herr Professor aufgerufen? Ist der Herr Professor freundlich zu dir?«

»Was geht denn dich das an?« sagte ich, »tu nicht gar so gescheit! Auf dich pfeife ich.«

Ich meinte zuerst, das ist eine neue Mode von ihr, weil die Mädel alle Augenblicke was anderes haben, daß sie recht gescheit aussehen. Hinterher habe ich mich erst ausgekannt.

Der Bindinger konnte mich nie leiden, und ich ihn auch nicht. Er war so dreckig.

Zum Frühstück hat er immer weiche Eier gegessen; das sah man, weil sein Bart voll Dotter war.

Er spuckte einen an, wenn er redete, und seine Augen waren so grün, wie von einer Katze.

Alle Professoren sind dumm, aber er war noch dümmer.

Die Haare ließ er sich auch nicht schneiden und hatte viele Schuppen.

Wenn er von den alten Deutschen redete, strich er seinen Bart und machte sich eine Baßstimme.

Ich glaube aber nicht, daß sie einen solchen Bauch hatten und so abgelatschte Stiefel wie er.

Die andern schimpfte er, aber mich sperrte er ein, und er sagte immer: »Du wirst nie ein nützliches Glied der Gesellschaft, elender Bursche!«

Dann war ein Ball in der Liedertafel, wo meine Mutter auch hinging wegen der Marie.

Sie kriegte ein Rosakleid dazu und heulte furchtbar, weil die Näherin so spät fertig wurde.

Ich war froh, wie sie draußen waren mit dem Getue. Am andern Tage beim Essen redeten sie vom Balle, und Marie sagte zu mir: »Du, Ludwig, Herr Professor Bindinger war auch da. Nein, das ist ein reizender Mensch!«

Das ärgerte mich, und ich fragte sie, ob er recht gespuckt hat, und ob er ihr Rosakleid nicht voll Eierflecken gemacht hat. Sie wurde ganz rot, und auf einmal sprang sie in die Höhe und lief hinaus, und man hörte durch die Türe, wie sie weinte.

Ich mußte glauben, daß sie verrückt ist, aber meine Mutter sagte sehr böse:

»Du sollst nicht so unanständig reden von deinen Lehrern; das kann Mariechen nicht ertragen.«

»Ich möchte schon wissen, was es sie angeht; das ist doch dumm, daß sie deswegen weint.«

»Mariechen ist ein gutes Kind,« sagte meine Mutter, »und sie sieht, was ich leiden muß, wenn du nichts lernst und unanständig bist gegen deinen Professor.«

»Er hat aber doch den ganzen Bart voll lauter Eierdotter,« sagte ich.

»Er ist ein sehr braver und gescheiter Mann, der noch eine große Laufbahn hat. Und er war sehr nett zu Mariechen. Und er hat ihr auch gesagt, wie viel Sorgen du ihm machst. Und jetzt bist du ruhig!«

Ich sagte nichts mehr, aber ich dachte, was der Bindinger für ein Kerl ist, daß er mich bei meiner Schwester verschuftet.

Am Nachmittag hat er mich aufgerufen; ich habe aber den Nepos nicht präpariert gehabt und konnte nicht übersetzen.

»Warum bist du schon wieder unvorbereitet, Bursche?« fragte er.

Ich wußte zuerst keine Ausrede und sagte:

»Entschuldigen, Herr Professor, ich habe nicht gekonnt.«

»Was hast du nicht gekonnt?«

»Ich habe keinen Nepos nicht präparieren gekonnt, weil meine Schwester auf dem Ball war.«

»Das ist doch der Gipfel der Unverfrorenheit, mit einer so törichten Entschuldigung zu kommen,« sagte er, aber ich hatte mich schon auf etwas besonnen und sagte, daß ich so Kopfweh gehabt habe, weil die Näherin so lange nicht gekommen war, und weil ich sie holen mußte und auf der Stiege ausrutschte und mit dem Kopf aufschlug und furchtbare Schmerzen hatte.

Ich dachte mir, wenn er es nicht glaubt, ist es mir auch wurscht, weil er es nicht beweisen kann.

Er schimpfte mich aber nicht und ließ mich gehen.

Einen Tag danach, wie ich aus der Klasse kam, saß die Marie auf dem Kanapee im Wohnzimmer und heulte furchtbar. Und meine Mutter hielt ihr den Kopf und sagte: »Das wird schon, Mariechen. Sei ruhig, Kindchen!«

»Nein, es wird niemals, ganz gewiß nicht, der Lausbub tut es mit Fleiß, daß ich unglücklich werde.«

»Was hat sie denn schon wieder für eine Heulerei?« fragte ich.

Da wurde meine Mutter so zornig, wie ich sie gar nie gesehen habe.

»Du sollst noch fragen!« sagte sie. »Du kannst es nicht vor Gott verantworten, was du deiner Schwester tust, und nicht genug, daß du faul bist, redest du dich auf das arme Mädchen aus und sagst, du wärst über die Stiege gefallen, weil du für sie zur Näherin mußtest. Was soll der gute Professor Bindinger von uns denken?«

»Er wird meinen, daß wir ihn bloß ausnützen! Er wird meinen, daß wir alle lügen, er wird glauben, ich bin auch so!« schrie Marie und drückte wieder ihr nasses Tuch auf die Augen.

Ich ging gleich hinaus, weil ich schon wußte, daß sie noch ärger tut, wenn ich dabei blieb, und ich kriegte das Essen auf mein Zimmer.

Das war an einem Freitag; und am Sonntag kam auf einmal meine Mutter zu mir herein und lachte so freundlich und sagte, ich soll in das Wohnzimmer kommen.

Da stand der Herr Professor Bindinger, und Marie hatte den Kopf bei ihm angelehnt, und er schielte furchtbar. Meine Mutter führte mich bei der Hand und sagte: »Ludwig, unsere Marie wird jetzt deine Frau Professor,« und dann nahm sie ihr Taschentuch heraus und weinte. Und Marie weinte. Der Bindinger ging zu mir und legte seine Hand auf meinen Kopf und sagte: »Wir wollen ein nützliches Glied der Gesellschaft aus ihm machen.«

Die Vermählung

Ich muß noch die Hochzeit von meiner Schwester mit dem Professor Bindinger erzählen. Das war an einem Dienstag, und ich hatte den ganzen Tag frei. Ich kriegte einen neuen Anzug dazu und mußte schon in aller Frühe aufstehen, damit ich rechtzeitig fertig war. Denn es war eine furchtbare Aufregung daheim, und es ging immer Tür auf und Tür zu, und wenn es läutete, schrie meine Mutter: »Was ist denn, Kathi?« Und meine Schwester schrie: »Kathi! Kathi!« und die Kathi schrie: »Gleich! gleich! Ich bin schon da,« und dann machte sie auf, und wenn es ein Mann war, der eine Schachtel brachte oder einen Brief, dann kreischten sie alle und warfen ihre Türen zu, denn sie waren noch nicht ganz angezogen.

Dann kam ein Diener und sagte, der erste Wagen mit den Kindern ist da, und es ging wieder los. Meine Mutter rief: »Bist du fertig, Ludwig?« und Marie schrie: »Aber so mach doch einmal!« Und ich war froh, wie ich drunten war.

Im Wagen saß die Tante Frieda mit ihren zwei Töchtern,

der Anna und Elis. Sie hatten weiße Kleider an und Locken gebrannt, wie bei einer Firmung.

Die Tante fragte gleich: »Ist Mariechen recht selig? Das kann man sich denken, so einen hübschen Mann, und hätte kein Mensch gedacht, wo er doch dein Professor war!«

Ich wußte schon, daß die alte Katze immer etwas gegen uns hat und, wo sie kann, meiner Mutter einen Hieb gibt. Aber ich habe sie auch schon oft geärgert, und ich sagte jetzt zu der Anna, daß ihre Sommersprossen immer stärker werden.

Dann waren wir aber an der Kirche und gingen in die Sakristei, und die Tante mußte es hinunterschlucken und freundlich sein, weil sie der Herr Pfarrer anredete.

Jetzt kam ein Wagen, da war Onkel Franz drin mit Tante Gusti und ihrem Sohn Max, den ich nicht leiden kann. Onkel Franz ist der reichste in der Familie; er hat eine Buchdruckerei und ist sehr fromm, weil er eine katholische Zeitung hat. Wenn man zu ihm geht, kriegt man ein Heiligenbild, aber nie kein Geld oder zu essen. Er tut immer so, als ob er Lateinisch könnte; er war aber bloß in der deutschen Schule. Die Tante Gusti ist noch frömmer und sagt immer zu meiner Mutter, daß wir zu wenig in die Kirche gehen, und daher kommt das ganze Unglück mit mir.

Wie sie hereinkamen, sind sie zuerst auf den Pfarrer los, und dann hat Tante Gusti die Tante Frieda geküßt und Tante Frieda sagte: »Du hast ja heute deinen Granatschmuck an. Das können wir freilich nicht.«

Am meisten hat es mich gefreut, daß der Onkel Hans kam mit Tante Anna. Er ist Förster, und ich war schon in der Vakanz bei ihm. Er war lustig mit mir und hat immer gelacht, wenn ich ihm die Tante Frieda vormachte, die verdammte Wildkatze, sagte er. Heute hatte er einen Hemdkragen an und fuhr alle Augenblicke mit der Hand an seinen Hals. Ich glaube, er war verlegen, weil so viele Fremde da standen, und ging immer in die Ecke.

Die Sakristei wurde immer voller. Von unserem Gymnasium kamen der Mathematikprofessor und der Schreiblehrer. Und dann die Verwandten vom Bindinger; zwei Schwestern von ihm und ein Bruder, der Turnlehrer an der Realschule ist und die Brust furchtbar herausstreckte. Mit den Herren fuhren immer junge Mädchen, die ich nicht kannte. Nur eine kannte ich, die Weinberger Rosa, eine gute Freundin von Marie.

Alle hatten Blumensträuße; die hielten sie sich immer vor das Gesicht und kicherten recht dumm, wenn es auch gar nichts zum Lachen gab.

Jetzt kam meine Mutter mit dem Onkel Pepi, der Zollrat ist, und gleich darauf der Bindinger und Marie und der Brautführer. Das war ein pensionierter Hauptmann und ein entfernter Verwandter vom Bindinger. Er hatte eine Uniform an mit Orden und Tante Frieda sagte zu Tante Gusti: »Na, Gott sei Dank, daß sie einen Offizier aufgegabelt haben.«

Die Türe von der Sakristei wurde aufgemacht, und wir mußten in einem Zug in die Kirche.

Der Bindinger und Marie knieten in der Mitte vor dem Altar, und der Pfarrer kam heraus und hielt eine Rede und fragte sie, ob sie verheiratet sein wollen. Marie sagte ganz leise ja, aber der Bindinger sagte es mit einem furchtbaren Baß. Dann wurde eine Messe gelesen, die dauerte so lange, daß es mir fad wurde.

Ich schaute zum Onkel Hans hinüber, der von einem Bein auf das andere stand und in seinen Hut hineinsah und räusperte und sich am Kopf kratzte.

Dann sah er, daß ich ihn anschaute, und er blinzelte mit den Augen und deutete mit dem Daumen verstohlen auf die Tante Frieda hinüber. Und dann fletschte er mit den Zähnen, wie sie es immer macht. Ich konnte mich nicht mehr halten und mußte lachen. Der Bruder vom Bindinger klopfte mir auf die Schulter und sagte, ich solle mich anständiger betragen, und Tante Gusti stieß Tante Frieda an, daß sie zu mir herübersah, und dann schauten alle zwei ganz verzweifelt an die Decke und schüttelten ihre Köpfe.

Endlich war es aus, und wir zogen alle in die Sakristei. Da ging das Gratulieren an; die Herren drückten dem Bindinger die Hand, und die Tanten und die Mädchen küßten alle die Marie.

Und Tante Gusti und Tante Frieda gingen zu meiner Mutter, die daneben stand und weinte, und sagten, es ist ein glücklicher Tag für sie und alle.

Dann umarmten sie auch meine Mutter und küßten sie, und Onkel Hans, der neben mir stand, hielt seinen Hut vor und sagte: »Gib acht, Ludwig, daß sie deine alte Mutter nicht beißen.«

Ich mußte nun auch zum Bindinger hin und gratulieren. Er sagte: »Ich danke dir und ich hoffe, daß du dich von jetzt ab gründlich bessern wirst.« Marie sagte nichts, aber sie gab mir einen herzhaften Kuß, und meine Mutter strich mir über den Kopf und sagte unter Tränen: »Gelt, Ludwig, das versprichst du mir, von heute ab wirst du ein anderer Mensch.«

Ich hätte beinahe weinen müssen, aber ich tat es nicht, weil Tante Frieda nahe dabei war und ihre grünen Augen auf mich hielt. Aber ich nahm mir fest vor, meiner lieben Mutter keinen Verdruß mehr zu machen.

Im Gasthaus zum Lamm war das Hochzeitsmahl. Ich saß zwischen Max und der Anna von Tante Frieda. Von meinem Platze aus sah ich Marie und den Bindinger; meine Mutter sah ich nicht, weil sie durch einen großen Blumenstrauß versteckt war. Zuerst gab es eine gute Suppe und dann einen großen Fisch.

Dazu kriegten wir Weißwein, und ich sagte zu Max, er soll probieren, wer es schneller austrinken könnte. Er tat es, aber ich wurde früher fertig, und der Kellner kam und schenkte uns nochmal ein.

Da klopfte Onkel Pepi an sein Glas und hielt eine Rede, daß die Familie ein schönes Fest feiert, indem sie ein aufgeblühtes Mädchen aus ihrer Mitte einem wackeren Manne gab und mit ihm ein Band knüpft und die Versicherung hat, daß es zum Guten führt. Und er ließ den Bindinger und Marie hochleben. Ich schrie fest mit und probierte noch einmal mit Max, wer schneller fertig ist.

Er verlor wieder und kriegte einen roten Kopf, wie er ausgetrunken hatte. Dann gab es einen Braten mit Salat.

Auf einmal klopfte es wieder, und Onkel Franz stand auf. Er sagte, daß eine Eheschließung sehr erhaben ist, wenn sie noch in der Kirche gemacht wird und ein Diener Gottes dabei ist.

Wenn aber die Kinder katholisch erzogen werden, ist es ein Verdienst der Eltern.

Darum, sagte er, nach dem jungen Ehepaar muß man an die Alten denken, besonders an die Frau, welche das Mädchen so trefflich erzogen hat; und er ließ meine Mutter leben.

Das freute mich furchtbar, und ich schrie recht laut und ging auch mit meinem Weinglas zu ihr hin. Sie war aufgestanden, und ihr gutes Gesicht war ganz rot, wie sie mit allen anstieß. Sie sagte immer: »Das hätte mein Mann noch erleben müssen,« und Onkel Hans stieß fest mit ihr an und sagte: »Ja, der müßte von Rechts wegen dasitzen, und du bist eine liebe alte Haut.« Dann trank er sein Glas auf einmal aus und schüttelte jedem die Hand, der an ihm vorbeikam, und sagte immer wieder: »Weiß der Teufel, der müßte dasitzen!«

Wir kriegten noch ein Brathuhn und Kuchen und Gefrorenes, und der Kellner ging herum und schenkte Champagner ein. Ich sagte zum Max: »Da ist es viel härter, auf einmal auszutrinken, weil es so beißt.« Er probierte es, und es ging auch, aber ich tat nicht mit, sondern ich setzte mich zum Onkel Hans hinüber.

Alle waren lustig, besonders die jungen Mädchen lachten recht laut und stießen immer wieder an. Aber Tante Frieda schaute herum und redete eifrig mit Tante Gusti. Ich hörte, wie sie sagte, daß man zu ihrer Zeit nicht so frei gewesen ist.

Und Tante Gusti sagte, die Hochzeit ist eigentlich ein bißchen verschwenderisch, aber die Schwägerin hat immer für ihre Kinder zu viel Aufwand gemacht.

Da klopfte es wieder, und Onkel Franz stand auf und sagte, daß sein Sohn Max zu Ehren seines verehrten Lehrers, des glücklichen Bräutigams, ein Gedicht vortragen wird.

Alles war still, und Max stand auf und probierte anzufangen. Aber er konnte nicht, weil er umfiel und käsweiß war.

Da gab es ein rechtes Geschrei, und Tante Gusti schrie immer: »Was hat das Kind?«

Die meisten lachten, weil sie sahen, daß es ein Rausch war, und Tante Frieda half mit, daß sie den Max in das Nebenzimmer brachten.

Sie legten ihn auf das Sofa, und es wurde ihm schlecht, und Tante Frieda blieb lange aus, weil sie ihr Kleid putzen mußte. Wie sie hereinkam, sagte sie zu mir, daß ihr Anna schon gesagt hat, daß ich schuld bin, aber niemand paßte auf, weil der Bindinger und Marie fortgingen.

Marie weinte auf einmal furchtbar und fiel immer wieder der Mutter um den Hals. Und der Bindinger stand daneben und machte ein Gesicht, wie bei einem Begräbnis. Die Mutter sagte zu Marie: »Nun bist du ja glücklich, Kindchen! Nun hast du ja einen braven Mann.«

Und zum Bindinger sagte sie: »Du machst sie glücklich, gelt? das versprichst du mir?«

Der Bindinger sagte: »Ja, ich will es mit Gott versuchen.«

Dann mußte Marie von den Tanten Abschied nehmen, und unsere Cousine Lottchen, die schon vierzig Jahre alt ist, aber keinen Mann hat, weinte am lautesten.

Endlich konnten sie gehen. Der Bindinger ging voran und Marie trocknete sich die Tränen und winkte meiner Mutter unter der Türe noch einmal zu.

»Da geht sie,« sagte meine Mutter ganz still für sich.

Und Lottchen stand neben ihr und sagte: »Ja, wie ein Lamm zur Schlachtbank.«

Das Baby

In der Ostervakanz sind der Bindinger und die Marie gekommen, weil er jetzt Professor in Regensburg war und nicht mehr hier bei uns.

Sie haben ihr kleines Kind mitgebracht. Das ist jetzt zwei Jahre alt und heißt auch Marie. Meine Schwester heißt es aber Mimi, und meine Mutter sagt immer Mimili.

Wie es der Bindinger heißt, weiß ich nicht genau. Er sagt oft Mädele, aber meistens, wenn er damit redet, spitzt er sein Maul und sagt: Duzi, duzi! Du, du!

Es hat einen sehr großen Kopf, und die Nase ist so aufgebogen wie beim Bindinger. Den ganzen Tag hat es den Finger im Mund und schaut einen so dumm an.

Wie sie gekommen sind, ist meine Mutter auf die Bahn, und dann sind sie mit einer Droschke hergefahren.

Meine Mutter und die Marie haben das kleine Mädel an der Hand geführt. Der Bindinger ist hinterdrein gegangen.

Über die Stiege hinauf haben sie schon lebhaft miteinander gesprochen, und meine Mutter sagte immer: »Also da seid ihr jetzt, Kinder! Nein, wie das Mimili gewachsen ist! Das hätte ich nicht für möglich gehalten.«

»Ja, gelt Mama, du findest auch? Alle Leute sagen es. Doktor Steininger, unser Arzt, weißt du, findet es ganz merkwürdig. Nicht wahr, Heini?«

Dann hörte ich dem Bindinger seine tiefe Stimme, wie er sagte: »Ja, es gedeiht sichtlich, Gott sei Dank!« Endlich sind sie oben gewesen, und ich bin unter der Tür gestanden.

Meine Schwester gab mir einen Kuß, und der Bindinger schüttelte mir die Hand und sagte: »Ach, da ist ja unser Studiosus! Der Cäsar wird dir wohl einige Schwierigkeiten machen? Gallia est omnis divisa in partes tres, haha!«

Ich glaubte, daß er mich schon examinieren wollte, aber meine Mutter rief: »Ja, Ludwig, du hast ja Mimili noch gar nicht begrüßt und siehst doch dein kleines Nichtchen zum erstenmal! Sieh nur her! Wie lieb und hübsch sie ist!«

Ich fand es gar nicht hübsch; es war wie alle kleinen Kinder. Aber ich tat so, als wenn es mir gefällt, und lachte recht freundlich. Das freute meine gute Mutter und sie sagte zu Marie: »Siehst du? Ich wußte es gleich, daß ihm Mimili gefallen wird. Sie ist auch zu reizend!«

Im Wohnzimmer war ein Frühstück hergerichtet; unsere Kathi mußte Bratwürste holen, und es gab Märzenbier dazu.

Ich freute mich, aber die andern hatten keine Zeit zum Essen, weil sie immer um das Kind herum waren.

Es mußte seine Hände herzeigen, und wie ihm die Kapuze abgenommen wurde, sah man, daß es blonde Locken hatte, und da schrien sie wieder, als ob es was Besonderes wäre.

Meine Mutter küßte es auf den Kopf, und Marie sagte in einem fort: »Mimi, das ist deine Omama!« Und der Bindinger bückte sich, daß er ganz rot wurde und sagte: »Du, du! Duzi, duzi!«

Da heulte es auf einmal, und die Marie wisperte meiner Mutter ins Ohr, und sie gingen schnell hinaus damit.

Der Bindinger blieb herin, aber er setzte sich nicht zum Essen her, sondern ging auf und ab und machte ein ängstliches Gesicht.

Dann rief er zur Tür hinaus: »Marie, es ist doch hoffentlich nichts Ernsteres.«

»Nein, nein!« sagte Marie, »es ist schon vorbei.«

Dann kamen sie wieder herein mit dem Kind, und meine Mutter sagte:

»Die lange Bahnfahrt, und dann das Ungewohnte, und die Aufregung! Das kommt alles zusammen.«

Ich war froh, wie sie einmal saßen und das Kind auf dem Kanapee ließen, denn die Bratwürste waren schon kalt.

Jetzt fingen wir an zu essen und zu trinken, und stießen mit den Gläsern auf fröhliche Ostern an.

Meine Mutter sagte, daß sie schon lange nicht mehr so vergnügt gewesen ist, weil wir alle beisammen sind, und Marie so gut aussieht, und das herzige Mimili. Und ich hätte auch ein besseres Zeugnis heimgebracht als sonst. Ich mußte es dem Bindinger bringen, und er las es vor. »Der Schüler könnte bei seiner mäßigen Begabung durch größeren Fleiß immerhin Besseres leisten.« Dann kamen die Noten. Lateinische Sprache III.

»Hm! Hm!« sagte der Bindinger, »das entspricht meinen Erwartungen. Mathematik II–III, griechische Sprache III–IV.«

»Warum bist du hierin so schwach?« fragte er mich.

»Über das Griechische klagt Ludwig oft,« sagte meine Mutter; »es muß sehr schwierig sein.«

Ich wollte, sie hätte mich nicht verteidigt; denn der Bindinger redete jetzt so viel, daß mir ganz schlecht wurde.

Er strich seinen Bart und tat, als ob er in der Schule wäre.

»Wie kann man eine solche Ansicht äußern!« sagte er. »Das ist sehr betrübend, wenn man diesen verkehrten Meinungen immer und immer wieder begegnet. Gerade die griechische Sprache ist wegen ihres Ebenmaßes und der Klarheit der Form hervorragend leicht. Sie ist spielend leicht zu erlernen!«

»Warum hast du dann III–IV?« fragte mich meine Mutter, »du mußt jetzt sagen, wo es fehlt, Ludwig.«

Ich war froh, daß der Bindinger nicht wartete, was ich sagen werde. Er legte ein Bein über das andere und sah auf die Decke hinauf und redete immer lauter.

»Haha!« sagte er, »die griechische Sprache ist schwierig! Ich wollte noch schweigen, wenn ihr den dorischen Dialekt im Auge hättet, da seine härtere Mundart gewisse Schwierigkeiten bietet. Aber der attische, diese glückliche Ausbildung des altjonischen Dialektes! Das ist unerhört! Diese Behauptung zeugt von einem verbissenen Vorurteil!«

Meine Mutter war ganz unglücklich und sagte immer: »Aber ich meinte bloß ... aber weil Ludwig ...«

Marie half ihr auch und sagte: »Heini, du mußt doch denken, daß Mama es nicht böse meint.«

Da hörte er auf, und ich dachte, daß er immer noch so dumm ist wie früher.

»Heini ist furchtbar eifrig in seinem Beruf; sonst ist er so gut, aber da wird er gleich heftig,« sagte Marie, und meine Mutter war gleich wieder lustig.

»Das muß sein,« sagte sie, »in seinem Berufe muß man eifrig sein. Und du weißt jetzt, Ludwig, wie leicht das Griechische ist. Ja, was macht denn das kleine Mimili? Das sitzt so brav da und sagt gar nichts!«

Das Mädel schaute meine Mutter an und lachte. Auf einmal machte es seinen Mund auf und sagte: »Gugu – dada.«

Es strampelte mit den Beinen und streckte seine Hand dabei aus.

Es war doch gar nichts, aber alle taten, als wenn ein Wunder gewesen ist.

Meine Mutter war ganz weg und rief immer: »Habt ihr gehört! Das Kind! Gugu – dada!«

»Sie meint, der gute Papa. Gelt, Mimi? Und die liebe Omama!« sagte Marie.

»Nein, wie das Kind gescheit ist!« sagte meine Mutter. »In dem Alter! Das habe ich noch nicht erlebt. Das liebe Herzchen!«

Der Bindinger lachte auch, daß man seine großen Zähne sah. Er bückte sich über den Tisch und stach dem Mädchen mit dem Zeigefinger in den Bauch und sagte: »Wart, du Kleine, duzi, duzi!« Und zu meiner Mutter sagte er: »Sie hat einen lebhaften Geist und beobachtet ihre Umgebung mit sichtlicher Teilnahme. Ich hoffe, daß sie sich in dieser Richtung weiter entwickelt.«

Meine Mutter wollte, daß ich es auch sehe, aber ich war so giftig auf den Bindinger und fragte: »Was hat es denn gesagt?«

»Hast du nicht gehört, wie sie ganz deutlich sagte: gugu – dada?«

»Das ist doch gar nichts,« sagte ich.

»Es heißt der gute Papa,« sagte Marie und wurde ganz weinerlich. »Du bist recht abscheulich, Ludwig!«

»Wie kannst du das nicht verstehen?« sagte meine Mutter und schaute mich zornig an. »Das versteht jeder Mensch.«

»Ich kann es gar nicht verstehen,« sagte ich.

»Weil du überhaupt nichts weißt, loser Bube!« schrie Bindinger und machte blitzende Augen, wie in der Schule; »wenn du jemals den Aristoteles kennen lernen wirst, so wirst du begreifen, daß die Sprache unseres Kindes die onomatopoetische, die schallnachahmende Wortbildung ist.«

Er brüllte so laut, daß der Fratz zu weinen anfing. Marie nahm es auf den Arm und ging damit auf und ab. Meine Mutter ging daneben und sagte: »Will das Kindchen lustig sein? Will das Kindchen nicht mehr sprechen, gugu – dada?«

Aber der Bindinger lief hinterdrein und sagte: »Nein, es soll nicht sprechen! Es soll hier nicht mehr sprechen! Dieser Bube hat vor nichts Ehrfurcht.«

Ich machte mir aber gar nichts daraus.

Gute Vorsätze

Ich war auf einmal furchtbar fromm. Drei Wochen lang hat uns der Religionslehrer Falkenberg vorbereitet auf die heilige Kommunion, und ich habe zum Fritz gesagt: »Wir müssen ein anderes Leben anfangen.«

Den Fritz hat es auch gepackt, weil der Falkenberg einmal so weinte und sagte, er kann es nicht verantworten, einen verdorbenen Knaben zum Tisch des Herrn zu schicken.

Weil neulich vor dem Kommunionunterricht an die Türschnalle Senf hingeschmiert war und der Religionslehrer meinte, es ist etwas anderes.

Ich habe gewußt, daß es der Fritz getan hat, und ich habe mich schon gefreut, daß der Falkenberg eingegangen ist, aber er hat uns eine halbe Stunde lang beten lassen, daß die Freveltat vorübergeht. Und wie es vorbei war, sagte der Fritz zu mir, ob ich glaube, daß wir es weggebetet haben. Ich sagte, daß ich es glaube, weil der Falkenberg sonst nicht aufgehört hätte. Aber ich sagte: »Du mußt auch ein anderer werden, Fritz. Probiere es nur, es geht ganz gut.« Er fragte, ob ich es fertig gebracht habe.

Ich sagte: »Ja, weil ich jetzt furchtbar fromm bin. Die Tante Fanny gibt immer Obacht, wenn ich im Gebetbuch lese, und sagt zu Onkel Pepi, daß mit mir eine Veränderung geschehen ist. Sie glaubt, daß ich in mich gegangen bin, und ich glaube es auch, weil ich jetzt schon eine Viertelstunde lang beten kann und nicht denke, wie ich der Tante etwas antue.«

Der Fritz sagte, er will morgen anfangen, aber heute muß er noch dem Schuster Rettenberger das Fenster einschmeißen, denn er hat ihn beim Pedell verschuftet, daß er ihn mit einer Zigarre gesehen hatte.

Ich sagte, er solle warten bis nach der Kommunion, weil ich mittun möchte, aber Fritz sagte, daß er nicht beten kann, vor er das Fenster kaputt geschmissen hat, weil er voll Zorn ist.

Der Rettenberger lacht immer, wenn er ihn sieht, und gestern hat er ihm nachgeschrien: »Gelt, ich hab dich schön erwischt, du Lausbub, du miserabliger.«

Da habe ich denn Fritz recht gegeben, weil es eine solche Gemeinheit ist, und ich hätte so gerne mitgetan.

Aber es ging nicht, denn ich habe mich schon acht Tage lang vorbereitet, und da hätte ich wieder von vorne anfangen müssen. Das ist gar nicht leicht.

Die Tante Fanny hat Obacht gegeben, daß ich nicht auslasse. Sie hat mir recht wenig zum Essen gegeben, weil man sich täglich einmal abtöten muß, aber die Magd hat zu mir gesagt, daß sie ein Knack ist und sparen will.

Vor dem Bettgehen habe ich Gewissenserforschung treiben müssen; da habe ich den Beichtspiegel vorgelesen, und der Onkel Pepi und die Tante haben alles erklärt. Der Onkel Pepi ist ganz heilig. Er ist Sekretär am Gericht, aber er sagt oft, daß er ein Pfarrer hat werden wollen, aber weil er kein Geld hatte, ist er mit dem Studieren nicht fertig geworden.

Wie er einmal mit der Tante recht gestritten hat, da hat die Tante gesagt, daß er zu dumm war für das Gymnasium. Der Falkenberg mag ihn gerne, weil er alle Tage in die Kirche geht und ihm alles sagt, was die Leute im Wirtshaus reden.

Meine Mutter hat ihm geschrieben, daß er mich unterstützt und belehrt für die heilige Handlung, damit ich so fromm werde wie er.

Das hat ihn gefreut, und er ist alle Tage bis neun Uhr dageblieben und hat gepredigt. Dann ist er in das Wirtshaus gegangen.

Einmal hat er aus einem Buche vorgelesen, daß man täglich sein Gewissen erforschen muß und es machen soll wie der heilige Ignatius.

Er hat alle Sünden in ein Büchlein geschrieben und es unter sein Kopfkissen gesteckt.

Das habe ich auch getan; aber da habe ich es vergessen, und wie ich aus der Klasse heimkam, hat mich der Onkel Pepi gerufen und gesagt: »Du hast voriges Jahr aus meiner Hosentasche zwei Mark gestohlen.« Da habe ich gemerkt, daß er meine Gewissenserforschung gelesen hat, aber es waren bloß sechzig Pfennig.

Die Tante hat gesagt, weil es ein Beichtgeheimnis ist, darf man es meiner Mutter nicht schreiben.

Da war ich froh. Nach dem Essen hat der Onkel das Seelenbad vorgelesen, wo eine Geschichte darin stand vom heiligen Antonius. Zu dem ist ein Mann gekommen, der viele Sünden hatte, und hat beichten wollen. Der Heilige hat ihm angeschafft, daß er seine Sünden aufschreibt, und das tat der Mann.

Wie er dann seine Sünden gelesen hat, ist jedesmal eine Sünde, die er reumütig gebeichtet hat, von unsichtbarer Hand ausgelöscht worden.

Der Onkel hat die Geschichte zweimal vorgelesen, und dann hat er zur Tante gesagt:

»Liebe Fanny, es ist auch für uns eine Lehre in diesem wunderbaren Vorfalle. Wenn Gott die Sünden verzeiht, müssen wir dem Beispiele folgen.«

»Aber seine Mutter muß es ersetzen,« sagte die Tante.

»Natürlich,« sagte der Onkel, »das ist notwendig wegen der Gerechtigkeit.«

»Und du sollst nicht so viel Geld in den Hosensack stecken,« sagte die Tante, »warum nimmst du so viel in das Wirtshaus mit? Drei Glas Bier sind genug für dich, das macht sechsunddreißig Pfennig, aber natürlich, ihr müßt ja der Kellnerin ein Trinkgeld geben, als wenn du etwas zum Verschenken hättest mit deinem Gehalt.«

»Das gehört nicht hierher,« sagte der Onkel, »was soll der Bursche denken, wenn du seine Aufmerksamkeit ablenkst.«

»Er wird denken, daß er dir noch mehr stiehlt, wenn du soviel Geld in den Hosensack steckst,« sagte die Tante. »Wer weiß, wieviel er schon genommen hat. Du natürlich weißt es nicht, weil du ja nicht acht gibst, als hättest du den Gehalt von einem Präsidenten.«

»Ich habe bloß einmal die sechzig Pfennig genommen,« sagte ich.

»Es waren wenigstens zwei Mark,« sagte der Onkel, »aber ich verzeihe dir, wenn du es aufrichtig bereust und gegen diesen Fehler ankämpfen willst. Du mußt den heiligen Vorsatz fassen, daß du es nie mehr tust und die Versuchung meidest und meinen Hosensack nie mehr aussuchst.«

Ich war furchtbar zornig, aber ich durfte es nicht merken lassen. Ich dachte, wenn die Kommunion vorbei ist, dann will ich ihn schon ärgern, daß er blau wird. Vielleicht mache ich seine Goldfische kaputt oder etwas anderes.

Es waren bloß mehr fünf Tage.

Der Tante Frieda ihre Anna durfte heuer auch zum erstenmal zur Kommunion gehen, und sie haben ein ekelhaftes Getu mit ihr. Die Anna ist eine falsche Katze, und ich habe sie nie leiden mögen, aber jetzt bin ich noch giftiger auf sie, weil die Tante Frieda immer von ihr redet und sich so dick macht damit.

Die Tante Frieda ist die beste Freundin von der Tante Fanny, und sie sagen allemal etwas über meine Mutter, wenn sie beisammen sind.

Am Abend ist die Tante Frieda öfter gekommen, und wie sie einmal gehört hat, daß wir Andachtsübungen machen, hat sie zum Onkel Pepi gesagt:

»Du tust ein gutes Werk an dem Burschen; ich fürchte bloß, daß es nicht viel hilft.«

Und dann fragte sie mich, ob ich mich auf die heilige Handlung ordentlich vorbereite.

Ich sagte, daß ich schon zwei Wochen mich vorbereite.

»Vorbereiten und vorbereiten ist ein Unterschied. Ach Gott,« sagte sie, »ich weiß nicht, mein Ännchen flößt mir beinahe Angst ein. So durchgeistigt kommt sie mir vor und so angegriffen von dem Gedanken an ihre erste Kommunion. Und denkt euch nur, wie das Kind spricht! Am letzten Freitag wollte ich ihr ein bißchen Fleischsuppe geben, weil sie doch schwächlich ist. Aber sie hat es um keinen Preis nicht genommen. Ich sagte, es ist doch eine Kleinigkeit. ›Nein,‹ sagte sie, ›liebe Mutter, kann das eine

Kleinigkeit sein, was Gott beleidigt?‹ Und ihre Augen glänzten ganz dabei. Mir ist ganz anders geworden. Liebe Mutter, hat sie gesagt, kann das eine Kleinigkeit sein, was Gott beleidigt?«

Tante Fanny war erstaunt und nickte mit dem Kopfe auf und ab, und der Onkel Pepi machte große Augen auf mich und hatte Wasser darin. Er sagte zu mir: »Hörst du das?«

Ich sagte, daß ich es schon gelesen habe, weil es eine Heiligengeschichte ist, die wo in unserem Vorbereitungsbuche steht.

Tante Frieda ärgerte sich furchtbar, daß ich es wußte. Sie sagte, daß sie es nicht glaubt, weil ich immer lüge, aber wenn es wahr ist, dann macht es auch nichts, weil man sieht, daß Ännchen die Moral in sich aufgenommen hat.

Und sie erzählte, daß Anna gestern nicht geschlafen hat und weinend im Bett gesessen ist. »Was hast du, Kind?« hat sie gefragt. »Ich habe ein Stück Brotrinde gegessen,« hat Anna gesagt. »Warum sollst du keine Brotrinde nicht essen?« hat die Tante Frieda gefragt. »Weil das Essen schon vorbei war, und die Brotrinde war nicht für mich bestimmt, das war ein Unrecht, und ich habe so fest vorgehabt, daß ich keine Sünde mehr begehe,« hat die Anna gesagt, und sie hat noch mehr geweint. »So ist das Kind,« sagte die Tante Frieda, »sie kommt mir oft überirdisch vor, und ich kann sie nicht beruhigen.«

»Es gibt Kinder, welche zwei und drei Mark aus einem Hosensacke stehlen und keine Unruhe verspüren,« sagte Onkel Pepi. Und die Tante Frieda wußte es schon von der Tante Fanny und sagte: »Es ist der Fluch der milden Erziehung.«

Das habe ich alles hören müssen, und ich war froh, wie der Kommuniontag da war. Meine liebe Mutter hat mir einen schwarzen Anzug geschickt und eine große Kerze.

Sie hat mir geschrieben, daß es ihr weh tut, weil sie nicht dabei sein kann, aber ich soll mir vornehmen, ein anderes Leben anzufangen und ihr bloß Freude zu machen.

Das habe ich mir auch vorgenommen.

Wir waren vierzehn Erstkommunikanten von der Lateinschule, und die Frau Pedell hat zu uns gesagt, daß sie weinen muß, weil wir so feierlich ausgesehen haben, wie lauter Engel. Der Fritz hat auch ein ernstes Gesicht gemacht, und ich habe ihn beinahe nicht gekannt, wie er langsam neben mir hergegangen ist.

Wir waren auf der einen Seite aufgestellt. Auf der anderen Seite waren die Mädel aufgestellt von der höheren Töchterschule. Da war die Anna dabei. Sie hat ein weißes Kleid angehabt und Locken gebrennt. Ich habe sie in der Sakristei angeredet, vor wir in die Kirche hineinzogen.

Sie sagte, daß sie heute recht heiß und innig für meine Besserung beten will.

Ich habe mich nicht geärgert, weil ich so friedfertig war, und in der Kirche war ich nicht wie sonst. Ich habe gar nicht gemerkt, daß es lang gedauert hat, und ich habe nicht gedacht, was ich nachher tue. Ich habe gemeint, es ist jetzt alles anders.

Viele Eltern, die da waren, haben ihre Kinder geküßt, wie alles vorbei war, und ich bin zur Tante Fanny und zum Onkel Pepi hingegangen.

Da stand die Tante Frieda bei ihnen und sagte zu mir: »Du hast die dickste Kerze gehabt. Keiner hat eine so dicke Kerze gehabt wie du. Sie hat gewiß um zwei Mark mehr gekostet als die, welche ich meinem Ännchen gab. Aber deine Mutter will immer oben hinaus.«

Und die Tante Fanny sagte: »Natürlich, wenn man einen höheren Beamten geheiratet hat.«

Da habe ich gesehen, daß sie einen nicht fromm sein lassen, und ich habe mit dem Fritz was ausgemacht.

Er wohnt auch in der weiten Gasse und kann der Tante Frieda in die Wohnung sehen. Da steht ein Schrank mit einem Spiegel; und der Fritz hat ein Luftpistole.

Aber jetzt hat der Spiegel auf einmal ein Loch gehabt.

Der vornehme Knabe

Zum Scheckbauern ist im Sommer eine Familie gekommen. Die war sehr vornehm, und sie ist aus Preußen gewesen.

Wie ihr Gepäck gekommen ist, war ich auf der Bahn, und der Stationsdiener hat gesagt, es ist lauter Juchtenleder, die müssen viel Gerstl haben.

Und meine Mutter hat gesagt, es sind feine Leute, und du mußt sie immer grüßen, Ludwig.

Er hat einen weißen Bart gehabt, und seine Stiefel haben laut geknarrzt.

Sie hat immer Handschuhe angehabt, und wenn es wo naß war auf dem Boden, hat sie huh! geschrien und hat ihr Kleid aufgehoben.

Wie sie den ersten Tag da waren, sind sie im Dorf herumgegangen. Er hat die Häuser angeschaut und ist stehengeblieben. Da habe ich gehört, wie er gesagt hat: »Ich möchte nur wissen, von was diese Leute leben.«

Bei uns sind sie am Abend vorbei, wie wir gerade gegessen haben. Meine Mutter hat gegrüßt und Ännchen auch. Da ist er hergekommen mit seiner Frau und hat gefragt: »Was essen Sie da?«

Wir haben Lunge mit Knödel gegessen, und meine Mutter hat es ihm gesagt.

Da hat er gefragt, ob wir immer Knödel essen, und seine Frau hat uns durch einen Zwicker angeschaut. Es war aber kein rechter Zwicker, sondern er war an einer kleinen Stange, und sie hat ihn auf- und zugemacht.

Meine Mutter sagte zu mir: »Steh auf, Ludwig, und mache den Herrschaften dein Kompliment,« und ich habe es gemacht.

Da hat er zu mir gesagt, was ich bin, und ich habe gesagt, ich bin ein Lateinschüler. Und meine Mutter sagte: »Er war in der ersten Klasse und darf aufsteigen. Im Lateinischen hat er die Note zwei gekriegt.«

Er hat mich auf den Kopf getätschelt und hat gesagt: »Ein gescheiter Junge; du kannst einmal zu uns kommen und mit meinem Arthur spielen. Er ist so alt wie du.«

Dann hat er meine Mutter gefragt, wieviel sie Geld kriegt im Monat, und sie ist ganz rot geworden und hat gesagt, daß sie hundertzehn Mark kriegt.

Er hat zu seiner Frau hinübergeschaut und hat gesagt: »Emilie, noch nicht fünfunddreißig Taler.«

Und sie hat wieder ihren Zwicker vor die Augen gehalten.

Dann sind sie gegangen, und er hat gesagt, daß man es noch gehört hat: »Ich möchte bloß wissen, von was diese Leute leben.«

Am andern Tag habe ich den Arthur gesehen. Er war aber nicht so groß wie ich und hat lange Haare gehabt bis auf die

Schultern und ganz dünne Füße. Das habe ich gesehen, weil er eine Pumphose anhatte. Es war noch ein Mann dabei mit einer Brille auf der Nase. Das war sein Instruktor, und sie sind beim Rafenauer gestanden, wo die Leut Heu gerecht haben.

Der Arthur hat hingedeutet und hat gefragt: »Was tun die da machen?«

Und der Instruktor hat gesagt: »Sie fassen das Heu auf. Wenn es genügend gedörrt ist, werden die Tiere damit gefüttert.«

Der Scheck Lorenz war bei mir, und wir haben uns versteckt, weil wir so gelacht haben.

Beim Essen hat meine Mutter gesagt: »Der Herr ist wieder da gewesen und hat gesagt, du sollst nachmittag seinen Sohn besuchen.«

Ich sagte, daß ich lieber mit dem Lenz zum Fischen gehe, aber Anna hat mich gleich angefahren, daß ich nur mit Bauernlümmeln herumlaufen will, und meine Mutter sagte: »Es ist gut für dich, wenn du mit feinen Leuten zusammen bist. Du kannst Manieren lernen.«

Da habe ich müssen, aber es hat mich nicht gefreut. Ich habe die Hände gewaschen und den schönen Rock angezogen, und dann bin ich hingegangen. Sie waren gerade beim Kaffee, wie ich gekommen bin. Der Herr war da und die Frau und ein Mädchen; das war so alt wie unsere Anna, aber schöner angezogen und viel dicker. Der Instruktor war auch da mit dem Arthur.

»Das ist unser junger Freund,« sagte der Herr. »Arthur, gib ihm die Hand!« Und dann fragte er mich: »Nun, habt ihr heute wieder Knödel gegessen?«

Ich sagte, daß wir keine gegessen haben, und ich habe mich hingesetzt und einen Kaffee gekriegt. Es ist furchtbar fad gewesen. Der Arthur hat nichts geredet und hat mich immer angeschaut, und der Instruktor ist auch ganz still dagesessen.

Da hat ihn der Herr gefragt, ob Arthur sein Pensum schon fertig hat, und er sagte, ja, es ist fertig; es sind noch einige Fehler darin, aber man merkt schon den Fortschritt.

Da sagte der Herr: »Das ist schön, und Sie können heute nachmittag allein spazieren gehen, weil der junge Lateinschüler mit Arthur spielt.«

Der Instruktor ist aufgestanden, und der Herr hat ihm eine

Zigarre gegeben und gesagt, er soll Obacht geben, weil sie so gut ist.

Wie er fort war, hat der Herr gesagt: »Es ist doch ein Glück für diesen jungen Menschen, daß wir ihn mitgenommen haben. Er sieht auf diese Weise sehr viel Schönes.«

Aber das dicke Mädchen sagte: »Ich finde ihn gräßlich, er macht Augen auf mich. Ich fürchte, daß er bald dichtet, wie der letzte.« Der Arthur und ich sind bald aufgestanden, und er hat gesagt, er will mir seine Spielsachen zeigen.

Er hat ein Dampfschiff gehabt. Das wenn man aufgezogen hat, sind die Räder herumgelaufen, und es ist schön geschwommen. Es waren auch viele Bleisoldaten und Matrosen darauf, und Arthur hat gesagt, es ist ein Kriegsschiff und heißt »Preußen«. Aber beim Scheck war kein großes Wasser, daß man sehen kann, wie weit es schwimmt, und ich habe gesagt, wir müssen zum Rafenauer hingehen, da ist ein Weiher, und wir haben viel Spaß dabei.

Es hat ihn gleich gefreut, und ich habe das Dampfschiff getragen.

Sein Papa hat gerufen: »Wo geht ihr denn hin, ihr Jungens?« Da habe ich ihm gesagt, daß wir das Schiff in Rafenauer seinem Weiher schwimmen lassen.

Die Frau sagte: »Du darfst es aber nicht tragen, Arthur. Es ist zu schwer für dich.« Ich sagte, daß ich es trage, und sein Papa hat gelacht und hat gesagt: »Das ist ein starker Bayer; er ißt alle Tage Lunge und Knödel. Hahaha!«

Wir sind weiter gegangen hinter dem Scheck, über die große Wiese.

Der Arthur fragte mich: »Gelt, du bist stark?«

Ich sagte, daß ich ihn leicht hinschmeißen kann, wenn er es probieren will.

Aber er traute sich nicht und sagte, er wäre auch gerne so stark, daß er sich von seiner Schwester nichts mehr gefallen lassen muß.

Ich fragte, ob sie ihn haut.

Er sagte nein, aber sie macht sich so gescheit, und wenn er eine schlechte Note kriegt, redet sie darein, als ob es sie was angeht.

Ich sagte, das weiß ich schon; das tun alle Mädchen, aber

man darf sich nichts gefallen lassen. Es ist ganz leicht, daß man es ihnen vertreibt, wenn man ihnen rechte Angst macht.

Er fragte, was man da tut, und ich sagte, man muß ihnen eine Blindschleiche in das Bett legen. Wenn sie darauf liegen, ist es kalt, und sie schreien furchtbar. Dann versprechen sie einem, daß sie nicht mehr so gescheit sein wollen.

Arthur sagte, er traut sich nicht, weil er vielleicht Schläge kriegt. Ich sagte aber, wenn man sich vor den Schlägen fürchten möchte, darf man nie keinen Spaß haben, und da hat er mir versprochen, daß er es tun will.

Ich habe mich furchtbar gefreut, weil mir das dicke Mädchen gar nicht gefallen hat, und ich dachte, sie wird ihre Augen noch viel stärker aufreißen, wenn sie eine Blindschleiche spürt. Er meinte, ob ich auch gewiß eine finde. Ich sagte, daß ich viele kriegen kann, weil ich in der Sägmühle ein Nest weiß.

Und es ist mir eingefallen, ob es nicht vielleicht gut ist, wenn er dem Instruktor auch eine hineinlegt.

Das hat ihm gefallen, und er sagte, er will es gewiß tun, weil sich der Instruktor so fürchtet, daß er vielleicht weggeht.

Er fragte, ob ich keinen Instruktor habe, und ich sagte, daß meine Mutter nicht so viel Geld hat, daß sie einen zahlen kann.

Da hat er gesagt: »Das ist wahr. Sie kosten sehr viel und man hat bloß Verdruß davon. Der letzte, den wir gehabt haben, hat immer Gedichte auf meine Schwester gemacht, und er hat sie unter ihre Kaffeetasse gelegt; da haben wir ihn fortgejagt.«

Ich fragte, warum er Gedichte gemacht hat, und warum er keine hat machen dürfen.

Da sagte er: »Du bist aber dumm. Er war doch verliebt in meine Schwester, und sie hat es gleich gemerkt, weil er sie immer so angeschaut hat. Deswegen haben wir ihn fortjagen müssen.«

Ich dachte, wie dumm es ist, daß sich einer so plagen mag wegen dem dicken Mädchen, und ich möchte sie gewiß nicht anschauen und froh sein, wenn sie nicht dabei ist.

Dann sind wir an den Weiher beim Rafenauer gekommen, und wir haben das Dampfschiff hineingetan. Die Räder sind gut gegangen, und es ist ein Stück weit geschwommen.

Wir sind auch hinein gewatet, und der Arthur hat immer geschrien: »Hurra! Gebt's ihnen, Jungens! Klar zum Gefecht! Drauf und dran, Jungens, gebt ihnen noch eine Breitseite! Brav,

Kinder!« Er hat furchtbar geschrien, daß er ganz rot geworden ist, und ich habe ihn gefragt, was das ist.

Er sagte, es ist eine Seeschlacht, und er ist ein preußischer Admiral. Sie spielen es immer in Köln; zuerst ist er bloß Kapitän gewesen, aber jetzt ist er Admiral, weil er viele Schlachten gewonnen hat. Dann hat er wieder geschrien: »Beidrehen! Beidrehen! Hart an Backbord halten! Feuer! Sieg! Sieg!«

Ich sagte: »Das gefällt mir gar nicht; es ist eine Dummheit, weil sich nichts rührt. Wenn es eine Schlacht ist, muß es krachen. Wir sollen Pulver hinein tun, dann ist es lustig.«

Er sagte, daß er nicht mit Pulver spielen darf, weil es gefährlich ist. Alle Jungen in Köln machen es ohne Pulver.

Ich habe ihn aber ausgelacht, weil er doch kein Admiral ist, wenn er nicht schießt.

Und ich habe gesagt, ich tue es, wenn er sich nicht traut; ich mache den Kapitän, und er muß bloß kommandieren.

Da ist er ganz lustig gewesen und hat gesagt, das möchte er. Ich muß aber streng folgen, weil er mein Vorgesetzter ist, und Feuer geben, wenn er schreit.

Ich habe ein Paket Pulver bei mir gehabt. Das habe ich immer, weil ich so oft Speiteufel mache. Und ein Stück Zündschnur habe ich auch dabei gehabt.

Wir haben das Dampfschiff hergezogen. Es waren Kanonen darauf, aber sie haben kein Loch gehabt. Da habe ich probiert, ob man vielleicht anders schießen kann. Ich meinte, man soll das Verdeck aufheben und darunter das Pulver tun. Dann geht der Rauch bei den Luken heraus, und man glaubt auch, es sind Kanonen darin.

Das habe ich getan. Ich habe aber das ganze Paket Pulver hineingeschüttet, damit es stärker raucht. Dann habe ich das Verdeck wieder darauf getan und die Zündschnur durch ein Loch gesteckt.

Arthur fragte, ob es recht knallen wird, und ich sagte, ich glaube schon, daß es einen guten Schuß tut. Da ist er geschwind hinter einen Baum und hat gesagt, jetzt geht die Schlacht an.

Und er hat wieder geschrien: »Hurra! Gebt's ihnen, tapferer Kapitän!«

Ich habe das Dampfschiff aufgedreht und gehalten, bis die Zündschnur gebrannt hat.

Dann habe ich ihm einen Stoß gegeben, und die Räder sind gegangen, und die Zündschnur hat geraucht.

Es war lustig, und der Arthur hat sich auch furchtbar gefreut und hinter dem Baum immer kommandiert.

Er fragte, warum es nicht knallt. Ich sagte, es knallt schon, wenn die Zündschnur einmal bis zum Pulver hinbrennt.

Da hat er seinen Kopf vorgestreckt und hat geschrien: »Gebt Feuer auf dem Achterdeck!«

Auf einmal hat es einen furchtbaren Krach getan und hat gezischt, und ein dicker Rauch ist auf dem Wasser gewesen. Ich habe gemeint, es ist etwas bei mir vorbeigeflogen, aber Arthur hat schon gräßlich geheult, und er hat seinen Kopf gehalten. Es war aber nicht arg. Er hat bloß ein bißchen geblutet an der Stirne, weil ihn etwas getroffen hat. Ich glaube, es war ein Bleisoldat.

Ich habe ihn abgewischt, und er hat gefragt, wo sein Dampfschiff ist. Es war aber nichts mehr da; bloß der vordere Teil war noch da und ist auf dem Wasser geschwommen. Das andere ist alles in die Luft geflogen.

Er hat geweint, weil er geglaubt hat, daß sein Vater schimpft, wenn kein Schiff nicht mehr da ist. Aber ich habe gesagt, wir sagen, daß die Räder so gelaufen sind, und es ist fortgeschwommen, oder er sagt gar nichts und geht erst heim, wenn es dunkel ist. Dann weiß es niemand, und wenn ihn wer fragt, wo das Schiff ist, sagt er, es ist droben, aber er mag nicht damit spielen. Und wenn eine Woche vorbei ist, sagte er, es ist auf einmal nicht mehr da. Vielleicht ist es gestohlen worden.

Der Arthur sagte, er will es so machen und warten, bis es dunkel wird.

Wie wir das geredet haben, da hat es hinter uns Spektakel gemacht.

Ich habe geschwind umgeschaut, und da habe ich auf einmal gesehen, wie der Rafenauer hergelaufen ist. Er hat geschrien: »Hab ich enk, ihr Saububen, ihr miserabligen!«

Ich bin gleich davon, bis ich zum Heustadel gekommen bin. Da habe ich mich geschwind versteckt und hingeschaut. Der Arthur ist stehengeblieben, und der Rafenauer hat ihm die Ohrfeigen gegeben. Er ist furchtbar grob.

Und er hat immer geschrien: »De Saububen zünden noch mein

Haus o. Und meine Äpfel stehlen s' und meine Zwetschgen stehlen s', und mei Haus sprengen s' in d' Luft!«

Er hat ihm jedesmal eine Watschen gegeben, daß es geknallt hat.

Ich habe schon gewußt, daß er einen Zorn auf uns hat, weil ich und der Lenz ihm so oft seine Äpfel stehlen, und er kann uns nicht erwischen.

Aber den Arthur hat er jetzt erwischt, und er hat alle Prügel gekriegt.

Wie der Rafenauer fertig war, ist er fortgegangen. Aber dann ist er stehengeblieben und hat gesagt: »Du Herrgottsakerament!« und ist wieder umgekehrt und hat ihm nochmal eine hineingehauen.

Der Arthur hat furchtbar geweint und hat immer geschrien: »Ich sage es meinem Papa!« Es wäre gescheiter gewesen, wenn er fortgelaufen wäre; der Rafenauer kann nicht nachkommen, weil er so schnauft. Man muß immer um die Bäume herumlaufen, dann bleibt er gleich stehen und sagt: »Ich erwisch enk schon noch einmal.«

Ich und der Lenz wissen es; aber der Arthur hat es nicht gewußt.

Er hat mich gedauert, weil er so geweint hat, und wie der Rafenauer fort war, bin ich hingelaufen und habe gesagt, er soll sich nichts daraus machen. Aber er hat nicht aufgehört und hat immer geschrien: »Du bist schuld; ich sage es meinem Papa.«

Da habe ich mich aber geärgert, und ich habe gesagt, daß ich nichts dafür kann, wenn er so dumm ist.

Da hat er gesagt, ich habe das Schiff kaputt gemacht, und ich habe so geknallt, daß der Bauer gekommen ist und er Schläge gekriegt hat.

Und er ist schnell fortgelaufen und hat geweint, daß man es weit gehört hat. Ich möchte mich schämen, wenn ich so heulen könnte wie ein Mädchen. Und er hat gesagt, er ist ein Admiral.

Ich dachte, es ist gut, wenn ich nicht gleich heimgehe, sondern ein bißchen warte.

Wie es dunkel war, bin ich heimgegangen, und ich bin beim Scheck ganz still vorbei, daß mich niemand gemerkt hat.

Der Herr war im Gartenhaus, und die Frau und das dicke Mädchen. Der Scheck war auch dabei. Ich habe hineingeschaut, weil ein Licht gebrannt hat. Ich glaube, sie haben von mir geredet. Der Herr hat immer den Kopf geschüttelt und hat gesagt: »Wer hätte es gedacht! Ein solcher Lausejunge!« Und das dicke Mädchen hat gesagt: »Er will, daß mir Arthur Schlangen ins Bett legt. Hat man so was gehört?«

Ich bin nicht mehr eingeladen worden, aber wenn mich der Herr sieht, hebt er immer seinen Stock auf und ruft: »Wenn ich dich mal erwische!« Ich bin aber nicht so dumm wie sein Arthur, daß ich stehen bleibe.

Besserung

Wie ich in die Ostervakanz gefahren bin, hat die Tante Fanny gesagt: »Vielleicht kommen wir zum Besuch zu deiner Mutter. Sie hat uns so dringend eingeladen, daß wir sie nicht beleidigen dürfen.«

Und Onkel Pepi sagte, er weiß es nicht, ob es geht, weil er soviel Arbeit hat, aber er sieht es ein, daß er den Besuch nicht mehr hinausschieben darf. Ich fragte ihn, ob er nicht lieber im Sommer kommen will, jetzt ist es noch so kalt, und man weiß nicht, ob es nicht auf einmal schneit. Aber die Tante sagte: »Nein, deine Mutter muß böse werden, wir haben es schon so oft versprochen.« Ich weiß aber schon, warum sie kommen wollen; weil wir auf Ostern das Geräucherte haben und Eier und Kaffeekuchen, und Onkel Pepi ißt so furchtbar viel. Daheim darf er nicht so, weil Tante Fanny gleich sagt, ob er nicht an sein Kind denkt. Sie haben mich an den Postomnibus begleitet, und Onkel Pepi hat freundlich getan und hat gesagt, es ist auch gut für mich, wenn er kommt, daß er den Aufruhr beschwichtigen kann über mein Zeugnis.

Es ist wahr, daß es furchtbar schlecht gewesen ist, aber ich finde schon etwas zum Ausreden. Dazu brauche ich ihn nicht.

Ich habe mich geärgert, daß sie mich begleitet haben, weil ich mir Zigarren kaufen wollte für die Heimreise, und jetzt konnte ich nicht. Der Fritz war aber im Omnibus und hat zu mir gesagt, daß er genug hat, und wenn es nicht reicht, können wir im Bahnhof in Mühldorf noch Zigarren kaufen.

Im Omnibus haben wir nicht rauchen dürfen, weil der Oberamtsrichter Zirngiebel mit seinem Heinrich darin war, und wir haben gewußt, daß er ein Freund vom Rektor ist und ihm alles verschuftet.

Der Heinrich hat ihm gleich gesagt, wer wir sind. Er hat es ihm ins Ohr gewispert, und ich habe gehört, wie er bei meinem Namen gesagt hat: »Er ist der Letzte in unserer Klasse und hat in der Religion auch einen Vierer.«

Da hat mich der Oberamtsrichter angeschaut, als wenn ich aus einer Menagerie bin, und auf einmal hat er zu mir und zum Fritz gesagt:

»Nun, ihr Jungens, gebt mir einmal eure Zeugnisse, daß ich sie mit dem Heinrich dem seinigen vergleichen kann.«

Ich sagte, daß ich es im Koffer habe, und er liegt auf dem Dache vom Omnibus. Da hat er gelacht und hat gesagt, er kennt das schon. Ein gutes Zeugnis hat man immer in der Tasche. Alle Leute im Omnibus haben gelacht, und ich und der Fritz haben uns furchtbar geärgert, bis wir in Mühldorf ausgestiegen sind.

Der Fritz sagte, es reut ihn, daß er nicht gesagt hat, bloß die Handwerksburschen müssen dem Gendarm ihr Zeugnis hergeben. Aber es war schon zu spät. Wir haben im Bahnhof Bier getrunken, da sind wir wieder lustig geworden und sind in die Eisenbahn eingestiegen.

Wir haben vom Kondukteur ein Rauchcoupé verlangt und sind in eines gekommen, wo schon Leute darin waren. Ein dicker Mann ist am Fenster gesessen, und an seiner Uhrkette war ein großes, silbernes Pferd.

Wenn er gehustet hat, ist das Pferd auf seinem Bauch getanzt und hat gescheppert. Auf der anderen Bank ist ein kleiner Mann gesessen mit einer Brille, und er hat immer zu dem Dicken gesagt, Herr Landrat, und der Dicke hat zu ihm gesagt, Herr Lehrer. Wir haben es aber auch so gemerkt, daß er ein Lehrer ist, weil er seine Haare nicht geschnitten gehabt hat.

Wie der Zug gegangen ist, hat der Fritz eine Zigarre angezündet und den Rauch auf die Decke geblasen, und ich habe es auch so gemacht.

Eine Frau ist neben mir gewesen, die ist weggerückt und hat mich angeschaut, und in der anderen Abteilung sind die Leute aufgestanden und haben herübergeschaut. Wir haben uns furchtbar gefreut, daß sie alle so erstaunt sind, und der Fritz hat recht laut gesagt, er muß von dieser Zigarre fünf Kisten bestellen, weil sie so gut ist.

Da sagte der dicke Mann: »Bravo, so wachst die Jugend her,« und der Lehrer sagte, es sei kein Wunder, was man lesen muß, wenn man die verrohte Jugend sieht.

Wir haben getan, als wenn es uns nichts angeht, und die Frau ist immer weitergerückt, weil ich soviel ausgespuckt habe. Der Lehrer hat so giftig geschaut, daß wir uns haben ärgern müssen, und der Fritz sagte, ob ich weiß, woher es kommt, daß die Schüler in der ersten Lateinklasse so schlechte Fortschritte machen, und er glaubt, daß die Volksschulen immer schlechter werden. Da hat der Lehrer furchtbar gehustet, und der Dicke hat gesagt, ob es heute kein Mittel nicht mehr gibt für freche Lausbuben.

Der Lehrer sagte, man darf es nicht mehr anwenden wegen der falschen Humanität, und weil man gestraft wird, wenn man einen bloß ein bißchen auf den Kopf haut.

Alle Leute im Wagen haben gebrummt: »Das ist wahr,« und die Frau neben mir hat gesagt, daß die Eltern dankbar sein müssen, wenn man solchen Burschen ihr Sitzleder verhaut. Und da haben wieder alle gebrummt, und ein großer Mann in der anderen Abteilung ist aufgestanden und hat mit einem tiefen Baß gesagt: »Leider, leider gibt es keine vernünftigen Öltern nicht mehr.«

Der Fritz hat sich gar nichts daraus gemacht und hat mich mit dem Fuß gestoßen, daß ich auch lustig sein soll. Er hat einen blauen Zwicker aus der Tasche genommen und hat ihn aufgesetzt und hat alle Leute angeschaut und hat den Rauch durch die Nase gehen lassen.

Bei der nächsten Station haben wir uns Bier gekauft und wir haben es schnell ausgetrunken. Dann haben wir die Gläser zum Fenster hinausgeschmissen, ob wir vielleicht einen Bahnwärter treffen.

Da schrie der große Mann: »Diese Burschen muß man züchtigen,« und der Lehrer schrie: »Ruhe, sonst bekommt ihr ein paar Ohrfeigen!« Der Fritz sagte: »Sie können's schon probieren, wenn Sie eine Schneid haben.« Da hat sich der Lehrer nicht getraut, und er hat gesagt: »Man darf keinen mehr auf den Kopf hauen, sonst wird man selbst gestraft.« Und der große Mann sagte: »Lassen Sie es gehen, ich werde diese Burschen schon kriegen.«

Er hat das Fenster aufgemacht und hat gebrüllt: »Konduktör, Konduktör!«

Der Zug hat gerade gehalten, und der Kondukteur ist gelaufen, als wenn es brennt. Er fragte, was es gibt, und der große Mann sagte: »Die Burschen haben Biergläser zum Fenster hinausgeworfen. Sie müssen arretiert werden.«

Aber der Kondukteur war zornig, weil er gemeint hat, es ist ein Unglück geschehen, und es war gar nichts.

Er sagte zu dem Mann: »Deswegen brauchen Sie doch keinen solchen Spektakel nicht zu machen.« Und zu uns hat er gesagt: »Sie dürfen es nicht tun, meine Herren.« Das hat mich gefreut, und ich sagte: »Entschuldigen Sie, Herr Oberkondukteur, wir haben nicht gewußt, wo wir die Gläser hinstellen müssen, aber wir schmeißen jetzt kein Glas nicht mehr hinaus.« Der Fritz fragte ihn, ob er keine Zigarre nicht will, aber er sagte, nein, weil er keine so starken nicht raucht.

Dann ist er wieder gegangen, und der große Mann hat sich hingesetzt und hat gesagt, er glaubt, der Kondukteur ist ein Preuße. Alle Leute haben wieder gebrummt, und der Lehrer sagte immer: »Herr Landrat, ich muß mich furchtbar zurückhalten, aber man darf keinen mehr auf den Kopf hauen.«

Wir sind weiter gefahren, und bei der nächsten Station haben wir uns wieder ein Bier gekauft. Wie ich es ausgetrunken habe, ist mir ganz schwindlig geworden, und es hat sich alles zu drehen angefangen. Ich habe den Kopf zum Fenster hinausgehalten, ob es mir nicht besser wird. Aber es ist mir nicht besser geworden, und ich habe mich stark zusammengenommen, weil ich glaubte, die Leute meinen sonst, ich kann das Rauchen nicht vertragen.

Es hat nichts mehr geholfen, und da habe ich geschwind meinen Hut genommen.

Die Frau ist aufgesprungen und hat geschrien, und alle Leute sind aufgestanden, und der Lehrer sagte: »Da haben wir es.« Und der große Mann sagte in der anderen Abteilung: »Das sind die Burschen, aus denen man die Anarchisten macht.«

Ich dachte, wenn ich wieder gesund werde, will ich nie mehr Zigarren rauchen und immer folgen und meiner lieben Mutter keinen Verdruß nicht mehr machen. Ich dachte, wieviel schöner möchte es sein, wenn es mir jetzt nicht schlecht wäre, und ich hätte ein gutes Zeugnis in der Tasche, als daß ich jetzt den Hut in der Hand habe, wo ich mich hineingebrochen habe.

Fritz sagte, er glaubt, daß es mir von einer Wurst schlecht geworden ist.

Er wollte mir helfen, daß die Leute glauben, ich bin ein Gewohnheitsraucher.

Aber es war mir nicht recht, daß er gelogen hat.

Ich war auf einmal ein braver Sohn und hatte einen Abscheu gegen die Lüge.

Ich versprach dem lieben Gott, daß ich keine Sünde nicht mehr tun wollte, wenn er mich wieder gesund werden läßt. Die Frau neben mir hat nicht gewußt, daß ich mich bessern will, und sie hat immer geschrien, wie lange sie den Gestank noch aushalten muß.

Da hat der Fritz den Hut aus meiner Hand genommen und hat ihn zum Fenster hinausgehalten und hat ihn ausgeleert. Es ist aber viel auf das Trittbrett gefallen, daß es geplatscht hat, und wie der Zug in der Station gehalten hat, ist der Expeditor hergelaufen und hat geschrien: »Wer ist die Sau gewesen? Herrgottsakrament, Kondukteur, was ist das für ein Saustall?«

Alle Leute sind an die Fenster gestürzt und haben hinausgeschaut, wo das schmutzige Trittbrett gewesen ist. Und der Kondukteur ist gekommen und hat es angeschaut und hat gebrüllt: »Wer war die Sau?«

Der große Herr sagte zu ihm: »Es ist der nämliche, der mit den Bierflaschen schmeißt, und Sie haben es ihm erlaubt.«

»Was ist das mit den Bierflaschen?« fragte der Expeditor.

»Sie sind ein gemeiner Mensch,« sagte der Kondukteur, »wenn Sie sagen, daß ich es erlaubt habe, daß er mit die Bierflaschen schmeißt.«

»Was bin ich?« fragte der große Herr.

»Sie sind ein gemeiner Lügner,« sagte der Kondukteur, »ich habe es nicht erlaubt.«

»Tun Sie nicht so schimpfen,« sagte der Expeditor, »wir müssen es mit Ruhe abmachen.«

Alle Leute im Wagen haben durcheinander geschrien, daß wir solche Lausbuben sind, und daß man uns arretieren muß. Am lautesten hat der Lehrer gebrüllt, und er hat immer gesagt, er ist selbst ein Schulmann. Ich habe nichts sagen können, weil mir so schlecht war, aber der Fritz hat für mich geredet, und er hat den Expeditor gefragt, ob man arretiert werden muß, wenn man auf einem Bahnhof eine giftige Wurst kriegt. Zuletzt hat der Expeditor gesagt, daß ich nicht arretiert werde, aber daß das Trittbrett gereinigt wird, und ich muß es bezahlen. Es kostet eine Mark. Dann ist der Zug wieder gefahren, und ich habe immer den Kopf zum Fenster hinausgehalten, daß es mir besser wird.

In Endorf ist der Fritz ausgestiegen, und dann ist meine Station gekommen.

Meine Mutter und Ännchen waren auf dem Bahnhof und haben mich erwartet.

Es ist mir noch immer ein bißchen schlecht gewesen und ich habe so Kopfweh gehabt.

Da war ich froh, daß es schon Nacht war, weil man nicht gesehen hat, wie ich blaß bin. Meine Mutter hat mir einen Kuß gegeben und hat gleich gefragt: »Nach was riechst du, Ludwig?« Und Ännchen fragte: »Wo hast du deinen Hut, Ludwig?« Da habe ich gedacht, wie traurig sie sein möchten, wenn ich ihnen die Wahrheit sage, und ich habe gesagt, daß ich in Mühldorf eine giftige Wurst gegessen habe, und daß ich froh bin, wenn ich einen Kamillentee kriege.

Wir sind heimgegangen, und die Lampe hat im Wohnzimmer gebrannt, und der Tisch war aufgedeckt.

Unsere alte Köchin Theres ist hergelaufen, und wie sie mich gesehen hat, da hat sie gerufen: »Jesus Maria, wie schaut unser Bub aus? Das kommt davon, weil Sie ihn so viel studieren lassen, Frau Oberförster.«

Meine Mutter sagte, daß ich etwas Unrechtes gegessen habe, und sie soll mir schnell einen Tee machen. Da ist die Theres geschwind in die Küche, und ich habe mich auf das Kanapee gesetzt.

Unser Bürschel ist immer an mich hinaufgesprungen und hat mich abschlecken gewollt. Und alle haben sich gefreut, daß ich da bin. Es ist mir ganz weich geworden, und wie mich meine liebe Mutter gefragt hat, ob ich brav gewesen bin, habe ich gesagt, ja, aber ich will noch viel braver werden.

Ich sagte, wie ich die giftige Wurst drunten hatte, ist mir eingefallen, daß ich vielleicht sterben muß, und daß die Leute meinen, es ist nicht schade darum. Da habe ich mir vorgenommen, daß ich jetzt anders werde und alles tue, was meiner Mutter Freude macht, und viel lerne und nie keine Strafe mehr heimbringe, daß sie alle auf mich stolz sind.

Ännchen schaute mich an und sagte: »Du hast gewiß ein furchtbar schlechtes Zeugnis heimgebracht, Ludwig?«

Aber meine Mutter hat es ihr verboten, daß sie mich ausspottet, und sie sagte: »Du sollst nicht so reden, Ännchen, wenn er doch krank war und sich vorgenommen hat, ein neues Leben zu beginnen. Er wird es schon halten und mir viele Freude machen.« Da habe ich weinen müssen, und die alte Theres hat es auch gehört, daß ich vor meinem Tod solche Vorsätze genommen habe. Sie hat furchtbar laut geweint, und hat geschrien: »Es kommt von dem vielen Studieren, und sie machen unsern Buben noch kaputt.« Meine Mutter hat sie getröstet, weil sie gar nicht mehr aufgehört hat.

Da bin ich ins Bett gegangen, und es war so schön, wie ich darin gelegen bin. Meine Mutter hat noch bei der Türe hereingeleuchtet und hat gesagt: »Erhole dich recht gut, Kind.« Ich bin noch lange aufgewesen und habe gedacht, wie ich jetzt brav sein werde.

Heilige Nacht

Eine Weihnachtslegende

Jetzt, Leuteln, jetzt loost's amal zua!
Mein Gsangl is wohl a weng alt,
Es is aba dennascht schö gnua.
I moan, daß 's enk allesamm gfallt.

Erstes Hauptstück

Es war selm in Nazareth hint
A Mo, der si Joseph hat gnennt;
So brav, wia ma net oft oan findt
Und wia ma's net glei a so kennt.

Er hot als a Zimmamo glebt.
Und koa Geld war freili net do,
Mit da Arwat hot a's dahebt,
Daß a grad a so furt macha ko.

's werd gwen sei, wia's heunt aa no is.
Ma hat oft halt grad a so z' toa.
Bal baut werd, na hot ma sei G'wiß,
Sinscht is da Vodeanst eppa kloa.

A richtiga Mensch richt si's ei'
Und halt seine Kreuza beinand.
No ja, und dös muaß amal sei',
Und dös sagt oan scho da Vastand.

Da Joseph hat's wohl a so gmacht
Und hot nia nix unnütz valor'n,
Denn, bal ma dös richti betracht',
Sinscht waar a koa Heiliga worn.

I woaß, daß ma 'r eppa sagn kunnt:
De Zimmaleut mögn gern a Bier,

Und Brotzeit, de macha s' all Stund,
De meischt'n hamm jetzt de Manier.

Vielleicht aba selbigs Mal net?
Obwohl daß ma's net so gwiß woaß,
Und weil's in die Büacha oft steht,
Z' Palästina waar's a weng hoaß.

Da kunnt oana 's Bier net ganz g'rat'n,
So moant ma. Dös hätt no koa G'fahr,
Denn drei und vier Maß san koa Schad'n,
Weil's selbigs Mal billiga war.

Ko sei und net aa, – is, wia's mog,
Ma hot nia nix Unrechts net ghört,
Und hört ma no heut nia koa Klog,
Und hot sie koa Mensch net beschwert.

Sei Frau, no dös wißts ja allsamm,
Da brauchts ja koa Wort mehra net,
Indem daß mir's alle glernt hamm,
Was im Katekisimus steht.

Ganz Nazareth sagt, wia de leb'n,
So friedli und brav und so staad! –
Dös muaß's wohl net glei wieda gebn!
Waar schö', bal's as öfta gebn tat.

Jetzt, daß i enk weita vazähl:
Es kimmt selm auf oamal a Schreibn,
Es müaßt si, und glei auf da Stell,
A jeda bei'n Rentamt ei'schreib'n.

Da Kaiser Augustus will's hamm.
Er braucht eahm halt wieda a Geld.
Ma treibts vo de kloana Leut z'samm;
Dös is amal so auf da Welt.

Was tean jetzt de Leut z' Nazareth?
Sie wern halt aa schimpfa und zahl'n,
Und wia'r oan de Sach g'ärgert hätt',
Dös siecht ma danach bei de Wahl'n.

An Joseph hot's aa net schlecht gift'.
Balst moanast, du kamst a weng z' toa,
Na kriagast a sellene Schrift,
Als waar ge de Steuerlast z' kloa!

Ja, kratz di no hinta de Ohrn,
Do ko'st scho nix macha, mei Mo!
Und zahlt is no jedesmal worn,
Mit'n Staat, da fangt koana o.

Da Joseph sagt z'letzt: »In Gotts Nam',
Na roas' ma auf Bethlehem nei'
As Rentamt und sag'n, was ma hamm,
Es werd scho net gar so vui sei'.«

»Was is na mit dir, bleibst du do,
Maria? Du woaßt scho, warum.«
»I bleibet ja gern, liaba Mo,
Aba 's Rentamt will, daß i kumm.

Da Steuerbot hot's ins ja gsagt,
Denn a jeda, sagt a, muaß her,
Und d' Weiberleut aa, hot a gsagt,
Und koan Ausnahm geits do it mehr.«

Da Joseph sagt: »Jetza is 's recht!
Wia geht ma denn mit de Leut um!
Und bal ma'r aa ghorsam sei' möcht,
Aba dös is dennascht scho z' dumm!«

»O Joseph, es steht in da Schrift:
Ös seids bald in Bethlehem drin,
Und was si alssammet auftrifft,
Dös hot insa Herrgott an Sinn.«

Gesang

Im Wald is so staad,
Alle Weg san vawaht,

Alle Weg san vaschnieb'n,
Is koa Steigl net bliebn.

Hörst d' as z'weitest im Wald,
Wann da Schnee oba fallt,
Wann si 's Astl o'biagt,
Wann a Vogel auffliagt.

Aba heunt kunnts scho sei,
Es waar nomal so fei,
Es waar nomal so staad,
Daß si gar nix rührn tat.

Kimmt die heilige Nacht.
Und da Wald is aufgwacht,
Schaugn de Has'n und Reh,
Schaugn de Hirsch übern Schnee.

Hamm sie neamad net gfragt,
Hot's eahr neamad net gsagt,
Und kennan s' do bald,
D' Muatta Gottes im Wald.

Zweites Hauptstück

Beim Tagwer'n, es war no ganz fruah,
Schaugt da Joseph außi in Schnee.
»Maria, jetzt genga ma zua,
Z'erscht trink' ma no insern Kaffee.

O mei ja! Dös werd heut was wer'n!
Dei Schuahwerk is aa so vui dünn,
I wollt und i hätt's scho recht gern,
Mir waarn scho in Bethlehem drin.«

»Jetzt laß da daweil, liaba Mo!
Es geht ins ganz guat, werst as sehgn,
Was sei muaß, dös packt ma frisch o,
Und es werd ins na do scho nix gschehgn.«

So gengan sie naus bei da Tür.
D' Maria muaß langsama toa;
Es kam ihr bald selber so für,
Da Joseph ging gscheida alloa.

Vo Nazareth braucht ma ganz gwiß
Auf Bethlehem ummi sechs Stund,
Dös hoaßt, bal da Weg sauber is,
Und bal oana richti geh' kunnt.

So glangts auf koa Weit'n wohl net;
An Schuach und no drüba hot's gschneibt,
D' Maria bal hundert Schritt geht,
Is not, daß sie wieda steh' bleibt.

Es geht Buckel auf, Buckel o;
Am bessern wars dennascht im Wald,
Hat da Wind net gar so schiach to
Und war do net gar a so kalt.

Auf'n Mittag zua vespern s' a weng
Am Holz hiebei, glei neba'n Rand;
Sie müass'n, sinscht wurds eahna z' streng.
Und sie ess'n a Nudl mitnand.

An Joseph, den jammert's scho recht,
Und wia'r a d' Maria betracht',
Da sagt a: »Heunt geht's ins wohl schlecht,
Und Angscht hon i, daß 's da was macht.«

Sie zoagt eahm des freundlichste G'sicht
»Und,« sagt sie, »es feit net so weit,
Geh, Vata, was helft ins de G'schicht,
Weil 's Jammern ja aa nix bedeut'.«

Sehgt's, Leuteln, so tapfa is s' g'wen,
Koan Aug'nblick hat sie net greint,
Da kunnt'n de Weiba – was denn? –
A Beispiel dro hamm, wia's ma scheint.

No, daß i mei G'schicht füra bring, –
Sie hamm si so mitanand tröst'.

De Guatheit macht jede Sach' g'ring,
Da Unmuaß is oiwei des Größt.

Und wia sie so freundli dischkriern,
Do hört ma'r a wunderschöns G'läut
Und siecht oan a's Holz her kutschiern.
Da hot si da Joseph scho gfreut.

Der Schlitt'n, der kemma is, war
Vom reich'n Manasse, an Mo
Vo Nazareth. Da hat's koa G'fahr,
Daß d' Maria net aufsitz'n ko.

»He! Halt a weng! Sei do so guat!«
Schreit da Joseph. »Kunnts eppa sei',
Du siechst ja, wia's Weda heut tuat,
Gang's net, daß sie mit kam, de mei'?«

Der aba, der gibt gor it acht,
Er schnallt mit da Goaßl, und d' Ross',
De schiaß'n voro, und er lacht
Und zahnt recht und prahlt si no groß.

Mei Liaba, was ko ma da sag'n?
I sag grad, wer so eppas tuat,
Der is mit eahm selba scho gschlag'n,
Und selle Leut geht's it so guat.

Jetzt hockan s' halt wieda im Schnee.
Sagt d' Maria: »Ärger di net
Und hülf ma'r a wengl auf d' Höh!
Ma friert aa net so, bal ma geht.«

So waten s' drei Stund oda vier,
Und sie bleib'n gar oft wieda steh'.
Da Joseph vazagt. Er moant schier,
Sie kunnt's eahm bald nimma dageh'.

Es war aa scho nimma gar z' hell,
Und an schiach'n Neb'l hat's gmacht,
Und kam eahr de Dunkelheit z' schnell,
Was tean s' na im Wald bei da Nacht?

Da kimmt jetzt a Handwerksbursch her,
Draht si um, bleibt steh' und hat g'sagt:
»Es scheint, bei da Frau geht's net mehr,
Waar Not eppa gar, daß ma s' tragt.«

Da Joseph und er geb'n si d' Hand;
D' Maria hamm s' untersi g'faßt,
Und führen s' und trag'n s' mitanand
Und g'spürn kaam de heilige Last.

»Wo kemmts denn ös her und wer seids?«
»I arbet als Zimmamo drent
In Nazareth. Dös is a Kreiz,
Jetzt san ma acht Stund ummag'rennt.

Mir müass'ma 'r auf Bethlehem nei',
As Rentamt, du woaßt ja, gon zahl'n.
O mei, Mensch, i dank da halt fei',
Du tuast ma'r an richtinga Gfall'n!«

»Dös braucht's it. Es gschiecht ja recht gern.
Jetzt sollt ma'r an Äpfischnaps hamm,
Da wurd glei dei Frau wieda wern,
Derselbige richtet oan z'samm.«

So hamm sie halt mitanand g'redt,
Hamm d' Maria g'hebt und hamm s' trag'n.
Ja, Leut, bal s' den Helfa net hätt,
Waar's gfeit g'wen. Dös kon i enk sag'n.

Jetzt sehg'n sie scho Liachta im Tal;
Da drunt'n muaß Bethlehem sei'.
Da Handwerksbursch sagt: »Halt's amal,
I trau ma 'r in d' Stadt net ganz nei'.

Vo zweg'n de Standari, vasteht's,
Denn koane Papier hab i koa,
I moan, es is bessa, ös geht's
Auf Bethlehem eini alloa.«

Sie nehma Bfüad Good voranand,
D' Maria hot gar so liab g'lacht,

Und da Joseph druckt eahm sei Hand
Und hot eahm sei Danksagung g'macht.

Wer war ge der Bursch, liabe Leut?
Wie hoaßt a? Wia hot er si g'schrieb'n?
Mir wiss'ma's no net bis auf heut,
Es is ins koan Ausweis net blieb'n.

Du lüftiga Bursch auf da Roas',
Du host wohl koan Pfenning koa Geld
Und bist do da Reichst', den i woaß,
Und bist do da Reichst' auf da Welt!

Ja, bfüad di Good! Schwing no dein Huat!
Di derf koa Standari schinier'n!
Dir is insa Herrgott was guat,
Bei dem werst du gwiß nix valier'n!

Jetzt san ma in Bethlehem drin.
Wos werd eppa da alles gschehg'n?
Wos hamm s' eppa da alls an Sinn?
Ös Leuteln, mir wern's na scho sehg'n.

Gesang

Und dauß'd geht da Wind,
Geh, seids do guat g'sinnt!
So kalt kimmt's oan für,
Machts auf enka Tür!

»Wer klopft bei da Nacht?
Da werd net aufgmacht!
Gehts glei wieda zua
Und laßts ins in Ruah!«

»De Frau nehmts do gwiß,
Weil s' gar so arm is!
Sie wart' auf ihr Stund,
Sie geht ma sinscht z' Grund!

Und bal sie koa's hätt,
Na braucht sie koa Bett,
Es tats aa'r a so,
Kriagt s' grad an Schab Stroh.«

»Gehts weita! Gehts zua!
Und laßts ins in Ruah!
Mir hamma koan Gfalln
Mit Gäst, de schlecht zahln.«

Es sturmt und es schneibt,
Es wedat, es treibt,
Koa Mensch laßt s' net rei' –
Ja, darf denn dös sei?

Drittes Hauptstück

Da stenga de Zwoa jetzt am Tor,
Hamm freundli an Einlaß begehrt,
An Paß aba zoagn sie z'erscht vor.
So hot's a si selbigs Mal ghört.

Beim Rößlwirt oder im Lamm,
Da stell'n de vo Nazareth ei',
Da wer'n sie an Untaschluf hamm,
Da kunnt's no am leichtasten sei'.

Beim Rößlwirt san sie jetzt gwest;
Kimmt da Hausknecht mit da Latern.
»Wer is denn no dauß'd?« »Fremde Gäst,
Und a Liegastatt hätt'n mir gern.«

»Ja freili, sinscht fallt enk nix ei'?
Bei ins is scho voll,« sagt da Knecht,
»Ös kunnts ja no spata dro sei'!
Mir wart'n auf enk! Da habts recht.«

So red't a. So reden s' no heut,
De Hausknecht, ma kennt s' ja recht guat!

De hamm an da Grobheit a Freud',
Bal s' arbet'n, kemman s' in d' Wuat.

Ös Wirt, und i sag enk dessell:
Auf enkere Hausel derft's schaug'n,
Is jeda a hoanbuachna G'sell,
Und laßt's as no net aus de Aug'n!

Derselbig in Bethlehem haut
De Tür zua und sagt net guat Nacht.
Da Joseph hot grad a so g'schaut
Und hot si am Weg weita g'macht.

Beim Lamplwirt dauert's z'erscht lang,
Na rumpelt da Vizi daher
Und schreit bei da Tür raus im Gang:
»Bei ins gibt's koa Liegastatt mehr!«

Sie genga zum Bräu und auf d' Post,
Beim Schimmiwirt hamm s' zuawi g'schaut,
Zum goldna Horn, wo's so vui kost',
Da hamm s' a si net ani traut.

Na san s' no in d' Hirwa zum Bäck,
Beim Schuasta hamm s' aa'r amal gläut',
Und nacha beim Huaba am Eck,
Und nirgads hot's eahr wos bedeut'.

Da Joseph, der jammert halt recht:
»Es is ma ja gar net um mi,
Mir waar wohl koan Untastand z' schlecht,
Zweg'n meiner is net. Aba sie!

Maria, i woaß ma net z' rat'n,
Und 's Woana, dös kimmt ma glei o,
I siech's ja, du leid'st ma 'r an Schad'n,
Und daß i für gar nix sei ko.«

D' Maria is wohl a weng schwach
Und hot si vui g'sünda o'gstellt.
Sie sagt eahm: »Geh, Joseph, de Sach,
De is nöt dös Irgst auf da Welt.

Dös is halt jetzt heut amal so,
Mir find'n was, werst d'as scho sehg'n,
Und kriag i koa Bett, auf an Stroh,
Do bin i an öften scho g'leg'n.«

Da hot ihra Mo wieda glacht
Und sagt ihr: »Du bist scho so guat!
Und bal ma mit dir a weng spracht,
Da kriagt ma glei wieda an Muat.«

Und weil a si's g'ringa fürnimmt
Und frischa werd, fallt eahm wos ei'.
Ja, daß ma net glei auf dös kimmt!
»Zum Josias genga ma nei'!

Zum Josias geh' ma, woaßt d' was!
Jetzt san ma scho gwunna, dös geht.
Sie is ja a meinige Bas,
De wo aa dein Zuastand vasteht.

Jetzt renna ma so umanand
Und laff'n de halbe Stadt z'ruck,
Und hätt'n 's Loschi bei da Hand,
Bei'n Josias enta da Bruck!

I hab sie wohl lang nimma g'sehg'n,
Ganz gwiß so a simm an acht Jahr,
Paß auf, dera kemma mir g'leg'n,
Sie is a guat's Leut, dös is wahr.

O mei Good, i woaß no wia heunt,
Wia s' selbigsmal Hozet hamm g'macht,
Da Zaches, der war da nächst' Freund
Und hot ihr an Kammawag'n bracht.

Bei'n Kirchagang hot's so vui g'regn't.
Ma sagt, daß dös Reichtum bedeut',
No ja, was ma hört, san s' aa g'segn't,
Sie san scho recht geldige Leut.

Maria, paß auf, laß da sag'n,
Mei Basl, de kocht da ganz g'wiß

A Muas, und da kriagst d' was in Mag'n.
Na, daß i auf so was vagiß!«

So geht a dahi volla Freud,
»Und,« sagt a, »es braucht nix pressier'n,
Maria, jetzt laß da no Zeit,
Jetzt wiss'ma ja, wo ma loschier'n.«

O Joseph, wia kennst du de Welt?
Du host, scheint's, no weni dalebt
Mit selle Vawandte mit Geld,
Und was für an Ehr ma aufhebt.

Gesang

Wos eppa dös bedeut'
Mit enk, ös reich'n Leut,
Und enkern Geld?
Müaßt's oiwei mehra spar'n,
Müaßt's oiwei z'sammascharr'n
Und müaßt's do außifahr'n
Aus dera Welt!

Ös müaßt's ma's scho valaab'n,
I ho koan andern Glaab'n,
Als daß 's enk reut.
Kemmt's ös in d' Trucha nei',
Da seid's ös aa net fei',
Da werd's ös grad so sei'
Wia 'r ander Leut!

Drum denkt's, so lang als lebt's,
Wos ös de Arma gebt's,
Is net vaschwend't.
Ös habt's des Best davo,
So wia ma's hoffa ko,
Kriagt's ös den schönst'n Loh'
Amal da drent!

»Schaug hi!« sagt da Joseph und lacht,
»Bei'n Josias brennt no d' Latern,
Jetzt hot's a si wirkli guat g'macht,
Jetzt hamm ma z'letzt do no an Stern.

Und schaug no, wia schö is dös Haus!
Sechs Fensta herunt und fünf drob'n,
So reinli und sauba siecht's aus,
Da muaß ma mei Basl scho lob'n.

Jetzt wart no, i ziahg an da Schell'n,
Vom Ummasteh ham ma jetzt gnua,
De wer i ge außa rebell'n.
He Josias, mach amal zua!«

Sie hör'n bald, wia drob'n oana schreit:
»Wos is bei da stockfinstern Nacht?
Wer kimmt um a sellane Zeit?
Do werd koa Spetakel net g'macht!«

»Ja, grüaß di Good, Josias! Kimm
Und laß ins no g'schwind amal nei':
Du kennst mi ganz gwiß an da Stimm,
Mir kemma vo' Nazareth rei'.

Mir san heut scho lang auf da Roas',
Und suach'ma Loschi überall'n,
Und wia'r i z'letzt gar nix mehr woaß,
Da bist ma halt du no ei'gfall'n.«

»So moanst du? Da braucht's ja net mehr,
Jetzt geht's scho auf zehni bereits,
Da kamst du ganz oafach daher,
I woaß net amal, wer's ös seid's.«

»Da Joseph. Mir san do vawandt,
Und de Dei' is a Basl vo mir . . .«
»Vo dem is mir gar nix bekannt,
Jetzt geht's amal weg vo da Tür!

I sag da des sell, bei da Nacht,
Da hab' i am liabern mei Ruah,
Da werd koa Bekanntschaft net g'macht,
Adjes! Und jetzt geht's amal zua!«

»Geh, Josias, bal a da's sag' ...«
»Nix sagst d' ma! I kenn di net, di,
Scho deratweg'n, weil i net mag,
Wo's d' her bist, da gehst wieda hi'!«

Jetzt kimmt no a Weibets dazua,
De tuat scho abscheili und schreit:
»A Ruah möcht' ma hamm, inser Ruah!
Was san da denn dös no für Leut!«

»A Vetta vo dir, hot a g'sagt ...«
»Wos Vetta? A sella, der kimmt
Und 's Sach na bei'n Haus außi tragt
Und selba nix hot und grad nimmt!

A Vetta! A so waar'n s' ma recht!
Ja, selle Verwandte gab's vui,
Wo jeda was brauchat und möcht
Und jeda was o'brocka wui.

Da gang oan d' Vawandtschaft net aus,
De fressat oan' arm, vor ma schaugt,
Koa sella kimmt net in mei Haus!
A Vetta! Dös hätt ma ge 'taugt!«

Sie hamm jetzt de Fensta zuag'schlag'n
Und wergeln und schimpfa no drin.
Da Joseph woaß gar nix zum sag'n,
Es is eahm ganz wunderli z' Sinn.

Er geht a paar Schritt auf da Straß',
D' Maria geht hinta eahm drei',
Sie siecht, seine Aug'n san eahm naß.
Wia kinna de Leut a so sei'?

Er wischt üba 's Gsicht mit da Hand.
»Maria, wos tean ma denn jetzt,

Wos trifft ins no alls mitanand,
Wos is ins no alles aufg'setzt?

Da soll na da Mensch net vazag'n
Und soll bei da Bravheit besteh'!
Bal's d' arm bist, muaßt d' alssamm vatrag'n,
Und alls muaß da üba si geh'!«

»A selle Red soll'n ma net führ'n,
Schau, Joseph, dös waar do a Sünd!
Mir brauchan koan Unmuaß net spür'n,
Ins is do des Schönste vakünd't.

I woaß wohl, du moanst ma's recht guat,
Grad weil a da gar so dabarm,
I hab do den fröhlichsten Muat
Und woaß ja, mir zwoa san net arm.«

Jetzt, wia no d' Maria so spracht,
Da kimmt üba d' Straß her a Mo;
Der fragt, was sie tean bei da Nacht
Und ob er s' net eppa führ'n ko.

Ös Leuteln, i bild ma dös ei,
I moan g'rad und woaß ja net g'wiß,
Dös sell kunnt an Eng'l g'wen sei,
Bal's eppa koa Mensch g'wesen is.

Ko sei oda net, er hot s' g'weist
Und hot si koan Ausred vagunnt,
Er hot si so richti befleißt,
Wia's an Engl net bessa toa kunnt.

Da drauß'd vor da Stadt war a Haus,
A Häusl war's, kloa und dafall'n,
Do sagt da Mo: »Simmei, kimm raus,
Geh außa und tua ma den G'fall'n!«

»Glei kimm i,« schreit oana vo drin,
Es dauert net lang, geht die Tür.
»De Leut hätt'n 's Dobleib'n an Sinn,
I moanat, es gang scho bei dir?«

Da Simmei, der kratzt si a weng
Z'erscht hinta de Ohr'n, sagt: »Am End
Gang's wohl, do bei mir is halt eng,
Wia waar's denn im Stall eppa drent?«

»Vagelt's Gott! Mir waar'n ja so froh,«
– Sagt da Joseph – »wann du ins nahmst
Und gabst ins a wengl a Stroh – –
Mir tat'n 's wohl aa, bal du kamst.«

»Ja, bleibt's no. I weiger mi net,
I woaß scho, wia's tuat, is ma 'r arm.
's is schod, daß 's herinna net geht,
Aba drent'n im Stall, da is warm.

Und 's Stroh hab i enk glei aufg'schütt',
A Heu kriagt's ma'r aa no dazua,
Da legt's enk ös eini a' d' Mitt',
Da habt's ös de allabest Ruah!«

»I woaß ja, da Simmei is recht,«
Sagt der ander, »bfüat enk Gott aa!
Ös sehgt's scho, ös habt's as it schlecht
Im Stall drinn auf enkera Strah.«

Da Simmei, der führt s' jetzt in Stall,
Und da Joseph b'steht eahm was ei'.
»Woaßt d',« sagt a, »bei ihr is da Fall,
Es kunnt no heut nacht eppas sei'.«

»O mei Gott, und muaß umanand!
Es is auf da Welt scho a Kreiz,
Jetzt bin i erst recht bei da Hand
Und hülf enk, weil's gar so arm seid's.«

Dös beste Stroh hot a aufg'straht,
Und schaugt, daß de Tür aa guat schliaßt,
Daß ja net koa Wind eina waht,
Und daß sie ja gar nix vodriaßt.

Na sagt a recht freundli: »Guat Nacht,
Ös Leut, und ös derft's ja it moan',

Ös hätt's ma'r an Arwat herg'macht,
Und an Umstand macht's ma'r ös koan'.

Guat Nacht jetzt und schlaft's ma recht guat
Und laßt's enk nix kümmern mitnand.
I woaß an mir selba, wia's tuat,
Und 's Armsei', dös is ma bekannt.«

Ja, Simmei, du host di scho brav,
Du host di scho richti o'gstellt!
Bal jeda so waar, den ma traf,
Na waar's da fei schö auf da Welt.

Gesang

Es mag net finsta wer'n,
Es bleibt so hell,
Es rucken Mond und Stern
Net von da Stell.

Sie hamm wia Liachta brennt,
So still und klar,
Als waar dös Firmament
A Hochaltar.

Und 's is so wunderfei',
Wia's oba klingt!
Dös muaß da Herrgott sei,
Der 's Hochamt singt.

Fünftes Hauptstück

I denk ma, die selbige Nacht
War net, wia 'r a jede sei' kunnt,
I denk ma, die Welt is aufg'wacht
Und wart't auf de heiligste Stund.

Da Wind hot si lang scho valor'n,
Es laßt si koa Lüftl net spür'n,
Und allaweil staader is wor'n,
Es traut si koan Astl net z' rühr'n.

Und gang no a Mensch übers Feld,
Es tat eahm an Schnaufa vaheb'n,
Es hätt 'n am Weg eppas g'stellt
Und wußt si koa Rechenschaft z' geb'n.

Ma kennt's net, was is und wia's hoaßt,
Und 's is eppas rundumadum,
Und 's Herz klopft da schnella, und woaßt,
Wann's d' selba di fragst, net warum.

A diam is, als kam aus da Höh'
Vo hoamlinga Musi a Klang,
A diam is, als kam übern Schnee
Vo z'weitest a hoamlinga G'sang.

A Zeit'l, da is wieda staad,
Und fangt auf a neu's wieda o,
Als wann ma wo Orgl spiel'n tat
So fei, wia's herunt koana ko.

Es war scho a bsundere Nacht,
Und kam oan scho bald a so für,
Als waar da ganz Himmi aufg'macht,
Ma stand vor da offana Tür.

Und kunnt grad so eini. Koa Gschloß
Waar für, und da Eingang waar frei,
Und da Mond, der waar da so groß,
Als waar a vui nächa hiebei.

De Sternein, de hätt ma kaam kennt,
Sie flimmern net, scheina so klar,
So staad, wia 'r a Bergfeua brennt,
Daß oan scho grad feierli war.

Und wia si de Nacht so aufhellt,
Da Fuchs bleibt im Holz drinna steh',

Er hot seine Lauscha aufg'stellt
Und traut si koan Schritt nimma z' geh'.

In Bethlehem lieg'n wohl de Leut
A Stund oda zwoa scho im Bett.
Is g'scheida. De sell'n hätt's bloß g'reut,
Bal's eahna de Ruah gnumma hätt'.

Beim Josias hamm sie was g'spannt,
Es leucht eahna gar a so rei'
Und wirft eahna Liachta an d' Wand
Und macht in da Kamma an Schei'.

Sie is als de erste aufg'wacht
Und stößt ihran Josias o:
»Schaug außi, wia hell is de Nacht!«
Er brummt grad, es liegt eahm nix dro.

»Es werd do koa Feuer net sei?«
»Vo mir aus, bal's weita weg brennt,
I schlaf jetzt und misch mi net ei',
Scho weil ma de Leut gar it kennt.«

»Es is grad so licht wia 'r am Tag
Und is bloß da Mond und de Stern.«
»Vo mir aus, und is 's jetzt, wia's mag,
I sag da, i schlafet jetzt gern.«

Sie druckt's aba dennascht a weng,
Sie mag nimma gar so staad lieg'n,
Es werd in da Bettstatt ihr z' eng,
Sie is nacha do außag'stieg'n.

Und wia sie beim Fensta naus schaugt,
Da werd ihr so wunderli z'muat,
Es hot ihr scho gar nix mehr taugt,
Und 's is ihr scho gar nimma guat.

Sie legt si glei wieda a's Bett
Und draht si bald hin und bald her,
Als lag s' auf an stoa'hart'n Brett,
Von Schlafa is aa koa Red mehr.

»Du, Josias,« sagt s' auf amal,
»I moan, mir war'n do a weng grob,
Kunnt sei, und es waar glei da Fall,
Ma kriagat mit so was koa Lob.«

»Vo was,« fragt da Josias, »red'st?«
»No ja, vo de sell'n vo heut nacht,
I moan, bal's da s' aufgnumma hättst,
Es hätt ins net gar so vui g'macht.«

»So, moanst du? Da hab i scho gnua,
Jetzt hätt' sie d' Vawandtschaft an Sinn,
Mit selle Leut laß d' ma mei Ruah!
Mit selle Leut hot ma koan G'winn.«

»I ho vom Vawandtsei' nix g'sagt,
Es fallt ma no grad a so ei',
Und daß ma de Arma vajagt,
Werd aa net des Allaschönst sei'.«

»Bal wieda oa kemma, na g'halt s'
Und gib eahr und schenk eahr allssamm,
An Butta und Oar und a Schmalz,
Na wer'n ma bald selba nix hamm.

Denn bal amal dös oana gneißt,
Wia schö daß beim Josias is,
Und wia ma da 's Sach außi schmeißt,
Na hamm ma de Kundschaft ganz gwiß.

I mag net, dös will a da sag'n,
Do hot da mei Guatheit an End,
Und willst ma du 's Sach so vatrag'n,
Na laß a da nix mehr in d' Händ.«

Er hot si an d' Wand ummi draht,
Und sagt, daß a nix mehr hör'n möcht.
Sie brummelt no lang, aba staad,
Denn g'fall'n tuat ihr gar nix mehr recht.

Jetzt laß ma de zwoa beiranand,
Und schaug'n ins wos Schöners ge o,

Dös Streit'n, dös tat ins grad and,
Mir hamm ins scho gnua g'hört davo.

Sehgt's, weita vo Bethlehem drauß'd,
Da stengan drei Hütt'n im Feld,
In dena hamm d' Hüata drin g'haust
Und üba Nacht d' Schaf einig'stellt.

In oana, da is auf da Strah
Der selbige Handwerksbursch g'leg'n,
Er schlaft jetzt, und traamt hot er aa
Und hot eppas Wundaschön's g'sehg'n.

Woaßt scho, wia's an arma Mensch macht,
Geht wo bei de Großen was z'samm,
Er möcht grad a weng vo da Pracht
Und möcht vo da Freud eppas hamm.

Er stellt si vor d' Tür hi' und spitzt,
Und geht oana raus oda nei',
Na siecht a, wia's drinna aufblitzt,
Und kriagt vo dem Glanz aa 'r an Schei'.

So kimmt's jetzt dem Handwerksbursch für;
Es hot 'n an d' Höh aufig'hob'n,
Er steht vor da himmlischen Tür
Und schaugt umananda da drob'n.

Durch d' Klums'n durch schleicht si a Strahl,
Der glanzt scho, als waar a vo Gold,
Und Musi is drin in dem Saal,
Als wenn's oan' glei einiziahg'n wollt.

Es werd eahm so z'muat wia 'r an Kind,
Dös gar so aufs Christkindl wart',
Und drin is da Baam scho o'zünd't,
Und 's Drauß'nsteh' werd eahm so hart.

Auf oamal, da rüahrt si's am Tor,
Es werd eahm glei z'weitest aufg'macht.
Er halt si de Händ g'schwind davor,
So blend't oan dös Liacht und de Pracht.

Dös Silba! Dös Gold und de Stoa!
Und 's Sunnalicht hot so a G'walt!
Wer kunnt eppa d' Aug'n no auftoa,
Wia's funkelt und blitzt und wia's strahlt?

A Kini hot gwiß a schö's Haus,
A Reicha ko gwiß was vatrag'n,
Und haltet' do koana dös aus, –
Wos will erst an arma Mensch sag'n?

Und wia si da Handwerksbursch traut
Und blinzelt a weng umanand,
Do steht a vorm Herrgott und schaut,
Der gibt eahm ganz freundli sei' Hand.

»No, Hansei, wia g'fallt's da bei mir?
Kimmst aa 'r amal her?« hat a g'fragt,
»Und geh no ganz rei' bei da Tür,
Du derfst scho.« A so hot a g'sagt.

»Heut,« sagt a, »heut host ma fei g'fall'n,
Wer ander Leut hilft und dös tuat,
Dem hülf i aa gern überalln;
A sella, der hot's bei mir guat.«

Er klopft eahm auf d' Achsel und lacht,
Da Hansei, der danket eahm gern,
Do über dös is er aufg'wacht
Und siecht durch a Lucka an Stern.

Der leucht' eahm so hell und so klar
Und hot eahm a Botschaft vakünd't
Vo drob'n her, da wo 'r a jetzt war
Und wo 'r a scho wieda hi'find't.

– – Jetzt horcht a ... Dös is do koa Traam!
A Stimm ... und jetzt wieda ... Es tuat,
Als wenn's von da Höh oba kam ...
Jetzt hört ma's auf oamal ganz guat!

»Ös Hüata, kemmt's allesamm her!
Es schlagt enk de heiligste Stund,

Ja, Gott in da Höh sei de Ehr!
Und Frieden den Menschen herunt!«

Gesang

Und ko ma koa Bettstatt,
Und ko ma koa Wiagn,
Und ko ma koa Lei'tuch
Fürs Christkindl kriagn?

A Wiagn passat freili,
Da lieget's recht warm.
Woher solln s' as nehma?
De Leut san so arm!

Drum legn s' as in d' Kripp'n,
Drum legn s' as aufs Heu,
An Ochs und an Esel,
De stengan dabei.

Dös is für de Arma
A tröstliche G'schicht.
Sinscht hätt's insa Herrgott
Scho anderst ei'gricht'.

Sechstes Hauptstück

Paßt's auf, und jetzt lass' ma 'r ins Zeit,
Mir müass'ma beim Simmei zuakehr'n
Und schaug'n, was 's im Stall eppa geit,
Und ob ma net gar eppas hör'n.

Es laßt si vo drinna nix g'wahr'n,
Vielleicht no, gab oana recht acht,
Er hörat an Ochs a weng scharr'n,
Wia 's Viech an da Kett'n oft macht.

De Leut is de Ruah wohl vagunnt,
Dös nimmt oan' na dennascht scho her,
A Marsch von a 'n acht a neun Stund,
Und g'spürt ma's beim Schnee no vui mehr.

Is guat für a jed's, bal ma schlaft,
Und is ja a Glück, bal ma's ko,
Ma kimmt do a weng zu da Kraft,
Und 's packt oan net gar a so o.

An Simmei hot's oiwei aufg'weckt.
Er draht si im Bett umadum,
Und bal er si wieda zuadeckt,
Er schlaft net und woaß net warum.

Er denkt eahm, was kunnt denn dös sei'?
Und was eahm denn heut so schiniert?
Er b'sinnt si und fallt eahm nix ei',
Und hot wieda 's Schlafa probiert.

Und wia's eahm net g'lingt, geht a raus.
Es treibt eahm vo selba a d' Höh,
Da siecht er den Glanz vor sein' Haus,
An Mond und de Stern überm Schnee.

Was is denn jetzt dös für a Ding,
Dös wo oan so b'sunderli macht?
Es werd oan so leicht und so g'ring
Und laßt oan koa Ruah bei da Nacht.

Vom Stall raus, da kimmt jetzt a Schei',
So hell, als wann's ei'wendi brennt.
Es werd do koa Feua net sei'!
Da Simmei is g'schwind ummi g'rennt.

Und hört scho a Stimm', – de is hell,
Is fei' wia 'r a Glock'n vo Gold,
Da is eahm scho glei auf da Stell,
Als wann er si niedaknian sollt.

Und hot's aa da Simmei net g'wißt,
Es is eahm so feierli wor'n.

Denn drin liegt da heilige Christ,
Denn drin is da Heiland gebor'n.

Und jetzt! Was dös am Himmi war!
Als wenn de Kirz'n am Altar
Da Mesna o'zünd't – da – jetzt durt –
Oans nach dem andern brenna s' furt –
So leucht'n d' Stern auf – oiwei mehr.
Auf oamal braust's von ob'n her,
Als wia von hundert Orgeln klingt's,
Als wia vo tausad Harfa singt's,
Und Engelstimma wundafei',
De klingan drei'.
Halleluja! Halleluja!
Und vo da Weit'n, vo da Näh
Und vo herunt bis z'höchst in d' Höh,
Und tuat bald laut, und bald vaschwimmt's
Ganz ob'n, und wieda runta kimmt's.
Halleluja!
Und in den hellen Jubelg'sang,
Im Orgel- und im Harfaklang
Hat jetzt
A tiafe Stimm o'g'setzt
Mit G'walt,
So wia 'r a Glock'n hallt:
»Kommt alle z'samm!
Ihr braucht koa Furcht net hamm!
Die höchste Freud wird euch verkünd't,
Im Stall dort liegt das Christuskind.
So hat die Nacht
Den Heiland bracht
Zu dieser Stund.
Ehre sei Gott in der Höh'
Und Frieden den Menschen herunt!«

Da werd's jetzt mit oan wieda staad,
Vorbei is mit Musi und G'sang.
A paarmal is grad, als vawaht
Da Wind no vo z'weitest an Klang.

Da Simmei kniat no dort im Schnee
Und lust, aba hört scho nix mehr.
Jetzt kemman vo drent über d' Höh
De selbigen Hüata daher.

Sie war'n aa no ganz ausanand,
Bei eahr war dös nämli da Fall,
Da Simmei nimmt s' staad bei da Hand
Und geht mit eahr eini in Stall.

Sie schleichen auf g'nagelte Schuah.
Da Simmei, der geht a weng für
Und mahnt no an jed'n zu da Ruah.
Jetzt bleib'n s' alle steh' bei da Tür.

De selln, de wo weita hint war'n,
De hamm si auf d' Zechaspitz g'stellt.
Vor eahna, da liegt drin im Barr'n
A Kindl, – da Heiland der Welt.

So nackt und so arm hamm s' 'n g'sehg'n.
Im Barr'n war an aufg'häufelts Stroh.
Und 's Kind is ganz ruhig drauf g'leg'n.
Es woant net und schaugt grad a so.

Es hot sie mit Stolz und mit Pracht
Und Herrlichkeit gwiß net vaführt
Und hot do a sellane Macht!
A jeda hot's ei'wendi g'spürt.

Und wia s' a si niedakniat hamm, –
Vo de hot si koana vastellt,
Sie falt'n de Händ alle z'samm,
De war'n a weng starr vo' da Kält.

Sie bringan als Erste eahm dar
De Wünsch für a Glück ohne End',
Net groß, aba ehrli und wahr,
So wia's halt an arma Mensch kennt.

Na gengan sie staad wieda naus
Und wischpern a weng mitanand.

Ziahgt jeda sein Geldbeutel raus
Und druckt was an Simmei in d' Hand.

Sie geben's fürs Kind so gern her,
Und bal dös erst größa wor'n is,
Na woaß's scho, sie hamm halt net mehr,
Es kennt de guat Meinung scho g'wiß.

Sie nehman Bfüad Good voranand
Und gengan na hoam durch de Nacht.
In Bethlehem hot ma nix g'spannt,
Vo dena is neamad aufg'wacht.

Und geht's ös in d' Mett'n, ös Leut,
Na roat's enk de G'schicht a weng z'samm!
Und fragt's enk, ob dös nix bedeut',
Daß 's Christkind bloß Arme g'sehg'n hamm.

SERIE PIPER

Ludwig Thoma

Lausbubengeschichten
Aus meiner Jugendzeit. Mit 35 Zeichnungen von Olaf Gulbransson. Textrevision und Nachwort von Bernhard Gajek. SP 853

Die Lokalbahn und andere Stücke
Textrevision und Nachwort von Jan Drewitz. 268 Seiten. SP 1300

Moral
Komödie in drei Akten. Textrevision und Nachwort von Bernhard Gajek. 102 Seiten. SP 297

Sein Stück nimmt die verlogenen Begriffe von Sittlichkeit, Anstand und Recht aufs Korn, mit denen sich das Besitzbürgertum brüstete.

Der Münchner im Himmel
Satiren und Humoresken. 164 Seiten. SP 684

Münchnerinnen
Roman. Textrevision und Nachwort von Bernhard Gajek. 209 Seiten. SP 339

Mit den »Münchnerinnen« hat Thoma nicht nur der Stadt München ein literarisches Denkmal gesetzt, sondern – in ungemein packender Weise – vom Leben der Menschen um die Jahrhundertwende berichtet und zusätzlich wesentliche Momente seines eigenen Lebens bearbeitet.

Nachbarsleute
Kleinstadtgeschichten. 163 Seiten. SP 741

Der Ruepp
Roman. Textrevision und Nachwort von Bernhard Gajek. 247 Seiten. SP 543

Der Schusternazi · Der alte Feinschmecker · Waldfrieden
Drei Stücke. Textrevision und Nachwort von Jean Dewitz. 236 Seiten. SP 1303

Die Sippe
Schauspiel in drei Aufzügen. Textrevision und Nachwort von Jean Dewitz. 151 Seiten. SP 1301

Tante Frieda
Neue Lausbubengeschichten. Mit 41 Zeichnungen von Olaf Gulbransson. Textrevision und Nachwort von Bernhard Gajek. 151 Seiten. SP 379

Der Wittiber
Roman. Textrevision und Nachwort von Rudolf Lehner. 248 Seiten mit 28 Illustrationen von Ignatius Taschner. SP 1077

»Diese harte, karge Geschichte vom Untergang etlicher Bauernmenschen ist... ein Denkmal. Es steht ewig da.«
Oscar Maria Graf

Das Thoma-Buch
Von und über Ludwig Thoma in Texten und Bildern. Herausgegeben von Richard Lemp. 511 Seiten. SP 641

SERIE PIPER

Ludwig Thoma

Altaich

Eine heitere Sommergeschichte. Textrevision und Nachwort von Karl Pörnbacher. 292 Seiten. SP 1190

Andreas Vöst

Bauernroman. Textrevision und Nachwort von Bernhard Gajek. 356 Seiten. SP 806

Zeitbild, Polemik gegen eine politisch gewordene Kirche und die Tragödie eines leidenschaftlichen Charakters fügen sich zu einer dramatischen Erzählung, die hier mit Hilfe der ungedruckten Werkhandschriften und Tagebücher Thomas literaturhistorisch und sozialgeschichtlich neu erschlossen wird.

Dichter und Freier

Fünf Einakter. Textrevision und Nachwort von Jean Dewitz. 211 Seiten. SP 1302

Erinnerungen Leute, die ich kannte

Herausgegeben von Hans Pörnbacher. 379 Seiten. SP 2294

Ludwig Thomas »Erinnerungen« und die autobiographischen Porträtskizzen »Leute, die ich kannte« gehören zu den Glanzstücken der autobiographischen Literatur. Sie erscheinen in dieser Ausgabe zum erstenmal in einem Band.

Der heilige Hies

Merkwürdige Schicksale des hochwürdigen Herrn Mathias Fottner von Ainhofen, Studiosi, Soldaten und späterhin Pfarrherrn zu Rappersvyl. Nachwort von Richard Lemp. 160 Seiten mit 16 farbigen und 15 Schwarzweiß-Zeichnungen von Ignatius Taschner. SP 1144

Heilige Nacht

Eine Weihnachtslegende. 63 Seiten mit 38 Zeichnungen von Wilhelm Schulz. SP 262

Der Jagerloisl

Eine Tegernseer Geschichte. Mit 15 Zeichungen von Eduard Thöny und 40 Zeichnungen von Julius Widnmann. Textrevision und Nachwort von Bernhard Gajek. 220 Seiten. SP 925

Jozef Filsers Briefwexel

Textrevision und Nachwort von Helga Fischer. Mit 29 Zeichnungen von Eduard Thöny. 272 Seiten. SP 574

Zusammen mit seinen »Lausbubengeschichten« ist »Jozef Filsers Briefwexel« sicherlich Ludwig Thomas berühmtestes Werk. Die in ständigem Kampf mit der Orthographie abgefaßten Berichte des »kristkadollischen kenigl. Abgeorneten in Minken, in Barlamend« an seine Spezl im Dorf und an seine geistlichen Hirten gehören zum Großartigsten, was politische Satire je in Deutschland zu leisten vermochte.

PIPER

Gunna Wendt

Liesl Karlstadt

Ein Leben. 276 Seiten mit 39 Fotos. Geb.

Als Elisabeth Wellano alias Liesl Karlstadt am 12. Dezember 1892 in ärmlichsten Verhältnissen zur Welt kommt, scheint eine so großartige Karriere, wie sie an der Seite von Karl Valentin ihren Anfang nimmt, nahezu undenkbar. Ihr außergewöhnliches komisches Talent und eine große schauspielerische Begabung aber verhelfen ihr rasch zu Popularität und gefeierten Auftritten. Doch was vielversprechend beginnt, wird bald zum Alptraum: Zur schmerzlichen öffentlichen Zurücksetzung hinter ihren nur scheinbar übermächtigen Partner kommt die private Abhängigkeit von dem verheirateten Mann Valentin. Und erst Anfang der 40er Jahre, nach dem Aufenthalt in einer Nervenklinik und einer abenteuerlichen Episode als Mulitreiberin, findet Liesl Karlstadt schließlich die Kraft zur Eigenständigkeit und zum künstlerischen Neuanfang.